U0145846

本卷撰稿：

王嘉川　蔡晶晶

陈士银　张光华

国家出版基金项目
NATIONAL PUBLICATION FOUNDATION

"十四五"时期国家重点出版物出版专项规划项目

扬州通史

《扬州通史》编纂委员会 编

王永平 总主编

元明卷

王嘉川 主编

广陵书社

图书在版编目（CIP）数据

扬州通史. 元明卷 / 《扬州通史》编纂委员会编；
王永平总主编；王嘉川主编. -- 扬州 ：广陵书社，
2023.3
　ISBN 978-7-5554-2066-8

Ⅰ. ①扬… Ⅱ. ①扬… ②王… ③王… Ⅲ. ①扬州—
地方史—元代-明代 Ⅳ. ①K295.33

中国国家版本馆CIP数据核字(2023)第032193号

书　　名	扬州通史：元明卷	
编　　者	《扬州通史》编纂委员会	
总 主 编	王永平	
本卷主编	王嘉川	
出 版 人	曾学文	
责任编辑	顾寅森　　罗晶菊	
出版发行	广陵书社	
	扬州市四望亭路2-4号	邮编　225001
	（0514）85228081（总编办）	85228088（发行部）
	http://www.yzglpub.com	E-mail:yzglss@163.com
印　　刷	常州市金坛古籍印刷厂有限公司	
开　　本	720毫米×1020毫米　1/16	
印　　张	33.5	
字　　数	566千字	
版　　次	2023年3月第1版	
印　　次	2023年3月第1次印刷	
标准书号	ISBN 978-7-5554-2066-8	
定　　价	150.00元	

元霁蓝釉白龙纹梅瓶

元青釉双鱼盘

元白玉鸟兽纹玉佩

元宣慰使司都元帅府夜行铜牌正面、背面

马可·波罗像

1981 年出土于扬州市荷花池西侧的元也里世八墓碑

1951 年出土于扬州南门龙头关的
凯瑟琳·多米尼·伊利翁尼拉丁文墓碑

明万历江都县图(选自美国国会图书馆藏《扬州府图说》)

史可法像（清·叶衍兰 绘）

史可法纪念馆

文昌阁

梅花书院

《嘉靖惟揚志》书影

惟揚志敍

明賜進士祿郎奉
勅巡按直隸監察御史東吳胡橒撰

郡縣視古侯國而無史官是
故經世之士當其任者以時
攻事而次其闕失以備一方
之史政之善則也古揚居九
州之一彭蠡震澤會晢之隅

岡不統屬而茲以一郡擅名
蓋先王經理疆界設官立牧
擇其中土而菑治之古今相
沿文獻之萃彙風俗之觀記
惟茲則古揚之首也我
明興龍淮甸定鼎金陵率去
揚而右百里而遠其在

影园复原鸟瞰图（选自吴肇钊著《夺天工——中国园林理论、艺术、营造文集》）

明白玉人物舞彩球

明透雕云龙纹玉带板

明宣德间青花折枝花卉菱口带座花盆

坚持历史自信　拥抱辉煌未来

——《扬州通史》序

《扬州通史》正式出版，这是扬州人民在推进中国式现代化征途上文化建设中的一件大事。可喜可贺！

2020年11月，习近平总书记视察扬州时称赞："扬州是个好地方，依水而建、缘水而兴、因水而美，是国家重要历史文化名城。""特别是文明、文化、历史古城，在全国都很有分量。"

扬州有着悠久而深厚的历史文化。早在距今约7000—5000年间，就有土著先民繁衍生息于其间，新石器时代的龙虬庄文化成为江淮大地的文明之光。夏商周时期，扬州先是作为南北文化交流的走廊和过渡地带，继有干（邗）国活跃于此，虽然至今尚缺少充分的干（邗）国考古资料，但历朝历代众多的遗存器物、制度无不打上"邗"的印记，可见影响之巨。而公元前486年"吴城邗，沟通江淮"，则成为扬州有文字记载的历史的开篇。由此至中华人民共和国成立前的2400余年，综合政治、经济、社会、文化诸因素，扬州历史发展的脉络大致可以分为几个阶段：先秦起步发展期——汉代初步兴盛期——魏晋南北朝融合发展期——隋唐鼎盛发展期——宋元明起伏发展期——清代前中期全面繁盛发展期——晚清民国转型发展期。

扬州的历史命运从来都是与国家、民族的命运紧密相联的，正如钱穆《中国近三百年学术史》所言："扬州一地之盛衰，可以觇国运。"扬州对于中国政治、经济、社会、文化等许多方面都有过特殊贡献。

以政治而言,广陵人召平矫诏命项梁渡江,为亡秦立下首功;董仲舒为江都相十年,提倡"正谊明道",政风影响后世;谢安以广陵为基地,命谢玄训练北府兵,与苻坚决战于淝水,大获全胜,后移镇广陵,治水安民,筹备北伐,遗爱千秋;杨广经营江都,为隋唐扬州的繁盛奠定了基础;康、乾二帝南巡,推动了扬州经济文化的发达和政治地位的提升。

以经济而言,播在人口的是汉代广陵"才力雄富",唐代扬州"扬一益二",清代两淮盐业"动关国计"。特别是大运河的开通,使扬州成为东南财赋重地;邗沟第一锹的意义,经济大于军事。

以社会而言,"江都俗好商贾",渔盐之利、商贸之利,造就了城市,更造就了人。扬州较早出现商人和士民两大阶层,率先突破坊市分区制度,为其他城市起到了示范作用。

以文化而言,从古到今,从官到民,扬州士农工商各阶层对文化都有着特殊的敬畏与爱好;在学术、艺术、技术的各个领域、各个门类多能自成一派,独树一帜,都有在全国堪称一流的代表人物,有些技艺"扬州工"成为公认的标识。中国文化史上,不少大事都发生在扬州。扬州虽然地处江北,却被视为江南文化的代表性城市之一。更重要的是,两汉、隋唐、清代在扬州周边地区客观存在着一个以河、漕、盐、学为纽带的扬州文化圈。

以对外交往而言,汉唐以来,扬州曾经是陆上丝绸之路和海上丝绸之路的连接点,成为对外交往最广泛、最频繁的地区之一,以波斯、大食人为主的"胡商",日本遣唐使和留学人员,朝鲜半岛在华的文化名人,欧洲传教士、一赐乐业犹太人的定居者及有关活动家,都在扬州留下了历史的印迹。扬州本地人也不畏艰险地走向国外,传播中华文化。扬州无愧为中外交流、文明互鉴的窗口。

以城池而言,扬州城遗址大体分为蜀冈古代城址和蜀冈下城址两部分。扬州虽迭经兴衰成败,但历代城池都未偏离过这块土地。蜀冈古代城址始于春秋,历经两汉、六朝、隋唐至南宋晚期;蜀冈下城池始于唐代,沿用至明、清，这两部分构成了一部完整的扬州城遗址的通史。正因其特有的价值，故被国家列入大遗址保护名录。

在漫长的历史岁月中，扬州涌现出众多彪炳千秋的仁人志士、英雄豪杰，大量脍炙人口的名篇佳作、诗文著述，不少惊心动魄的军事、政治、文化大事与盛事，无数巧夺天工的工艺制品。这些可观、可触、可闻、可用的载体背后，折射出来的是一个城市的深沉的文化力量，是一个城市得以绵延发展、永葆生机活力的遗传基因。特别是鉴真东渡传法的献身精神、史可法舍身护城的浩然正气、朱自清宁可饿死不领美国救济粮的爱国气节等，已成为炎黄子孙民族精神的代表，被列入中华民族的精神谱系，万世景仰。

清代思想家龚自珍在《尊史》一文中说："出乎史，入乎道。欲知大道，必先为史。"扬州一直有着尊史的传统，官员、学者都力求为扬州一地留下信史。远在汉代，即有王逸撰《广陵郡图经》，三国两晋时有华融的《广陵烈士传》、逸名的《广陵耆旧传》《江都图经》等，可惜多已不存。唐宋时期崔致远的《桂苑笔耕集》、王观的《扬州赋》、陈洪范的《续扬州赋》等，虽以诗文名，而其史料价值更为重要。李善《文选注》征引经史子集图书一千余种，保存了众多已亡佚古籍的重要资料。明代方志勃兴，扬州府及所属州县修成志书三十多种，宋代扬州诸多志书如《扬州图经》《广陵志》《仪征志》《高邮志》等也赖以留下蛛丝马迹。《两淮运司志》是最早的区域性盐业史专著。清代扬州学人以朴学为标识，把清代学术推向高峰，如张舜徽《清代扬州学记》所云："无扬州之通学，则清学不能大。"他们研究的重点是经学，但"辨章学术，考镜源流"，同样体现出他们自觉的史学意识。阮元的《儒林传稿》、江藩的《汉学师承记》《宋学渊源记》等其实皆为学术史专著。他们最值得称道的是对方志学的贡献。乾嘉道时期，扬州学派的一些著名人物，如王念孙、汪中、刘台拱、朱彬、江藩、焦循、阮元、王引之、刘文淇、刘宝楠等，直至刘师培，大多直接从事过地方志书的编修。王念孙的《〔乾隆〕高邮州志》，江藩、焦循等参与的《〔嘉庆〕重修扬州府志》，刘文淇、刘毓崧父子重修《〔道光〕仪征县志》，刘寿曾纂修《〔光绪〕江都县续志》等，都被视为名志。焦循的《北湖小志》、董恂的《甘棠小志》影响也很大。

虽然说，方志可称为"一方之史"，但毕竟不同于史。前人有所谓"县志盖一国之书，其视史差易者三"，曰"书约则易殚，地狭则易稽，人近则易辩"（清施闰章《安福县志序》）。或曰："志与史不同，史兼褒诛，重垂戒也；志则志其佳景奇迹、名人胜事，以彰一邑之盛。"（程大夏《〔康熙〕黎城县志叙例》）故相较而言，历代扬州学人编著地方通史者不多。清代仅汪中一人有《广陵对》，以文学笔调简述扬州贤杰对国家的贡献以及扬州之精神。朱珪称赞："善乎，子之张广陵也！辞富而事核，可谓有征矣。"江藩云："《广陵对》三千余言，博征载籍，贯穿史事，天地间有数之文也。"汪中更有《广陵通典》，以编年形式概述扬州史之大纲，始于吴王夫差城邗沟，止于唐昭宗乾宁元年杨行密割据扬州。梁启超《中国近三百年学术史》评价："此书极佳，实一部有断制之扬州史。"惜其未能完稿。后之人虽欲续之，但有心无力。新中国成立后，百业待举，百废待兴，间有此议，亦终未果。

进入新时期，国力日强，文化日盛，撰修《扬州通史》的条件渐次成熟：《扬州地方文献丛刊》《清宫扬州御档》《扬州文库》等文献资料整理出版，提供了良好的文献基础；考古事业的发展，大量遗址文物的出土，提供了有力的历史实物证据；《唐代扬州史考》《扬州八怪人物传记丛书》《扬州学派人物评传》《扬州文化丛书》《扬州史话丛书》《江苏地方文化史·扬州卷》等成果的涌现，作了较好的前期铺垫；扬州文化研究会和扬州大学中国史学科聚集了一批有志于扬州历史文化研究的学者，实现了扬州地方和高校力量的有效整合，培育了一批专业化的研究骨干力量；更重要的是，党和国家重视弘扬中华优秀传统文化，盛世修典的大气候、大环境已经形成，为区域历史文化研究提供了最可靠的政治保障和学术支撑。可以说，市委、市政府作出编撰《扬州通史》的决定是顺应形势、水到渠成的。

为此，扬州市成立了由市委、市政府主要负责同志为主任、各有关部门和扬州大学负责同志组成的《扬州通史》编委会，聘请了学术顾问和总主编，采用市、校合作形式，编委会负责内容把关和总体把握，委托扬州大学社会发展学院负责项目实施，市委宣传部负责协调，广陵书社负责出版。明确分工，各负其责。经过五年努力，各位学者精心结撰，反复打磨，终于向世人捧出了扬州历史上第一部真正意义上的通史著作《扬州通史》。

《扬州通史》大致以扬州现辖行政区划为地理范围，根据扬州历史特点，分为《先秦秦汉魏晋南北朝卷》《隋唐五代卷（上下册）》《宋代卷》《元明卷》《清代卷（上下册）》《中华民国卷》等六卷八册，总计400余万字。此书以时代为经，以城池、事件、人物为纬，勾勒扬州自先秦至民国两千多年的历史演进脉络，综合政治、军事、经济、社会、文化等诸多内容，兼及自然地理条件变化，突出扬州各个历史时期的主要特点，努力探求历代治乱兴衰之由，以为镜鉴。总体上看，《扬州通史》体例完整，写作规范，资料丰富，史论结合，编校精严，印制精美，是一部具有一定学术水准与可读性，能够站得住、留得下的史学著作。

《扬州通史》的编辑出版告一段落，如何运用这一部新的史著，充分发挥其应有的作用，为当代的中国式现代化事业服务，是摆在我们面前的一项重要任务。

我们党历来十分重视历史，重视鉴古知今，征往训来。对于历史的学习和认知，有种种态度，我们坚决反对怀疑和否定流传几千年的中华优秀传统文化、否定中国历史发展创造的文明成果、否定中国共产党领导人民取得的丰功伟绩，反对迎合"西方中心论"的历史虚无主义；坚决纠正言必称古、似是而非，甚至错把糟粕当精华的厚古薄今的不良倾向；坚决反对在区域历史文化研究中，束书不观，游谈无根，罔顾历史事实，牵强附会、任意拔高的乡土自恋情结；也注意克服以搜集历史上一鳞半爪的奇闻逸事，以供茶余饭后谈资为旨趣的浅表式、碎片化的史学态度。我们大力提倡立足客观事实，对历史过程、历史事件、历史人物进行"原始察终""由表及里""由浅入深"，把感性认识上升到理性高度,把历史认识变为历史真知,从而增强历史自信。我们之所以强调历史自信,因为它来自于历史,植根于历史,又映照现实,指引未来,对于道路自信、理论自信、制度自信和文化自信,具有历史支撑和精神滋养作用。

在学习中,要通过阅读《扬州通史》,分析扬州在中华文明史上的地位和作用,加深对习近平新时代中国特色社会主义思想和习近平总书记视察扬州重要讲话指示精神的全面、系统、深刻的理解,增强爱国、爱乡的家国情怀;通过对中华文明的突出特征(连续性、创新性、统一性、包容性、和平性)在扬州历史上体现的分析研究,加深对"两个结合",即把马克思主义基本原理同中国具体实际相结合、同中华优秀传统文化相结合重大意义的理解,增强建设中华民族现代文明的强大动力;通过对扬州历史治乱兴衰,特别是对汉、唐、清三度辉煌史实的剖析,加深对社会发展规律的认识,增强在国家治理大框架下发挥敢于作为的积极性和主动性;通过对在重大历史转折点上扬州种种表现的考察,加深对当前正面临百年未有之大变局的认识,增强危机意识和抗击风险的能力。

总之,要学习历史,尊重历史,总结历史,敬畏历史,树立历史自信,把握历史主动,担负起时代赋予我们的历史使命,运用历史智慧,去创造新的历史,实现中华民族伟大复兴,构建人类文明新形态。我们有理由相信,扬州的明天一定更加灿烂辉煌!

《扬州通史》编纂委员会

2023 年 3 月

导　言

　　"扬州"之名称，最早见于先秦时期的《尚书·禹贡》："淮、海惟扬州……沿于江、海，达于淮、泗。"传说大禹治水后，按山川形变与土地物产，将天下划分为九州以定贡赋，扬州则居其一。这里的"扬州"，所指为北达淮河，东南抵海，涵盖长江下游的广大地区，大体与今江苏、安徽两省淮水以南及浙江、江西、福建三省相当。汉武帝以先秦九州为基础设十三刺史部，以为监察区，汉灵帝增刺史权重，改监察区为高层行政区，迨至南北朝，皆设"扬州"。但无论从地理方位、地域广狭，抑或区域性质等角度而言，隋代以前的"扬州"与当今的扬州都不能简单地直接对应。

　　今扬州得名始于隋代。春秋以来，该地域曾相继附属吴、越；战国一度属楚国；秦统一后，先后属薛郡、东海郡。西汉初先后属荆国、吴国，汉景帝时更名江都国，汉武帝时更名广陵国。东汉以后称广陵郡，隶属徐州。南朝刘宋元嘉中侨置南兖州于广陵郡，北齐改为东广州，后周称吴州。隋开皇九年（589）平陈，改为扬州，作为一级统县政区，自此扬州遂为本地专名——虽然隋炀帝大业年间与唐玄宗天宝年间一度称广陵郡，唐高祖武德年间一度称兖州、邗州，五代杨吴时期一度称江都府，明代初期称为淮海府、维扬府，但千余年来，则以称扬州为常态；除元代置扬州路外，隋以后的扬州皆为统县政区。历代扬州辖境盈缩不定，区划沿革变动较为频繁，但历代幅员基本处于长江北岸、江淮平原南端。今扬州辖广陵、邗江、江都3个区与宝应县，代管仪征、高邮2个县级市。

　　就地形地貌而言，扬州地处江淮下游平原，是长江下游北岸的三角洲区与宁镇扬丘陵区的交接地带，地势西北高、东南低。除了今仪征市的大部分地区为丘冈、丘陵地貌，其余皆为江淮冲积平原，地势平坦。千百年来，扬州地区的地质地貌没有发生实质性的变化,值得留意的局部变化有两个方面:(一)约距今7500年以前,由于海面的上升,今扬州、镇江为长江入海口处,随着长江泥沙的堆积,长江三角洲逐步向东发育,扬州东境不断拓展,江口东移,扬州经历了由滨海转为内陆地区的过程。(二)扬州地域江中沙洲的积长,蜀冈以南滩涂地的发育,导致扬州南境的拓展,江面渐狭。

就气候而言,扬州地处北亚热带气候向温带季风性气候的过渡区,东受海洋气候、西受内陆气候交错影响,温和湿润,四季分明,雨量充沛,光照充足,雨热同季。盛行风向随季节有明显变化,夏季多为从海洋吹来的湿热东南风和东风,冬季盛行干冷的偏北风。历史上扬州的气候经历过阶段性的冷暖交替,与中国历史上的气候变迁基本同步。气候变化,对人类最直接的影响是农业生产和生活方式的变动。就历史的宏观走向来看,全域性的气候变化造成社会局势变动,扬州区域历史面貌与进程亦深受影响。

地形地貌的沧海桑田,气候的冷暖升降,短时间内也许难以察觉,但其社会影响确实潜移默化地发生着。正是在这样的地理环境所提供的空间舞台上,一代又一代的扬州先民生生不息,不断推衍其人文历史的兴替变革,上演了丰富多彩的历史话剧,绘就了灿烂辉煌的历史画卷。

一、先秦至魏晋南北朝时期的扬州

至今可以证实扬州地区已有先民聚集、生活的历史始于新石器时代中期。龙虬庄遗址的发现,表明当时形成了面积广阔、覆盖江淮东部的“龙虬庄文化”,距今约7000—5000年,具有南北过渡地带的文化特征。当时江淮东部的人类生活,在采集与渔猎经济、原始农业和畜牧业、原始手工业和商业等方面都有所表现。从社会形态看,“龙虬庄文化”的第二期大约处于母系氏族社会的繁荣阶段,第三期则处于母系氏族社会的衰落阶段,缓慢地向父系氏族社会过渡。新石器时代晚期,当各地逐渐步入父系氏族社会时,江淮东部因海侵处于千年之久的空白期,出现了父系氏族社会的缺环,此后受到王油坊类型的龙山文化影响,氏族社会逐渐解体,从而跨越文明时代的门槛。

大约距今4000年前后至西周时期,原居于山东一带的“东夷”不断南下,占据了江淮东部地区,史称"九夷"。夏朝末年,在江淮东部出现了一个"干辛邦"的方国,与后来的"干国"可能有名号继承的关系。商朝时期,江淮东部形成了"夷方"联合体,周初太伯、仲雍奔吴,在宁镇地区建立吴国,"夷方"二十六邦建立夷系"干国",以对抗西周的"大吴"战略。夏商西周时期,居住在江淮东部的"九夷""夷方""干国"及"徐国",都是独立于中原王朝的"外服"邦国,所呈现的地域特色是夷文化。干国的核心区域当在江淮之间。公元前584年前后,吴(邗)王寿梦占据江淮东部。公元前486年,吴(邗)王夫差"城邗,沟通江、淮",北上争霸。战国初,越灭吴,江淮东部属越国。战国后期,楚败越国,占领江淮东部。秦统一前,江淮东部处于各国相争的前沿地带,受到诸国政策的影响,其社会风尚在保持"东夷"旧习的基础上,呈现出多元杂糅的特点。

秦汉时期是中国历史上社会发展的一个高峰期,扬州地区随之进入第一个兴盛时期。

在区域政治地位与影响方面,秦朝末年,陈胜、吴广领导的第一次全国性大规模民变在大泽乡(今属安徽宿州)暴发,东楚刘邦、项羽和召平、陈婴等纷起响应。陈婴等于盱眙立楚怀王孙心,项羽一度打算建都于江都,凸显扬州南达吴会、北通淮河的地理区位优势,可谓东楚的核心区域。西汉建立后,先后设置荆国、吴国,管控大江南北的3郡53县。"吴楚七国之乱"后,汉景帝采用削藩之策,设江都国,其后该地区或为广陵郡,或为广陵国,至东汉明帝废除广陵王刘荆,改国为郡,直到东汉末年未再变更。两汉时期,扬州始终是郡、国的政治、经济、文化中心。西汉初期,对诸侯国实行相对宽松的政策,吴王刘濞扩张军政势力,开创其"全盛之时";后朝廷对江都国和广陵国加强控制,迭经废立,辖域日蹙,西汉后期的广陵郡仅辖4县。东汉中后期,在广陵太守马棱、张纲、陈登等人治理下,江淮东部呈现出持续发展的态势。整体而言,两汉时期扬州地区政治、社会秩序较为稳定。

秦汉时期扬州经济显著发展。吴王刘濞在位四十余年,充分利用"海盐之饶,章山之铜"等资源优势和王国特权,冶铜煮盐,开运盐河,颁行钱币,国用富饶,百姓无赋,区域经济得到了前所未有的发展,一度成为全国翘楚。汉武帝时强化中央集权,盐铁官营,对扬州经济有所影响。东汉章帝时推行官营政策,广陵太守马棱"奏罢盐官,以利百姓",促使朝廷调整政策,官营、民营并行。铁器、牛耕逐渐推广,农业技术日益更新,水利事业成就卓著,对农业生产与交通运输具有促进作用。当时扬州的冶铁、铸铜、煮盐和漆器、玉器业等都得到了空前的发展;城市商业繁荣,吴王刘濞时的广陵城,"城周十四里半",所属各县城也在汉初"县邑城"的基础上逐渐形成规模。

秦汉时期扬州文化卓有建树。作为汉代新儒学开创者之一的董仲舒曾任江都王国相,传播儒学,推行教化。为维护"大一统",董仲舒倡导"独尊儒术",对中国历史影响深远。董仲舒主张"立学校之官",倡导文化教育,"正谊明道",任江都相期间当有所实践,故扬州"绩传董相"。吴王刘濞招揽文士宾客,枚乘创作《七发》,标志着汉代大赋的正式形成,邹阳、庄忌等也声名远播。江都公主刘细君善诗文,"和亲"乌孙,促进民族文化交流与融合。东汉时,佛教传入江淮东部,楚王刘英"学为浮屠斋戒祭祀",东汉末笮融督广陵、彭城运漕,"大起浮屠祠",民众"来观及就食且万人"。在社会风俗方面,汉宣帝时,朝廷将江水祠徙至江都,使"岳镇海渎"的国家祠祀理念在扬州得以具体落实;"观涛广陵"及其文学佳作应运而生,区域影响不断扩大;当时扬州的社会风俗,既显现出浓郁的楚文化色彩,又融合了新时代的因子,呈现出"大一统"与地域性不断交融的时代特点。

魏晋南北朝时期,扬州地区陷入衰落状态,主要原因在于南北分裂。当时南北诸政权在此不断争夺,本土人口外迁,外来流民聚集,战争与流民成为这一时期扬州历史的显著特征。

东汉末魏、吴隔江对峙,曹操废弃江北,坚壁清野以待孙吴,广陵成为弃地,急遽衰败。虽然魏、吴曾多次想打破南北对峙的僵局而经略广陵,但没有取得实质性的效果。地处南北夹缝之间的广陵无法获得长期的稳定,经济社会也不可能恢复两汉的繁盛局面。由于战乱的波及,大量广陵人士播迁离乡,或仕于孙吴,或仕于曹魏。西晋的短暂统一,没有完成对南北社会的有效整合,在政治取向上,曾仕于孙吴的广陵人士及其子弟与三吴世族趋同,皆被西晋视为吴人,受到晋廷的歧视,广陵华谭为此建言晋武帝,力求打破南北畛域之见,表明自汉末以来侨寓并出仕孙吴的广陵人士及其后裔,其政治境遇和取向与江东本土人士呈现出一体化的倾向。自永嘉南渡至隋灭陈,长期南北分裂,广陵大体归属东晋南朝,当时大批流民沿邗沟南下,集聚在广陵及其周边地域,东晋南朝无法在地处江北的广陵建立起完备的行政体系,形同羁縻,遍置侨州郡县。

广陵地处邗沟与长江交汇处,与京口隔江对峙,当地又多流民武装,这使得东晋南朝时期的广陵逐渐与京口呈现出一体化的格局,维持现状则镇京口,图谋北进则镇广陵。广陵与建康在地理空间上相距不远,然有大江之隔,这就使得广陵成为独立于建康之外,又可就近制衡建康的具有特殊意义的战略要地。谢安在淝水之战后,受晋廷排挤,于是统军于广陵以自保,并图谋北伐;宋武帝临终,以宿将檀道济统军于广陵以备建康缓急之需。北朝南下,常沿邗沟至广陵。南朝北上,渡江至广陵后再沿邗沟入淮水也是常态。因此,广陵实际上是建康的东部门户。由此东晋南朝常以广陵为北伐基地,桓温、谢安、宋武帝、宋文帝北伐皆沿此路线北进。北方政权一旦兵至广陵,建康必定惊惧。萧梁后期,淮南江北被北齐占领,北齐置东广州于广陵,北周又改称吴州,南北隔江对峙。自此广陵非但不能遮蔽京口,拱卫建康,反而成为北朝南伐的前沿基地。隋灭陈之役,晋王杨广坐镇广陵,隋将贺若弼自广陵渡江至京口,进而入建康,正是南北朝后期广陵军事地位最典型的体现。

当时扬州地区屡遭战乱,缺乏发展经济所必需的安定环境。官方主导的诸如疏浚邗沟、兴修水利等工程,主要出于征战运输之需,少有发展经济与保障民生的考虑。持续的战争状态深刻地影响着扬州地区的文化生态与社会结构。魏晋时期的广陵士人,大多尚存汉末士人风习,汉晋之际肇始于洛阳的玄学风尚,对广陵人士影响甚微,广陵学人多恪守汉儒旧学,儒法兼综,尚忠节孝义,其言行与魏晋玄学名士差异明显。永嘉乱后,江淮之间战乱频仍,文化世族难以立足,次等士族、寒族成为广陵社会的上层,统领乡党、囤聚坞壁的豪强则成为地方上具有一定独立性的武装势力。

汉晋之际,出于军政需要,以邗沟为中心的江淮漕运体系,在客观上成为南北文化交流的通道。广陵不仅曾是北方佛教流传至南方的前沿,南北朝至隋唐之际又成为南方佛教传入北方的基地,东晋南北朝时期广陵地域能融通南北,义学、律学兼而有之,成为江淮间弘扬佛法的重镇。

二、隋唐五代时期的扬州

在中国古代历史发展高峰期的隋唐时期,扬州的区域经济、社会发展也臻于全面兴盛状态。

隋文帝开皇九年(589)平陈而统一南北,改吴州为扬州,扬州从此成为本地域的专有名称。隋朝设置扬州大总管府,扬州成为东南地区的军政中心。隋炀帝在江都境内置江都宫,具有陪都性质;唐朝在扬州设置大都督府。安史之乱后,在扬州置淮南节度使,总揽治下诸州的军、政、民、财大权,为当时唐廷最为倚重的方镇。五代十国时,杨吴政权曾定都扬州;南唐迁都金陵,以扬州为东都。后周世宗于显德年间南征,扬州成为北方王朝经略江南的基地。

隋唐五代时期,扬州城市建筑规模宏大。隋炀帝三下江都并长时间留居,扬州一度作为"帝都"加以经营,兴建了包括江都宫、临江宫、成象殿、流珠堂等著名宫殿在内的庞大建筑群,为扬州城建史上的极盛时期。唐代扬州城由子城和罗城两部分构成,衙署区和居民区分设。唐中期以前,沿袭传统的坊市分离制,随着工商业经济的发展与市民生活的变化,唐代后期扬州突破了旧有的坊市制度,城内出现了市井相连的开放性商业街区。

隋唐时期,扬州作为江淮地区的中心城市,经济持续发展,成为带动长江中下游乃至江淮地区经济、社会发展的引擎。尤其是安史之乱以后,随着黄河流域动乱与藩镇割据不断恶化,江淮地区成为维系唐朝经济命脉的核心经济区。当时以扬州为中心的长江下游经济区的农业发展在全国处于领先地位,成为唐朝廷财赋的保障。扬州手工业发达,其中造船业、冶炼铸造业、纺织业等生产规模大,从业人员多,组织化程度高,经济影响显著。扬州也是全国性的商品贸易集散地,商品贸易以盐、茶、药、瓷器等为大宗;淮南地区是全国最重要的海盐产区,扬州则是江淮食盐的集散地和转运中心。安史之乱后,唐朝"盐铁重务,根本在于江淮",朝廷在扬州设置盐铁转运使,负责食盐的专卖事宜,同时兼营铜、铁的开采与冶炼,且多由淮南节度使兼任。唐代扬州商业发达,出现了经营"飞钱""便换"的金融机构,显现出商业发展、变革的信息。

隋唐时期扬州居于交通枢纽地位。当时随着政治统一与经济发展,全国性的航运交通网络逐步形成,长江的内河航运成为商业流通的主干道,大运河的全面通航沟通了全国主要大河流域。以扬州为中心而形成的交通网络,密集程度不亚于长安、洛阳。扬州发展成为汇聚多元文化的国际化大都市,成为中外文化交流的基地或中转站,对东亚的日本以及今朝鲜半岛诸国的影响尤为显著。以鉴真东渡日本传法为代表,中国文化对日本古代文化的发展产生了深刻影响;日本使节来中国,多从扬州登陆,再前往洛阳、长安等地。此外,海外民间人士亦多由扬州入境开展经商交流,扬州成为当时东南地区最为重要的国际交流与贸易中心之一。

隋唐五代时期,扬州人文荟萃,学术兴盛。就文学而言,"《文选》学"诞生于扬州,江都学者曹宪肇其端,其后如李善、许淹、魏模、公孙罗等皆出其门下;原籍江夏而著籍江都的李善构建了"《文选》学"的基本框架。唐诗作为唐代社会文化的灵魂,多有以扬州为吟诵对象的篇什,唐代诗人或游历或仕宦于此,七十余人有吟咏扬州的作品;张若虚的《春江花月夜》,有"孤篇压全唐"之美誉。在史学领域,杜佑在扬州任职淮南节度使期间撰著《通典》,开创了典制史的新体裁。当时扬州是区域性的佛教中心。扬州佛教发展与隋炀帝杨广关系密切,杨广在扬州担任大总管期间,大兴道场,延揽高僧,极力推动南北佛教融合,为唐代扬州佛学的进一步发展奠定了基础。唐代扬州地区佛教宗派众多,主要的佛教宗派如天台宗(法华宗)、真言宗(又称密宗)、唯识宗(法相宗)、禅宗、律宗等,在扬州都有传法布道的寺院,其中影响最大的是律宗,其代表性人物为大明寺僧鉴真。

三、两宋时期的扬州

北宋统一江南后,扬州的转运地位日益凸显。宋室南渡,扬州一度成为宋高宗赵构行在之所。宋高宗后以临安为行在,宋金(蒙)对峙格局成为常态,扬州作为边郡,被视为南宋"国之门户"。两宋时期的地方高层行政机构淮东提刑司、提举常平司、安抚司等常设于扬州;南宋时期,扬州的战略地位更加突出,不但是重兵屯驻之地,而且扬州守臣多带有军衔。

宋代扬州政区多有变动,主要特点是幅员缩小、属县减少,这与唐末以来扬州地区经济实力上升、运河航道变化、南北军事态势等因素密切相关。就区域经济社会发展而言,高邮、真州的分置,表明区域内总体经济实力不断增强,推动了以扬州为中心的区域城市群的兴起。

两宋时期扬州地区经济持续发展。在农业方面,耕作技术有所进步,农作物分布区域不断拓展。在商业方面,北宋时期扬州持续稳定近170年,为商业繁荣创造了良好的环境。真宗天禧年间(1017—1021)重开扬州古运河,为商业发展提供了交通保障,沿水陆交通要道的市镇经济日渐繁荣,乡村与城市的经济互动频繁。宋代扬州有固定的交易琼花、芍药的花市,颇具地方特色。南宋时,扬州由腹地城市转变为边防重镇,对商业经济产生了负面影响。

作为运河沿线的重要城市,扬州的水运交通受到中央和地方的重视。两宋时期,官方十分重视扬州运河的畅通以确保漕运。就两宋食盐的运销来看,无论是专卖制下的"官般官卖",还是钞引盐制下的"官般商卖""商般商卖",都需经由真州转般仓。宋代真州的逐步崛起,分割了扬州的漕运功能,这是宋代扬州经济逊于唐代的一个重要原因。

在城市建设与布局方面,宋朝廷放弃蜀冈旧城,以蜀冈之下的周小城为基础,将其修缮为扬州州城,顺应了中晚唐以降扬州城市经济发展的趋势。北宋时期扬州城池建设变化不大;南宋时期鉴于扬州长期作为淮东制置司治所,不断修缮、扩建城池,尤以孝宗朝最突出,除修缮州城外,另创堡寨城与夹城,宋代扬州的"三城"格局,或称"复式城市",便是出现在这一阶段。

两宋时期扬州知州254名,其中北宋151名,平均任期一年有余,任职三年者甚少,任期一年左右者居多,最短者仅有数月。南宋扬州地方官守总计103名,平均任期一年半,相较北宋略长,这当与战争因素有关。依照宋代地方官员选任制度,一般不选用本籍人士,不少非扬州籍的守臣为两宋时期扬州经济社会发展贡献颇多,如欧阳修、苏轼、韩琦、崔与之、李庭芝等。

两宋时期扬州文化成就卓著。地方官员普遍重视文化事业,一些著名文士参与扬州文化建设,欧阳修创建平山堂,苏轼等人对扬州花卉的文学书写等,对扬州文化名胜的打造与地方风物的宣传,皆具典范意义。当时与扬州关系密切的非本籍文人众多,他们借助扬州的意象与情境,或抒怀,或咏史,或纪实。宋代诗词中多有描述扬州商业经济与市井生活的作品,从中可见扬州经济社会的风貌。在文学创作方面，秦观、孙觉、王令等知名文士，为一代诗词风尚的代表。在学术方面，除众多学人致力于经史著述外，还出现了一些实用技艺方面的著述，如陈旉所撰《农书》等。在社会风尚与信仰等方面，扬州诸多旧俗逐渐完成转型，由"野"入"文"，出现了"率渐于礼""好学而文""好谈儒学"等崇文重教的社会风尚。

四、元明时期的扬州

元世祖至元十三年（1276），元军占领扬州后，设江淮行省为一级行政区，管控两淮、江东地区。此后十数年，江淮行省治所在扬州和杭州之间往复迁移，表明元朝在统管南宋故地与保障东南漕运之间反复权衡，直到海运相对完善，江淮行省的治所才固定在杭州，并改称江浙行省。至元二十八年（1291），扬州划入河南江北行省，成为元代的常态。元代设扬州路，上属河南江北行省淮东道宣慰司，下辖高邮府、真州、滁州、通州、泰州、崇明州6个州府，州府各辖属县，较前代扬州辖境为大。元朝统一后，始终在扬州屯驻重兵。及至元末，江淮间民变迭起，元顺帝至正十二年（1352）置淮南江北行中书省，以扬州为治所。至正十三年，张士诚占领泰州、高邮等地，围攻扬州。至正十五年，元朝廷于扬州设淮南江北等处行枢密院，镇遏江北。至正十七年，朱元璋军攻克扬州。

元朝统一后，扬州的经济有所恢复，造船业发达，促进了漕运、海运的发展。元代前期扬州运河不畅，元仁宗时疏浚运河，漕运大都（今北京）的粮食远超宋代。海运逐步兴盛以后，设置两淮都转盐运使司，运河仍然承担着运送食盐、茶叶、各地土产、手工业品、海外贡品及使客往来的功能。

元代"羁留"、寓居扬州及本土文士、学者数量不少，郝经、吴澄和张翥被称为"三贤"。剧作家睢景臣、小说家施耐庵、数学家朱世杰等，都在中国文化史上留下了不朽印记。元代扬州是中西文化交流史上的重要城市，意大利人马可·波罗、鄂多立克都曾到过扬州；马可·波罗在扬州生活三年，《马可·波罗行纪》记录了扬州的风土人情。

明代扬州府承元末朱元璋所置淮海府、维扬府格局，成为统县政区，以辖3州7县为常态，相当于现扬州、泰州、南通3市的地域，还曾管辖今南京市六合区与上海市崇明区。元明鼎革之际，扬州遭受摧残，经过明前期的休养生息，逐步恢复繁华。明中后期，明武宗南巡至扬州，扰乱地方，民不堪命。嘉靖中叶后，内忧外患频仍，万历之后，政局昏暗，扬州受到影响。明末史可法督师扬州，抗击清军，城破人亡。有明一代的重大事件，如洪武开国、靖难之役、武宗亲征、大礼仪之争、严嵩专权、抗击倭寇、输饷辽东、矿使四出、魏阉乱政、抵御清军等，无不关涉扬州。明代扬州属军事重镇，为维护地方稳定和国家安全，扬州府构建了相对完备的水陆防御网络。嘉靖年间，倭患骤剧，扬州抗倭取得了"淮扬大捷"等一系列胜利，成为明朝抗倭战争的典范。

在经济方面，明代扬州在全国地位相对重要。扬州府人口从洪武至嘉靖的百余年间持续增长。扬州官绅注重兴修水利。在交通方面，运河、长江与漫长的海岸线构成了扬州四通八达的水上交通网，大量驿站、铺舍、递运所的建设，保障了陆路交通的顺畅。明代扬州手工业、商业繁盛，漆器制作技艺不断提升，出现了雕漆、百宝嵌、螺钿镶嵌等新工艺。明廷在扬州设有牙行、税课司、河泊所、钞关等税务部门，其中扬州钞关为全国七大钞关之一。

明代两淮盐场产量巨大，两淮盐课在国家财政中的地位举足轻重，明廷在此设置盐法察院、都转运盐使司，并派员巡查，定御史巡盐制度，形成规模庞大、组织严密的管理体系。为保证国家对盐业经营的垄断，明朝制定了繁复的交易程序。盐业蕴含巨大财富，上自王公贵戚，下至盐官胥吏，无不试图从中渔利。明朝中央与扬州地方皆重视对盐业经营的管理。在食盐流通中，明初以来实施的"开中制"，催生出盐商群体。他们交粮报中，边地积储因而丰盈；行销食盐，保证百姓生活所需。明朝对食盐生产者灶户有所赈恤与安抚，注重改善其生产、生活条件。

明代扬州的城市建设，在加强军事防御的功能外，城内行政、生活设施较前代有相当进步。乡村地区也有规划，出现了一些或以军事地位显要，或以工商业繁盛著称的不同类型的名镇。当时扬州园林众多，形成园林鉴赏与品评的风气。在社会生活方面，明代扬州形成了较为完善的地方仓储设施和赈恤制度，地方官员救灾赈济颇为得力。

在教育方面，明代扬州的学校以社学、儒学为主体，以书院为补充。社学属于启蒙教育。儒学以经史、律诰等为主要教学内容，以学田收入为主要运行经费,以培养科举应试生员为目的。分布较广的书院,或由官设,或由民间倡立而官方主导,在教学内容上与儒学基本一致。当时科举是最重要的人才选拔方式,数量众多的扬州生员通过科举步入仕途。此外,地方官学定期向国子监选送优秀生员,有援例入监、纳粟入监、恩贡等不同形式。

明代扬州学术文化颇有建树。经学方面,理学、心学相竞的新学风引人关注,王艮创立的泰州学派影响甚著。史学方面,扬州学人著作颇丰,类型多样,方志编撰成就突出,盐法志尤具特色。文学方面,涌现出如宝应朱氏、如皋冒氏、兴化李氏等文学家族,柳敬亭说书家喻户晓。书画方面,周嘉胄总结中国古代书画装裱技艺,所著《装潢志》别具一格。就技艺实学而言,扬州学人在天文、术数、医学、法律、军事、农业、建筑、园林等领域皆有建树,计成所著《园冶》全面系统地总结造园法则与技艺,开中国古代园林艺术理论之先河;王磐《野菜谱》、王徵《诸器图说》等备受称道,体现了扬州学人重视技艺实学的新学风。

五、清代的扬州

清代是扬州又一次全面兴盛发展的辉煌时期。

清代扬州行政区划间有更易,顺治时扬州府辖泰州、通州、高邮 3 州及江都、仪真、泰兴、兴化、宝应、如皋、海门 7 县;康熙中,海门县废;雍正时通州及泰兴、如皋 2 县析出,新置甘泉县,仪真改称仪征;乾隆时置东台县;宣统中,改仪征县为扬子县,清末扬州实辖 2 州 6 县。

清廷注重两淮盐业的经营管理,扬州倍受重视。清廷多选用具备管理经验、熟悉南方社会的降清汉人充任扬州地方官长。此后扬州知府及其属县主要官员、两淮巡盐御史、两淮盐运使等,大多为来自奉天、直隶等地的汉人,他们与清廷关系较为密切,有助于落实清廷的政策,以致扬州日趋安定,盐商回流,经济复苏。清代前期,两淮盐政、盐运使等盐务官员积极参与扬州城市的基础设施、涉盐公共工程、地方赈灾等事务,影响力远超扬州知府等地方官。

随着政局稳定,特别是盐业的复兴和漕运的发展,皖、晋、陕等多地商人来扬贸易,盐业经济成为扬州发展的核心动力。至康熙中期,扬州显现繁华之势,成为全国重要的商业城市。清前期的两淮盐课收入占全国盐税收入的

40%以上,对清廷的财政收入与军费贡献甚巨。康雍乾时期,扬州凭借产业优势和地理区位优势,社会经济发展再次实现飞跃。康、乾二帝南巡,极大地促进了扬州的城市建设和水利工程修筑。清廷或派亲信掌管盐务,或命地方高官兼管相关事务,可见清廷对扬州的倚重。康乾时期的两淮盐务管理存在一些难以根治的弊端,如私盐贩运和官吏贪赃枉法,乾隆三十三年(1768)的两淮预提盐引案暴露了两淮盐官和两淮盐商之间的利益关联,这也是乾隆朝以后两淮盐业逐渐转衰的重要诱因之一。

鸦片战争后,反帝反封建成为新的历史主题。1851年太平军起义,1853年太平天国定都天京后,天京、镇江、扬州三地呈犄角之势,扬州成为军事争夺的关键,太平军与清军在此长期拉锯。太平军曾三进扬州城,1853年4月1日,太平军首占扬州,于12月26日撤出;1856年和1858年,太平军又两度攻入扬州城。清军与太平军在扬州长达八年的争夺,对地方经济、文化等方面自然造成严重的损害。

清代扬州经济经历了恢复、繁荣与衰落的复杂进程。明清之际扬州人口锐减,经济凋敝。随着统治的逐渐稳定,清廷与地方官府着力加强治理,对运河沿岸水利建设尤为重视,这为漕运与农田灌溉提供了基本保障。康熙年间以来,推动"导淮入江"工程,对解决扬州地域水患影响尤著。漕运对扬州社会经济影响甚著,就关税征收而言,仅乾隆七年(1742)免征米谷麦豆税银即达6万余两。扬州下属诸沿河州县市镇,如高邮、仪征、瓜洲等,皆随漕运而兴。盐商将淮盐行销本盐区各口岸,回程又装载湖广之粮食、木材等分销江南,以盐业行销为中心,形成了相关转运销售的商业链。在扬州城内及周边市镇,由于盐业与诸商业活动繁盛,衍生出一系列休闲消费的社会服务行业。盐商对扬州城市建设和环境治理功不可没,诸如修桥铺路、治理街肆、疏浚水道等,皆有建树。清代扬州的造园理法和技艺臻于完善,公共风景园林和私家园林繁盛,扬州园林臻于成熟。工艺方面,清代扬州官营工艺制造发达,其中最显著的雕版印刷业、玉雕业皆由两淮盐政承办。

清代扬州的教育体系以地方官学和书院为主体。地方官学以扬州府儒学与各县儒学最为重要。晚清以前,扬州构建起官学与私学相互结合、组织完备、分布广泛的教育体系,教育、科举在国内均处于领先地位。安定、梅花书院等名师聚集，成为国内重要的人才培养基地与学术研究重镇。扬州崇文重教，涌现出一些绵延数代的学术世家，其中以高邮王氏、宝应刘氏和仪征刘氏最为著名。鸦片战争后，西方传教士开始在扬州创办新式学校，传授西学。20世纪初，废除科举，扬州原有的教育体系随之发生根本变革，传统教育体系被新式学堂体系所取代。

　　清初以来，扬州本籍与侨寓学人交流融通，造就了学术文化繁荣的局面，出现了扬州学派、扬州画派、广陵琴派等既融汇多元又具有鲜明地域印记的学术、艺术群体。清代扬州学术成就卓著，清前期学者在经学考订、舆地之学、"江左"文学等研究方面颇有建树；清代中期，扬州学术臻于繁盛，涌现出汪中、焦循、阮元、王念孙等学术巨匠，还有刘台拱、李惇、任大椿、朱彬、王引之、凌廷堪、江藩、刘文淇、刘寿曾、刘宝楠、刘恭冕、刘毓崧、成蓉镜等，可谓群星璀璨，诸人贯通古今，涉猎广泛，形成博通的学风。清代后期，扬州学术继承传统，汲取西学，如太谷学派代表张积中糅合古今、李光炘融佛、道以释儒经，刘岳云、徐凤诰汲取西学以探究传统实学。在文学方面，形成了具有广陵特色的文学流派，文人结社雅集蔚然成风；曲艺方面，扬州汇集了南腔北调和优秀的梨园艺人，成为南方的戏曲中心；书画方面，以石涛和"扬州八怪"为代表的扬州画派，开启了清代绘画新风；广陵琴派名家辈出，乐谱纷呈，尤以"广陵琴派五谱"为著。

　　清代扬州社会生活受徽商及其文化影响颇深。两淮盐商将"徽派"文化风俗带入扬州。乾嘉时期，扬州一度引领世风，形成所谓的"扬气"。随着时局变动，扬州城市经济过度依赖盐业与盐商的内在缺陷日益彰显，两淮盐业的衰落，扬州民众生活显现出一些"苏式"风采，隐含着苏州风尚渗透的印迹。鸦片战争后，在欧风美雨的侵蚀下，扬州社会生活明显地体现出"洋气"。

六、民国时期的扬州

　　民国时期扬州军政局势经历了激烈的变革。1911年10月10日，武昌起义结束了清朝的统治。此后，具有革命党背景的孙天生宣布扬州光复，成立军政府，自任都督；徐宝山率军自镇江入扬州，成立扬州军政分府。1912年1月1日，中华民国成立，废除扬州府，设民政长公署，扬州民政长改称江都县民政长,后相继改称县知事、县长。地方自治过程中,扬州各县的县议会为议事机关。1928 年,废除淮扬道,江都县直属江苏省。1927 年至 1931 年间,扬州成为拱卫民国首都南京的江北重镇。1933 年,江苏省行政区划调整,于省之下、县之上增设行政督察区,第 9 行政督察区(即江都区)下辖江都、高邮、宝应、仪征、六合、江浦等县;1935 年,省府将第 9 区(江都区)改名为第 5 区。

1937 年 7 月 7 日,抗日战争全面爆发,扬州地区商民团体积极支持全国抗战,成立抗日救亡团体,一些扬州籍青年奔赴各地参加抗日部队。扬州沦陷前夕,各政府部门、银行、学校等机构撤退。12 月 14 日,扬州沦陷。日军在攻占扬州各地及统治过程中,制造了无数惨案,其中较为重大的惨案发生在天宁寺、万福桥、仙女庙等地。在日伪政权统治下,扬州的经济、社会、教育、文化事业等遭受到严重摧残。1939 年 4 月,新四军挺进纵队渡江北上至江都。1941 年 4 月,苏中军区成立,下辖 6 个军分区和兴化、东台、泰县特区“联抗”司令部。扬州地区划入苏中一分区范围内。1944 年 3 月 5 日,新四军发动的车桥战役是苏中战略反攻的重大转折,增强了苏中与苏北、淮南、淮北抗日根据地的联系,揭开了华中地区战略反攻的序幕,宝应由此逐渐成为苏中抗日斗争的政治、军事中心和指挥中枢。扬州地区建有苏北抗战桥头阵地、仪扬抗日根据地、江高宝抗日根据地、江镇抗日根据地等中国共产党领导的根据地。1945 年 12 月,日本宣布无条件投降后数月,占据高邮的日军拒绝向新四军投降。19 日,粟裕指挥华中野战军主力第 7、第 8 纵队及地方武装共 15 个团,向盘踞高邮、邵伯的日军发动进攻,经过一周的战斗,迫使日军投降,收复高邮城,被称为“中国抗日战争的最后一役”。1945 年,国民政府陆续恢复对扬州部分城镇的统治。1946 年 6 月全面内战爆发后,国民党军于 7 月下旬至 8 月下旬,集结约 12 万兵力进攻苏中解放区。中共华中野战军奋起迎战,苏中七战七捷后,国民党军再次集结优势兵力反攻,华中野战军于 1946 年 9 月主动撤出了苏中解放地区。1949 年 1 月 25 日,扬州城解放,成立中共扬州市委会、军管会与市政府;1949 年 4 月 20 日,扬州全境解放。

民国时期,扬州经济与社会出现新变化。自 1912 年恢复两淮盐运使建置始,扬州仍为两淮盐务中心,至 1931 年 2 月,两淮盐运使移驻连云港板浦镇,扬州失去了两淮盐务的中心地位。1931 年 5 月,国民政府颁布新盐法,实行自由贸易,十二圩淮盐总栈的作用逐渐式微。1937 年 11 月,日军占领十二圩,淮盐总栈彻底消亡。扬州经济领域出现的新行业和组织主要有新式垦殖业、蚕桑业、近代化的工厂和银行业。北京国民政府时期,扬州境内先后有交通银行、中国银行、江苏省银行、盐业银行、淮海银行、中国实业银行、天津中孚银行 7 家银行入驻。南京国民政府时期,"四行二局"均在扬州设立分支机构。扬州农业有所发展,各县设立农场、农业改良场、农业推广所等。20 世纪二三十年代,扬州境内由政府主导的水利工程建设主要集中在淮河入江水道及圩堤建设、京杭运河扬州段与长江下游扬州段的建设。1947 年,国民政府导淮委员会、江北运河工程局、行总苏宁分署三方联合对运河部分堵口实施复堤工程。1949 年 1 月,人民军队军管会接管国民政府的运河工程处,第二行政区专员公署成立苏北运河南段工程处,在江都、高邮、宝应等县成立运河工程事务所。民国时期扬州初步形成了公路网,出现轮船与汽车运输,开通一些市际、县际公路,组建民营汽车长途客运公司。

　　民国时期扬州城基本延续了以往的城厢格局,城内埂子街、多子街经教场至彩衣街一带为商业区,各类学校多在西部旧城区域,官署区位于两者之间。钞关至东关街一线为商贾居住区,北门外西北方向为蜀冈 – 瘦西湖风景区。南京国民政府建立后,地方政府规划拓宽城市道路,但阻力重重;沦陷时期,城市遭受破坏。抗战胜利后,1945 年 11 月,江都县政府拟定了《江都县城营建计划大纲》,拆除城墙,建设道路、桥梁,城市照明、用水、清洁卫生等公共设施有所改善。扬州新式学校数量大增,1927 年正式成立的江苏省立扬州中学,办学成效卓著。在学术与文化方面,刘师培、朱自清等在各自研究领域取得了一定的成就;以李涵秋为代表的鸳鸯蝴蝶派扬州作家群体,大多旅居上海,从事新闻报刊、编辑出版行业,创作诸多反映社会生活的通俗文学作品。

　　通过概略梳理自上古至中华人民共和国成立前扬州地域历史演进的大体脉络,可见距今 7000—5000 年的龙虬庄文化时期,扬州的先民已经生活于江淮东部大地,开启了地域社会历史的进程,奠定了地域文明的基石。自春秋战国以来,扬州逐渐步入地域社会快速发展的历史时期。此后的各个历史阶段,扬州作为区域社会中心在关乎全国的军政格局、国家财政、文脉传承等方面扮演着不可替代的重要角色,发挥了独特的作用,经历了数度盛衰起伏的演变历程。

作为中国历史的一个有机组成部分,要准确把握扬州区域历史发展的特征、规律与贡献,必须将其放置于中华历史的整体格局之中予以观照与体察,其中两方面的感悟尤为深切:

其一,作为一座具有"通史性"特征的历史文化名城,扬州地域历史发展与中国整体历史进程基本同频共振。

众所周知,扬州的文明历史持续发展,春秋战国以降,先后出现了汉代初盛、唐代鼎盛、清代繁盛三个世所公认的"兴盛期",其间地域社会政治昌明,经济繁荣,文教发达,学术卓越,为全国之翘楚,地位显著。而这三个历史时期,正是中华历史上三个大一统王朝,国势鼎盛。显而易见,扬州地域社会的繁荣发展,可谓国家整体兴盛的局部缩影与生动侧面。

在汉、唐、清三个鼎盛期前后的诸间隔历史时段,国家整体处于历史演进的变动更替期,大多表现为分裂动荡状态,如秦汉之前的春秋战国时期,汉唐之间的魏晋南北朝时期,即中国历史上历时长久、程度深重的分裂时期。唐末至清代,其间经历了两宋元明诸朝。在这一历史时段,北宋、明代国势有所局限;至于五代十国、南宋时期,则处于大分裂状态。在这一格局下,扬州或为地域纷争的"中心",或处于南北对抗的"沿边",在经济、社会等方面,或相对"衰落""停滞",或相对"平静""沉寂"。

当然,从长时段或整体性的历史与文化发展的视角看,这些"分裂期"与"衰落期",实际上是中国整体历史发展进程中的积蕴、变革与转型阶段,诸多的社会制度变革与思想文化更替,正是在这些阶段逐步孕育生发而来的,为此后的"兴盛期"聚积了足够催生转型与变革的历史资源,准备了充分发展的历史条件。就扬州地域历史而言,以上诸历史阶段,在或"衰滞"或"沉寂"的表象下,往往积极应对,顺势而为,特别在北宋、明代等国祚较长的王朝统治时期,扬州地方积极作为,储备能量,奠定未来再现辉煌的社会基础。

由此可以说,扬州历史上的数度盛衰兴替,与整个国家的历史发展轨迹基本同频共振,进而言之,在中华历史与文化演进的诸多历史关头,不难感受到来自扬州地域社会的具体作用与影响。

其二,特定的地理区位与交通地位,对扬州历史、文化之衍生与发展影响至深,赋予其鲜明的地域社会特征。

作为区域社会中心,扬州地处江淮之间,临江濒海,特别是凿通运河,其连接南北、沟通东西的地理区位优势日益彰显。早在新石器时期,扬州地域便表现出"南北文化走廊"或"南北文化通道"的区域性特征,这不仅是南北文化的"传输"或"中转",也在此进行南北风尚、异质文化的汇聚、融通与糅合、再造,进而形成具有本地域特征的新文化因素。春秋战国以来特别是隋唐以来,贯通南北的大运河对国家整体的军事、政治、经济与文化发展意义重大,扬州处于运河的中枢区位,在大一统国家中自然成为南北交通的中心与关键;在开放的唐代,扬州一度还成为国际化都市。

扬州地域经济社会繁荣,必然显现"虹吸效应",导致人才聚集,引发文化交融与新变,进而催生学术文化创新——扬州的每一个"兴盛期",都是地域社会文化的高峰期——这是扬州有别于其他偏重政治、军事、经济的地域性中心的鲜明特征——扬州的兴盛,往往具有社会综合性或整体性,尤其学术文化要素凸显。扬州地域的学术文化,包括地域社会生活习尚,具有与生俱来的开放性、包容性、融通性——这正是扬州文化突出的地域性特征。不仅如此,各历史时期,融汇东西南北的扬州文化往往凭借其交通与物流优势而转输各地,对各时代的学术文化与社会风尚产生或轻或重、或显或隐的影响,引领时代风尚。如果用最简洁的词语概括扬州历史文化的特征,那么"融通""汇通""会通""联通""变通"等词语应当是妥帖恰当的。

与此相应,在中国历史上的"分裂动荡"或"变革更替"时期,扬州的地理与交通区位则往往使其处于南北对抗的"前沿",或为南北政权的"过渡地带",有时成为"羁縻"之地,甚至成为"弃地"。随着统一战争的来临,扬州自是南北政权激烈争夺的所在。可见这一地理区位也决定着扬州屡遭兵燹与劫难的历史命运,赋予其悲壮的历史色彩和英雄的历史气息。

因此,准确地把握扬州地域历史文化的特质,应当具备通达的"大历史"眼光,注重强化扬州与中国历史乃至世界历史的关联与"互动"意识,以明其"通",以知其"变"。

扬州历史绵延厚重,扬州文化博大精深。对扬州历史与文化的宏观性论述与规律性阐发,是一个无止境的话题,期待博雅有识之士的真切感悟与深刻思考。

"雄关漫道真如铁,而今迈步从头越。"1949年10月1日中华人民共和国的建立,掀开了中华民族历史的崭新篇章,历史文化名城扬州也焕发出新的生机,迈进了新的历史时期。回顾历史,是为了正视现实,展望未来。在经历了新中国的政治、经济、文化与社会的诸多深刻变革,特别是经过了改革开放的砥砺磨炼,扬州的经济社会步入了高速发展阶段,取得了前所未有的辉煌成就,达到了前所未有的文明高度,这是历史上任何一个"兴盛期"都无可比拟的。我们坚信,在全面建设社会主义现代化国家、全面推进中华民族伟大复兴的新时代征程中,扬州人民一定会用自己辛劳的汗水与无穷的智慧,谱写出无愧于先民的更加波澜壮阔的历史新篇章!

目　录

第一章　元代扬州的政治与军事

　　1206 年,蒙古贵族在斡难河源举行忽里台,奉铁木真为大汗,是为成吉思汗。之后,蒙古先后攻灭西夏、金朝。1260 年,忽必烈继位。1271 年,忽必烈建国号"大元"。至元十年(1273),南宋襄阳守将吕文焕降元。次年,元军分道南下。至元十三年正月,宋恭帝降元。七月,南宋扬州守将朱焕以扬州降元。

　　元代扬州路管辖地区包括滁州、真州、泰州、通州、崇明州五州。元朝占据扬州后,设置大都督府管理扬州,并将江淮等处行中书省的治所设在扬州。此后,管理机构的名称、治所屡有变化。至元二十八年(1291),扬州划入河南江北行省。

　　元末,天下群雄并起。元顺帝至正十二年(1352)闰三月,割扬州等地成立淮南江北行中书省,以扬州为省治所在地。至正十三年,泰州人张士诚起事反元,攻掠高邮、扬州等地。至正十七年,朱元璋的军队攻克泰兴、真州、扬州,改扬州为淮海府,这是扬州进入明朝统治的开始。至正二十一年(1361),淮海府改名维扬府,至正二十六年改为扬州府。至正二十八年,朱元璋登基,建国号大明,年号洪武。八月,明军入大都,元亡。

第一节　政区沿革

　　元世祖至元十三年元军占领扬州后,在扬州设立江淮行省,管理两淮、江东地区。此后十数年,江淮行省治所在扬州和杭州之间迁移。至元二十八年(1291),扬州并入河南江北行省,并设淮东宣慰司管理。至正十二年(1352),为应对张士诚等人的起义,元廷设淮南江北行省,并将行省治所设在扬州。元代扬州辖一录事司、二县、五州。高邮单独设高邮府,不受扬州管领。御史台是元代的监察机构,中央设御史台,西部地区设陕西行御史台,东南地区设江南行御史台。元初,扬州一度是江南行御史台治所。随着扬州路并入河南江北行省,江南行御史台治所迁往建康(今江苏南京市),中央御史台下属江北淮东道肃政廉访司的治所由淮安迁往扬州。

一、行政机构

元世祖至元十三年(1276)正月,元军兵至临安城,宋恭帝出降。[1]元将伯颜招谕驻守扬州的淮东制置使李庭芝,令其投降。李庭芝拒降。六月末,李庭芝与部属姜才东走泰州,留部将朱焕守扬州城。在前一年七月时,元世祖忽必烈曾遣使诏谕朱焕投降,[2]但朱焕没有接受。此时,在元军的军事压力下,朱焕于七月十二日以扬州降元。10天后的二十二日,泰州守将也开门迎降,李庭芝、姜才被俘。[3]八月十三日,李庭芝、姜才在扬州被杀。[4]淮东州县皆归附元朝。

(一)江淮行省与扬州行省

至元十三年,元廷在扬州设立大都督府,不久又在扬州设江淮等处行中书省,管理两淮、江东地区。[5]行中书省简称行省,是元代地方最高行政机构。行省最早可以上溯到魏晋隋唐时期的行尚书台(省),但行尚书台(省)唐初即废,只能视为行省制度的渊源。元代行省制度受金朝行尚书省和蒙古国燕京等处三断事官的影响最大。金代行尚书省是尚书省的临时派出机构,属于权宜建置。燕京等处三断事官是在蒙古灭金后,在汉地等处建立的派出机构,由朝廷直接委派,直接对大汗负责。[6]元世祖忽必烈即位后,陆续派出中书省臣到地方处理政务。至元十三年,南宋逐渐平定,元廷在南宋故地设立行中书省统辖各地。

---

[1]〔明〕宋濂等:《元史》卷九《世祖纪六》,中华书局1976年版,第176—178页。

[2]〔元〕陶宗仪:《南村辍耕录》卷二〇,中华书局1959年版,第243—244页。

[3]〔明〕宋濂等:《元史》卷九《世祖纪六》,第184页。

[4]〔明〕宋濂等:《元史》卷九《世祖纪六》,第185页。

[5]〔明〕宋濂等:《元史》卷五九《地理志二》,第1414页。

[6] 李治安:《行省制度研究》,南开大学出版社2000年版,第3—7页。

元灭南宋初期，各行省的名称、疆界和治所是不稳定的。至元十三年，扬州被定为江淮行省的省治所在地。由于元代常以省治所在地名称指代省名，故江淮行省也常常被称作扬州行省。

至元十五年（1278）十一月，江淮行省的省治由扬州迁往杭州，扬州另设淮东宣慰司管理。[1]至元十七年左右，江淮行省治所由杭州迁往扬州。[2]至元二十一年，江淮行省治所从扬州再度迁往杭州。[3]至元二十一年左右，江淮行省改名江浙行省。[4]

至元二十三年七月，行省省臣忙兀带上奏："今置省杭州，两淮、江东诸路财赋军实，皆南输又复北上，不便。扬州地控江海，宜置省，宿重兵镇之，且转输无往返之劳。行省徙扬州便。"[5]于是，行省省治再度由杭州移至扬州。至元二十四年正月，江浙行省改名为江淮行省。[6]至元二十六年二月，江淮行省治所再度迁往杭州，"改浙西道宣慰司为淮东道宣慰司，治扬州"。[7]

至元二十八年十二月，设立河南江北行中书省，省治在汴梁。[8]扬州地区划归河南江北行中书省。同月，原江淮行省再度更名为江浙等处行中书省。[9]此后，元朝定制：全国除中书省直辖区外，固定为 10 个行省，即岭北行省、辽阳行省、河南江北行省（简称河南行省）、陕西行省、四川行省、甘肃行省、云南行省、江浙行省、江西行省、湖广行省。

至元年间，江淮行省的治所在杭州和扬州之间反复迁转，反映的是元朝对南宋故地统治政策的变化。省治在杭州，有利于有效统治南宋故地；省治

---

[1]〔明〕宋濂等：《元史》卷一〇《世祖纪七》，第 206 页。史卫民认为至元十三年六月以前已设淮东宣慰司，淮安置司。见其《元朝前期的宣抚司与宣慰司》，中国元史研究会编：《元史论丛》第五辑，中国社会科学出版社 1993 年版，第 61 页。

[2]刘如臻：《元代江浙行省研究》，中国元史研究会编：《元史论丛》第六辑，中国社会科学出版社 1997 年版，第 96—97 页。

[3]〔明〕宋濂等：《元史》卷五九《地理志二》，第 1414 页。

[4]〔明〕宋濂等：《元史》卷六二《地理志五》、卷一三《世祖纪十》，第 1491、280 页。

[5]〔明〕宋濂等：《元史》卷一四《世祖纪十一》，第 291 页。

[6]〔明〕宋濂等：《元史》卷一四《世祖纪十一》，第 295 页。

[7]〔明〕宋濂等：《元史》卷一五《世祖纪十二》，第 320 页。

[8]〔明〕宋濂等：《元史》卷一六《世祖纪十三》，第 353 页。

[9]〔明〕宋濂等：《元史》卷一六《世祖纪十三》，第 353 页。

在扬州,则有利于保障东南粮食通过漕运发往北方。当时元军在东北地区面临乃颜的叛乱,在西北地区面临海都、都哇叛乱,东南地区的粮食供应十分重要。行省充任大军区和财赋转运站的双重角色。如果省治在杭州,则江淮地区征集的粮食需先南下送往杭州,再北上运往扬州,通过漕运向北输送,非常不便。扬州位于南宋故地的北方,省治设于扬州,将无法有效控制整个南方地区。可见,江淮行省的治所无论设于扬州还是设于杭州,都无法兼顾漕粮运输和稳定江南统治,因此不得不在两地来回迁移。随着海运的发展和运粮系统的完善,江淮行省的治所才固定在杭州,同时将扬州路等江北地区割隶河南江北行省。江淮行省失去两淮之地,改名江浙行省。[1]至元二十八年(1291)后,河南江北行省和江浙行省的名称、辖区、治所才稳定了下来。

(二)淮南江北行中书省

元顺帝至正十一年(1351)起,方国珍、徐寿辉、张士诚等先后起事。至正十二年闰三月,河南江北行省部分地区独立为淮南江北等处行中书省。淮南江北行省治所在扬州,辖淮西宣慰司、两淮盐运司、扬州路、高邮府、淮安路、徐州路[2]、庐州路、安丰路、安庆路、蕲州路、黄州路。[3]扬州路、高邮府、淮安路为淮东宣慰司辖地。庐州路、安丰路、安庆路、蕲州路和黄州路为原淮西宣慰司辖地。[4]淮南江北行省的管辖范围大致为东至大海,南至长江,西至今湖北省东部,北至今山东省南部。几年后,随着高邮、兴化、扬州等地陆续被张士诚和朱元璋占领,淮南江北行省名存实亡。

(三)宣慰司

宣慰司是元代地方行政机构之一。至元十五年(1278)以前,行中书省尚未定制,在相当长的时间内,行省或是临时处理军务的组织,或仅是一种

[1] 李治安、薛磊:《中国行政区划通史·元代卷》,复旦大学出版社2009年版,第211—213页。

[2] 徐州路,原为徐州,下州。至正八年(1348)六月升为路,辖滕州、峄州、邳州、宿州。徐州,《元史·顺帝纪》作"滁州",滁州本属扬州,当为"徐州"之误,兹据《元史·百官志》改为"徐州"。并参〔元〕苏天爵著,陈高华、孟繁清点校:《滋溪文稿》卷三《新升徐州路记》,中华书局1997年版,第38页。

[3]《元史·顺帝纪》多出"和州",和州属庐州路,兹据《元史·百官志》删。《百官志》无安庆路,据《顺帝纪》补。

[4] 淮西宣慰司于大德三年二月被废。见《元史》卷二〇《成宗纪三》,第426页。

半固定化的组织。宣慰司主要是作为行中书省的补充而设置的,是一种集统军、弭盗、选官、抚民、劝农、理财诸权于一身的机构。[1]因此,设立行省的地区往往不设宣慰司。[2]换言之,设立宣慰司的地区也不会成为省治所在。

至元十五年十一月江淮行省迁往杭州前不久,元世祖忽必烈接受江东道宣慰使囊加带"江南既平,兵民宜各署官署"的建议,在江南地区实行军民分治,收回宣慰司的军权。[3]宣慰司逐渐成为行省的下属机构。根据上述情况,在至元十五年江淮行省省治由扬州迁往杭州的同时,扬州设淮东宣慰司管理,但这个淮东宣慰司只管理地方民事,受江淮行省管辖。至元十九年(1282),淮东宣慰司废。至元二十一年(1284),扬州重设淮东宣慰司,管理扬州和淮安。至元二十三年(1286),行省省治由杭州移扬州,淮东宣慰司废。[4]至元二十六年(1289)二月,江淮行省治所迁杭州,扬州设淮东道宣慰司。[5]至元二十八年(1291),扬州划归河南江北行中书省,扬州复立淮东道宣慰司。[6]

(四)扬州路、扬州路诸州县、高邮府

一般说来,元代地方行政机构分为行中书省、路、府州、县四级。至元二十年(1283),按户数将路分为上路和下路,定 10 万户以上者为上路,10 万户以下者为下路;州分上州、中州和下州,江淮以南 5 万户以上者为上州,3 万户以上者为中州,3 万户以下者为下州;县分上县、中县和下县,江淮以南 3 万户以上者为上县,1 万户以上者为中县,1 万户以下者为下县。[7]

部分行省在省和路间多出宣慰司一级,分为行省、宣慰司、路、府州、县五级。行省辖宣慰司,宣慰司辖路、府州、县。扬州路就属于这种情况,它隶属河南江北行省淮东道宣慰司管理。淮东宣慰司辖二路一府,二路为扬州

---

[1] 李治安、薛磊:《中国行政区划通史·元代卷》,第 5 页。
[2] 〔明〕宋濂等:《元史》卷九《世祖纪六》,第 183 页。
[3] 〔明〕宋濂等:《元史》卷一〇《世祖纪七》,第 205—206 页。
[4] 〔明〕宋濂等:《元史》卷五九《地理志二》,第 1414 页。
[5] 〔明〕宋濂等:《元史》卷一五《世祖纪十二》,第 320 页。
[6] 〔明〕宋濂等:《元史》卷五九《地理志二》,第 1414 页。
[7] 〔明〕宋濂等:《元史》卷九一《百官志七》,第 2316—2318 页。

路、淮安路,一府为高邮府。[1]今江苏省扬州市全在当时淮东道宣慰司治下。

　　相比省级治所的频繁变动,元代扬州地区的路府州县的变动很小。至元十四年(1277),设扬州路总管府取代大都督府,[2]高邮由南宋时期的高邮军升为高邮路总管府,领录事司及高邮、兴化二县。至元十六年,宝应军改为安宜府。至元二十年(1283),废安宜府为宝应县,并入高邮,改高邮路为高邮府,属扬州路。至元二十一年,扬州路领一府五州,即高邮府、真州、滁州、通州、泰州和崇明州。高邮路降为高邮府并入扬州路后,仍受宣慰司役属,当地吏民对此皆感不满。大德年间,高邮府再度被划出扬州路,成为直隶宣慰司的散府。[3]

　　扬州路属上路,有"户二十四万九千四百六十六,口一百四十七万一千一百九十四",[4]符合10万户以上为上路的规定。

　　高邮府割出后,扬州路辖录事司一、县二、州五。州领九县。

　　录事司,秩正八品。元代每路置一个录事司,掌城中民户之事。[5]

　　二县:江都、泰兴,皆为上县。其中江都为扬州路倚郭县。倚郭,即治所所在地。

　　五州:真州、滁州、泰州、通州、崇明州。泰州为上州,真州、通州为中州,滁州、崇明州为下州。

　　真州(今江苏仪征),至元十三年(1276)为真州安抚司,十四年改为真州路总管府,二十一年(1284)降为真州,隶属扬州路。真州领二县:扬子,上县,真州倚郭县;六合,下县。

　　滁州(今安徽滁州),至元十五年(1278)为滁州路总管府,二十年(1283)降为滁州,隶属扬州路。滁州领三县:清流,中县;来安,下县;全椒,中县。

　　[1]〔明〕宋濂等:《元史》卷五九《地理志二》,第1413—1417页。

　　[2]〔元〕苏天爵著,陈高华、孟繁清点校:《滋溪文稿》卷一七《元故通议大夫徽州路总管兼管内劝农事朱公神道碑》,第270页。

　　[3]〔明〕宋濂等:《元史》卷五九《地理志二》,第1414、1417页。

　　[4]〔明〕宋濂等:《元史》卷五九《地理志二》,第1414页。

　　[5]〔明〕宋濂等:《元史》卷九一《百官志七》,第2317页。

泰州,至元十四年(1277)立泰州路总管府,二十一年(1284)降为泰州,隶属扬州路。泰州领二县:海陵,上县,泰州倚郭县;如皋,上县。

通州(今江苏南通),至元十五年为通州路总管府,二十一年降为通州,隶属扬州路。通州领二县:静海,上县,倚郭县;海门,中县。

崇明州(今上海崇明区),至元十四年升为崇明州。[1]

高邮府,元文宗至顺间(1330—1333)钱粮户数50098,领三县:高邮,上县;兴化,中县;宝应,上县。

与今日扬州辖区相比,元代扬州路和高邮府的管辖区域要大得多,包括了今天的扬州市、滁州市、泰州市、南通市、南京市江北地区、上海市崇明区。其西部伸入今安徽省境内,东部延伸至海,南至长江,北部与今扬州市北部基本重合。这一行政区域稳定保持了几十年。

二、监察机构

(一)江南行御史台

御史台是元代的监察机构。除中央御史台外,元代先后在南部和西部设立了2个行御史台。南方地区的行御史台后定名为江南行御史台,简称南台,至元十四年七月设于扬州。[2]同年年底,南台治所与行省治所一同迁往杭州。[3]二十一年,因江淮行省治所从扬州移往杭州,御史台官员提出,行台治所应与省治处于同一地区,行省治所既然移至杭州,行台治所也应当随迁杭州。[4]于是这一年南台治所从扬州变为杭州。此后,南台治所在杭州、江州(今江西九江市)、建康(今江苏南京市)间多次迁移。至元二十六年(1289),南台治所再次迁至扬州,二十九年(1292)从扬州迁回建康。[5]

(二)江北淮东道肃政廉访司

御史台下设察院、提刑按察司。察院设监察御史、书吏,为御史台耳目。

［1］〔明〕宋濂等:《元史》卷五九《地理志二》,第1414—1415页。

［2］〔明〕宋濂等:《元史》卷九《世祖纪六》,第191页。

［3］〔元〕刘孟琛等编撰,王晓欣点校:《南台备要》,《宪台通纪(外三种)》,浙江古籍出版社2002年版,第161—162页。

［4］〔元〕刘孟琛等编撰,王晓欣点校:《南台备要》,《宪台通纪(外三种)》,第164页。

［5］〔元〕张铉修纂:《〔至正〕金陵新志》卷一《地理图》,《〔至正〕金陵新志(一)》,南京出版社2010年版,第72页。

提刑按察司在至元二十八年（1291）改名肃政廉访司,全国共二十二道肃政廉访司。[1]江北淮东道原属江南行台管理,至元十四年（1277）七月于淮安置司。扬州路本是提刑按察司置司的最佳地点,但当时行台治所也在扬州,故于淮安置司。[2]至元十五年（1278）,行台治所迁杭州,淮东按察司治所迁往扬州。至元二十三年（1286）,江北淮东道提刑按察司拨隶中央御史台。[3]此时扬州路尚属江南行台管理,淮东按察司的治所应已迁至淮安。至元二十九年,南台治所由扬州迁往建康,江北淮东道肃政廉访司治所由淮安迁至扬州。[4]

表1-1　　　　江淮行省治所迁转、淮东宣慰司设废、
江南行台治所、江北淮东道提刑按察司治所一览表

时　间	江淮行省治所	淮东宣慰司设废	南台治所	江北淮东道提刑按察司治所
至元十三年	扬州	—	—	—
至元十四年	扬州	—	设江南行御史台,治所扬州	淮安
至元十五年	杭州	设	杭州	扬州
至元十七年	扬州	至元十九年废	杭州	淮安
至元二十一年	杭州	设	杭州。三月迁往江州,五月迁回杭州	淮安
至元二十三年	扬州	废	杭州,四月迁至建康	淮安
至元二十六年	杭州	设	扬州	淮安

---

[1]〔明〕宋濂等:《元史》卷八六《百官志二》,第2179—2181页;〔元〕刘孟琛等编撰,王晓欣点校:《南台备要》,《宪台通纪（外三种）》,第161页。

[2]〔元〕刘孟琛等编撰,王晓欣点校:《南台备要》,《宪台通纪（外三种）》,第159页。

[3]〔明〕宋濂等:《元史》卷八六《百官志二》,第2180页。

[4]〔元〕刘孟琛等编撰,王晓欣点校:《南台备要》,《宪台通纪（外三种）》,第167页。

续表 1-1

时 间	江淮行省治所	淮东宣慰司设废	南台治所	江北淮东道提刑按察司治所
至元二十八年	扬州划归河南江北行省,省治汴梁。江淮行省改名江浙行省,省治杭州	设	扬州	淮安 二月,提刑按察司改名肃政廉访司
至元二十九年	—	设	建康	扬州
至正十二年,扬州等地设淮南江北行中书省,扬州为省治所在地				

第二节 军政格局

元代设置在扬州路的机构都有属官。元代规定省级机构最高长官为丞相或平章政事,从一品,以下设左丞、右丞、参知政事、郎中、员外郎、都事等官。淮东宣慰司设宣慰使、同知、副使、经历、都事、照磨兼架阁管勾等官。江北淮东道肃政廉访司设廉访使、副使、佥事、经历、知事、照磨兼管勾等官。扬州路、高邮府及下属州县的属官,皆以达鲁花赤为首。元代扬州路的驻军很多,有镇戍军、镇南王戍守军以及"非兵而兵者"。至正十五年(1355),淮东宣慰司为统领义兵,设置淮东等处宣慰使司都元帅府。

一、省级行政机构属官

元世祖至元年间(1264—1294),扬州曾为江淮行省(扬州行省)省治所在地,但此时行中书省官员没有定额。元武宗至大二年(1309),元廷才明确规定了行中书省的官员名称与品秩。此时,扬州已不是行中书省的治所所在地了。扬州所属的河南江北行省设丞相1人,从一品,是行省的长官,掌管全省事务;平章政事2人,从一品,行省丞相与行省平章政事同品级,行省设丞相,则丞相为长官,行省不设丞相则平章政事为行省长官,2个行省平章政事中有1个是首席平章政事;右丞、左丞各1人,正二品,行省右丞位在左丞之上,右丞、左丞掌屯田或钱谷之事;参知政事2人,从二品,在行省长贰正官中地位最低；郎中 2 人，从五品；员外郎 2 人，从六品；都事 2 人，从七品。郎中、员外郎、都事是行省长贰正官的幕僚，辅佐行省长官处理行省事务。都事以下设掾史、蒙古必阇赤、回回令史、通事、知印、宣使等吏员。掾史、蒙古必阇赤、回回令史分别掌管汉文、蒙古文和波斯文的文书案牍工作。通事就是翻译。由于元朝境内生活着蒙古人、色目人、汉人和南人，操持不同语言，其中很多人不懂得其他民族的语言文字，因此翻译非常重要。元代从中枢到地方都设有译史或通事，专司文书翻译工作。这是元代官制的一个特点。知印掌管衙门的印章、印信等物。宣使负有出使之责，为行省长官传达政令，到各路宣读朝廷诏书，向朝廷传送行省的奏疏和财物等。[1]

元顺帝至正十二年（1352），设淮南江北等处行中书省，治所设在扬州。行省设平章政事 2 名、右丞 1 名、左丞 1 名、参知政事 2 人。以翰林学士承旨晃火儿不花、湖广平章政事失列门并为淮南江北等处行省平章政事；以淮东元帅蛮子为行省右丞；以燕南廉访使秦从德为行省左丞；以陕西行台侍御史答失秃、山北廉访使赵琏并为行省参知政事。[2] 除此之外，行省还设首领官、属官。淮南江北等处行中书省共设官 31 人，与传统行省的设官大致相近。[3]

二、淮东宣慰司和江北淮东道肃政廉访司属官

（一）淮东宣慰司属官

元代扬州设淮东宣慰司，亦称淮东宣慰使司。宣慰使司，秩从二品。淮东宣慰使司设 3 名宣慰使，从二品；同知 1 名，从三品；副使 1 人，正四品；经历 1 人，从六品；都事 1 人，从七品；照磨兼架阁管勾 1 人，正九品。[4] 其中宣慰使、同知、副使属正官；经历、都事、照磨兼架阁管勾为首领官。正官、首领官之下，还设有令史 30 人、译史 2 人、知印 1 人、通事 1 人、奏差 20 人、

[1]〔明〕宋濂等：《元史》卷九一《百官志七》，第 2305 页；李治安：《行省制度研究》，第 18—33 页。

[2]〔明〕宋濂等：《元史》卷四二《顺帝纪五》，第 898 页。

[3]〔明〕宋濂等：《元史》卷九二《百官志八》，第 2332—2333 页。

[4]〔明〕宋濂等：《元史》卷九一《百官志七》，第 2308 页。

典史4人,这些是宣慰司的属吏。[1]

　　宣慰使是宣慰司的长官,如果3名宣慰使职权完全相同,会导致宣慰司属官无所适从。因此3名宣慰使中,有一人的地位比另外二人高一些。一般以品秩高者为长,同品秩者以先到任的宣慰使为长。在宣慰司中,首领官、属吏人数较多,负责宣慰司日常运转。经历为首领官之长,位居宣慰副使之下、都事之上,起到沟通上下的作用。都事从事文字工作。照磨是照刷磨勘的简称,掌查考钱谷、审核案牍的工作。架阁即架阁库,是放置档案文书的处所,架阁管勾负责查对文书案牍。宣慰司照磨与架阁管勾由同一人兼任。宣慰司的属吏中,令史负责文书工作。译史、通事皆为翻译官。知印司印。奏差为宣慰司奔走四方,传递文书与政令。典史负责衙门文书档案的收取、发送、启缄、保管等工作,在元朝各级政府中地位最低、设置面最广。[2]

　　元代官府通行圆议连署制,宣慰司政务需由正官共同商议决策。政务需由宣慰使、同知、副使共同决议,但这些官员不可能在每一件事上都达成一致,这就导致有些宣慰司官员之间因公事产生矛盾,甚至对骂殴打。如元武宗至大四年(1311),广西两江道宣慰司副使拔都海牙因为公事不和,首先开口毁骂经历张克文,并命下人殴打张克文,致其受伤。张克文亦回骂拔都海牙。此事在当时还惊动了朝廷。这种因公事引发矛盾继而官员间殴打对骂的事虽然不一定经常发生,但既是共同决议制,那宣慰司官员间意见不一的情况则在所难免。可以推想,淮东宣慰司官员在圆议时也会有矛盾。当宣慰司官员间因公事意见不一时,往往由地位更高、有更大发言权的宣慰使作决策。[3]

　　宣慰司掌辖地行政、财赋、司法、军事、站赤、屯田、造作等事。宣慰司位于行省之下,有义务向行省禀告政务。同时,宣慰司常奉行省命令,执行行省的任务。行省作为朝廷与宣慰司的中介,有义务为宣慰司向朝廷争取权

---

[1]　陈高华等点校:《元典章》卷一五《户部卷一·禄廪》,中华书局、天津古籍出版社2011年版,第535页。

[2]　许凡:《元代吏制研究》,劳动人事出版社1987年版,第5—15页;李治安:《行省制度研究》,第324—326页。

[3]　李治安:《行省制度研究》,第326—329页。

力。虽然宣慰司隶属于行省,但宣慰司也不是任何事都唯行省马首是瞻,宣慰司官员与行省官员也偶尔会发生争执,有些争执甚至是以行省官员的让步而告终。例如元世祖至元二十一年(1284),浙西道宣慰使史弼因米价腾贵,命发10万石米平价粜粮,行省官员要求加价,史弼不肯,表示宁可自己出钱,也不能加价。行省官员最终让步,没有加价。[1]浙西道属江淮行省,让步的行省官员是江淮行省的长官。

(二)江南行御史台属官(至元十四年至二十八年)

元世祖至元十四年(1277),扬州立江南行御史台,设御史大夫1人,从二品;御史中丞2人,从三品;侍御史2人,正五品;治书侍御史2人,从六品;都事2人,从七品;架阁库管勾、承发司管勾各1人;令史10人;译史、通事、知印各2人;宣使10人;典吏3人;库子1人。江南诸道行御史台下设察院,有监察御史10人,秩七品;察院书吏10人。[2]御史大夫是行御史台的长官,御史中丞、侍御史等人是御史大夫的副手。都事辅佐长官,管理吏员。架阁库管勾管理档案,承发司管勾管理文字。令史管理案牍。译史、通事负责书面翻译和口头翻译。知印掌管印信,宣使往来传达政令,典吏负责收发文件。库子掌管官库。监察御史监察百官、巡视州县,察院书吏负责文书工作。

至元二十七年(1290),江南诸道行御史台由从二品升为正二品;治书侍御史也随之升为五品。[3]至元二十九年(1292)江南诸道行御史台迁往建康后,其官员的品秩和数目又发生过几次变化。

(三)江北淮东道肃政廉访司属官

江北淮东道肃政廉访司治所设在扬州。元代定例,廉访司设廉访使2人,正三品;副使2人,正四品;佥事4人,正五品;经历1人,从七品;知事1人,正八品;照磨兼管勾1人,正九品;书吏16人,译史、通事各1人,奏差5人,典吏2人。[4]两名廉访使的品级一样,但地位并非完全相等,其中1名廉访

[1] 李治安:《行省制度研究》,第346—348页。

[2] 〔元〕刘孟琛等编撰,王晓欣点校:《南台备要》,《宪台通纪(外三种)》,第157—158页。

[3] 〔元〕刘孟琛等编撰,王晓欣点校:《南台备要》,《宪台通纪(外三种)》,第165—166页。

[4] 〔明〕宋濂等:《元史》卷八六《百官志二》,第2180—2181页。《元典章》在肃政廉访司"典吏"一职下,设公使人四十名。陈高华等点校:《元典章》卷一五《户部卷一·禄廪·表格》,第535页。

使的地位应当更高一些。

廉访使、副使、佥事是廉访司正官。佥事辅助长官、巡视各地,兼管农事。经历为首领官之首,负责管辖吏员。知事掌案牍。照磨兼管勾掌磨勘审计工作。肃政廉访司的属吏中,书吏是最重要的。书吏负责肃政廉访司的刑狱、诉讼、造作、差发、征兵、赏罚、陟黜、赋税等各种内容的文书、表册、档案的拟制、呈递。[1]肃政廉访司的职责主要有二:纠核官员奸弊、照刷案牍。廉访司中译史、通事、奏差、典史的工作内容与行省、宣慰司和行台中的译史、通事等的工作内容基本相同。

宣慰使官阶虽高,但还是免不了受同僚的监督。除此以外,宣慰司官员主要受监察机构的监管。元世祖至元十五年(1278)起,宣慰司正式受肃政廉访司监察。[2]淮东宣慰司与江北淮东道肃政廉访司同在扬州路置司,江北淮东道肃政廉访司承担监察淮东宣慰司的职责。

《元典章·刑部》有一件《汪宣慰不奔父丧》的判例,记载了江北淮东道肃政廉访司发觉淮东道宣慰使不孝,进而上奏朝廷并由朝廷处置的经过:

皇庆二年五月,江西廉访司奉江南行台札付:准御史台咨:

近据淮东廉访司申:"淮东宣慰使汪元昌,闻知父丧,不即奔赴,值先帝升天,作乐饮酒,不忠不孝。合行明正其罪,永不叙用。申乞照详。"得此。呈奉中书省札付:"送刑部议得:'汪元昌所犯,合依已拟,除名不叙,遍行照会相应。具呈照详。'得此。都省照得即系本台元呈事理,仰就便闻奏"事。承此。皇庆二年正月十三日,本台官奏过事内一件:"昨前省家俺根底与将文书来:'淮东廉访司官人每文字里说将来:扬州宣慰使汪元昌小名的人,他的爷殁了呵,省家交他奔丧去么道,与将文书去呵,他不奔丧,将省家文书藏了,每日筵席有。完泽笃皇帝升天了呵,别了大体例,家里唤得乐人来,交唱着,他自弹着,筵席有。更殁了爷不奔丧的罪过,遇赦免了也。刑部拟着他除名不叙。'么道。俺商量来:

---

[1] 许凡:《元代吏制研究》,第 8 页。

[2] 〔明〕宋濂等:《元史》卷一〇《世祖纪七》,第 200—201 页。

依着他每拟定的行呵,怎生?"奏呵,"那般者。"么道,圣旨了也。钦此。咨请钦依施行。[1]

文书点明了淮东宣慰司汪元昌的两项罪名:其一,父亲死了不立即奔丧;其二,完泽笃皇帝(元成宗)死后,在家饮宴作乐。肃政廉访司官员访知此事后上报朝廷,由刑部审定,决议将汪元昌革职。这个案例说明,虽然肃政廉访司长官廉访使的品级比宣慰使略低,但肃政廉访司对宣慰司的监察不受品级限制。

三、扬州路及所属录事司、府、州、县属官的设置

(一)扬州路属官

扬州路属上路,秩正三品。按规定,扬州路总管府设达鲁花赤1员,正三品;总管1员,正三品;同知1人,从四品;治中1人,正五品;判官1人,正六品;推官2人,从六品,专理刑狱;经历1员,从七品;知事1人或2人,从八品;照磨兼承发架阁1人;译史、通事各1人;司吏若干人。达鲁花赤是蒙古语镇守官的音译,元代路府州县皆设达鲁花赤,它既是行政监督官,又是最高管民官和镇守官。总管是仅次于达鲁花赤的管民官。同知的职权较达鲁花赤、总管稍轻。总管空缺时,同知可以署理府事。治中比同知低一级,判官的级别比治中更低,但属于正官,可参加圆议连署。推官在正官中级别最低,专理刑狱之事,即只参加刑狱方面的议事。经历、知事、照磨为首领官。经历、知事管领吏员,并掌管案牍。知事的品级比经历低。照磨、经历掌管案牍图籍。译史、通事管翻译,司吏管理礼仪、土地、财政、刑狱、站赤军役、文书处理等事。[2]

此外,扬州路的属官还包括儒学教授、医学教授等。儒学教授和蒙古字学教授各1人。儒学教授和蒙古字学教授的品级,《元史》记为正九品,《元

---

[1] 陈高华等点校:《元典章》卷四一《刑部卷三·不孝·汪宣慰不奔父丧》,第1388—1389页。

[2] 〔明〕宋濂等:《元史》卷九一《百官志七》,第2316页;陈高华等点校:《元典章》卷七《吏部卷一·职品·内外文武职品》,第195、200—201、207、209、213、219页;李治安:《元代政治制度研究》,人民出版社2003年版,第112—119页。

典章》则记为从八品。[1]医学教授、阴阳教授各1人,从九品。儒学教授负责儒学教育,蒙古字学教授负责八思巴蒙古字学教育,医学教授负责医学教育,阴阳学教授负责天文历法教育。司狱司,设司狱1人,秩从八品;丞1人,主要负责管理牢狱。平准行用库设提领、大使、副使各1人,其中大使从八品。平准行用库负责发行纸钞、买卖金银、倒换昏钞。税务,设提领、大使、副使各1人,属钱谷官。扬州路税务提领秩正七品。织染局、杂造局、府仓,各设局使1人、副使1人。织染局、杂造局副使秩从八品。织染局掌管织染缎匹,杂造局掌制造,府仓掌仓库。惠民药局,设提领1人,掌医药之事。[2]此外,扬州还设有诸色人匠提举,从六品;副提举,正八品。[3]

(二)扬州路录事司及下属州、县的属官

扬州路领录事司一、县二、州五。州领九县。其设置属官如下:

扬州路录事司,设达鲁花赤1人,正八品;录事1人,正八品;判官1人,兼掌捕盗之事;典史1人。[4]

扬州路江都县、泰兴县皆为上县,各设达鲁花赤1人,从六品;县尹1人,从六品;县丞1人,正八品;主簿1人,从八品;县尉1人,从九品;典史2人。[5]

扬州路真州属中州,州达鲁花赤从五品;知州正五品;同知从六品;判官从七品。设吏目1人、提控案牍1人。设儒学教授1人,正九品。另设真州税务提领,秩从六品;真州竹木场,从八品。[6]

真州扬子县为上县,设官、品秩同扬州路江都县。

真州六合县为下县,设达鲁花赤1人,从七品;县尹1人,从七品;主簿

[1] 〔明〕宋濂等:《元史》卷九一《百官志七》,第2316页;陈高华等点校:《元典章》卷七《吏部卷一·职品·内外文武职品》,第219页。

[2] 〔明〕宋濂等:《元史》卷九一《百官志七》,第2316—2317页;陈高华等点校:《元典章》卷七《吏部卷一·职品·内外文武职品》,第194—223页;李治安:《元代政治制度研究》,第119—120页。

[3] 陈高华等点校:《元典章》卷七《吏部卷一·职品·内外文武职品》,第206、218页。

[4] 〔明〕宋濂等:《元史》卷九一《百官志七》,第2317页;陈高华等点校:《元典章》卷七《吏部卷一·职品·内外文武职品》,第216页。

[5] 〔明〕宋濂等:《元史》卷九一《百官志七》,第2318页;陈高华等点校:《元典章》卷七《吏部卷一·职品·内外文武职品》,第209、216、219、223页。

[6] 〔明〕宋濂等:《元史》卷九一《百官志七》,第2316—2318页;陈高华等点校:《元典章》卷七《吏部卷一·职品·内外文武职品》,卷九《吏部卷三·场务官·内外税务窠阙》,第217、339、341页。

1 人，从八品；县尉 1 人，从九品；典史 1 人。[1]

扬州路滁州属下州，州达鲁花赤从五品；知州从五品；同知正七品；判官正八品，兼捕盗之事。另设吏目 1 人或 2 人。设学正 1 人。[2]

滁州清流县、全椒县皆为中县，各设达鲁花赤 1 人，正七品；县尹 1 人，正七品；主簿 1 人，从八品；县尉 1 人，从九品；典史 2 人。[3]

滁州来安县为下县，设官、品秩同真州六合县。

扬州路泰州属上州，州达鲁花赤从四品；州尹从四品；同知正六品；判官正七品。另设知事 1 人、提控案牍 1 人。设儒学教授 1 人，正九品。设泰州税务提领，秩正八品。[4]

泰州海陵县为上县，设官、品秩同扬州路江都县。

泰州海门县为中县，设官、品秩同滁州清流县。

扬州路通州属中州，设官、品秩同真州。通州另有通州税务提领，秩正八品。[5]

通州静海县、如皋县皆为上县，设官、品秩同扬州路江都县。

扬州路崇明州属下州，设官、品秩同滁州。

（三）高邮府属官

高邮府，散府，秩正四品。设达鲁花赤 1 人，知府或府尹 1 人，正四品；同知 1 人，从五品；判官 1 人，从六品；推官 1 人；知事 1 人；提控案牍 1 人。设高邮府税务提领，正八品。散府、上州和中州设司狱，皆为从九品。[6]

高邮府高邮县、宝应县为上县，设官、品秩同扬州路诸上县；高邮府兴化

[1]〔明〕宋濂等：《元史》卷九一《百官志七》，第 2318 页；陈高华等点校：《元典章》卷七《吏部卷一·职品·内外文武职品》，第 213、219、223 页。

[2]〔明〕宋濂等：《元史》卷九一《百官志七》，第 2316、2318 页。

[3]〔明〕宋濂等：《元史》卷九一《百官志七》，第 2318 页；陈高华等点校：《元典章》卷七《吏部卷一·职品·内外文武职品》，第 210、219、223 页。

[4]〔明〕宋濂等：《元史》卷九一《百官志七》，第 2316—2317 页；陈高华等点校：《元典章》卷七《吏部卷一·职品·内外文武职品》，第 217、222 页。

[5] 陈高华等点校：《元典章》卷九《吏部卷三·场务官·内外税务寨阙》，第 339 页。

[6]〔明〕宋濂等：《元史》卷九一《百官志七》，第 2317—2318 页；陈高华等点校：《元典章》卷七《吏部卷一·职品·内外文武职品》，第 223 页；卷九《吏部卷三·场务官·内外税务寨阙》，第 339 页。

县为中县,设官、品秩同扬州路诸中县。

四、戍守扬州的军队

扬州地处要塞,南宋时期位于宋金、宋蒙战争前线。元世祖至元十三年(1276)统一全国后,扬州不再是一个前线城市。但由于扬州地理位置重要,且江淮地区常有反抗元朝统治的事件发生,元廷始终在扬州屯驻重兵。

在扬州地区戍守的军队有三类:一是镇戍军,二是镇南王戍守军队,三是"非兵而兵者"。

(一)镇戍军

元代军队分为两大系统。其一为戍卫中央的宿卫军,其二为镇守地方的镇戍军。元代地方镇戍军在战时由行枢密院统领,和平时期废行枢密院,镇戍军的日常事务由行省管理,重要军事机务仍听中央枢密院节制。[1]

扬州是元代军队驻防的重点,镇戍军是戍守扬州的主力军。元世祖至元十五年(1278)三月,朝廷分扬州行省(即江淮行省)的部分兵卒给隆兴府(今江西省南昌市);七月,将扬州和江西行省的水军交付给水军万户张荣实统管,守御长江。至元十六年(1279)四月,从扬州行省调出2万南宋降兵赴京师充侍卫亲军。至元十七年(1280)七月,命扬州行省的4万户蒙古军迁往潭州(今湖南省长沙市)戍守。至元十八年(1281)二月,以合必赤军3000人戍守扬州。合必赤,也写作哈必赤,意为"射士"。[2]至元十九年(1282)四月,又将扬州的3000合必赤军调往泉州。[3]同年,扬州设行枢密院,即江淮行枢密院,设官五员。[4]至元二十年(1283)八月,朝廷决定在扬州留下1000名蒙古士兵戍守,其余8000名蒙古士兵都调往他处。扬州行省的官员建议留下3000名蒙古士兵,但淮东宣慰司史弼拒绝行省提议,表示蒙古士兵悍勇异常,留1000人驻守扬州足矣。[5]

---

[1] 〔明〕宋濂等:《元史》卷九八《兵志一》,第2508页。

[2] 王晓欣:《释元代的"合必赤"》,《南开学报》1984年第3期,第49页。

[3] 〔明〕宋濂等:《元史》卷九九《兵志二》,第2542页。

[4] 元世祖至元二十八年(1291),江淮行枢密院由扬州迁往建康(今江苏南京市)。〔明〕宋濂等:《元史》卷八六《百官志二》,第2157页。

[5] 〔明〕宋濂等:《元史》卷九九《兵志二》,第2542页。

至元二十一年（1284）三月，枢密院、中书省、御史台制定军队中万户、千户、百户等官员的职名品级，将万户府按所辖员额不同，改为上万户府、中万户府、下万户府三类。上万户府，辖7000名以上的士卒；中万户府，辖士卒5000人以上；下万户府，所辖士卒在3000人以上。每个万户府都设有达鲁花赤、万户、副万户各1人。

至元二十二年（1285）二月，朝廷将江淮、江西元帅招讨司的蒙古、汉人、新附军（原南宋降卒组成）按规定改为万户府。江淮、江西元帅招讨司的军队改编为37个万户府，其中有7个上万户府，8个中万户府，22个下万户府。就这37个万户府的名称而言，其中和扬州有密切关系的万户府包括高邮万户府（上万户府）、真州万户府（中万户府）、扬州万户府（下万户府）、泰州万户府（下万户府）。林国公完者都拔都从至元十三年（1276）起历任高邮军达鲁花赤、高邮路达鲁花赤，至元二十一年（1284）改高邮万户府达鲁花赤。[1]

至元二十二年（1285）以后，元廷曾多次调动江淮、江西地区的军队。例如至元二十五年（1288）二月，调江淮行省的士兵赴鄂州（湖广行省治所所在地，今属湖北武汉市）镇戍；同年三月，又诏士卒还戍江淮行省。同年四月，将江淮行省所属的1个下万户府调往江西行省。至元二十七年（1290）六月，将江淮行省的1个下万户府调往福建镇戍。[2]

最初，江淮行省的37个万户府的名称应是来自万户府所在地的地名。如扬州、高邮、真州、泰州万户府最早的驻地就是扬州、高邮、真州和泰州。随着朝廷抽调各万户府驻守其他地区，许多万户府离开了命名之地，前往新的镇戍区。这些离开命名地的万户府仍保留了原来的名字。例如至元二十七年，宁国路（今安徽宣城市）、徽州路（今属安徽黄山市）爆发动乱。十一月，江淮行省省臣提出一系列建议，认为宁国、徽州等地的士兵与乱民暗中交通，需从高邮、泰州等地调士卒前去平乱。为此，泰州万户府的镇戍地由

---

[1]　〔元〕程钜夫：《程雪楼文集》卷六《林国武宣公神道碑》，"国立中央图书馆"1970年版，第274页。

[2]　陈高华等点校：《元典章》卷九《吏部卷三·军官·定夺军官品级》，第285—286页；〔明〕宋濂等：《元史》卷九九《兵志二》，第2543—2544页。

泰州改为徽州,元代文献称之为"徽泰翼万户府";宁国万户府改镇高邮,称"镇守高邮宁国万户府"。高邮万户府却没有迁往宁国路,而是改为戍守扬州路。[1]江淮行省的省臣还建议说,扬州、建康(今江苏南京市)、镇江3个城池,位于长江沿岸,经济繁华,需要设7个万户府。[2]但这7个万户府名称不详,可能有2个以上的万户府设置在扬州。至元二十八年(1291),扬州的江淮行院迁往建康。[3]

元成宗大德元年(1297)二月,将驻守扬州的邓新万户府调往蕲州和黄州(今均属湖北黄冈市)。十一月,河南江北行省省臣认为:原本扬州地区有江淮行省,江陵地区(今湖北荆州市)设荆湖行省,两地各驻守军队,沿长江设防。后来江淮行省的治所迁往杭州,荆湖行省的治所迁往鄂州,扬州、江陵二地划入河南江北行省。河南江北行省内,长江一线的驻防最重要,原本有31支军队沿长江布防,后迁调其中12支到江南地区,长江沿岸只剩下19支军队驻守,远远不够。因此,河南江北行省的省臣请求将行省调拨出去的军队都召回河南江北行省。此事上报朝廷后,中书省和枢密院官员没有找到沿长江驻扎31支军队的档案,河南江北行省也不能提供证明当时沿江驻扎着31支军队的文件。河南江北行省的文卷记载,元世祖至元十九年(1282),江淮行省等地驻守着32000名军人,后来增加了2000名,达到34000人。中书省、枢密院以为,只需将各省调用和逃亡的军人调回河南江北行省,就足以满足河南江北行省的驻防需求。河南江北行省表示:本省已有军人50200人以上,加上各省还回的军人,将达到七八万人;行省境内还有属于镇南王等人的军队可以调用;各省调用的军人和军官有13881人之多,希望能将这些军队调回河南江北行省。同时,江浙行省也上奏,表示河南江北行省占用了原属江浙行省的军人8833人。朝廷下令:各省需将原属河南江北行省的军人调还给河南江北行省,而河南江北行省也需将江浙行

[1] 刘晓:《元镇守建德"怀孟万户府"与镇守徽州"泰州万户府"考——兼及元代的纯只海家族》,《安徽史学》2014年第3期,第112—113页。

[2] 〔明〕宋濂等:《元史》卷九九《兵志二》,第2544页。

[3] 〔明〕宋濂等:《元史》卷八六《百官志二》,第2157页。

省的军队发还。[1]经过这一次军队的清点和调配,河南江北行省的驻守军队大概在6万人以上,主要沿长江驻防,但驻守扬州的军队具体人数不详。

大德元年闰十二月,完者都拔都去世,次年葬于高邮城西。其长子帖木秃古思袭职为高邮上万户府达鲁花赤;长孙喜僧,后出任镇守扬州高邮上万户府的达鲁花赤。[2]

元泰定帝泰定四年(1327)十二月,河南江北行省的省臣表示:省内的兵马沿长江驻防,希望可以调炮手、弩军2支军队移镇汴梁,并且在行省的各个万户府内抽调出5000人,在汴梁设1个万户府。枢密院回复:元世祖至元十九年(1282),在沿江和临海的地区设置了63支军队,当时汴梁没有驻军。而扬州(当时的省治所所在地)除设有5支军队以外,还有炮手和弩军。现在镇南王脱欢驻守在扬州,扬州的军队不能调动到汴梁去。河南江北行省的西部、南部、东北部和北部屯驻11支蒙古军队,行省的南方沿江地区有19支军队驻防,行省有用兵需求时,调用这些军队即可。[3]从这些情况分析,当时驻守扬州的军队应在万人以上。

元末,朝廷政治腐败,各地起义此起彼伏。为扑灭各地义军,元廷除派出多支军队分别镇压外,还设置行枢密院掌管各地军事事务。至正十五年(1355)十月,扬州设"淮南江北等处行枢密院",调动军马,镇遏江北地区。[4]但此时淮南江北行省境内已是遍地烽烟,设此行枢密院已经于事无补。

(二)镇南王戍守扬州的军队

元代扬州的驻军,除了隶属枢密院的镇戍军外,还有隶属镇南王的军队。元世祖时期,元廷形成了派遣皇子出镇战略要地的制度。例如,北平王那木罕、晋王甘麻剌先后出镇漠北。江淮地区作为重点防御区,则是由镇南王一系领兵戍守的。

---

[1] 〔明〕宋濂等:《元史》卷九九《兵志二》,第2546—2547页。

[2] 〔元〕程钜夫:《程雪楼文集》卷六《林国武宣公神道碑》,第275—277页。

[3] 〔明〕宋濂等:《元史》卷九九《兵志二》,第2550页。

[4] 〔明〕宋濂等:《元史》卷四四《顺帝纪七》,第927页;卷九二《百官志八》,第2334页。

第一代镇南王脱欢为元世祖忽必烈第九子,伯要兀真皇后所生。[1]元世祖至元二十一年(1284)六月,脱欢受封为镇南王,驻守鄂州。[2]七月,镇南王领兵攻打安南(今越南北部)。次年夏天,安南暴雨,疾疫大作,元军退兵,安南军队趁机追击,元将唆都、李恒战死。至元二十四年(1287),脱欢再度领兵出征安南。次年二月,因粮草供应困难,决议撤兵,三月撤回。[3]因镇南王两次领兵皆未能攻占安南,忽必烈终身不许脱欢入朝。[4]

也是在至元二十四年(1287),镇南王的驻地曾移往南京。[5]至元二十五年,改南京路为汴梁路。[6]后来,又迁往扬州。脱欢移镇扬州后,设王傅、司马、长史等官。[7]《史集》曾说扬州"所属地区约有十万户人",[8]忽必烈将之全部赐给了脱欢。其实,这是不实之言。扬州一直处在行省控制之下,镇南王在扬州主要负责的还是军事戍守,其封地在福州路宁德县(今福建宁德市),并不在扬州。[9]

镇南王掌握的军队,有自己的宿卫军和朝廷调拨的军队两种。至元二十二年(1285)九月,元廷调拨蒙古军100人、汉军400人给脱欢充宿卫。[10]至元二十八年(1291),江淮行省又奉命拨给镇南王探马赤军和汉军2000人。[11]镇南王的驻地在江淮一带。元成宗大德五年(1301)脱欢死后,其子老章袭封镇南王。老章死后,脱欢的另一个儿子脱不花袭封镇南王。脱不花死后,脱欢的第4个儿子帖木儿不花袭封镇南王。元文宗天历二年(1329)帖木儿不花将镇南王王位让给脱不花的儿子孛罗不花后,帖木儿不花改封

[1]〔明〕宋濂等:《元史》卷一〇七《宗室世系表》,第2724页。《史集》说脱欢是忽必烈第十一子,〔波斯〕拉施特主编,余大钧、周建奇译:《史集(第二卷)》,商务印书馆1985年版,第285页。

[2]〔明〕宋濂等:《元史》卷一三《世祖纪十》,第267页。

[3]〔明〕宋濂等:《元史》卷二〇九《外夷传二》,第4641—4649页。

[4]〔明〕宋濂等:《元史》卷一一七《帖木儿不花传》,第2912页。

[5]〔明〕宋濂等:《元史》卷一四《世祖纪十一》,第297页。

[6]〔明〕宋濂等:《元史》卷五九《地理志二》,第1401页。

[7]李治安:《关于元代镇戍江淮的蒙古诸王》,《安徽史学》1990年第1期,第8页。

[8]〔波斯〕拉施特主编,余大钧、周建奇译:《史集(第二卷)》,第285页。

[9]〔明〕宋濂等:《元史》卷九五《食货志三》,第2420页。

[10]〔明〕宋濂等:《元史》卷一三《世祖纪十》,第279页。

[11]〔明〕宋濂等:《元史》卷九九《兵志二》,第2544页。

宣让王,镇守庐州(今安徽合肥市)。[1]脱欢的另一个儿子宽彻普化在泰定三年(1326)就被封为威顺王,驻守武昌。[2]这就是出自镇南王脱欢的三王。元中后期,镇南王戍守扬州路、淮安路、高邮府等地,宣让王戍守庐州路、安庆路及淮河西段,威顺王驻守武昌等地。三王镇守之地比原镇南王驻地范围更大。

元中期以后,镇南王掌管的军队中,直属军队有近万人之多,军需全由朝廷供给。但是镇南王并不能随意调遣属于国家的军队,元末随镇南王等三王参与平叛的军队,多为各王的私属军队。战时,镇戍地方的诸王掌握最高军事权力。[3]元末,扬州等地设淮南江北行中书省,顺帝命行省平章政事晃火儿不花同时提调镇南王傅事,允许晃火儿不花等便宜行事,行省官员在调兵方面的权力优于镇南王。[4]

从脱欢到孛罗不花,镇南王位共历三代五人。脱欢之孙孛罗不花是驻守扬州的最后一位镇南王,他镇守扬州28年(1329—1356),最后被逐出扬州,死于淮安。

(三)"非兵而兵者"

中国驿传制度源远流长。扬州的高邮又称秦邮,其名称就来源于公元前223年秦王嬴政在其地置邮亭之事。元朝建立后,在全国各地遍设驿站,称之为"站赤"。站赤属于军事系统,分为水、陆二种。陆上驿站靠马、牛、驴、车,水上驿站则靠船。在驿站当差的人,就称为"站户"。

扬州是交通要道,设有驿站。据记载,扬州路辖18处驿站,其中9处为马站,7处为水站,2处为递运站。马站有马320匹,水站和递运站共有船387只。[5]

元代设打捕鹰房户,从事打猎、放鹰。与此相应,扬州设"扬州等处打捕

————————

[1]〔明〕宋濂等:《元史》卷一一七《帖木儿不花传》,第2912页。

[2]〔明〕宋濂等:《元史》卷一一七《宽彻普化传》,第2910页。

[3]李治安:《关于元代镇戍江淮的蒙古诸王》,《安徽史学》1990年第1期,第6—8页。

[4]〔明〕宋濂等:《元史》卷四二《顺帝纪五》,第898页;李治安:《关于元代镇戍江淮的蒙古诸王》,《安徽史学》1990年第1期,第8页。

[5]〔明〕解缙等:《永乐大典》卷一九四二二《站赤七》,中华书局1986年版,第7244页。

鹰房官捕户"72 户。宣徽院辖淮东淮西屯田打捕总管府司属打捕衙门,设提举司 10 处、千户所 1 处,其中通泰提举司辖 749 户。[1]通泰是通州和泰州的合称,今仪征博物馆藏有元代扬州通泰等处屯田打捕提举司达鲁花赤珊竹公的墓碑。

站赤、鹰房捕猎之类,《元史》称之为"非兵而兵者",意思是这些机构并不是军队,但是与军事有关。[2]

（四）元末淮东宣慰使司都元帅府

20 世纪 60 年代初,扬州在拆除元代旧城时,在南门西城根内侧出土 1 枚铜质圆牌,高 17.2 厘米,宽 14 厘米,厚 0.7 厘米,上端有叶蒂纹饰及穿孔。圆牌两面都有文字,文字阳刻凸起。一面为 4 列汉字,从上向下,从右向左阅读:

公务急递
宣慰使司都元帅府
　持此夜行
　玄字拾号

其中第 2 行"宣慰使司都元帅府"八字比其他三行字大。

圆牌另一面铸有 2 列非汉文文字,右为波斯文,左为八思巴蒙古字。波斯文有 3 个字,第 1 个字磨损厉害,可还原为波斯语 BA—IN—KH,意为"持此……"第 2 个字和第 3 个字为波斯文 شگ بش تن（šab kašt）,意为"夜行",波斯文合起来就是"持此夜行"之意,与汉文的"持此夜行"相符。八思巴蒙古字部分,意为夜巡牌或巡行牌符。元代除了公务急递、疾病、死丧、生育等事之外,禁止居民夜晚出行。持有这块圆牌,可以作为夜间出行传递公务

---

[1]〔明〕宋濂等:《元史》卷一〇一《兵志四》,第 2601 页。

[2]〔明〕宋濂等:《元史》卷九八《兵志一》,第 2509 页。

的凭证。牌面的"玄字拾号"是用《千字文》作为编号顺序。[1]

这块圆牌是由淮东等处宣慰使司都元帅府的属下持有。淮东等处宣慰使司都元帅府和淮东道宣慰司不同。淮东等处宣慰使司都元帅府于至正十五年(1355)二月在淮安路泗州天长县设立,统濠泗义兵万户府以及洪泽等处义兵。富民愿出丁壮义兵5000人的为万户,500人的为千户,100人的为百户,给宣敕牌面。至正十五年十月,给淮东宣慰使司等处义兵官员165面金银牌。[2]扬州出土的这面铜牌当是由宣慰使司都元帅府给予军官以外的地主武装的,铸发的数量很大。[3]

第三节　元末的扬州

元末至正年间,元廷一方面开挖黄河,役民过重;另一方面变更钞法,导致纸钞贬值、百姓财富被洗劫一空,激起了民变。至正十三年(1353),张士诚起兵反元,占领了泰州、高邮等地。至正十四年,元廷命丞相脱脱领兵征讨张士诚。但不久元顺帝命令削去脱脱官爵,元兵溃散。至正十六年,镇守扬州的镇南王逃出扬州,长枪军占领扬州。至正十七年,朱元璋军攻克泰兴、扬州,将扬州路改名为淮海府。至正二十一年,改淮海府为维扬府。至正二十六年,维扬府改名扬州府,朱元璋军占领高邮府。

一、元末的形势

元顺帝即位以后,国内各地灾害频繁,死者无数。朝廷不思与民生息,反而施行开河、变钞,遂致激起民变。[4]

开河,指治理黄河。至正四年(1344),黄河决堤,河水冲入今河北、山东、

---

[1]　蔡美彪:《八思巴字碑刻文物集释》,中国社会科学出版社2011年版,第309—312页;刘迎胜:《小儿锦研究(一):历史、文字与文献》,兰州大学出版社2013年版,第148—150页;郝苏民、刘文性:《扬州出土元代圆牌之八思巴文和波斯文再释读》,《西北民族学院学报(哲学社会科学版)》1985年第1期,第94—100页。

[2]　〔明〕宋濂等:《元史》卷四四《顺帝纪七》,第922—923、927页;卷九二《百官志八》,第2339页。

[3]　蔡美彪:《八思巴字碑刻文物集释》,第310页。

[4]　韩儒林主编:《元朝史(下)》,人民出版社2008年版,第89—92页。

河南、安徽、江苏省境内,大片农田被淹,民屋倒塌,人民流离失所。大水之后,河南等地又遭遇大旱,接着瘟疫横行,受灾地区民众淹死、病死、饿死无数。黄河河水溢入运河,影响漕运,破坏两淮盐场,影响朝廷的收入。至正九年(1349),贾鲁建议治理黄河,朝廷立刻接受这个建议,征召夫役整治黄河。至正十一年(1351)四月,贾鲁强征15万民夫、2万军人治理黄河。黄河沿岸受灾民众在淹死、病死、饿死之外,又被强征劳役。修河过程中,民夫被治河官吏克扣伙食和工钱,稍有不从者还要遭受鞭笞,民夫怨愤不已。[1]

变钞,指变更钞法。元代以前,宋、金时期就开始使用纸钞。金末,经济困难,金廷滥发纸币,导致纸币贬值失信,民间通用银、丝交易。元世祖中统元年(1260),元廷发行中统宝钞,以银为本,中统钞2贯(两)同白银1两。最初,纸钞印行数量有限,各钞库银本充实,币制稳定。从至元十一年(1274)起,元廷逐年增印纸钞,致使中统钞一再贬值,1贯只值初行的100文,物价上涨10倍。至元二十四年(1287),元廷发行至元钞,每1贯当中统钞5贯,2贯准银1两,20贯准金1两,同时整治钞法,停止起运库银,钞值稳定了10余年。然而到了元成宗大德七年(1303)前后,至元钞再度贬值。元武宗即位后,滥发赏赐,任意动用钞本,致使钞值下跌。至大二年(1309),元廷禁止民间买卖金银,印造至大银钞,与至元钞并行,每1两准至元钞5贯、中统钞25贯。次年,再发行至大通宝、大元通宝铜钱。纸钞、铜钱并用,纸钞愈发不值钱,而物价上涨更甚。至大四年(1311),元仁宗即位,废止至大钞,通行中统钞和至元钞,并解除了金银买卖的禁令,但元仁宗时期(1312—1320在位)持续大量印钞,致使通货膨胀严重,纸钞价值更低。元顺帝即位后,于至正十年(1350)变更钞法,铸造至正通宝钱,发行新中统元宝交钞,每贯当铜钱1000文、至元钞2贯。通行不久,物价再贵10倍。又因各地起义不断,为筹措军费,元廷大量印钞,以致纸钞贬值犹如废纸。至正十六年(1356)以后,各处交易不再用钞,改用银、钱、货物。民众的财富在历次钞法变更中被洗

---

[1] 〔明〕宋濂等:《元史》卷一八七《贾鲁传》,第4290—4291页;韩儒林主编:《元朝史(下)》,第89—91页。

劫一空,到元末,500 贯新钞甚至买不到 1 斗粟。[1]

开河、变钞二事使民众备受人吃人、钞买钞之苦。民众不堪忍受,自然起兵反抗。至正十一年(1351)五月,韩山童、刘福通在颍州(今安徽阜阳市)聚众起义;八月,芝麻李(李二)在徐州起事;徐寿辉在蕲州起事;十月,徐寿辉称帝,建立天完政权,改元治平;十二月,布王三(王权)攻占邓州等地。至正十二年(1352)正月,孟海马攻占襄阳等地;二月,郭子兴攻占濠州(今安徽凤阳县);彭莹玉占领江州(今江西九江市);闰三月,朱元璋投郭子兴军,参加反元起义;七月,彭莹玉军攻入杭州。安徽、江西、福建、湖南、广西等地纷纷起兵响应。

二、元末扬州地区的攻防

元末在扬州地区起事的是张士诚。张士诚(1321—1367),小名九四,泰州人,与弟弟张士义、张士德、张士信以驾运盐纲船、贩私盐为生。至正十三年(1353)五月[2],张士诚率众起兵,攻破泰州、兴化。元淮南江北行省发兵讨张士诚,但无功而返,于是改命高邮知府李齐招降张士诚,但被张士诚扣押。过了一段时间,张士诚军内乱,李齐才被释放,张士诚也假降元廷。

张士诚假降后,淮南江北行省官员授予其官职。张士诚请求省官让自己跟从元军征讨其他起义军。于是,省官命镇守真州的行省参知政事赵琏移镇泰州,"琏乃趣士诚治戈船,趋濠、泗。士诚疑惮不肯发,又觇知琏无备,遂复反。夜四鼓,纵火登城,琏力疾扪佩刀上马,与贼斗市衢。贼围琏,邀至其船,琏诘之曰:'汝辈罪在不赦,今既宥尔诛戮,又锡以名爵,朝廷何负于汝,乃既降复反邪!汝弃信逆天,灭不旋踵。我执政大臣,岂为汝贼辈屈乎!'即驰骑奋击贼,贼以槊撞琏坠地,欲舁登其舟,琏瞋目大骂,遂死之。其仆扬儿以身蔽琏,亦俱死。及乱定,州民收其尸,归殡于真州"[3]。

张士诚占据兴化县后,淮南江北行省左丞偰哲笃和宗王出镇高邮,高邮

[1] 中国大百科全书总编辑委员会《中国历史》编辑委员会元史编写组编:《元史》,《中国大百科全书·中国历史》,中国大百科全书出版社 1985 年版,第 19—20 页。

[2] 张士诚起事的时间,《明实录》作"正月"。参见《明太祖实录》卷二五"吴元年九月己丑"条,台湾"中央研究院"历史语言研究所 1962 年校印本,第 369 页。

[3]〔明〕宋濂等:《元史》卷一九四《忠义传二》,第 4394、4402—4403 页。

知府李齐镇守氵彗社湖（在高邮西北），共御张士诚。张士诚军分水陆两道进攻高邮，镇守高邮的官吏四散逃出，镇南王府参议军事纳速剌丁战死。李齐带兵救援高邮，但张士诚军已占领高邮，关上城门拒战。李齐无奈，只能让张士诚占据高邮。不久，元廷下诏赦免所有叛军。诏书到高邮，张士诚诈称只有李齐出面，才会接受诏书投降。淮南江北行省省官命令李齐前往宣读诏书，李齐一到，张士诚就将其投入监狱。张士诚本无降意，他要求李齐前来宣读诏书，只是为了拖延投降的时间，因而无论李齐怎样苦劝，张士诚都不肯投降。元军获知消息后，发兵攻打高邮城。张士诚得知元兵来攻，便从狱中提出李齐，命他下跪。李齐自云膝如铁，不为贼屈。张士诚命人抓住李齐，强迫他跪下，李齐怒骂不肯。于是，张士诚命人将李齐膝盖捶碎，凌迟处死。[1]诗人张翥作诗悼念赵琏、李齐："高邮自昔号铜城，一旦东门委贼兵。杀气仓皇迷野色，冤魂呜咽泣江声。广陵琼树春仍在，氵彗社珠光夜不明。白首故人悲赵李，临风唯有泪纵横。"诗后自注："参政赵伯器死泰州。"[2]淮南江北行省照磨盛昭也被派往高邮授予张士诚官职，被张士诚扣留。元军攻打高邮时，张士诚命盛昭领兵与元军作战，盛昭不从且骂不绝口，被挖去手臂上的肉后分裂肢体而死。[3]

六月，元廷给淮南江北行省平章政事达识帖睦迩敕牒 20 道、钞 5 万锭，用于在淮南、淮北等处召募壮丁充实军队。达世帖睦迩亲自总领汉军、蒙古军镇守淮安，但扬州地区的战局仍然向着不利于元军的方向发展。六月十六日，亲王完者秃在泰州阵亡。也先不花被任命为淮西添设宣慰副使，继续领兵讨伐泰州叛军。同月，淮南江北行省平章政事福寿领兵讨伐兴化的张士诚军。[4]

至正十四年（1354）正月，张士诚在高邮自称诚王，建国号大周，改元天

---

[1]〔明〕宋濂等：《元史》卷四三《顺帝纪六》，第 909 页；卷一九四《忠义传二》，第 4394—4395、4407 页。

[2]〔元〕张翥：《张蜕庵诗集》卷四《高沙失守，哭知府李齐公平》，杨讷、陈高华编：《元代农民战争史料汇编（中编）》，中华书局 1985 年版，第 407 页。

[3]〔明〕宋濂等：《元史》卷一九四《忠义传二》，第 4405 页。

[4]〔明〕宋濂等：《元史》卷四三《顺帝纪六》，第 910 页。

祐。[1]二月,元廷以湖广行省参知政事苟儿为淮南江北行省平章政事,领兵攻打高邮,但劳而无功。元廷命淮南江北行省设立义兵万户府。[2]义兵万户府负有招安各地起义军并授予归降起义军官职的任务。三月,张士诚以"食为民之天,农桑为民事之本",令百姓恢复生产。四月,又令所属州县兴办学校。[3]

六月,张士诚领兵袭击扬州,达识帖睦迩领兵进攻张士诚,结果元军大败。元廷命江浙行省参知政事佛家闾和达识帖睦迩会兵,再度进讨张士诚。[4]两路元军会兵,但仍不能击败张士诚。张翥《寄成居竹,时张寇已受诏,而阴袭扬州》诗描述了持久的战争给扬州人民带来的灾难:"战骨填沟尘满城,尚书归说使人惊。方期渤海民沾化,岂意平凉贼畔盟。何日皇天知悔祸,中原父老望休兵。伤心扬子洲边月,忍听江流是哭声。"[5]战乱迟迟不休,死者的尸骨填满沟壑,诗人内心的悲痛难以遏制,所有人都期望战争能够尽快平息。

九月,元顺帝下诏,命太师、中书右丞相脱脱总制诸王诸省军马,出征高邮。此时,张士诚正再攻扬州。十一月初十日,脱脱兵至高邮。十四日,脱脱击败张士诚军。二十八日,脱脱遣兵收复六合县。十二月初九日,监察御史袁赛因不花等弹劾脱脱出征三月未建寸功。次日,元顺帝下诏,以脱脱劳师费财,已逾三月,坐视寇盗,恬不为意为由,削去其官爵,安置淮安路。诏书到达军前,参议龚伯遂建议,将在外,君命有所不受,拆开诏书则大事去矣。脱脱不听,开读圣旨,自解兵权。[6]很快,元军溃散,对张士诚不复构成威胁。随同脱脱出征的木华黎五世孙朵儿只领兵驻守扬州,次年(1355)死在军中。[7]

---

[1]《明太祖实录》卷一"甲午年正月甲子"条,第 14 页。

[2]〔明〕宋濂等:《元史》卷四三《顺帝纪六》,第 913—914 页。

[3]〔清〕史册:《隆平纪事》,杨讷、陈高华编:《元代农民战争史料汇编(中编)》,第 410 页。

[4]〔明〕宋濂等:《元史》卷四三《顺帝纪六》,第 915 页。

[5]〔元〕张翥:《张蜕庵诗集》卷四《寄成居竹,时张寇已受诏,而阴袭扬州》,杨讷、陈高华编:《元代农民战争史料汇编(中编)》,第 410 页。

[6]〔明〕宋濂等:《元史》卷四三《顺帝纪六》,第 916—917 页;卷一三八《脱脱传》,第 3346—3348 页。

[7]〔明〕宋濂等:《元史》卷一三九《朵儿只传》,中华书局 1976 年版,第 3355 页。

至正十五年（1355）四月，元廷再度招安张士诚，命翰林待制乌马儿、集贤待制孙㧑前往诏谕。张士诚扣留孙㧑，反劝其投降，孙㧑不从。[1]五月，元廷再命淮南江北行省平章政事咬住、淮东廉访使王也先迭儿抚谕张士诚，但仍未能成功。[2]十月，元廷在扬州设行枢密院，掌管军事事务。

这一年，张明鉴在淮西以青布为标志起兵，被称作"青军"，也称"一片瓦"。张明鉴的部下张监骁勇善战，擅长使枪，故又号称"长枪军"。长枪军劫掠含山、全椒、六合、天长等地。含山县今属安徽马鞍山市，天长县今为滁州市代管县，全椒县为滁州属县，六合县为真州属县。全椒县、六合县在元代皆属扬州路，含山县、天长县虽不属于扬州路，但都在淮南江北行省辖境内，并且距离扬州不远。镇南王孛罗不花招降张明鉴等，命其为濠泗义兵元帅，驻守扬州。[3]

至正十六年（1356）二月，淮东大饥，张士诚留兵守高邮，自通州渡江，攻入平江路（今江苏苏州），改平江路为隆平府，又接连攻陷湖州、松江、常州。被张士诚扣押的孙㧑与张士诚的部将张茂先谋划，意图与镇南王里应外合，收复高邮。事泄，孙㧑被杀。[4]

三、元朝在扬州统治的终结

至正十六年三月，扬州存粮耗尽，张明鉴谋划拥立镇南王为皇帝，以便打着皇帝的旗号出兵南下劫粮。镇南王不从，张明鉴等便领兵叛变，占领扬州。镇南王孛罗不花逃往淮安，元廷在扬州的统治终结。出逃的孛罗不花屡次向各处官府、京师求救，一直得不到救援。十月，孛罗不花被淮北红巾军领袖赵均用俘虏。孛罗不花不肯投降，投水自杀。[5]

赶走镇南王后，长枪军互相混战，以久无粮，人相食。朱元璋派人前往招降，长枪军遂渡江投降。朱元璋将他们拨与李文忠等管领。朱元璋谕降

[1]〔明〕宋濂等：《元史》卷四四《顺帝纪七》，第924页；卷一九四《忠义传二》，第4403页。

[2]〔明〕宋濂等：《元史》卷四四《顺帝纪七》，第924页。

[3]《明太祖实录》卷五"丁酉年十月甲申"条，第57页。

[4]〔明〕吴宽：《平吴录》，杨讷、陈高华编：《元代农民战争史料汇编（中编）》，第420页。〔明〕宋濂等：《元史》卷四四《顺帝纪七》，第930页；卷一九四《忠义传二》，第4404页。

[5]〔元〕王逢：《梧溪集》卷五《赠云外道者灵保治中有序》，《北京图书馆古籍珍本丛刊》第95册，书目文献出版社1998年版，第531页；《明太祖实录》卷五"丁酉年十月甲申"条，第57—58页。

长枪军元帅单居仁、马某等,令他们驻守常州。单居仁的儿子单大舍和同城吕黄包头元帅陈保二叛降张士诚。朱元璋杀陈保二、单大舍。[1]十月,张士诚致书朱元璋求和。[2]

至正十七年(1357)五月,朱元璋军攻克泰兴。十月十四日,朱元璋命缪大亨领兵攻扬州,张明鉴投降。朱元璋改扬州路为淮海府。[3]同年,元真州守将降朱元璋。[4]

至正二十一年(1361)十二月初一日,淮海府改名维扬府。至正二十六年(1366)正月,维扬府改名扬州府。三月,徐达取高邮。[5]

洪武元年(1368)正月,朱元璋登基为帝,建国号大明。闰七月,元顺帝逃出大都。八月,明军入大都,元亡。

综上所述,扬州在元代前期屡次成为江淮行省和江南行御史台的治所,又多次被废,其兴废皆与扬州的地理位置有关。一方面,扬州地控江海,扼守冲要;另一方面,扬州处江淮行省南缘,管控不便。最后以长江为界立河南、江浙二行省,将扬州划入河南江北行省。因扬州地理位置重要,元廷始终在扬州保存一定的兵力,而且镇南王还亲自领兵驻守扬州。元末,统治者役民过重,激起了人民的反抗。先有张士诚占领高邮,与元军争夺扬州;后有长枪军占领扬州。但他们不事生产,不思安定,以致百姓人相食。古人云,"兴,百姓苦;亡,百姓苦",这正是元末百姓苦难生活的写照。

---

[1]〔明〕刘辰:《国初事迹》,中华书局1991年版,第2页。

[2]《明太祖实录》卷四"丙申年十月戊申"条,第48—49页。

[3]《明太祖实录》卷五"丁酉年五月己卯""丁酉年十月甲申"条,第53、57—58页。

[4]〔明〕申嘉瑞修,〔明〕李文等纂:《〔隆庆〕仪真县志》卷一《沿革考》,《扬州文库》第16册,广陵书社2015年版,第547页。

[5]《明太祖实录》卷九"辛丑年十二月戊寅"条,第123页;卷一九"丙午年正月辛卯""丙午年三月丙申"条,第260、271页。

附录：元代扬州官守职官简录

一、省级机构与官员

（一）江淮行枢密院

至元二十二年（1285），金行枢密院事元臣，又名哈剌哈孙。

至元二十七年，行枢密院副使张珪。

至元十九年至二十八年间，行枢密院副使阿里麻。[1]

（二）淮南江北等处行枢密院[2]

至正十五年，行枢密院副使董抟霄。

至正十五年以后，行枢密院判官董昂霄。

至正十七年，行枢密院事脱脱。[3]

（三）江南行御史台[4]

至元十四年，御史大夫相威；御史中丞焦友直、耶律老哥；侍御史刘琮；治书侍御史田滋；都事高源、尉晒；照磨承发司管勾兼狱丞赵英；架阁库管勾姚炯；监察御史刘寅、商琥、赵文昌、柏德思孝、王祚、马藻、李璋、陈特立、李敏、孙弼。[5]

至元二十六年（1289），御史中丞徐琰；治书侍御史苟宗道；都事师澍；照磨承发司管勾兼狱丞张哈答；架阁库管勾□珍；监察御史乃蛮歹、也先帖

---

[1]〔清〕阿克当阿监修,〔清〕姚文田等纂:《〔嘉庆〕重修扬州府志》卷三六《秩官二》,《扬州文库》第7册,广陵书社2015年版,第621页。

[2]元顺帝至正十五年（1355）,设淮南江北等处行枢密院于扬州。见〔明〕宋濂等:《元史》卷九二《百官志八》,第2334页。

[3]〔清〕阿克当阿监修,〔清〕姚文田等纂:《〔嘉庆〕重修扬州府志》卷三六《秩官二》,《扬州文库》第7册,第621页。

[4]元世祖至元十四年（1277）到二十九年（1292）间,江南行御史台的治所在扬州、杭州、江州、南京之间迁转不定。其中至元十四年、二十六年（1289）到二十八年（1291）之间,治所在扬州。《〔至正〕金陵新志》收录了江南行御史台的官员名单,这里仅摘录至元十四年、二十六年、二十七年和二十八年行御史台官员的名字。

[5]〔元〕张铉修纂:《〔至正〕金陵新志》卷六《官守志·题名》,《〔至正〕金陵新志（二）》,第231、235、241、247、251、257、259、263页。

木儿、忽秃、霍思火儿、秃鲁、王茂、潘昂霄、元挺、刘凤、王献、蔺守真、陈锡、姜世昌、陈名济、脱脱、石抹仲安、段茂、樊闰、粘合真、忙古歹、别古思。[1]

至元二十七年（1290），侍御史于璋；治书侍御史李处巽；监察御史也先帖木儿、哈散、怗木儿不花、暗都剌怯麻。[2]

至元二十八年（1291），御史中丞合讨不花、魏初；侍御史陈天祥；治书侍御史裴居安；经历福奴；都事张经、贾惟政；照磨承发司管勾兼狱丞刘德茂；架阁库管勾聂帖木儿；监察御史杜也速答儿、黄璧、刘浩、钦察、刘仁、失烈兀歹、唐兀歹、塔尤丁、马昉、李垾、完颜真、司徒、和尚、忽剌出、王廷弼、王龙泽。[3]

（四）淮东道肃政廉访司

至元十五年（1278），提刑按察使徐世隆。

至元十五年或十六年以后，金江北淮东道按察司事夹谷之奇。

金江北淮东道肃政廉访司事杨孝先。[4]

元世祖至元末年，江北淮东道肃政廉访使史杞。

元世祖至元末年，江北淮东道肃政廉访使千奴。至元三十一年（1294）改任江东建业道。

至元二十八年以后，江北淮东道肃政廉访司佥事张孔孙。

监察御史、佥江北淮东道廉访司事贾钧。[5]

淮东道肃政廉访使高睿。[6]

延祐元年（1314），江北淮东道肃政廉访司佥事苗好谦。

泰定元年（1324），召张养浩为江北淮东道肃政廉访使，张养浩拒不赴任。

泰定至天历年间（1324—1330），江北淮东道肃政廉访司佥事廉惠山海牙。

[1]〔元〕张铉修纂：《〔至正〕金陵新志》卷六《官守志·题名》，《〔至正〕金陵新志（二）》，第235、247、251、257、259、267—268页。

[2]〔元〕张铉修纂：《〔至正〕金陵新志》卷六《官守志·题名》，《〔至正〕金陵新志（二）》，第241、247、268页。

[3]〔元〕张铉修纂：《〔至正〕金陵新志》卷六《官守志·题名》，《〔至正〕金陵新志（二）》，第233、235、241、247、249、251、257、259、268—269页。

[4]〔明〕宋濂等：《元史》卷一五二《杨杰只哥传》，第3594页。但《元史》未记载其任职时间。

[5]〔明〕宋濂等：《元史》卷一五三《贾居贞传》，第3625页。但《元史》未记载其任职时间。

[6]〔明〕宋濂等：《元史》卷一二五《高智耀传》，第3074页。但《元史》未记载其任职时间。

天历年间（1328—1330），江北淮东道肃政廉访使曹伯启。

天历三年（1330），江北淮东道肃政廉访使答里麻。

至顺末、元统前，江北淮东道肃政廉访使王克敬。

后至元五年（1339），江北淮东道肃政廉访使苏天爵。

至正元年（1341），江北淮东道肃政廉访使朵尔直班。

至正六年（1346），江北淮东道肃政廉访司佥事归旸。

至正八年（1348），江北淮东道肃政廉访司佥事成遵。

至正十二年（1352），淮南廉访使[1]班祝儿。

至正十五年（1355），淮东廉访司官员王也先迭儿。

至正十七年（1357），江北淮东道淮东廉访使楮不华。[2]

（五）江淮等处行中书省[3]

至元十三年（1276），参知政事行中书省事于淮东陈岩。

至元十四年（1277），平章政事行中书省事于江淮阿塔海。

至元十五年（1278），江淮行省左丞崔斌，参知政事史弼。

至元十六年（1279），中书右丞行省江淮忽辛。

至元十七年（1280），江淮行省左丞夏贵致仕。江淮行省平章政事阿里伯。江淮行省左丞燕铁木儿。[4]

至元十八年（1281），江淮行省参知政事郑温。

至元十九年（1282），江淮行省平章政事游显，参知政事马璘。[5]

---

[1] 元代无淮南廉访司，疑"淮南"为"淮东"之误。

[2]〔清〕阿克当阿监修，〔清〕姚文田等纂：《〔嘉庆〕重修扬州府志》卷三六《秩官二》，《扬州文库》第7册，第621—622页。

[3] 江淮行省设于元世祖至元十三年，治所设在扬州。至元十五年（1278）治所迁往杭州，十七年（1280）迁回扬州，二十一年（1284）再次迁往杭州，二十三年（1286）迁回扬州，二十六年（1289）迁往杭州。至元二十八年（1291）扬州划入河南江北行省，江淮行省改名为江浙行省。这里列出江淮行省存在的十六年间的官员名称，不分当时行省治所在扬州还是在杭州。

[4] 是年十二月，阿里伯、燕铁木儿被杀。见〔明〕宋濂等：《元史》卷一一《世祖纪八》，第228页。燕铁木儿，《〔嘉庆〕重修扬州府志》作江淮行省"右丞"，见〔清〕阿克当阿监修，〔清〕姚文田等纂：《〔嘉庆〕重修扬州府志》卷三六《秩官二》，《扬州文库》第7册，第622页。

[5] 马璘于元世祖至元十九年（1282）被罢。见〔明〕宋濂等：《元史》卷一二《世祖纪九》，第246页。

至元十八年至十九年间（1281—1282），江淮行省参议刘宣。

至元二十年（1283），江淮行省平章政事张惠，左丞忽剌出。

至元二十二年（1285），江淮行省平章政事忙兀台。

至元二十二年至二十三年间（1285—1286），江淮行省宣使郄显、李兼。

至元二十三年（1286），江淮行省参知政事董文用、高兴。吕文焕以江淮行省右丞告老。

至元二十六年（1289），江淮行省平章政事沙不丁，参知政事忻都。

至元二十七年（1290），江淮行省平章政事不怜吉带。

江淮行省参知政事乌马儿。

江淮行省员外郎李衍。[1]

（六）淮南江北行中书省[2]

至正十二年（1352），淮南行省平章政事提调镇南王府事晃火儿不花，平章政事失列门、秃思迷失、阿乞剌，右丞蛮子，左丞秦从德、偰哲笃，参知政事答失秃、赵琏。

至正十三年（1353），淮南行省平章政事达识帖睦迩、福寿，左丞老老。

至正十四年（1354），淮南行省平章政事苟儿，左丞乌古孙良桢。

至正十五年（1355），淮南行省平章政事庆童，未行。淮南行省平章政事蛮子海牙、咬住，右丞太平。

中书门下平章政事改行省淮南也速。

淮南行省照磨盛昭、黄哗。

至正十七年（1357），淮南行省平章政事张士德、张士信。其时，张士德已被朱元璋军俘虏。[3]

---

［1］〔清〕阿克当阿监修，〔清〕姚文田等纂：《〔嘉庆〕重修扬州府志》卷三六《秩官二》，《扬州文库》第7册，第622—623页。

［2］元顺帝至正十二年（1352）设立，至正十七年（1357）朱元璋军攻占扬州，淮南江北行省名存实亡。

［3］〔清〕阿克当阿监修，〔清〕姚文田等纂：《〔嘉庆〕重修扬州府志》卷三六《秩官二》，《扬州文库》第7册，第623页。

（七）淮东道宣慰使司

至元十三年（1276），淮东道宣慰使张宏略。

至元十四年（1277），淮东道宣慰使焦德裕、忽剌出、彻里帖木儿。

至元十五年（1278），淮东道宣慰使阿剌罕。

至元十六年（1279），贾文备。

至元二十年（1283），淮东道宣慰同知宋廷秀。

至元二十一年（1284），史弼、高兴。

至元二十二年（1285），谢仲温。

至元二十四年（1287），淮东道宣慰使司都事李衎改江淮行省左右司员外。

至大二年（1309），撒都。

至治三年（1323），淮东道宣慰使脱烈海牙。

忽察、脱脱、耶律希逸，淮东宣慰使。[1]

至正十年（1350），淮南宣慰司掾纳速剌丁。

至正十二年（1352），淮南宣慰司逯鲁曾。[2]

（八）两淮都转盐运使司

至元十三年（1276），行台御史历两淮盐运使田滋。

至元十八年（1281），两淮都转运使擢参议中书省何玮，两淮转运使阿剌瓦丁。

至元二十三年（1286），两淮都转运使陈思济。

至元二十九年（1292），两淮运使纳速剌丁。

---

[1]　具体任职时间皆不详。

[2]　〔清〕阿克当阿监修，〔清〕姚文田等纂：《〔嘉庆〕重修扬州府志》卷三六《秩官二》，《扬州文库》第7册，第623—624页。

两淮运使判官詹士龙。[1]

至大元年（1308），两淮转运使敬俨。

至顺二年（1331），两淮都转运司使许有壬。

元统初年，两淮都转盐运使王都中。

至正五年（1345），两淮运使杜德远。

至正六年（1346），两淮运使宋文瓒。[2]

二、扬州路职官

（一）扬州路总管府[3]

至元十三年（1276），扬州路总管府达鲁花赤张炤。

至元十三年，扬州路总管府达鲁花赤兼万户史弼。

至元十四年（1277），扬州路总管兼府尹朱霁。[4]

至元十六年（1279），同知扬州总管府事董仲威。

至元二十二年（1285），扬州路总管姚天福。

至元二十五年（1288），集贤院修撰改扬州路教授胡长孺。

至元二十八年（1291），扬州路达鲁花赤唆罗兀思，学正李淦。

至元年间（1264—1294），扬州路治中郝彬。

皇庆至延祐年间（1312—1320），扬州路总管王结。

至正年间（1341—1368），扬州路同知杨敬一。

---

[1]　据宋濂《詹士龙小传》记载：詹士龙，字云卿，在养父董文炳死后先后出任兴化县尹、两淮都转运盐使司判官、淮安路总管府推官、江南行台监察御史。据《〔至正〕金陵新志》记载，詹士龙于元成宗大德四年（1300）担任江南行台监察御史。董文炳死于元世祖至元十五年（1278），詹士龙守孝三年，则其出任兴化县尹的最早时间在至元十九年（1282）前后，担任两淮都转运盐使司判官、淮安路总管府推官的时间约在元世祖末年到元成宗初年间（1282—1299）。见〔明〕宋濂：《宋文宪公全集》卷二三《詹士龙小传》，中华书局1989年版，第281页；〔元〕张铉修纂：《〔至正〕金陵新志》卷六《官守志·题名》，《〔至正〕金陵新志（二）》，第272页。

[2]　〔清〕阿克当阿监修，〔清〕姚文田等纂：《〔嘉庆〕重修扬州府志》卷三六《秩官二》，《扬州文库》第7册，第624页。

[3]　〔清〕阿克当阿监修，〔清〕姚文田等纂：《〔嘉庆〕重修扬州府志》卷三六《秩官二》，《扬州文库》第7册，第624页。

[4]　〔元〕苏天爵著，陈高华、孟繁清点校：《滋溪文稿》卷一七《元故通议大夫徽州路总管兼管内劝农事朱公神道碑》，第270页。

扬州路总管花世辅。[1]

扬州路总管张彦安。[2]

至正十二年,扬州路副总管、淮南等处行省理问所理问、摄扬州路正总管张儆。[3]

（二）泰兴县[4]

至元三十一年（1294），达鲁花赤八剌脱图。

至元年间,泰兴县尹蔡济,由荐辟入仕。

至正四年（1344），泰兴县尹刘节。

至正九年（1349），泰兴县尹冯贲。

县丞鲁世荣。

县丞明里溥□。

主簿粘哥天禄、刘守忠。

教谕卓林。[5]

三、真州职官

（一）真州[6]

至大年间（1308—1311），真州达鲁花赤忽秃。[7]

---

[1] 可能在元文宗至顺二年（1331）前后任职。见〔明〕朱怀幹修,〔明〕盛仪辑:《嘉靖惟扬志》卷一一《礼乐志》,《扬州文库》第 1 册,广陵书社 2015 年版,第 103 页。

[2] 张彦安,元末镇守真州,元顺帝至正末年降明。见〔明〕申嘉瑞修,〔明〕李文等纂:《〔隆庆〕仪真县志》卷五《官师考下》,《扬州文库》第 16 册,第 587 页。

[3] 王晓欣:《元〈张儆墓志〉及相关问题考述》,《元史及民族与边疆研究集刊》第三十七辑,上海古籍出版社 2019 年版,第 1—12 页。

[4] 〔清〕杨激云:《〔光绪〕泰兴县志》卷一六《秩官志一》,《泰州文献》（第一辑）,凤凰出版社 2014 年版,第 139 页。

[5] 未标明任职时间者,均属任职时间不详。

[6] 〔明〕申嘉瑞修,〔明〕李文等纂:《〔隆庆〕仪真县志》卷五《官师考下》,《扬州文库》第 16 册,第 587 页;〔清〕阿克当阿监修,〔清〕姚文田等纂:《〔嘉庆〕重修扬州府志》卷三六《秩官二》,《扬州文库》第 7 册,第 625 页。

[7] 《〔隆庆〕仪真县志》作"忽秃畏,至大间任"。见〔明〕申嘉瑞修,〔明〕李文等纂:《〔隆庆〕仪真县志》卷五《官师考下》,《扬州文库》第 16 册,第 587 页。

泰定（1324—1328）初年，真州知州吕世英。[1]

泰定（1324—1328）初年，真州知州张震。

天历年间（1328—1330），真州达鲁花赤明安答儿。

至正年间（1341—1368），真州知州哈只。

至正年间，真州判官，擢知州事王德甫。

真州同知李邈。[2]

真州教授申屠骥，至元间[3]任教授。

（二）扬子县[4]

至元年间（1264—1294），扬子县达鲁花赤[5]匡国政。

至正年间，扬子县达鲁花赤庐山。

四、泰州职官[6]

至元二十九年（1292），泰州尹赵孟頫，未赴任。

皇庆年间（1312—1313），泰州尹李德贞。

延祐年间（1314—1320），衡中顺，官职不详。

张缉，泰州幕职官。[7]

至正间（1341—1368），赵俨任职泰州。

---

[1]《〔隆庆〕仪真县志》作"吴世英，至元间任"。至元，元世祖至元（1264—1294）或元顺帝后至元（1335—1340）。见〔明〕申嘉瑞修，〔明〕李文等纂：《〔隆庆〕仪真县志》卷五《官师考下》，《扬州文库》第16册，第587页。

[2]《〔嘉庆〕重修扬州府志》作"至元时真州同知"。至元，元世祖至元（1264—1294）或元顺帝后至元（1335—1340）。见〔明〕申嘉瑞修，〔明〕李文等纂：《〔隆庆〕仪真县志》卷五《官师考下》，《扬州文库》第16册，第587页；〔清〕阿克当阿监修，〔清〕姚文田等纂：《〔嘉庆〕重修扬州府志》卷三六《秩官二》，《扬州文库》第7册，第625页。

[3]至元，元世祖至元（1264—1294）或元顺帝后至元（1335—1340）。

[4]〔清〕阿克当阿监修，〔清〕姚文田等纂：《〔嘉庆〕重修扬州府志》卷三六《秩官二》，《扬州文库》第7册，第625页。

[5]柯劭忞《新元史》作扬子县丞，见《新元史》卷一四四《匡才传》，中国书店1988年版，第613页。

[6]〔清〕阿克当阿监修，〔清〕姚文田等纂：《〔嘉庆〕重修扬州府志》卷三六《秩官二》，《扬州文库》第7册，第625页；〔清〕王有庆：《〔道光〕泰州志》卷一三《秩官表上》，清道光七年（1827）刻本。

[7]未标明任职时间者，其任职时间方志无记载。

五、通州职官[1]

（一）通州

大德五年（1301），统辖张宏纲，同知顾显。

至正元年（1341），统辖卜颜不花，达鲁花赤郭公（失其名），同知判官张处恭，教授罗汶成，直学季世衡。

至正二年（1342），同知判官李良，教授张彦，直学袁浩。

至正三年（1343），达鲁花赤也先帖木儿，教授褚孝锡、梅宗说，直学丘士元、林贵学。

至正七年（1347），达鲁花赤马公毅，教授朱昕，直学邵尧嗣。

至正十六年（1356），统辖李天禄。

统辖陈忠（副元帅）、张鼎（安远将军）、范应纯（万户）、孙天麟；达鲁花赤忽都火者、田泽（兼劝农事）、周衡（同知）。

（二）静海县

典史李秉、陈岩。

教谕李时敏。

训导王钤、何信。

（三）海门县

达鲁花赤张士良、季世衡。

主簿徐文显。

典史陈新。

教谕刘璿、刘允敏、潘文质。潘文质由辟举入仕。

训导尹平，由辟举入仕。[2]

六、崇明州职官

皇庆年间（1312—1313），达鲁花赤月里海牙。

至正三年（1343），知州李忽都答儿。

至正五年（1345），知州陈汝筠。

[1]〔明〕林云程、沈明臣纂修：《〔万历〕通州志》卷一《秩官表》，《四库全书存目丛书·史部》第203册，齐鲁书社1996年版，第22—23页。

[2] 未标明任职时间者，均属任职时间不详。

至正七年（1347），达鲁花赤山山武毅、丑酌。

至正八年（1348），知州程世昌。

至正十年（1350），同知王也先不花。

至正十一年（1351），达鲁花赤八里颜。

至正十三年（1353），同知伯颜帖木儿。

至正二十三年（1363），知州孟集。

达鲁花赤那海、朵列帖木儿、朵列秃、桑儿伽思监、暗都刺、苫思丁、哈只、定山。

知州李进、和升、任仁发、李思义、陈大年、张伯颜、赵绍、何思禹[1]、刘逸民、左显[2]、侯大贤、任子明。

同知忻郁、张宝童、杨都刺孙、塔海帖木儿、赵察罕不花、聂世英、阴那海、任钺、陈从革、许思义、谭那海、完颜也先。

州判乔隆裔、董裔、丘楫、陈秀、刘昌裔、宋允中、忽都秃、蔡懋、邢彝、张元凯、田民瞻、朱成。

吏目张让、宋明善、张好智、潘谅、孙杰。

教官朱垓、尹梦魁、沈鼎孙、龙雷解、陈璧、黄震龙、郭城、姚孝隆、袁肇、黄友直、刘益、鲁文炳、霍忠、张振、潘显祖、申天祐、刘琰、任克明、范子云。[3]

以上元代崇明州文职。元代崇明州有武职。

---

[1]《〔正德〕崇明县志》作"何思禹"，《〔万历〕崇明县志》作"何思万"。见〔明〕陈文等：《〔正德〕崇明县志》卷五《去任见任列名附》《宦迹》，上海市地方志办公室、上海市崇明县档案局编：《上海府县旧志丛书·崇明县卷》，上海古籍出版社2011年版，第34页；〔明〕张世臣等：《〔万历〕崇明县志》卷五《官师志》，上海市地方志办公室、上海市崇明县档案局编：《上海府县旧志丛书·崇明县卷》，上海古籍出版社2011年版，第99页。

[2]《〔正德〕崇明县志》作"左显"，《〔万历〕崇明县志》作"左贤"。见〔明〕陈文等：《〔正德〕崇明县志》卷五《去任见任列名附》《宦迹》，上海市地方志办公室、上海市崇明县档案局编：《上海府县旧志丛书·崇明县卷》，上海古籍出版社2011年版，第34页；〔明〕张世臣等：《〔万历〕崇明县志》卷五《官师志》，上海市地方志办公室、上海市崇明县档案局编：《上海府县旧志丛书·崇明县卷》，第99页。

[3]未标明任职时间者，均属任职时间不详。〔明〕陈文等：《〔正德〕崇明县志》卷五《去任见任列名附》，《〔正德〕崇明县志》卷五《宦迹》，上海市地方志办公室、上海市崇明县档案局编：《上海府县旧志丛书·崇明县卷》，第33—36页；〔明〕张世臣等：《〔万历〕崇明县志》卷五《官师志》，上海市地方志办公室、上海市崇明县档案局编：《上海府县旧志丛书·崇明县卷》，第99—100页。

元武宗至大三年（1310），万户八思不花。

万户李世宁。

副万户范斌、范应纯。

元顺帝至正六年（1346），千户郝敏。

千户璋儿、李华。[1]

崇明州在海边，监察使臣很少来到这里。元代有观风使臣掌监察之事。观风使臣陈起龙，同知崇明州事，后升海道副万户。[2]

七、滁州职官

（一）来安县

至元六年[3]，达鲁花赤亦尔列不花，县尹王时淳，主簿李让，巡检赛酉，典史罗文庆。

至元三十年（1293），县尹徐荣。

泰定元年（1324），达鲁花赤马合谋砂，县尹郭让，教谕何迪，主簿杨禄，典史郭国瑞。

泰定二年（1325），县尹杜居敬，白塔镇巡检丁赟，典史萧毅。

泰定五年（1328），主簿周于嘉。

至正六年（1346），达鲁花赤撒都剌，县尹蒋居仁，教谕吴旭，巡检李克忠，白塔镇巡检孟元亨，税务司巡检严皋。

此外，达鲁花赤忽都鲁海牙、可惜可不花、合谋砂立无年次籍贯。县尹

---

[1]《〔正德〕崇明县志》李华之名列在千户下，作"李华，忠显校尉，副万户"。未标明任职时间者，均属任职时间不详。

[2]〔明〕陈文等：《〔正德〕崇明县志》卷五《宦绩》，上海市地方志办公室、上海市崇明县档案局编：《上海府县旧志丛书·崇明县卷》，第37页；〔明〕张世臣等：《〔万历〕崇明县志》卷五《官师志》，上海市地方志办公室、上海市崇明县档案局编：《上海府县旧志丛书·崇明县卷》，第106、110页。

[3] 元世祖至元六年（1269）或元顺帝后至元六年（1340）。按《元史·世祖纪五》记载，滁州等地于至元十二年（1275）三月投降元军，此处至元六年似应指元顺帝后至元六年，然而《来安县志》将至元六年亦尔列不花等人置于泰定帝泰定元年（1324）的马合谋砂之前，当是认为此至元六年为元世祖至元六年。见〔明〕宋濂等：《元史》卷八《世祖纪五》，第163—165页。

廉克、完间、项仲升、孟升、苗裔无年次籍贯。教谕党安（汴梁人）无年次。[1]

（二）全椒县

元贞年间（1295—1297），全椒县尹也先吉思阿里、沈居敬，县主簿王继祖、黄富。

至正年间（1341—1368），全椒县尹李安、杨朴。[2]

八、高邮府

（一）高邮府

至元十九年至二十二年（1282—1285），高邮路总管府达鲁花赤完者都。[3]

高邮府达鲁花赤张焀。高邮府判官忽都笃。

至正十年（1350），高邮知府李齐。

高邮知府赵德彰、高（失其名）。

至正元年（1341）前后到至正五年（1345），高邮府推官宇文公谅。[4]

高邮主簿周（失其名）。

高邮府儒学教授刘秉懿。[5]

（二）高邮县

宋元之际，高邮县尹柳金。

泰定三年（1326），高邮县尹偼哲笃。

后至元元年（1335），高邮县尹张桢。[6]

[1]〔清〕刘廷槐纂修，余培森修订：《来安县志》卷八《职官志（表）》，黄山书社2007年版，第196—198页。

[2]张其濬修，江克让纂：《全椒县志》卷九《职官志》，成文出版社1974年版，第494页。

[3]〔明〕宋濂等：《元史》卷一三一《完者都传》，第3194页。

[4]沈仁国：《元朝进士集证（下册）》，中华书局2016年版，第394页。

[5]未标明任职时间者，均属任职时间不详。〔清〕阿克当阿监修，〔清〕姚文田等纂：《〔嘉庆〕重修扬州府志》卷三六《秩官二》，《扬州文库》第7册，第625页；〔清〕冯馨增修，〔清〕夏味堂等增纂：《〔嘉庆〕高邮州志》卷八《秩官志・文职》，《扬州文库》第21册，广陵书社2015年版，第231—232页。

[6]《〔嘉庆〕重修扬州府志》作"张桢"，《〔嘉庆〕高邮州志》作"张徵"。

高邮县尹何（失名）。[1]

至治年间（1321—1323），高邮县丞吴师道。[2]

（三）兴化县

兴化县尹詹士龙。[3]

大德年间（1297—1307），兴化县尹丁济、顾成。

至正二十五年（1365），兴化县尹杨元渊领全城归附朱元璋军。[4]

（四）宝应县

宝应县丞柏延乌台。

〔1〕〔清〕阿克当阿监修，〔清〕姚文田等纂：《〔嘉庆〕重修扬州府志》卷三六《秩官二》，《扬州文库》第7册，第625页；〔清〕冯馨增修，〔清〕夏味堂等增纂：《〔嘉庆〕高邮州志》卷八《秩官志·文职》，《扬州文库》第21册，第231页。按，何某任职时间不详。

〔2〕沈仁国：《元朝进士集证（上册）》，第144—145页。

〔3〕詹士龙出任兴化县尹的最早时间在至元十九年（1282）前后。见〔明〕宋濂：《宋文宪公全集》卷二三《詹士龙小传》，第281页。

〔4〕〔清〕阿克当阿监修，〔清〕姚文田等纂：《〔嘉庆〕重修扬州府志》卷三六《秩官二》，《扬州文库》第7册，第625页；〔明〕欧阳东凤修：《〔万历〕兴化县志》，《泰州文献》（第一辑），凤凰出版社2014年版，第191—192页。

第二章 元代扬州的经济、文化与社会生活

元初,随着农业生产的恢复,扬州经济再度繁荣起来,随之而来的是文化的昌盛。不少域外人士游历、旅居扬州,将元代扬州的社会生活载入自己的行记中,扬州成为一座闻名世界的城市。

第一节 经济发展面貌

在元朝统治下,扬州的农业生产得到了恢复。元代百姓被分为不同的户计,如民户、军户、站户、匠户、灶户、儒户等,从事不同的工作,隶属不同的管理系统,世代相承。元代土地分为屯田、官田、寺观田和民田四类。官方拥有屯田和官田。屯田用于屯种,官田用来赏赐给贵族、寺院,支付官员俸禄。寺观田是寺观自购的田地,民田是百姓拥有的土地。元代的百姓承担着各种赋役。总体上看,元代扬州的经济蓬勃发展,盐业、造船业和交通运输业都很繁荣。

一、农业

民以食为天。在农业社会,农桑是国家的根本。元代南北统一后,元世祖忽必烈采取了一系列措施,恢复、发展农业生产。至元七年(1270),元廷设大司农司掌管农桑、水利、学校、饥荒等事。至元十四年(1277),罢大司农司;至元十八年(1281),改立农政院;至元二十年(1283),改立务农司,同年改司农寺;至元二十三年(1286),仍改为大司农司,秩正二品。[1]与之相应,元代还建立了考课制度,将农业生产发展纳入官员的考绩体系。

---

[1]〔明〕宋濂等:《元史》卷八七《百官三》,第2188页。

　　除了设置农业管理机构外,元代还召集流民,鼓励开垦荒地,并通过减免租税以鼓励农业生产;设置锄社互助,设置常平仓平抑物价,设置义仓防备饥年;编修《农桑辑要》《农书》《农桑衣食撮要》等农技图书,推广农业生产技术;兴修水利,发展农业生产。[1]

　　至元十三年(1276)元军占领江南后,鼓励当地民众开荒耕种,同时减免江南地区佃户的私租,扬州的农业生产逐渐得到恢复。但后来几年,江南地区频频受灾,收成不佳,农民抛弃土地另谋生路,田地逐渐荒芜。至元三十年(1293)三月,燕公楠建议在江南立行大司农司,追查富豪之家隐匿田产、少纳田租之事。元廷在苏州设行大司农司后发现,江南隐匿田地之事不多,反而是田地抛荒的现象较为严重。因此在同年四月,将行大司农司衙门移往扬州,招揽民众开垦耕地。为免水道壅塞,伤害庄稼,阻碍出行,行大司农司还负责兴修水利。但总的来看,行大司农司并没有在农业方面起很大作用,因而元贞元年(1295)裁并行政机构时,便将位于扬州的行大司农司罢除。[2]

(一)户口

　　蒙古灭金以后,于1235年在汉地清理户籍,检括户口。此次括户,主要做了几项工作:全面登记户口,流民就地落籍;划分社会职能不同的人户,分别立籍;分检驱口,将部分驱口收编为国家户口。1252年,蒙古再次整理户籍。元世祖忽必烈即位后,在中统二年(1261)、中统三年(1262)、至元七年(1270)整理中原户籍并厘定诸色户计的户籍。至元十三年(1276),江南平定。至元二十六年到二十七年(1289—1290),元廷在原南宋统治区整理户籍、统计户口,区分诸色户计,分别立籍。[3]

　　元代将从事不同职业的人划分为不同户计,统称为诸色户计。诸色户计中有民户,承担国家普通赋役;军户,承担兵役;站户,承担驿站徭役;匠户,承担手工业造作;灶户,承担盐业生产;儒户,以读书为业;僧户、道户,指僧尼道人。此外,还有屯田户、打捕户、淘金户、矿户、医户等。不同户计

---

[1] 白寿彝总主编:《中国通史·元时期上》,上海人民出版社1997年版,第700—703页。

[2] 《大元官制杂记》,广文书局1972年版,第59—61页。

[3] 白寿彝总主编:《中国通史·元时期上》,第766—769页。

隶属不同的管理系统,一旦入籍就世代相承,不得擅自更改。但实际上元廷常常根据需要更改户计,只是不许人民擅自更改而已。[1]

至元二十七年(1290),扬州路有249466户、1471194人。高邮府在元文宗至顺年间(1330—1333)有钱粮户数50098。[2]当时的扬州路和高邮府有民户、军户、站户、灶户、屯田户、打捕户、儒户、僧户、道户、医户等诸色户计,但每种户计的具体数字不详。1322年到1328年间在中国旅行的意大利修士鄂多立克说扬州有"四十八到五十八土绵的火户"。1土绵是1万,每10—12户为1火。[3]按照鄂多立克的记载,扬州城有48万—58万的火户,约在500万户以上。这个数字过于庞大,应该不会是元代扬州路实际的户数。[4]

(二)土地

1.屯田

在元代的四类土地中,屯田和官田是国有土地,寺观田和民田是私有土地。屯田由政府直接组织农业生产,分为军屯和民屯两种。军屯或是由军队自种,或是设立专业的屯田军耕种。民屯由民户耕种,从事民屯的人另立户籍,称"屯田户"。[5]

至元三十年(1293)正月,河南江北行省平章政事伯颜建议:"扬州忙兀台所立屯田,为四万余顷,官种外,宜听民耕垦。"[6]由此可知,扬州地区有4万顷以上的屯田,其中有军屯,也有民屯。

2.高邮屯田打捕提举司、扬州通泰屯田打捕提举司

---

[1]　白寿彝总主编:《中国通史·元时期上》,第769—771页。

[2]　〔明〕宋濂等:《元史》卷五九《地理志二》,第1414、1417页。

[3]　〔意〕鄂多立克著,何高济译:《鄂多立克东游录》,《海屯行纪·鄂多立克东游录·沙哈鲁遣使中国记》,中华书局1981年版,第68、71页。

[4]　元代高邮府兴化县有3160户,8628人。元世祖至元间(1264—1294)扬州路崇明州有12789户;元顺帝至正间(1341—1368)崇明州有2786户。见〔明〕胡顺华:《〔嘉靖〕兴化县志》卷二《户役》,《泰州文献》(第一辑),凤凰出版社2014年版,第23页;〔明〕陈文等:《〔正德〕崇明县志》卷三《户口》,上海市地方志办公室、上海市崇明县档案局编:《上海府县旧志丛书·崇明县卷》,第27页。

[5]　白寿彝总主编:《中国通史·元时期上》,第742—744页。

[6]　〔明〕宋濂等:《元史》卷一七《世祖纪十四》,第370页。

至元十四年（1277），元廷设淮东淮西屯田打捕总管府，隶属宣徽院，秩正三品，主要职责是供应内府钱粮、猎物、水产等。最初，淮东淮西屯田打捕总管府并管涟海高邮湖泊提举司、沂州等处提举司事。至元十六年（1279），设扬州鹰房打捕达鲁花赤总管府。至元二十二年（1285）省并机构，扬州鹰房打捕达鲁花赤总管府并入淮东淮西屯田打捕总管府。至元二十五年（1288），以两淮新附手号军千户隶属总管府，分置提举司。[1]

设在扬州地区的淮东淮西屯田打捕总管府的下属机构有高邮屯田打捕提举司和扬州通泰屯田打捕提举司，都是从五品。每司设达鲁花赤1人，提举1人，秩从五品；同提举1人，从六品；副提举1人，从七品；吏目2人。淮东淮西屯田打捕总管府下设10处抽分场提领所，其中时堡兴化提领所、高邮宝应提领所在高邮。每个提领所设提领、同提领、副提领各1人。[2]

3. 官田

元代的官田是指除屯田以外的国有土地，分为官田、赐田、职田、学田四类。

四类官田中的“官田”主要分布在江南地区，元廷设江淮等处财赋都总管府管理。赐田是赐给贵族、官僚和寺院的土地。元代赐予皇家寺院的田地，往往不局限在寺院附近，有些赐田甚至与寺观所在地相距千里。元廷还往往在地方设置官方机构帮助寺观管理经营赐田。职田是官员的俸禄田，元代官员在俸禄之外，另有职田。职田收入归官员所有，但田地属于官方，官员离任时需将职田移交给后任。扬州路、高邮府及诸州县的官员，每人根据级别，有相应数量的职田。但是，元廷规定的职田数只是一个给付标准，大多数官员或者多取职田，或者给付的职田数量不足，甚至有官员完全得不到职田。学田则是官办学校占有的土地，各地儒学是学田的主要占有者。[3]

1981年8月，扬州旧城北城根出土了1方元碑。该碑碑身高逾3.3米，宽1.25米，碑额为半圆形。两面均有刻字，一面碑身四缘镌缠枝花卉，碑额篆书《江淮营田提举司钱粮碑》，另一面碑身四缘镌龙纹，碑额为《圣旨懿

---

[1] 〔明〕宋濂等：《元史》卷八七《百官志三》，第2204页。
[2] 〔明〕宋濂等：《元史》卷八七《百官志三》，第2205页。
[3] 白寿彝总主编：《中国通史·元时期上》，第745—750页。

旨》,元仁宗皇庆二年(1313)立。该碑出土时已碎为10余块。元亡之后,该碑应是被当作筑城的墙基垫石使用的。[1]《江淮营田提举司钱粮碑》碑文分为两个部分,第一部分是序言,第二部分是江淮营田提举司的田地、财产、钱粮、课赋账。

江淮等处营田提举司,秩从五品,至元二十七年(1290)立。下设达鲁花赤、提举、同提举、副提举各1人。[2]江淮等处营田提举司公廨在扬州城南。[3]江淮等处营田提举司是会福总管府的下属机构,会福总管府是管理元代皇家佛寺大护国仁王寺寺产的机构。大护国仁王寺位于元大都(今北京),由元世祖忽必烈的皇后察必倡议修建,至元十一年(1274)建成。该寺产业众多,遍布大都、河间、襄阳、江淮等处。大护国仁王寺在江淮地区的所属寺产原属南宋皇室所有。宋亡后,故宋皇室的产业被元廷收归己有,元廷设江淮等处财赋都总管府管理这些产业。江淮等处财赋都总管府下设扬州等处财赋提举司,管理扬州地区大护国仁王寺的产业。至元二十七年(1290)设江淮营田提举司以后,这些寺产交由江淮营田提举司管理。[4]江淮营田提举司管理的范围是扬州路、淮安路和高邮府的大护国仁王寺寺产。

根据顾寅森抄录的《江淮营田提举司钱粮碑》碑文,可整理江淮营田提举司在扬州路和高邮府管理的寺产、收入情况如下:[5]

[1] 王勤金:《元〈江淮营田提举司钱粮碑〉》,《考古》1987年第7期,第622—626页;顾寅森:《元代佛教经济研究的珍贵史料——扬州出土元〈江淮营田提举司钱粮碑〉的重新录文与考释》,《中国经济史研究》2016年第2期,第154页。

[2] 〔明〕宋濂等:《元史》卷八七《百官志三》,第2209页。

[3] 王勤金:《元〈江淮营田提举司钱粮碑〉》,《考古》1987年第7期,第624页。

[4] 顾寅森:《元代佛教经济研究的珍贵史料——扬州出土元〈江淮营田提举司钱粮碑〉的重新录文与考释》,《中国经济史研究》2016年第2期,第155页。

[5] 顾寅森:《元代佛教经济研究的珍贵史料——扬州出土元〈江淮营田提举司钱粮碑〉的重新录文与考释》,《中国经济史研究》2016年第2期,第154—165页。

表 2-1　　　元江淮营田提举司所辖扬州路、高邮府寺产、收入一览表

地区	项　目	
扬州路	管江都、泰兴、海陵、如皋、静海、海门 6 县,16 庄	
	田地:804 顷 69 亩 2 分 2 厘 4 毫	
		田:764 顷 9 亩 8 分 7 厘 4 毫
		地:40 顷 59 亩 3 分 5 厘
	江淮营田提举司公廨基地 1 段,坐落扬州,在城南	
	官牛:□只	
	佃户:1812 户	
	酒馆:50 处	
	湖泊:11 处	
	收入	小麦:1171 石 4 斗 4 升 4 合
		粳糯米:4599 石 4 斗 6 升
		办课草坝、住基门等地岁办钞:3 □定 26 两 5 钱 6 分 1 厘 6 毫
		酒馆月办钞:不详
		湖泊月办钞:6 定 16 两 2 钱 4 分
高邮府	管高邮、宝应、兴化 3 县,18 庄	
	田地:1936 顷 96 亩 5 分 8 厘 9 毫 5 丝	
		田:1701 顷 9 亩 8 分 3 厘 9 毫 5 丝
		地:235 顷 86 亩 7 分 5 厘
		住基门面:194 丈 2 尺 5 寸 5 分
	官牛:2 只	
	佃户:1701 户	
	酒馆:44 处	
	湖泊:17 处	
	收入	小麦:2861 石 1 斗 1 升 1 合 2 □□□
		粳糯米:13624 石 3 斗□合 3 勺 6 抄 2 撮 5 圭
		办课地岁办钞:3 □定 39 两 4 钱 6 厘 2 毫 5 丝
		酒馆月办钞:42 定 40 两 4 钱 6 分 2 厘 4 毫 5 丝
		湖泊月办钞:11 定 42 两 8 分 1 厘 7 毫

大护国仁王寺在全国拥有广袤的田地,扬州路与高邮府的田地只是大护国仁王寺产业的一部分。仅从江淮营田提举司在扬州与高邮两地所管理的田地,可知元代官田所占面积之广,收入之多。

4.寺观田

寺观田的所有权属寺庙和道观,有的来自国家拨赐,有的来自寺观自购、强夺和信徒施舍。寺观田的土地所有权属于寺观,但要向朝廷纳税。[1]

元代崇佛、崇道的风气很重。元末危素曾说:"佛之说行乎中国,而尊崇护卫,莫盛于本朝。"元代扬州的正胜寺始建于北宋时期。南宋乾道年间(1165—1173),董谅将自己的住宅施舍给正胜寺;咸淳年间(1265—1274,元世祖至元二年到十一年),正胜寺的僧人善德购买土地若干顷以供寺庙衣食之需,并在城北建塔埋藏遗骨,在塔南建房屋供祀。[2]

元代扬州天宁寺寺僧慧明的族子在扬州城南买地作为葬地,并在这块地里建了化城庵。慧明购买了梁家堡田305亩,一位年高有德的长者购买了官沟田120亩给天宁寺,岁入租金用来供给寺庙的祭祀、修缮等事。[3]与正胜寺一样,天宁寺土地的来源也是寺院自购和信徒施舍。

5.民田

元世祖在江南地区推动民众开垦田地,促进了农业的恢复和发展。元代的大量民田属地主所有。元代的贵族和大地主通过购买、强买、强夺、高利贷准折民田的方式兼并土地。大地主占有大量土地和佃户,地主和佃户之间有较强的人身依附关系。扬州、江阴等地流行兑佃制。[4]

兑佃,又称转佃、交佃,即转让土地租佃权。兑佃时,转让者向接受者收取一定数量的货币。[5]镇南王就通过这种低价典买的方式获得了上千亩土地,并在平时委任豪民管庄,自己坐食租粮。[6]

[1] 白寿彝总主编:《中国通史·元时期上》,第750页。

[2] 〔元〕危素:《危太仆文集》卷五《扬州正胜寺记》,新文丰出版公司1985年版,第428页。

[3] 〔元〕释大䜣:《蒲室集》卷一一《扬州天宁寺新作石塔铭并序》,《景印文渊阁四库全书》第1204册,台湾商务印书馆1986年版,第602页。

[4] 白寿彝总主编:《中国通史·元时期上》,第751—754页。

[5] 李幹:《元代民族经济史(上)》,民族出版社2010年版,第231页。

[6] 李治安:《关于元代镇戍江淮的蒙古诸王》,《安徽史学》1990年第1期,第9页。

（三）赋役

元代南北方赋税制度不同。北方赋税分税粮和科差两大类。税粮，有丁税和地税两种不同形式。民户、官吏、商贾按丁数纳丁税，匠户、僧户、道户等纳地税。丁税和地税的正额之外，还有附加税。科差，包括丝料和包银两项。缴纳丝料的民户有两类，一类是分封给贵族、功臣的人户，缴纳的丝料有一部分给贵族、功臣；一类是不属于封民的人户，缴纳的丝料全归元廷。包银，最初是为了避免随时征收科敛而按户征收的银两。元宪宗五年（1255），定例包银 2 两输银，2 两折收丝绢等物。元世祖中统四年（1263）起，包银全部用钞缴纳。[1]

元平南宋之后，在江南地区征收赋税和差发。江南地区缴纳夏税和秋税，都是土地税，以秋税为主。因土地肥瘠不等，从不同土地上收缴的税粮数目亦不同。夏税较为复杂，一开始只在江东、浙西征收。元成宗元贞二年（1296）起，定江南夏税征收制度，浙东、福建、湖广加征夏税。江南地区的科差，包括江南户钞和包银两类。江南户钞是将江南民户封赐给诸王、勋贵，每户纳中统钞 5 钱。江南包银的征收，始于延祐七年（1320）元英宗继位不久，但很快就因骚扰民众遭到反对而在元英宗至治二年（1322）停止征收，并于泰定二年（1325）正式革除。[2]

元代的力役，也称夫役，即征发人夫从事工程兴造、河渠治理等役作。差役，即职役，派遣民户承担部分基层政府的职事，为朝廷征办各种赋役，维护地方治安等。力役和差役合称杂泛差役。力役的科派对象为全体役户，差役的科派对象为较为富裕的民众。元廷常常一次性征发数万或数十万夫役参与战争、维修水利，给民众带来了沉重的负担。[3]

元代扬州地区赋役的情况，应与当时全国的情况大致相同。除了赋税以外，还有繁重的杂泛差役。元代高邮有勋贵的食户。至元三十一年（1294）元成宗继位，将高邮 500 户封赐给泰安王博罗欢。博罗欢的儿子伯都辞官后寓居高邮，也是因为他的家族在高邮有食户。元统元年（1333）十月，元

---

[1]　白寿彝总主编：《中国通史·元时期上》，第 780—783 页。

[2]　白寿彝总主编：《中国通史·元时期上》，第 783—786 页。

[3]　白寿彝总主编：《中国通史·元时期上》，第 792—794 页。

顺帝以高邮府为权臣伯颜的食邑。[1]

二、盐课与盐业

食盐是人类生活的必需品,经营盐业获利极丰。历朝历代,食盐都是由官方专卖的,盐税是朝廷税收的重要来源。元代在全国设盐场,立专门的灶户、捞盐户从事盐业生产。盐有海盐、井盐、池盐、岩盐、土盐等种类,海盐是食盐的主要来源。[2]

扬州地靠江海,泰州、通州都是产盐之地。马可·波罗说,泰州"自海至于此城,在在制盐甚夥,盖其地有最良之盐池也";通州"出盐可供全州之食"。[3]

扬州地区出产海盐。海盐是将海水引入盐田,通过煎盐法提取出来的。煎盐法的做法是:将潮水引入盐田,有的盐田铺上草木灰吸收盐分,次日中午扫取灰盐;有的盐田在潮水退后,通过日晒晒出盐霜。地势较低的盐田,则在盐田中挖出深坑,坑中架起竹木,竹木上铺设苇席,苇席上铺着沙子,海水涌入坑中,盐卤滴在坑底。用海水浇灰盐、盐霜或盐卤提炼出卤水,再将卤水放在盐盘中加热,炼出食盐。[4]由于元代的私盐多是从煎盐的地方流出的,因而元廷将煎盐的处所设为禁地,不允许闲杂人等和船只出现。[5]

元代将盐课、茶课、酒醋课、商税、市舶税等数十种税种统称为诸色课程,盐课是其中最重要的一项。元代的食盐生产由官府垄断,专门设有灶户制盐。元廷通过两种方法销售食盐——商运商销和官运官销。

商运商销有行盐法和市籴法,以行盐法为主。行盐法和市籴法是商人向盐司或户部纳钱或纳粮,换取盐引,再凭盐引到指定盐场领盐运销。官运

---

[1]〔明〕宋濂等:《元史》卷一二一《博罗欢传》,第2991—2992页;卷三八《顺帝纪一》,第818页。

[2] 白寿彝总主编:《中国通史·元时期上》,第824页。

[3]〔法〕沙海昂注,冯承钧译:《马可波罗行纪》,商务印书馆2012年版,第303页。其中"通州"原作"真州",但亨利·玉尔、王颋、陈得芝、杨志玖等学者都认为应是通州(今江苏南通,元代属扬州路),见杨志玖:《百年来我国对〈马可波罗游记〉的介绍与研究(下)》,《天津社会科学》1996年第2期,第53页。

[4] 白寿彝总主编:《中国通史·元时期上》,第825—826页。

[5] 陈高华等点校:《元典章》卷二二《户部卷八·盐课·新降盐法事理》,第825页。

官销即按人口强行摊派盐额,收取盐价,称为"食盐法"。[1]元世祖至元十三年(1276),盐每引重 300 斤,值中统钞 8 两。至元十四年,盐每引改为 400 斤。[2]中统、至元年间,每引 14 两。至元二十二年,盐每引 20 两。元成宗元贞二年(1296),盐每引 65 两。元武宗至大二年(1309),盐每引涨至中统钞 100 两。盐每引应重 400 斤,而各地盐务机构给付商人的盐每引不到三百七八十斤,甚至只有 330 斤。[3]盐价持续上涨,朝廷通过设常平盐局等手段控制盐价,但收效甚微。[4]

元代"诸处盐课,两淮为重"。[5]杨维桢的《盐商行》诗描述了盐业的利润之高、盐商之富:

> 人生不愿万户侯,但愿盐利淮西头。人生不愿万金宅,但愿盐商千料舶。大农课盐析秋毫,凡民不敢争锥刀。盐商本是贱家子,独与王家埒富豪。亭丁焦头烧海榷,盐商洗手筹运握。大席一囊三百斤,漕津牛马千蹄角。司纲改法开新河,盐商添力莫谁何。大艘钲鼓顺流下,检制孰敢悬官铊。吁嗟海王不爱宝,夷吾策之成伯道。如何后世严立法,只与盐商成富媪。鲁中绮,蜀中罗,以盐起家数不多。只今谁补货殖传,绮罗往往甲州县。[6]

来自意大利的修士鄂多立克也说,扬州"城守仅从盐一项上就获得五百土绵巴里失的岁入;而一巴里失值一个半佛洛林,这样,一土绵可换五万佛洛林。但作为对此城百姓的恩典,上述城守蠲免他们两百土绵,以免发生饥荒"。[7]鄂多立克认为扬州城每年从盐上可以得到 500 万巴里失(即 5

---

[1] 白寿彝总主编:《中国通史·元时期上》,第 786—788 页。

[2] 〔明〕宋濂等:《元史》卷九四《食货志二》,第 2390 页。

[3] 陈高华等点校:《元典章》卷二二《户部卷八·盐课·盐袋每引四百斤》,第 847 页。

[4] 陈高华等点校:《元典章》卷二二《户部卷八·盐课·设立常平盐局》,第 815 页。

[5] 陈高华等点校:《元典章》卷二二《户部卷八·盐课·新降盐法事理》,第 820 页。

[6] "淮西"一作"两淮"。杨镰主编:《全元诗》第 39 册,中华书局 2013 年版,第 41 页。

[7] 〔意〕鄂多立克著,何高济译:《鄂多立克东游录》,《海屯行纪·鄂多立克东游录·沙哈鲁遣使中国记》,第 71 页。

万佛洛林）的收入。佛洛林是一种金币。鄂多立克之言不免夸张，但扬州盐税对元廷而言的确意义重大。为此，元廷在扬州设盐务机构管理食盐的生产和销售。

元世祖至元十四年（1277），扬州设两淮都转运盐使司，秩正三品。下设都转运使2人，正三品；同知2人，正四品；副使1人，正五品；运判2人，正六品；经历1人，从七品；知事1人，从八品；照磨1人，从九品。至元三十年（1293），因扬州盐运转司设三重官府，废盐司，置场官。[1]

两淮都转运盐使司下设盐场、批验所。每个盐场设司令、司丞、管勾各1人，司令从七品，司丞从八品，管勾从九品。此外，还有数目不等的办盐。两淮都转运盐使司设有29处盐场：吕四场、余东场、余中场、余西场、西亭场、金沙场、石塥场、掘港场、丰利场、马塘场、拼茶场、角斜场、富安场、安丰场、梁垛场、东台场、河垛场、丁溪场、小海场、草堰场、白驹场、刘庄场、五祐场、新兴场、庙湾场、莞渎场、板浦场、临洪场、徐渎浦场。[2]

批验所，掌批验盐引。每个批验所设提领、大使、副使各1人，提领正七品，大使正八品，副使正九品。元成宗大德四年（1300），两淮都转运盐使司设真州、采石等处批验所。[3]

此外，两淮都转运盐使司还在通州、泰州、淮安路设三处盐仓，在扬州东门、真州新城设两处检校秤盐。两淮都转运盐使司下设广盈库，提领从八品，大使从九品；江海巡盐官，从九品。[4]

两淮都转运盐使司每年承办的盐课：元世祖至元十六年（1279），规定承办587623引。至元十八年（1281），增加到80万引。至元二十六年（1289），减少15万引。至元三十年（1293），襄阳民由食京兆盐改食扬州盐，又增加8200引。[5]两淮都转运盐使司每年承办的盐课在65万引以上。

[1]〔明〕宋濂等：《元史》卷一七《世祖纪十四》，第370页；卷九一《百官志七》，第2312页。

[2] 盐场的数量，《元史》作二十九处，《元典章》作三十一处。〔明〕宋濂等：《元史》卷九一《百官志七》，第2312—2313页；陈高华等点校：《元典章》卷九《吏部卷三·场务官·盐场窠阙处所》，第343页。

[3]〔明〕宋濂等：《元史》卷九一《百官志七》，第2312—2313页。

[4] 陈高华等点校：《元典章》卷九《吏部卷三·场务官·盐场窠阙处所》，第343页。

[5]〔明〕宋濂等：《元史》卷九四《食货志二》，第2390页；卷一七《世祖纪十四》，第370页。

元成宗大德四年（1300），私盐贩倒卖私盐活动猖獗，权豪仗势多带斤重，贿赂勾结收税官吏，军官、民官巡查不严，以致国家利益受损，元廷颁行《新降盐法事理》管理盐业。按照规定：在扬州、淮安分立 6 个盐仓；两淮运司每年承办盐课 650070 引；每引 410 斤出场，其中 10 斤为折耗，不得短缺也不得过量；在采石、真州设批验所等，以求杜绝私盐，增进国用。[1]

两淮都转运盐使司有灶户 10432 户。[2]扬州路和高邮府灶户的具体数目不详。大德八年（1304），因为灶户艰辛，元廷下令两淮都转运盐使司停煎 5 万引盐。元文宗天历二年（1329），两淮都转运盐使司额办盐 950075 引，计中统钞 2850225 锭。[3]

三、造船业和交通运输业

宋代的造船技术相比前代有了长足的发展，并开辟了海外贸易航线。在此基础上，元代造船术和航海术空前繁荣。

元代造船业十分发达，大型海船的载重量可达 1200 吨。[4]《马可波罗行纪》记载："马可波罗阁下曾闻为大汗征收航税者言，每年溯江而上之船舶，至少有二十万艘，其循江而下者尚未计焉，可见其重要矣。沿此江流有大城四百，别有环以墙垣之城村不在数内，并有船舶停止。其船甚大，所载重量，核以吾人权量，每船足载一万一二千石，其上可盖席篷。"[5]鄂多立克记载：扬州有大量的船舶，而在离扬州 10 英里远处有一座城市生产的船，"船身白如雪，用石灰涂刷。船上有厅室和旅社，以及其他设施，尽可能地美观和整洁。确实，当你听闻，乃至眼见那些地区的大量船舶时，有些事简直难以置信"[6]。这些都说明当时扬州有大量的船舶，造船业空前发达。

宋代发明了指南针，水罗盘成为航海中普遍使用的最主要的导航仪器。

　［1］陈高华等点校：《元典章》卷二二《户部卷八·盐课·新降盐法事理》，第 820—830 页。

　［2］陈高华等点校：《元典章》卷九《吏部卷三·场务官·盐场额办引数》，第 342 页。

　［3］〔明〕宋濂等：《元史》卷九四《食货志二》，第 2391 页。

　［4］白寿彝总主编：《中国通史·元时期上》，第 838 页。

　［5］〔法〕沙海昂注，冯承钧译：《马可波罗行纪》，第 310 页。

　［6］〔意〕鄂多立克著，何高济译：《鄂多立克东游录》，《海屯行纪·鄂多立克东游录·沙哈鲁遣使中国记》，第 71 页。

依靠指南针,宋元时期形成了固定的海上航线。元代发展了牵星术,即通过观测恒星的高度来确定船舶在大海中的方位,根据测得所见恒星距离海平面的高度计算出船舶所在地的地理纬度。指南针和牵星术的运用,促进了元代航海业的发展。[1]

宋金南北对峙时期,贯通南北的运河失去了原本的作用,逐渐埋塞。至元十二年(1275)起,元廷决定在山东西部开挖新河,划直南北大运河。次年南北统一以后,面临着南粮北调问题,元廷决议修治、疏通运河,开通新运河。隋唐时期的大运河以洛阳为中心,水道从南向北折向西部。南宋绍熙五年(1194),黄河夺淮入海。元初,漕船由南向北,需经由夺淮入海的交接点后,沿黄河逆流西上,到宿迁、徐州等地继续西进,到达中滦旱站后陆运180里再换水运,直到京师大都(今北京),殊为不便。[2]至元三十年(1293)新的大运河全线贯通之后,元廷对运河各段的问题做了一系列整治或辅助性工程。元世祖至元年间的扬州运河并不顺畅,江南漕粮往往需要陆运至淮安再北上。[3]

北宋时期,江南每年漕运至汴梁的粮食达600万石之多。元初,由江南通过漕运运往大都的粮食远远不及此数。为此,元廷于至元十九年(1282)命罗璧、朱清、张瑄等人造平底船,经由海道运粮46000余石,次年到达京师。至元二十年八月,经河运和海运运到大都的粮食只有28万石。为运送更多粮食到大都,元廷设行泉府司专掌海运之事,行泉府司后改为都漕运万户府。至元十九年,元廷在京畿和江淮立都转运司,漕运江南粮。都转运司下设分司。扬州漕运司管理江南运到瓜洲的漕运。[4]

海运兴盛以后,运河仍然承担运输食盐、茶叶、各地土产、手工业品、海外贡品、使客往来的功能。[5]瓜洲"位置在前所言大江之上。此城屯聚有谷

[1]　白寿彝总主编:《中国通史·元时期上》,第838—839页。

[2]　白寿彝总主编:《中国通史·元时期上》,第867—871页。

[3]　白寿彝总主编:《中国通史·元时期上》,第875页。

[4]　〔明〕宋濂等:《元史》卷九三《食货志一》,第2364—2365页;〔明〕解缙等:《永乐大典》卷一五九四九《元漕运一》,第6965页。

[5]　白寿彝总主编:《中国通史·元时期上》,第876页。

稻甚多,预备运往汗八里城以作大汗朝廷之用,盖朝中必需之谷,乃自此地用船由川湖运输,不由海道。大汗曾将内河及湖沼连接,自此城达于汗八里,凡川与川间,湖与湖间,皆掘有大沟,其水宽而且深,如同大河,以为连接之用。由是满载之大船,可从此瓜洲城航行至于汗八里大城”。[1]

自至元二十年以后,南方漕运至北方的粮食连年增长,到元文宗天历二年(1329),运到京师的粮食已达3340306石。[2]元代末年,张士诚占据苏州,方国珍占据浙江,海运衰败。张士诚、方国珍降元后,元廷命张士诚出粮、方国珍出船,运粮北上。张士诚、方国珍相互猜忌,不肯从命。至正十九年(1359),元廷派大臣调解,张士诚、方国珍才肯合作运粮。至正二十年到至正二十三年五月,江浙地区屡次运送粮食北上。至正二十三年九月,张士诚自立为吴王,不再向大都输送粮食,江浙地区的漕运终结。[3]

四、扬州元宝

元宝即银锭。据陶宗仪《南村辍耕录》“银锭字号”条载:“银锭上字号‘扬州元宝’,乃至元十三年,大兵平宋,回至扬州,丞相伯颜号令搜检将士行李,所得撒花银子,销铸作锭,每重五十两,归朝献纳。世祖大会皇子、王孙、驸马、国戚,从而颁赐。或用货卖,所以民间有此锭也。后朝廷亦自铸,至元十四年者重四十九两,十五年者重四十八两。‘辽阳元宝’乃至元二十三年、二十四年征辽东所得银子而铸者。”[4]1956年,江苏句容出土了两只银锭。正面中间一行“平准　至元十四年　银五十两”,右旁一行“铸银官　提领　大使　副使　库子杨良珪”;左旁一行“提举司　银匠彭兴祖　刘庆　秤子韩益”。背面有阴文“元宝”两个大字。[5]这件元宝是在至元十三年(1276)铸造扬州元宝一年以后铸造的,它的铭文上没有“扬州”二字。此后,陆续发现了若干件铭文中出现“扬州”字样的元宝:

辽宁朝阳西涝村出土元宝,正面有“扬州　至元十四年”字样;

---

[1]〔法〕沙海昂注,冯承钧译:《马可波罗行纪》,第312页。冯氏译文中,“瓜洲”均写作“瓜州”。

[2]〔明〕宋濂等:《元史》卷九三《食货志一》,第2369页。

[3]〔明〕宋濂等:《元史》卷九七《食货志五》,第2482—2483页。

[4]〔元〕陶宗仪:《南村辍耕录》卷三〇,第377页。

[5]倪振逵:《元宝》,《文物参考资料》1957年第5期,第47页。

上海金山博物馆收藏元宝,正面有"扬州　至元十四年　行中书省"字样;

上海博物馆收藏元宝,正面有"扬州　至元十三年　行中书省"字样;

内蒙古出土元宝,正面有"扬州　至元十四年　行中书省"字样;

台北历史博物馆收藏元宝,正面有"扬州　至元十四年　行中书省"字样;

中国钱币博物馆收藏元宝,正面有"扬州　至元十四年　行中书省"字样;

中国财税博物馆收藏元宝,正面有"扬州　至元十四年　行中书省"字样;

2007中国嘉德春拍元宝,正面有"扬州　至元十四年　行中书省"字样;

2010华夏藏珍秋拍元宝,正面有"扬州　行中书省　至元十四年"字样。[1]

以上元宝,辽宁出土仅有"扬州"字样,无"行中书省"字样,其他都有"扬州"和"行中书省"字样。可见这里的"扬州"都指"扬州行省"(即江淮行省),而非扬州路。仅有上海博物馆藏元宝铸造于至元十三年(1276),其他元宝集中在至元十四年(1277)铸造。

元代除少数地区以外,纸钞是唯一的法定货币,民间交易禁止使用金银。这些银锭是作赏赐之用。蒙古惯例,大汗每年需要赏赐诸王勋戚,这给朝廷带来了沉重的财政负担。至元十三年,元军平定江南,获得了大量的财物。《南村辍耕录》所说撒花,是礼物、人事之意。撒花银是官兵索要得来的。伯颜下令将从将士处搜出的银子在江南地区就地铸造为固定重量的银锭,这更容易清点银两的数目,也便于发放赏赐;就运输而言,银锭也比其他形式的金银更方便。

---

[1]　孙继亮:《中国财税博物馆藏元代"扬州元宝"考——兼论元代前期白银的使用和流通》,《中国钱币》2015年第6期,第13—14页。

第二节　教育与文化

元代官方在扬州路设立官学,培养人才,其经费来自官方拨给的学田。元代在扬州生活的文人很多,如郝经、吴澄、张翥、睢景臣、施耐庵等。数学家朱世杰也寓居扬州,并在扬州刊刻了他的著作《算学启蒙》和《四元玉鉴》。

一、学校与科举

（一）学校与学田

1.元代学校概况

元代有官学,也有私学。元代地方设路、府、州、县学,简称地方官学,具体包括儒学、蒙古字学、医学、阴阳学、书院和社学。设立官学的目的是传播儒家思想,培育各种人才,维护统治秩序。

儒学学习儒家经典,培养儒生;蒙古字学,教授八思巴字(用藏文字母拼写天下一切文字);医学,培养医生;阴阳学,培养管理知晓天文、占候、星卜、相宅、选日等事的阴阳人;书院有官办和民办两种,民办书院的负责人和教师也由朝廷选派或任命,但要多听取民间有关人士的意见;社学,即农闲学校,以50家为1社,每社立一所学校,在冬季农闲时入学,社学的经费由学生的学费维持,其教师在讲课前要经过所在州县学官的培训。地方的儒学、书院由行省儒学提举司管理,蒙古字学由行省蒙古提举学校官管理,医学由行省医学提举司管理,社学由大司农司和地方官管理。蒙古字学、阴阳学只在路、府、州设置。儒学和医学在路、府、州、县均有设置。[1]扬州路和高邮府都设置了儒学、蒙古字学、医学和阴阳学。[2]

[1]　陈高华:《元代的地方官学》,中国元史研究会编:《元史论丛》第五辑,第160—165、174—175页。

[2]　元代崇明州设儒学、蒙古字学和医学。学校有赡学田、儒学田和蒙古字学田。儒学田二十二顷八十六亩六分,量米麦黄豆共七百三十八石九斗,荡钞十三定五两;蒙古字学田,荡一顷四十亩三分。元成宗大德八年(1304),崇明州创立官医提领所,后并入医学。见〔明〕陈文等:《〔正德〕崇明县志》卷九《古绩》,上海市地方志办公室、上海市崇明县档案局编:《上海府县旧志丛书·崇明县卷》,第55—56页;〔明〕张世臣等:《〔万历〕崇明县志》卷九《古迹志》,上海市地方志办公室、上海市崇明县档案局编:《上海府县旧志丛书·崇明县卷》,第132页。

元代路一级设儒学教授、蒙古教授、医学教授、阴阳学教授各1人。儒学教授还设学正1人、学录1人。儒学教授和蒙古教授的品级,《元史》作正九品,《元典章》作从八品。医学教授、阴阳学教授,从九品。散府、上中州儒学教授正九品,[1]下州设学正1人,县设教谕1人,路、府、州、县各设直学1人。儒学教授、学正、学录、教谕都是教官。江南地区的书院设山长,也属教官。府、州的教授可以升为路一级的教授,学正、山长任满通过考试可选府、州教授,学录、教谕任满通过考试可选学正、山长。[2]至元三十年(1293)七月,元廷下旨,扬州、嘉兴、杭州、平江与其他地区不同,可以各设2个儒学教授。[3]

2.儒学

宋代扬州儒学兴盛。元代儒学常与孔庙在一起,也被称为庙学。据《嘉靖惟扬志》记载,宋代扬州有扬州儒学、江都县儒学、真州儒学、泰兴县儒学、高邮州儒学、兴化县儒学、宝应县儒学、泰州儒学、如皋儒学、通州儒学、海门县儒学。江都县儒学在南宋时并入州儒学,其余儒学在元代尚存。[4]据统计,元代扬州路有13处庙学,高邮府有3处庙学。[5]

泰定年间(1324—1328),扬州儒学新建了藏书楼、会馔堂,立大成碑。[6]

泰定二年(1325),真州知州张震兴建庙学,铸造祭器。至正末年,因真州地区屡遭兵乱,真州的祭器被送往润州(今江苏镇江)儒学保管,后来一直保存在润州儒学中。[7]

大德七年(1303)夏至大德八年秋,滁州州官重修滁州孔子庙,受滁州

[1]〔明〕宋濂等:《元史》卷九一《百官志七》,第2316页;陈高华等点校:《元典章》卷七《吏部卷一·职品·内外文武职品》,第219页。

[2]陈高华等点校:《元典章》卷九《吏部卷三·教官·正录教谕直学》,第308—311页。

[3]王颋:《庙学典礼(外二种)》卷四《升用教授资格》,浙江古籍出版社1992年版,第82—83页。

[4]〔明〕朱怀幹修,〔明〕盛仪辑:《嘉靖惟扬志》卷七《公署志》,《扬州文库》第1册,第41—42页。

[5]胡务:《元代庙学:无法割舍的儒学教育链》,巴蜀书社2005年版,第80—81页。

[6]〔明〕朱怀幹修,〔明〕盛仪辑:《嘉靖惟扬志》卷七《公署志》,《扬州文库》第1册,第42页。

[7]〔明〕申嘉瑞修,〔明〕李文等纂:《〔隆庆〕仪真县志》卷八《学校考》,《扬州文库》第16册,第608页。

学正刘默邀请,著名学者吴澄专门写了一篇文章,比较详细地记录了此事。[1]

泰定四年(1327),千户杨世兴捐资建造了崇明州儒学大成殿。[2]后因崇明州地处海中,年深日久,海水侵袭,房屋倾圮,崇明州官员决议迁建州衙和儒学。至正十一年(1351),崇明州达鲁花赤巴哩颜、知州程世昌定议将崇明州衙署迁往高处重建,次年新衙署落成,同知崇明州事伯颜帖木儿写下《迁建崇明州记》以记其事。[3]接着,耆儒徐元鼎捐出10亩土地,州官巴哩颜、程世昌出资,重建崇明州儒学。至正五年(1345)的左榜状元张士坚为此撰《崇明州迁建儒学记》。[4]程世昌还主持修纂了《崇明州志》,也是由张士坚作序。[5]

通州儒学始建于北宋太平兴国五年(980)。北宋、南宋时期曾多次修葺重建。元代宪副郭公、监郡卜颜不花等人出资重建学校大成殿。[6]教授鲍义叔、褚孝锡为通州儒学增置了学田。[7]

至正四年(1344),海门县知县张士良改建海门县儒学。[8]至正十五年(1355),通州判官窦枝芳等人出资重建海门县儒学。至正二十三年(1363),

---

[1]〔元〕吴澄:《吴文正公集》卷二一《滁州重修孔子庙记》,《元人文集珍本丛刊》,新文丰出版公司1985年版,第390—391页。

[2]〔明〕陈文等:《〔正德〕崇明县志》卷四《学校》,上海市地方志办公室、上海市崇明县档案局编:《上海府县旧志丛书·崇明县卷》,第30页。

[3]〔明〕钱穀编:《吴都文粹续集》卷一〇《公廨》,《景印文渊阁四库全书》第1385册,台湾商务印书馆1986年版,第255页。

[4]〔明〕钱穀编:《吴都文粹续集》卷七《学校 社学 义塾》,《景印文渊阁四库全书》第1385册,第180页。

[5]〔清〕王昶等:《〔嘉庆〕直隶太仓州志》卷六四《旧序二·崇明州志序》,《续修四库全书》698册,上海古籍出版社1996年版,第243—244页。

[6]元代重建大成殿的时间,《〔万历〕通州志》记载为至元十年(1273),但此时通州尚属于南宋政权,故至元十年疑为至正十年(1350)之误。南通博物苑藏有至正九年(1349)铜镈、至正二十二年(1362)铜豆、铜盥和铜簠若干件,可以视为元末通州儒学仍然在运转的证据。见〔明〕林云程、沈明臣纂修:《〔万历〕通州志》卷三《经济志》,《四库全书存目丛书·史部》第203册,第98页。

[7]〔明〕林云程、沈明臣纂修:《〔万历〕通州志》卷三《经济志》,《四库全书存目丛书·史部》第203册,第98页。

[8]〔明〕朱怀幹修,〔明〕盛仪辑:《嘉靖惟扬志》卷七《公署志》,《扬州文库》第1册,第42页。

海门县尹季世衡主持重修儒学。[1]

至正七年(1347),来安县尹蒋居仁捐出自己的俸禄重修破败的来安儒学。至正八年夏,来安儒学竣工,招生入学。[2]

元末,扬州烽烟四起,大量屋舍毁于战火,儒学也不能幸免,多成焦土。

3.书院

书院是民间教育机构,宋代开始出现大量私人讲学的书院。据记载,元代泰州安定祠侧有名为陈省元书院的建筑。[3]陈省元是延祐年间(1314—1320)的开封解元陈应雷。因元代省元是分省考试第一名,与解元为同义词。陈省元书院可能只是以书院为名,实为陈应雷书斋,而不是教育机构。

北宋教育家、思想家胡瑗,世称安定先生,安定书院即得名于胡瑗。胡瑗生于海陵,葬于乌程(今属浙江湖州),故泰州、湖州皆建有安定祠。元代泰州的安定祠逐渐废弛。至顺元年(1330),泰兴陈敬叔执掌泰州的书院,在至顺元年九月到至顺二年三月间重修安定祠,并于至顺三年请陆文圭作《重修安定先生祠记》记录此事。[4]

元顺帝至正二十年(1360),同知张翩在崇明州设立书院三沙书堂,但后来被废。[5]

4.学田

江淮地区的儒学,其经费基本来源于学田的收入。学田是官田的一种。至元三十一年(1294),元成宗下旨,没有学田的学校,由官方拨给荒闲土地作为学田。学田所出的钱粮,供春秋二丁、朔望祭祀及师生廪膳。贫寒老病、

[1]〔明〕林云程、沈明臣纂修:《〔万历〕通州志》卷三《经济志》,《四库全书存目丛书·史部》第203册,第102—103页。

[2]〔清〕刘廷槐纂修,余培森修订:《来安县志》卷一三《艺文志·重建儒学记》,第333—334页。

[3]〔明〕朱怀幹修,〔明〕盛仪辑:《嘉靖惟扬志》卷七《公署志》,《扬州文库》第1册,第44页。

[4]〔元〕陆文圭:《墙东类稿》卷七《重修安定先生祠记》,《丛书集成续编》第108册,上海书店出版社1994年版,第545—546页。

[5]〔清〕朱衣点等:《〔康熙〕崇明县志》卷三《建置志》,上海市地方志办公室、上海市崇明县档案局编:《上海府县旧志丛书·崇明县卷》,上海古籍出版社2011年版,第204页。

被大家尊重的人,每月由学田给米粮赡养,孔庙损坏也由学校修缮。[1]至元二十七年(1290),扬州路地方官府要卖掉宣圣庙学舍、东西两教授厅屋2所、邹浩的祠宇等,江南行御史台得知后认为卖出文庙的房屋与尊儒崇道之意不符,理应增修以宣风化,下令这些房屋不得卖出。[2]

元贞二年(1296)起,蒙古学校和没有学田的儒学一样,由官方拨给荒闲土地充作学田。[3]医学学田有官府拨给的,也有私人捐献的。阴阳学没有有关学田的记载。[4]

学田是学校收入的主要来源,但它常被地方豪强侵占,致使学校收入不足。扬州路的学田就被侵占。从元初开始几十年间,扬州路的学田或者被豪民冒种,或者假称被江水淹没田赋不入学校,或用贫瘠的土地替代了肥沃的土地,侵害学校的利益。元顺帝后至元四年(1338),扬州路的学田剩下90190亩。地方官不华命令泰兴县尹刘节、六合县尹徐居仁、教授崔宗瑶检验查看,增加了13170亩,使扬州路学田达到103360亩。后至元五年(1339),不华请江北淮东道肃政廉访使苏天爵作文记录此事,苏天爵遂作《扬州路学田记》,其中有云:

> 夫国必有学,所以明彝伦也;学必有田,所以育贤材也。维扬号东南名郡,地大物众,家给人足,庙学之崇,隆于古昔。又有宪司临莅于上,将见英材辈出,甲于他邦。然自延祐以来,贡举取士,阖郡不闻一人与计偕者,岂儒学之士耻于自售欤,抑教养之方有所未至欤?夫江、淮之南,其田履亩而赋,民无有闲田以自养者。而维扬郡学有田十万余亩,岁收租入若干万石,则国家兴学养士之意,不亦盛乎!且古之为士者,所以学乎道也。道也者,忠于君、孝于亲、弟于长上、信于朋友之谓也。后世之士有志于道德者矣,有志于功名者矣。其志于富贵利达者,则未

---

[1] 陈高华等点校:《元典章》卷二《圣政卷一·兴学校(一)》,第49—50页;卷三一《礼部卷四·儒学·崇奉儒教事理》,第1088页。

[2] 王颋:《庙学典礼(外二种)》卷三《不许变卖学舍》,第51—52页。

[3] 陈高华等点校:《元典章》卷三一《礼部卷四·蒙古学·蒙古生员学粮》,第1084—1085页。

[4] 陈高华:《元代的地方官学》,中国元史研究会编:《元史论丛》第五辑,第179—180页。

足与议也,矧志于刀笔筐箧之习者乎!呜呼,世之有官君子俾俊秀之民役役乎文法之末,是岂朝廷乐育贤材之意欤?[1]

由此可知,扬州路曾有学田 10 万余亩,每年收租若干万石。规模如此庞大,对儒生的供养如此丰厚,但是直到苏天爵写作此文的后至元五年,扬州路都没有人在科举上取得什么成就,为国服务,因而苏天爵慨叹,这未免有负国家养士的本意。

(二)科举

元代直到元仁宗皇庆二年(1313)才制定了科举取士的方法。从延祐二年(1315)第一次开科取士到至正二十六年(1366),除后至元二年(1336)、后至元五年停止外,一共开科取士 16 次,每科进士都在北京国子监立有题名碑。元进士题名碑在明代被磨去文字。现在可见的题名录只有《元统元年进士录》(1333)、《元辛卯会试题名记》(1351)、《至正庚子国子监贡试题名记》(1360)、《至正丙午国子监公试题名记》(1366)4 种。清代学者钱大昕开始重构元进士名录的工作,辑录出元代部分科举资料。陈高华、萧启庆、桂栖鹏、沈仁国等从文集、地方志中查询、考订元代进士史料,整理出一批元代进士的名单。[2]

元代的科举考试,有乡试、会试、廷试三级。乡试、会试,蒙古、色目人考 2 场,汉人、南人考 3 场。廷试皆考 1 道试策,蒙古、色目人考时务,需 500 字;南人、汉人考时务与经史,需 1000 字。河南江北行省乡试录取 26 人,蒙古、色目各 5 人,汉人 9 人,南人 7 人。河南江北行省中出自两淮及汉水流域的是南人乡贡进士。通过乡试,可参加会试。会试落第,必须重考乡试。每一科录取 300 个乡贡进士参加会试,通过会试取出蒙古、色目、汉人、南人各 25 人,共 100 人参加廷试。廷试只定一、二、三甲,无人落第。元代会试、廷试分左右榜。蒙古、色目人录为右榜,汉人、南人录为左榜。左右榜各录取三甲。右榜第一为蒙古人、左榜第一为汉人是不成文的规定。[3]后至元元年

[1]〔元〕苏天爵著,陈高华、孟繁清点校:《滋溪文稿》卷二《扬州路学田记》,第 22—23 页。
[2] 沈仁国:《元朝进士集证(上册)》,第 2—7 页。
[3] 萧启庆:《元代进士辑考》,台湾"中央研究院"历史语言研究所 2012 年版,第 12—16 页。

（1335），科举被废止。至正二年（1342）恢复科举后，加大了考试的难度，但左右榜的状元出身，也不再限于汉人和蒙古人，南人、色目人也可以成为状元。[1]

出自扬州路的进士有以下几位：

延祐二年（1315）进士，泰兴人朱正言。《〔光绪〕泰兴县志》卷十八《人物志一》载：朱正言，一名德四，字明通，延祐二年进士，元文宗初年任扬州路总管。这与后至元五年（1339）苏天爵作《扬州路学田记》时所说的扬州路在此前无人高中科举的说法冲突，朱正言可能不是延祐二年的进士。[2]

《〔至正〕金陵新志》记载的泰定四年（1327）进士陈其孙，崇明人，句容县主簿。元代进士最低授正八品，主簿是从八品，官职太低，与他的进士身份不符。《〔嘉庆〕如皋县志》记载了泰定四年另一位进士、如皋人管仲和（管重和），但对他的生平语焉不详，故这两人的进士身份存疑。[3]

扬州路真州人蒋宫，曾拜至正二年（1342）状元陈祖仁为师。他中进士的时间不详，曾任扬州路崇明州判官。至正二十六年（1366）降朱元璋军。[4]

扬州人陈浩，中进士时间不详，曾任廉访佥事。元末投降朱元璋军。至正二十三年（1363），因家人私通敌境被处死。[5]

李俨，泰兴人。《国朝列卿纪》说他是元进士，仕明；《〔光绪〕泰兴县志》载其为至正四年乡试，是乡贡进士。[6]

《〔康熙〕江都县志》载，江都张缉、张绅、张经兄弟同为元顺帝至正壬午（二年）榜进士。查现存进士名录，无张氏兄弟之名，当是该《志》记载有误。[7]

在扬州路生活或担任过官职的进士如下：

赵琏，至治元年（1321）左榜进士，至正十一年（1351）廷试，任同知贡

［1］萧启庆：《元代进士辑考》，第25—26页。

［2］萧启庆：《元代进士辑考》，第154页；沈仁国：《元朝进士集证（上册）》，第68页。

［3］萧启庆：《元代进士辑考》，第255页。

［4］萧启庆：《元代进士辑考》，第406页；沈仁国：《元朝进士集证（下册）》，第673—674页。

［5］萧启庆：《元代进士辑考》，第406—407页；沈仁国：《元朝进士集证（下册）》，第642页。

［6］萧启庆：《元代进士辑考》，第433页。

［7］〔清〕李苏：《〔康熙〕江都县志》卷六《选举表》，《扬州文库》第9册，广陵书社2015年版，第305页。

举。至正十二年任淮南江北行省参知政事。后为张士诚所杀。[1]

吴师道,至治元年(1321)左榜三甲进士,授将仕郎、高邮县丞。[2]

雅琥,初名雅古,元文宗赐名雅琥。泰定元年(1324)右榜二甲进士,后至元年间(1335—1340)任静江路(今广西壮族自治区桂林市)同知,后改授高邮。[3]

张以宁,泰定四年(1327)左榜三甲进士。后至元二年(1336)升任真州六合尹,因事免官,滞留江淮地区10年。[4]

忽都秃,至顺元年(1330)进士,崇明州判州事。[5]

乌马儿,元统元年(1333)右榜二甲进士,曾在元顺帝至正十五年(1355)与孙扬奉命招安张士诚。[6]

柏延乌台,元统元年右榜三甲进士,授高邮路宝应县丞。[7]

明里溥囗,元统元年右榜三甲进士,授扬州路泰兴县丞。[8]

李齐,元统元年左榜一甲第一名进士。高邮知府,后为张士诚所杀。[9]

宇文公谅,元统元年左榜二甲进士。至正元年(1341)前后到至正五年(1345),任承务郎、高邮府推官。[10]

张周翰,元统元年左榜三甲进士,在登第前寓居扬州路,其父张让为崇明州吏目。[11]

张桢,元统元年左榜三甲进士。后至元元年(1335)任高邮县尹。[12]

---

[1] 萧启庆:《元代进士辑考》,第193页;沈仁国:《元朝进士集证(上册)》,第152—153页。

[2] 萧启庆:《元代进士辑考》,第194—195页;沈仁国:《元朝进士集证(上册)》,第144—145页。

[3] 萧启庆:《元代进士辑考》,第212—213页;沈仁国:《元朝进士集证(上册)》,第185页。

[4] 萧启庆:《元代进士辑考》,第251页;沈仁国:《元朝进士集证(上册)》,第257—258页。

[5] 沈仁国:《元朝进士集证(上册)》,第333页。

[6] 萧启庆:《元代进士辑考》,第59—60页;沈仁国:《元朝进士集证(下册)》,第356—357页。

[7] 萧启庆:《元代进士辑考》,第71—72页;沈仁国:《元朝进士集证(下册)》,第371—372页。

[8] 萧启庆:《元代进士辑考》,第75页;沈仁国:《元朝进士集证(下册)》,第376—377页。

[9] 萧启庆:《元代进士辑考》,第76页;沈仁国:《元朝进士集证(下册)》,第377—378页。

[10] 萧启庆:《元代进士辑考》,第84—85页;沈仁国:《元朝进士集证(下册)》,第393—395页。

[11] 萧启庆:《元代进士辑考》,第86页;沈仁国:《元朝进士集证(下册)》,第397—398页。

[12] 萧启庆:《元代进士辑考》,第89页;沈仁国:《元朝进士集证(下册)》,第401—402页。

孙扰，至正二年（1342）左榜进士。[1]至正十五年（1355），与乌马儿一同招安张士诚。孙扰被张士诚扣押，后被杀。

张士坚，至正五年（1345）左榜第一。张士坚曾为扬州路崇明州作《崇明州志序》《崇明州迁建儒学记》。[2]

石普，至正五年左榜进士。至正十四年（1354），从丞相脱脱征高邮张士诚，战死。[3]

伯颜帖木儿，右榜二甲进士，登科时间不详，至正十三年（1353）任扬州路同知崇明州事。著有《迁建崇明州记》。[4]

申屠骊，科次时间不详，曾寓居高邮。其父申屠致远，字大用，晚年爱高邮山水，在高邮营建别墅。[5]

李吉，至正十四年（1354）左榜三甲进士。后降明。明太祖洪武四年（1371）任琼山知县，后迁征事郎、知扬州府高邮州事。洪武八年（1375）任助教。[6]

元代扬州路治下的州县基本都设置了儒学，地方官往往带头出资兴建儒学，提倡教化，然而出自扬州路的进士人数却很少。特别是从元仁宗延祐二年（1315）第一次开科取士到元顺帝后至元五年（1339）20余年间，扬州路甚至没有出过一名进士。这也许是元代开科取士的时间太短、取士名额太少造成的。但这无损于扬州是元代的文化中心之一，元代有很多著名文人生活在扬州，留下了很多诗文著述。

二、文化面貌

（一）文人学者

元顺帝至正年间（1341—1368），扬州路真州的守臣因著名文人学者郝经、吴澄、张翌曾在真州逗留，立祠祭祀3人，名曰"三贤祠"。[7]

---

[1] 萧启庆：《元代进士辑考》，第296页；沈仁国：《元朝进士集证（下册）》，第433—434页。

[2] 萧启庆：《元代进士辑考》，第314—315页；沈仁国：《元朝进士集证（下册）》，第470页。

[3] 萧启庆：《元代进士辑考》，第315页；沈仁国：《元朝进士集证（下册）》，第466—467页。

[4] 沈仁国：《元朝进士集证（下册）》，第629页。

[5] 沈仁国：《元朝进士集证（下册）》，第644—645页。

[6] 萧启庆：《元代进士辑考》，第346页；沈仁国：《元朝进士集证（下册）》，第564—565页。

[7] 〔明〕宋濂等：《元史》卷一八九《张翌传》，第4315—4316页。

　　郝经,元世祖忽必烈的谋臣。公元1234年,蒙古灭金,郝经先后受汉人世侯贾辅、张柔的聘请,前往他们府中执教。元宪宗二年(1252),元世祖忽必烈在金莲川(滦河上源一带)开府。元宪宗五年(1255)九月,忽必烈召见郝经,郝经不至。同年十一月,忽必烈再召郝经。元宪宗六年(1256)正月,郝经朝见忽必烈。忽必烈向郝经咨询经国安民的方法。郝经上书言数十事,忽必烈大喜,将之留置王府。郝经建言,南征宋朝,应先荆后淮,先淮后江,三道并进,东西连横,进而一举取得宋朝全境。从后来元军灭南宋的情况看,采取的正是这一战略。

　　元宪宗九年(1259),蒙哥病死,忽必烈正在围攻鄂州,对是否北返举棋不定。郝经建议忽必烈立即与宋议和,北上召集诸王、驸马召开大朝会,继位为大汗。不久,忽必烈得知其弟阿里不哥纠合军队,意图夺位,遂下定决心与南宋议和,迅速北归。中统元年(1260)四月,忽必烈在开平(今内蒙古锡林郭勒盟正蓝旗东)召开忽里台,宣布继位为汗,定年号为中统。阿里不哥也在和林(今蒙古国前杭爱省西北角)召开忽里台,宣布自己为大汗。双方爆发战争,阿里不哥失败,于至元元年(1264)向忽必烈投降。

　　中统元年四月,忽必烈命郝经为国信使,翰林待制何源、礼部尚书刘人杰为副使,出使宋朝。六月,郝经抵达宿州,命副使刘人杰、参议高翻向宋朝请示入境日期,宋廷没有回复。七月,郝经一行抵达淮河北岸的五河口,宋廷派朱宝臣、秦之才接洽。一个多月后,郝经在潘拱伯陪伴下入境,登船南下。九月,郝经一行抵达仪真。郝经及其下属被带到忠勇营住下,不允许再进一步,从此失去人身自由。此后,郝经屡屡致书南宋皇帝和宰执,力陈战和利害,请求入觐南宋皇帝、归国,南宋皆不做答复,也不允许郝经回国。至元十一年(1274)六月,忽必烈下诏发兵征南宋。至元十二年二月,元军占领建康,贾似道派人送回郝经。至此,郝经被扣押已达15年之久。同年,郝经在北归途中染病,七月病故。[1]

　　郝经在仪真期间留下了许多诗文,如《冬至后在仪真馆赋诗以赠三伴

---

　　[1]〔明〕宋濂等:《元史》卷一五七《郝经传》,第3698—3709页;白寿彝总主编:《中国通史·元时期下》,第202—210页。

使》《仪真馆后园感春》《仪真馆后园海棠两花于秋因为小酌赋诗》《仪真馆中暑一百韵》等。他作《馆人饿雁》诗："持节江头久食鱼,馆人供雁意踟蹰。呼儿细看云间足,恐有中原问讯书。"[1]诗文将自己比作持节牧羊的苏武,对偶然捕捉到的大雁也要察看雁足,希望故国有人将书信系于雁足,为他传来中原的消息。28个字将自己被软禁的无奈、对故国的思念表现得淋漓尽致。

吴澄,理学家、经学家。至元二十三年(1286),程钜夫奉旨在江南访求遗贤,举荐吴澄。吴澄于至元二十四年抵达大都,当年年底南归。元成宗大德五年(1301),元廷再召吴澄入仕。大德六年秋季,吴澄北上,十月抵达大都。但在此之前,他的官职已经被作不赴任阙处理。大德七年春,吴澄南归。五月己酉(二十二日),吴澄抵达扬州,江北淮东道肃政廉访使赵完泽留吴澄在扬州讲学。七月,吴澄至真州,淮东宣慰使珊竹玠、工部侍郎贾钧、湖广廉访使卢挚、淮东金事赵瑛、南台御史詹士龙、元明善皆率子弟到扬州,听吴澄讲学。[2]至大元年(1308),元廷召吴澄执掌国子监。皇庆元年(1312)冬,吴澄辞官南归。延祐四年(1317),元廷再召吴澄。吴澄于次年动身北上,八月抵达仪真,因疾病辞谢任命,留居淮南。十一月,在建康完成《尚书纂言》。元统元年(1333),吴澄去世。[3]

张翌,理学家,世称"导江先生"。元世祖至元年间(1264—1294),南台中丞吴曼庆请张翌到江宁学官讲学。张翌在维扬时,有大批弟子追随,其中知名的有马祖常、夹谷之奇、杨刚中、孔思晦等。[4]

马祖常,雍古人。其父马润,曾在仪真居住。马祖常少年时,张翌在仪真讲学,马祖常提出几十条经史问题质疑,张翌很器重他。延祐元年(1314),马祖常与弟弟马祖孝参加乡试。马祖常乡试第一,次年会试再得第一。因

[1] 杨镰主编:《全元诗》第4册,第329页。

[2] 〔元〕危素:《临川吴文正公年谱》,〔元〕吴澄《吴文正公集》,《元人文集珍本丛刊》第3册,第22页。

[3] 〔明〕宋濂等:《元史》卷一七一《吴澄传》,第4011—4014页;〔元〕危素:《临川吴文正公年谱》,〔元〕吴澄《吴文正公集》,《元人文集珍本丛刊》第3册,第26页。

[4] 〔明〕宋濂等:《元史》卷一八九《张翌传》,第4315页。

廷试右榜第一必须为蒙古人,故马祖常中右榜进士二甲第一名。[1]

夹谷之奇。元平定江南后,夹谷之奇先后在江南浙西道提刑按察司、江北淮东道提刑按察司任职。至元十九年(1282),入为吏部郎中。[2]他成为张塛的学生,当是在江北淮东道提刑按察司任职时。

杨刚中,张塛的学生,著有《霜月集》。皇庆二年(1313),受江西等处行中书省参知政事敬俨的举荐,担任科举考试官。同年冬天,敬俨因疾病退居真州。[3]

孔思晦,张塛的学生,孔子54世孙,元仁宗时袭封衍圣公。[4]

张翥,以诗文知名,曾在扬州居留过很长时间,门人众多。元末张士诚占据高邮等地时,他曾写下《高沙失守哭知府李齐公平》诗,悼念李齐和赵琏。

鲜于枢,书法家。《归去来图题咏》末尾署"大德庚子(大德四年,1300)十一月十二日,鲜于枢书于维扬客舍",可证鲜于枢曾在扬州居住过。[5]

成廷珪,扬州人,与张翥为忘年之交,著有《居竹轩集》4卷。[6]

盛如梓,扬州人,著有《庶斋老学丛谈》3卷。[7]

牛野夫,真州人,著有《牛处士诗集》1卷。[8]

彭宷,扬州人,通五经。顾瑛《草堂雅集》收录了彭宷《巴陵女子行》等诗。[9]

---

[1]〔明〕宋濂等:《元史》卷一四三《马祖常传》,第3411—3412页;萧启庆:《元代进士辑考》,第133—134页;沈仁国:《元朝进士集证(上册)》,第17—19页;白寿彝总主编:《中国通史·元时期下》,第625—626页。

[2]〔明〕宋濂等:《元史》卷一七四《夹谷之奇传》,第4061—4062页。

[3]〔明〕宋濂等:《元史》卷一九〇《杨刚中传》,第4341页;卷一七五《敬俨传》,第4095页。

[4]〔明〕宋濂等:《元史》卷一八〇《孔思晦传》,第4167—4168页。

[5]〔明〕张丑:《真迹目录》卷五,《景印文渊阁四库全书》第817册,台湾商务印书馆1986年版,第598页。

[6]〔清〕钱大昕:《元史艺文志》卷四,陈文和主编:《嘉定钱大昕全集(增订本)》第5册,凤凰出版社2016年版,第193页。

[7]〔清〕钱大昕:《元史艺文志》卷三,陈文和主编:《嘉定钱大昕全集(增订本)》第5册,第169页。

[8]〔清〕钱大昕:《元史艺文志》卷四,陈文和主编:《嘉定钱大昕全集(增订本)》第5册,第194页。

[9]〔元〕顾瑛辑,杨镰、祁学明、张颐青整理:《草堂雅集》卷二,中华书局2008年版,第169—174页。

林志坚,扬州人,著有《道德真经注》2 卷。[1]

龚璛,高邮人(一说真州人),浙江儒学副提举。他曾做过和靖书院、学道书院山长,宁国路儒学教授,将仕郎、上饶县主簿,宜春县丞等小官。著有《存悔斋稿》1 卷、《补遗》1 卷。[2]

王国祥,高邮人,通《易》《诗》《礼》三经,曾做过扬州路府史。[3]

张天永,高邮人,曾为江浙行省都事,著有《两伍张氏家乘》《雪篷行稿》《沟亭集》。[4]

李师道,高邮人,通州教授,著有《大学明解》1 卷。[5]

丁济,高邮人,至元二十六年(1289)为奉化(今属浙江宁波)尹,著《奉化志》10 卷。[6]

谢珏,宝应人,著有《通鉴直音》。

董爱梅,宝应人,著有《感梦集》。[7]

寓居泰州的镇江人陈膺,著有《芎林诗集》《陈膺集》。[8]

缪思恭,泰县人,元顺帝至正年间为淮安总管,著有《至正庚辛唱和集》1 卷。[9]

郭忠,字恕甫,兴化人,曾用针法为元仁宗治疗眼睛,著有《伤寒直格》。

顾煜,兴化人,著有《白云集》。

---

[1] 南京师范大学古文献整理研究所编著:《江苏艺文志·扬州卷(上册)》,江苏人民出版社 1995 年版,第 43 页。

[2] 〔元〕俞希鲁:《〔至顺〕镇江志》卷一九《人材》,成文出版社 1975 年版,第 1024 页;〔清〕钱大昕:《元史艺文志》卷四,陈文和主编:《嘉定钱大昕全集(增订本)》第 5 册,第 184 页。

[3] 〔明〕朱怀幹修,〔明〕盛仪辑:《嘉靖惟扬志》卷一九《人物志上》,《扬州文库》第 1 册,第 133 页。

[4] 〔清〕钱大昕:《元史艺文志》卷二、卷四,陈文和主编:《嘉定钱大昕全集(增订本)》第 5 册,第 160—161、192 页。

[5] 〔清〕钱大昕:《元史艺文志》卷一,陈文和主编:《嘉定钱大昕全集(增订本)》第 5 册,第 141 页;南京师范大学古文献整理研究所编著:《江苏艺文志·扬州卷(上册)》,第 608 页。

[6] 〔清〕钱大昕:《元史艺文志》卷二,陈文和主编:《嘉定钱大昕全集(增订本)》第 5 册,第 162 页;南京师范大学古文献整理研究所编著:《江苏艺文志·扬州卷(上册)》,第 607 页。

[7] 南京师范大学古文献整理研究所编著:《江苏艺文志·扬州卷(下册)》,第 915 页。

[8] 南京师范大学古文献整理研究所编著:《江苏艺文志·扬州卷(下册)》,第 1075—1076 页。

[9] 南京师范大学古文献整理研究所编著:《江苏艺文志·扬州卷(下册)》,第 1076 页。

顾天麟,兴化人,著有《东泉亭稿》。[1]

赵由让,通州人,著有《守身录》《蕉雨轩诗钞》。[2]

永宁,通州人,9岁在利和寺出家,著有《四会语录》。[3]

马玉麟,海陵人,著有《东皋先生诗集》5卷。[4]

(二)剧作家

元曲与唐诗、宋词并称。元曲指散曲和戏剧。散曲分为小令和套数,戏剧分为杂剧(北曲)和南戏(南曲)。小令是在词的基础上形成的,套数是由不同曲牌同一宫调的若干小曲连缀而成。杂剧是在金院本和诸宫调的基础上形成,以唱为主,唱词由同一宫调的套曲组成,句尾入韵,配有动作和念白表述剧情,通常分为4折。南戏则不限宫调,不限折数。杂剧的代表作家有关汉卿、白朴、马致远和郑光祖,号称元曲四大家。[5]

元代戏曲是城市经济发展的产物。城市经济发展,不但居民数量增加,而且居民对文娱生活有更多需求。因此,元代经济发达的地方,戏曲艺术也蓬勃发展。扬州是当时的戏曲中心之一。

关汉卿是元代最著名的剧作家之一。他曾作《〔南吕〕一枝花·赠朱帘秀》送给名妓珠帘秀,其中有一句"十里扬州风物妍,出落着神仙"。[6]珠帘秀,姓朱,行四,擅演杂剧,后辈称之为"朱娘娘"。[7]关汉卿作曲赠珠帘秀时,珠帘秀在扬州。[8]

[1] 南京师范大学古文献整理研究所编著:《江苏艺文志·扬州卷(下册)》,第781页。

[2] 南京师范大学古文献整理研究所编著:《江苏艺文志·南通卷》,江苏人民出版社1995年版,第2页。

[3] 南京师范大学古文献整理研究所编著:《江苏艺文志·南通卷》,第2页。

[4] 〔清〕钱大昕:《元史艺文志》卷四,陈文和主编:《嘉定钱大昕全集(增订本)》第5册,第189页。《江苏艺文志·南通卷》称马玉麟"字东皋。元泰州海安人。居樊川。初为长洲县尹,有政声。累迁参知政事",见南京师范大学古文献整理研究所编著:《江苏艺文志·南通卷》,第427页。

[5] 中国大百科全书总编辑委员会《中国历史》编辑委员会元史编写组编:《元史》,《中国大百科全书·中国历史》,第142—143页。

[6] 隋树森编:《全元散曲》,中华书局1964年版,第171页。

[7] 〔元〕夏伯和:《青楼集》,〔唐〕崔令钦等:《教坊记·北里志·青楼集》,古典文学出版社1957年版,第50页。

[8] 李修生:《元杂剧史》,江苏古籍出版社1996年版,第129页。

元曲四大家之一的白朴原名白恒。至元十三年（1276），白朴随元军南下至九江，漂泊三年，后一度寓居扬州。白朴有两阕词提到他在扬州的行迹。其一是《木兰花慢·灯夕到维扬》：

壮东南形胜，淮吐浪、海吞潮。记此日江都，锦帆巡幸，汴水迢遥。迷楼故应不见，见琼花、底事也香消。兴废几更王霸，是非总付渔樵。

谁能十万更缠腰。鹤驭尽飘飘。正绣陌珠帘，红灯闹影，三五良宵。春风竹西亭上，拌淋漓、一醉解金貂。二十四桥明月，玉人何处吹箫。[1]

其二是《水龙吟·丙午秋到维扬途中值雨甚快然》：

短亭休唱阳关，柳丝惹尽行人怨。鸳鸯只影，荷枯苇淡，沙寒水浅。红绶双衔，玉簪中断，苦难留恋。更黄花细雨，征鞍催上，青衫泪、一时溅。

回首孤城不见，黯秋空、去鸿一线。情缘未了，谁教重赋，春风人面。斗草闲庭，采香幽径，旧曾行遍。谩今宵酒醒，无言有恨，恨天涯远。[2]

从词中看，白朴至少两次来过扬州。一次年份不详，是这一年的灯夕正月十五。《木兰花慢·灯夕到维扬》是一首怀古词，上阕记隋炀帝巡幸扬州故事，下阕引腰缠十万贯、骑鹤上扬州，金貂换酒，二十四桥明月夜、玉人何处教吹箫的典故，极言扬州的富贵繁华。

一次是丙午年（元成宗大德十年，1306）秋天。这一年秋天，年过八十的白朴抵达扬州时是个雨天，他见到鸳鸯只影、荷枯苇淡的景色，想起他引为知音却已经去世的侍妾，不由流泪不止。他离开扬州城后，回望扬州城，看到成行飞过的大雁，又想起了侍妾的音容笑貌，和侍妾斗草闲庭、采香幽径的往事，愈感哀痛，唯觉此恨绵绵无绝期。这是白朴一生中最后一次到扬州，大概在写下这阕词后不久，他就去世了。

元代钟嗣成作《录鬼簿》，记录了从金末到元中期的剧作家。扬州剧作

---

[1]　唐圭璋编：《全金元词》，中华书局1979年版，第638页。

[2]　唐圭璋编：《全金元词》，第629页。

家睢景臣(一作睢舜臣)到杭州后,与钟嗣成相识。《录鬼簿》记载,睢景臣"自维扬来杭,余与之识。……维扬诸公俱作《高祖还乡》套数,公《哨遍》制作新奇,诸公者皆出其下"。[1]当时,扬州多位剧作家共同以《高祖还乡》为题,每人创作一支曲子,睢景臣的曲子最受好评。

睢景臣《〔般涉调〕哨遍·高祖还乡》全文如下:

社长排门告示,但有的差使无推故,这差使不寻俗。一壁厢纳草也根,一边又要差夫,索应付。又言是车驾,都说是銮舆,今日还乡故。王乡老执定瓦台盘,赵忙郎抱着酒胡芦。新刷来的头巾,恰糨来的绸衫,畅好是妆么大户。

〔耍孩儿〕瞎王留引定火乔男女,胡踢蹬吹笛擂鼓。见一彪人马到庄门,匹头里几面旗舒。一面旗白胡阑套住个迎霜兔,一面旗红曲连打着个毕月乌。一面旗鸡学舞,一面旗狗生双翅,一面旗蛇缠胡芦。

〔五煞〕红漆了叉,银铮了斧,甜瓜苦瓜黄金镀,明晃晃马镫枪尖上挑,白雪雪鹅毛扇上铺。这几个乔人物,拿着些不曾见的器仗,穿着些大作怪衣服。

〔四〕辕条上都是马,套顶上不见驴,黄罗伞柄天生曲,车前八个天曹判,车后若干递送夫。更几个多娇女,一般穿着,一样妆梳。

〔三〕那大汉下的车,众人施礼数,那大汉觑得人如无物。众乡老展脚舒腰拜,那大汉那身着手扶。猛可里抬头觑,觑多时认得,险气破我胸脯。

〔二〕你须身姓刘,您妻须姓吕,把你两家儿根脚从头数,你本身做亭长耽几盏酒,你丈人教村学读几卷书。曾在俺庄东住,也曾与我喂牛切草,拽坝扶锄。

〔一〕春采了桑,冬借了俺粟,零支了米麦无重数。换田契强秤了麻三秤,还酒债偷量了豆几斛,有甚胡突处。明标着册历,见放着文书。

〔尾〕少我的钱差发内旋拨还,欠我的粟税粮中私准除。只道刘三

---

[1]〔元〕钟嗣成等:《录鬼簿(外四种)》,上海古籍出版社1978年版,第36页。

谁肯把你揪扯摔住,白甚么改了姓、更了名,唤做汉高祖![1]

睢景臣借用了《史记》记载的刘邦平英布后,在家乡逗留数日,召故人父老子弟饮酒,席间作《大风歌》这一故事背景,讲述了一个乡民眼中看到的高祖回乡的情景。这套散曲的语言生动活泼,诙谐幽默,有强烈的讽刺性和喜剧性。

除了《高祖还乡》,睢景臣还著有杂剧《千里投人》《莺莺牡丹记》《楚大夫屈原投江》等。其中《莺莺牡丹记》是记载西洛才子张浩与李莺莺相恋的故事。[2]

钟嗣成的《录鬼簿》和佚名撰《录鬼簿续编》记载的扬州地区剧作家还有:

陆仲良,维扬人。陆仲良的父亲是江淮行省的典掾。江淮行省改为江浙行省后,陆仲良随父亲迁往江浙行省的省治杭州,并在那里安家。陆仲良曾为钟嗣成的《录鬼簿》搜集材料,他自己则著有杂剧《张鼎勘头巾》《开仓籴米》。[3]

张鸣善,祖籍平阳,家于湖南,久寓扬州,元亡后寓居吴江。[4]因其久居扬州,《录鬼簿》记载他是扬州人。张鸣善曾担任淮东宣慰司令史。《录鬼簿》记录张鸣善有两种杂剧《包待制判断烟花鬼》和《党金莲夜月瑶琴怨》,《录鬼簿续编》记载他有杂剧《草园阁》,皆已失传。张鸣善与成廷珪、张翥有交往。《太和正音谱》作者朱权评价说:"张鸣善之词如彩凤刷羽。藻思富赡,烂若春葩,郁郁焰焰,光彩万丈,可以为羽仪词林者也。诚一代之作手,宜为前列。"[5]

---

[1] 隋树森编:《全元散曲》,第543—545页。

[2] 陈绍华:《扬州元曲家述略》,《扬州师院学报(社会科学版)》1994年第3期,第62页。

[3] 〔元〕钟嗣成等:《录鬼簿(外四种)》,第42、90页;陈绍华:《扬州元曲家述略》,《扬州师院学报(社会科学版)》1994年第3期,第63—64页。

[4] 孙楷第:《元曲家考略》,上海古籍出版社1981年版,第81—83页。

[5] 〔元〕钟嗣成等:《录鬼簿(外四种)》,第91页;〔明〕阙名:《录鬼簿续编》,〔元〕钟嗣成等:《录鬼簿(外四种)》,第105页;〔明〕朱权:《太和正音谱》,〔元〕钟嗣成等:《录鬼簿(外四种)》,第125页;陈绍华:《扬州元曲家述略》,《扬州师院学报(社会科学版)》1994年第3期,第64—65页。

孙子羽,仪真人。著有杂剧《杜秋娘月夜紫鸾箫》。[1]

花士良,高邮人。元顺帝至正末年从张士诚,明初擢知凤翔府事,年老辞归,住在钱塘。擅长绘画、乐器和歌舞。[2]

魏士贤,高邮人。元末,为躲避兵祸,渡江隐居,充任淮南省宣使。明初,在句容定居。工乐府,善隐语。[3]隐语即谜语,用字面无法解释的语句影射事物或文字,通过推测得出答案。

邾仲谊,海陵人。乡贡进士,曾担任学正或书院山长。至正二十年(1360),邾仲谊为《录鬼簿》题跋,至正二十四年(1364)为《青楼集》作序。《录鬼簿续编》著录其杂剧《三塔记》《鬼推门》和《鸳鸯冢》3种。其子邾启文,亦有文名。[4]

李唐宾,广陵人。元末任淮南省宣使。著有《梨花梦》《梧桐叶》等杂剧2种。《梨花梦》已散佚,《梧桐叶》尚存。[5]

扬州名妓李芝仪,擅长唱曲,"工小唱,尤善慢词"。她的女儿童童"善杂剧,间来松江,后归维扬"。[6]

汤舜民,"所作乐府、套数、小令极多,语皆工巧,江湖盛传之"。著有《瑞仙亭》《娇红记》。明成祖朱棣在藩邸时与他有交往,明成祖在位时(1403—1424)仍在活动。[7]汤舜民歌咏扬州的曲子较多,其中:

---

[1]〔元〕钟嗣成等:《录鬼簿(外四种)》,第91页;陈绍华:《扬州元曲家述略》,《扬州师院学报(社会科学版)》1994年第3期,第65—66页。

[2]〔明〕阙名:《录鬼簿续编》,〔元〕钟嗣成等:《录鬼簿(外四种)》,第107页;陈绍华:《扬州元曲家述略》,《扬州师院学报(社会科学版)》1994年第3期,第66页。

[3]〔明〕阙名:《录鬼簿续编》,〔元〕钟嗣成等:《录鬼簿(外四种)》,第109页;陈绍华:《扬州元曲家述略》,《扬州师院学报(社会科学版)》1994年第3期,第66页。

[4]〔明〕阙名:《录鬼簿续编》,〔元〕钟嗣成等:《录鬼簿(外四种)》,第103、111页;孙楷第:《元曲家考略》,第36—41页;陈绍华:《扬州元曲家述略》,《扬州师院学报(社会科学版)》1994年第3期,第65页。

[5]〔明〕阙名:《录鬼簿续编》,〔元〕钟嗣成等:《录鬼簿(外四种)》,第105页;陈绍华:《扬州元曲家述略》,《扬州师院学报(社会科学版)》1994年第3期,第62—63页。

[6]〔元〕夏伯和:《青楼集》,〔唐〕崔令钦等:《教坊记·北里志·青楼集》,第59页。

[7]〔明〕阙名:《录鬼簿续编》,〔元〕钟嗣成等:《录鬼簿(外四种)》,第104页。

　　《〔双调〕天香引·忆维扬》:"羡江都自古神州,天上人间,楚尾吴头。十万家画栋朱帘,百数曲红桥绿沼,三千里锦缆龙舟。柳招摇花掩映春风紫骝,玉玎珰珠络索夜月香兜。歌舞都休,光景难留。富贵随落日西沉,繁华逐逝水东流。"[1]

　　《〔双调〕沉醉东风·维扬怀古》:"锦帆落天涯那答,玉箫属江上谁家。空楼月惨凄,古殿风萧飒。梦儿中一度繁华,满耳涛声起暮笳,再不见看花驻马。"[2]

　　《〔中吕〕普天乐·维扬怀古》:"问扬州萦怀抱,城开锦绣,花弄琼瑶。红楼百宝妆,翠馆千金笑。一自年来烟尘闹,月明中声断鸾箫。绝了信音,疏了故旧,老了英豪。"[3]

三支曲子的主题都是怀古。《忆维扬》回忆了隋炀帝巡幸扬州时,扬州的富丽景象,然而随着隋朝灭亡,扬州的繁华也随之消失了。两首《维扬怀古》都将扬州曾经的富贵与后来的萧瑟作对比,着重描写今日扬州的衰败冷清,使人感到无尽的凄凉。

　　张可久曾做过路吏、首领官,著有《今乐府》《吴盐》《苏堤渔唱》等。[4]他创作有怀古词《木兰花慢·维扬怀古》:"笑多情明月,又随我,上扬州。爱十里珠帘,千钟美酒,百尺危楼。风流。玷天箫鼓,记茱萸、漫下菊花酒。淮水东来渺渺,夕阳西去悠悠。　　巡游。当日锦帆收。翠柳缆龙舟。但老树寒蝉,荒祠野鼠,古渡闲鸥。娇羞。美人如玉,算吹箫、座客不胜愁。未可腰钱鹤背,且将十万缠头。"[5]用春风十里、锦帆龙舟的兴盛,反衬出老树寒蝉、荒祠野鼠、古渡闲鸥的冷清,抚今忆昔,生出无限感慨。

　　剧作家之外,小说家施耐庵也曾生活在扬州。

---

[1] 隋树森编:《全元散曲》,第1560页。

[2] 隋树森编:《全元散曲》,第1577页。

[3] 隋树森编:《全元散曲》,第1583页。

[4] 〔元〕钟嗣成等:《录鬼簿(外四种)》,第40、89页。

[5] 唐圭璋编:《全金元词》,第930页。

（三）施耐庵和《水浒传》

施耐庵，元末明初小说家。古代记载他生平事迹的史书极少，多以之为兴化人，[1]晚年终老于兴化白驹场（今属盐城）。[2]《水浒传》是根据北宋末年淮南盗宋江等人的故事写成的。在宋元之交，即有关于水浒故事的话本和杂剧产生，《水浒传》是在这些流传已久的故事基础上再创作出来的。虽然该书讲述的是北宋末年宋江等人被逼上梁山的故事，但它的情节反映了元末百姓生活困苦、走投无路，不得不揭竿而起的社会现实。

（四）朱世杰与数学

朱世杰，字汉卿，号松庭，元代数学家、教育家，生平事迹不详，曾寓居扬州，从其学习数学者云集。朱世杰著有《算学启蒙》《四元玉鉴》。《算学启蒙》于大德三年（1299）成书，《四元玉鉴》于大德七年（1303）成书，皆由赵城在扬州刊刻。

《算学启蒙》3卷，《四元玉鉴》3卷。《算学启蒙》提出了代数加法和乘法的正负数规则，有一个适用于算盘的除法表。《算学启蒙》的出版意味着中国的代数学达到了很高的水平。虽然其中没有加入新内容，但对日本数学的发展有很大影响。[3]《四元玉鉴》记载了朱世杰在高次方程组的建立与求解方法（四元术）、高阶等差级数求和（垛积术）、高阶内插法（招差术）方面取得的成就。[4]

（五）工艺美术

1.玉器

扬州玉器工艺发达。几千年前，中国人就将玉料加工为礼器和饰物。到了宋代以后，工匠将玉料雕琢为日常陈设的摆件。元代的"山子雕"玉器，保留了玉料的外形，利用玉料本身的形状和颜色，雕琢出山水人物。今扬州

[1] 李天石、潘清主编：《江苏通史·宋元卷》，凤凰出版社2012年版，第418—419页；李晏墅、郭宁生主编：《泰州通史》，凤凰出版社2014年版，第459—460页。

[2] 陈得芝：《水浒传与元末社会》，《新世纪图书馆》2013年第2期，第8页。

[3] 〔英〕李约瑟著，《中国科学技术史》翻译小组译：《中国科学技术史》第三卷《数学》，科学出版社1978年版，第102页。

[4] 白寿彝总主编：《中国通史·元时期下》，第646—647页。

博物馆收藏有元代山子雕"竹林七贤"。[1]

2. 漆器

元代,扬州的漆器工艺进一步发展。1966 年在北京元代遗址中发现了 1 件直径约 37 厘米的镶嵌细螺钿漆盘,用薄螺片拼出以广寒宫为背景的嫦娥奔月图,螺钿薄而透明,色彩绚丽,为明代漆器点螺镶嵌漆艺的繁荣发展打下了基础。[2]

3. 陶瓷器

1984 年,扬州文物商店收购了一级文物元代"霁蓝釉白龙纹梅瓶",瓶高 43.5 厘米,口径 5.5 厘米,底径 14 厘米。梅瓶小口,短颈,丰肩,肩以下逐渐收敛,至近底部微外撇,浅底内凹,瓶身通体施霁蓝釉。瓶上一条龙追赶一颗火焰宝珠,并衬以 4 朵火焰形云纹,云龙、宝珠施青白釉。[3]梅瓶现藏扬州博物馆,是扬州博物馆的"镇馆之宝"。元代传世文物中,有蓝釉盘、蓝釉匜、蓝釉杯等,扬州所藏这一件蓝釉梅瓶造型流畅优美,色彩纯正,是不可多得的精品,体现了元代高超的制瓷艺术。

扬州唐城遗址博物馆藏二级文物元代青花月影梅纹蒜头瓶(1 对),底径 4.6 厘米,高 15.8 厘米,出土于扬州市石塔西路工地,通体施青白釉,器身绘多层青花纹饰,是目前扬州出土的唯一完整的元青花瓷器。[4]

第三节　社会生活

总的看来,在和平年代,扬州路的生活物资很是丰富。名胜古迹也很多,在扬州有平山堂,在高邮有露筋庙,在滁州有醉翁亭。佛教和道教是当时信仰的主流,因此各路、府、州、县皆建有佛寺和道观。扬州路的天宁寺是最著名的佛寺。

---

[1] 李天石、潘清主编:《江苏通史·宋元卷》,第 436 页。
[2] 贺万里:《扬州艺术史》,天津人民美术出版社 2013 年版,第 111 页。
[3] 陈锴竑、姜龙、卢桂平主编:《扬州历史文化大辞典》,广陵书社 2017 年版,第 382 页。
[4] 陈锴竑、姜龙、卢桂平主编:《扬州历史文化大辞典》,第 382 页。

一、市井生活

（一）扬州各地的社会生活

1. 宝应

威尼斯人马可·波罗在至元十九年（1282）南下扬州，在此地居住了3年。他生动地记录了元初扬州地区的社会生活。

马可·波罗是从北向南进入扬州地区的，因而首先抵达宝应。他记载道："离淮安州后，东南向沿堤骑行一日。此堤用美石建筑，在蛮子地界入境之处。此堤两岸皆水，故入其境只有此道可通。行此一日毕，则抵宝应美城。居民是偶像教徒，人死焚其尸，臣属大汗，其货币为纸币，恃商工为活，有丝甚饶，用织金锦丝绢，种类多且美。凡生活必须之物皆甚丰饶。"[1]

根据马可·波罗的记载，淮安是蛮子地界的入境处。所谓蛮子地界，就是南宋故地。马可·波罗所说的偶像教徒，是佛教徒。佛教盛行火葬，不少佛教徒在死后采用火葬的方式。但这种丧葬方式不仅马可·波罗视为奇异之事，中国人也难以接受。元代释大䜣受扬州天宁寺住持道泰之托，为僧人死后采用火葬方式作辩解。[2]马可·波罗说宝应人以纸币为货币，以工商业为主业，生产丝绸，生活富足。《〔嘉靖〕宝应县志略》记载：宝应"在江淮间，风土适中，其诸果、瓜、花、药、鸟、兽之类，种种有之，以非专产，不详志。邑多泽水，又土沃也，五谷惟稻更宜，微赤而味独永，又有鱼蟹之利，秋后蟹脂满匡，鱼网筒□相属。冬寒水涸，又绿磲茭置，扈扈获鱼，有至数十斤者，旨且多也。介有蚬有螺，蔬有莼有芹，凫鸨之味，菱茨之实，其在水乡特佳，略志之"。[3]宝应水土肥沃，物产丰富，一年四季各种食物不断，与马可·波罗的记载吻合。

陈孚《宝应县》诗也说："关河鱼沸血波流，喜见元符下楚州。宫壶明年

---

[1]〔法〕沙海昂注，冯承钧译：《马可波罗行纪》，第301页。

[2]〔元〕释大䜣：《蒲室集》卷一一《扬州天宁寺新作石塔铭并序》，《景印文渊阁四库全书》第1204册，第602—603页。

[3]〔明〕闻人诠、宋佐纂修：《〔嘉靖〕宝应县志略》卷二《田赋志》，《扬州文库》第24册，广陵书社2015年版，第181页。

羣翟掩,为谁留得采桑钩。"[1]唐上元二年(761)末,唐肃宗病重,命太子李豫监国。是年九月,唐肃宗命去上元年号,称"元年",以十一月为岁首。太子监国时,楚州刺史崔侁献13件定国宝给太子。崔侁上书说,这13件宝物是由天帝赐给尼姑真如,告诉她中国有灾祸,特赐宝物镇灾。皇后采桑钩是这13件宝物之一。不久,唐肃宗去世,唐代宗李豫即位,因为得到宝物的缘故,改元年为宝应元年。宝应,原名安宜,属楚州,唐代宗命改安宜县为宝应县。[2]陈孚《宝应县》诗借用这个天降符瑞的传说,描写了元初宝应县的太平景象。

到了元末,宝应又是另一番景象。陈基《宝应县》诗:"秋风日萧飔,百草各憔悴。零露泣寒螀,客子心欲碎。宝应古名邑,丧乱生聚废。市井皆官军,道路尽萧艾。主将行边鄙,遗民望旌旆。共愿早休兵,还乡供负米。"[3]秋天的宝应,百草已经凋零。因为战乱频生,一眼望去,市井中全是军人,街头看不到普通百姓,热闹的集市变得萧条。官兵和百姓都希望能早早休兵,还乡生活。

陈基还借用老妪的口吻描写了战乱带来的不幸,其《述老妪语》诗:"岁暮涉淮海,不辞行路难。从军岂不乐,即事每长叹。老妪八十余,日晡未朝餐。自云遭乱离,零落途路间。岂无子与孙,充军皆不还。男战陷贼垒,孙存隔河山。数月无消息,安能顾饥寒。语毕双泪垂,使我心悲酸。上天未悔祸,豺虎方构患。近闻山东变,世路复多端。悠悠颠沛人,何时即平安。"[4]一个年过八十的老妪,儿孙都被征入军队,儿子被俘,孙子也很久没有音信,即使有儿有孙,还是不能免于饥寒。作者听说山东红巾军再起,不知何时才能平息战端。《述老妪语》与杜甫《石壕吏》老妇自述"三男邺城戍,一男附书至,二男新战死。存者且偷生,死者长已矣",何其相似乃尔!

　　2.高邮

---

[1] 杨镰主编:《全元诗》第18册,第355页。

[2] 〔明〕闻人诠、宋佐纂修:《〔嘉靖〕宝应县志略》卷一《地理志》,《扬州文库》第24册,第172页。

[3] 杨镰主编:《全元诗》第55册,第191页。

[4] 杨镰主编:《全元诗》第55册,第191—192页。

过了宝应就是高邮。从宝应到高邮可以通过水路，王恽有《高邮道中二首》诗，其一云："筑甬余三百，湾环护漕沟。重桥穿宝应，一岸入高邮。水陆开亭转，烽烟静塞愁。腰缠无十万，官遣上扬州。"其二云："湖浸通淮水，盂城隐楚防。百年劳士卒，一掷失金汤。陆走无关禁，舟行半海商。此邦多秀彦，国士说秦郎。"[1]

陆文圭《高邮宝应道中》诗："长淮昔战争，废地少人耕。野壁三家市，官亭十里程。田夫时识字，水鸟不知名。薄暮宿何处，孤云又一城。"[2]

尹廷高《高邮道中》诗："浩荡乾坤幸止戈，甲兵不见见渔蓑。土墙茅屋安淮俗，柳港芦湾接泗河。古堞平来春草合，荒田耕遍夕阳多。长淮咫尺中原近，愿借南风吹白波。"[3]

萨都剌《过高邮湖》诗："平湖缈缈接平芜，独泛扁舟五月初。鸥鹭自来沙上立，人家多傍水边居。菰蒲港口沽新酒，杨柳滩头买活鱼。羡此淮乡多富庶，欲抛章甫止吾庐。"[4]

揭傒斯《高邮城》诗云："高邮城，城何长，城上种麦，城下种桑。昔日铁不如，今为耕种场。但愿千万年，尽四海外为封疆。桑阴阴，麦茫茫，终古不用城与隍。"[5]

张可久《〔双调〕折桂令·秦邮即事》云："访秦郎暂驻兰桡，浩荡鸥波，缥缈虹桥，白藕翻根，黄芦颤叶，翠柳搴条。照玉女神仙井小，立金人菩萨台高。散策逍遥，酒市歌云，僧院诗巢。"[6]

离开宝应，循水路向南穿过重重桥梁，即可到达高邮。诗人们来到高邮时，宋元战争已经结束，土地重新被开垦耕种，房屋重新建起，河上渔船往来，水面鸥鹭回翔。水中有鱼有藕，城里城外种着稻麦和桑树，人民生活安稳富足，有酒可以喝，有丰富的水产可以吃，诗人们希望高邮人可以长久享

---

[1]　杨镰主编：《全元诗》第5册，第189页。

[2]　杨镰主编：《全元诗》第16册，第61页。

[3]　杨镰主编：《全元诗》第14册，第41页。

[4]　杨镰主编：《全元诗》第30册，第293页。

[5]　杨镰主编：《全元诗》第27册，第192页。

[6]　隋树森编：《全元散曲》，第862页。

受这种安定的生活。

马可·波罗这样记载元初的高邮城:"离宝应城东南骑行又一日,抵高邮城,城甚大。居民是偶像教徒,使用纸币,臣属大汗,恃工商为活,凡生活必需之物悉皆丰饶。产鱼过度,野味中之鸟兽亦夥。物搦齐亚城银钱一枚不难购得良雉三头。"[1]

扬州和宝应只相隔一天路程,物产、生活风俗相同。如居民多信仰佛教,工商业发达,物产丰盛。马可·波罗特别提及高邮盛产鱼类,这与萨都剌《过高邮湖》"杨柳滩头买活鱼"诗句相符。高邮盛产鱼类的记载还见于《〔嘉庆〕高邮州志》:"邮湖产鱼,其他薮泽塘港亦产鱼,种类甚多。小民举罾撒网,依以为生。岁荒煮以代饭。贸易者收鲜鱼或腌咸鱼贩卖各处,得倍利者多矣。"[2]高邮地区河湖塘港甚多,水中都养鱼,因此鱼的种类和数量都很多。荒年,居民以鱼充饥;丰年,高邮的鱼类被贩往各地。

高邮以南的邵伯(今属扬州市江都区)也是水乡。邵伯亦名召伯。王恽《召伯埭》诗:"谢傅留遗爱,千年尚不忘。埭名同召伯,郡号属维扬。烟火今中土,干戈旧战场。离离平野树,人指是甘棠。"[3]谢傅,指东晋名相谢安(320—385)。扬州邵伯一带原本西高东低,西部湖水都流往东部,西部缺水,东部常闹水患。谢安出镇扬州后,在东西部湖水间修筑了一道水坝,调节水位,使西部不再缺水,东部也不再有水患。这道水坝就是召伯埭。召公姬奭是辅佐周成王、周康王的贤臣,谢安被人们看成是和召伯一样的贤臣,故用召伯为他修筑的堤坝命名。《诗经·召南·甘棠》说不要砍伐茂盛的甘棠树,因为召伯曾经在这棵树下歇息过。后人用甘棠指代官员的德政。全诗赞颂谢安修筑召伯埭的功绩,展示的却是元代邵伯人安逸的生活。诗的末两句"离离平野树,人指是甘棠"化用了召伯与甘棠的典故。在有些版本中,这两句诗一作"断桥穿市过,十里藕花香",一作"野人夸藕脆,满口嚼冰霜",描写的是诗人经过邵伯时的切身感受。藕花就是荷花,水中遍植荷花,飘满清

---

[1]　〔法〕沙海昂注,冯承钧译:《马可波罗行纪》,第302页。"物搦齐亚"即威尼斯。

[2]　〔清〕冯馨增修,〔清〕夏味堂等增纂:《〔嘉庆〕高邮州志》卷四《食货志·物产》,《扬州文库》第21册,第176—177页。

[3]　杨镰主编:《全元诗》第5册,第189页。

香。莲藕是扬州地区常见的食物,可以生吃,也可以煎炒炖煮炸。诗人笔下的农夫生吃洗净的莲藕,尽享鲜甜滋味。

元末,高邮同样陷入战火。陈基《高邮》诗:"秦邮水为国,层城高郁郁。三面阻重湖,深湟中荡潏。常怜秦太虚,材兼文武术。慷慨谈孙吴,议论每奇崛。遨游二苏间,文采尤骏发。平生英迈风,想像见仿佛。顾余亦何知,僶俯从战伐。岁晚过其乡,徘徊为终日。忆昔元祐际,中国久宁谧。二虏独猖狂,公心常愤切。中原属涂炭,四野多白骨。使公当此时,岂惜焦毛发。秋风吹淮甸,征骑四驰突。九原不可作,悲歌暮萧瑟。"[1]陈基回忆了北宋时高邮人秦观的文采风姿,追述秦观面对北宋末年政局的悲愤。他想假使秦观尚在,面对元末乱局,定会为国为民奋不顾身。然而死者不能复生,只有悲怆的暮歌回响在天地之间。

3.泰州

泰州在高邮东南,马可·波罗这样写泰州:"从高邮城发足,向东南骑行一日,沿途在在皆见有村庄农舍,与夫垦治之田亩,然后抵泰州,城不甚大,然百物皆丰。居民是偶像教徒,使用纸币,臣属大汗,恃工商为活,盖其地贸易繁盛,来自上述大河之船舶甚众,皆辐辏于此。应知其地左延向东方日出处,距海洋有三日程。自海至于此城,在在制盐甚夥,盖其地有最良之盐池也。"[2]

从高邮到泰州的途中,马可·波罗看到沿途是连绵不断的村庄和农舍,地无闲田。泰州城不大,但是应有尽有。除了和宝应、高邮一样使用纸币、信仰佛教、工商业发达以外,泰州还是船舶汇聚之地,并出产食盐。商业和盐业给泰州带来了巨大的财富。元末,陈基经过泰州时追忆当年离泰州不远的上乐"颇闻承平际,鱼盐贱如水";[3]令丁镇"平时富鱼稻,税薄民不困。莲芡亦时丰,足以御饥馑"[4]。太平时期的泰州物阜民丰,人民安居乐业。

元末的战争让泰州不复昔日的兴旺。陈基《泰州》诗:"吴陵古名邦,利尽扬州域。旧城虽丘墟,新城如铁石。昔为鱼盐聚,今为用武国。地经百战

[1] 杨镰主编:《全元诗》第55册,第191页。

[2] 〔法〕沙海昂注,冯承钧译:《马可波罗行纪》,第303页。

[3] 〔元〕陈基:《上乐》,杨镰主编:《全元诗》第55册,第190页。

[4] 〔元〕陈基:《令丁镇》,杨镰主编:《全元诗》第55册,第190页。

余,士耻一夫敌。征人还旧乡,下马问亲戚。踯躅慨蒿藜,徘徊认阡陌。桓桓霍将军,出入光百辟。位重言益卑,功高志弥抑。誓欲报仇雠,不肯怀第宅。人羡过家荣,惊喜争太息。白日照旌旗,闾里有颜色。皓首太玄经,虽勤竟何益。"[1]陈基叹息,泰州曾是繁荣的商业中心,但元末时变成了战场。出征的将士还乡,只能在丛生的杂草中勉强辨认回家的道路。

4.通州

泰州以东是通州[2],"城甚大,出盐可供全州之食,大汗收入之巨,其数不可思议,非亲见者未能信也。居民是偶像教徒,使用纸币"。[3]

和宝应、高邮、泰州一样,通州人也信佛教,使用纸币。通州离海最近,盛产食盐。据马可·波罗估算,通州出产的食盐供给全省有余。

元末,陈基经过通州时,通州的市井依旧喧嚣,但也受到战争的影响,"良由兵兴久,羽檄日交错。水陆飞刍粟,舟车互联络。生者负戈矛,死者弃沟壑"。陈基劝谏统治者"惟仁能养民,惟善能去恶。上官非不明,下吏或罔觉"。[4]希望统治者能够明辨是非,不受部属蒙蔽,以仁治国,让百姓恢复安定的生活。

5.真州

从泰州向西行可抵达真州,即今扬州下辖之仪征市。据马可·波罗记载:"(真州)城不甚大,然商业繁盛,舟船往来不绝。居民是偶像教徒,臣属大汗,使用纸币。并应知者,其城位在世界最大川流之上,其名曰江,宽有十哩,他处较狭,然其两端之长,逾百日行程。所以此城商业甚盛,盖世界各州之商货皆由此江往来,故甚富庶,而大汗赖之获有收入甚丰。此江甚长,经过土地城市甚众,其运载之船舶货物财富,虽合基督徒之一切江流海洋运载之数,尚不逮焉。虽为一江,实类一海。马可波罗阁下曾闻为大汗征收航税者言,每年溯江而上之船舶,至少有二十万艘,其循江而下者尚未计焉,可见其重要矣。沿此江流有大城四百,别有环以墙垣之城村不在数内,并有船舶停

---

[1]杨镰主编:《全元诗》第55册,第190页。

[2]《马可波罗行纪》作"真州",实为"通州"。

[3]〔法〕沙海昂注,冯承钧译:《马可波罗行纪》,第303页。

[4]〔元〕陈基:《通州》,杨镰主编:《全元诗》第55册,第188页。

止。其船甚大,所载重量,核以吾人权量,每船足载一万一二千石(quintaux),其上可盖席篷。此外无足述者,因是重行,请言一名瓜洲(Caigui)之城。然有一事,前此忘言,请追述之。应知上行之船舶,因江流甚急,须曳之而行,无缆则不能上。曳船之缆长三百步,用竹结之,其法如下,劈竹为长片,编结为缆,其长惟意所欲,如此编得之缆,较之用大麻编结者为坚。"[1]

真州城不大,因其就在江边,往来船只极多,带动了真州商业的发展。这里和扬州路的其他地区一样,使用纸币,信奉佛教。

陈孚《真州》诗描写元初真州的风物:"淮海三千里,天开锦绣乡。烟浓杨柳重,风淡芰荷香。翠户妆营妓,红桥税海商。黄昏灯火闹,尘麝扑衣裳。"[2]真州堤坝上遍植杨柳,清风送来菱叶和荷叶的香气,时近黄昏,营妓熏香衣物,等待客人。诗中氤氲着温柔富贵的气息。

6. 瓜洲

扬州以南是瓜洲。马可·波罗说:"(瓜洲)是东南向之一小城,居民臣属大汗而使用纸币,位置在前所言大江之上。此城屯聚有谷稻甚多,预备运往汗八里城以作大汗朝廷之用,盖朝中必需之谷,乃自此地用船由川湖运输,不由海道。大汗曾将内河及湖沼连接,自此城达于汗八里,凡川与川间,湖与湖间,皆掘有大沟,其水宽而且深,如同大河,以为连接之用。由是满载之大船,可从此瓜洲城航行至于汗八里大城。此外尚有一陆道,即将掘沟之土积于两岸,聚而成堤,人行其上。……瓜洲城对面江中,有一岩石岛,上建佛寺一所,内有僧人二百,此寺管理不少偶像教徒庙宇,如同基督教徒之大主教堂也。"[3]

瓜洲是一座小城,地处长江和运河的交汇点。元代凡是朝廷需要的谷物,都不经由海道,而是从瓜洲启程,通过运河北上。为此,瓜洲聚集了许多谷物。为了保持河道畅通,官府屡次疏浚运河,运河中的淤泥堆积在河岸上,

---

[1]〔法〕沙海昂注,冯承钧译:《马可波罗行纪》,第310—311页。真州,冯承钧译《马可波罗行纪》作"新州",实为"真州"之误,见党宝海:《Singiu与元代真州》,徐忠文、荣新江主编:《马可·波罗 扬州 丝绸之路》,北京大学出版社2016年版,第7—9页。

[2] 杨镰主编:《全元诗》第18册,第353页。

[3]〔法〕沙海昂注,冯承钧译:《马可波罗行纪》,第311页。

筑成堤坝。至于江中有岩石岛，岛上有佛寺，可能指镇江金山和金山寺。

7.扬州

瓜洲以北的扬州是扬州路的治所。扬州"城甚广大，所属二十七城，皆良城也。此扬州城颇强盛，大汗十二男爵之一人驻此城中，盖此城曾被选为十二行省治所之一也。应为君等言者，本书所言之马可波罗阁下，曾奉大汗命，在此城治理互三整年。居民是偶像教徒，使用纸币，恃工商为活。制造骑尉战士之武装甚多，盖在此城及其附近属地之中，驻有君主之戍兵甚众也"[1]。

马可·波罗提到扬州是一座大城，曾是江淮行省的治所所在，也是忽必烈之子镇南王脱欢的驻地。扬州人也信奉佛教，用纸币，工商业发达。事实上，扬州地区不止是在元代才工商业发达。从隋唐时起，扬州就是物产丰富的大都会，百姓喜爱从事回报丰厚的工商业。[2]与宝应、高邮、泰州、通州、真州等地不同的是，扬州附近驻军很多，因此它的兵器制造业非常发达。马可·波罗自言在扬州居住了 3 年之久，但《行纪》对扬州的着墨却很少，远不如另一位意大利人鄂多立克那么详细。

鄂多立克是方济各会传教士，1322 年到 1328 年间在中国旅行，后通过口述留下了一本《鄂多立克东游录》。他这样告诉别人他在扬州的见闻："我经过很多城镇，并且来到一个叫作扬州（IAMZAI）的城市，吾人小级僧侣在那里有所房屋。这里也有聂思脱里派的教堂。这是座雄壮的城市，有实足的四十八到五十八土绵的火户，每土绵为一万。此城内有基督徒赖以生活的各种大量物品。城守仅从盐一项上就获得五百土绵巴里失的岁入；而一巴里失值一个半佛洛林，这样，一土绵可换五万佛洛林。但作为对此城百姓的恩典，上述城守蠲免他们两百土绵，以免发生饥荒。此城内有个风俗：倘若有人想要以丰盛筵席款待他的友人，他就去找一家专为此目的而开设的旅舍，对它的老板说：'给我的若干友人准备一桌筵席，我打算为它花多少钱。'然后老板一如他吩咐的那样做，客人们受到的招待比在主人自己家里还要好。

---

[1]〔法〕沙海昂注，冯承钧译：《马可波罗行纪》，第 304 页。

[2]〔明〕申嘉瑞修，〔明〕李文等纂：《〔隆庆〕仪真县志》卷一一《风俗考》，《扬州文库》第 16 册，第 632 页。

此城也有大量的船舶。"[1]

　　据鄂多立克的记载,扬州城有500万户以上的人口,这显然是夸张之词。但他说扬州城的物资异常丰富,凡生活所需要的东西都可以买到,则是准确的。扬州的盐业尤其发达,为了防止发生饥荒,官府甚至会蠲免部分税收。

　　鄂多立克提到了扬州的一个风俗。这个风俗可能是当时罕见的,鄂多立克才将之记录下来:当扬州人想要设宴招待亲友时,并不是在家中宴请客人,而是给旅舍酒店的老板一些钱,请他们根据钱的多少安排不同档次的酒席。用货币购买服务,意味着当时扬州的城市文化发达到了一定程度。

　　马可·波罗的《行纪》和鄂多立克的《东游录》没有提到扬州路治下的崇明州和滁州。他们可能没有去过这两个地方。崇明州地处海中,海水渗入,土地贫瘠。与周边地区相比,它产出的蒜更辣,芋带麻味,稻米更硬。[2]

　　(二)衣食住行

　　1.衣饰

　　至元二十四年(1287),元廷下旨,官服右衽,一品官员着紫罗服,大独斜花,直径5寸,玉带;二品官员着紫罗服,小独斜花,直径3寸,花犀带;三品官员着紫罗服,散答花(无枝叶),直径2寸,荔枝金带;四品、五品官员着紫罗服,小杂花,直径1寸5分,四品荔枝金带,五品乌犀角带;六品、七品官员着绯罗服,小杂花,直径1寸,乌犀角带;八品、九品官员着绿罗服,无罗纹,乌犀角带。所有官员皆系红鞓,头戴黑纱幞头,脚穿黑皮靴。[3]

　　元仁宗延祐二年(1315),朝廷进一步规定了官员的服装用料:一品、二品官员可以用浑金花,即金纱;三品官员可以用金答子,即掺了其他颜色的金纱;四品、五品官员用云袖带襕,六品、七品官员用六花罗,八品、九品官员用四花罗。相应地,一品、二品、三品命妇可以用浑金,四品、五品命妇可以

---

　　[1]〔意〕鄂多立克著,何高济译:《鄂多立克东游录》,《海屯行纪·鄂多立克东游录·沙哈鲁遣使中国记》,中华书局1981年版,第70—71页。

　　[2]〔明〕陈文等:《〔正德〕崇明县志》卷九《物产》,上海市地方志办公室、上海市崇明县档案局编:《上海府县旧志丛书·崇明县卷》,第54页。

　　[3]陈高华等点校:《元典章》卷二九《礼部卷二·服色·文武品从服带》,第1027页;〔明〕宋濂等:《元史》卷七八《舆服志一》,第1939页。

用金答子,六品及以下命妇可以用销金和金纱答子。销金指在衣料中织入金丝装饰。首饰方面,一品、二品、三品命妇允许使用金珠宝玉,四品、五品命妇可以用金玉珍珠,六品以下只能用金,只有耳环可以用珠玉的。[1]

不同于官员,平民可以穿用暗花纻丝、绫罗、毛皮制成的衣服,但不允许穿赭黄色衣服,帽、笠不许用金玉装饰,靴子不得裁置花样。平民女性的首饰,可以用翠毛和金钗镍各1件,耳环可以用金珠碧甸制成,其他首饰只能用银质的。[2]

元代扬州、苏州地区女性的衣饰,可以通过张士诚母亲曹氏的着装得窥一二。1964年,张士诚父母的合葬墓在苏州被发现。张士诚父亲早死,母亲曹氏死于元顺帝至正二十五年(1365)。曹氏死后,张士诚将父亲从泰州迁葬苏州,与母亲合葬。张士诚父亲尸骨已朽,随葬器物极少。而张士诚母亲曹氏尸体保存尚可,随葬衣物整齐放置在棺内。曹氏头戴一顶发冠。冠是用极细的竹丝编成的网格式冠壳,上面蒙着麻和黄薄绢,冠的前沿缀有五块桃形镶金边玉饰,发上满插金银钗簪等首饰。曹氏身穿黄色锦缎对襟大袖袍,里穿对襟大袖丝绵袄,袄内衬对襟黄绸短衫3件。下身束缎裙,裙内穿黄锦缎丝绵裤,丝绵裤内有单裤。脚穿绛色缎鞋,内套黄缎子袜。曹氏尚可辨认的随葬衣物有2件袍、4件袄、6条裙子、1双鞋、1双套袜、1条衣带、1只织锦袋。曹氏的2件夹袍,为绫织料。其中一件圆领、双复斜衿,衣身肥大,小袖口,腋下紧缀纽扣3组。另一件直领,通对衿,衿胸处有绸带2条,代替纽扣系束衣服。4件袄,其中一件厚丝绵绫料、直领、对开衿、长袖,一件薄丝棉绸袄、两件薄丝棉缎袄,都是小圆领、对开衿。6条裙子,每条都是用三幅料制成的。3条缎裙,2条绫裙,1条绸裙。曹氏随葬的金首饰有金钗1付、金簪1支、金耳环1对、金镯1对、金戒指1只,银首饰有鎏金银簪1对;玉饰

———————

[1] 陈高华等点校:《元典章》卷二九《礼部卷二·服色·贵贱服色等第》,第1028页;〔明〕宋濂等:《元史》卷七八《舆服志一》,第1942页。

[2] 陈高华等点校:《元典章》卷二九《礼部卷二·服色·贵贱服色等第》,第1029页;〔明〕宋濂等:《元史》卷七八《舆服志一》,第1943页("翠毛"作"翠花")。

有玉环 2 只、玉佩饰 1 组,佩在腰部的皮带上。[1]

元代扬州地区的大多数女性,不可能像曹氏一样拥有许多绫罗绸缎和金银饰物,但她们的装扮应当是大致相同的:头上戴冠,平民女性戴头巾,插戴钗、簪、梳篦等发饰,耳戴耳环,手臂戴钏镯,手指戴戒指,腰间挂着佩饰。上身贴身穿内衣,外衣可以穿袄或袍,下身贴身穿裤子,裤子外面系裙子。脚上穿袜子和鞋子。夏天用比较轻薄的衣料,冬天用厚重的衣料。出身富贵的女性穿绫罗绸缎,戴金玉首饰,贫困的女性穿布衣,戴银、铜、竹木首饰。

元代妇女用洁面粉洗脸,用香粉敷面,用油膏擦拭长发,用香丸含在口中去除口气,沐浴后用香粉傅身。[2]曹氏墓发现了葵状六瓣型银奁 1 件、银镜台 1 个。银奁上下 3 层,内盛全套梳妆用具,银奁中层的银圆盒内还留有粉迹、粉扑和红胭脂。[3]这或许可以说明,元代扬州地区的老少女性都使用各种化妆品修饰自己。

由于张士诚父亲的尸骨衣服全部腐烂,难以通过他的随葬品得知元末扬州地区男性的服装式样。总的来说,元代扬州地区的男性服饰和其他地区大致相同:头戴头巾,贴身穿内衣,下身穿裤子,外罩外袍,脚穿靴子或者鞋子。家境富裕的男性穿绫罗绸缎,比较贫苦的男性穿布袍草鞋。[4]

元代人针对不同的衣料质地、衣服颜色和污渍的种类,发明了不同的洗衣剂和洗涤方法,力求不损坏衣物。[5]

2.饮食

扬州属亚热带季风气候,春暖夏热,秋凉冬寒,四季分明,气候湿润,适合各种农作物生长,物产非常丰富。据明代地方志记载,扬州地区出产数百种可供食用的谷物、蔬菜、水果、飞禽走兽、水产,大大丰富了扬州人的饮食。

---

[1]　苏州市文物保管委员会、苏州博物馆:《苏州吴张士诚母曹氏墓清理简报》,《考古》1965 年第 6 期,第 292—297 页。

[2]　《居家必用事类全集·庚集》,《北京图书馆古籍珍本丛刊》第 61 册,书目文献出版社 1988 年版,第 293—298 页。

[3]　苏州市文物保管委员会、苏州博物馆:《苏州吴张士诚母曹氏墓清理简报》,《考古》1965 年第 6 期,第 295—297 页。

[4]　史卫民:《元代社会生活史》,中国社会科学出版社 1996 年版,第 109—110 页。

[5]　《居家必用事类全集·庚集》,《北京图书馆古籍珍本丛刊》第 61 册,第 287—289 页。

元代扬州甚至出现了专门定制酒席的旅店。

元代扬州地区每天吃三餐，以米面作为主食。稻米可以做粥，也可以做饭。元代中国人在粥中加入药物、肉类、野菜，出现了各种药粥、肉粥、菜粥。麦子被磨成面粉，可以做成各种面条、馒头、馄饨。调料方面，元代出现了各种酱、豆豉、醋、糖、油等。元代有烧、煮、煎、蒸等多种料理食物的方法。由于蔬菜、水果易腐烂，元代人用腌制、晒干的方法保存蔬菜，用密封法保存水果。家畜肉、家禽肉、野味、鱼虾则用腌制、酒糟、造鲊的方法保存。扬州地区常见的莲藕、莲子、菱角被制成藕粉、莲子芡粉、芡粉、菱粉，出现在扬州人的餐桌上。[1]

兜子出现在公元 10 世纪，是用米浆做成粉皮，再在粉皮里裹馅蒸熟的一种食品。元代《居家必用事类全集》记载了荷莲兜子的具体做法：把粉皮铺在盏状的模子里，将羊肉、粳米饭、莲子、鸡头米、松子、胡桃等物包在粉皮里。把兜子连同模子放进蒸笼蒸熟后，把模子扣在碟子上脱模。蒸好的兜子呈上小下大的倒杯型，兜子皮微微透明，隐约能看见内馅。吃兜子前，还要浇上用浓麻泥汁和乳酪调成的调料。兜子的内馅可以换成蟹肉、猪肉、羊肚、羊肺、鱼肉、鸡肉、鸭肉、鹅肉等，做出不同口味。[2]莲子、鸡头米、羊肉、猪肉这些原料都可以在扬州找到，因而兜子很可能出现在扬州人的食谱中。

鱼可以造鱼鲊。鱼鲊是将鱼肉切片，用盐、酒、米饭和生鱼片拌在一起，等 5—7 天，待鱼肉微微发酸后生吃。把鱼片换成黄雀，可以做黄雀鲊；更换成蛏，可以得到蛏鲊；更换为鹅肉，可得鹅鲊。[3]如果不用肉类，只把生莲藕切块，用调料和米饭腌一夜，可得"藕稍鲊"。[4]扬州南边有长江，北边有高邮湖，水产丰富，元代扬州人的食物中应包含各种鱼鲊。

［1］《居家必用事类全集·己集、庚集》，《北京图书馆古籍珍本丛刊》第 61 册，第 217—260、261—285 页。

［2］《居家必用事类全集·庚集》，《北京图书馆古籍珍本丛刊》第 61 册，书目文献出版社 1988 年版，第 279—280 页；孟晖：《莲子与樱桃的布丁》，《花点的春天：关于美食》，牛津大学出版社 2015 年版，第 27—30 页。

［3］《居家必用事类全集·己集》，《北京图书馆古籍珍本丛刊》第 61 册，书目文献出版社 1988 年版，第 259—260 页。

［4］孟晖：《荷叶鲊》，《花点的春天：关于美食》，牛津大学出版社，第 87 页。

饮料方面,除了茶,酒是元代扬州人最喜爱的饮料。虽然当时扬州人爱喝哪一种酒已无可考,但据记载,当时人用糯米、粳米、药物、水果甚至羊肉加上酒曲酿酒。[1]

果汁也是元代人常喝的一种饮料。元代有一种名为"舍里八"的果汁饮料传入中国。镇江副达鲁花赤马薛里吉思的工作是为皇家制作舍里八。舍里八具体做法是将木瓜、香橼、樱桃等水果切碎滤渣取汁,加水和糖煎汤。[2]扬州正出产这些水果,而《居家必用事类全集》中又详细记载了这种饮料的制作方法,很难想象当时的扬州人会不按照书中的方法自己动手制作这种饮料。

3.居所

扬州地区的居民,居住在城市和乡村中,马可·波罗从高邮到泰州的途中见到了连绵不绝的村舍农庄。富人的住宅好于贫民的住宅。在乡间,富人购买田地营建带花园的住宅。[3]

河东人王伯纯寓居扬州。在靠近邵伯镇的地方有一处别墅,王伯纯便在此读书。在这处别墅中,王伯纯建了一个亭子,名曰"青雨亭"。[4]朱奂彰在扬州有一处"梅所",遍植梅花。曹子益有一处"可竹亭",周围遍植青竹。[5]扬州还有国宝照磨的平野轩,成廷珪的居竹轩,崔原亭的竹深处。竹深处在扬州城西。[6]清代盐商洪征治在元代崔伯亨花园的旧址上修建了大洪园。清高宗赐大洪园名倚虹园。清末,倚虹园也逐渐荒废。据说民国四年(1915),扬州人修筑徐园时,在湖边无意间发现了清高宗御笔亲书的"倚虹园"石刻,

[1]《居家必用事类全集·己集》,《北京图书馆古籍珍本丛刊》第61册,第236—243页。

[2] 刘迎胜:《马薛里吉思任职镇江原因考——一种外来饮品舍里八生产与消费的本土化过程》,《中华文史论丛》2005年第1期,第109—131页。

[3] 史卫民:《元代社会生活史》,第226—228页。

[4]〔元〕张以宁:《王伯纯读书别墅晨起有怀纵笔奉寄》《题王伯纯青雨亭》,杨镰主编:《全元诗》第42册,第187—188页。

[5]〔元〕张以宁:《梅所歌为朱奂彰作》《题曹子益可竹亭》,杨镰主编:《全元诗》第42册,第195、212页。

[6] 许少飞:《扬州园林史话》,广陵书社2014年版,第44—45页;〔元〕成廷珪:《题崔原亭竹深处予家有竹数竿人号曰居竹轩原亭城西别墅亦有竹数竿则又号之曰竹深处予与崔君通家来往所好相同故之》,杨镰主编:《全元诗》第35册,第438页。

嵌在徐园的墙里,现已不知去向。徐园在今扬州市瘦西湖风景区内,元代崔伯亨花园、清代倚虹园应在现在的徐园一带。[1]

4.出行

元朝统一全国以后,建立了以大都为中心、水陆结合的网状交通系统。驿道通往全国各地,途中有驿站为往来人员提供交通工具、休息场所和饮食服务。[2]元廷在扬州路设驿站详情如下:"扬州路所辖站一十八处。马站九处,马三百二十匹;水站七处,递运站二处,船三百八十七只。扬州在城站,马一百匹。邵伯二:马站,马五十匹;水站,船四十一只。瓜洲站三:马站,马三十五匹;水站,船三十一只;递运站,船二百五只。真州五站:在城站三:马站,马二十五匹;水站,船三十只;递运站,船六十只。黄泥滩站,马一十匹。六合县站,马一十匹。滁州三站:水口站,马三十匹;仁义站,马三十匹;六丈站,马三十匹。泰州水站二:本州站,船六只;如皋站,船四只。通州水站二:在城站,船七只;海门站,船三只。"[3]扬州地区水网发达,水路和陆路都可以抵达扬州。走水路乘船,走陆路可以骑马和驴,也可以坐车或者坐轿子。但元朝规定只有军政事务才能使用驿站,且使用驿站的人必须有乘驿凭证。百姓出行是不能使用驿站的。

(三)婚丧节日

元代扬州地区人口以汉族为主。按朝廷规定,汉族婚礼由7个部分组成,分别是:议婚,媒人为双方牵线;纳采,即下定;纳币,即下财;亲迎,即新郎骑马接新娘,新娘至新郎家完成婚礼;妇见舅姑,即婚礼第2天新娘拜见公婆和男方长辈;庙见,即新娘到祠堂祭拜男方祖先;婿见妇之父母,即新郎拜见岳父岳母和女方长辈。至此,婚礼完成。[4]汉族婚姻为一夫一妻制,妻子之外可以纳妾,但不许娶1个以上的妻子。同姓不能成婚,丈夫死后妻子不管守节还是回娘家,公婆都不允许干涉。非汉族人的婚姻遵守各自民族

---

[1]〔清〕李斗著,王媛编著:《扬州画舫录》,黄山书社 2015 年版,第 46—49 页。

[2] 史卫民:《元代社会生活史》,第 245—256 页。

[3]〔明〕解缙等:《永乐大典》卷一九四二二《站赤七》,第 7244 页。

[4] 陈高华等点校:《元典章》卷三〇《礼部卷三·婚礼·婚礼礼制》,第 1047—1049 页。

的风俗习惯。[1]扬州地区的婚姻遵从这些规定。

元代的丧礼和葬礼,也是各民族按自己的风俗举行。马可·波罗曾见宝应有死后焚尸的习俗,但火葬不是汉族主要的安葬方式。汉族以土葬为主,官府对墓地的大小有规定。品级越高,墓地占地越大,庶民墓地占地最小。官府禁止汉族火葬,如果汉族买不起墓地安葬,可以葬在官有的荒地上。无主尸骸也由官府埋葬。[2]

元廷规定,全国官员,除了每 10 天给 1 天假以外,每年还在以下节日放假 1—3 天不等:元正(元旦)、寒食节(在清明前一两天)分别放假 3 天;天寿节(皇帝生日)、冬至分别放假 2 天;立春、重午(端午节)、立秋、七月十五(中元节)、重九(重阳节)、十月初一日(寒衣节)各放 1 天假。[3]除了天寿节的日期因皇帝生日不同而不同外,其他节日的日期都是固定的。

元代扬州地区在节日期间,有各种节庆风俗,可惜史料记载不详,大致应与明代情况相似。成书于明神宗万历二十九年(1601)的《扬州府志》记扬州风俗:扬州人在元旦换桃符、贴春联,元宵节赏灯,立春官员在东郊迎春,清明百姓踏青扫墓,端午仪真、瓜洲等地举办龙舟竞赛,七夕乞巧,中秋拜月,重阳登高,冬至前一夜民间罢市,除夕全家老少守岁。[4]

二、名胜古迹

扬州自古多名胜。《嘉靖惟扬志》记载了汉代到宋代江都、高邮、泰州、通州等地的名胜,有汉代的章台宫、显阳殿、吴王濞钓台、孔融台、高沙馆;魏赋诗台;刘宋风亭、月观、吹台、吴公台;梁武帝读书台、文选楼;隋朝的隋宫、西宫、北宫、临江宫、归雁宫、回流宫、九里宫、松林宫、枫林宫、大雷宫、小雷宫、春草宫、九华宫、光汾宫、成象殿、凝晖殿、迷楼、摘星楼、凤凰楼、彭城阁、月观、玄珠观、流珠堂、澄月亭、春江亭、隋苑、放萤苑、隋炀帝钓台;唐代的扬

[1] 陈高华等点校:《元典章》卷一八《户部卷四·婚礼·嫁娶聘财体例》,第 614—615 页。

[2] 陈高华等点校:《元典章》卷三〇《礼部卷三·丧礼·禁约焚尸》《礼部卷三·葬礼·收埋暴露骸骨》,第 1062、1066 页。

[3] 陈高华等点校:《元典章》卷一一《吏部卷五·假故·放假日头体例》,第 385 页。

[4] 〔明〕杨洵等修,〔明〕徐銮等纂:《〔万历〕扬州府志》卷二〇《风物志》,《扬州文库》第 1 册,广陵书社 2015 年版,第 614—615 页。

子江楼、迎仙楼、延和阁、水亭、竹西亭、玉钩亭、赏心亭;南唐的延宾亭;宋
朝的章武殿、徽宗行宫、高宗行宫、崇政殿、郊坛、骑鹤楼、卷书楼、筹边楼、郡
圃、时会堂、平山堂、芝瑞堂、惟扬馆、斗野亭、春贡亭、美泉亭、无双亭、摘星
亭、四柏亭、南丽亭、借山亭、波光亭、竹心亭、劝耕亭、昆丘亭、摘星台、戏马
台、燕香堂、涵虚亭、敕书楼、泰和楼、瞻衮堂、威敌堂、玩珠亭、天壁亭、击楫
亭、文游台、濯缨亭、沧浪亭、凤凰台、海山楼、栖云阁、三会堂等。[1]以上近百
处古迹中,有些元代还存在,有些已成废墟。

（一）江都县的名胜古迹

建于元以前,在元代还见诸诗文的江都名胜有:

明月楼。明月楼为扬州名胜。舒頔《维扬十咏》咏扬州景物第一首便是
《明月楼》:"昔年明月照盈盈,今日楼空月自明。银甲锦筝歌舞地,寒鸦落日
澹孤城。"[2]据传,明月楼得名于书画家赵孟頫:"扬州有一赵氏,富而好客,
家有明月楼。一时诸名公题咏,多未当其意。后赵子昂过扬州,主人知之,
迎至楼上,盛筵相款,所用皆银器。酒半,出纸笔,求作春题。子昂援笔书曰:
春风阆苑三千客,明月扬州第一楼。主人得之,甚喜,撤酒器为赠。"[3]赵子昂
（赵孟頫）曾被任命为泰州尹,但没有赴任。[4]

畏吾儿人贯云石（又名小云石海涯）亦有《水龙吟·咏扬州明月楼》:"晚
来碧海风沈,满楼明月留人住。琼花香外,玉笙初响,修眉如妒。十二阑干,
等闲隔断,人间风雨。望画桥檐影,紫芝尘暖,又唤起、登临趣。　　回首西
山南浦。问云物、为谁掀舞。关河如此,不须骑鹤,尽堪来去。月落潮平,小
衾梦转,已非吾土。且从容对酒,龙香浥茧,写平山赋。"[5]自从"腰缠十万贯,
骑鹤上扬州"广为流传之后,"骑鹤"一词就与"扬州"联系在一起（"扬州"
指今日之南京）。贯云石"关河如此,不须骑鹤,尽堪来去",就是化用了这

[1]〔明〕朱怀幹修,〔明〕盛仪辑:《嘉靖惟扬志》卷七《公署志》,《扬州文库》第1册,第47—
49页。

[2]杨镰主编:《全元诗》第43册,第309页。

[3]〔明〕何良俊:《语林》卷二一,《景印文渊阁四库全书》第1041册,台湾商务印书馆1986年
版,第759页。

[4]〔明〕宋濂等:《元史》卷一七二《赵孟頫传》,第4021—4022页。

[5]唐圭璋编:《全金元词》,第950页。

个"骑鹤上扬州"的典故。

骑鹤楼。骑鹤楼也因"腰缠十万贯,骑鹤上扬州"而得名。《嘉靖惟扬志》载,骑鹤楼"在府东北大街内。按《太平广记》云,昔有四人,各言所愿。甲曰:愿多财。乙曰:愿为扬州守。丙曰:愿为仙。丁曰:愿腰缠十万贯,骑鹤上扬州。后人建楼,因名之"。[1]舒頔《惟扬十咏·骑鹤楼》诗:"辽海胎禽去不归,人民城郭是邪非。腰缠休作扬州客,设使相逢起祸机。"[2]

皆春楼,在扬州府府治东北,开明桥西,旧名大安,宋贾似道改名为皆春楼。[3]舒頔《惟扬十咏·皆春楼》诗:"楼前景物逐时新,楼上笙歌日日春。华丽已随时节换,东风吹恨柳眉颦。"[4]

嘉会楼。舒頔《惟扬十咏·嘉会楼》:"壮年登览醉歌日,况是太平全盛时。燕子衔将春色去,画阑宽处树旌旗。"[5]

太平桥。舒頔《惟扬十咏·太平桥》:"青楼翠幕舞纤腰,金屋银屏贮阿娇。二十年前豪侠客,相逢犹自说前朝。"[6]元代扬州的伊斯兰教礼拜寺就在太平桥北。[7]

平山堂。舒頔《惟扬十咏·平山堂》:"平山山上构高堂,堂下青芜接大荒。堂废山空人不见,冷云秋草卧横冈。"[8]平山堂始建于北宋时期,主持修建者为大文豪欧阳修。平山堂风景清幽古朴,文人常在此处饮酒赋诗,是扬州最知名的名胜之一。陈孚《平山堂》诗云:"堂上醉翁仙去,芦花雪满汀洲。二十四桥烟水,为谁流下扬州。"[9]醉翁就是欧阳修。从诗文看,元代平山堂已经废弃。

[1]〔明〕朱怀幹修,〔明〕盛仪辑:《嘉靖惟扬志》卷七《公署志》,《扬州文库》第1册,第48页。

[2] 杨镰主编:《全元诗》第43册,第309页。

[3]〔清〕穆彰阿、潘锡恩等:《〔嘉庆〕大清一统志》卷九七《扬州府二》,《续修四库全书》第614册,上海古籍出版社1996年版,第579页。

[4] 杨镰主编:《全元诗》第43册,第309页。

[5] 杨镰主编:《全元诗》第43册,第309页。

[6] 杨镰主编:《全元诗》第43册,第309页。

[7]〔明〕朱怀幹修,〔明〕盛仪辑:《嘉靖惟扬志》卷三八《杂志》,《扬州文库》第1册,第261页。

[8] 杨镰主编:《全元诗》第43册,第309页。

[9] 杨镰主编:《全元诗》第18册,第354页。

蕃釐观(琼花观)。舒頔《惟扬十咏·蕃釐观即琼花观》:"天上奇花玉色浮,只留一种在扬州。如今后土无根蒂,蜂蝶纷纷各自愁。"[1]琼花观得名于观中的琼花。琼花观,原名后土祠、蕃釐观。传说,琼花只能在扬州生长,隋炀帝屡次巡幸扬州就是为观赏琼花。宋代扬州的琼花生长在后土祠中。欧阳修因为琼花天下无双,遂将琼花旁建的亭子命名为"无双亭",并改后土祠为蕃釐观。欧阳修的朋友许元寄诗给欧阳修:"芍药琼花应有恨,维扬新什独无名。"欧阳修作答诗云:"琼花芍药世无伦,偶不题诗便怨人。曾向无双亭下醉,自知不负广陵春。"[2]元代张可久《〔双调〕沉醉东风·客维扬》也将无双亭视为扬州的标志:"第一泉边试茶,无双亭上看花。凤锦笺,鲛绡帕,金盘露玉手琵琶。雪满长街未到家,翠儿唱宜哥且把。"[3]

元代江都县也有新建的几处胜景:[4]

扬州元镇南王宫。元镇南王宫为镇南王住所,在清代甘泉县西北6里。[5]

瞻云楼。在扬州城大东门外,即董平章衙。由河南王之父阿只建。[6]

江山风月亭,一作江风山月亭,在江都县瓜洲镇东南,曾是扬州路总管熊汉卿的别墅。镇南王曾在此地避暑,张翥有诗《瓜洲与成居竹王克纯登江风山月亭》:"风起西津断客艘,熊家亭上得凭高。云移鸟影沉江树,雨带龙腥出海涛。开辟自天留壮观,登临如我老英豪。放舟拟就金山宿,一夜清寒袭锦袍。"[7]

(二)高邮的名胜古迹

除了威敌堂、玩珠亭、天壁亭、击楫亭、文游台等名胜外,[8]元代高邮还

---

[1] 杨镰主编:《全元诗》第43册,第309页。

[2] 〔宋〕欧阳修:《答许发运见寄》,《欧阳永叔集(七)》,商务印书馆1930年版,第24页。

[3] 隋树森《全元散曲》说:"任校云,第一泉疑是第五泉之误。"中华书局1964年版,第899页。

[4] 〔明〕朱怀幹修,〔明〕盛仪辑:《嘉靖惟扬志》卷七《公署志》,《扬州文库》第1册,第49页。

[5] 〔清〕穆彰阿、潘锡恩等:《〔嘉庆〕大清一统志》卷九七《扬州府二》,《续修四库全书》第614册,第578页。

[6] 〔明〕朱怀幹修,〔明〕盛仪辑:《嘉靖惟扬志》卷七《公署志》,《扬州文库》第1册,第49页。

[7] 〔清〕穆彰阿、潘锡恩等:《〔嘉庆〕大清一统志》卷九七《扬州府二》,《续修四库全书》第614册,第580页;杨镰:《全元诗》第34册,第134页。

[8] 〔明〕朱怀幹修,〔明〕盛仪辑:《嘉靖惟扬志》卷七《公署志》,《扬州文库》第1册,第49页。

有名胜见诸诗文：

高邮神游台。神游台今已不存,但时人周权的《高邮府神游台》诗可让读者领略当时神游台的景色："淮南古奇胜,弥茫云水丽。邮城枕其中,喧喧拥阛阓。壮览城之皋,飞台翼云际。滟滟白银盆,沉沉水晶界。玩心神明表,引兴天地外。把酒一凭阑,天风落襟袂。怀哉淮海翁,落日为三酹。"[1]

露筋庙。陈孚《露筋庙》诗："白鸟飞空万箭攒,玉肌一夜粉痕干。残碑何用夸筋露,要露平生铁肺肝。"[2]露筋庙供奉露筋娘娘。传说,有姑嫂二人在此地过夜,因蚊虫极多,姑娘不愿躲进有农夫的屋舍里,被蚊虫咬得皮破筋现而死,死后被当地人奉为露筋娘娘。宋代书法家米芾作《露筋之碑》,原碑已不存,仅有拓本传世。

兴化,今属泰州,元代属高邮府。元代兴化湖边的高台上有一座元代兴化县尹詹士龙的读书楼,明代圮塌。[3]

（三）滁州的名胜古迹

滁州醉翁亭。宋仁宗庆历三年（1043）,范仲淹等人推行"庆历新政",欧阳修参与其中。庆历五年（1045）,范仲淹等人相继被贬斥,新政停止。欧阳修上书分辩,被贬为滁州太守。在滁州期间,欧阳修写下不朽名篇《醉翁亭记》。醉翁亭后毁于兵乱。元世祖至元二十六年（1289）,滁州地方官、镇守滁州万户府达鲁花赤、万户等人出资重建醉翁亭,胡祗遹作《滁州重建醉翁亭记》。[4]

滁州来安县还有白塔,旧碑有吴大帝孙权"赤乌元年"（238）字样。此外有嘉山故垒、万山故垒等。[5]

来安清心亭。来安县县治前原有1亩官地,后被豪强霸占。元顺帝至正六年（1346）,蒋居仁出任来安县尹后收回这块官地,"薙榛莽,浚砂砾,深

[1] 杨镰主编:《全元诗》第30册,第99页。

[2] 杨镰主编:《全元诗》第18册,第354页。

[3] 〔明〕胡顺华:《〔嘉靖〕兴化县志》卷一《古迹》,《泰州文献》(第一辑),第16页。

[4] 〔元〕胡祗遹著,魏崇武、周思成点校:《胡祗遹集》卷九《滁州重建醉翁亭记》,吉林文史出版社2008年版,第258页。

[5] 〔清〕刘廷槐纂修,余培森修订:《来安县志》卷二《营建志》,第64—68页。

仞有奇,泉脉随应。环甃以石,波光云影,上下相映。植槐柳于四旁,种莲茨茭菱于其中。即池之隙地,筑亭三间,朴而不雕,高明严巩"。蒋居仁为亭子取名"清心亭"。[1]

(四)崇明州的名胜古迹

鹤冢,在东沙秦家符。元代诗人张雨有诗《鹤冢》:"鹤寿千年定有无,羽衣蝉蜕雪模糊。樵人与裹玄黄币,少保亲传粉墨图。抔土未干青草短,三山何在白云多。夜寒蕙帐应岑寂,初向华嵩觅凤雏。"[2]

圣泉,在奉圣寺方丈后玉龙山南。唐德宗贞元年间(785—805),僧人道成开凿,味甘美清冽。元至正间,州同知张翮品尝后认为该泉甘冽不下于扬子江中泠泉,为泉水题名"东林圣泉"。[3]

玉龙山,在奉圣寺后,畚土成之。元至正二十三年(1363)秋,州同知孟集邀客同登玉龙山,作《登玉龙山》诗:"十年困尘气,南北厌奔走。流年既冉冉,节序复何有。今日天气嘉,那知是重九。玉龙并高寒,黄金照虚牖。笑谈得佳士,更喜杯在手。西沙堕乌纱,容我开笑口。"玉龙山上有一览亭。[4]

洗马桥,元顺帝至正年间(1341—1368),有人看到一人在这里洗马,靠近了看,人和马都消失不见了,时人深感惊异,遂将此桥命名为洗马桥。

清隐桥,孝友先生建。孝友先生秦玉,字德卿,东沙人,门弟子谥曰孝友先生。[5]

三、宗教与寺观

从成吉思汗时代起,蒙古大汗就尊崇各种宗教。元太祖九年(1214),窝阔台召见海云禅师。元太祖十四年(1219),成吉思汗命海云及其师中观统

[1]〔清〕刘廷槐纂修,余培森修订:《来安县志》卷一三《艺文志·清心亭记》,第334—336页。

[2]〔明〕陈文等:《〔正德〕崇明县志》卷九《古绩》,上海市地方志办公室、上海市崇明县档案局编:《上海府县旧志丛书·崇明县卷》,第56页;杨镰主编:《全元诗》第31册,第382页。

[3]〔明〕陈文等:《〔正德〕崇明县志》卷九《古绩》,上海市地方志办公室、上海市崇明县档案局编:《上海府县旧志丛书·崇明县卷》,第56页。

[4]〔明〕陈文等:《〔正德〕崇明县志》卷九《古绩》,上海市地方志办公室、上海市崇明县档案局编:《上海府县旧志丛书·崇明县卷》,第56页;杨镰主编:《全元诗》第51册,第423页。

[5]〔明〕张世臣:《〔万历〕崇明县志》卷九《古迹志》、卷七《人物志》,上海市地方志办公室、上海市崇明县档案局编:《上海府县旧志丛书·崇明县卷》,上海古籍出版社2011年版,第132、120页。

汉地僧人，免其差发。[1]

元太祖十四年（1219）冬，成吉思汗诏请全真道士丘处机远赴西域。元太祖十六年，丘处机西行。次年四月，觐见成吉思汗。元太祖十八年，丘处机东还。成吉思汗称丘处机为丘神仙，下旨："丘神仙奏来底公事，是也煞好。我前时已有圣旨文字与你来，教你天下应有底出家善人都管着者。好底歹底，丘神仙你就便理会，只你识者。"[2]成吉思汗命丘处机掌管天下出家人。从此，道教权势极重，出现了毁夫子庙、佛像，占据佛寺及其产业的现象。佛教和道教发生矛盾。元宪宗元年（1251），蒙哥命海云和李志常分掌佛教和道教。元宪宗二年，蒙哥命西域僧那摩为国师，掌管天下佛教。元宪宗四年、五年、六年、八年，蒙哥召开佛道辩论，每次都是僧人驳倒道士。为此，元宪宗命令保护道教，但禁止道士毁坏佛像，并焚毁道教伪造的经文，下令道士退还霸占的佛寺和寺产。[3]

寺观是佛教和道教活动的主要场所。元代扬州路和高邮府的寺观依修建年代可分为两类：一、建于元代以前，到明代以后存其名者；二、元代新建或重建者。

建于前代，经过元代到明代以后仍存在者有：

江都天宁禅寺、法云寺、石塔禅寺、西方禅寺、旌忠教寺、兴教禅寺（两处）[4]、寿安寺（两处）[5]、清凉禅寺、惠照教寺、建隆禅寺、南来观音禅寺、圆通禅寺、救生教寺、铁佛寺、上方禅智寺、大明寺、宝胜寺、天王教寺、山光寺、法华寺、梵行教寺、释迦教院、棘林寺、投子禅寺、甘泉山寺、礼拜寺[6]、蕃釐

[1] 白寿彝总主编：《中国通史·元时期上》，第607页。

[2] 蔡美彪：《元代白话碑集录（修订版）》，中国社会科学出版社2017年版，第8页。

[3] 冯承钧撰，邬国义编校：《元代白话碑》，《冯承钧学术著作集》，上海古籍出版社2015年版，第431—454页。

[4] 一处建于北宋太宗淳化年间（990—994），另一处建于南宋理宗宝祐年间（1253—1258）。见〔明〕朱怀幹修，〔明〕盛仪辑：《嘉靖惟扬志》卷三八《杂志》，《扬州文库》第1册，第261页。

[5] 一处建于南宋理宗景定年间（1260—1264），另一处建于南宋高宗绍兴年间（1131—1162）。见〔明〕朱怀幹修，〔明〕盛仪辑：《嘉靖惟扬志》卷三八《杂志》，《扬州文库》第1册，第261页。

[6] 礼拜寺为清真寺，位于明扬州府东太平桥北，相传南宋恭帝德祐元年（1275）由普哈丁创建。该寺相传即为扬州仙鹤寺，与广州光塔寺、泉州麒麟寺、杭州凤凰寺合称伊斯兰教四大名寺。

观（即琼花观）、浮山观、真武庙、神医庙（供奉华佗）、司徒庙（供奉茅、许、祝、蒋、吴五神）等。

扬州路泰兴县有广福院教寺、庆云禅寺、延佑观、万寿观等。

真州（仪真）有天宁万寿禅寺、资福寺、崇因永庆寺、方山梵天寺、玄妙观[1]、仪真观、广惠庙、左安城王庙等。

泰州有万寿报恩光孝禅寺、南山教寺、岱岳教寺、仙源万寿宫、大隐观、东岳行宫、祠山行宫、真武庙、五龙王庙、五圣庙等。

泰州如皋县有广福寺、中禅教寺、定惠教寺、灵威观、东岳庙、五圣庙、天王庙等。

通州有报恩光孝禅寺、狼山广教禅寺、兴国教寺、玄妙观、大圣祠、籍仙观、灵观庙、真武庙、关王庙、天王庙等。

通州海门县亦有西禅寺、开福寺、会圣寺、法轮寺、修真观、貔貅庙、关王庙等寺观，初建年代不详，明代尚存。[2]

滁州来安县城内有吉祥寺、开元观，城外有弥陀寺、延塘寺（旧名塔院、圣寿寺）、三城寺、孔雀寺、嘉山法华寺、宝乘寺、普贤寺、永兴寺、白塔寺、神霄玉清万寿宫、花家庵等。[3]

滁州全椒县有神山寺、宝林寺、再安寺、新兴寺、□寺、侯并寺[4]、康丰寺、云隐庵、三塔寺、花林寺、白鹤观等。[5]

高邮府有天王禅寺、乾明教寺、永兴禅寺、玄妙观、东岳行宫等。

高邮府兴化县有定慈禅寺、东广福教寺、西宝严教寺、时思讲寺、崇福

---

[1] 明太祖洪武十五年（1382）改名为玄妙观。见〔明〕朱怀幹修，〔明〕盛仪辑：《嘉靖惟扬志》卷三八《杂志》，《扬州文库》第1册，第262页。

[2] 〔明〕朱怀幹修，〔明〕盛仪辑：《嘉靖惟扬志》卷三八《杂志》，《扬州文库》第1册，第261—263页；〔明〕杨洵等修，〔明〕徐銮等纂：《〔万历〕扬州府志》卷二三《方外志上》，《扬州文库》第1册，第666—670页。

[3] 〔清〕刘廷槐纂修，余培森修订：《来安县志》卷二《营建志》，第58—64页。

[4] 旧志载侯并寺建于元泰定帝泰定年间（1324—1328），民国《全椒县志》载其建于唐代。见张其濬修，江克让纂：《全椒县志》卷一四《宗教志》，第1070页。

[5] 张其濬修，江克让纂：《全椒县志》卷二《舆地志二》，第190页；卷一四《宗教志》，第1061、1068—1070、1073—1074、1077—1078、1085页。

寺、乾明寺、罗汉寺、开元观等。[1]

　　高邮府宝应县有崇胜院、北寿安院、兰亭禅院、护国院、卧轮院、观音寺、□□院、艾塘院、兴福罗汉院、玄妙观、玄都观,明代皆废。宁国教寺、唐兴寺、东寿安院、福圣院、龙竿院,明代皆归并宁国教寺。此外,还有齐兴寺、真如寺、灵芝寺、护国院、甫里院、天宫慈院、蚬墟院、龙女庙、东岳庙等。[2]

　　元代扬州路和高邮府新建或重建者有:

　　扬州广福寺,元成宗大德年间(1297—1307)建。

　　扬州法海禅寺,元世祖至元间(1264—1294)或元顺帝后至元间(1335—1340)建。

　　扬州观音教寺,元成宗大德十年(1306)建。

　　扬州观音禅寺,元世祖至元间或元顺帝后至元间建。洪武二十年(1387)重建。观音禅寺,一名功德山,为古摘星亭故址,俗名观音阁。

　　扬州明真观,中统三年(南宋景定三年,1262)或元至治二年(1322)建。

　　扬州佑圣观,在县东北邵伯镇,至正间(1341—1368)建。

　　扬州东陵圣母庙,东汉时建,大德五年(1301)重建。

　　真州(仪真)通真万寿宫,大德十一年(1307)建。

　　泰州如皋县通真道院,元大定[3]年间建。

　　通州海门县修真观,至正十三年(1353)建。[4]

　　崇明州奉圣禅寺,在东沙,离县西南七里处,在岳庙以西。唐德宗贞元年间(785—805),僧人道成凿井得甘泉,于是在这里兴建道场。泰定元年(1324),主僧有源重修奉圣禅寺。至正十四年(1354),僧人德建修葺该寺,郑元祐为之作碑记。

　　[1]〔明〕朱怀幹修,〔明〕盛仪辑:《嘉靖惟扬志》卷三八《杂志》,《扬州文库》第1册,第262页;〔明〕杨洵等修,〔明〕徐銮等纂:《〔万历〕扬州府志》卷二三《方外志上》,《扬州文库》第1册,第669页。

　　[2]〔明〕汤一贤纂修:《〔隆庆〕宝应县志》卷三《建置》,《扬州文库》第24册,广陵书社2015年版,第233—234页。

　　[3]“大定”为金世宗年号(1161—1189),元代无“大定”年号,或为元成宗“大德”(1297—1307)之误。

　　[4]〔明〕朱怀幹修,〔明〕盛仪辑:《嘉靖惟扬志》卷三八《杂志》,《扬州文库》第1册,第263页。

　　崇明州兴教禅寺,在西沙崇真道院北七里。唐昭宗光化二年(899),僧人妙巩在此建寺。南宋宝庆三年(1227),僧人皎如将兴教禅寺迁往平等村。

　　崇明州慈济教寺,南宋淳祐二年(1242)建,原名白云庵。元大德七年(1303),僧人绍时重建大雄殿。延祐(1314—1320)初年,建钟楼。至治年间(1321—1323),僧人良友重建庙宇。慈济教寺"大雄宝殿"的匾额是赵孟頫书写的。至正年间(1341—1368),有2口大钟被潮水冲上崇明州东沙岸,其中一口被安置在慈济教寺中,另一口被安置在寿安寺。

　　崇明州寿安讲寺,在三沙东仁乡。南宋淳祐年间(1241—1252),僧人模、俦建福安院。延祐五年(1318),敕赐永福寿安寺额。后寿安寺逐渐被海浪侵蚀,于泰定元年(1324)被迁往东仁乡中土,翰林学士完泽台记录了这件事。

　　崇明州宝庆观。南宋宝庆元年(1225),崇明州旧州南15里岳祠之北建观,后坍入海中。元至正二十三年(1363),道士徐中理将宝庆观迁往崇明州旧州州治东北,后再次坍入海中。

　　崇明州崇明道院,在西沙道安乡。至元十三年(1276)或后至元二年(1336),因海潮冲击,迁往他处。[1]

　　滁州来安县观音寺、鹫峰庵,至正年间建。

　　来安县老龙寺、新兴寺、清源真君庙、圆觉庵,至正元年(1341)建。

　　来安县吉祥庵,至正二年建。

　　来安县天竺庵,至正三年(1343)建。[2]

　　滁州全椒县宝公庵,至正四年(1344)重修。

　　全椒县福泉庵,大德年间(1297—1307)建。

　　全椒县□池庵,致和元年(1328)建。

　　全椒县三圣寺,泰定年间(1324—1328)建。

　　全椒县伏龙寺,大德年间建。

　　全椒县卧龙寺,皇庆年间(1312—1313)建。

---

　　[1]〔明〕陈文等:《〔正德〕崇明县志》卷六《寺观》,上海市地方志办公室、上海市崇明县档案局编:《上海府县旧志丛书·崇明县卷》,第39—40页;〔明〕张世臣等:《〔万历〕崇明县志》卷九《古迹志》,上海市地方志办公室、上海市崇明县档案局编:《上海府县旧志丛书·崇明县卷》,第132页。

　　[2]〔清〕刘廷槐纂修,余培森修订:《来安县志》卷二《营建志》,第59—64页。

全椒县大圣庵,皇庆元年(1312)建,有塔。

全椒县茶芽寺,至大年间(1308—1311)建。

全椒县因果庵,大德年间建。

全椒县南龙寺,至正六年(1346)建。

全椒县□明庵,至正年间(1341—1368),无用禅师建。

全椒县黄花观,大德年间建。[1]

高邮承天大梵讲寺,至元年间(1264—1294)或后至元年间(1335—1340)建。

高邮府兴化县定慈禅寺,唐开元年间(713—741)建。元丁酉年(大德元年或至正十七年)重建。

高邮府宝应县有砖塔1座,在宝应县西北。该塔造于至元二十九年(1292)五月十六日,高13丈。[2]

高邮府宝应县炳灵公庙,在明代宝应县治南孝义乡,皇庆二年(1313)建,元末毁于兵火。[3]

元代扬州有几所寺观尤其值得一提,主要如下:

天宁寺。天宁寺是扬州最著名的寺院之一,相传始建于东晋。天宁寺僧本葬在扬州城东,距天宁寺较远,祭扫不便。元成宗大德七年(1303),钝翁禅师主持天宁寺,寺僧慧明的族子为天宁寺购买了城南土地,营建葬地,并在葬地旁建化城庵,供奉钝翁禅师和慧明。慧明购买的梁家堡305亩田地,以及年高有德的□理购买的120亩官沟田归化城庵所有,供化城庵祭祀和修缮之用。钝翁禅师圆寂后,他的大弟子道泰继任天宁寺住持。僧人死后皆为火化,世人以为死后遭受焚灼之惨是灭恩坏礼。为此,道泰请释大䜣为僧人辩解死后火化之事。释大䜣于是作《扬州天宁寺新作石塔铭并序》解释:"予谓世之教主于厚民生,亲亲而敦义,生有养而死有藏,常道然也。而人道

---

[1] 张其濬修,江克让纂:《全椒县志》卷二《舆地志二》,第189页;卷一四《宗教志》,第1067—1070、1075、1077、1090页。

[2] 〔明〕朱怀幹修,〔明〕盛仪辑:《嘉靖惟扬志》卷三八《杂志》,《扬州文库》第1册,第262页。

[3] 〔明〕杨洵等修,〔明〕徐銮等纂:《〔万历〕扬州府志》卷二三《方外志上》,《扬州文库》第1册,第670页;〔明〕汤一贤纂修:《〔隆庆〕宝应县志》卷三《建置》,《扬州文库》第24册,第234页。

之贵,至人慎之,不若是而已。故先佛设教,必明夫性。而性者先天地而不见其初,穷万世而莫知其终。必极其虚而明,灵而妙,而后能包括六合,化通万类,阅今古为明晦,以死生为往复。其视身与世,委而遗之可也,循而顺之亦可也。故有以定持其身,可千年不溃,与焚而为设利,水火不化,神物呵护者,比于含襚之富、盗贼之资、棺衾之美、蝼蚁之聚,不有间乎? 然亦各尽其道也。佛之丧父,躬与诸释舁棺而葬。及佛示灭,化火自焚,天人龙鬼分舍利而塔之,厥后有携履振铎、凌空而去者,亦皆有取焉。"[1]释大䜣认为火葬与土葬并无优劣之分。

正胜寺。元顺帝至正十二年(1352),危素作《扬州正胜寺记》,追溯正胜寺的历史。正胜寺,唐僖宗广明二年(881)建于扬州城东,赐额"兴教禅寺",五代时毁于兵乱。北宋太祖建隆二年(961),僧人德钦重建寺庙。北宋真宗大中祥符五年(1012),改名为正胜寺。不久,该寺再度废弃。南宋孝宗乾道年间(1165—1173),董谅将自己的住宅舍为大隐庵。大隐庵在北进贤坊之念佛巷。僧人如祖扩建大隐庵,在南宋淳熙十四年(1187)请官府将大隐庵改名为正胜寺。如祖圆寂后,官府命楚州净慧院的普明大师主持正胜寺。普明大师度弟子17人,其中善妙、善亿、善倚、善德相继主持正胜寺。南宋理宗景定二年(元世祖中统二年,1261)夏,正胜寺再度被毁。僧人善德化缘募捐,重建寺宇。扬州人谢机捐资塑造佛像、建藏经室。元平定江南后,命善德主持平禅寺,善德的徒弟宗祐领正胜寺。年深日久,正胜寺的房舍圮坏,宗祐、了忠、了恭、了真先后修葺了正胜寺。僧人宗祐、了荣、道元、了恭、了真、了泰、了忠、了明、道寿、道茂、道通、道照、行进、道济、道成、道秀等则为正胜寺购买田地若干顷。[2]

普门禅庵。同在至正十二年(1352),危素也为扬州普门禅庵作《扬州普门禅庵记》。普门禅庵在扬州城东。元至大三年(1310),僧人志如购买了田地。元至顺年间(1330—1333),志如在这块田地上修筑佛殿、塑造佛像,并在东城购买了17亩蔬圃。另据记载,普门禅庵在建造过程中,还得到

---

[1]〔元〕释大䜣:《蒲室集》卷一一《扬州天宁寺新作石塔铭并序》,《景印文渊阁四库全书》第1204册,第603页。

[2]〔元〕危素:《危太仆文集》卷五《扬州正胜寺记》,第428页。

了淮东宣慰使铁木秃古思的帮助。[1]

扬州玄妙观、真州通真观。至元年间（1264—1294），世祖诏命天下天庆观额名为"玄妙"。元代许多地方都有玄妙观，扬州也有玄妙观。元廷命道士冯道原主持扬州玄妙观。冯道原死后，凝和冲妙崇正法师雷希复继任。雷希复是真州通真观的第一代观主，程钜夫为通真观作《通真观记》。[2]至大元年（1308）冬，雷希复在葆和纯素持正法师、扬州路道判上官与龄的帮助下，重修玄妙观。至大三年夏，扬州玄妙观落成。皇庆二年（1313）秋，程钜夫为扬州玄妙观作《扬州重建玄妙观碑》。[3]

真州长生观。李道纯，字元素，号莹蟾子，又号清庵先生，元初都梁人，住仪征长生观。原为道教金丹派南宗玉蟾门下王金蟾之徒，入元后自称全真道士。李道纯"以内炼修仙为旨，主儒、释、道三教合一，以儒、释入道，对元代全真道南传及光大影响颇著"[4]。

除了禅寺、道观之外，元代扬州还有伊斯兰教寺、基督教教堂等，详见下节。

第四节　元代扬州与中西交流

在元代中西交流史上，扬州占据重要地位。虽然元代的基督教教堂今已不存，但随着20世纪以来扬州陆续发现的汉文、阿拉伯文合璧墓碑，阿拉伯文墓碑，阿拉伯文、波斯文合璧墓碑，汉文、叙利亚文、突厥文合璧墓碑和拉丁文墓碑，显示出元代扬州地区与西方世界有着密切的联系。

一、伊斯兰教遗迹

从唐代开始，就有穆斯林在扬州活动。唐肃宗上元元年（760）十一月，宋州刺史、淮西节度副使刘展反，占领扬州。平卢副大使田神功杀入扬州、

---

[1]　〔元〕危素：《危太仆文集》卷五《扬州普门禅庵记》，第429—430页。

[2]　〔元〕程钜夫：《程雪楼文集》卷一一《通真观记》，第444—446页。

[3]　〔元〕程钜夫：《程雪楼文集》卷一九《扬州重建玄妙观碑》，第749—751页。

[4]　南京师范大学古文献整理研究所编著：《江苏艺文志·扬州卷（上册）》，第378—380页。据该书，李道纯著有《道德会元》《周易尚占》《太上升玄消灾护命妙经注》《无上赤文洞古真经注》《太上大通经注》《太上老君说常清静经注》《三天易髓》《全真集玄秘要》《中和集》《清庵莹蟾子语录》《清庵先生词》等，今尚存。

击败刘展，"大掠居人资产，鞭笞发掘略尽，商胡大食、波斯等商旅死者数千人"。[1]2004 年，扬州普哈丁墓附近出土了唐代波斯人李摩呼禄的墓志，证实唐代有中亚穆斯林商人在扬州活动。伊斯兰教随着这些穆斯林商人传入扬州。[2]

南宋末年，伊斯兰教创始人穆罕默德的 16 世裔孙普哈丁来到扬州，《嘉靖惟扬志》记载他在扬州太平桥北建了伊斯兰教礼拜寺。宋恭帝德祐元年（1275），普哈丁去世，葬于扬州官河东岸的高岗上。后人将高岗上的普哈丁墓园与清真寺合称"回回堂"，墓在东北，寺在西南。[3]

1927 年，扬州拆除南门外挡军楼，在城墙中拆出 4 块刻有阿拉伯文、波斯文和汉文的墓碑。已有学者将碑文中的阿拉伯文部分译为汉文，现移录努尔（陈达生）的汉译[4]如下：

第 1 块碑为徽州路达鲁花赤捏古伯墓碑，尖顶拱形，高 75 厘米，宽 49厘米，一面为汉文：

> 徽州路达鲁花赤
> 捏古伯通议之墓

另一面为 10 行阿拉伯文，译文如下：

> 奉至仁至慈的真主之名。
>
> 人人都要尝死的滋味。先知（祝他平安）说：异乡之死，即是殉教。他已抛弃了这个世界，抵达真主的慈恩之下；背离尘世，选择永世。他是尊贵、勤奋、优秀的伊斯兰教育家；扶助孺弱、慈善乐施、穆民的卓越领袖；尊敬的大长老。他是大贤大德，慷慨公正，能赐福的胡阿吉·巴

---

[1]〔后晋〕刘昫等：《旧唐书》卷一一〇《邓景山传》，中华书局 1975 年版，第 3313 页。

[2] 郑阳、陈德勇：《扬州新发现唐代波斯人墓碑意义初探》，《中国穆斯林》2015 年第 3 期，第 58 页。

[3] 刘彬如、陈达祚：《扬州"回回堂"和元代阿拉伯文的墓碑》，《江海学刊》1962 年第 2 期，第 48 页。

[4] 努尔：《扬州伊斯兰教碑文新证》，《海交史研究》1983 年第 5 期。

拉德·布里万利·古斯。

愿真主使他坟墓充满芳香,乐园成为他的归宿。时值(伊斯兰历)709年12月2日(公元1310年5月3日,元至大三年,庚戌)。

第2块碑为赡思丁·拉希夫拉·巴拉吉的墓碑,尖顶拱形,高97厘米,宽67厘米。一面为12行阿拉伯文,有部分文字缺损,译文如下:

人人都要尝死的滋味。选择善行者的启示,已选择了至上、独一、全能真主的使者——先知穆罕默德。他(愿祈真主保佑他)说:谁死于异乡,即死得壮烈。他(祈福于他)又说:异乡之死,即是殉教。

他已从尘世转移至永世,选择永恒而非瞬间,宁愿来世而抛弃现世。众所周知,这最终的抉择既不是另外的,也非现世的。他已抵达至高无上真主的慈恩之下,祈求真主的恩泽和宽恕;期望真主的恩典和赏赐,恳求获得真主的庇佑和喜悦,宽恕他的罪过,悔悟在宗教上的疏忽。他是尊贵的、可敬的、慷慨、卓越的高尚完美者,受命布施者,众伊斯兰学者和传教士的首领。被赦免的亡故者赡思丁·拉希夫拉·巴拉吉。愿真主慈悯他,使他定居于舒适的乐园之中。时值(伊斯兰历)724年6月初(公元1324年5月26—6月4日,元泰定元年,甲子)

真主啊!求您怜悯这异乡人,使他的坟墓充满芳香。祈祷真主赐福穆罕默德和他的不知名的善良的家属。

另一面为4行阿拉伯文,译文如下:

奉至仁至慈的真主之名。

你说:他是真主,是独一的主;真主是万物所仰赖的;他没有生产,也没有被生产;没有任何物可以做他的匹敌。

第3块碑为阿莱丁墓碑,尖顶拱形,高97厘米,宽64厘米。一面为17行阿拉伯文,部分文字残损,译文如下:

对于选择先知的启示,已选定的即是至上真主的使者。他说:谁死于异乡,即死得壮烈。他(愿他平安)说:异乡之死,即是殉教。

他已从尘世转移至永世,选择永恒而非瞬间,宁愿来世而抛弃现世,这选择既非另外的,也非现世的。他已抵达至高无上真主的慈恩之下。祈求真主赦免他的罪过,悔悟过失,祈望真主的恩泽和宽恕,恳请获得真主的庇佑和善遇,拯救他于罪恶和叛逆之中。他尊贵、可敬、慷慨、伟大、受尊崇、宽宏大度、品行良好,是优秀的宗教家。他才智出众,遵守教俗,大贤大德,功勋卓著,享有崇高的宗教职位;是纯洁、乐施家族最杰出的继承者,是国家和宗教的骄傲。他是朝觐的首领,慷慨的施主,忠厚的贵族。他培养伊斯兰学者,扶助孺弱。被宽恕的亡故者阿莱丁。他的坟墓众所周知,愿真主照耀他的阴宅,使之与尘世隔绝。

他曾毕生从事培育伊斯兰学者和传教士。他度过了悲惨的青年时代,举目无亲,流落他乡。而后,他努力奋发,获得真主的喜悦和满意。祈求宽恕、赦免……愿他那受判决的灵魂安宁,并保护这地下的坟墓天长日久。……有一段格言(四行诗):

……

……

你对死者的同情是有限的,

在坟墓中他与你是平等的。

(又一首题为)

我们的脊背与墓穴同样宽阔,

逝去的哈基祈求真主庇佑……

异乡人的表率已逝去,永恒属于真主……

生时他见过你们,墓中他将再会见你们,

清算于异乡人之墓穴,以便真主怜悯他。

这位异乡人,忏悔者,学士,宗教法官,他已抵达至尊的、宽宏的拯救者——真主——的慈恩之下。他的墓碑琢成于(伊斯兰历)702年3月23日(公元1302年11月5日,元大德六年,壬寅)

另一面有 20 行文字,第一行和最后一行为阿拉伯文,其余为波斯文诗歌,阿拉伯文译文如下:

> 凡是生灵都要死亡。
> ······[1]
> 时值(伊斯兰历)702 年 3 月 23 日。

第 4 块碑为阿伊莎·哈通的墓碑,尖顶拱形,高 97 厘米,宽 64 厘米。[2]一面为 10 行阿拉伯文,部分文字及左下角碑面文字全部磨损,译文如下:

> 凡在大地上的,都要毁灭。
> 真主的使者(祈求真主赐福他和他的家属,并使之平安)说:异乡之死,即是殉教。
> 有一段格言说:
> 我以迷惘者为奇,死亡正向他召唤;
> 他周围宫殿环绕,坟墓是他的归宿;
> 创造始于精液,墓穴是最终训戒;
> 死亡之门,是人人都要跨入的。
> 贞洁、尊贵、善良、忠诚的慈善家,幸运之源,阿伊莎·哈通,她抛却了尘世,抵达真主的慈恩之下,宁愿永世而丢弃现世。她是亡故的艾密尔·拉敦丁(赞颂他吧)之女。······愿至高无上的真主怜悯她,使她定居于舒适的乐园之中。她亡于(伊斯兰历 724 年 11 月······公元 1324 年 10 月 20 日—11 月 19 日,元泰定元年,甲子)

另一面为 6 行阿拉伯文,译文如下:

---

[1] 波斯文诗歌未译出。

[2] 四块碑的长度与宽度,据努尔:《扬州伊斯兰教碑文新证》,《海交史研究》1983 年第 5 期。该文说,阿莱丁、巴拉吉、阿伊莎碑均高 97 厘米。但目测扬州市双博馆所藏的碑身复件,四块碑碑身高度不一。

奉至仁至慈的真主之名。

清算之日无疑将来临,那时候,真主使你们从坟墓中复活,造就你们,并使你们回归,时而使你们再现。

除此 4 块碑外,还有 1 方石崿从墙基中拆出。石崿即穆斯林塔式墓盖顶石。石崿上刻有文字。石崿一端刻着 4 行阿拉伯文,译文为:"凡是生灵都要死亡,唯有真主永生不死。"其下 2 行刻着死者姓名:"这是尊贵的、可敬的胡阿吉·谢希德丁·拉赫曼。此建于(伊斯兰历)708 年(公元 1308 年 6 月 21 日—1309 年 6 月 10 日,至大元年—至大二年,戊申—己酉)。"[1]

4 通墓碑的出土地南门挡军楼外不远,有 1 所伊斯兰教礼拜寺,而礼拜寺所在,往往有穆斯林墓地。这 4 块碑,原本应是立在这墓地中的,明代修筑扬州南门挡军楼时,就近拆除了这些墓碑砌墙。[2]

除了上述 4 位穆斯林,元代扬州还有回回人活动。回回人指在中国境内活动的信奉伊斯兰教的阿拉伯人、波斯人以及中亚的突厥各族。这些回回人包括元世祖至元十三年(1276)江淮行省平章政事阿里伯、元世祖至元十七年(1280)江淮行省平章政事忽辛、元末战死高邮的纳速剌丁、元顺帝时期(1333—1368)淮东肃政廉访司经历唐古德(汉姓马,又名马九霄)、淮东肃政廉访司肃政廉访使买奴、淮南江北行省右丞蛮子、高邮府同知哈散、扬州织染局同提举乌马儿、元顺帝至正年间(1341—1368)真州知州哈只、至正十六年(1356)通州达鲁花赤忽都火者。[3]

二、基督教遗迹

(一)基督教堂

元代扬州多种宗教文化并存。鄂多立克提到:"吾人小级僧侣在那里有

---

[1]　努尔:《扬州伊斯兰教碑文新证》,《海交史研究》1983 年第 5 期,第 105—108 页。

[2]　朱江:《伊斯兰教文化东渐扬州始末(下)》,《海交史研究》1980 年第 2 期,第 44 页。

[3]　杨志玖:《元代回族史稿》,南开大学出版社 2003 年版,第 1、136—140 页。

所房屋。这里也有聂思脱里派的教堂。"[1]吾人小级僧侣的教堂,指天主教方济各会教堂。伯希和提到这所教堂是在 13 世纪末由一名叫 Abraham 的富商建立。[2]

聂思脱里派由君士坦丁堡的主教(牧首)聂思脱里创立。聂思脱里认为,圣子利用人格以表现自己,人格包括在他的扩充位格中,因而圣子是单一的表现体。耶稣之母玛利亚是人而不是神,她只能是人之母,而不是神之母。[3]公元 431 年,在以弗所公会议上,聂思脱里的主张被认定为异端,聂思脱里本人也被驱逐。聂思脱里的教义向东发展,唐代以"景教"之名传入中国。唐末,武宗灭佛,景教寺院也在毁撤之列。景教从此向北传入蒙古高原。随着蒙古帝国的建立,景教再度于中国内地流传。由于元朝的建立,东西方恢复了交往,天主教方济各派也由传教士传入中国。元代中国的基督教分为聂思脱里派和方济各派两派,扬州同时拥有两派教徒。

关于扬州的聂思脱里派教堂,《元典章》卷三六《兵部卷三·铺马·铺马驮酒》曾记载:淮东廉访司向上报告,在元仁宗延祐四年(1317),彻彻都和苫思丁前往扬州也里可温十字寺烧香,他们带来了缎匹和酒赏赐给该寺的施主奥剌憨、驴驴。脱脱禾孙(驿站的检查官)检查彻彻都和苫思丁携带的崇福院公文,发现赏赐物品清单中只有缎匹,没有酒,因此上报长官。币帛、酒醴这类东西,是赏赐给有功之臣的,奥剌憨只是扬州富豪、市井平民,虽然他的父亲曾在多年前建过也里可温十字寺,但也不配被赏赐御酒,何况崇福院的赏赐物品中并没有开列酒醴。最终,奥剌憨被判处受杖刑 57 下。

也里可温即基督教聂思脱里派,崇福院是元代管理聂思脱里派的机构。奥剌憨是 Abraham(亚伯拉罕)的音译,《元典章》说他是也里可温人氏,也就是聂思脱里派的信徒。鄂多立克大约在元英宗至治二年(1322)到元文

---

[1]〔意〕鄂多立克著,何高济译:《鄂多立克东游录》,《海屯行纪·鄂多立克东游录·沙哈鲁遣使中国记》,第 70 页。聂思脱里派教堂的数目,何高济译本无。亨利·玉尔译为"又有聂思脱里派的教堂三所",见耿鉴庭:《扬州城根里的元代拉丁文墓碑》,《考古》1963 年第 8 期,第 451 页。

[2] 耿世民:《扬州景教碑研究》,《西域文史论稿》,兰州大学出版社 2011 年版,第 324 页。

[3] 牛汝极:《十字莲花:中国元代叙利亚文景教碑铭文献研究》,上海古籍出版社 2008 年版,第 2—3 页。

宗天历元年（1328）之间居留在中国，他在扬州见到的聂思脱里派教堂或许就是奥剌憨的父亲在多年以前建的。另外，根据《马可波罗行纪》的一个抄本记载，宝应也有信仰聂思脱里派的突厥人，他们在宝应建了一座教堂。[1]

（二）也里世八墓碑

一件可以证明元代扬州生活着聂思脱里派信徒的文物是也里世八的墓碑。也里世八即 Elizabeth，她是忻都（Hindu，意为印度人）的妻子，死于延祐四年（1317），终年 33 岁。也里世八的墓碑高 29.8 厘米，宽 25.8 厘米，厚 4 厘米，顶部为半圆形。顶部刻有莲花，莲花上有十字架，莲花和十字架两旁刻着长了 4 个翅膀的天使。天使戴着的头饰上也有十字架。[2]

该碑为汉文与叙利亚文突厥语合璧碑。汉文部分居右，从右至左 3 行：

> 岁次丁巳延祐四年三月初九日，
>
> 三十三岁身故，五月十六日明吉，
>
> 大都忻都妻也里世八之墓。

叙利亚文突厥语部分居右，12 行，汉语译文如下：

> 以我们主耶稣基督的名义（此句为叙利亚语）。
>
> 亚历山大大帝历一千六
>
> 百二十八年（，）突厥历
>
> 蛇年三月初九（1317 年 5 月 20 日）大都
>
> 留守（？）萨木沙之妻也里世八（伊丽莎白）夫人
>
> 三十三岁时执行了上帝的命令（亡故）。
>
> 她的生命之福和身体安置在此墓中。
>
> 她的灵魂将与天堂中的
>
> 萨拉、丽菩恰［和］腊菏勒［三位］圣母
>
> 同在，千年万岁……

---

[1] 〔英〕慕阿德、〔法〕伯希和：《马可·波罗寰宇记》，中西书局 2017 年版，第 314 页。

[2] 耿世民：《扬州景教碑研究》，《西域文史论稿》，第 324—325 页。

[并]直到永远为[后人]所记忆。

阿门,阿,阿门![1]

这12行叙利亚文,第1行与第12行为叙利亚文记叙利亚语,其余10行为叙利亚文记突厥–回鹘语,也里世八可能是操突厥语的聂思脱里派信徒。[2]

　　(三)凯瑟琳和安东尼的墓碑

　　1952年,扬州旧南门水关外侧发现了2块拉丁文墓碑。2块墓碑属于1对姐弟或者兄妹:喀德邻(Katerina)和安东尼(Antonius)。喀德邻死于元顺帝至正二年(1342),安东尼死于至正四年(1344)。二人属于热那亚的Ilionis(伊利翁尼)家族。[3]

　　喀德邻的墓碑先被发现。残碑高58厘米,宽48.8厘米,碑身为长方形,顶部已毁。碑面上半部分为故事图画,下半部分为拉丁文墓志,四周饰有卷草纹花边。碑面上半部分的图像,画的是圣喀德邻(又译圣凯瑟琳)的殉教事迹。圣喀德邻生活在公元4世纪前后,她原为异教徒,后信仰基督教。她劝说罗马皇帝马克森提乌斯不要迫害基督徒,并劝服皇帝派来与她辩论的异教徒哲学家皈依基督教。罗马皇帝将她投入监狱,并判她死刑。原定处死圣喀德邻的方法是将她绑在一种车辆周围插满尖刀的车轮上,转动车轮使其身受千刀万剐之苦。然而据说圣喀德邻受刑时,轮子被天雷击碎。最后,圣喀德邻被施以斩首之刑。圣喀德邻死后,她的遗体被运往西奈山安葬。喀德邻·伊利翁尼应是得名自这位圣喀德邻。现存碑面的顶部画着中国发现的最早的圣母玛利亚和婴儿(耶稣)像,他们坐在中国式的坐凳上。圣母婴儿像的左下方画着圣喀德邻跪地祈祷,身边的车轮破碎,2个施刑者趴伏在地上,空中飞着1对天使。这幅画面的右边,即圣母婴儿像的右下方画着圣喀德邻跪在地上合十祷告,刽子手右手执剑,左手执剑鞘,剑身砍入圣喀

---

[1] 耿世民:《扬州景教碑研究》,《西域文史论稿》,第328页。

[2] 牛汝极:《十字莲花:中国元代叙利亚文景教碑铭文献研究》,第114、121页。

[3] 〔意大利〕L.培武克撰,夏鼐译:《扬州拉丁文墓碑考证》,《考古》1983年第7期,第672页。热那亚位于意大利西北部。伊利翁尼,夏鼐识读为维利翁尼(Vilionis),见夏鼐:《扬州拉丁文墓碑和广州威尼斯银币》,《考古》1979年第6期,第533页。

德邻的颈中。这幅斩首图的右下方有 1 个僧侣两手捧着 1 个象征死者的裸体婴儿；斩首图的右上方有 2 个天使，一个托着尸体的头部，一个托着尸体的腿部，将尸体放入坟墓中，这具尸体就是圣喀德邻的遗体。图像有明显的东西合璧的特征。圣喀德邻头戴花冠，背后有一圈圣光，上身赤裸，刽子手所穿的皮靴和所缠的绑腿，有显著的欧洲特征，而图像中人物的面部却是东亚人的脸型。碑面下半部分的 5 行碑文为老式哥特字拉丁文，全文首尾以十字为标记，汉译如下："以主的名义，阿们，这里卧着（埋葬着）喀德邻，维利翁尼的故（过去的）多密尼先生（主人）的女儿。她卒于主的（耶苏的）纪元一千三百四十二年六月。"

喀德邻墓碑发现几天后，同一地点又发现了她的兄弟安东尼的墓碑。安东尼的墓碑高 59.7 厘米、宽 37.5 厘米，比喀德邻的墓碑小，但形状大致相同，墓碑为龛顶型，碑面四周饰有卷草纹花边。碑面上半部分为图画，下半部分为 6 行拉丁文碑文。碑面图画为末日审判图，画面顶部耶稣端坐，双臂张开，伸向左右两侧，背后有圣光。耶稣像右侧站立 1 位右手执长矛、臂生双翅的天使，背后有圣光。耶稣像的左侧站立着 1 位左手执十字架的使徒，背后也有圣光。天使的左手和使徒的右手举起，似乎举着什么。使徒像左下方、天使像右下方，各有 1 个吹"号角"的天使，宣布末日降临，审判即将开始。左侧吹号角天使的下方，有 1 个穿着长袍的人捧着婴儿举向坐在长凳上的坐像，凳子旁边跪着 1 个小人。坐像的背后有圣光，右手执杖，应是上帝。这象征着圣方济各派僧侣将死者灵魂奉献给上帝。2 个吹号角天使的中间，刻画着 6 个跪着的人，正准备受审。右侧吹号角天使的下方，刻着 3 座坟墓，死者正掀开棺木的盖板坐起来，自墓中复活接受审判。图中耶稣所坐的凳子，凳腿装饰云纹，是中国式样。碑面下半部分的碑文为 6 行老式哥特字拉丁文，首尾各有 1 个十字架，汉译如下："以主的名义，阿们，这里卧着（埋葬着）安东尼，维利翁尼的故（过去的）多密尼先生（主人）的儿子。他淹化于主的（耶稣的）纪元一千三百四十四年。"[1]

喀德邻和安东尼的父亲多密尼，生平不详。根据元顺帝至正八年（1348）

---

[1]　夏鼐：《扬州拉丁文墓碑和广州威尼斯银币》，《考古》1979 年第 6 期，第 532—536 页。

的 1 件热那亚文书的记载,可以判断多密尼曾居住在中国。这件文书说:"已去世的雅科波·戴·俄利佛里俄(Jacopa de Oliverio)在他最后一次的遗嘱中所提到的他所留下的欠债和遗产,这遗嘱据说是由多密尼·伊利翁尼(Dominicus Ilionis)在侨居中国(Cathay)时所起草和写定的。"多密尼在中国应是从事商业贸易,他在中国的家就安在扬州,他的一双儿女应是随他在扬州生活。喀德邻和安东尼本是天主教徒,扬州又有天主教方济各会的教堂,他们死后应是安葬在扬州的这座方济各会教堂的墓地中。明嘉靖年间(1522—1566),扬州筑新城,又在南门外添筑挡军楼,喀德邻和安东尼的墓碑应在此时被拆毁,砌入墙中。他们的墓地应在城墙附近。[1]

1951 年扬州拆城期间,在水关以西的城垣中,掘出元代残井阑 1 口,刻着"圣井,至元二十六年,十二月,甲申日"十四字。此圣井据说是天主堂专有,多在圣堂之后,用于倾泼圣水,不用于汲水。井口没有绳勒的痕迹,或可证明该井用于泼水而非汲水。[2]该圣井的所在位置,应当就是元代扬州天主教方济各派教堂所在地,位于旧南门水关以西,喀德邻和安东尼死后也葬在这里。他们死后 200 年左右,墓碑被拆除,砌入不远处的南门外挡军楼中。

三、马可·波罗

元代是中国历史上中西交流最为密切的时代,中亚、西亚与欧洲人通过海路和陆路来到中国,他们往往居住在港口城市,扬州、杭州、泉州都有他们生活的痕迹。元代扬州中西交流史上,最著名的人物莫过于马可·波罗(Marco Polo)。

威尼斯人马可·波罗生于 1254 年。1260 年,马可·波罗的父亲尼柯罗和叔叔马菲奥从威尼斯出发,带着货物抵达君士坦丁堡。在 1260 年或 1261 年,他们离开君士坦丁堡东行。大约在 1265 年(元世祖至元二年)或 1266 年(至元三年),尼柯罗兄弟抵达元上都(今内蒙古锡林郭勒盟正蓝旗政府以东 20 公里处),觐见元世祖。元世祖派他们作为元朝的使者出访教皇,并请

---

[1] 耿鉴庭:《扬州城根里的元代拉丁文墓碑》,《考古》1963 年第 8 期,第 449 页。

[2] 耿鉴庭:《扬州城根里的元代拉丁文墓碑》,《考古》1963 年第 8 期,第 450 页。

教皇选派百名精通文法、修辞学、算数、几何学、音乐、天文学等艺术的教士来华，并从耶路撒冷耶稣墓的长明灯上带点灯油回来。尼柯罗兄弟返回威尼斯时，尼柯罗的妻子已经死去，留下 1 个儿子，就是当时 15 岁的马可·波罗。尼柯罗兄弟带着马可·波罗，离开威尼斯，前往耶路撒冷的耶稣墓取灯油，以便向忽必烈复命。格列高利十世派出 2 名教士随波罗一家出使元朝。在途中，他们遇到巴比伦算端入侵阿美尼亚，2 名教士不敢前行，将所有文书交给波罗一家后离去。[1]

　　元世祖至元十二年（1275）夏季，波罗一家抵达元上都。马可·波罗跟着父亲和叔父觐见元世祖忽必烈，呈上教皇的回信和耶稣墓的灯油。据《马可波罗行纪》记载，马可·波罗为人聪明，凡事皆能理会，因此很得忽必烈的信任。他们一家在中国居住了 17 年。其间，马可·波罗受忽必烈派遣，出使全国各地，并向忽必烈详细汇报途中见闻。[2]

　　至元十九年（1282）夏天以后，马可·波罗南行。他从涿州出发，向南经过河间府（今河北河间）、长芦（今河北沧州）、陵州（今山东德州）、东平府（今山东东平）、新州（今山东济宁）、徐州、邳州、宿迁，渡黄河，抵达淮安州，再经过宝应、高邮，到泰州、通州、真州等地，到达扬州。马可·波罗说，他在扬州居住了 3 年。

　　《马可波罗行纪》说马可·波罗曾奉大汗的命令治理扬州，是扬州的官员。然而中国的史书与方志记载的官员姓名中，找不到马可·波罗的名字。有学者因此怀疑马可·波罗是否曾到过中国。[3]《永乐大典·站赤》的一篇公文可证明马可·波罗到过中国，公文内容是至元二十七年（1290），兀鲁䚟、阿必失呵、火者 3 人率众前往伊利汗阿鲁浑处。兀鲁䚟等 3 人的名字也见于《马可波罗行纪》，据马可·波罗记载，他们一家人就是随着兀鲁䚟等人离开中国的。马可·波罗如果不是亲身经历，很难清楚说出 3 个使臣的名字。

---

[1] 〔法〕沙海昂注，冯承钧译：《马可波罗行纪》，第 12—25 页；杨志玖：《马可波罗在中国》，南开大学出版社 1999 年版，第 4—5 页。

[2] 〔法〕沙海昂注，冯承钧译：《马可波罗行纪》，第 26—29 页。

[3] 〔英〕弗朗西丝·伍德（吴芳思）著，洪允息译：《马可·波罗到过中国吗？》，新华出版社 1997 年版。

因此,马可·波罗毫无疑问来过中国。[1]

　　马可·波罗的《行纪》对元代扬州地区的记载极为详细。他的《行纪》提到镇江府的官员马薛里吉思,是聂思脱里派信徒,建立了3所聂思脱里派教堂,与《至顺镇江志》的记载吻合。[2]这些记载可以证明马可·波罗曾到过扬州并在扬州居住了一段时间。但是,他是否如《行纪》所言,做过扬州的地方官员?当代学者一般认为马可·波罗没有做过扬州总管这类高级官员。越来越为人接受的说法是,马可·波罗在中国的身份既非旅行家也非传教士或官员,而是色目商人中的斡脱商人。斡脱商人是替皇帝或诸王放高利贷、经商牟利的官商,虽不是朝廷官员,却因持有官府的委付文书,有在各地经商的便利,并受到保护。[3]大约是在扬州停留期间,马可·波罗曾到达镇江、苏州、杭州等地。他对杭州的描绘尤为详细。马可·波罗最晚在至元二十四年(1287)离开扬州。[4]

　　马可·波罗的东方故事通过《行纪》在西方代代流传。它激发了欧洲人对中国的想象。1492年(明孝宗弘治五年),熟读《马可波罗行纪》的热那亚人哥伦布奉阿拉贡国王费尔南多二世及其妻卡斯蒂利亚女王伊莎贝拉一世之命,横渡大西洋,寻找传说中的中国和印度。不无可惜的是,哥伦布的远航从未抵达中国,但他意外地发现了美洲,从而揭开了世界历史新的一页。

　　元朝灭宋统一中国后,扬州地区恢复了农业生产。元代扬州百姓被分为不同户计,从事不同职业。元朝时,扬州的盐业、造船业和交通运输业都很发达。元代扬州设有学校,但士子们在科举上取得的成就却并不显著。不过当时旅居扬州或出自扬州的文人和科学家数量颇众,例如被羁押在仪真的郝经,在扬州讲学的吴澄和张翥,《哨遍·高祖还乡》的作者睢景臣,《水浒传》的作者施耐庵,《算学启蒙》《四元玉鉴》的作者数学家朱世杰等。在政

---

[1] 杨志玖:《马可波罗在中国》,第46—49页。

[2] 刘迎胜:《关于马薛里吉思》,邱树森、李治安:《元史论丛》第八辑,江西教育出版社2001年版,第14—16页。

[3] 蔡美彪:《试论马可波罗在中国》,《中国社会科学》1992年第2期,第185—186页。

[4] 杨志玖:《马可波罗在中国》,第5—8页;陈得芝:《马可波罗在中国的旅程及其年代》,《蒙元史研究丛稿》,人民出版社2005年版,第444—446页。

治稳定和经济发达的基础上,元代扬州人的物质生活和精神生活颇为富足和充实。宗教信仰除了佛教、道教外,还有伊斯兰教和基督教。世界著名的旅行家马可·波罗在扬州生活 3 年,其《马可波罗行纪》详细记载了扬州的风土人情,使扬州成为当时世界知名的城市之一。

第三章　明代扬州的政区与政局变迁

明代的扬州府下辖三州七县,相当于今天扬州、泰州、南通三市的地域,范围最广的时候还管辖过今属南京市的六合区及上海市的崇明区。在元明鼎革之际,扬州经历了巨大的变迁。及至"仁宣之治"以后,扬州府才逐步恢复往日的繁华景象。随着明中后期内忧外患的频频发生,扬州也被拖进泥潭之中。可以说,从开国到覆灭,举凡明朝历史上的重大事件,诸如洪武开国、靖难之役、武宗亲征、大礼仪之争、严嵩专权、抗击倭寇、输饷辽东、矿使四出、魏忠贤乱政、抵御外敌等,扬州府几乎从未缺席,而且是以十分独特的姿态参与到中国这二百七十余年的历史进程之中。

第一节　扬州的政区沿革

元末明初,由于政治变动,扬州地区的政区沿革也随之发生重要变化,既与元朝有所不同,又对后面的清朝影响深远。本节对扬州府的设立及其下辖州、县的职官设置、管辖地域的伸缩等内容,作一概述。

一、扬州府的设立及其更名

元朝末年,农民起义风起云涌。元顺帝至正十六年(1356),朱元璋攻克了集庆路,更名为应天府。次年十月,朱元璋命缪大亨领兵攻打扬州路。当时的扬州路已非元有,而是被另外一支号称"青军"的农民军占领。原来镇守扬州的是元朝镇南王孛罗普化,他招降青军统帅张明鉴谋求共同守卫扬州。不料青军自有主张,并不把镇南王放在眼里。此后,张明鉴率领的青军驱逐了镇南王,成为扬州的新主人。

然而这支青军并非义旅,占领扬州后,"凶暴益甚,日屠城中居民以为食"，[1]将扬州城变成了人间地狱。至正十七年（1357）十月，当缪大亨奉命攻打扬州时，青军抵挡不住，很快投降。朱元璋遂命张德林、耿再成镇守扬州，同时将扬州路更名为淮海府，以李德成为首任知府。

根据《元史·地理志》的记载，元朝治下的扬州路有 249466 户人家，人口数达到 1471194，俨然为大型城市。到朱元璋接手之后，这座一度容纳百万人口的城市，只剩下 18 家居民。或者人口外流，或者死于战乱。由于城市的绝大部分区域都被毁坏，所以负责镇守扬州的将领张德林只好截取扬州城的西南一角筑城，以便防守。扬州城就以如此荒凉的形象，开始步履蹒跚地进入明朝的历史之中。

元顺帝至正二十一年（1361）十二月，朱元璋下令将淮海府改名为维扬府。至正二十六年（1366）正月，将维扬府更名为扬州府。从扬州路到淮海府、维扬府，再到扬州府，十年之间，扬州三次改名。第三次改名之后，终明之世，扬州府这一名称沿用不替。

至于十年之间扬州三次改名的原因，大致如下：

至正十七年（1357）十月，第一次改名是由于朱元璋新夺取扬州，故而与元廷的扬州路不能相同，改成了淮海府。此举如同朱元璋攻克集庆路后改名应天府一样。

至正二十一年十二月，第二次改名由淮海府变为维扬府。淮海府设立之初是出于军事需要，先在扬州设立了淮海翼元帅府，然后再设置配套的淮海府。至正二十年，淮海翼元帅府已经改为江南等处分枢密院，由之前攻克扬州的缪大亨"同金枢密院事，总制军民"。[2]主体已改，枝干自然随之动摇。次年，淮海府也就改成了维扬府。

至正二十六年正月，第三次改名的一大背景是朱元璋荡平陈友谅之后，开始对盘踞高邮的张士诚政权发动总攻。高邮府在元朝时一度隶属于扬州路，在讨伐张士诚之际，更名扬州府，也有战役必胜的寓意。换言之，对朱元璋而言，将高邮收归扬州是志在必得。

---

［1］《明太祖实录》卷五"丁酉年十月甲申"条，第 58 页。
［2］《明太祖实录》卷八"庚子年三月戊子"条，第 92 页。

二、扬州府的政区

洪武开国之后,扬州府由京师直辖。在明成祖朱棣迁都北京之后,扬州府转由南直隶直辖。所以在《明实录》中,谈到扬州府并所辖州县的史事,往往冠以"直隶""南直隶"等字样,比如"直隶扬州府""直隶扬州卫""南直隶通州"等。

扬州府下辖三州七县,三州分别是高邮州、泰州、通州,七县分别为江都、仪真、泰兴、宝应、兴化、如皋、海门,大致相当于今天扬州市、泰州市、南通市三市之和。另外,扬州府也在短时期内管辖过六合县、崇明县。泰州、泰兴县、兴化县属于今天的泰州市,通州、如皋县、海门县则属于南通市。由于当时统辖了通州,所以在明代,扬州府也是一个滨海地区。这既为扬州后来发展海运贸易带来了便利,也为倭寇的侵略埋下了伏笔。

在今天扬州市三区(邗江、广陵、江都)二市(高邮、仪征)一县(宝应)的行政区划中,明代的高邮州相当于今天扬州市所辖高邮市,江都县即江都区,仪真县即仪征市,宝应县不变,扬州府治则相当于统辖了今天扬州市的邗江区、广陵区。

扬州府的职官划分,层次鲜明:知府为正四品,同知为正五品,通判为正六品;知州,如高邮、泰州、通州等,为从五品,同知为从六品,判官从七品;知县,如江都、宝应等,为正七品,县丞为正八品,主簿为正九品;扬州府还有儒学教授、税课司大使、仓大使、织染杂造局大使、医学正科、阴阳学正术、僧纲司都纲等,都为从九品,其他附官均不入流。府、州、县还设置巡检司巡检、副巡检,均为从九品。[1]巡检司自五代、两宋以来比比皆是,主要承担捕捉盗贼等职责。理论上讲,凡是各府、州、县要害之处都会设立巡检司,配备若干弓兵,属于最基层的武装力量。另外,明朝一共有6个都转运盐使司、14个分司。扬州府辖泰州、通州作为其中两个分司,隶属于两淮都转运盐使司。都转运盐使司的官员品秩较高,都转运使从三品,位在扬州知府之上;同知从四品;副使从五品。[2]

---

[1]〔清〕张廷玉等:《明史》卷七五《职官志四》,中华书局1974年版,第1849—1852页。

[2]〔清〕张廷玉等:《明史》卷七五《职官志四》,第1846—1847页。

在扬州府三州七县当中,江都县毗邻扬州府治,在元朝的时候已经废置。到了朱元璋攻取扬州的第五年,重新设置了江都县。江都县较今日扬州市辖江都区的地域范围要大一些,西有蜀冈,东有运河,南滨大江,东北有艾陵湖,正北有邵伯湖,并设邵伯镇巡检司。东边还有万寿镇,西北有上官桥,南边有瓜洲镇三巡检司。另设归仁镇巡检司。

仪真县在元朝时为真州,州治在扬子县。洪武二年(1369),明廷将仪真州降为仪真县。调整后的仪真县,西北有大、小铜山,南滨长江,东南有旧江口巡检司。

泰兴县今属泰州市,在扬州府东南方向,南邻长江,东有黄桥镇,西北有口岸镇。该县在印庄设置3处巡检司。

高邮州在元代是高邮府,隶属淮东道宣慰司。洪武元年(1368),明廷将高邮府降为高邮州,归扬州府管辖。高邮州西接运河,西北有樊梁、甓社、新开等大小不一的湖泊,西南有白马塘,北边有张家沟,东边有三垛镇。高邮州在东北方位的时堡设置有2处巡检司。

高邮州下辖二县:宝应县、兴化县。宝应县在高邮州正北方位,也是扬州府的最北端。西邻运河,散布氾光湖、白马湖、射阳湖等湖泊,南边有槐楼镇,西南方在衡阳设置2处巡检司。兴化县今属泰州,在高邮州东侧,南有运河,东边有得胜湖,东北角设置安丰巡检司。值得注意的是,兴化县东北还设置了专门的盐场。

泰州在扬州府治东120里处,东滨大海,西邻运河,南抵长江。在东北的西溪镇、北边的宁乡镇、东南的海安镇设立3处巡检司。下辖如皋县。如皋县在泰州东南方向,南邻长江,北接运河,东边有掘港,南有石庄,东南有白浦镇,北方在西场还设置了3处巡检司。

通州即今天南通市,南边有狼山,设有狼山巡检司,毗邻长江,东南滨海,西有运盐河,东北设立石港巡检司。通州城南还设有利丰监,主煎海盐。此监自宋朝时就已经创立。根据《太平寰宇记》卷一三〇的记载:"利丰监,古之煎盐之所也。国朝升为监,在通州城内南三里,管八场。"通州管辖海门一县。海门县在通州东,县治本来设立在礼安乡,后来礼安乡被海水侵蚀,遂在正德七年(1512)将县治内迁到余中场。此后,海潮汹涌,水患不断,海门县县衙又于嘉靖二十四年（1545）八月迁到了金沙场。海门县东西两端分别为吴陵、张港，东南方为料角嘴。料角嘴也是扬州府的最东南角。此外，该县在白塔河设置4处巡检司。

另据《〔万历〕应天府志》记载，六合县（今南京六合）在洪武前期一度隶属于扬州府管辖，直到洪武二十二年（1389）才从扬州府划分出去，改由应天府管辖。根据洪武时人刘基的《大明清类天文分野之书》，六合县在元朝时由真州管辖，到了洪武三年（1370）划归扬州府管辖。[1]可知，六合县仅在明朝洪武三年到二十二年（1389）这一短时期内归属扬州。

和六合县一样，崇明州（今上海崇明）也一度隶属于扬州府。洪武二年（1369），崇明州改州为县。[2]到了洪武八年（1375），明廷考虑到崇明州离扬州府治过于悬远，便将崇明州改隶苏州府。[3]在洪武九年的一次人口普查中，扬州府的人口数目依然包含六合县，合计114782户、574419口。[4]短短20年间，扬州府人口增至60万人当然不是正常繁衍的结果，而是受到洪武初年大移民政策的影响。[5]六合县、崇明县在短暂隶属扬州府之后，很快各属他府管辖，所以在很多史籍中，极少看到扬州府辖崇明县、六合县的记载。

第二节　明前期的扬州治理

明前期主要指太祖、成祖至英宗正统时期，这一阶段的扬州经历了从极端荒凉到逐渐恢复的重大变迁。受到元末明初农民战争的影响以及明朝开国之后"靖难之役"的冲击，扬州地区均深受影响，并对此后的治理奠定了基础性影响。在这一段历史时期内，扬州地区既涌现出汪广洋、徐司马等名

---

[1]〔明〕刘基：《大明清类天文分野之书》卷二，《四库全书存目丛书·子部》第60册，齐鲁书社1995年版，第422页。

[2]〔清〕张廷玉等：《明史》卷四〇《地理志一》，第920页。

[3]〔明〕钱穀编：《吴都文粹续集》卷一〇《公廨》，《景印文渊阁四库全书》1385册，第257页。

[4]〔明〕朱怀幹修，〔明〕盛仪辑：《嘉靖惟扬志》卷八，《扬州文库》第1册，第56页。

[5]　相关论文可参黄继林：《从"上苏州"说起——洪武移民和文化交流》，《扬州文化研究论丛》第六辑，2011年2月；曹树基：《洪武大移民：来自湖南浏阳的新例证》，《江西师范大学学报（哲学社会科学版）》2010年第5期，等等。

宦,又出现了高邮杀子案、海船案、扬州烙马案、女官还扬案等重大案件。在恢复发展的同时,扬州地区也面临海潮、河患、干旱等灾难。这些政治、司法、经济、民生等多领域事件的交叠出现,成为对扬州地区行政管理的重大考验。

一、明初扬州的荒凉

明朝初年,因受战乱的影响,扬州城内外一片萧条,曾经有过的"烟花三月"的繁盛早已成为过眼烟云。明初诗人唐之淳路过扬州,道出了"芜城草色绿迢迢,胜国繁华寄寂寥"[1]的感慨。他还特意写了4首《扬州竹枝词》,其三为:"十里珠帘卖酒旗,一时都逐火云飞。伤心欲问前朝事,白发淮人即渐稀。"其四为:"往年歌管不曾闲,遮莫商船到北湾。今日樵儿吹野曲,犹传一曲汉东山。"[2]当年太平时期"十里珠帘""歌管不曾闲"等繁华景象早就荡然无存,如今的扬州城给人留下的印象是荒城、芜城。

另外一位诗人程本立同样见证了明朝初年扬州城的荒凉。他专门写下了4首《扬州》诗,其一:"远水疏星影动摇,西风落木景萧条。伤心一片船头月,犹照扬州廿四桥。"萧条、伤心等词语直言不讳地将扬州城的破败景象勾勒出来。其二:"扬州城下是官河,春雨春风自绿波。欲问繁华旧时事,太平遗老已无多。"[3]扬州城的繁华仅仅是过往的绮梦罢了,眼下的扬州城是无尽的凄凉,让人感受不到应有的生机。扬州府如此,其下辖各县也不例外。以江都县为例,史书中关于明初此县的记载是:"江都,元末县毁,本朝辛丑复置附郭。"[4]也是县非其县,毁坏殆尽。

二、"靖难之役"中的扬州府

洪武三十一年(1398)闰五月,明朝开国皇帝朱元璋在南京皇城西宫驾

---

[1] 〔明〕唐之淳:《唐愚士诗》卷四《扬州》,《景印文渊阁四库全书》第1236册,台湾商务印书馆1986年版,第577页。

[2] 〔明〕唐之淳:《唐愚士诗》卷四《扬州竹枝词四首》,《景印文渊阁四库全书》第1236册,第580页。

[3] 〔明〕程本立:《巽隐集》卷一《扬州》,《景印文渊阁四库全书》第1236册,台湾商务印书馆1986年版,第140页。

[4] 〔明〕徐学聚:《国朝典汇》卷八八《户部二》,《四库全书存目丛书·史部》第265册,齐鲁书社1996年版,第538页。

崩。按其生前安排,嫡长孙朱允炆即位。次年,即建文元年(1399)七月,燕王朱棣在北平誓师,以诛齐泰、黄子澄为名,拒奉建文年号,一场叔侄之间的夺权斗争正式打响,史称"靖难之役"。建文四年(1402),朱棣起兵已有3年。此时,他放弃了四处征战的军事策略,而是避开坚城,发动了领兵南下直捣京师的军事冒险。同年五月,燕军到达凤阳府辖泗州之后,守将周景初等人举城投降。燕王朱棣得以入谒祖陵,意在彰显燕军军事行动的正义性。之后,朱棣主持召开了关键性的"泗州会议"。

在泗州会议上,将领们就接下来的军事动向纷纷提出建议。有人认为,应当一鼓作气,拿下凤阳府,然后攻滁州,取和州,集结战船,再发动对京师的渡江战役。同时,另遣军队直捣庐州,拿下安庆,牢牢锁控长江。也有人认为,当务之急是攻下淮安府作为根据地,然后依次攻取扬州府辖高邮州、通州、泰州及仪真县等要地,最后一举渡江,方为周全之策。

将领们争论不休,作为主帅的朱棣则表现出卓越的军事眼光。他认为,无论是攻取凤阳府还是淮安府,都面临着巨大挑战,因为凤阳府"楼橹监完,所守既固",淮安府"高城深池,积粟既富,人马尚多"。[1]也就是说,从战略意义上考虑,两座城池无疑都很重要,但并不符合燕军速战速决、直捣京师的根本大计。在朱棣看来,与凤阳、淮安两府相比,扬州府府治与所辖仪真县两座城池兵力薄弱,只要迅速攻下这两城,凤、淮两府可不攻自破。到时再集结战舰,则京师可破,大事可成。

扬州府为京师直辖,处于肘腋之间,地理位置极其重要。扬州若破,京师必危。这个道理,建文君臣自然也十分清楚。与燕军拉锯多年,建文军力大损,将士们多数离心离德。在兵力不足的情况下,作为弥补,朝廷特意派遣了素以忠贞刚强著称的监察御史王彬,协同扬州卫指挥崇刚(一作"邓刚")守备扬州,捍卫京师。所以,在建文君臣看来,无论如何,扬州城都是京师最忠实的护卫者,绝对不可能背叛。而只要扬州死守,稍待时日,朝廷召集军队救援,燕军定会受挫。但是后来的历史波诡云谲,完全超出了建文君

---

[1]《明太宗实录》卷九上"建文四年五月癸巳"条,台湾"中央研究院"历史语言研究所1962年校印本,第121页。

臣的预料。

御史王彬是洪武中叶的进士，熟读诗书，深明大义。临危受命，他不敢有丝毫大意。史载，"靖难师至，彬括馕粮，修楼橹，饬器械，锐意守御"，[1]与指挥崇刚一道死守扬州。当时燕军压境，扬州城人心惶惶，很多守将都想开门投降。王彬下令，将蓄谋投降的将领王礼等人关押，表明了与扬州共存亡的决心。同时，他加强扬州城的内外防御，七天七夜不曾卸甲。燕军一方面急攻扬州，另一方面飞书城中，允诺有能将王彬缚来投降者，予以三品官爵。只是王彬出行都有能举千斤的力士贴身护卫，他人不能近其身。王礼之弟王宗通过贿赂力士之母，引诱力士暂时离开王彬。王彬也一时放松了警惕，正在洗澡时，被突入家门的千户徐政、张胜等人绑架，抬到扬州城墙上，投给了燕军，惨遭杀害。[2]扬州卫指挥崇刚也被内应所逮，不屈而死。经过短暂的抵抗之后，扬州城开门降附燕军。[3]

扬州城降之后，扬州府辖高邮、通州、泰州纷纷放弃抵抗，并奉燕王之命，开动河船、海舟，集结于瓜洲附近，准备渡江。战事的发展与朱棣在泗州会议的部署高度一致，京师已经完全暴露在燕军面前。六月，燕军渡江，镇江守将从城上望见江上穿梭不息的海舟（实则是朱棣故意实施的骗人伎俩），以为海舟全部归顺，也派人降附。如此，正中燕军下怀，解除了燕军进攻京师的后顾之忧。不久，燕军长驱直入，攻破京师，建文帝不知所终。朱棣摇身一变，成为明王朝的新主人。

靖难之役中，扬州城成为燕军攻取京师的最后一道跳板。即便经过洪武朝三十余年的经营，扬州城毕竟基础过于薄弱，想要在短时期内恢复前元的样貌，几无可能。所以，一旦面临强敌，扬州城防虚弱、兵力不足、粮草匮乏等弊端展露无遗。在拱卫京师的重镇之中，与淮安府、凤阳府相较，扬州府成为木桶上的短板。

---

[1]〔明〕何乔远：《名山藏》卷八二《臣林外记》，《续修四库全书》第427册，上海古籍出版社2002年版，第372页。

[2]〔明〕过庭训：《本朝分省人物考》卷九五，《续修四库全书》第535册，上海古籍出版社2002年版，第575页。

[3]《明太宗实录》卷九上"建文四年五月己亥"条，第122页。

三、明前期扬州府的要案

朱棣即位不久,扬州府辖高邮州发生了一件看似普通的命案,却引起了永乐皇帝朱棣的高度重视。永乐三年(1405)六月的一天,天气燥热,高邮州一位年过九旬的父亲想要管教长子,无奈年老力衰,想要杖责,又怕打他不动。于是,命令二儿子半夜一同动手,结果失手误将长子打死。兹事体大,不好断决,高邮州、扬州府二级政府上报给京师刑部。经过商议之后,刑部认为:弟弟打死兄长,依照《大明律》,当处以斩刑;父亲殴杀儿子,依照《大诰》,当施以杖刑,念及父亲年过九十,许以赎罪。

当刑部奏文呈到朱棣面前,朱棣颇为不悦,下令礼部尚书蹇义等人重新商议。蹇义等人揣摩上意,刑部的判决虽然有理有据,却失之过重,不符合天子"以孝治天下"的心意。最后议定,次子虽然负有杀兄之罪,但是原其本心,不过是听从父命,其本人并未有杀兄的动机。若论有罪,其罪过应当是不能及时匡救,致使父亲背上了杀子的罪名。朱棣作为最终裁决者,下令次子免死,发边而已;父亲年老,免去一切处罚。[1]高邮州的这宗小小命案说明,朱棣执政,既注重收买人心,也通过这种判决客观上起到了加强扬州地方社会教化的作用。比起是非曲直,朝廷的司法导向更加侧重于鼓励尊老爱老。

经过明太祖、建文帝、明成祖三朝的经略,到了仁宗、宣宗时期,明朝迎来了"仁宣之治"的盛世。随着整个明朝的勃兴,扬州府也进入了相对稳定的发展时期。宣德四年(1429)九月,镇守扬州的都指挥佥事陈文在贪污事发之后,将所得财物输送京师,还想回到扬州继续任职,被明宣宗断然拒绝:"扬州内地,何用镇守?彼闲暇而处富饶,徒以济其所欲,宜处之两广。"[2]将陈文远调广西。这个事件可以说明,宣德年间的扬州城已经可以用"富饶"二字加以形容,足见扬州府也沾到了"仁宣之治"的余润,逐渐改变了明朝初年那种荒城、芜城的破败形象。

---

[1]《明太宗实录》卷四三"永乐三年六月壬申"条,第683页。关于永乐时期高邮州杀子案的研究可参陈士银:《情法冲突与帝王心术——以明永乐时期高邮州杀子案为讨论中心》,《扬州学研究2022》,广陵书社2022年版。

[2]《明宣宗实录》卷五八"宣德四年九月庚午"条,台湾"中央研究院"历史语言研究所1962年校印本,第1393页。

正当扬州内地政事旁午之际,沿海地区传来一宗要案。宣德九年(1434)十一月,扬州卫的官兵截获一艘海船,发现船上78人都来自朝鲜。原来,朝鲜忙于备倭,派遣水军在海上缉拿海贼,其中一艘被海风吹到中国境内,因缘际会到了扬州。扬州卫的官兵将这78名朝鲜水军送往京师,明宣宗特别赏赐衣服、钱钞,遣送回国。[1]

正统三年(1438)十二月,驸马都尉赵辉奉命到扬州给官马烙印,趁机伙同伯父赵穆等人强取扬州民田3000余亩。更有甚者,他还纵容堂弟赵鼎打死前来理论的平民。赵辉的恶劣行径遭到监察御史马谨的弹劾,但是赵辉依仗驸马都尉的身份,不以为然,胡乱搪塞。如此一来,扬州烙马事件升级,引起公愤,明廷六科十三道官员纷纷上疏弹劾。明英宗下令赦免赵辉,将其余犯人押至京师听审,查实后将侵夺的民田归还扬州百姓。[2]

除烙马事件外,扬州还发生了女官还扬案。正统九年(1444)五月,吴淑清作为朝廷女官,奉旨回到故乡扬州,由太监陈景先负责护送。陈景先到了扬州之后作威作福,贪污受贿,还干扰地方军政,并放肆到逾期不回京师的地步。明英宗大怒,派遣锦衣卫捉拿陈景先,施以监禁。[3]

无论是高邮的杀子案、滨海的海船案,还是烙马案、女官还扬案,发生在扬州府的刑事案件既对当地百姓造成了伤害,同时也牵动了中央朝廷的神经。此类案件即便很小,却经常需要天子亲自出面干预才能够平定,足以说明扬州在明代刑政史上的重要地位。其中,烙马案折射的是官员与豪绅之间的勾结、官民之间的紧张、言官集团与皇亲之间的对立等问题,而扬州海船案既是朝鲜和日本对抗关系的一个缩影,也是明朝和朝鲜两国友好邦交的一个见证。

四、明前期扬州府的灾患及其应对

洪武时期的扬州政局以恢复生产为核心要旨,如何重建扬州是摆在时人面前的一大难题。除了争夺战造成的创伤之外,扬州府管辖范围十分广

---

[1]《明宣宗实录》卷一一四"宣德九年十一月庚寅"条,第2569页。

[2]《明英宗实录》卷四九"正统三年十二月戊午"条,台湾"中央研究院"历史语言研究所1962年校印本,第943页。

[3]《明英宗实录》卷一一六"正统九年五月庚戌"条,第2333页。

阔,东枕大海,南邻长江,还要应对各种突如其来的天灾。其中,较为频繁的是海潮、河患、干旱等灾难。

洪武六年(1373)二月,扬州府辖崇明县遭遇海潮入侵,大量田地被海水吞没,受灾4482户,波及数万人。[1]洪武十一年(1378)七月,扬州府和苏州、松江、台州等地又遭到海水冲击,淹死不少百姓。[2]洪武二十三年(1390)六月,扬州府海门县上报,飓风大作,潮水泛滥,淹死大量居民,需要紧急赈灾。[3]为了应对河患海难,扬州府也拿出了不少应对措施。举其荦荦大者,如洪武十四年(1381)十一月,扬州府疏浚了从扬子桥至黄泥滩长达9436丈的官河。[4]洪武十五年十二月,又疏浚了仪真河9120丈,并且修筑闸坝13处。[5]如此一来,既能保证运输河道的通畅,也便利河道两岸田地的灌溉。

永乐时期,面对层出不穷的灾难,扬州府的治理很大一部分都在兴修水利上面。值得说明的是,永乐十五年(1417)五月,也就是迁都前4年,朝廷特地派遣官员巡视北京通州到扬州仪真的河道,[6]既为迁都布局,也是明廷一贯重视漕运的体现。

虽然是盛世背景,但是扬州府在仁宣之际灾变连连,疲于应对。宣德元年(1426)四月,扬州府海门县上奏,从永乐九年(1411)以来,被历次海潮淹没的田地达到了882顷60亩,尚有税粮6862石7斗、丝27斤、租钞6贯未能完缴。朝廷予以减免。[7]扬州府沿海地区,像海门县等地,还是依赖传统的靠天吃饭、与海争田的生活。

明宣宗提到了扬州富饶,但只是一个侧面。事实上,扬州还有很多百姓依然处在贫困状态。宣德六年(1431)七月,扬州府兴化县上报,本县还有贫民2483户,近万人吃不饱饭,已经借了官米3730石8斗,只能等待来年

[1]《明太祖实录》卷七九"洪武六年二月丙戌"条,第1441页。

[2]《明太祖实录》卷一一九"洪武十一年七月"条,第1941页。

[3]《明太祖实录》卷二〇二"洪武二十三年六月丁卯"条,第3028页。

[4]《明太祖实录》卷一四〇"洪武十四年十一月乙巳"条,第2203—2204页。

[5]《明太祖实录》卷一五〇"洪武十五年十二月癸未"条,第2368页。

[6]《明太宗实录》卷一八八"永乐十五年五月乙未"条,第2004页。

[7]《明宣宗实录》卷一六"宣德元年四月甲申"条,第440页。

庄稼丰收了,再想办法偿还。[1]盛世之下,一个小小的兴化县尚且有贫民达万人之众,整个扬州府的发展显然还有很长的路要走。

类似的灾难绝非兴化县独有,扬州府三州七县前后灾患不断,面临严峻的挑战。宣德六年(1431),扬州府辖泰州也遭遇水灾。次年七月,朝廷下令免去泰州租22930余石,马草32660余包。宣德八年(1433)七月,扬州如皋县贫民乏食,请求赈济;八月,扬州府辖通州、泰州二州奏报,"今年春夏无雨,田稼无收",[2]形势十分严峻。

宣德九年(1434),对扬州府来说是困难重重的一年,扬州府辖三州七县遭受旱灾重创。是年二月,淮安府、凤阳府、扬州府上奏,连岁亢旱,百姓没有粮食。明宣宗闻之恻然,下令"巡抚侍郎曹弘用心抚恤,如他处有粮,悉移赈之。一切买办科征,尽行停止"。[3]旱灾之下,百姓多被饿死。曹侍郎亲自查验,下令迅速发放救济粮。同时根据田地肥瘠,平均赋役,将耕牛发给百姓。又严令婚礼从简,不得虚耗钱财。总之,他千方百计帮助扬州百姓渡过难关。[4]因为旱灾肆虐,三月,扬州府辖通州上奏,乞求免除所欠养马用的谷草,以纾民艰。六月,扬州府通、泰二州,加上如皋、兴化、泰兴三县联合上奏,从春天到夏天一直没有下雨,旱情严重。好在明君当道,百姓的苦难得到了及时体恤,朝廷下令免除直隶扬州府秋粮共计103229石。

宣德九年,在扬州一州(高邮州)四县(江都、仪真、宝应、海门)中,江都县在九月上报旱情,说"五六月间,天旱,河渠干竭,田谷焦稿(槁)"。[5]年底,仪真、宝应两县的奏报传至北京,"今年夏秋旱,陂池湖泺皆固(涸),田稼枯槁。民饥,加以疫疠,死亡相继"。[6]高邮州虽然未受严重的旱灾,却在六月到八月之间发生了大规模的蝗灾,谷物受损严重。

明英宗正统年间,扬州府三州七县遭遇的水旱依然层出不穷。以正统二

[1]《明宣宗实录》卷八一"宣德六年七月己丑"条,第1888页。

[2]《明宣宗实录》卷一〇五"宣德八年闰八月戊寅"条,第2355页。

[3]《明宣宗实录》卷一〇八"宣德九年二月庚戌"条,第2418页。"宣德九年",《嘉靖惟扬志》卷一八作"宣德五年",见《扬州文库》第1册,第122页。

[4]〔明〕朱怀幹修,〔明〕盛仪辑:《嘉靖惟扬志》卷一八,《扬州文库》第1册,第122页。

[5]《明宣宗实录》卷一一二"宣德九年九月乙亥"条,第2527页。

[6]《明宣宗实录》卷一一五"宣德九年十二月庚申"条,第2587—2588页。

年（1437）为例，真可谓民生艰苦，不绝于史。正月，直隶扬州府奏民间缺食，亟待赈济。二月，朝廷下令免除扬州府兴化县岁办药材之责，因为兴化县屡遭荒旱，"人民饥甚"。[1]三月，考虑到扬州连年遭遇灾变，明廷又下令免除扬州府拖欠的户口、食盐钞等款项。六月，江都县奏民间缺食，已经下发赈济粮，申请秋成之后予以补偿。七月，朝廷进一步下令，解除扬州府的川泽之禁，许可百姓自由觅食。九月，朝廷下令户部遣官核实扬州府受灾情况，酌情减免当年应征粮草。十一月，扬州府高邮州方珍、江都县沈鼎等人作为义民代表，主动献出1000石粮食协同官府赈济饥民，受到朝廷表彰，获得了以后免缴赋税的特权。仅仅是正统二年这一年，扬州府就屡经灾变。他如正统十年（1445）八月，扬州府江都县上奏，"本县缺食人民六千一百二十"。[2]正统十三年（1448）六月，扬州府如皋县上奏，本县连年荒歉，饥民也有1000多家。[3]

历览明朝前期扬州府的灾患及其应对情况，即便处在"仁宣之治"时期，扬州百姓也因水旱不断，饥馑相仍，活在"饥荒的盛世"当中。在走向富强的途中，扬州府也在不断遭遇各种灾患的考验，而这一切还不包括人为的祸患。

五、明前期扬州的名宦

扬州名宦可以分为两类：第一类是在扬州从政的外地官员，第二类是在外地为官的扬州籍人士。他们循良自守，即便官位不高，却一如灾乱黑暗中的曙光，造福了当地的百姓。

黄致是扬州府宝应县的八品县丞。正统五年（1440）十月，他在任职9年期满之后，理当升迁，但是由于勤慎爱民，当地百姓极力挽留。吏部派人核实之后，决定顺应民心，允许他继续担任宝应县丞，但是俸禄提升为从七品的品级。[4]

泰州判官王思旻负责管理马政，勤勤恳恳，极得民心。正统九年（1444）

---

[1]《明英宗实录》卷二七"正统二年二月庚午"条，第537页。

[2]《明英宗实录》卷一三二"正统十年八月壬戌"条，第2630页。

[3]《明英宗实录》卷一六七"正统十三年六月丙寅"条，第3230页。

[4]《明英宗实录》卷七二"正统五年十月甲午"条，第1402页。

五月,当泰州同知一职空缺之后,泰州军民 1900 余人力请王思旻接任此职,造福一方。巡按御史王瑛报给吏部之后,吏部予以回绝,理由是:其一,按照常例,王思旻任职未满 9 年,不当升迁;其二,泰州同知已经有人补缺,不劳再补。明英宗得知此事后,颇为不满,认为"司民牧而得民心,正宜超擢以示劝,何以为例?"[1] 立刻将新任者召回调用,安排王思旻接任泰州同知一职。

正统十一年(1446)七月,扬州府通州海门县县丞郭得任满 9 年,听候升用。不料,军民数百人特地进京申诉,请求朝廷不要将郭县丞调离,最好能留在通州当判官,如此就是百姓之福。巡按监察御史胡新了解情况后,向朝廷禀告此事。明英宗顺水推舟,令吏部擢郭得为通州判官。[2]

明前期,扬州地方的多数官员尚能劳心为民。正统八年(1443)二月,扬州府通州知州魏复向朝廷上奏,要恢复洪武旧制,在乡里基层组织恢复建立木铎的方法,以厚民风。所谓木铎,代指警钟,警钟的舌头分为木质和金质两种,分别叫作木铎、金铎。关于木铎的典故出自《论语·八佾》:"天下之无道也久矣,天将以夫子为木铎。"意思是,天下混乱无道,这时候孔夫子推行教化,就像木铎一样警醒世人。洪武中叶,明廷曾下令在每乡每里都设置木铎。每月六次,选择年长或残疾生活困难之人持木铎循行,其言曰:"孝顺父母、尊敬长上、和睦乡里、教训子孙,各安生理,毋作非为。"[3] 魏复的这般蓝图虽然有些理想主义,但是确实反映了地方官员在塑造敦厚民风方面付出的努力。

第二类人数量更多。洪武时期,扬州涌现出一批杰出的人才,比如云南布政使司事平章泰州人潘原明[4]、镇国将军指挥使濠梁卫指挥佥事泰州如皋人朱显忠[5]、吏部尚书直隶扬州府泰兴县人翟善[6]、户部尚书直隶扬州府泰

---

[1]《明英宗实录》卷一一六"正统九年五月丙子"条,第 2352 页。

[2]《明英宗实录》卷一四三"正统十一年七月甲戌"条,第 2826 页。

[3]《明英宗实录》卷一〇一"正统八年二月乙卯"条,第 2048—2049 页。

[4]《明太祖实录》卷一五〇"洪武十五年十一月壬申"条,第 2365 页。

[5]《明太祖实录》卷一四六"洪武十五年六月癸巳"条,第 2288 页。

[6]〔明〕雷礼辑:《国朝列卿纪》卷二三《国初吏部尚书年表》,《四库全书存目丛书·史部》第 93 册,齐鲁书社 1996 年版,第 11 页。

兴县人李俨[1]等。其中最显赫的便是一相一将。

一相是汪广洋，扬州高邮人，在朱元璋起事之初，就被拜为元帅府令史，也曾辅佐常遇春参赞军务。攻略江西之后，汪广洋任江西参政，主管江西地方事务。他先后在山东、陕西等地担任参政，政绩卓著。其后，调回中央，任中书左丞，受到右丞杨宪排挤，发落海南。杨宪败后，朝廷将其召还，封忠勤伯，还被朱元璋比作汉之张良、蜀之诸葛亮。李善长因病去位后，汪广洋遂为右丞相。彼时，左丞相胡惟庸擅权，汪广洋"浮沉守位而已"。[2]胡惟庸毒死刘基案发，汪广洋奏以"无有"，触怒朱元璋，遭到流放。在流放途中，朱元璋认为汪广洋包庇朱文正，又没有及时揭发杨宪，遂下令赐死。整个明朝，只有李善长、汪广洋、胡惟庸三名丞相，胡惟庸因为谋反被杀，所以"终明之世，惟善长、广洋得称丞相"。[3]虽然不得善终，但是他在明朝攻取江西、山东、陕西等地之初执掌一方，在安抚百姓方面发挥了重要作用。如果没有这些过人的政绩支撑，明廷也不会授予他丞相的要职。

一将是指中军都督府都督金事徐司马，"世为扬州人"，[4]名字则为朱元璋所赐。徐司马9岁时，无依无靠，被朱元璋收为养子。其后，屡屡从征有功。朱元璋称吴王元年（1367），授其金华卫指挥同知。洪武元年（1368），追随曹国公李文忠北征，立下战功。洪武三年（1370）十一月，升杭州卫指挥使。同年十二月，以本卫为都司，升都指挥使。十九年（1386）正月，又升为中军都督金事。二十五年（1392）冬，率师远征越嶲，在返程中病逝于成都。[5]作为朱元璋的心腹将帅，徐司马不仅战功煊赫，在文治上也口碑甚佳。他为人谦和温厚，每到一处地方，都首先考虑惠爱百姓，礼敬士大夫，深得人心。遇到同道学友，也会讲论不绝。由于是朱元璋义子的关系，徐司马久居要职，权势煊赫，但是衣食起居却非常节俭，粗茶淡饭，平凡得就像一介布衣。死

---

[1]〔明〕雷礼辑:《国朝列卿纪》卷三一《国初户部尚书年表》，《四库全书存目丛书·史部》第93册，第148页。

[2]〔清〕张廷玉等:《明史》卷一二七《汪广洋传》，第3774页。

[3]〔清〕张廷玉等:《明史》卷一二七《汪广洋传》，第3775页。

[4]《明太祖实录》卷二二四"洪武二十六年正月辛亥"条，第3274页。

[5]《明太祖实录》卷二二四"洪武二十六年正月辛亥"条，第3274—3275页。

之日,家无余财,表现了良好的操守,赢得了后人的尊重。

永乐十九年(1421)之前,扬州府都是京师直辖。永乐十九年,明朝迁都北京,南京成为留都,而扬州府也改属南直隶。在永乐时期,涌现出一批才能卓越的扬州人。举例言之,文有北平布政司参议成琚,武有泰宁侯陈圭。

成琚,扬州兴化人。洪武中叶,由国子生到代州儒学做学官,后来做到蔚州知州。燕王朱棣起事之初,成琚就率领壮士拜谒,其后曾招募2000名勇士进献。燕王即位之后,特命拔擢,由蔚州知州做到北平布政司参议。正要擢升之际,成琚去世,赠嘉议大夫。[1]

陈圭,扬州府泰州人。洪武元年(1368),他跟随大将军徐达平定中原,授龙虎卫百户。后来奉调燕王府,作为前锋,跟随燕王北征,因功被授予千户。其后,侍奉燕王世子守卫北平,累升中军都督佥事,封泰宁侯。在之后北京城营建过程中,经营有功,屡见奖重。卒时85岁,永乐帝特意辍朝三日,以示尊崇,并追封他为靖国公,谥号"忠襄"。[2]

宣德年间,也有像湖广都指挥同知黄荣这般将才。黄荣,扬州人,普通行伍出身。追随燕王起事,累升至都指挥佥事。永乐十二年(1414),升湖广都指挥同知。在营造北京新都的过程中,黄荣安抚一方,不给军民添扰。死后,远近哀悼。明宣宗特意遣人赐祭,还令其子黄贵袭武昌左卫指挥使。[3]

第三节　明中后期的扬州政局

正统十四年(1449),为了应对日益严峻的北疆危机,明英宗大举北征瓦剌,却在土木大败。明军数十万精锐损失殆尽,英宗被俘,史称"土木之变"。明朝从"仁宣之治"的全盛中跌落下来,从此进入多事之秋。明中叶,既有明孝宗的励精图治,开创了"弘治中兴"的时代,也有明武宗的各种荒唐秕政,南巡扬州即为臭名昭著的代表。嘉靖时发生了长达数十年的礼仪纷争,其中也能看到扬州人的身影。万历之后,明王朝日薄西山,没能摆脱走向衰

---

[1]《明太宗实录》卷二〇上"永乐元年五月乙酉"条,第361—362页。
[2]《明太宗实录》卷二一一"永乐十七年四月甲辰"条,第2135页。
[3]《明宣宗实录》卷一〇四"宣德八年八月甲午"条,第2329页。

亡的厄运。受此影响,扬州府也面临空前的压力。1645 年,清军南下,史可法誓死抵抗,谱写了扬州府在明朝历史上的最后一页。

一、从"土木之变"到"弘治中兴"

扬州地方的发展和明王朝的命运息息相关。"土木之变"后,徭役繁重;"弘治中兴"以来,扬州又获得了休养生息的机会,逐步恢复发展。"土木之变"后,扬州水旱频仍,经常作为被赈济的对象载诸史籍。譬如景泰二年(1451)夏四月,扬州府高邮州、宝应县将景泰元年的秋粮运抵京仓,居然还剩余 130 石大米。宝应县请求寄收仓内,预付景泰二年的秋粮,得到了朝廷认可。[1]130 石大米实在算不上什么大事,《明英宗实录》却毫不吝惜地记录了下来,说明多灾多难的扬州府能够完粮缴纳甚至还有余粮,并不常见。

(一)扬州名宦

英宗以来,到孝宗弘治年间,扬州出现了不少能人,有官至太保兼太子太傅、定西侯的江都县人蒋琬,[2]也有羽林左卫带俸署都指挥使的江都县人许宁[3]等。其中,德高望重者首推太子太保、镇远侯顾溥。

顾溥,字宗泰,扬州府江都县人。成化九年(1473),承袭祖爵,管五军右掖。弘治元年(1488),果勇营坐营管操,又充总兵官镇守湖广。此后,贵州苗乱,顾溥任行军总兵官,率师征讨,平定之后,加太子太保,岁增禄米 200石,仍镇湖广。其后被朝廷召回,奉命提督三千营及团营,掌前军都督府事。弘治十六年(1503)五月卒,赐祭葬如例,谥号"襄恪"。[4]顾溥居官 30 余年,尽忠职守,死后家无私藏,贫不能殓。史称:"一时勋臣中人以溥为贤云。"[5]

文臣之外,扬州府也涌现出一批杰出的将领。后军都督佥事郭瑛,扬州

---

[1]《明英宗实录》卷二〇三"景泰二年四月乙未"条,第 4352 页。

[2]《明宪宗实录》卷二九三"成化二十三年八月己卯"条,台湾"中央研究院"历史语言研究所1962 年校印本,第 4973 页。

[3]《明孝宗实录》卷一四五"弘治十一年十二月壬子"条,台湾"中央研究院"历史语言研究所1962 年校印本,第 2548 页。

[4]〔明〕过庭训:《本朝分省人物考》卷三〇《顾溥》,《续修四库全书》第 533 册,第 628 页。

[5]《明孝宗实录》卷二〇〇"弘治十六年五月己酉"条,第 3712 页。按,明代勋臣骄纵乃常态化,"满目望去,上至宗室王国,下至文勋武爵,在明代林立的勋贵集团中,顾溥这种人无疑属于孤独的一类"。见陈士银:《明代的勋爵授予与勋臣教诫》,《史林》2019 年第 5 期。

府高邮州人,初任大宁前卫指挥使。正统七年(1442),他从征麓川有功,被擢升为都指挥佥事。正统十四年(1449),以安定门杀贼护卫京师有功,升都指挥同知。景泰元年(1450),升都指挥使,从武清侯石亨巡大同,后来升为后军都督佥事。景泰四年(1453)十月死后,朝廷特地遣官谕祭。[1]

中府都督佥事刘纪,扬州江都县人。袭世职为扬州卫指挥使。正统十四年(1449),升都指挥佥事,其后因为守卫西直门有功,升都指挥同知。天顺初年,跟随大将石亨在南城迎驾有功,被擢升为都督同知,后又升为中府都督佥事。天顺八年(1464)夏四月卒后,朝廷赐祭,示以优宠。[2]

后军都督同知艾义,高邮人。永乐初,袭父艾涣之职为大兴左卫指挥佥事。宣德年间,升都指挥佥事。正统三年(1438),以征兀鲁有功,升都指挥同知,又升都指挥使。十四年(1449),为都督佥事。景泰初年,升为后军都督同知。成化二年(1466)八月去世,朝廷遣官谕祭。[3]

南京前府都督佥事阮泰,扬州府江都县人。袭世职为指挥同知。正统十四年,以功升指挥使。景泰初,又升山西行都司都指挥佥事。四年(1453),升都指挥同知,又升都指挥使。天顺二年(1458),因为征东苗有功,升都督佥事、南京前府管事。成化九年(1473)九月卒,朝廷赐葬,其子阮兴袭为大同左卫指挥使。[4]

都督佥事王刚,扬州府江都县人。永乐二十年(1422),袭父王文之职,为大同左卫指挥同知。正统十四年(1449),升指挥使。景泰元年(1450),升都指挥同知。之后,因为军功升任都督佥事。成化十六年(1480)六月卒,朝廷赐葬祭如例。[5]

后军都督府带俸泰宁侯陈桓,扬州府泰州人。成化八年(1472)袭爵,十九年(1483)为五军营左掖管操。弘治元年(1488),明孝宗耕耤田,敕令陈桓充当三公辅佐天子躬耕。后来,改练武营管操兵,又挂印充总兵官,镇

[1]《明英宗实录》卷二三四"景泰四年十月乙巳"条,第5114页。

[2]《明宪宗实录》卷四"天顺八年四月己丑"条,第98页。

[3]《明宪宗实录》卷三三"成化二年八月癸丑"条,第664页。

[4]《明宪宗实录》卷一二〇"成化九年九月丁巳"条,第2331页。

[5]《明宪宗实录》卷二〇四"成化十六年六月乙亥"条,第3573页。

守宁夏。弘治三年(1490),回京。四年(1491),管五千营。弘治七年(1494)七月卒,孝宗为之辍朝一日,赐祭葬如例。[1]

有明一朝,扬州城还出了一位皇亲,这就是驸马都尉赵辉。赵辉,扬州府江都县人,以荫授府军前卫千户。一次偶然的机会,他在皇城内门值勤,被永乐皇帝撞见。朱棣见其相貌堂堂,配以宝庆长公主。宝庆公主是明太祖最小的女儿,成祖即位时,她才8岁。赵辉受宠于永乐帝,先后历仕太宗、仁宗、宣宗、英宗、景帝、宪宗6朝,享受荣华富贵长达60多年,90岁高龄时才去世。[2]上文中扬州烙马事件,就是因赵辉而起。史籍对此人的评价可谓毁誉参半:"人物修伟,粗知文学,好贤礼士。然穷奢极欲,而克享高寿,或谓其有德于养生之术云。"[3]

(二)内忧外患

宪宗即位之初,扬州城发生了一场大规模骚动。根据南京都察院右金都御史高明的奏报,天顺八年(1464)三月,也就是宪宗皇帝登极的当月,扬州百姓不知道听到了什么传闻,"无故惊疑,扶老携幼,俱南奔,两日方定"。[4]百姓不分老幼,举家南奔,肯定是得到了什么消息,将会危及人身安全。此事虽然很是蹊跷,史籍仅道其然,未道其所以然,但也从侧面反映出扬州整座城市脆弱的一面:百姓十分缺乏安全感。

地方形势和国家形势往往唇齿相依。明中叶,国家多事,朝政屡屡出现动荡。此时,扬州地方尤其是仪真,地控长江,为南京屏障,又是四方商旅汇聚之地,常为不法分子所觊觎。为此,成化五年(1469)正月,朝廷特命都指挥金事都胜镇守仪真,并提督扬州、通、泰等处军马,[5]以加强中央对扬州的管控。

除了内忧之外,这一时期的扬州也面临着来自海洋上的外患。自明朝初年,倭寇就一直蠢蠢欲动。到了明中叶,明廷逐渐加强了备倭的力量。成

[1]《明孝宗实录》卷九〇"弘治七年七月壬子"条,第1663页。

[2]〔清〕张廷玉等:《明史》卷一二一《公主传》,中华书局1974年版,第3667页。

[3]《明宪宗实录》卷一七六"成化十四年三月癸酉"条,第3176—3177页。

[4]《明宪宗实录》卷一〇"天顺八年十月庚子"条,第223页。

[5]《明宪宗实录》卷六二"成化五年正月甲戌"条,第1267页。

化九年（1473）三月，命守备扬州仪真等处署都指挥佥事都胜总督扬州等处备倭。[1]成化二十二年（1486）九月，又命府军前卫带俸都指挥使吴瓒总督扬州等处备倭。[2]

天灾、人祸相互交织，导致这一时期扬州地方的行政管理也不尽如人意。成化年间，扬州府所遇灾患不曾减少。比如成化十一年（1475）六月，因为水灾，朝廷下令"免庐州府之六安州、舒城、合肥县，凤阳府之五河、太和县，扬州府之通州、高邮州、如皋、兴化、泰兴、仪真、江都县，及和州秋粮、豆共十一万四千七百余石"。[3]成化二十二年（1486）二月，兵部尚书马文升等上奏，因为连年荒旱，凤阳、庐州、淮安、扬州等四府百姓缺食，四处流动，已经有饥民铤而走险，聚众抢劫。[4]

宪宗皇帝失德，崇信宦官，迷信丹药。扬州地方也有不安分之人，谎称懂得"铅永炼银"之术，迎合天子之意，牟取功名富贵。泰州人李文昌即是其中一位。成化十八年（1482），李文昌号称受到高人指点，懂得炼银之术，与太监狼狈为奸，被引入宫城炼银。他在宫里一住就是5个月，结果并未取得任何进展，最后被宪宗皇帝"杖之五十，发回原籍，令所在官司严加钤束"。[5]

（三）成化盐案

法治状况可以直接反映地方治理水平。就扬州而言，这一时期的法治内容除了一些常见的民事和刑事案件之外，还有一些案件也呈现出鲜明的地方特色。作为漕运、海运交织的交通重镇，扬州府承担着繁重的食盐储运任务，因此，这一时期的不少案件都和盐有关。

盐引本由国家垄断，是调控经济局面、服务军政格局的利器，在非常时期，还可以通过变卖盐引赈济灾民。如成化二年（1466）闰三月，巡视淮扬右副都御史林聪因为凤阳等地遇灾，情况紧急，又无处筹措赈济银粮，就是

[1]《明宪宗实录》卷一一四"成化九年三月辛亥"条，第2215页。
[2]《明宪宗实录》卷二八二"成化二十二年九月甲辰"条，第4754页。
[3]《明宪宗实录》卷一四二"成化十一年六月壬辰"条，第2639页。
[4]《明宪宗实录》卷二七五"成化二十二年二月甲申"条，第4624—4625页。
[5]《明宪宗实录》卷二二九"成化十八年七月甲申"条，第3927页。

通过变卖仪真盐引 2 万余引支用。[1]成化后期,政治腐败,盐引往往沦为皇帝赏赐私人的财物。如成化十六年(1480)八月,有圣旨赏赐太监梁方仪真盐引 3 万引。[2]成化二十一年(1485)九月,又有圣旨赏赐太监潘牛仪真官盐 1 万引。[3]

不仅朝廷变乱盐政,实际上早在成化初年,扬州地方盐政就已陷入混乱。成化三年(1467)七月,遂安伯陈韶奉命到南京一带巡捕盐徒,到了仪真,捕获了盐徒并同党 60 人。陈韶之志并不在为朝廷办公,而是假公济私,在收取了盐徒的大量贿赂之后,将这些人全部开释。可惜人算不如天算,他释放的这些盐徒当中,有的人害怕事情败露,就去御史那里自首,相当于"出卖"了陈韶。巡抚都御史滕昭直接奏呈中央,于是朝廷命人将陈韶逮捕至京审问,最终将陈韶发配辽东。[4]

仪真等地盐徒开始蔓延,到处攻掠,给当地治安造成冲击。成化三年,刑科右给事中左贤上奏:"自仪真抵南京,沿江上下,自芜湖至湖广、江西等处,俱有盐徒,驾使(驶)遮洋大船,肆行劫掠。虽有巡江总兵等官,往往受财故纵。又兼水旱相仍,灶户窘于衣食,盗卖引盐以救急。而射利之徒相率兴贩,恐遇盘诘,持兵拒捕,遂至为贼。"[5]根据这份奏报,可以清楚地看到,当地盐徒之所以泛滥,除了水旱、饥荒等因素之外,也和巡江总兵等官员的贪腐有关。这些官员的贪腐加重了百姓的穷困,而当盐徒肆虐的时候,他们又收受钱财,致使局面进一步恶化。

身处日益恶化的生存环境之中,一些人铤而走险,开始伪造盐引、勘合。盐引是由政府统一颁发的运销食盐的凭证,勘合是供核验的符契。有了盐引和勘合,才可以合法地运销食盐。成化年间,扬州府尤其是所辖仪真县频有盐案发生。其中,最具代表性的盐案就是江都县民金贵等 11 人伪造盐引、勘合案。

[1]《明宪宗实录》卷二八"成化二年闰三月庚辰"条,第 555 页。

[2]《明宪宗实录》卷二〇六"成化十六年八月乙亥"条,第 3603 页。

[3]《明宪宗实录》卷二七〇"成化二十一年九月丙寅"条,第 4565 页。

[4]《明宪宗实录》卷四四"成化三年七月壬午"条,第 913 页。

[5]《明宪宗实录》卷四四"成化三年七月壬午"条,第 914 页。

成化十九年（1483）八月，金贵等人伪造盐引、勘合案件事发，引起了地方不小的震动。伪造盐引本就是死罪，金贵集团合谋伪造，一朝事发，牵连极广。先是负责稽查的序班何玙与千户谭英，贪污受贿，沆瀣一气，继而盐运使白行中、副使孙进也有失察之罪。扬州卫指挥刘增想要大事化小、小事化了。不料，监察部门介入，都御史徐英主张一查到底。都察院奏请，不仅扬州本地大小涉案官员需要调查，就连之前历任巡盐御史都要统统问罪，他们分别是刘魁、杨澄、吴哲、陈孜等人。都察院本来秉公执法，可是此案牵连过大，最后的处理结果是，金贵等11位草民及低级官吏被处斩或者充军，高级官员如盐运使白行中等人赎罪还职。[1]

百姓造伪，官员渔利，上下相瞒，逐利成风。金贵集团伪造盐引、勘合案充分暴露了明中叶扬州官场贪腐、混乱的内幕。案件的判决仅仅处斩了涉案小民，流放了低级官吏，却对高层官员予以豁免，无疑暴露了成化时期朝纲不振的现状，同时客观上鼓励了官场的不正之风。

（四）弘治时期的扬州政局

弘治时期，革新吏治，一批不称职的官吏被严厉惩处。弘治元年（1488）十二月，根据巡按御史常新的弹劾，将直隶扬州府知府吴嵩降为福建都转运盐使司同知。[2]弘治四年（1491）四月，因为上元节夜晚烟火表演，百姓争渡浮桥，致使数十人淹死。根据巡按御史的调查，最后将扬州府通判杨棨废黜为民，扬州府知府冯忠戴罪别任。[3]

与此同时，扬州的河政管理得到了加强。弘治元年（1488）九月，朝廷开始定制，每年三月，都由户部派遣官员自北京通州到扬州仪真催督漕舟。[4]弘治十二年（1499），扬州府辖泰州修筑运河堤岸长达3213丈。[5]

在这段时期内，扬州的备倭之事也未敢懈怠。弘治十一年（1498）二月，

---

[1]《明宪宗实录》卷二四三"成化十九年八月甲申"条，第4120页。

[2]《明孝宗实录》卷二一"弘治元年十二月丙午"条，第492页。

[3]《明孝宗实录》卷五〇"弘治四年四月己酉"条，第1000页。

[4]《明孝宗实录》卷一八"弘治元年九月壬申"条，第432页。

[5]《明孝宗实录》卷一五五"弘治十二年十月壬子"条，第2784页。

任命窦永署都指挥佥事总督扬州等处备倭。[1]十三年（1500）十二月，命金山卫带俸署都指挥佥事西宁总督扬州等处备倭。[2]十七年（1504）七月，又命直隶徐州卫署都指挥佥事王宪总督扬州等处备倭。[3]数年之间，朝廷频频调兵遣将，反映出这一时期扬州地方的倭患情况已经十分严重。

即便在"弘治时期的扬州也迭见水旱之灾。弘治四年（1491）七月，由于灾变，朝廷下令免除扬州府及高邮等卫所在弘治三年欠下的部分粮草。[4]同年八月，考虑到旱灾严重，朝廷一并免除直隶扬州卫及通州、泰州、盐城3个守御千户去年应缴纳的屯田粮。[5]弘治十三年（1500）二月，又因为水灾，免除了扬州部分粮草。[6]

即便在"弘治中兴"的盛世背景下，扬州府仍难以"安享太平"。为了应付边储亏空的情形，弘治二年（1489）四月，明廷下令变卖仪真、淮安等处多余的盐引17240引，供给边陲。[7]在王室大婚经费不足的情况下，孝宗皇帝还曾下令，赏赐兴王淮安、仪真两地盐1万引，以助婚礼之用。[8]由于各种挪用，国家威信面临严重考验，早就在扬州等候的商人往往无盐可给。弘治十六年（1503）十一月，扬州府知府王恩上奏，有的商人都等了一年多，迄今未支取到盐。这时，只能从其他地方调取盐，[9]以解燃眉之急。

扬州作为漕运枢纽，地理位置之重不言而喻，其中最重要的地方又非仪真县莫属。明朝盐案，多半都和仪真县有关。弘治十四年（1501）四月，太监刘雄路过仪真，知县徐淮没有供应周到。其后，守备太监傅容上奏朝廷，特命锦衣卫拷询徐淮。给事中许天锡、监察御史冯允中以及六科十三道官员

---

[1]《明孝宗实录》卷一三四"弘治十一年二月辛巳"条，第2359页。

[2]《明孝宗实录》卷一六九"弘治十三年十二月丁未"条，第3073页。

[3]《明孝宗实录》卷二一四"弘治十七年七月辛亥"条，第4039页。

[4]《明孝宗实录》卷五三"弘治四年七月丙申"条，第1047页。

[5]《明孝宗实录》卷五四"弘治四年八月辛未"条，第1068页。

[6]《明孝宗实录》卷一五九"弘治十三年二月己丑"条，第2851页。

[7]《明孝宗实录》卷二五"弘治二年四月丁巳"条，第577页。

[8]《明孝宗实录》卷四九"弘治四年三月壬寅"条，第997页。

[9]《明孝宗实录》卷二〇五"弘治十六年十一月癸巳"条，第3820页。

纷纷上疏请求宽宥徐淮,然而不被采纳。结果,徐淮被调到边疆任用。[1]弘治十五年(1502)十一月,守备仪真署都指挥佥事杜裕,因为索取部下财物被革职查办,但也不过是革去管事,赎罪还职。[2]弘治中兴的背景下,尚且发生如此离奇荒唐之事,到了后继者明武宗那里,情况自然也就愈发恶化。

二、武宗时期的扬州

(一)武宗时期的扬州名宦

正德年间,朝纲紊乱,却也出现了不少杰出的扬州人。诸如南京吏部左侍郎储巏、右副都御史冒政、应天府府尹冀绮等人。

南京吏部左侍郎储巏,字静夫,扬州府泰州人。他的声名并非因官职而起,而是由于嗜学成瘾,“平居披阅不倦,好吟咏,尝日课一诗,多丽句”,[3]有“清修博雅”的美名。根据《明史》本传的记载,他先后官至南京考功主事、郎中、太仆少卿、太仆寺卿。正德年间,他升任左佥都御史,专门管理南京粮储。后来,升为户部侍郎,管理仓场。在太监刘瑾擅权的时候,他依然守正不阿,后来引疾辞官。在刘瑾被诛杀之后,朝廷召回储巏,先后任命他为南京户部侍郎、吏部侍郎。无论身居何职,他都勤勤恳恳,两袖清风,赢得了同僚的敬重。正德八年(1513)七月,储巏去世。《明史》称赞他“淳行清修,介然自守”。[4]到了嘉靖时期,他还获得了“文懿”的美谥。

右副都御史冒政,字有恒,泰州人。成化年间进士,历任南京户部主事、员外郎、郎中。弘治年间,升武昌知府。正德年间,升山东左参政、江西右布政使,后升右副都御史,巡抚宁夏,正德十四年(1519)二月卒。不论在何地做官,冒政都为人坦荡,两袖清风,深受士林推重。死后更是家无余财,以至于他的儿子竟然要通过借贷才勉强办完丧事。[5]

应天府府尹冀绮,字汝华,扬州府宝应县人。成化年间进士,历任户部

[1]《明孝宗实录》卷一七三“弘治十四年四月甲申”条,第3150—3151页。

[2]《明孝宗实录》卷一九三“弘治十五年十一月壬辰”条,第3564页。

[3]《明武宗实录》卷一〇二“正德八年七月丁丑”条,台湾“中央研究院”历史语言研究所1962年校印本,第2110页。

[4]〔清〕张廷玉等:《明史》卷二八六《文苑二》,第7345—7346页。

[5]《明武宗实录》卷一七一“正德十四年二月壬辰”条,第3311—3312页。

主事、员外郎、郎中。在河间府赈济灾民,又在偏头关战役中督饷有功,从应天府府丞到南京太仆寺卿,再到应天府府尹,治理南都,成为一方重臣。其后,因为言官弹劾,请求退休,获得允许。正德五年(1510)八月,卒于家中。[1]

　　(二)灾变与备倭

　　在明武宗统治时期,扬州府也时有灾变发生。正德元年(1506)十二月,扬州府通州发生连续地震。[2]正德二年冬十月,扬州府所辖通州以及海门、泰兴两县因为草场积年坍陷,陷没入江,无法完成税粮的正常缴纳,获得了朝廷免征部分粮草的待遇。[3]正德十年(1515)夏四月,扬州府辖通州遇到大风雨,又有星如火自西北流东南,声如雷。[4]正德十三年九月,扬州府等处发生罕见大雨,连月不休,淹死人畜不可胜数,以致民间百姓开始卖儿鬻女。[5]

　　备倭是国家大事,明显超出扬州卫的能力范围。所以,往往都是朝廷委派要员来扬州备倭,地方军队服从调度。正德二年(1507)夏四月,朝廷调遣指挥使袁杰为署都指挥佥事,备倭于扬州。[6]倭寇之乱,往往乱在与沿海盗贼的勾结。故此,总督扬州备倭都指挥袁杰曾上奏朝廷,提出一体兼管淮、扬、常、镇、苏、松等6府的地方捕盗之事。扩大权限虽然是备倭的必然要求,但是地方将领坐大,容易为朝廷猜忌。兵部对袁杰奏疏的处理意见为:"事属纷更,且统治太广,亦难防范",[7]仅让袁杰兼管常州孟渎河到苏、松、通、泰沿海地方捕盗之事。

　　袁杰备倭的后续情况,未见详细记载。但6年后,朝廷又委派锦衣卫带俸指挥佥事文恭为署都指挥佥事,总督扬州等处备倭。[8]将锦衣卫将领调派扬州备倭,既说明明廷对扬州备倭一事的重视,同时也彰显出对地方将领的

[1]《明武宗实录》卷六六"正德五年八月甲申"条,第1433页。

[2]《明武宗实录》卷二○"正德元年十二月乙巳"条,第575页。

[3]《明武宗实录》卷三一"正德二年十月己丑"条,第775—776页。

[4]《明武宗实录》卷一二三"正德十年四月壬子"条,第2475—2476页。

[5]《明武宗实录》卷一六六"正德十三年九月癸丑"条,第3223—3224页。

[6]《明武宗实录》卷二五"正德二年四月辛卯"条,第675页。

[7]《明武宗实录》卷四四"正德三年十一月己未"条,第1018页。

[8]《明武宗实录》卷九七"正德八年二月辛酉"条,第2043页。

不信任。到了正德十年（1515）三月，朝廷另派署都指挥佥事张奎总督直隶扬州等处备倭。[1]

（三）武宗南巡扬州

有明一朝，发生过天子南巡扬州的事件。一般而言，天子巡幸本应该成为地方之福，既是一座城市的荣耀，同时当地百姓也可能获得减免多年赋税的福利。然而，武宗南巡却给扬州百姓带来了极大的骚动。

武宗南巡的背景是宁王谋反在即。宁王之所以谋反，除了其本人早蓄异志之外，还与武宗荒淫无道有关。他在位期间，沉迷于渔猎声色，兴建供自己享乐的场所——豹房，还宠信宦官刘瑾，纵容边将江彬，改称"威武大将军太师镇国公朱寿"。武宗一系列的荒唐行为，正好给了宁王朱宸濠反叛的口实。

正德十四年（1519）三月，武宗决定南巡，遭到文武大臣的竭力反对。有大臣上疏抨击天子过失："陛下临驭以来，祖宗之纪纲法度一坏于逆瑾，再坏于佞幸，又再坏于边帅之手，盖荡然无余矣。"[2]不过，100多位大臣的上疏与跪谏并没有奏效，反而遭到了武宗的杖责。

就在明廷陷入一片混乱之时，远在江西的宁王朱宸濠在六月举兵谋反。[3]叛乱声势浩大，先后攻陷了南康、九江等地。武宗决意御驾亲征。此时，王守仁临危受命，并速战速决，于七月攻克南昌，生擒了宁王。八月，王守仁的捷报上奏给南下途中的武宗。武宗当时行进到了涿州，为了满足私欲，不但没有回銮，反而刻意隐瞒了宁王被擒的消息，执意南征。

武宗名义上为南征，实则是借南征之名游玩而已。十一月底，武宗抵达扬州府宝应县。以征讨宁王、安定社稷为名的皇帝到了扬州地面之后，做的第一件大事就是到氾光湖上打鱼[4]。大概波光粼粼的氾光湖给正德皇帝留下了非常美好的印象，以至于后来他返程路过扬州时，再一次到氾光湖重温旧梦。

十二月初，武宗到达扬州府。打鱼的兴致还没有褪去，年近30岁的皇

---

[1]《明武宗实录》卷一二二"正德十年三月丁丑"条，第2455页。

[2]《明武宗实录》卷一七二"正德十四年三月癸丑"条，第3332页。

[3]《明武宗实录》卷一七五"正德十四年六月丙子"条，第3381页。

[4]《明武宗实录》卷一八〇"正德十四年十一月己未"条，第3504页。

帝就将注意力转移到了美色方面。太监吴经到处搜罗处女,甚至连寡妇和妓女都不放过,以至于扬州府一夜之间,女子出嫁殆尽,剩下的则奔逃出城,唯恐人后。有 2 名女子被抓到尼姑庵,绝食而死,用这种极端的方式表达对天子的憎恶以及对人生的绝望。[1]但是,人民的苦难丝毫没有影响残暴统治者的享乐,兴致勃勃的武宗还到扬州城西郊打猎。为了增加打猎的乐趣,提高打猎的效率,他还派人到扬州府辖泰州搜取鹰犬。泰州城顿时陷入惊恐之中,结果 100 余人被抓来充当猎手。[2]

此时的扬州已是寒冬腊月,北风凛冽,天气凝肃,但这并没有削减天子的热情,反而让这位皇帝尽情地展示他放荡不羁的性格。十二月中旬,明武宗在扬州府公然查阅妓女,[3]以供享乐,天下舆论哗然。之后,武宗抵达扬州府辖仪真县,下达民间禁止养猪的荒唐政令,违令者发配边疆充军。一时间,远近居民杀猪殆尽。当年仪真县的祭孔不能用猪,只好用羊来代替。[4]至于禁止养猪的原因,众说纷纭,一说音同国姓,一说是回民于永、写亦虎仙等人在皇帝身边撺掇。[5]其后,武宗又到仪真县的新闸打鱼,并查阅太监张雄等人搜选来的妓女,将半数纳入御船。[6]月底,心满意足的皇帝载着满船的妓女由仪真渡江,去往南京。[7]

正德十五年(1520)闰八月,武宗从南京返回京师,又取道扬州,依然住在扬州总督府。所为之事,还是渔猎游乐。九月,派遣都督宋彬祭旗纛之神于蕃釐观。[8]北归途中,路过宝应,又到氾光湖打鱼。

随行太监大力把握最后的时机,向扬州知府蒋瑶索取贡物。在遭到拒绝

[1]《明武宗实录》卷一八一"正德十四年十二月辛酉"条,第 3505 页。

[2]《明武宗实录》卷一八一"正德十四年十二月壬戌"条,第 3505—3506 页。

[3]《明武宗实录》卷一八一"正德十四年十二月戊寅"条,第 3513 页。

[4]《明武宗实录》卷一八一"正德十四年十二月乙卯"条,第 3515 页。关于明武宗朱厚照发布禁猪令一事,详参陈士银:《摇曳的名分:明代礼制简史》,浙江古籍出版社 2021 年版,第 269—294 页。

[5]〔明〕杨廷和:《杨文忠三录》卷三,《景印文渊阁四库全书》第 428 册,台湾商务印书馆 1986 年版,第 817 页。

[6]《明武宗实录》卷一八一"正德十四年十二月癸未"条,第 3516 页。

[7]《明武宗实录》卷一八一"正德十四年十二月丙戌"条,第 3517 页。

[8]《明武宗实录》卷一九一"正德十五年九月乙卯"条,第 3601 页。按,"十五年",《明武宗实录》作"五年",恐系抄误。

后,他们就用铁链将蒋瑶锁起来,极尽侮辱之事。数日之后,才将蒋瑶放回。

名为天子,实为盗酋,武宗南巡不折不扣地成为扰民之举。在赫赫皇权面前,地方官员往往小心奉承,损下奉上。扬州却因为太守蒋瑶的百般努力,将武宗一行在扬州的闹剧尽可能降到损害最低的程度。

当初,武宗南下淮安府,淮安太守薛赟为了方便龙舟前行,下令将沿河民房统统拆除。到了扬州,太守蒋瑶坚决不拆。圣驾已经到了淮安,转眼就到扬州。官员们召开会议,为了迎接圣驾,至少要动用1万民夫。蒋瑶力争,认为应该减去五分之四,只要用2000人轮番听从调遣就好了。[1]权臣江彬又要扬州报上当地大户的名单,预为勒索之用。蒋瑶回答说:"扬州只有四个大户,其一是两淮盐运司,其二是扬州府,其三是扬州钞关主事,其四是江都县。扬州百姓穷,别无大户。"要钱不成,江彬又索要扬州秀女。蒋瑶说,扬州只有3名秀女。江彬问,这3人都在哪里?蒋瑶回答说,民间并没有秀女。如果朝廷真要选秀女的话,作为扬州知府,我有3个亲生女儿,倒是可以充数。[2]江彬只好作罢。

有一次,武宗捕获了一尾大鲤鱼,想要寻找买家。江彬等人借机陷害蒋瑶,建议卖给扬州知府。蒋瑶接过鲤鱼后,回到家里,把妻子和女儿的衣服、首饰等统统收拾起来,拿到武宗面前:"终于有买鱼的钱了。臣本来无处措办,如今只好拿妻子和女儿的衣装和首饰抵偿了。臣死罪!臣死罪!"看着蒋瑶的寒酸样,武宗令他不用支付鱼钱,可直接把鲤鱼带回家。[3]

事后,蒋瑶因对扬州百姓的百般维护而付出了惨重的代价。在武宗北归途中,蒋瑶被铁索监禁,受到江彬及随行太监的百般羞辱,差点命丧途中。他本来完全可以像淮安太守等人一样,通过逼迫百姓,讨好天子,自己也能借机平步青云,官运亨通。但是,他宁愿选择冒着生命危险,千方百计庇护

---

[1]〔明〕李乐:《见闻杂纪》卷二,《四库全书存目丛书·子部》第242册,齐鲁书社1995年版,第195页。

[2]〔明〕董斯张:《〔崇祯〕吴兴备志》卷二九,《景印文渊阁四库全书》第494册,台湾商务印书馆1986年版,第562页;〔明〕何良俊:《四友斋丛说》卷六,中华书局1959年版,第54—55页。

[3]〔明〕耿定向撰,〔明〕毛在增补:《先进遗风》卷下,《景印文渊阁四库全书》第1041册,台湾商务印书馆1986年版,第417页。

百姓,捍卫自己的良心。用他自己的话说就是:"吾安能以民脂丐吾身荣?"[1]我怎么能用民脂民膏来牟取自身的荣华富贵呢?扬州百姓对蒋瑶的一举一动十分感佩。为了感恩,扬州人为他建立了生祠。[2]

嘉靖时期,蒋瑶官至工部尚书,加封太子少保。此后,引年致仕,享年近90岁,于嘉靖三十六年(1557)十二月去世,被朝廷追封为太子太保,赐以"恭靖"的美谥。[3]蒋瑶一生历官无算,但最为天下人称道的,还是他在任扬州知府时的惠民行为。

三、世宗时期的扬州

明世宗嘉靖前期,政治尚称清明,史称"嘉靖中兴"。南京织造太监刚聪上疏,请求将两淮盐课3万两及扬州钞关船料银作为织造费用,被嘉靖皇帝果断驳回,"速督造回京,不许再扰"。[4]到了中后期,清明不再,取而代之的是国家面临着严重的内忧外患:内有严嵩父子擅权长达20年之久,外有北虏南倭不断侵扰,而且内忧与外患往往相互影响,加速了政治形势的恶化。

(一)丰坊议立明堂

大礼仪之争是嘉靖前期牵动明廷政局的第一要案,从中也看到了有关扬州的记载。武宗无子,按照"兄终弟及"的原则,驾崩后由明孝宗之侄、兴献王之子朱厚熜登极,也就是明世宗。依照古礼,继承皇位者应该尊叔父孝宗为皇考,是为继大宗,而以亲生父亲为小宗,改称叔,毕竟亲生父亲只是藩王。执拗的嘉靖皇帝并不打算接受古礼的规训,反而执意抬高本生父亲的地位。朝臣为此进行了反复申辩,前前后后有不少大臣遭受廷杖,且不乏被杖死之人。在此过程中,一些低级官员,如张璁、夏言等人,迎合嘉靖皇帝的心意,获得优渥的待遇,成为朝廷的显贵,先后都做到了内阁首辅。

到了嘉靖十七年(1538),在大礼仪之争步入尾声的时候,已经退休的扬州官员丰坊又建议朝廷建立明堂,将兴献皇帝尊称为宗,以配上帝。丰坊原

---

[1]〔明〕李乐:《见闻杂纪》卷二,《四库全书存目丛书·子部》第242册,第195页。

[2]〔明〕李乐:《见闻杂纪》卷二,《四库全书存目丛书·子部》第242册,第195页。

[3]《明世宗实录》卷四五四"嘉靖三十六年十二月甲申"条,台湾"中央研究院"历史语言研究所1962年校印本,第7686—7687页。

[4]《明世宗实录》卷九二"嘉靖七年九月癸酉"条,第2110页。

任扬州府通州同知,退休后赋闲在家。当时流传的2部著作,一部为《十三经训诂》,多为穿凿附会之语;另外一部为《子贡诗传》,也是他伪造而成。在朝廷议礼的大背景下,他便想方设法谋求富贵,试图紧步张璁、夏言的后尘。嘉靖十七年六月,他跑到京师,通过建言建明堂事,意图取悦于嘉靖皇帝。[1]丰坊的举动被严嵩加以利用,其建议博得龙颜大悦。[2]同年九月,明廷就尊奉太宗为成祖,献皇帝为睿宗,使嘉靖帝的生父获得配享上帝的荣耀。[3]

然而令丰坊始料未及的是,他的建议虽被皇帝采纳,本人却未受到一官半职的奖励。原来,他的父亲丰熙在做翰林学士的时候,因为在大礼仪之争中坚守古礼,仗义执言,被发配到福建镇海卫戍边,最后死在了那里。[4]丰坊主动阿谀奉承,相当于背叛了父亲。因而尽管其建议被天子采纳,但是鉴于其卖父求荣,朝廷并未予以任何封赏。其人其事,足以成为那些为贪图富贵而不惜突破底线之辈的教训!

（二）曾铣议复河套

由于北方部族的侵犯,遂发生议复河套之事,成为嘉靖时期内忧外患相互交织的典型。河套地区东、西、北三面均被黄河包围,土地肥沃,东西2000余里,历来为兵家必争之地。经过之前的“土木之变”,明朝国力已经遭受重创。英宗天顺年间,蒙古贵族毛里孩乘虚而入,领兵攻占了河套地区,据为巢穴。此后,他们以此为跳板,对山西、陕西等地区频频发动袭扰。历经天顺、成化、弘治、正德等时期,河套之敌屡为明朝北边重患。

嘉靖二十五年（1546）八月,河套地区的蒙古人又集结了3万多骑兵侵犯延安府,洗劫了三原、泾阳等地区,杀掠百姓不计其数。时任总督三边侍郎的曾铣率先提出收复河套的军事策略。

曾铣,字子声,号石塘,扬州江都人。嘉靖八年（1529）进士,授长乐知县。后来作为御史,巡按辽东。在处理辽阳兵变事件中,曾铣妥善应对,处

---

[1]〔清〕张廷玉等:《明史》卷一九一《丰坊传》,第5071—5072页。

[2]〔明〕严嵩:《明堂秋享大礼议》,〔明〕陈子龙等选辑:《明经世文编》卷二一九,中华书局1962年版,第2284—2287页。

[3]《明世宗实录》卷二一六“嘉靖十七年九月辛未”条,第4409页。

[4]〔清〕张廷玉等:《明史》卷一九一《丰熙传》,第5071页。

斩首恶,安定了辽东,立有大功。事后,为了感恩,辽东多地百姓都主动为他建了生祠。[1]

其后,他辗转为官,做到了兵部侍郎,总督陕西三边军务,受到嘉靖皇帝赏识,成为边镇重臣。曾铣感戴皇恩厚重,便于嘉靖二十五年(1546)提出收复河套这一军事构想,想要亲自率领精兵6万,直捣河套。他提出了8条具体的建议和实施条件,"请帑金数十万,期三年毕功"。[2]曾铣的这一建议得到嘉靖皇帝的大力肯定,甚至下拨20万两白银的经费,以资鼓励。但很快遭到朝廷多数官员的反对:从英宗失去河套至今已有80余年,岂是曾铣区区一人数年之间就能收复?

反对的人数越来越多,责难的声音也越来越大。从表面上看,明廷内外在进行一场关于要不要收复河套的争辩,实际上却是权臣严嵩与夏言之间争权夺利的较量。夏言本来想倚重曾铣收复河套,以成就不世之功,从而巩固自己的地位。严嵩则欲借此机会,拔掉夏言这颗眼中钉,进而独揽朝政。嘉靖皇帝的意图逐渐发生了摇摆,从支持收复河套,变成了质疑,进而明确反对。依照常理,即便提案不成,也不至于遭受什么重罚。机不可失,时不再来,严嵩集团以此为契机,用尽诬陷、造谣等各种解数激怒嘉靖皇帝,推动事件一步步升级。最后,收复河套提案的结果便是曾铣和夏言被处斩。从此之后,无人再敢向朝廷建言边事。曾铣这位扬州籍的出色将领,本来怀着收复河套的满腔热血,一心驱除劲敌,没想到自己却沦为党争的牺牲品,被以交结近侍的罪名处斩,妻子儿女被流配2000里。[3]穆宗隆庆初年,朝廷终

---

　　[1]〔明〕毕恭等修,〔明〕任洛等重修:《〔嘉靖〕辽东志》卷五《官师志》,《续修四库全书》第646册,上海古籍出版社2002年版,第604页。

　　[2]〔清〕张廷玉等:《明史》卷二〇四《曾铣传》,第5387页。

　　[3]〔清〕张廷玉等:《明史》卷二〇四《曾铣传》,第5388页。值得玩味的是,当年严嵩将曾铣这位扬州籍的将领杀死,而后来弹劾、瓦解严嵩、严世蕃集团的御史邹应龙却是半个扬州人。邹应龙,字云卿,陕西兰人。他的父亲在扬州做生意,久之也成了扬州人,后来才迁入陕西。正因为如此,邹应龙对严党在南京、扬州的田产非常清楚。嘉靖末年,严嵩、严世蕃父子擅柄,虐焰赫然,言者辄死。尽管如此,邹应龙还是冒死上疏,结果严嵩被罢免,严世蕃被发边、诛杀,"朝宇肃清,中外臣民无不想望风采"(〔明〕张萱:《西园闻见录》卷九五,《续修四库全书》第1170册,上海古籍出版社2002年版,第215页)。严嵩当年通过枉杀一个扬州人独揽朝政,后来家破人亡的导火线居然是半个扬州人的奏疏。

于为曾铣平反,追赠他为兵部尚书,谥号"襄愍"。万历时期,朝廷还在陕西为他建了祠堂。[1]

(三)扬州骚乱

通观历史,"官逼民反"往往成为历史发展的铁律。如果中央和地方政府能在政治、经济以及民生等领域举措得当,自然能够赢得百姓支持,提高国家的稳定程度。例如在天灾、河患等发生时,扬州当地政府积极治理河道,就促进了地方的稳固。

嘉靖时期,扬州府在治河方面下了不少工夫。嘉靖五年(1526)六月,对扬州宝应县氾光湖进行治理。[2]嘉靖十九年(1540)九月,又对氾光湖等处加以整治。[3]海潮的压力有时来得比河患还要凶猛。嘉靖十九年,根据扬州府海门知县汪有执的奏报,因为潮变,海门县死亡百姓超过万人。[4]嘉靖二十四年(1545)八月,由于海潮不止,明廷还将海门县县治迁移到了金沙场,"割通州清干乡、七图及利河镇北水荡附之,避水患也"。[5]

同时,扬州作为漕运枢纽,也是盐运中心,虽然繁华不如昔日,但是富庶之名远播在外,也引起了严嵩及其党羽的垂涎,进而激起民变。嘉靖四十年(1561)八月,南京御史林润弹劾总理盐法都御史鄢懋卿贪污腐败的 5 条罪状,其中一条就是"加派扬州盐商,几至激变"。[6]严嵩、严世蕃集团榨取扬州民脂民膏早已不是什么新闻。嘉靖四十一年(1562)五月,御史邹应龙劾奏大学士严世蕃,罪名之一就是严嵩父子原籍江西袁州,却在南京、扬州、仪真等处广置良田、豪宅。这些良田、豪宅由严家仆人严冬打理,都是靠巧取豪夺得来,早就引起民愤。[7]

嘉靖后期,政治紊乱,盗贼多有,地方骚然。嘉靖三十三年(1554)六月,

---

[1]〔清〕张廷玉等:《明史》卷二〇四《曾铣传》,第 5389 页。

[2]《明世宗实录》卷六五"嘉靖五年六月丁卯"条,第 1497 页。

[3]《明世宗实录》卷二四一"嘉靖十九年九月辛丑"条,第 4878 页。

[4]〔清〕汪砢玉:《古今鹾略》卷五,《续修四库全书》第 839 册,上海古籍出版社 2002 年版,第 50 页。

[5]《明世宗实录》卷三〇二"嘉靖二十四年八月甲午"条,第 5732 页。

[6]《明世宗实录》卷五〇〇"嘉靖四十年八月壬戌"条,第 8267 页。

[7]《明世宗实录》卷五〇九"嘉靖四十一年五月壬寅"条,第 8386—8387 页。

朝廷添设扬州府同知1员,专驻瓜洲,负责捕捉江海盗贼。[1]嘉靖三十九年(1560)正月,还发生一起盗贼公然抢劫县城的要案。原来,朝廷设置备倭水兵,招募一些游手好闲的少年。退役之后,他们无所事事,流落江湖之间,形成强盗集团。一天夜里,100多名强盗攻入扬州府泰兴县,杀人越货。[2]此事震动了朝廷,朝廷下令泰兴县知县梁栋以及把总吕圻戴罪捕贼。

(四)嘉靖备倭

嘉靖后期,倭寇肆虐,扬州往往罹患,损失惨重。根据《嘉靖倭乱备钞》的记载,最早在嘉靖二十三年(1544)八月,日本国就违背"十年一贡"的惯例,擅自朝贡,意图不轨。[3]此后,倭乱风云弥漫明朝海疆。

嘉靖三十五年(1556)十月,在倭寇的一次进犯之后,扬州地方损兵折将,其中死难者包括同知朱衮,参将张恒,千户罗大爵、张希岳,百户曾沂、王元,镇抚杨住等。[4]嘉靖三十八年四月,倭寇数百艘战船转掠扬州海门等处,又给当地造成巨大损失。[5]

由于倭寇的频频侵犯,朝廷也不时给受灾的扬州地区减免税粮。如嘉靖三十五年九月,减免扬州府辖通州、泰州、江都县、泰兴县、海门县、如皋县等6个地方的税粮。[6]

倭寇往来不定,乘船乱窜,到处兴风作浪。嘉靖三十六年四月,一股倭寇进犯高邮,另一股进犯如皋县,也攻击了泰州。[7]五月,进犯高邮的倭寇又攻入了宝应县,然后突袭淮安府,反过来再一次攻入宝应县,烧杀抢掠,无恶不作。[8]

高邮本来设立卫所,是扬州地区极为重要的军事力量。可惜嘉靖后期,军备废弛,以至倭寇进犯,如蹈无人之境。嘉靖三十八年五月,总督漕运都

---

[1]《明世宗实录》卷四一一"嘉靖三十三年六月丁酉"条,第7169页。

[2]《明世宗实录》卷四八〇"嘉靖三十九年正月辛卯"条,第8021页。

[3] 佚名:《嘉靖倭乱备钞》,《续修四库全书》第434册,上海古籍出版社2002年版,第1页。

[4]《明世宗实录》卷四四〇"嘉靖三十五年十月辛卯"条,第7543页。

[5]《明世宗实录》卷四七一"嘉靖三十八年四月壬寅"条,第7909页。

[6]《明世宗实录》卷四三九"嘉靖三十五年九月戊午"条,第7529页。

[7]《明世宗实录》卷四四六"嘉靖三十六年四月己酉"条,第7611页。

[8]《明世宗实录》卷四四七"嘉靖三十六年五月庚申"条,第7616页。

御史傅颐建议,应该在高邮设立重兵,重点防御。然而此时明军主力都在浙江、福建等地抗倭,无兵可调。最后,只能让总督胡宗宪从山东新招募2500名军士临时镇守高邮。[1]但嘉靖三十五年四月,进犯镇江、瓜洲、仪真等处的倭寇就有3000多人,而且不乏精锐。[2]仅靠这2500名军士,而且是没有战斗经验的新兵,如何能够有效抗敌?

宝应县作为扬州府的北方屏障,本应具备基本的防御力量,然而事实并非如此。一旦倭寇入侵,宝应居然成了无人之地,任由倭寇蹂躏。嘉靖三十六年(1557)二月,总督漕运兼巡抚都御史蔡克廉上奏,主张修筑宝应县城,以防倭寇。也就是说,当时的宝应县城几乎形同虚设,根本不具备基本的自卫能力。一时间,朝廷也没有专门的修城经费,只能抽调凤阳府余存的折粮银2万两,再另外凑上扬州没官田租银,作为工费。[3]

明朝军备废弛如此,这也解释了为什么倭寇的屡次侵犯,都能对扬州地区造成较大的伤害。

四、神宗以降的扬州

明神宗万历以来,明帝国的国运江河日下。明后期的扬州政局以明季最为繁杂,其中尤以扬州争夺战为重中之重。

(一)扬州灾荒

国势衰微,明后期的扬州也多灾多难。穆宗隆庆三年(1569)十月,扬州府同淮安、徐州二府发生了水灾,获得朝廷减免赋税的待遇。[4]同年十二月,扬州府辖高邮州、宝应县受灾情况最为严重,免征两地饷银。[5]隆庆五年(1571),扬州又发生水灾,朝廷减免扬州地区卫所的应缴屯粮。[6]六年

---

[1]《明世宗实录》卷四七二"嘉靖三十八年五月甲戌"条,第7925页。

[2]《明世宗实录》卷四三四"嘉靖三十五年四月辛丑"条,第7483页。

[3]《明世宗实录》卷四四四"嘉靖三十六年二月乙未"条,第7577页。

[4]《明穆宗实录》卷三八"隆庆三年十月辛亥"条,台湾"中央研究院"历史语言研究所1962年校印本,第959页。

[5]《明穆宗实录》卷四〇"隆庆三年十二月戊辰"条,第1005页。

[6]《明穆宗实录》卷六二"隆庆五年十月癸巳"条,第1499页。

（1572）九月，扬州府再次发生水灾，请求朝廷赈济。[1]

万历八年（1580），扬州等处发生饥荒。和往常一样，朝廷命令扬州地方政府下拨库存银粮以赈济灾民。按照京师收到的扬州府之前的奏报：扬州府库存粮应为540000多石，经巡抚核查，实为36000石；库存银应为88000两，实为0两！救灾如救火，情急之下，明廷只能从他处调拨银粮。作为惩罚，"降该府知府虞德烨服俸三级"。[2]

扬州府三州七县所缴民粮，尤以兴化县为重。隆庆二年（1568）九月，扬州府起运民粮到京师，一共9万石，其中兴化一县就派额3万多石。兴化县很多百姓已经由民户转为灶户，为朝廷煎盐。可是，在转为灶户之后，却依然要缴纳民粮。[3]这一情况，到了明末仍然突出。

（二）李七案

明后期，为了备倭，扬州地方必须预留粮饷、军马等听候支用。如此一来，势必增加百姓负担。其中，不乏地方官员假借备倭之名，虚冒滥派，让本来举步维艰的扬州百姓雪上加霜。[4]而奉旨开矿的太监也早就盯上了扬州府这块"肥肉"。与地方官员比起来，他们倚仗天子之名，作威作福，更加肆无忌惮。根据巡按御史姚镛的奏疏："扬州为自南入北之门户，徐州为自北入南之津梁。商贾辐辏，夙号殷阜。自利珰四出榷税以来，非借事重罚以倾其囊，则逞威严刑以毙其命。流亡辗转，负贩稀踪，流毒灾民，莫此为甚！乞念根本重地，亟赐停免。"[5]不出所料，朝廷对这一意见置若罔闻。经过开矿太监的各种盘剥，扬州府最后残存的繁华景象被彻底葬送了。上有宦官、贪吏的鲸吞蚕食，下有盗贼、乱民的侵扰煽惑，正是在这种乱象丛生的背景下，扬州地区发生了一桩大案。

万历五年（1577）十二月的一个夜晚，扬州府以李七为首的37名盗贼

---

[1]《明神宗实录》卷五"隆庆六年九月戊子"条，台湾"中央研究院"历史语言研究所1962年校印本，第191页。

[2]《明神宗实录》卷一○七"万历八年十二月癸亥"条，第2072—2073页。

[3]《明穆宗实录》卷二四"隆庆二年九月乙亥"条，第674—675页。

[4]《明神宗实录》卷五○六"万历四十一年三月丙子"条，第9607页。

[5]《明神宗实录》卷五七九"万历四十七年二月丙辰"条，第10954—10955页。

入城抢劫财物,并且用铁斧劈开了城门,然后渡江潜藏到了南京。[1]对于这种大事,扬州府竟然隐瞒不报,遭到万历皇帝的严厉训斥。扬州府之所以隐瞒不报,部分原因在于明廷捕法严密,只要辖区出现盗贼,地方行政长官往往面临重罚。万历六年,整个扬州府官场都受到株连。万历皇帝发难之后,先后牵连到李七案的官员有各巡捕官、操江都御史张岳、扬州知府卢德烨、指挥顾名臣并两漕总督等。好在多方配合,盗贼全部被缉拿归案。李七案涉案金额不算巨大,他们的目标就是夜晚入城抢劫大盐商宋国徽的财产,到手白银1000多两,并盐引、首饰、珍宝若干。[2]但是性质恶劣,反映出扬州地方管理的重大纰漏。

案件虽然了结,但朝廷对李七案的处理并不能让扬州地方官员有所收敛。万历七年六月,户部弹劾仪真运粮指挥刘大材等人盗卖漕粮,然后用粗劣的粮食充数。事发之后,不仅处理了运粮指挥刘大材,也追究了监管官员的责任,"降监兑主事陈宣一级"。[3]

(三)妖僧案

明末的扬州,一波未平,一波又起。先是扬州江都妖民武悟空通过白莲教蛊惑百姓,造谶印符,图谋不轨。其中,潘成祖、骆玄机等要员亡命天涯,下落不明。[4]继而轰动一时的妖僧案爆发。天启五年(1625)十一月,锦衣卫缉获1名叫作本福的妖僧。根据状词,牵连到了扬州知府刘铎。刘铎旋即被押解进京,与本福当面对质。[5]

妖僧案的起因是魏忠贤的眼线在什方寺看到有一名僧人手持诗扇,扇子上题有"阴霾国事非"的诗句,似乎意在讽刺魏忠贤乱国。拷问之下,据说诗句是扬州知府刘铎所作。可是,经过户部主事欧阳晖的证实,刘铎根本就不曾写过这种诗。至此,这件案子本来可以结束。可是,不论真实情况究

[1]《明神宗实录》卷七〇"万历五年十二月辛亥"条,第1517页。

[2]〔明〕瞿九思:《万历武功录》卷二,《续修四库全书》第436册,上海古籍出版社2002年版,第153页。

[3]《明神宗实录》卷八八"万历七年六月辛卯"条,第1824—1825页。

[4]《明熹宗实录》卷一五"天启元年十月乙未"条,台湾"中央研究院"历史语言研究所1962年校印本,第779—780页。

[5]《明熹宗实录》卷六五"天启五年十一月己酉"条,第3061页。

竟如何，魏忠贤早就恼羞成怒，不肯善罢甘休。阉党集团多方罗织，先后牵连刘铎家人刘七、曾云龙，刑部书办史大仁，原任御史方震孺，宁安大长公主之子原任都督李承恩并其子李瑞，刑部郎中翟师偃、李升问，刑部主事冯士渠，方士方景阳，刑部郎中高默、徐日葵，主事陈振豪、汤本沛等人。最后，轻者被降级，重者如刘铎等被处以斩刑。

当扬州知府刘铎被打得体无完肤之时，他对拷问官厉声说道："一时功名易尽，千秋公论难逃！"[1]审讯官员顿时哑口无言。前有蒋瑶不愿阿谀天子，千方百计庇佑百姓；后有刘铎坚守正义，宁死不屈，与魏忠贤集团抗争到底。一蒋一刘，让人从中领略到扬州太守的骨气与担当。刘铎死后，天下士人无不为之扼腕。就因为"阴霾国事非"这种莫须有的罪名，魏忠贤大开杀戒，诛及无辜，足见明廷混乱之病症已入膏肓。

（四）财政衰竭

明朝后期，扬州府和淮安府等处的盐银存储，最主要的目的是应对日益膨胀的边需。隆庆四年（1570）二月，总理河道都御史翁大立负责疏浚河道，却苦无经费来源。于是，他上奏工部，能否从结余的盐银中支取2万两用来修河。工部官员商议之后认为，盐银主要供给边防，不可随意支用，但是修河又是大事，河道如不通畅，也无法运输银粮。故此，姑且将盐银5000两支给翁大立，另从扬州、淮安二府的商税、没收赃款、收缴罚金等款项中支取15000两。[2]

漕运是国家命脉，可是明后期几乎每一次修理河道，往往都无银可支。万历四年（1576）正月，因为要修筑宝应县河堤，督漕侍郎张翀建议，可以让江南各府州，并浙江、江西、湖广等地区每粮1石加派1斗，折银5分。一个小小的宝应县修筑河堤，明廷居然无银可用，朝臣考虑的却是向多省民众加派税粮。这种做法过于冒进，很容易激起民变。最后，明政府拿出折中的方法，让河道衙门转拨修河银5万两，另从运输的漕米中截留一部分，再从工本盐银中筹借一部分，然后从山东、河南两地香钱例银中支取一部分，最后

---

[1]《明熹宗实录》卷七四"天启六年闰七月辛巳"条，第3594页。

[2]《明穆宗实录》卷四二"隆庆四年二月癸亥"条，第1058页。

再凑上德州的仓银。[1]宝应县河堤的修筑竟然扰动了几乎半个帝国,明廷的财政情况显然不容乐观。

万历以来,战事纷纷,遍及南北,摇动内外。先是宁夏之役,镇压哱拜反叛,继而朝鲜之役,抗击倭寇,此后还有播州之役,平定杨应龙之乱,史称"万历三大征"。在这种背景下,扬州府作为漕运枢纽,面临着前所未有的运输压力。先是经费匮乏,有人甚至建言拍卖盐引。此举毕竟有伤朝廷体面,又不符合规矩,只好作罢。[2]另外,拍卖盐引也必定带来各种弊端,破坏盐政。因为早在正统年间,盐商凭借盐引几乎无盐可支,"有守候数十年老死不得支,而兄弟妻子代之支者"。[3]如果政府再公然拍卖盐引,就会降低盐政信用,最终也无法确保财政收入的稳定。

崇祯时期,明朝衰亡的局面已无力扭转。根据一份奏议,天启六年(1626),扬州府欠银只有888两。天启七年,欠银48两,基本还清。然而,仅仅过了一年,崇祯元年(1628),却欠银1万多两。崇祯二年,欠银更是高达18981两![4]随着农民军、清军的轮番进攻,加上天灾人祸,明廷超负荷的催逼有增无减,把扬州百姓推向了水深火热之中。当地方百姓的财富被逐年榨干之后,整个明帝国也随之奄奄一息,等待它的唯一结果只能是灭亡。随着明朝走向覆没,扬州军民誓死抗击外来之敌,谱写了人世间极为悲壮的挽歌。

建国之初,朱元璋接管的扬州不过是残垣断壁,整座扬州城仅有18家百姓,[5]不啻一座荒城、芜城。靖难之役中,燕王朱棣正是因为扬州城防虚弱,才绕开了凤阳、淮安二府,直扑扬州,再取南京。经过明前期的艰苦经营,"仁宣之治"以后的扬州府才逐步恢复了昔日的繁盛。

明中后期,政局丕变。武宗南巡不但没有成为扬州百姓的荣耀,而且还演变成扬州人的梦魇。嘉靖中叶以来,内忧外患层出不穷。万历之后,国运

---

[1]《明神宗实录》卷四六"万历四年正月己酉"条,第1037页。

[2]《明神宗实录》卷三〇九"万历二十五年四月戊辰"条,第5783页。

[3]〔清〕汪砢玉:《古今鹾略》卷五,《续修四库全书》第839册,第54页。

[4]〔明〕毕自严:《度支奏议》卷七,《续修四库全书》第483册,上海古籍出版社2002年版,第279页。

[5]《明太祖实录》卷五"丁酉年十月甲申"条,第58页。

多舛。水旱迭兴、苛税不断、矿使扰攘、宦官专政、官吏贪污、盗贼四起、妖术抬头等,这一切政局乱象,把明后期的扬州拖进了泥潭之中。

明代扬州历史的展开离不开形形色色的历史人物。扬州府人杰地灵,既有本土的文相武将,如明朝仅有的3名丞相,其中之一就有扬州人汪广洋,也有到扬州为官深受百姓拥戴的贤良太守,如蒋瑶、刘铎等。然而富庶之地利益攸关,盘根错节,颇难治理。扬州府浮出的江都县民金贵等11人伪造盐引、勘合案,以及以李七为首的37名盗贼公然抢劫府库、斧劈城门案,后来都被核查为窝案,牵连极广,折射出扬州府疯败丛生的官场生态。

第四章 明代扬州的军事及其抗争

明朝建国之初,毗邻京师南京的扬州府就重视当地的军事建设。扬州不仅设有多处卫所,作为常备军队,还建立了包括巡检司、民壮在内的后备军队。除了陆军之外,另有涵盖内河和滨海的水军力量。逮于嘉靖时期,无论是陆军建设,还是水军建设,都存在诸多漏洞。正因如此,扬州府也饱受倭寇蹂躏,所辖州县遭到倭寇的严重破坏。痛定思痛之后,扬州府军民很快反应过来,健全军备,予以反击,最终将来犯之敌尽数驱逐。及至明朝末年,面对清军的大举进攻,扬州府又迎来一次重大考验。生死存亡之际,史可法督师扬州,是率众投降,免于一死,还是决死一战,杀身成仁? 改朝换代之际,扬州府又书写了怎样的历史故事呢?

第一节 扬州府的水陆防御体系

扬州地处运河、长江的交汇点,东邻大海,西蔽南京,成为有明一代的军事重镇。为了有效地增强武装力量,明代的扬州府搭建了相对完备的水陆防御网络。在兵种配备上,既有依托卫所的正规军,还有巡检司等日常警备军,另有从各州县抽调的民壮等。这些兵种互相配合,成为守卫扬州的核心力量。

一、水军防御力量

元末明初,朱元璋在击败方国珍、陈友谅之后,一方面通过使者交涉、实施海禁等措施应对倭寇,另一方面着手建立海防系统。明初的水军建设,主要集中在以下两个方面:

其一,加强水军建设,使水军巡逻制度化。

明太祖朱元璋在统一全国的过程中,逐渐建立起一支规模相当可观的水军。在与陈友谅、张士诚、方国珍等人的角逐中,水军力量不断增强。明朝开国后,建设水军一方面用来追剿陈、张的海上残余势力,另一方面用以防倭,应对崭新的威胁。

洪武三年(1370)七月,"置水军等二十四卫,每卫船五十艘,军士三百五十人缮理,遇征调则益兵操之"。[1]这是一支拥有1200艘战船的庞大水军军团,既可以出远海巡逻作战,也可以与地方卫所军队配合作战。

洪武六年,朱元璋下诏,命靖海侯吴祯为总兵官,带领广洋、江阴、横海、水军四卫兵力,每年春天浮船出海,分路防倭,至秋而还。其后,又任命汤和、徐辉祖等重臣巡视海疆,构筑城池。之后,明廷水军形成了常规的巡逻制度。[2]

其二,沿海卫所添置船舰,加强地域防倭的能力。

由于濒海州县屡被倭害,而官军逐捕往往乏舟,不能追击。故此,洪武五年,中书省臣上疏说:"尝闻倭寇所至,人民一空,较之造船之费,何翅(啻)千百?若船成、备御有具,濒海之民可以乐业。所谓因民之所利而利之,又何怨?但有司之禁不得不严。"[3]倭寇一旦犯境,给人民造成的损失不可估量。有鉴于此,朱元璋接受大臣的建议,下令于浙江、福建濒海九卫造海舟660艘以御倭寇。但是倭寇行踪不定,明军的海船仅能限制,而不足以抓捕、歼灭狡黠多诈的倭寇。在这种情况下,洪武六年,朱元璋令广洋、江阴、横海、水军四卫添造多橹快船,沿海巡逻,以备不虞。这一措施很有针对性,一旦倭寇来犯,可用大船退敌,快船追敌。此后,沿海卫所的船只建造更加受到重视。

二、陆军防御力量

海防建设固然重要,但陆地防御亦不可偏废。出于这种考虑,明政府建卫所、设民壮、添巡检司,形成陆上防御网络。这种防御网络本来是出于维护地方稳定和国家安全需要,由于倭寇的入侵,便也发挥了对外防御的功能。

---

[1]《明太祖实录》卷五四"洪武三年七月壬辰"条,第1061页。

[2]〔清〕张廷玉等:《明史》卷九一《兵志三》,第2243—2244页。

[3]《明太祖实录》卷七五"洪武五年八月庚辰"条,第1391页。

第一，全国建立卫所制度。

明代从京师到地方郡县，皆立卫所。洪武七年（1374），明太祖申定卫所之制："每卫设前、后、中、左、右五千户所，大率以五千六百人为一卫，一千一百二十人为一千户所，一百一十二人为一百户所，每百户所设总旗二人，小旗十人。"[1]卫所皆辖于都司，而都司又辖于五军都督府。此外，还有守御千户所、军民千户所等，其中守御千户所直隶于都司。卫所所设之地皆为要害地，大抵一郡设所，连郡设卫。

扬州府设有扬州卫、高邮卫、仪真卫，仪真卫只有左、右、中、前四千户所，另设兴化守御千户所、通州守御千户所、泰州守御千户所，兵力总数应为19040人。各卫所的士兵，十分之八负责屯种，十分之二负责守城，定时轮换，以平均劳逸、耕战结合。

第二，除卫所官兵之外，明廷在各州县设有民壮。

据《嘉靖惟扬志》载，民壮数目，在江都全额360名，泰兴425名，高邮420名，兴化297名，宝应155名，泰州350名，如皋200名，仪真100名，通州300名，海门140名，总数额为2747人。[2]民壮作为卫所的补充力量，发挥后备军的作用。在卫所军队弱化乃至腐化之后，地方民壮往往后来居上，成为防卫扬州的支柱力量。

第三，除了卫所、民壮之外，明廷还设立巡检司作为防寇御盗的重要力量。

巡检司在平时发挥检查可疑人员、捉拿盗贼等功能，在战争时期，也会承担必要的军事职责，是不可或缺的军事辅助力量。明朝巡检司设立很早，以扬州府而论，洪武元年（1368），仪真县设立旧江口巡检司，巡检1人、吏1人、弓兵50人。此后陆续增设，各地巡检司弓兵数略有不同，具体情况如下表所示。

---

［1］〔清〕张廷玉等：《明史》卷七六《职官志五》，第1874—1875页。

［2］〔明〕朱怀幹修，〔明〕盛仪辑：《嘉靖惟扬志》卷一〇《军政志》，《扬州文库》第1册，第88页。

表 4-1 　　　　　明代扬州府各州县巡检司设置情况表[1]

州县	巡检司	弓兵额（名）	备注
江都县	归仁	50	
	瓜洲	100	
	邵伯镇	60	
	万寿	100	
	上官桥	100	
泰兴县	黄桥	30	
	口岸	30	
	印庄	30	
	旧江口	80	
通州	石港	40	
	狼山	60	
泰州	海安	30	
	西溪	30	
	宁乡	30	
如皋县	石庄	60	
	西场	40	
	掘港	40	
高邮州	时家堡	90	
	张家沟	60	
兴化县	安丰	100	
海门县	吴陵	50	
	张港	50	
盐城	清沟	人数不详	受扬州府节制
	喻口	人数不详	受扬州府节制
弓兵总计		1260	

在可考的巡检司中，建于洪武朝的数目最多，其后嗣君相机设立，并无

---

[1] 此表据《嘉靖惟扬志》制作。见《嘉靖惟扬志》卷一○《军政志》，《扬州文库》第 1 册,第 88—89 页。

定制。巡检司弓兵数量十分精确而齐整,但实际情况或有出入,兵员未必足额,数量也未必如此工整。巡检司之布设比较合理,大体上因地而设、因事而立。江都乃扬州府治所在之地,通州、如皋、海门地处东南,滨江负海,泰州、泰兴则为西进扬州的必经之地,所以在这些地方设司数目较多,兵员亦多。巡检司的职能,除了盘查奸盗,管制乱民,以维护地方秩序外,像石港、掘港、西溪、安丰、海安等地的巡检司,由于地近盐场,还有查处贩卖私盐的职能。

洪武十七年(1384),朱元璋命汤和巡视沿海城县备倭情况,选择要害之地筑城增戍,作为卫所的辅助力量。正是在这种背景下,如皋开始设有备倭军营、堡、斥堠,与通州、泰州诸所并列。增建的营、寨、墩、堠等防御设施,负责日夕瞭望,遇警则报。其以小股兵力散驻各地,拱护卫所,弥补了卫所的粗线条防御缺点,极大地增强了防倭、备倭、战倭的军事力量,形成了水陆结合的防倭体系,也对维护地方稳定起到了显著作用。

三、水陆结合的混合防御体系

洪武二十三年(1390)四月,朱元璋下令:"滨海卫所,每百户置船二艘,巡逻海上盗贼。巡检司亦如之。"[1]每百户置海船2艘,那么一卫拥有的海船数量为100艘,这比洪武三年(1370)确定的水军二十四卫的海船力量,整整多了1倍。洪武二十六年,朱元璋下令在天下要冲之地都设立巡检司。自此,巡检司制度更加健全,逐渐成为防范倭寇的重要力量。之前的二十四卫配合沿海卫所巡检司,无战事就负责巡检海面,有战事就积极御敌。这样的水军力量,由春到秋沿海巡逻、御敌,对遏制倭寇势力起到了明显的威慑作用。

永乐年间,明成祖朱棣继续增设卫所,强化卫所力量,同时大造舰船,加强海防建设。永乐元年(1403),命浙江观海卫造捕倭海船36艘;永乐七年(1409),明成祖命江西、湖广、浙江及苏州等造海船35艘,扬州等卫造船5艘。随着杂役的增多,海船的种类也逐渐多了起来,有备倭船、战船、海运船、巡洋船等。

二十四卫的水军防敌、御敌于远海,各卫所的水军驾船御敌于近海,形

---

[1]《明太祖实录》卷二〇一"洪武二十三年四月丁酉"条,第3007页。

成海上防线。一旦倭寇突破海防登陆,则有烽堠报警,卫所、营寨、墩堠、民壮、弓兵各方兵力,形成密集的陆地防区。总之,在明朝初年,明军就形成了层次分明的水陆结合的防御体系,互为依托,较为严密。

第二节　扬州府的抗倭斗争

明朝开国之际,日本正值南北朝对峙时期,[1]内战汹涌,直到1392年南朝被北朝所灭,气焰稍息。长期的对峙混战,促使许多溃败的军士以及破产的渔夫、农民入海为寇,劫掠中国沿海,给明朝带来倭患。洪武至永乐年间,倭患多在辽东、山东以及浙江沿海一带。到嘉靖年间,倭患骤剧,滨海数千里同时告警,淮、扬、苏、松等地无不被祸,而后倭祸殃及闽粤,极大地破坏了沿海人民的生命财产安全。

扬州府倭患虽不如苏、松、浙、闽等地剧烈,但仍然是抗倭大局中不可忽视的一个重要环节。下面对扬州府的抗倭史实加以梳理,并就扬州府在抗倭过程中付出的牺牲、抗倭经历的曲折以及在整个明代抗倭全局中的地位等加以分析。

一、太祖、成祖时期扬州府的抗倭斗争

明初,海防规划较为周密,抗倭战绩也十分显著。如太祖洪武七年(1374),靖海侯吴祯率沿海卫兵船,追捕倭寇至琉球大洋,缴获许多倭船,所抓倭寇送至京师。但是倭患产生的社会基础仍然存在,从内战中败逃为寇的日本浪人、武士结合作乱,没有统一的政府加以引导约束。一些大的领主为了谋取利益,又大力支持,"使武士强盗的特性在海外得以任意发泄"。[2]因而,即便在太祖、成祖时期,倭寇问题依然值得瞩目。

就扬州府来说,在明朝正式建立的第二年,即出现了倭患。第一起在洪

---

[1]　1336年,被足利尊氏废黜的天皇后醍醐不甘心失败,跑到京都以南的吉野,纠集了一些地方武士,另立朝廷,与足利尊氏在京都拥护的天皇对抗,形成南北对峙的局面。至1392年南朝被北朝所灭,这段时期称为南北朝时代。见陈杰:《日本战国史》,陕西人民出版社2015年版,第9页。

[2]　范中义、仝晰纲:《明代倭寇史略》,中华书局2004年版,第9页。

武二年(1369)二月,史载:"倭寇崇明诸处,指挥翁德、朱文击败之。"[1]倭寇屡次侵犯苏州、崇明县,杀人劫货,沿海震悚。翁德时任太仓卫指挥佥事,率军出海追捕倭寇。翁德击败倭寇并俘虏92人,缴获其海船、兵器。事奏于朝廷,翁德因功升为太仓卫指挥副使,其余赏赐各有差,仍令翁德捕追未尽倭寇。[2]同年八月,又有余寇流劫通州,是为第二起倭患事件。

明成祖永乐二年(1404),"倭犯通州"[3],通州地处海滨,成为首先被倭寇骚扰的对象。可以说,洪武、永乐之际,倭寇侵犯明朝海疆的形势已经出现。作为明代海防的重镇,这一时期的扬州也遭到倭寇袭扰。只是当时正值明朝建立初期,军力雄厚,政治稳定,倭寇尚无法在明朝的军政大局上掀起太大的波澜。

二、世宗时期扬州府的抗倭斗争

成祖永乐三年(1405)至世宗嘉靖三十一年(1552),扬州府未见有倭寇入犯或流劫之记载。但就全国来说,倭患仍然存在,故宣宗时朝廷注意整饬海防,进一步完善海防防御体系,且日本政局变化,南北朝分裂局面结束,削弱了倭寇产生的基础,[4]所以倭患并不剧烈。

从英宗正统至世宗嘉靖前期,海防逐渐废弛,而日本也逐渐进入战国时代,各国大名支持武士、奸商、浪人、海盗劫掠中国,于是倭寇侵扰中国沿海,时有发生。嘉靖二年(1523)五月,日本诸道争贡,各地争贡不得,率众沿途杀掠明军。因此,这一时期的倭寇逐渐成为足以影响明廷政局的大事件。

(一)扬州府的军防隐患

卫所制度虽然自明前期就已经建立,但兵士逃亡的现象却屡禁不止,内地边关、沿海卫所,往往如此。以宣化府为例,洪武年间,宣化府屯军约有10万人,到正统、景泰间,已不满额;弘治、正德以后,官军实有者仅66900余人,其中一半是募兵与土兵。朝廷虽有惩罚措施,如降薪、减俸、缩编等,可

---

[1]〔明〕郑若曾撰,李致忠点校:《筹海图编》卷六,中华书局2007年版,第400页。

[2]《明太祖实录》卷四一"洪武二年四月戊子"条,第824—825页。

[3]〔清〕顾炎武:《天下郡国利病书》,〔清〕顾炎武撰,华东师范大学古籍研究所整理:《顾炎武全集》第十四册,上海古籍出版社2011年版,第1345页。

[4] 范中义、仝晰纲:《明代倭寇史略》,第29页。

惜收效甚微。嘉靖九年（1530）六月，南京兵科给事中何祉条陈9事，其中第二条就是"南京各卫所军额八万有奇，近者逃亡几半"[1]。嘉靖二十三年（1544），南京兵部上疏又言，"各卫所军人以差多人少，逃亡过半"。[2]

扬州各地卫所情况也不容乐观。正统以后，随着军政败坏，土地兼并激烈，屯田难求，出现"诸隶卫尺籍者率逋逃亡耗居半"[3]的现象。没有逃亡的人中，又有老弱病残者，根本无法进行正常的操练。如此一来，各卫所实际能够作战的人数远不及半数。以如皋县为例，据县志记载：

> 明洪武初，信国公汤和设土堡一座，周围二百七十五丈五尺。每岁汛期，委扬州卫提督指挥一员，领军一千三百名，守堡防御。天顺间，挑选精壮入卫京师，止存军五百五十名。[4]

洪武时，如皋县防御兵力1300名，至天顺间止存550名，兵力减少已近十分之六，令人咋舌。兵员减少的现象远不止于如皋，时人张榘在谈及仪真武备时，就曾直言仪真卫兵力减损近十分之七，而剩下的人中"又多余丁别户补且代者"，另有一部分人每年要"转漕轮戍"，则"城守、训练所余能几"？[5]

除卫所官兵之外，州县的民壮也面临兵员减少的困境。他们作为守御力量的一部分，可以和官兵一同操练，承担巡逻、哨探、堵截的责任。但是至嘉靖二十一年（1542），扬州府所辖的大部分州县实存民壮人数，与明初相比已有减少，具体情况见下表所示。

---

[1]《明世宗实录》卷一一四"嘉靖九年六月甲子"条，第2702页。

[2]《明世宗实录》卷二八七"嘉靖二十三年六月己丑"条，第5546页。

[3]〔清〕顾炎武：《天下郡国利病书》，〔清〕顾炎武撰，华东师范大学古籍研究所整理：《顾炎武全集》第十四册，第1262页。

[4]〔清〕杨受延等修，〔清〕马汝舟等纂：《〔嘉庆〕如皋县志》卷一一，清嘉庆十三年（1808）刻本。

[5]〔清〕王检心修，〔清〕刘文淇、张文保纂：《道光重修仪征县志》卷二一，《中国地方志集成·江苏府县志辑》第45册，江苏古籍出版社1991年版，第274页。

表4-2 扬州府各州县民壮情况统计表[1]

州县	民壮额(名)	民壮实际人数(名)	备注
江都	360	296	
泰兴	425	422	
高邮	420	310	
兴化	297	200	
宝应	155	150	
泰州	350	300	
如皋	200	150	
仪真	100	100	如旧额
通州	300	300	如旧额
海门	140	140	如旧额
小计	2747	2368	

据上表所示,扬州府各州县的民壮人数看似减少有限,但是考虑到明初以来100多年的人口增长,这一地区兵额不增反减的现象也从侧面暴露出军事能力的削弱。相比卫所士兵的减少,水上兵力及海防船舰配置形势更为严峻。以备倭船为例,明初定沿海卫所每千户所设备倭船10只,每1百户船1只,每1卫共船50只,每船旗军100名,春夏出哨,秋季回守。至嘉靖初期,已形同具文。嘉靖五年(1526)二月,御史简霄言及此事说:"沿海诸卫,军伍虚耗,水寨军及备倭船存者无几,故山海寇发,率临时募兵造船,动失机宜,此不可不虑。宜设法清补,令复旧额。军伍既充,则修补战船,责以操练,乃可备缓急。"[2]船舶作为水军最基本的作战设施,如今都要临时建造,可见当时明廷水军已经濒临重大危机。

沿海各卫旧设巡江军在百名之上,而后减损严重,甚至不足原额的十分之四。嘉靖十年(1531)二月,巡按直隶御史余勉条陈江防事务:

> 仪真而下,巡江军快,卫不满四十人,所不满二十人,加以月粮不

---

[1]〔明〕朱怀幹修,〔明〕盛仪辑:《嘉靖惟扬志》卷一〇《军政志》,《扬州文库》第1册,第88页。
[2]《明世宗实录》卷六一"嘉靖五年二月壬戌"条,第1432页。

给,府仰为累。乞敕兵部议处,将镇江卫原坐京操军士量留,以备江防。及行沿江卫分,凡巡江军快,务足百名之上。[1]

毋庸置疑,明初制定的较为严密的海防规划至嘉靖时已漏洞百出,海陆兵力不足额,军伍虚耗,船舰破缺,墩寨颓置,只余空址。士兵逃亡屡禁不止,兵力减少日甚一日。究其缘由,大概有以下几点:

其一,卫所屯田减少。明初定制卫所官兵,以十分为准,七分屯种,三分守城;扬州更以八分屯种,二分守城。此外还有九一、六四不等。屯田诏令如能被坚决执行,有较好的经济支撑,该地城池防守也会更加坚固,缓解在短时期内被攻陷的危机。明英宗天顺年间以来,土地兼并日益剧烈,豪强贵胄、世家大族、行伍将官等人都有侵吞屯田、化公为私及役使屯兵的现象。至嘉靖年间,"沿海卫所,旧皆屯田,今埋没过半"。[2]

其二,卫所士兵徭役纷繁冗杂,空费兵力,卫所虚置。明朝卫所兵士的徭役,在永乐初已经有城守、操江、备倭等。永乐末年,又增加了运粮的任务,而后更有番上、操练、戍守等任务。正统十四年(1449),"虏犯顺,又调扬州各卫所军,分春秋两班更番入戍,名京操军,而卒伍疲甚"。[3]杂役纷冗,明初所立二分守城、八分屯种,因为林林总总的力役,终于不可避免地沦为具文。嘉靖时处于抗倭前线的将领阮鹗在一封奏疏中谈及通州调兵实况:

> 余复分于漕运,除杂差、别占、故绝、逃亡之外,见存以守城者,不过一千七百余人而已。然犹常川操练,昼夜防守,纵有边警,亦不调动,相沿至于今,赖以无虞。夫何近时抚臣计不出此,遂于嘉靖二十五年,行令通州守备胡潭挑选守城、操备官军一千二百二十五员名,调派居庸关等处守边。至二十七年、二十八年,又复调去军士三百名,充当夫役,修

[1]《明世宗实录》卷一二二"嘉靖十年二月癸未"条,第2935页。

[2]〔明〕唐顺之:《条陈海防经略事疏》,〔明〕陈子龙等选辑:《明经世文编》卷二六〇《唐荆川家藏文集二》,第2749页。

[3]〔清〕顾炎武:《天下郡国利病书》,〔清〕顾炎武撰,华东师范大学古籍研究所整理:《顾炎武全集》第十四册,第1261页。

筑边墙,止遗老弱军余,不及二百余人。[1]

通州之兵役,不惟本州漕运、杂差、操练、守城等,还要时刻因他地边警而被抽调,或守边关,或为夫役,或修城墙。能受此艰苦者,非力壮体强者不可。所以遗留之兵,既寡且弱。在籍者1700余人,而在外受役者近十分之九。通州兵力虚弱,行伍空耗,名不副实,于此可见一斑。通州乃东南重地,向来兵不外调,此时情形突变,通州地重而兵孤,一旦有警,后果不堪设想。

其三,宦官专权,内阁争斗,朝纲浊乱,政治腐败。前有英宗时期宦官王振擅权,后有武宗时期宦官刘瑾专恣。世宗嘉靖时期,内阁阁臣严嵩独掌朝柄,结党营私,卖官鬻爵,贪污私贿,风行一时。对于依附自己的人就加以重用,比如赵文华受宠于严嵩,二人甚至结为父子。在严嵩的举荐下,不知兵法战阵的赵文华却能出任通政,督察军情,并先后弹劾张经、李天宠、周琉等抗倭总指挥,使一度好转的抗倭局势很快陷入被动。对于不依附自己的人,严嵩就一味打压、排挤。一些上疏弹劾严嵩及其党羽的人如杨继盛、吴时来等,结局都不如意。[2]严嵩贪权固位,陷害忠良。在地方将领的委任上,不顾实际才能,而是凭借贿赂基础上培植的私情。如此一来,岂能指望他们有效地守卫明帝国的海疆?

政治腐败带来军队风气的败污,行伍将官侵吞屯田,致使官兵生路受阻,且官兵军粮不能按时发放,兵饷官银多入豪势私囊,即便是先前殷实的军丁也面临着破产的困境。如此环境,兵士不堪虐待,逃亡在所难免。

(二)嘉靖中后期扬州府的兵防与城建

兵士逃亡,营伍虚耗,军器船备年久不修,一有倭寇,既不能御敌于海上,更不能灭敌于陆地。尤其是嘉靖中后期,倭患形势愈发严峻,战火蔓延,海疆骚动。明廷不得不采取措施,以应对日益严峻的问题。

---

[1] 〔明〕阮鹗:《严防卫以慎储蓄》,〔明〕陈子龙等选辑:《明经世文编》卷二六九《阮任二公集》,第2842页。

[2]《明史》卷三〇八《严嵩传》载:“前后劾嵩、世蕃者,谢瑜、叶经、童汉臣、赵锦、王宗茂、何维柏、王晔、陈垲、厉汝进、沈鍊、徐学诗、杨继盛、周铁、吴时来、张翀、董传策皆被谴,经、鍊用他过置之死,继盛附张经疏尾杀之。”中华书局1974年版,第7916页。

其一，恢复旧制，增兵增戍，充实行伍。以掘港营为例，嘉靖三十三年（1554），因倭患设掘港营把总官。三十八年（1559），巡抚凤阳都御史李遂奏改守备，统东西两营，招募民兵3000余名，设战船100余只，掘港营兵力大为增强。通州有10个军营，如壮捷营、壮武营等，治所都在通州。倭患剧烈的时候，又有所增设。[1]江都之瓜洲营，旧设有战巡船31只，新添福船1只，叭喇唬船4只，鸡胸船6只，墩台6座，每墩夫8名，日夕瞭望。[2]明廷锐意恢复，的确增强了防御力量。

其二，召募乡勇，加以训练。鉴于正规军兵戍虚耗的问题，在朝廷的授意下，地方州县也放开乡勇的招募，充实防御力量。其中，受朝廷委派的都御史李遂就在通州、如皋等地召练数千民兵。后来，这些乡勇在淮扬大捷中发挥了重要作用。[3]

其三，划地置将，事则专任。自嘉靖倭患以来，沿海大都会各设总督、巡抚、兵备副使及总兵官、参将、游击、守备、把总等将官御倭，如广东有三参将，浙江有三参六总。明廷在南直隶地区分江南、江北两地实施分区防守，扬州府为江北防区要地。嘉靖三十二年之后，遍设将官分地防守。设总督漕运总兵官和提督狼山等处副总兵，扬州参将、统领游击将军，仪真、掘港守备，狼山、掘港、周家桥、大河口守备把总等都由提督狼山等处副总兵统领，各分防区，各司其职。[4]

其四，加强防守，修缮城池。扬州府濒江负海，自古以来就是海寇掠夺的重要对象之一，如果没有高城深池，必然难以防守。嘉靖时期，倭夷内寇，所到之处烧杀屠掠，沿海州县几乎没有不靠城防而能幸免于难的。由于承平日久，有的州县城楼毁坏未修，还有的本来就没有城池，故筑城自卫对这一时期的沿海州县而言刻不容缓。

扬州府城于明朝初年由张德林镇守扬州时改筑，周9里多，高30尺，厚

[1]〔明〕朱怀幹修，〔明〕盛仪辑：《嘉靖惟扬志》卷一〇《军政志》，《扬州文库》第1册，第93页。

[2]〔明〕张宁修，〔明〕陆君弼纂：《〔万历〕江都县志》卷一二《兵戎志》，《扬州文库》第9册，广陵书社2015年版，第111页。

[3]〔清〕杨受廷等修，〔清〕马汝舟等纂：《〔嘉庆〕如皋县志》卷一一。

[4]〔清〕杨受廷等修，〔清〕马汝舟等纂：《〔嘉庆〕如皋县志》卷一一。

15尺,有门5处,门外有小城,还有楼橹、警铺、敌台、雉堞与府城相配合,城墙外有吊桥、水门。[1]嘉靖三十五年(1556),因为倭变,副使何城、举人杨守诚提议,从旧城东南角楼至东北角楼筑新城。此后在万历二十年(1592)、二十五年(1597)两次整修,增加城堞、敌台数座,使府城屹然足恃。辖县城池的变动与府城相似,都在嘉靖年间开始扩建、加固。

与扬州府治不同,如皋县本无城池,到嘉靖十三年(1534)时,由知县刘永准新建六门。倭患大炽,仅靠此六门无法御敌。嘉靖三十三年(1554),巡抚都御史郑晓采纳李镇的建议,拨款建圆城,"围七里余,计一千二百九十六丈,高二丈五尺,城门楼四座"。[2]万历二十年、二十七年,又有增设敌台、增筑外城门等防御工事。此外,巡抚都御史郑晓等人特别重视城防,在嘉靖三十三年便受命督修如皋、海门、泰兴、海州、盐城等处的城池寨堡。由于上下一心,这些地方也很快完成了对城池的修缮、扩建和加固。

通州地理位置比较特殊,本来就有城池,共有四门,都有戍楼立于其上。正德年间,由于城池损坏严重,州治迁移到榆中场的北部,还没有来得及修建城墙、城壕等防御设施。所以,嘉靖年间,听闻倭寇入侵海门的消息,无险可守的通州百姓四处逃亡。[3]嘉靖三十三年(1554)四月,倭寇突袭通州。通州城因为没有城墙的拱卫,该地区最重要的军事堡垒望江楼[4]很快被敌人攻陷。后来,倭寇在通州附近大肆抢掠,如入无人之境。[5]吃一堑,长一智。在此之后,通州、海门等地紧急修缮城楼。为了应付外敌入侵,修缮城楼的

[1]〔明〕杨洵修,〔明〕徐銮等纂:《〔万历〕扬州府志》卷二《城池》,《扬州文库》第1册,第313页。

[2]〔明〕杨洵修,〔明〕徐銮等纂:《〔万历〕扬州府志》卷二《城池》,《扬州文库》第1册,第316页。

[3]〔明〕杨洵修,〔明〕徐銮等纂:《〔万历〕扬州府志》卷二《城池》,《扬州文库》第1册,第317页。

[4]望江楼是通州地区的一座重要军事堡垒,始建于正德年间:"正德中,海盗孔炽,州守夏公邦谟以江为郡襟喉地,而戍狼山者去城远,即有警,缓急不相闻,乃即州治南二里许,阻河作城,上起戍楼四楹(今五间),命曰望江楼。"〔清〕顾炎武著,谭其骧、王文楚等点校:《肇域志》,上海古籍出版社2004年版,第366页。

[5]〔明〕林云程、沈明臣纂修:《〔万历〕通州志》卷三《经制志》,《四库全书存目丛书·史部》第203册,第114页。

州县,如下表所示,也绝非通州一地。

表4-3　　　　嘉靖中后期扬州府各州县筑城情况表[1]

时　间	地　点	负责人
嘉靖三十三年(1554)	通州海门	都御史郑晓、知府吴桂芳
	如皋	都御史郑晓
嘉靖三十四年(1555)	泰兴	知县姚邦材
嘉靖三十五年(1556)	扬州府城	副使何城、举人杨守诚
	江都县瓜洲城	操江都御史褒善、巡抚都御史郑晓
	仪真县	知县师儒
	高邮州	知州赵河、刘峻
嘉靖三十六年(1557)	兴化县	知县胡顺华
嘉靖三十七年(1558)	宝应县	巡抚都御史李遂
嘉靖三十九年(1560)	泰州海安镇	都御史唐顺之

在城池相继修缮之后,扬州府所辖州县相继增加了防御能力。需要特别说明的是,城池的建设与倭患相始终。正是有了倭患的惨痛教训,这些城池的建设才陆续完工。倭患刺激城池建设,而城池建设最终也减轻了倭患带来的危害。当然,修缮城池的目的绝非仅仅为了防范倭寇,同时也是巩固地方政治稳定的必要措施。

综上,嘉靖中后期,扬州府的防御体系纲举目张,由营寨台堡、巡检司、守城官军和城池组成,巡敌于海面,接战于陆地,水陆配合,布置周密。在兵力设置方面,巡检司主要位于东南通州、海门、如皋三地,军营、水寨、烽墩等数目也以此地为最。从兵种方面来看,陆防有卫所官兵、民兵、募兵、客兵,海防则有弓兵等,种类齐全,防御较为全面。将官长吏设在要害之地,或镇守一路,或分守一城一堡,或与主将协守一城。如此一来,划地而守,分区而治,无事则练兵积粟,修堡筑城,一遇战事,则可广集众志,与民共守,寓兵于民。

(三)倭寇大举来袭

嘉靖二十六年(1547),倭患大起,朝廷任用朱纨提督浙、闽海防军务,巡

---

[1]　此表据《〔万历〕扬州府志》卷二《城池》制作,《扬州文库》第1册,第313—317页。

抚浙江。朱纨采取严海禁、革渡船、严保甲的手段,搜捕通倭奸民。朱纨重典治患,武力镇压,取得了不少成效。嘉靖二十七年三月,朱纨击杀通倭巨贼李光头等96人。四月,攻破双屿港,擒巨贼许栋,战功卓著。

但是,朱纨的行为损害了势家和闽浙靠海为生的民众的利益。所谓势家,就是通倭海盗巨头在朝廷的靠山。于是,闽、浙上下皆怨朱纨。嘉靖二十九年,干犯众怒的朱纨遭到弹劾,含恨而死,其生前所设防务设施都被拆撤。海禁松弛后不久,倭寇便卷土重来。

1.通州、海门倭患。倭寇犯扬州,初仅及于通州、海门二地。嘉靖三十二年(1553)闰三月,海贼汪直纠结漳、广群盗以及各岛倭夷大举入犯,"连舰百余艘,蔽海而至。南自台、宁、嘉、湖以及苏、松至于淮北,滨海数千里,同时告警"。[1]嘉靖三十三年三月,苏、松等地的倭寇自太仓溃败出逃,抢掠民舟入海,由海道侵犯江北,大掠海门、如皋、通州,焚掠各盐场。[2]在主簿阎士奇的带领下,如皋军民奋起反击,打败倭寇。[3]

嘉靖三十三年(1554)四月初二,倭寇3000余人第一次直犯通州。州民承平日久,不习干戈,遇到敌人便只能四处逃散。倭寇肆无忌惮,纵火焚烧居民庐舍和寺观,杀死男女数千人。扬州千户洪岱、文昌龄及泰州千户王烈岱率援兵西来,中了倭寇埋伏,壮烈殉国。双方僵持至四月二十四日,倭寇集合兵力绕城三门,箭如雨发,又用云梯攻城,州城差点失守。参将解明道、扬州府通判唐维率众据城力战。官军于城上投砖石兼用佛郎机、枪铳等火器拒敌,杀死倭寇百余人,使其退走狼山。二十八日,巡抚都御史郑晓调徐州、宿迁、邳县援兵至通州,会合城中军队乘胜追击。倭寇乘船数十艘,逃至如皋。此前,徐州兵备副使李天宠听闻通州被围,率兵赴援。到了如皋,恰逢此股倭寇,斩首9级,生擒1人。八月十六日,倭寇又犯通州江家场,官军抵挡不住。贼气焰更加嚣张,不久又据李秀才宅,凭水为固。官军重重设围,反被倭寇杀伤甚多。九月六日,又有倭寇70多人侵犯海门县,焚舟登岸。

---

[1]《明世宗实录》卷三九六"嘉靖三十二年三月甲戌"条,第6971页。

[2]《明世宗实录》卷四〇八"嘉靖三十三年三月乙丑"条,第7129页。

[3]〔清〕顾炎武:《天下郡国利病书》,〔清〕顾炎武撰,华东师范大学古籍研究所整理:《顾炎武全集》第十四册,第1345页。

淮扬兵备张景贤来援,用重赏自募死士,授以火攻方略,歼敌于吕四场。[1]

自嘉靖三十三年以来,倭寇几乎每年都会不间断地骚扰通州地区。嘉靖三十四年四月初,倭寇500多人由单家店越过狼山,第二次进犯通州。他们杀害狼山巡检尹鼐,夺舟而去。之后,官军截其后路于军山,歼敌20余人,生擒2人。四月十一日,倭寇先后由通州之余东场、海门之东夹港登岸。海门知县赵卿奋力抵抗,斩首150人。四月十二日,倭寇突然侵入通州南门,烧民屋20余间而去。五月初,参将乔基与都指挥张恒、通州同知印棻击贼于吕四场,俘斩160名倭寇。五月十一日,倭寇侵犯吕四场,劫掠东团等处。在吕四场副使李政的带领下,明军歼灭了这股来犯之敌,斩首45级。

嘉靖三十五年四月,倭寇3000余人盘踞狼山,焚掠周近。前锋百余人突入望江楼,在城楼下耀武扬威而去。稍后,他们转袭边仓。知州率领民兵围剿敌人,斩首400余级,获得了胜利。

嘉靖三十六年(1557)四月十七日,江北倭寇2000余人自掘港、吕四场等处登岸,劫掠海门县。当地守卫马慎带领军民在陈家庄迎战,取得胜利。在抵御来犯之寇的时候,百户俞宪章战死。

嘉靖三十八年四月初二,倭舟数百艘乘汛而至,企图西犯。狼山总兵率兵阻截。倭寇焚舟登岸,通州城内人心惶惶。知州李汝杜率民兵守城,调度严密,防范有方。他们发现有贼潜入城中侦查,遂将其捕杀。倭寇不得志,便北上庙湾。

2. 扬州府治的倭患。

总的来说,因为扬州府治深处腹地,外有重重屏障,所以扬州府治的倭患属于流劫者多,大规模径犯者少。

嘉靖三十五年,徐海带着倭寇兵分四路,大举入寇。一路由海门入掠淮扬,东控京口,一路由松江入掠上海,一路由丁海关入掠慈溪等县,众各数千人,而徐海自拥部下万余直奔乍浦。另外,还有一路从福清登岸的倭寇,散入内地,淮、扬、常、镇诸府均遭流劫。所过之地,倭寇杀掠焚毁,居民惨不胜

---

[1]〔明〕林云程、沈明臣纂修:《〔万历〕通州志》卷八《遗事叙》,《四库全书存目丛书·史部》第203册,第244—245页。

言。四月十三日,南直隶奏报,倭寇 3000 余人以崇明南沙为盘踞之地,侵犯镇江、瓜洲、仪真等处。他们分为三路,分别从新港、瓜洲、通州入犯。倭寇过狼山,百户戚继爵战死;经瓜洲,焚烧当地漕粮 34000 余石;继而兵临扬州城下,四处焚掠。守将张恒与千户罗大爵、百户曾沂率兵于教场迎战。倭寇在后门设伏,前门用数人挑战。张恒遭遇伏击,罗、曾二人也一并战死。

倭寇进攻扬州小东门,官兵坚守城池,敌人退去。扬州府同知朱裛率兵出城御敌,战死。高邮卫经历晏锐统新练之卒,在东关遇到倭寇。新兵畏敌如虎,很快便惧战奔窜。倭寇乘机进攻,晏锐战败而死。五月,副使马慎追贼于狼山,败之。然后,福山把总邓城又追败之,击沉倭舟 11 艘。在五月寇掠瓜洲的时候,倭寇曾被民夫击败,丢盔弃甲而逃。[1]

嘉靖三十六年五月,倭寇侵犯扬州。当地官兵予以迎头痛击,迫使其逃到湾头镇。当地守将卢镗率领士兵堵截,歼敌 100 多人。

3.宝应倭患。嘉靖三十六年(1557)四月初二,湾头镇据点的倭寇犯高邮。四月十九日,倭舟 7 艘从金沙登岸,由如皋至泰州。五月初一,泰州倭寇转掠扬州、山东及徐州,官兵不支,纷纷溃败。五月,这股倭寇又侵入宝应县。宝应县当时尚未建县城,倭寇大肆焚掠 7 日,杀死数千人。[2]随后转犯淮安府,夺船 40 余艘,再入宝应县烧毁官民廨舍。宝应县苦于没有建立城防,被焚掠殆尽。二十日,进犯宝应的倭寇掘开县北的土坝,倾泻河水,然后驾舟沿着东乡,由盐城至庙湾入海。停留数日,开洋东去。

4.余患。嘉靖三十六年是扬州府倭患十分频繁的一年,此时的倭寇已经不再局限于沿海州县,开始左突右撞,深入府境内地为害。官军无法有效歼灭一地之倭寇,使得倭寇四处流劫,反复作乱。四月十一日,贼寇总共 70 余人,自如皋县掘港登岸焚劫。官兵合势,在副使马慎的带领下于白蒲镇将这股倭寇歼灭。四月十九日,倭寇入犯通州,攻城未果,就分兵两路,一路进犯如皋,一路进犯泰兴,沿途流劫。

嘉靖三十一年(1552)至三十六年是扬州府抗倭最为惨烈的几年,几乎

---

[1] 〔清〕顾炎武:《天下郡国利病书》,〔清〕顾炎武撰,华东师范大学古籍研究所整理:《顾炎武全集》第十四册,第 1345 页。

[2] 陈懋恒:《明代倭寇考略》,人民出版社 1957 年版,第 78 页。

年年有警,岁岁有战。倭寇来犯并无定数,或以小股骚扰,或拥众分道而来。小股则机动难捕,大股则力强难敌,加以承平日久,州县城防建设更新迟缓,防御兵力不足,官军有怯敌之心,不能从容接战,遇敌则溃,所以倭患肆虐,难以遏制。即便有小规模的胜利,但亦得不偿失,当地军民蒙受巨大损失。

(四)淮扬大捷

嘉靖三十八年(1559)是扬州府遭遇重大倭患的第六个春秋。之前,通倭巨寇徐海、陈东、叶麻、汪直等相继被歼灭。汪直余党势焰虽依然嚣张,但在嘉靖三十七年的舟山大捷中亦被尽数消灭。东南沿海似乎趋于安宁。在此大背景下,江北淮安、扬州两地迎来了规模最大的一股倭寇,同时取得重大的胜利,史称"淮扬大捷"[1]。

1.扬州战场

(1)如皋之捷。嘉靖三十八年(1559)四月初,倭船数百艘万余人转掠江北扬州、海门等地。倭寇先由西亭入如皋,看到如皋有所防备,遂于四月三日进犯通州。通州总兵邓城率兵抵御,不利,指挥张谷战死。之后,倭寇进据白蒲镇,[2]求战不得,转而进据丁堰。[3]河南千户王良迎战失利,与其子及镇抚赵世勋、韩彻等人均战死。游击丘升率兵连日作战,退敌20里,斩其金盔贼首1人。倭寇进至如皋。江北海道副使刘景韶与游击丘升,先败之于如皋东,继败之于海安,加上之前败敌于丁堰,凡三战,斩首百余级。余倭复聚,谋犯扬州。刘景韶督丘升迎战倭寇,两战,斩首208级,焚死179人。至此,从南沙登岸入犯通州的倭寇被消灭。

(2)新洲、新河口之捷。四月二十五日,海道副使刘景韶指挥军队败倭于印庄,杀敌45人,倭寇往西逃窜。二十六日,刘景韶军与倭寇战于新洲,斩首78级。贼再奔逃至新河口,混入民庄。官军用火攻之,又斩首260级。倭寇余孽直奔庙湾逃去。

---

[1] 〔明〕郑若曾撰,李致忠点校:《筹海图编》卷九,第626—628页。

[2] 白蒲镇在如皋县东南七十里处。见〔清〕杨受延等修,〔清〕马汝舟等纂:《〔嘉庆〕如皋县志》卷二。

[3] 丁堰镇在如皋县东四十里处。见〔清〕杨受延等修,〔清〕马汝舟等纂:《〔嘉庆〕如皋县志》卷二。

（3）三沙倭寇之北犯。六月，三沙倭寇败逃江北。当时，海门、狼山、如皋、泰州、扬州都有防备。倭寇由海门县七星港登岸，深入栟茶场。杨绪、陈忠率兵尾追而击，连战皆捷，斩首300多人。七月，一股倭寇流劫金沙、西亭，欲犯扬州。海道副使刘景韶指挥参将丘升统兵合力御敌于通州，战于邓家庄，斩首69级。倭寇败退仲家园，官兵纵火急攻，斩首280余级，贼连夜逃走。江北诸军追至锅团，参将丘升轻骑先进。倭寇探知丘升无后军，鼓足精锐，突袭明军。明军失利，参将丘升战死。此后，官军主力到来，倭寇惊惧，逃往十灶。

（4）刘家庄、白驹场之战。自邓家庄败后，江北三沙余倭想从海道逃走，而此前李遂已经下令宿戒，沿海不能停舟，倭寇寻舟不得。官军在后面追击，于小海围、刘家桥、白驹沙等处，各有斩获。倭势窘迫，恰逢下雨，遂奔入刘家庄就食，官兵从四面围住倭寇。总督胡宗宪派江南副总兵刘显领千余精锐来援。江北将士认为功在垂成，担心功劳被刘显部抢夺，议论纷纷。都御史李遂担心江北、江南两军不和，故令刘显尽领江北军。刘显率军纵火急冲，从早晨到晚上，经过一天的战斗，共斩首314级。倭寇逃往白驹场，官兵追击，又败之于七灶、茅花墩，共斩首400级。落败之后，倭寇继续逃窜至唐家堞。这里地处偏僻，无兵把守，倭寇便又登岸掠食。李遂先前所练乡兵、追兵竞相逐倭，斩首140多人，倭寇覆灭。

扬州战场从夏四月到秋八月，前后持续4个多月，倭寇由通州、如皋两地进犯，历泰兴之印庄、仪真之新洲，最后于兴化之刘家庄、白驹场负隅顽抗。官军在刘景韶、丘升以及刘显等将领的带领下，对倭寇进行围堵歼灭，取得了丰硕战果，前后斩戮焚获2000余人。

2.淮安战场

相比扬州战场，淮安战场前后持续了一个半月，斩首约900级。战果虽不如扬州丰硕，但仍有两场较为重要的胜利，与扬州战场相互呼应，对倭寇造成打击。

一是姚家荡之战。嘉靖三十八年（1559）四月十九日，庙湾倭寇聚集兵力合攻淮安。巡抚凤阳都御史李遂早有防备，率参将曹克新与倭寇战于姚家荡。从凌晨到下午，经过十几个小时的战斗，官军大胜，斩首478级。倭寇逃入姚庄。官军纵火攻之,歼敌270余人。官军继续追击余倭于陈庄,斩首74级。此次战役,明军总计俘虏、斩获倭寇800多人,另外烧死、淹死的不计其数。倭寇大败,余众奔守庙湾。

二是庙湾之战。先前姚家荡余倭,以及新河口败逃倭寇,皆往据庙湾,负隅顽抗。五月初一,江北官兵集结兵力,对庙湾倭寇发动猛攻,斩首40余级。官兵死伤众多,倭寇再次聚集起来固守。都御史李遂主张围而不攻,待敌粮尽,再坐收全功。通政唐顺之不以为然,冒险进攻,导致官军死伤甚众。唐顺之自知失策,便扬言经略三沙之倭,领军南去。庙湾倭寇被围,官军虽水陆交攻挑战,但倭寇仍坚守不出。五月二十三日,李遂命刘景韶塞堑、夷木压垒陈,然而倭寇依然不为所动。又令景韶用水兵载芦苇焚敌舟。倭争救舟,官军与之大战,杀伤甚众。二十四日,刘景韶命水陆之兵进攻。这一夜恰逢大雨,倭寇趁机潜遁,官军追奔至虾子港,颇有斩获。余倭乘风而去,带着残兵败将消失在茫茫大海之上。至此,江北倭患基本平息。

从四月初一,"贼万众连艘分道并入,中外震恐",[1]到八月明军剿灭崇明三沙遁倭,"淮扬大捷"前后经历4个多月的时间,而其首功当归李遂。

李遂,字邦良,江西丰城人,进士出身。嘉靖三十六年(1557),朝廷特设巡抚一职办寇,委命李遂以都御史的身份巡抚凤阳等处,督办淮扬军务。到任之后,他日夜治战守备,按行伍之法,修建营房,制造战舰数百艘,整顿兵防,百务皆具。仅在如皋一地,他就招募民兵3000余名,战船100余艘,极大地改善了防御力量。在"淮扬大捷"中,李遂居功至伟,主要体现在以下几个方面:

其一,作为巡抚,他运筹帷幄,处理得当。无论是对扬州府要害的把握,还是对敌人进军路线的判断,以及敌我形势的判断,都相当准确。

其二,在将领的选用方面,李遂独具慧眼,所委任的将领诸如刘景韶、丘升等人,皆忠勇可嘉。他们两人在淮扬大捷中不负众望,"击原驻白蒲倭,一战于丁堰,再战于如皋东,三战于海安,皆捷"。[2]从这一战也可以看出,经

---

[1]〔明〕郑若曾撰,李致忠点校:《筹海图编》卷九,第626页。
[2]《明世宗实录》卷四七一"嘉靖三十八年四月丁巳"条,第7919页。

过几年抗倭斗争的锤炼,将领的军事素质得到了很大的提升,遇敌接战不再一触即溃。可见,从抗倭斗争中成长起来的将领也是取得大捷的重要因素。

其三,李遂还能及时地关注队伍内部的不同声音,对于江北士兵担心刘显部攘功,李遂举措适当,令江北兵尽归刘显统属,巧妙地化解了江北兵的担忧,也解除了两军士兵之间潜在的矛盾,避免了不必要的内耗。《〔万历〕江都县志》记载李遂之功说:"公与贼遇,凡三阅月,皆躬犯矢石,数出其算,胜之。前后斩获四千一百四十九,俘七十八,夺器物万二千三百九十,焚溺死者无算。"[1]之后,李遂因功升任南京兵部侍郎。

淮扬大捷是明代中后期通过防区互助、团结主客兵歼灭来犯倭寇的一次出色的围剿战。这一战沉重地打击了倭寇的嚣张气焰,捍卫了淮扬地区的安全,也使得扬州府的抗倭很快进入尾声。

嘉靖三十八年(1559)之后,倭患重心南移闽、粤,扬州府倭患基本平息,史料有记载的仅2次。一次是嘉靖四十四年(1565)四月,倭寇犯通州吕四场,官军败之,贼转掠至江南三沙,副总兵郭成等率舟师浮海迎敌,击沉倭舟,斩首130级。一次是万历六年(1578)十月,官军在江北海门县余东场生擒倭贼10人,斩首18级。此时的倭寇今非昔比,由于屡屡遭创,无法再对当地造成重大伤害,反而自身损失惨重。

三、入犯扬州府的真倭与从倭

关于嘉靖时期倭寇的主体及其比例,史料聚讼纷纭。《明世宗实录》称"倭居十三,而中国叛逆居十七"[2],后来《明史》沿袭之,说"大抵真倭十之三,从倭者十之七"。[3]但嘉靖时期有名的抗倭大臣郑晓认为,倭寇中真倭不过十之一二。郑晓熟知倭情,因而其说法可信度较高。而且郑晓还对从倭的组成人员有着全面的看法,指出"中国近年宠赂公行,官邪政乱。小民迫于贪酷,苦于役赋,困于饥寒,相率入海为盗,盖不独潮、惠、漳、泉、宁、绍、徽、歙奸商而已。凶徒、逸贼、罢吏、黠僧及衣冠失职、书生不得志、群不逞者,

[1] 〔明〕张宁修,〔明〕陆君弼纂:《〔万历〕江都县志》卷一六,《扬州文库》第9册,第134页。
[2] 《明世宗实录》卷四〇三"嘉靖三十二年十月壬寅"条,第7062页。
[3] 〔清〕张廷玉等:《明史》卷三二二《外国传三》,第8353页。

皆从之为乡道、为奸细"[1]。

此外,《御海策要》也提到:"今之海寇动计数万,皆托言倭人,而其实出于日本者,不下数千,其余则皆中国之赤子无赖者入而附之耳。大略福之漳郡居其大半,而宁、绍往往亦间有之,夫岂尽为倭也?"[2]此处所言中国之赤子无赖,就是郑晓所指的奸商、失业人员、凶徒、黜吏、逸囚以及不得志的书生、缙绅等。

嘉靖三十四年(1555)五月,南京湖广道御史屠仲律条上御倭五事,说"海贼称乱,起于员(缘)海奸民通番互市。夷人十一,流人十二,宁、绍十五,漳、泉、福人十九。虽概称倭夷,其实多编户之齐民也"[3]这个比例虽然有些偏差,但屠仲律的意思可能是想表明,漳、泉、福人在倭夷中所占的比重最多,其次是宁、绍等地的在籍百姓,真倭占比很少。这一看法与唐枢几乎一致。所以说,嘉靖时期倭寇的主体是中国人,或者说基本上是从倭,这一看法较为可信。

除了编户小民,与真倭合流为寇的还有中国沿海的商人。商人之所以转而为寇,和明朝的海禁和罢市舶关系紧密。海禁和罢市舶是出于防范日寇,但是其中利益受害的大多数是中国的海商。正常的贸易渠道既然被限制,失去了谋利的机会,于是就有了"市通则寇转而为商,市禁则商转而为寇"的现象。海商纠倭入寇,他们充当的角色有首乱,有胁从,有导引,其中的佼佼者当为汪直、徐海等人。

扬州府地区和倭人勾结在一起的多为盐徒。明初,盐徒贩卖私盐的现象就已出现。对于盗贼及贩私盐者,明政府悉令巡捕,海禁时张时弛,有时逼迫甚严,盐徒便冒险作乱。成化初年,南京羽林卫指挥佥事都胜备倭扬州,击败为乱的盐徒。[4]嘉靖年间,倭寇流劫滨海各盐场,盐徒内部受此冲击发生分化,一部分为了利益而汇入倭寇队伍,操戈向内。据《嘉靖东南平倭通

---

[1]〔明〕郑晓:《与彭草亭都宪》,〔明〕陈子龙等选辑:《明经世文编》卷二一八《郑端简公文集二》,第2276页。

[2]〔明〕郑若曾撰,李致忠点校:《筹海图编》卷一一上,第671页。

[3]《明世宗实录》卷四二二"嘉靖三十四年五月壬寅"条,第7310页。

[4]〔清〕张廷玉等:《明史》卷一六六《都胜传》,第4493页。

录》载:嘉靖三十三年(1554)四月初,"通州河之役,贼兵仅百余人,盐徒及胁从者千余人"[1]。盐徒及胁从者所占比例竟超过真倭10倍。当月,通州本部上报凤阳巡抚都御史郑晓,称来犯倭寇中"本州倭寇约有二三百人,并本处无籍盐徒及胁从百姓一二百名,围城作耗",[2]则盐徒所占比例约为40%。经官府派人深入倭寇内部,探得倭寇人员组成情况是:"实有贼寇六百余名,并伙太仓、泰兴、如皋、海门、通州各场盐徒四百余名。"[3]盐徒所占比例亦为40%。可知当时的倭寇中,盐徒比例应不下于40%。

　　盐徒中臭名昭著者,当为通州人顾表。史载:"中国奸民利倭贿,多与通。通州人顾表者尤桀黠,为倭导。以故营寨皆据要害,尽知官兵虚实。"[4]顾表和倭寇以利相结,被封为马上大王,为其向导,诱杀官兵,攻城焚掠,荼毒地方。兵部侍郎兼都御史、总督漕运的郑晓到扬州后,果断悬赏捉拿。嘉靖三十三年(1554)四月二十一日,海门县捉获顾表等人,地方稍安。

　　当然,不是所有的盐徒都和倭寇勾结。与顾表等人不同,一些盐徒在倭寇冲击下,依然坚守本分,抗敌卫国。史载:"(嘉靖)三十五年,倭掠瓜洲,烧漕艘。时担盐夫百人遇倭,即用担奋击。倭不能当,弃仗而逃,被伤颇多。"[5]情急之下,这里的盐夫就用担盐的担子作为武器,成功地抵御了来犯之倭。

　　扬州府盐政发达,因而盐徒也有根据地——新插港。史载:"新插港,东临北海,素有盐徒数百艘聚泊。崇明北徙之寇欲劫盐协徒而不果,当事者欲置官于此,以提督盐徒,使不为贼用而为我用,亦一见也。"[6]可见,朝廷对招徕盐徒是相当重视的,以至于设立专门的官职。倭寇有封官之例,明廷亦有

────────────

　　[1]〔明〕徐学聚:《嘉靖东南平倭通录》,《中国野史集成》第二十四册,巴蜀书社2000年版,第539页。

　　[2]〔明〕郑晓:《郑端简公奏议》卷一《十分紧急倭寇疏》,《续修四库全书》第476册,上海古籍出版社2002年版,第521页。

　　[3]〔明〕郑晓:《郑端简公奏议》卷一《十分紧急倭寇疏》,《续修四库全书》第476册,第521页。

　　[4]〔清〕张廷玉等:《明史》卷一九九《郑晓传》,第5272页。

　　[5]〔清〕姚文田辑:《〔嘉庆〕广陵事略》卷六,《续修四库全书》第699册,上海古籍出版社2002年版,第376页。

　　[6]〔明〕林云程、沈明臣等纂:《〔万历〕通州志》卷八《遗事》,《四库全书存目丛书·史部》第203册,第249页。

设官之举。在此情况下,顾表等人依然见利忘国,甘做叛逆,诚不齿于人世。

关于倭寇与中国叛逆的关系,兵部尚书杨博见解比较精当。他认为,倭寇之所以能够肆意妄为,祸乱众生,"皆缘我之内逆为之乡导也。倭寇非内逆无以逞狼贪之志,内逆非倭寇无以遂鼠窃之谋。必须禁捕内逆,方可消除外寇"。[1]在他眼里,勾结倭寇的不得志书生、海商、盐徒、失业人员等都是"内逆",内逆和倭寇的关系是互相勾结、互相利用的。对待内逆,并非像对待倭寇那样,一味用武力镇压,更要注重去笼络招徕,令其改邪归正。后来的胡宗宪和赵文华也正是采取剿抚并用的计谋,消解了徐海、陈东、汪直等通倭巨寇的势力。

总之,明代扬州府在嘉靖中后期的抗倭斗争中扮演了重要角色,付出了巨大牺牲,也取得了"淮扬大捷"等重要胜利,有力地保障了地方百姓的生命与财产安全。倭寇并非不可战胜,之所以能够多次进犯扬州,尤其是攻陷宝应县等地区,都是乘虚而入,利用了地方上城防虚弱甚至没有城墙的情况。一旦这些地区的军民总结经验并建立健全防御体系,倭寇便遭到迎头痛击。不过,倭寇虽然被驱逐了,海禁的诱发因素却依然没有得到解决。闭关锁国严重挫伤了沿海商民的经济利益,致使不少人铤而走险,甚至加入倭寇的行列。开放国门,积极参与国际商贸体系,才能掌握主动权,这是明代扬州抗倭斗争给后世带来的重要启示之一。

第三节　明末扬州保卫战

嘉靖以降,扬州一度深受倭寇蹂躏,此后刚从战乱、苛政等重轭中展露复苏之气,就随着明王朝的衰亡而被拖入泥潭。在李自成攻陷京师之后,福王到南京即位,建立弘光政权,扬州又责无旁贷地担当起拱卫新京师的重任。在史可法的带领下,面对来势凶猛的南下清军,扬州血战到底,谱写了人世间十分悲壮的史诗。

---

[1]〔明〕郑若曾撰,李致忠点校:《筹海图编》卷一一上,第676页。

一、弘光政权的建立

（一）晚明危局

崇祯十七年（1644）三月，李自成率领士气高涨的农民起义军攻入京师，灭亡了腐朽的明王朝。崇祯皇帝披头散发，自缢身亡。临终前，他在衣襟上写下遗书："朕凉德藐躬，上干天咎，然皆诸臣误朕。朕死，无面目见祖宗，自去冠冕，以发覆面。任贼分裂，无伤百姓一人。"[1] 崇祯皇帝确实是明朝历史上最勤奋的君主之一，然而他至死都认为自己无错，都是臣子们"误"了他，至死都认为他作为一国之主，并没有伤害过百姓。无论如何，自洪武元年（1368）开国以来，经过了 276 年的漫长统治，明王朝到此寿终正寝。

攻陷京师后，李自成的大顺军队迅速扩大战果，先后占领、劝降了河北、山东附近地区，但接踵而至的胜利让大顺军上下弥漫着一种骄傲、轻敌的氛围。明廷的京军虽然不堪一击，但是彪悍的关宁铁骑还在吴三桂的手中，成为大顺军的劲敌。京师沦陷、皇帝自缢、父亲吴襄被俘以及歌女陈圆圆被大顺将领刘宗敏掠去等消息纷至沓来，走投无路的吴三桂转而投降了清军。

四月，清睿亲王多尔衮接到吴三桂的书信后大喜过望，同意出兵助之。[2] 不久，李自成亲率 20 万大顺军抵达一片石地区，与多尔衮、吴三桂联军对垒。复仇心切的关宁铁骑率先进攻大顺军队，鏖战良久。就在双方士气衰竭之际，多尔衮指挥清军铁骑突击大顺军，局势急转直下，大顺军主力溃灭，失败而归。

五月，多尔衮率军攻占京师。他一面派遣军队追击西奔的李自成，一面下令改葬崇祯皇帝，以天子之礼葬于思陵，谥为庄烈愍皇帝，并发布命令，让臣民服丧三日。[3] 此举表面仁义，实则包藏的是吞并明朝全部疆土的野心。

北都沦陷的消息传到南京，上下人心惶惶。兵部尚书史可法本来奉命北上勤王，可是军队刚开拔不久，京师就被攻陷，勤王已经失去了意义。于是，他下令将士全部穿上丧服，发誓要替崇祯皇帝报仇。在重臣们的商讨中，当下比复仇更为重要的事情是确立君主。只要新皇帝登极，百姓便有了主

---

［1］〔清〕张廷玉等：《明史》卷二四《庄烈帝纪二》，第 335 页。

［2］〔清〕夏燮撰，沈仲九标点：《明通鉴》卷九〇，中华书局 2009 年版，第 3565—3566 页。

［3］〔清〕张廷玉等：《明史》卷二四《庄烈帝纪二》，第 335 页。

心骨,明朝才有希望。

在选择继承大位的藩王问题上,群臣之间陷入了空前的争执。福王朱由崧是神宗皇帝的孙子,而潞王朱常淓是穆宗皇帝之后,均有即位的资格。在兵部尚书史可法看来,福王绝不可立,因为他有七宗过失——贪婪、荒淫、酗酒、不孝、虐待属下、不读书以及干预有司等。潞王则素有贤名,属于新君的不二人选。但马士英、刘孔昭等人则倾向于拥立福王,这样才最符合切身利益。五月,正在文武大臣讨论未决之际,福王在将士的护卫下率先抵达,成为不容争议的新君主。鉴于崇祯皇帝的太子生死未卜,福王权且监国,马士英、史可法等人入阁办事。

但史可法称福王有"七不可"的奏疏落入马士英之手,被当成把柄,从此受制于人,难以放开手脚。当时,黄宗羲提醒史可法:在选立新君这种大是大非的问题上,可以主动向福王说明情况。大位久旷之时,臣一心只为社稷考虑,不敢别有他念,所以出言不逊,有"七不可"之说,并非针对个人。如今,殿下监国,日后登极,臣自当肝脑涂地,忠君报国。黄宗羲的老师刘宗周也同意这种做法,可惜史可法并未采用。[1]

最终,福王朱由崧在南京即皇帝位,仍称崇祯十七年(1644),以明年为弘光元年(1645)。朱由崧虽然可能没有看到史可法"七不可"的奏疏,但他知道史可法起初并不想拥立他为皇帝的事实。因此朱由崧即位后,史可法虽然作为内阁重臣,但在一开始就失去了君主的信任,这为他以后的人生悲剧埋下了伏笔。不久,由于马士英处处阻挠,史可法离开南京,到扬州督师,从此与扬州这座城市结下了不解之缘。

为了应对随时可能南下的清军,弘光政权建立了四镇:其一,封高杰为兴平伯,镇守徐州、泗州;其二,封刘泽清为东平伯,镇守淮安、扬州;其三,封刘良佐为广昌伯,镇守凤阳、寿州;其四,封黄得功为靖南侯,镇守滁州、和州。史可法在扬州督师,居中协调。按照大明礼制,"非军功不爵",如今高杰等人寸功未立,却陆续获得爵位,这让其他地区的将领愤愤不平。但对史

---

[1]　〔清〕黄宗羲著,夔宁校点:《弘光实录钞》卷一,《南明史料(八种)》,江苏古籍出版社1997年版,第5—6页。

可法等人来说,朝廷需要通过爵位笼络人心,只能奉行这种权宜之计。

关于四镇的设立,史可法本人亦颇受指责。如明末清初的张岱就认为:"以史阁部之设四镇,不设于山东、河南,乃设于南畿数百里之内,此则阁部之第一失着。"[1]其实,这种批评要么高估了明军的战斗实力,要么即对弘光政权的内部斗争置若罔闻。

自从京师覆灭之后,北方地区都是清军与大顺军交兵之地,而明军屡战屡败,难有立足空间。弘光政权的军队不少都是从北方溃逃而来,士气萎靡不振,能保住淮南已属不易,又如何在山东、河南设立军镇? 史可法名义上为扬州督师,可以协调四镇将领,实则四镇将领都以迎立天子的元老自居,拥兵自重,根本不听史可法督师调遣。在此种情况下,史可法又能派谁到山东、河南建立军镇?

受封伯爵、侯爵之后,四镇将领并没有感恩戴德,而是各怀鬼胎。他们企图把家眷安置到江南,为自己预留退路。但如果主将都贪生怕死,预留退路,谁还愿意殊死奋战? 所以朝廷接到消息后,即刻令人到江上拦截,迫令他们把家眷安置在江北。然而一计不成,又生一计。既然无法把家眷安置江南,将领们转而盯上了长江以北著名的繁华城市——扬州。

江北四镇当中,尤以高杰、黄得功两部最为凶悍,斗争也最为激烈。

高杰,陕西米脂人,本来是李自成的部下。后来,因为与李自成的妻子邢氏通奸,畏惧东窗事发,情急之下投降明军,顺便带上了邢氏。[2]京师覆灭后,他率部南窜,谒见马士英之后,进驻徐州,与马士英内外勾结,堂而皇之地成为定策元老。黄得功,开原卫人,行伍出身,京营名将。作战经验丰富,崇祯末年被封为靖南伯。他与高杰素来不和,曾差点被高氏派人刺杀,两镇之间势同水火。

在高、黄争夺扬州的过程中,朝廷有旨,让高杰入居扬州,但黄得功不肯善罢甘休,继续争斗。而扬州军民也鉴于高杰军队之前的种种劣行,紧闭城门,拒绝高杰入城。盛怒之下,高杰领军进攻扬州,并在附近抢掠民女、搜刮

[1]〔清〕张岱:《石匮书后集》卷三八,《续修四库全书》第320册,上海古籍出版社2002年版,第639页。

[2]〔清〕张廷玉等:《明史》卷二七三《高杰传》,第7003—7004页。

民财。战斗僵持不下。史可法多方调停,最终让黄得功带领家眷安置在仪真,高杰家眷安置在瓜洲,[1]才算暂时解决了内斗。这样的军队,怎么可能指望他们去抵御强敌呢?

在1644年的下半年,清军、大顺军和明军三股势力形成了一种胶着的状态,一时间互相为敌,却又不能立刻将其中任何一方置于死地。刚打败李自成的清军,在短时间内无法组织针对弘光政权的大规模进攻。他们既要剿灭李自成的残部,又要对河北、山东等新占领地区采取一系列稳定政权的措施。对于李自成而言,兵败如山倒,东山再起,希望渺茫。退守南部中国的南明政权仓皇之际,尚未建立牢靠的防御,遑论立刻追击攻陷京师的大顺军或者从清军手中夺回北方故土。

就明廷而言,弘光政权建立了江北四镇,并以史可法在扬州督师,还有左良玉在武昌的大军作为声援,得以粗安。除此之外,朝廷依然坐拥天下最富庶的江南地区,并四处派遣要员打理苏州、松江、杭州等地的赋税,还到两广、云南等地募兵。因此,对当时的明军而言,北京被攻陷之后,明朝依然存在重建的可能。从历史的维度考虑,东晋、南宋作为南渡政权都存世100多年。对南明朝廷来说,一如史籍所揭:"即未能飙起云蔚,迅复大物,而滔滔江国,画堑自守,犹未失为晋元、宋高也。"[2]历史的经验告诉明廷的福王以及文臣武将,今日之事态未必令人绝望。反之,只要他们能抓住时机,在南部中国站稳脚跟,实现复国也绝非梦境。[3]

(二)清军南下

在弘光政权试图站稳脚跟的同时,清睿亲王多尔衮也在与时间赛跑。多尔衮是清太祖努尔哈赤的第十四个儿子。在征讨察哈尔、朝鲜等战役中,他立下了卓越战功。兄长清太宗皇太极驾崩后,他辅佐年仅6岁的侄子爱新觉罗·福临登极,是为顺治帝。

顺治元年(1644)四月,多尔衮在吴三桂的协助下,经过山海关一战,大

---

[1]〔清〕黄宗羲著,夔宁校点:《弘光实录钞》卷一,《南明史料(八种)》,第6—7页。

[2]〔清〕温睿临:《南疆逸史》卷一,中华书局1959年版,第10页。

[3] 有学者指出:"弘光政权是应历史需要而产生的,是大势所趋,人心所向。"刘中平:《弘光政权建立之探微》,《辽宁大学学报(哲学社会科学版)》2007年第4期。

败李自成。事后,他加封吴三桂为平西王,令其火速追击李自成。五月,多尔衮抵达京师。六月,派遣辅国公屯齐喀等人迎接顺治帝,正式定都燕京。但多尔衮本人对当下的局势心知肚明:只要李自成和福王任何一方获得喘息的时间,都会让自己吞灭中原的野心彻底受挫。

李自成一路溃败,抵达西安,意图固守。此时,大顺军内部互相猜忌,人心不稳。占领京师仅仅 2 个月的时间,形势发生了惊天大逆转。曾经不可一世的义军如今丢盔弃甲,被清军一路追杀,惊魂未定。不过,关中之地居一隅而雄天下,自古以来,易守难攻。如果李自成妥善应对,多方联络,重整旗鼓,也有可能在此地割据,重创任何来犯之敌。与此同时,张献忠在南方取得了不俗的胜利。他攻陷了西南重镇——成都,并分兵攻略附近州县。

明廷内部的情形不容乐观。江北四镇兵与浙江兵不和,发生了镇江兵乱,死者 400 余人。[1]朝廷重臣罔顾国家随时覆灭的危局,将精力投入到互相倾轧的政治斗争当中,马士英、阮大铖等越来越肆无忌惮地排除异己。当然,最让史可法忧虑的还是弘光皇帝本人。偏安一隅的新天子不仅没有卧薪尝胆、光复神州的宏图大志,反而很快暴露出荒淫无道的本性。同年八月,他恢复了东厂,到处缉拿异见者。更让人觉得不可思议的是,他还假借母后之命大选淑女,满足自己的淫欲。接到命令的太监们欣喜若狂,四处搜刮民女,并借此机会大肆敛财,动辄诬告,抄没家产,以至于邻里连坐,不可终日。国难当头,福王却醉心于选秀,以至于苏州、杭州等地民间嫁娶一空。[2]史可法等人殚精竭虑刚刚聚拢起来的民心就这样逐渐消散,以致越来越多的人拒绝为这个荒淫的朝廷卖命。

在明廷内部互相倾轧、气运式微之时,多尔衮的清军已经虎视眈眈,准备南下。七月,在听到福王在南京定都、建立四镇并让史可法督师扬州的消息后,多尔衮让从南方来的副将韩拱薇、参将陈万春等人给史可法带回一封书信。在信中,多尔衮试图站在道义的制高点,威逼利诱,软硬兼施,为史可法指出一条"光明大道"——归附清廷。

---

［1］〔清〕夏燮撰,沈仲九标点:《明通鉴附编》卷一上,中华书局 2009 年版,第 3591 页。

［2］〔清〕夏燮撰,沈仲九标点:《明通鉴附编》卷一下,第 3615 页。

信中说道：江南人望，首推阁下。君父之仇，不共戴天。《春秋》大义，新君不得书即位，所以防范的就是乱臣贼子。李自成称兵犯阙，手弑君亲，你们这些臣子却没人放出一箭。如今，平西王吴三桂向我大清借兵。我大清有感于他的忠义，念及清、明两国友谊，故此捐弃前嫌，领兵讨贼。入京之日，秋毫无犯。我们日思夜想的无非是联合各路豪杰，共讨闯贼，为报君仇，以彰天德。如今，却没有想到，你们这些偏安南国的臣子不思讨贼，竟然急于称帝，真的让人非常疑惑！我们郑重声明，我大清是从闯贼手中夺得的京师，而非从明朝手中。自古识时务者为俊杰，阁下若能劝说福王削去尊号，归附大清，才能永结万年之好，造福天下苍生。我们保证会优待福王，位在诸侯王之上。至于尔等才俊，威望素孚，我大清都可以加封公侯，就像对吴三桂做的那样。阁下是领袖名流，一定能以大局为重，岂会像俗人那般与世浮沉，陷民于水火之中？南国安危，在此一举。何去何从，还请早作决定。[1]

史可法接到多尔衮的劝降书，仔细阅读之后，联想起近年来发生的诸多变故，不能不有所动容。九月，他写下了回信——《复多尔衮书》，原文如下：

大明国督师、兵部尚书兼东阁大学士史可法顿首谨启大清国摄政王殿下：

南中向接好音，法随遣使问讯吴大将军，未敢遽通左右，非委隆谊于草莽也，诚以大夫无私交，《春秋》之义。今倥偬之际，忽捧琬琰之章，真不啻从天而降也。循读再三，殷殷致意。若以逆贼尚稽天讨，烦贵国忧，法且感且愧。惧左右不察，谓南中臣民偷安江左，意忘君父之仇，敬为贵国一详陈之。

我大行皇帝敬天法祖，勤政爱民，真尧舜之主也！以庸臣误国，致有三月十九日之事。法待罪南枢，救援莫及。师次淮上，凶问遂来，地坼天崩，山枯海泣。嗟乎！人孰无君，虽肆法于市朝，以为泄泄者之戒，亦奚足谢先帝于地下哉？

尔时，南中臣民哀恸如丧考妣，无不扪膺切齿，欲悉东南之甲，立剪

[1]《清世祖实录》卷六"顺治元年七月壬子"条，中华书局1985年版，第71—72页。

凶仇。而二三老臣，谓国破君亡，宗社为重，相与迎立今上，以系中外之心。今上非他，神宗之孙，光宗犹子，而大行皇帝之兄也。名正言顺，天与人归。五月朔日，驾临南都，万姓夹道欢呼，声闻数里。群臣劝进，今上悲不自胜，让再让三，仅允监国。迨臣民伏阙屡请，始以十五日正位南都。从前凤集河清，瑞应非一。即告庙之日，紫云如盖，祝文升霄，万目共瞻，欣传盛事。大江涌出楠梓数十万章，助修宫殿。岂非天意也哉？

越数日，遂命法视师江北，刻日西征。忽传我大将军吴三桂借兵贵国，破走逆贼，为我先皇帝后发丧成礼，扫清宫阙，抚辑群黎。且罢薙发之令，示不忘本朝。此等举动，振古铄今。凡为大明臣子，无不长跽北向，顶礼加额，岂但如明谕所云感恩图报已乎！谨于八月，缮治筐篚，遣使犒师，兼欲请命鸿裁，连兵西讨。是以王师既发，复次江淮，乃辱明诲，引《春秋》大义来相诘责。善哉言乎！推而言之，然此文为列国君薨，世子应立，有贼未讨，不忍死其君者立说耳。若夫天下共主，身殉社稷，青宫皇子，惨变非常，而犹拘牵不即位之文，坐昧大一统之义，中原鼎沸，仓卒出师，将何以维系人心，号召忠义？紫阳《纲目》，踵事《春秋》，其间特书，如莽移汉鼎，光武中兴；丕废山阳，昭烈践阼；怀愍亡国，晋元嗣基；徽钦蒙尘，宋高缵统；是皆于国仇未剪之日，亟正位号。《纲目》未尝斥为自立，率皆以正统予之。甚至如玄宗幸蜀，太子即位于灵武，议者疵之，亦未尝不许以行权，幸其光复旧物也。

本朝传世十六，正统相承，自治冠带之族，继绝存亡，仁恩遐被。贵国昔在先朝，凤膺封号，载在盟府，宁不闻乎？今痛心本朝之难，驱除乱逆，可谓大义复著于《春秋》矣。昔契丹和宋，止岁输以金缯；回纥助唐，原不利其土地。况贵国笃念世好，兵以义动，万代瞻仰，在此一举。若乃乘我蒙难，弃好崇仇，窥此幅员，为德不卒，是以义始而以利终，为贼人所窃笑也。贵国岂其然乎？

往者先帝轸念潢池，不忍尽戮，剿抚互用，贻误至今。今上天纵英武，刻刻以复仇为念。庙堂之上，和衷体国；介胄之士，饮泣枕戈；忠义兵民，愿为国死。窃以为天亡逆闯，当不越于斯时矣。《语》云："树德务滋，除恶务尽。"今逆贼未服天诛，谍知卷土西秦，方图报复。此不独本朝不共戴天之恨，抑亦贵国除恶未尽之忧。伏乞坚同仇之谊，全始终之德，合师进讨，问罪秦中，共枭逆贼之头，以泄敷天之愤。则贵国义问，炳耀千秋；本朝图报，惟力是视。从此两国誓通盟好，传之无穷，不亦休乎！至于牛耳之盟，本朝使臣久已在道，不日抵燕，奉盘盂从事矣。

法北望陵庙，无涕可挥；身蹈大戮，罪应万死。所以不即从先帝者，实为社稷之故。《传》云："竭股肱之力，继之以忠贞。"法处今日，鞠躬致命，克尽臣节，所以报也。惟殿下实昭鉴之。

弘光甲申九月十五日。[1]

史可法的这封回信，引经据典，荡气回肠，是他博学多才与伟岸人格的真实写照。在强敌面前，他不卑不亢，据理力争，抱着万分之一的可能，希冀多尔衮停止南侵的步伐，而是勠力同心，共同剿灭李自成。古语云：鞠躬尽瘁，死而后已。史督师的书信未免让人联想到诸葛亮的《出师表》，只是时移世易，即便他有诸葛亮一般的智谋，多尔衮也不会给他奖率三军、光复神州的机会。

多年以后，乾隆皇帝看到史可法的这封书信，大为感叹：天下能有史可法这种刚正不阿、忠君报国的臣子，实在难能可贵！可叹的是，福王有史可法这样的忠臣却不能任用，结果受到马士英等奸佞小人的蛊惑，最终灭亡。设想当年如果福王能够全力委任史可法，给予他充分的信任和权力，那么明朝能否像南宋一样划江而治，犹未可知。可惜史可法生不逢时，最终只能以死报国，让人感到无限悲哀！朕以为，史可法的书信不必隐晦，大可以让它流传下去。[2]

1644年十月，顺治皇帝抵达京师。清廷随后颁布诏书，令英亲王阿济格为靖远大将军，率师西讨李自成；豫亲王多铎为定国大将军，率师直取江南。在南征弘光政权的诏书上，清人煞费苦心地列举了福王不可饶恕的三大罪名：其一，崇祯帝自缢，京师倾覆，福王不但没有救援，反而像老鼠一样逃窜；

---

[1]〔清〕蒋良骐：《东华录》卷四，《续修四库全书》第368册，上海古籍出版社2002年版，第295—297页。

[2]〔清〕夏燮撰，沈仲九标点：《明通鉴附编》卷一下，第3627—3628页。

其二,趁我军进剿流贼,南方大臣没有请命,就擅自拥立福王;其三,不为君父报仇,反而互相攻杀,鱼肉百姓,残害生民。[1]

二、史可法督师扬州

(一)疲于奔命的史可法

史可法(1601—1645),字宪之,开封府祥符人,世袭锦衣卫百户。根据《明史》记载,他的母亲尹氏在怀孕的时候,梦到文天祥来到家中,之后生下了史可法。史可法自幼聪慧,崇祯元年(1628)考中进士。在此后的十几年中,他从西安府的推官,一直做到了南京兵部尚书,对各地的军政事务较为熟稔。[2]

在很多小说、戏剧中,史可法的形象大多是高大威武、英俊潇洒的,实则不然。史可法为人短小精悍,面目黝黑,形容丑陋,与今日的审美标准截然相反。但是,他做官清廉,深得民心,带兵打仗时,与最下等的士兵同甘共苦,故而人人争效死力。

在福王即位之后,史可法因与阁臣马士英不和,选择外放,到扬州督师。而此时的扬州已经战火纷飞,硝烟滚滚。为了贪图扬州的繁华,高杰、黄得功、刘泽清、刘良佐等都率兵抢夺。高杰甚至还令人围攻扬州。刘良佐也带人进攻了临淮城。此时,史可法接到命令,前去安抚。高杰素来忌惮史可法的威名,就在史可法即将抵达扬州时,他急忙下令把扬州城外的尸体迅速掩埋。之后,他惴惴不安地到史可法的营帐中请罪。

三国时期,魏延作为蜀中名将,桀骜不驯,诸葛亮生前就恩威并用,弥留之际,更是遗令杨仪、费祎、马岱等小心提防。[3]如今,高杰嚣张跋扈,攻杀扬州军民,罪无可赦。即便国家处于用人之际,也应作出重罚,以儆效尤。可是,当汗流浃背的高杰出现在史可法的营帐后,史可法反而和颜悦色,让他不要顾忌,而要一心报国。史可法的宽大处理让高杰喜出望外。稍后,史可法还安排高杰进驻瓜洲,这又让高杰大喜过望。[4]

[1]〔清〕夏燮撰,沈仲九标点:《明通鉴附编》卷一下,第3633页。

[2]〔清〕张廷玉等:《明史》卷二七四《史可法传》,第7015—7016页。

[3]〔晋〕陈寿:《三国志》卷四〇《魏延传》,中华书局1982年版,第1003—1004页。

[4]〔清〕张廷玉等:《明史》卷二七四《史可法传》,第7019页。

对于这种姑息的做法,史可法也有自己的苦衷。之所以如此轻描淡写地处理高杰,是因为他害怕如果严惩高杰,不但可能诱发高杰部众倒戈,也会让刘良佐等镇将离心离德。然而,这毕竟是他的一厢情愿。非常时期,他既没有借此机会把军权牢牢抓在自己手中,也没有对高杰等镇将形成有效威慑,反而若无其事到扬州开府,自以为妥善地化解了扬州危机。有学者认为,史可法缺乏周全的军事谋略,这不无依据。但是如果认为史可法是"鼠目寸光的政治侏儒",[1]则未免持论过激,缺乏对历史应有的温情与敬意。

史可法毕竟是文官,此前并没有足以称道的军功可言。在高杰问题的处理上,他"坚持道德说教、以理服人,并以此作为驾驭武人的唯一法门"。[2]他甚至寄希望于高杰的良心发现,能像当初投降明军那样保持初心,和自己一道匡扶倾倒的大明江山。当然,除了感化的力量之外,史可法将黄得功屯驻仪真,也是对高杰的监视和防备。

肩负督师扬州的重担,史可法无论寒风暑雨,走到哪里都不会让人支起华盖,而且吃饭的时候也仅有一道菜而已。继任以来,他每晚睡觉都不脱下衣服,为的是方便随时起身,处理军国要务。他年过四十,没有子嗣,妻子想要置妾,延续家族血脉,史可法则说:"王事方殷,敢为儿女计乎!"[3]这与汉朝名将霍去病的名言"匈奴未灭,何以家为"有异曲同工之处。不论中秋还是春节,他极少休息,晚上批阅文件经常到深夜。除夕夜,疲倦之余,他让部下准备些酒肉。部下告诉他,酒肉已经全部发放给将士,靡有孑遗。他便让人取来盐豉充饥,继续埋头工作。堂堂的内阁重臣,就是以这种节俭到穷酸的方式跨年。

言教不如身教。史可法的人格魅力深深感染了将士,他们绝大多数人愿意与他共存亡。有一天晚上,史可法难得入睡。次日清晨,将士们云集在帐外,问发生了什么事情。扬州知府任民育说:"跟随督师这些天来,我还是第一次见到他睡个安稳觉。"于是,知府下令将士不要打扰史督师,他实在太疲惫了。同时,任民育还让鼓人继续打四更天的鼓,让史督师再多睡一会儿。

---

[1] 顾诚:《南明史(上册)》,光明日报出版社 2011 年版,第 73 页。

[2] 〔美〕司徒琳著,李荣庆等译:《南明史(1644—1662)》,上海人民出版社 2017 年版,第 69 页。

[3] 〔清〕夏燮撰,沈仲九标点:《明通鉴附编》卷二上,第 3648 页。

崇祯十七年（1644）年底，清军先后攻占邳州、宿迁，淮南门户洞开，弘光政权危在旦夕。史可法命令黄得功、刘良佐率部进驻颍州、亳州，兴师北伐，然而两人拒不奉命。相形之下，只有高杰愤然出师。弘光元年（1645）正月，他按照史可法的指示，积极配合收复中原的大业，领军北征。进驻归德之后，高杰听到传闻，驻扎睢州的总兵许定国偷偷把儿子送到清军大营作为人质，准备投降。于是高杰令人去招许定国，准备当面质问，但许定国推托不至，高杰遂亲自带人前往睢州。

许定国曾经上疏朝廷，指斥高杰为逆贼，不可信用，两人从此关系不和。当许定国带领人马到睢州城外迎接高杰的时候，故意让高杰看到自己手下都是老弱病残，借以麻痹高杰。尽管属下竭力劝阻，轻敌的高杰还是进入睢州城，约定与许定国共同北上。可是，许定国不但没有离开睢州的意图，而且在当天夜晚伏兵击杀了高杰。高杰的部下闻讯之后，怒不可遏，随即杀人东门，对睢州军民展开了报复性的大屠杀。许定国经过一番突围，北上降清。可惜四镇之中只有高杰较为配合史可法的北伐大计，但又出师未捷身先死，还没有接触清军，就死于叛军之手。

当高杰被杀的消息传来之后，扬州军民不胜欢喜，互相庆贺，因为高杰此前对扬州的祸害实在触目惊心。之前抗命不遵的黄得功得知高杰死后，欣喜若狂，随即带领军队从仪真杀奔扬州，要把躲在扬州城里的高杰家人统统杀死。史可法闻讯后，即刻派人调解，想要落井下石的黄得功才率部撤退。

为了保住高杰所部军队的实力，史可法奏请将高杰的部将李本身任命为都督，结果被朝议驳回。黄得功甚至在奏疏上直接驳斥史可法，说"阁臣不知是何肺肝，用杰部将为督"，[1]完全不把史可法这位内阁重臣放在眼里。当消息传回，高杰旧部军心涣散，无人愿意再为朝廷卖力。取而代之的是，部将之间互相争雄，将睢州方圆两百里之地变成了人间地狱。

史可法接到睢州兵变的消息后，痛哭流涕："中原不可为矣。"[2]他从扬州赶往徐州，令李本身为提督，又把高杰的儿子高元爵立为世子。如此一来，

---

[1]〔清〕李清著，黄俶成点校：《南渡录》卷五，《南明史料（八种）》，江苏古籍出版社1997年版，第345页。

[2]〔清〕张廷玉等：《明史》卷二七四《史可法传》，第7022页。

高杰部将的哗变才告平息。

北伐的目的本来是收复国土,凝聚人心,可是南方朝廷派来的北伐大军却相互攻击,带来了屠城的灾祸。人心尽失,无力回天。二月,万般无奈的史可法返回扬州,开始做最坏的打算。

(二)扬州保卫战

四月,史可法身陷严重恶化的事态之中。他在一封奏疏中交代了自己进退维谷的凶险境地:

> 臣受命督师,无日不以讨贼为念。而人情难协,事局纷更。睢州大变之后,又有维扬之构。外侮未御,内衅方深。拥节制之虚名,负封疆之大罪,窃自悲也。[1]

权责本该相互对应,可是史可法自受命以来,有责无权,陷入"空白头"的悲哀境地。所谓"人情难协""内衅方深",充分暴露了弘光朝廷连绵不断的内部纷争。有学者统计弘光一朝前后重要的纷争就有 10 次,比如马士英排挤史可法掌权、高杰与刘良佐两部与驻地官绅的冲突、土桥之役、左良玉与马士英的矛盾、起用阮大铖的斗争、姜曰广与刘宗周等人的离职、投降大顺政权的"顺案"、阮大铖假借大悲和尚铲除异己的"大悲案"、福王流落民间的童妃重现后兴起的"童妃案"、北京伪崇祯太子案等。[2]弘光政权前后存世仅一年,一年当中就出现如此纷繁复杂的内部斗争,势必会削弱北伐乃至自保的能力。身陷其中的史可法洞见利害,只能抱着"知其不可而为之"的气概左右奔命。赶回扬州不久,他又接到朝廷调令,前往泗州驻防,守卫明祖陵。正当他集结军队向泗州开拔之际,左良玉在武昌集结大军(号称百万)沿江东下,直扑南京。故此,朝廷紧急调遣史可法入援京师。

彼时,左良玉中道病逝,其子左梦庚挂帅。南京守将黄得功勇猛捍卫,获得了一些胜利。当史可法的军队刚赶到燕子矶的时候,听到黄得功的捷

---

[1] 〔清〕计六奇撰,任道斌、魏得良点校:《明季南略》卷三,中华书局 1984 年版,第 192 页。

[2] 南炳文:《南明史》,南开大学出版社 1992 年版,第 3—25 页。

报,遂改往天长方向急行军,企图保住盱眙。弘光政权两面受敌,史可法就这样带着一群残军四处奔走,难以兼顾。

刚赶到天长,史可法就听到盱眙投降清军的噩耗,而泗州方面的守军已经全军覆没。无奈之下,史可法带领疲惫不堪的军队紧急赶回扬州驻防。此时有谣言说,投降清军的许定国即将杀至,要把高杰的部下尽数诛杀。因此,战斗力最为强悍的高杰旧部一时作鸟兽散,纷纷抢夺舟楫,渡江逃命。[1]情况危急,史可法发布命令,让各镇兵马驰援扬州。可是,几乎没有一兵一卒愿意前来效死。四镇之一的刘泽清早就献上淮安府,投降清军。更让人陷入绝望的是,清军已经攻陷南部的瓜洲,扬州彻底陷入被南北包围的死局。

多铎率领清军南下以来,由河北、河南继而抵达淮扬,几乎不曾遇到一个值得尊重的对手。来到扬州城下,仅仅花了7天,多铎就攻克了这座江北重镇,并杀死了地方守将史可法。与多尔衮不同,多铎并不那么敬重史可法,而是将他作为一个根本无法与自己匹敌的对手。因此,在攻克扬州之后,多铎无心去厚葬史可法。一个月后,他就带军攻陷了不堪一击的南京。随后派遣贝勒尼堪、贝子屯齐击杀了黄得功,擒获了逃亡中的福王,又派贝勒博洛攻击杭州。潞王投降,江浙平定。

当初,多铎在班竹园屯兵围困扬州,派遣使者到扬州城中招降史可法。扬州城已经没有守卫的价值,战场胜负十分明显,没必要再做无谓的抵抗。督师史可法、总兵官刘肇基、扬州知府任民育等人拒绝投降,但是没能制止总兵李栖凤、监军副使高岐凤率众出降,扬州军心日渐动摇。

将剩下的残兵败将分配完毕之后,史可法亲自到西门守卫。此时,他早已写好了遗书:"死,葬我高皇帝陵侧。"[2]

经过多日围攻,扬州城墙破败不堪。史可法"血疏告急",[3]与扬州仅一江之隔的南京朝廷却坐视不理。清军拉来巨型大炮轰击西北方,城墙塌陷之后,清军涌入扬州城。深感无力回天,史可法抽刀自刎,但被随从救下。突

---

[1]〔清〕张廷玉等:《明史》卷二七四《史可法传》,第7022页。

[2]〔清〕夏燮撰,沈仲九标点:《明通鉴附编》卷二上,第3665页。

[3]〔清〕李天根著,仓修良、魏得良校点:《爝火录》卷一〇,浙江古籍出版社1986年版,第450页。

围至小东门后,史可法被俘,以不屈遇害,临死之前发出了最后的呐喊:"我史督师也!"[1]

防守北门的总兵官刘肇基在城破之后,率领残部400多人坚持巷战,格杀数百人,最后寡不敌众,壮烈殉国。扬州知府任民育穿好了绯红色的官服端坐在扬州府堂之上,静静地迎接人生的大限。清军闯进来之后,将其乱刀砍死。他们本指望在扬州府衙中搜刮钱财,却大失所望。因为任民育素来清廉,并无身外之物。此外,冲入任知府家中的士兵们发现任府空无一人。原来任氏家人并没有逃亡,而是全部跳井殉国。同时阵亡的还有两淮盐运使杨振熙,扬州府的两位同知曲从直、王缵爵,江都知县周志畏、县丞王志端等。

在扬州保卫战中,殉节的军官、将士、幕客、民众等不计其数。当时,扬州府如皋县有位叫作许德溥的百姓,听到扬州大屠杀的消息后,悲愤之余,在手臂上刺了"生为明臣,死为明鬼"8个大字。后来,他被别人检举告发,夫妻二人双双殒命。[2]

史可法死后,有人要寻找他的尸体。可惜时值炎夏,被屠军民的尸体早就腐烂,难以辨认。后来,清军为了笼络人心,让史可法的义子史德威世代祭祀。史家人用史可法生前穿过的衣服招魂,将其葬在扬州城边的梅花岭上,这就是著名的史可法衣冠冢。

三、扬州保卫战的影响

(一)"扬州十日"

对扬州府军民而言,扬州保卫战是一场彻头彻尾的浩劫。清军在当年五月十三日兵临扬州城下,五月二十日攻克扬州城,前后用了7天。在接下来的10天里,清军对扬州城展开了骇人听闻的大屠杀,史称"扬州十日"。

关于屠杀的人数,不同的史籍记载出入较大,比较流行的说法就是《明季南略》《扬州十日记》等史籍所记的80万。《明季南略》认为多铎攻陷扬州后,前后屠杀凡80万人,"诚生民一大劫"。[3]此外,是书也披露了有关扬

---

[1]〔清〕张廷玉等:《明史》卷二七四《史可法传》,第7022—7023页。

[2]〔清〕夏燮撰,沈仲九标点:《明通鉴附编》卷二上,第3668页。

[3]〔清〕计六奇撰,任道斌、魏得良点校:《明季南略》卷三,第205页。

州保卫战的细节。

围城之后,清军对扬州城持续展开炮击。炮弹小的有杯口那么大,大的则如同罍缸一般。清军一边炮轰,明军一边用黄草大袋装满泥土随时随处填补漏洞。清军还不时派遣侦探,却多被扬州军民俘获。大家纷纷欢呼,擒获这些鞑子,赶快去领赏,仿佛胜利就在眼前。

扬州保卫战的关键就在援兵。可是在马士英眼中,从长江上游武昌扑来的左良玉军队才是心腹大敌,所以他把兵马几乎全部调到南京。左良玉打着"清君侧"的名号,势必诛杀马士英。在四月的奏疏上,左良玉历数马士英的八宗大罪,如卖官鬻爵,任用奸党,私买歌女以乱后宫,进献童女损害盛德,安插眼线监视皇帝,等等。[1]所以对马士英而言,比起顾全大局,保命才是第一位的。他甚至在朝堂上说:"宁可君臣皆死于清,不可死于良玉之手。"[2]

由于军权都把控在马士英的手中,即便是弘光皇帝也无可奈何。扬州虽然重要,但是此时此刻,它早就成为一颗弃子,不存在任何生还的希望。扬州城的军民完全被蒙在鼓里,还希望朝廷能派遣黄得功等将领速速驰援。

为了攻破扬州城,清军也用尽浑身解数,除了拉来巨炮轰击西北角之外,又派人伪装成黄得功一部的援军开入旧城。因此,扬州城大限已至。

城破之后,不少扬州居民五十、一百、二百地被关进屋中。有人听到外面的清军喊道:"将这须蛮子去了罢!"[3]百姓还以为这是要释放自己,然而当他们像羔羊一样被牵出来之后,等待的却是乱刀屠杀。

围城之时,扬州城里寓居着不少安徽的商人。其中一位名叫程伯麟,一家有 17 口。扬州保卫战中,他苦苦哀求观世音菩萨保佑。菩萨显灵,在梦中告诉他,因为他前生杀了王麻子,此后要一命偿一命,只有他死了,其他 16 口才能存活。后来,扬州沦陷,有一群士兵闯入程家。程伯麟迎上去问领头的士兵,你就是王麻子吧?如果是的话,就杀我 26 刀,算是补偿我上辈子的罪孽。这个士兵正是王麻子,问明情况后,唏嘘不已,告诉程伯麟:"冤冤相

---

[1]〔清〕计六奇撰,任道斌、魏得良点校:《明季南略》卷三,第 195—196 页。

[2]〔清〕计六奇撰,任道斌、魏得良点校:《明季南略》卷三,第 202 页。

[3]〔清〕计六奇撰,任道斌、魏得良点校:《明季南略》卷三,第 205 页。

报何时了,我今生今世杀了你,你下辈子不还是要杀了我吗?不过,既然菩萨显灵,让我砍你二十六刀,我也没办法。"于是,他拿着刀背在程伯麟后面击打了 26 下,便将其释放。程家满门 17 口得以保全性命,逃往金陵。[1]然而,像程家一样躲过大屠杀的毕竟是极少数。

江都人王秀楚作为"扬州十日"的幸存者,事后撰写了《扬州十日记》,对当时的情形进行了翔实的描述。扬州围城之际,将士奋力抵抗,无辜民众东躲西藏。男人们披头散发,失魂落魄。女人们则剪去长发,灰头土脸,扮上男装,以防被乱兵奸污。很多民众钻进了房屋中间的地穴,屏住呼吸,希望不被清军发现。有人知道绝无生还的希望,便嘱咐妻子藏好家中的金银财物后,一起自杀。

疯狂的清军在扬州城内外到处抢掠财物,奸淫妇女,任意杀人,各地都是呼天抢地的惨叫声。到了夜间,隐匿的百姓偷偷掩盖火光,煮饭充饥,可是听到附近此起彼伏的惨叫声,也跟着簌簌落泪,举起筷子,却无法下咽。[2]

清军提着刀赶着俘虏的妇女,像牛羊一样用长绳套住脖子,排成一排,向前行进。每几个骑兵后面都会拴上几十个男女,作为战利品,稍不如意,便予以奸淫杀戮。路上的死难者不仅有军士、老人,还有婴儿,肝脑涂地,惨不忍睹。平日里风光秀美的池塘,如今都被尸体堆满,血水四溢。几乎每一条巷子都有积压成堆的尸体,行进艰难。扬州城外的田地,本应是禾苗生长的地方,如今却也尸横遍野。

扬州沦陷后,有一位张氏女子,被多铎的部将俘虏。后来被带到金陵,之后又跟随这个部将北上,但始终不接受各种威逼利诱。渡江时,她趁机投河自尽。有人在下游发现了张氏的尸体,还有一方白绫,上面题有楷书,告诉发现者,这是广陵张氏的遗体,身上秘藏黄金 2 两,请妥善安葬。除此之外,人们还发现了 5 首绝命诗,其中一首如是写道:

　　　　江山更局听苍天,粉黛无辜实可怜。薄命红颜千载恨,一身何惜误

---

[1] 〔清〕计六奇撰,任道斌、魏得良点校:《明季南略》卷三,第 206 页。
[2] 〔清〕王秀楚:《扬州十日记》,《明清史料汇编二集》第五册,文海出版社 1967 年版,第 2393 页。

芳年。[1]

清军统一全国之后，对扬州大屠杀这段历史轻描淡写。相比之下，清人汲汲于称赞多铎到了南京之后，如何修葺明孝陵，如何为史可法立祠，将其刻画成圣人一般的大英雄，仿佛扬州大屠杀根本不曾发生过一样。

当时也有传言说，史可法未死，而是逃出了扬州城。史可法死后4年，庐州人冯弘图起兵，打着史可法的名号，从者甚众，旬日之间就攻下了附近的州县。[2]与事实相比，天下人更愿意相信史可法并没有死。此后，四方反清复明的仁人志士，屡屡有人打着史可法的旗号。这也说明史可法在人民心中有着不可磨灭的光辉形象以及无与伦比的感召力量。有史家甚至直言："不有君子，其能国乎？南渡之初，所恃者，史大司马一人而已！"[3]逮于清朝末年，随着王朝的腐败，《扬州十日记》之类的书籍在革命群体中广为流传，产生了深刻的影响。统治者的暴行让革命者意识到，只有推翻腐朽的清王朝，才能为中国谋一条出路。

（二）扬州史公祠

兴，百姓苦；亡，百姓苦。朱元璋开国之初，被克复的扬州城仅有18户居民，有如人间地狱；明末时，作为南明政权的江北屏障，清军攻陷此城后，屠杀军民数十万人。自古以来，像扬州城这般以同样惨烈的情形伴随一个王朝的兴亡，亦属罕见。作为与扬州城共存亡的著名将领，史可法见证了这座城市不屈不挠的铮铮铁骨。无论在当时还是后世，人们对史可法都表现出无限的仰慕之情。

当然，也有学者指出史可法的种种失误，批评他"鼠目寸光""毫无远图"，甚至说他是南明政权朝纲不振的"始作俑者"。[4]但这未免多少有些以成败论英雄的味道。关于扬州保卫战的失败，明清时期的史家已经给出了

---

[1]〔清〕计六奇撰，任道斌、魏得良点校：《明季南略》卷三，第208页。

[2]〔清〕温睿临：《南疆逸史》卷五，第44页。

[3]〔清〕温睿临：《南疆逸史》卷五，第44页。

[4] 顾诚：《南明史（上册）》，第41页。

比较公允的解释,如"权臣掣肘于内,悍将跋扈于外",[1]"维扬无旬日之守,何也? 扬人苦高(杰)兵久矣。高兵遁,而驱士民于城上"。[2]扬州先前就被高杰的士兵围攻近一个月,一片凋残,如今大敌当前,防御的精锐士兵几乎全部出逃,战斗力较弱乃至毫无战斗力的普通士民被放到了防御位置,焉能不败? 也有史家把史可法与文天祥等人相提并论,所谓"足与文天祥、张世杰辈争烈者,有不掩卷咨嗟,抚几而长叹者乎",[3]这并非溢美之词。[4]

不到史公祠,不曾到扬州。扬州保卫战距今已有370多年,今天的扬州城与扬州人依旧没有忘记这位英雄曾经作出的牺牲。每年梅花盛开之时,抑或清明节等特殊节日,很多本地居民和外来游客都会慕名前往史公祠悼念。这座免费开放的历史遗址就坐落在梅花岭畔,是国家重点文物保护单位,默默地接受着四方来客的瞻仰与沉思。

370多年前,史可法的肉身在当时就不可辨认,但是他的精神万古长存。他用实际行动告诉人们:即便面对逆境,也不能放弃坚守;即便强敌在前,也要誓死抗争;即便山河破碎,也无改于仁人志士对国家的满腔热忱,对民众的道义担当。可以说,正是有了史可法这样用生命为代价作出的典范,历史上的扬州城才不仅是"腰缠十万贯,骑鹤上扬州"的梦幻之地,不仅是"故人西辞黄鹤楼,烟花三月下扬州"的繁华之所,更承载了文化的厚重与精神的不朽,一如史公祠里郭沫若撰拟的那副挽联:

骑鹤楼头难忘十日,梅花岭畔共仰千秋!

---

[1]〔清〕张廷玉等:《明史》卷二七四《史可法传》,第7034页。

[2]〔清〕谈迁著,张宗祥校点:《国榷》卷一〇四,中华书局1958年版,第6205页。

[3]〔清〕李天根著,仓修良、魏得良校点:《爝火录·自序》,第2页。

[4] 关于弘光政权的速亡,有学者给出了比较客观的解释:"皇帝昏庸无能,阉党专权,内部争斗愈演愈烈,腐朽甚于晚明,而且制定了错误的方针大略。整个政权有百弊而无一利,集百病于一身,奄奄一息,灭亡只在朝夕之间。"朱永安:《弘光政权速亡探析》,《江苏社会科学》1993年第4期。故此,将扬州的陷落甚至弘光政权的覆灭推诿到史可法身上显失公允。至于有关史可法的评价问题,可参刘立人:《三百五十年来史可法评价问题述评》,《扬州师院学报(社会科学版)》1995年第3期;朱宗宙:《史可法评论四议》,《扬州师院学报(社会科学版)》1996年第4期,等等。

综上所述,扬州府在明初建立了层次分明的水陆防御体系,水军有内河和滨海的巡逻与预警等制度,陆军则有卫所、民壮、巡检司等力量。故此,扬州府即便遭受倭寇的零星入侵,也不致酿成大患。此后承平日久,海备废弛,兵员虚耗,卫所营墩仅余空址。嘉靖前期,沿海倭患兴起,流劫沿海,遂成大患。嘉靖中后期,沿海各防区恢复明初旧制,充实陆军,健全海备。经过军民的并肩作战,扬州府取得了抗倭斗争的重大胜利。尤其是嘉靖三十八年(1559)的"淮扬大捷",成功捍卫了江北防区的安全,成为明朝全面抗倭战争中的典范之一。

除了嘉靖时期的抗倭斗争之外,扬州在明代军事史上最重要的一页即是史可法的抗清斗争。面对清军南侵,史可法主动请命到扬州督师,积极准备北伐中原的大计。可惜,南明小朝廷偏安一隅,君主荒淫无道,朝臣互相倾轧,武将骄横跋扈,时事已经难有作为。史可法坚决率众抵抗,虽然孤立无援,城破人亡,但是忠魂不朽,英灵长存。在后来推翻清政府的革命斗争以及如火如荼的抗日战争等伟大事业中,史可法督师扬州的英勇事迹一次次地被编写成戏曲、小说,从而更加深入人心,成为中华民族的精神财富。

第五章　明代扬州的经济(上)：农业与工商业

农业、手工业和商业三者构成封建时代最基本的经济门类。明初，国家对农业生产就非常重视。明太祖朱元璋说："今丧乱之后，中原草莽，人民稀少，所谓田野辟，户口增，此正中原今日之急务。"[1]但由于频发的自然灾害和政府弊政，扬州府农业发展并无大的进步。手工业和商业虽被视为末业，但国家政策相对宽松，而且扬州府便利的交通条件和丰富的自然资源，特别是明朝中后期整个社会奢靡之风兴起，推动了扬州手工业和商业走向兴盛。

第一节　农业

明朝时期，农业生产水平还较低下，耕作主要依靠人力，农作物产量的提高基本依靠土地绝对数量的增加。因此，户口变化和土地垦辟的多少，可以直观地反映出当时的农业生产情况。明朝政府也把这两项作为考核官吏政绩的重要标准。正德年间，林希元指出："学校、田野、户口、赋役、讼狱、盗贼之六事者，乃国朝督察守令之令典。"[2]本节依据相关文献，对明代扬州府不同时期的户口、土地状况略作统计，并简要分析其增减变化的原因。

一、户口增减及其原因

元朝末年，张士诚在泰州起事，攻占泰兴，在高邮称王。元丞相脱脱率大军围困高邮，爆发了著名的"高邮保卫战"。朱元璋为兼并张士诚，双方又多次在扬州境内反复争夺。频繁的战乱，导致大量百姓死亡逃散，繁华的扬

---

[1]《明太祖实录》卷三七"洪武元年十二月辛卯"条，第749页。

[2]〔明〕林希元：《同安林次崖先生文集》卷九《赠郡侯西川方公朝觐序》，《四库全书存目丛书·集部》第75册，齐鲁书社1997年版，第602页。

州人口锐减。元惠宗至正二十七年（1367），朱元璋"以李德成知府事，按籍城中，居民仅余十八家"。[1]数字虽未必准确，但人口稀少则是事实。明朝建立以后，社会趋于稳定，经济有所恢复，扬州府人口也逐渐增长起来。

表 5-1　　　　　　明代扬州府人口情况表[2]

时间 州县		高邮	泰州	通州	江都	仪真	宝应	兴化	海门	如皋	泰兴
洪武	户	9295	24178	16714	13291	3188	3389	11889	9021	9237	11556
	口	68096	122308	69649	64872	16649	20714	75732	41550	34640	47986
永乐	户						3431				
	口						28885				
成化	户	11499	22762	14087	15971	1722	3930	9061	6862	5334	12845
	口	93010	156356	45181	92018	7140	47040	72561	29244	36613	62738
正德	户	15148	26510	17620	18714	2538	5217	11319	7061	5921	14908
	口	114786	143948	79235	101527	12791	51593	78768	21923	34879	91824
嘉靖	户	14496	27342	18518	18307	2678	5456	11637	1540	6422	14895
	口	114380	143491	65529	96250	13141	57499	76726	3788	34517	47433
隆庆	户						5946				
	口						54891				
万历	户						6085				
	口						54950				
崇祯	户			19786					3215	8895	
	口			86276					12980	38337	

嘉靖间，朱怀幹、盛仪等人感慨道："自国初至今已百七十余年矣，田粮则有定额，户口亦不大增，何也？灾伤饥疫，江海漂溢，节遭事变也。无亦赋重役劳，生理不遂乎？"[3]据上述资料，洪武九年（1376）扬州府有111758户、

---

[1]《明太祖实录》卷五"丁酉冬十月甲申"条，第58页。

[2] 资料来源：洪武九年、成化八年、正德七年、嘉靖二十一年数据来源于《嘉靖惟扬志》卷八《户口志》；永乐十年、隆庆六年、万历二十一年数据据《〔万历〕宝应县志》卷三《民事志》；崇祯年间数据据《〔乾隆〕直隶通州志》卷五《民赋志》。

[3]〔明〕朱怀幹修，〔明〕盛仪辑：《嘉靖惟扬志》卷八《户口志》，《扬州文库》第1册，第70页。

562196 人,成化八年(1472)共有 104073 户、641901 人,至嘉靖二十一年(1542)共有 121291 户、652754 人。虽整体呈现增长态势,但速度非常缓慢。洪武至成化近百年间,人口虽仅增长 14%,但已经是明代扬州府人口增长最快的时期。成化至嘉靖七十年间,总人口仅增长 1.6%。部分州县甚至还出现人口急剧减少的情况,如嘉靖间海门县人口仅为明初的 9%。概括起来,明代扬州人口增长缓慢大概有如下几个原因:

其一,地方豪右隐匿户口。《〔乾隆〕直隶通州志》记载:"天启、崇祯中,生齿日益凋耗,豪宗大姓往往曲为欺蔽,十匿其六七,而婺人子有编户不遗者矣。"[1]大量人口被官僚地主控制,无法登入黄册。

其二,倭寇侵扰。嘉靖间,倭寇屡犯扬州府辖属地区,所到之处,抢掠财物、烧毁房屋、屠戮百姓,无所不用其极。嘉靖三十三年(1554)三四月间,倭寇窜掠掘港、吕四、丰利、马塘、余东、余西诸盐场,杀死平民 250 多人。[2]当年四月,倭寇进攻并焚毁通州城三门及城外民房、寺观庙宇等 5800 余处,杀死百姓近千人。嘉靖三十八年(1559),倭寇攻如皋县城,当地居民 1000多人又遭屠戮。除死于屠杀外,还有大量的百姓为躲避战乱而逃往他乡。

其三,耕地减少。如海门县土地经常因海潮侵袭而毁坏,洪武年间有1556 顷,嘉靖间仅有 293 顷,崇祯时期只剩 147 顷。耕地减少,则无法供养大量人口,其人口数量也剧减至不到明初的 10%。

其四,自然灾害频繁。扬州属亚热带季风气候,降水分布不均,加上境内河湖众多和濒江临海的地理环境,极易产生水旱灾害。如洪武二十二年(1389),"海潮涨溢,坏捍海堰,漂溺吕四等场盐丁三万余口"[3]。正统九年(1444),"江潮涨溢,高丈五六尺,溺男女千余人";"世宗嘉靖十八年闰七月,海潮暴至,溺死数千人"。[4]扬州府辖高邮州,"正统五年大饥,人相食";"弘

[1]〔清〕王继祖:《〔乾隆〕直隶通州志》卷五《民赋志》,清乾隆二十年(1755)刻本。

[2]〔明〕郑晓:《端简郑公文集》卷一一《剿逐倭寇查勘功罪疏》,明万历二十八年(1600)郑心材刻本。

[3]〔明〕杨洵修,〔明〕徐銮等纂:《〔万历〕扬州府志》卷二二《历代志》,《扬州文库》第 1 册,第 663 页。

[4]〔清〕阿克当阿监修,〔清〕姚文田等纂:《〔嘉庆〕重修扬州府志》卷七〇《事略志六》,《扬州文库》第 8 册,第 1378、1380 页。

治十八年,大旱,飞蝗食禾殆尽,民大饥"。[1]相关记载史不绝书,而每次自然灾害,往往伴随着大量的人口死亡。

二、土地垦辟与农作物种类

(一)土地垦辟

明代扬州府土地分为官田、民田两种类型。官田即由官府控制的土地,一般出租给当地百姓耕种。民田即地主、自耕农、灶户、渔民及部分佃户拥有的土地。官田、民田各按位置、贫瘠分成不同等级,是国家征收租赋的基本依据。扬州府滨江临海,沿海、沿江地区形成大片沼泽湿地和堤坝地,如"滩塘堰荡田地""芦州田地""马场田地"等,虽不宜耕种,但可生长杂草和芦苇,这是当地重要的养马饲料和煎盐柴草。现综合各种文献资料,将明代扬州府土地垦辟情况列表如下:

表 5-2　　　　　　**明代扬州府土地垦辟情况一览表**[2]

单位:亩

州县 时间	高邮	泰州	通州	江都	仪真	宝应	兴化	海门	如皋	泰兴
洪武	5263				1090	2019		1556		
永乐			3873		1176				2348	
宣德			3549		3275					
正统			4100		5399					
景泰			4250		7673					
成化			4348		7783				2348	
天顺	5200									
弘治			4440		7783			293	2348	
正德					7783			293		

---

[1]〔明〕范惟恭修,〔明〕王应元纂:《〔隆庆〕高邮州志》卷一二《杂志下》,《扬州文库》第19册,广陵书社2015年版,第486页。

[2]资料来源:通州、海门、如皋据《〔乾隆〕直隶通州志》卷五《民赋志》,泰兴据《〔嘉庆〕重修泰兴县志》卷二《赋役》,高邮据《〔嘉庆〕高邮州志》卷三《民赋志》,宝应据《〔万历〕宝应县志》卷三《民事志》,仪真据《〔隆庆〕仪真县志》卷六《民赋考》,兴化据《〔咸丰〕重修兴化县志》卷三《食货志》,泰州据《〔雍正〕泰州志》卷三《赋役志》,江都据《〔雍正〕江都县志》卷九《民赋志》。

续表 5-2

州县\时间	高邮	泰州	通州	江都	仪真	宝应	兴化	海门	如皋	泰兴
嘉靖	15760		443		7828	2231	17980	293	2348	
隆庆			4411						2348	
万历			12694			2221		165	2348	
天启		9280							2348	
崇祯			11762	17228				147	2348	12597

此外,扬州卫、高邮卫等地方卫所亦承担屯田垦种的任务。据《嘉靖惟扬志》记载,扬州卫水屯 348 顷 47 亩,陆屯 201 顷 74 亩,屯田军士 4440 人。高邮卫水陆屯田共 613 顷 75 亩,屯田军士人数与扬州卫相同。仪真卫水屯 626 顷 68 亩,陆屯 419 顷 4 亩 2 分,屯军 3532 人。通州所水陆屯田各 16 顷 1 亩,屯田军 882 人。兴化所水屯陆屯合计 105 顷,军士与他所相同。泰州所免屯。[1]

由上表可见,从明初至明末,扬州府各州县土地垦辟数量总体变化不大。而高邮州土地由天顺至嘉靖间剧增 2 倍以上,仪真县从永乐至景泰四五十年间增至原来的 6 倍多,通州万历时期的土地数量几乎为隆庆时期的 3 倍,这些均明显有悖常理。究其原因,可能是因土地计量标准变化所致。嘉靖二十一年(1542),如皋知县黎尧勋曾奏请清丈"小亩",丈量结果为 36000 顷,比原来多出 10 倍以上。也有可能是大量隐匿土地被清查升科,但具体原因已无法确知。而海门县土地则呈现逐年减少的趋势,主要因为海潮、江水侵袭造成田地淹没坍毁。弘治年间,知府王恩因田地减少奏请免其税粮 5000 石。嘉靖二十四年,因人多地少,又曾割借通州清干等乡田地 140 余顷。如皋县自永乐起至崇祯年间,田地数量一直没有任何变化,可能是因为地方鱼鳞图册等长期没有更新所致。

(二)农作物种类

扬州府属亚热带季风气候,夏季雨水充沛,冬季降水相对较少。地貌以平

---

[1]〔明〕朱怀幹修,〔明〕盛仪辑:《嘉靖惟扬志》卷一〇《军政志》,《扬州文库》第 1 册,第 89—90 页。

原为主，也有稀疏的丘陵分布。全境水网密布，湖泊众多。这种自然地理环境为水作作物的繁育提供了良好的条件。同时部分地区也适合旱作作物的生长。

农作物大体可分为稻、麦、豆类、蔬菜、瓜果等几个类别。稻有籼、粳、糯之分。籼稻原产越南，北宋真宗大中祥符年间（1008—1016）引入中国，因品质耐旱，遂在江淮间广泛种植，并衍生出大小香班籼、水赤籼、小白籼、龙爪籼、六月籼、齐梅籼、大鹅籼、黄稑、乌节、深水红、鹤脚乌、马尾赤、泰州红等数十个品种。其中泰州红《汉书》已有记载，称为"桃花米"，黄稑、乌节在唐朝时曾作为贡品上贡朝廷。粳稻有紫红芒、雀不知、观音白3种，糯稻有羊脂、燕口、橘皮、虎皮、猪鬃、粉皮等名目。麦分为大麦和小麦，大麦品种有麦、淮麦、晚麦等，小麦则有春麦、短管、赤须、北麦等。从当地百姓缴纳的赋税数额上看，明代扬州府的水稻总产量当远在麦产量之上。

自汉代豆腐出现，豆类也成为百姓日常最重要的食物来源之一。扬州豆类品种有大黄、大青、大紫、大黑、大褐、白扁、黑扁、白小赤、菉豆、楼子菉、摘江菉、白江、青豌、白豌、白眼、紫眼、雁来枯等诸多品种。蔬菜包括薯蓣（山药）、百合蒜（百合根）、荬首、荬儿菜、水芹、豆芽、蒲芽、椿芽、藕苗（藕梢）、芥菜、苋菜、葱、大蒜、生菜、白菜、刀豆、戢菜、地耳、豌豆荚、扁豆荚、茄子（隋炀帝曾称"昆仑紫瓜"）等。在农业生产水平还很低的情况下，瓜、果当然也可以补充食物的不足。瓜类有王瓜、甜瓜、苦瓜、西瓜、南瓜、菜瓜、丝瓜、叶叶瓜、冬瓜、香瓜等。果类包括莲子、芡实、菱、石榴、桃、李、梅、杏、枣、梨、栗、鸡拱子、凫茨（荸荠）、樱桃、木瓜、茨菇（慈姑）、核桃、银杏、葡萄、枇杷、槚樝，等等。[1]

整体看来，扬州府的农作物在大类上与自然地理条件相似的地区基本相同，但也有不少农作物是因为局部独特的水土、气候条件造成的，成为当地的特产。这些农作物往往因为特殊的性状而被冠以特殊的名称，故根据字面意义或可稍加推测。如"泰州红"，可能是一种红色的籼米；"雁来枯"或许是因为其成熟季节恰好是大雁飞来的时候；至于"羊脂""燕口""橘皮""虎皮""猪鬃"等，或许因为其外观与羊脂、虎皮等有些相似。因为年

---

[1]　参见《〔万历〕扬州府志》卷二〇《风物志》、《〔雍正〕扬州府志》卷一一《物产》。

代久远,其物可能早就消失,或者其物尚存,但因名称改变而无法与文献对应,至于具体性状、经济价值或其他价值等更是无从了解了。

三、赋税与徭役

(一)赋税制度与赋税负担

户口与土地是明王朝征收赋税、徭役的基本依据。洪武三年(1370),"诏户部籍天下户口。置户帖,户各具其姓名、年岁、贯址、夫家之数为帖。已著之籍,编勘合,州县用半印钤记之。籍上公府,而帖给之民,令有司以时清核"。[1]这是明朝最早的"户帖"制度。洪武十四年(1381),国家着手编定"黄册",规定每110户为一里,丁粮多者10户为里长。其余百户每10户为一甲,1人为甲首。每里编制"黄册"一式四份,分送户部、布政司、府、县。报送户部的户籍册封面为黄纸,故称"黄册"。每年以里长1人、甲首1人负责里甲事务。

户籍大体可分为三个类别,不同类别在权益上有明显差别。地位最高的为宗室和官绅户,拥有减免赋役的特权。其次是普通百姓户,依照职业不同,其下又分为众多名目。如明穆宗隆庆时期所修《仪真县志》载有军户、匠户、寄籍官户、船户、红船户、校尉户、力士户、女户、僧道户、医户等类型;清乾隆时期所修《直隶通州志》记载明神宗万历间通州百姓户籍分民户、军户、匠户、灶户、僧道杂役户等5种,每种之下又有许多具体类型,如匠户有裁缝、厨役、马船,军户有弓捕手、校尉、力士等。再次是一些依附于豪强官绅的佃户和奴婢,他们没有资格编入黄册,也不承担赋役。

对于土地,明政府则编制"鱼鳞图册",标明土地四至、田地数量、土地主人等信息,作为征收赋税的依据。

明朝前期,赋税主要按照户丁征收。中期以后,黄册编制愈加繁琐,无法跟上各地具体情况变化。加上大户隐匿户口,而部分小民也乐于投献大户以避赋税,严重影响了明王朝的财政收入。万历九年(1581),明王朝改行"一条鞭法",将赋役合并,以土地作为征收的主要依据。每年夏秋两季征收,

---

[1] 〔清〕傅维鳞辑:《明书》卷六八《赋役志》,《四库全书存目丛书·史部》第38册,齐鲁书社1996年版,第685页。

夏称"夏税"，秋称"秋粮"。征收实物的称作"本色"，折银征收称作"折色"。所有赋税，一部分上缴中央、本地官府或其他官府，称为"起运"；一部分留作地方自用，称为"存留"。往年积欠，则分作数份均摊到以后各年继续缴纳，称为"带征"。扬州府的赋税负担情况大略如下：

1.直接按土地数量征收的税赋，一般称作"额征"。按照扬州府的实际情况，或折征银钱，或征米、麦、豆、桑、丝、马草等实物。如永乐间，通州百姓负担税粮22010石，田租1110贯，马草11907包。洪武间，海门百姓负担税粮7549石5斗，田租1028贯，马草12964包。永乐间，如皋百姓负担税粮24329石，绢185匹，马草20009包。洪武年间，高邮州负担夏税麦786石，秋粮米与牛租29991石，黄豆1802石，马草22040包，丝1594两，绢79匹2丈，等等。

2.各种杂税，分为岁进、岁办、岁造、岁派4项，所征收者主要为地方土特产品，或折成银钱征收。杂税的规定细若毫发，如通州"岁进"包括"鹈鸪三只、鹌鹑四十四只、野鸡二十只、兔十四只、獐七只、鳜九十九尾"。"岁办"项下除鹿皮、獐皮、羊皮外，还有"守御千户所解京军器""北京药味""南京药味"。"岁造"项下有"纻丝二十七匹、生丝绢一百一十四、箭三千一百枝"。"岁派"项下有"大红纻丝一十三匹、深青纻丝五匹、红线罗一十三匹、青线罗一十二匹"。[1]此外，各盐场负担数量不等的盐课，并需置办煎造、售卖中所需各种其他物资，如铁盘、秤、芦草等。虽然各单项数量不多，明王朝也偶尔根据具体情况加以蠲免，但各种名目加在一起依然是非常庞大的数字。特别是有些特产获得不易，成为危害民间的苛政，有如唐代韩愈笔下之永州"异蛇"。而马匹征收更让当地百姓感受到切肤之痛。

3.马政及其危害。洪武六年（1373）初，明朝设立滁州太仆寺，专门督责两淮马政。最初规定每家养马1匹，如为儿马免征田粮200亩，如为骒马免征田粮300亩。每2年纳驹1匹，欠驹则纳钱700贯。永乐初，扬州府各州县设管马通判、判官和主簿，规定每10丁养儿马1匹，每15丁养骒马1匹，

[1]〔明〕林云程、沈明臣纂修：《〔万历〕通州志》卷四《物土志》，《四库全书存目丛书·史部》第203册，第13—14页。

各州县视具体情况有所调整。1 儿 4 骒称为一"小群",10 "小群"为一"大群"。按年征驹,健壮者解送太仆寺备用,其余则折成银钱上缴京城。依照上述规定,江都县设牧马监,辖广陵、广生、善应、万骥 4 群。仪真县设监正、监副、监丞、良驭、录事等牧监官,辖金骏、万安、寿宁、广胜等 7 群和马厂 1 所。泰兴县辖顺德、骥宁、保全、朝阳等 7 群,高邮州辖武安群 1 厂和德胜群 2 厂,兴化县辖永兴群、广兴群和长兴厂,宝应县辖顺义、永兴、小马、遇便等 7 厂,如皋县辖朱家庄、林子、马塘、草堰河等 10 厂,通州辖清广、马塘、永兴 3 厂,海门县则免养。

永乐十四年(1416),滁州太仆寺卿杨砥建议让宝应百姓 5 丁共养马 1 匹,宝应养马自此始。1 丁专养为马头,10 匹立群头 1 人,50 匹立群长 1 人。种马 1 匹,每 2 年上交马驹 1 匹,如种马死亡或马驹不足,则须按律赔偿,而养马遂为宝应之害矣。弘治七年(1494)规定,每 10 丁养儿马 1 匹,每 15 丁养骒马 1 匹,成为定制。但因所解马不堪使用,令征马价,由马头"往北方买马解俵"[1],百姓苦不堪言。隆庆年间,太仆少卿董传策、监察御史谢廷杰建议裁减种马。万历六年(1578),南京太仆寺卿李辅再次上疏,应课马匹一律折银征收,宝应养马之制终于废除。

通州亦深受养马之苦。通州三面濒江,一面临海,中有通往 10 场的运盐河道,土瘠水咸,本不宜养马。永乐间,因六安州灾荒,遂令通州代养种马,但收效甚微。判官史立模上疏陈养马三弊:"有马必有免征田粮,此国家立法初意。今通无田有马,其害一也。通地鹹卤草稀,不服马畜,其害二也。养种马以资驹,今种马易死,驹生无用,又征银解表,其害三也。"同时,史立模还详细说明废除马政的"四利",但最终"疏上不报",无果而终。[2]钱嵘称:"虽称种马,并不产驹,而瘦损倒死,十常八九","及至起解赴京备用马匹,百无一选",而"一经赍补之期,动至倾家卖子,买自他乡。不数月间瘦死,赔

---

[1]〔明〕陈煃修,〔明〕吴敏道纂:《〔万历〕宝应县志》卷三《民事志》,《扬州文库》第 24 册,广陵书社 2015 年版,第 362 页。

[2]〔明〕林云程、沈明臣纂修:《〔万历〕通州志》卷六《列传叙》,《四库全书存目丛书·史部》第 203 册,第 183 页。

买又复如前"[1]。另每年草料约需银9187两，病死马匹买补银约1200两，解京马价银达3224两，合计13600余两，成为通州百姓难以承受的沉重负担。自永乐起，通州耆民张暹、白镛等陆续上疏请求废除，未获结果。嘉靖十九年（1540），御史钱嵘再次上疏陈其利害，又经尚书张瓒覆奏，通州养马之政最终废除。

总体看来，扬州府的赋税负担较为沉重。《〔万历〕通州志》云："扬州厥土惟泥涂，厥田惟下下，厥赋下下上错。盖田下而赋上者，人功修也。田上而赋下者，人功少也。通之田本下而赋乃上，果人功修乎？抑有说也。额设既定，其奈何？"[2]万历中期，朝廷派宦官赴各地关津充当税监，横征暴敛，以致激起民变。康熙《扬州府志》记载："时瓜洲税使肆虐，商民猝哄，聚至千人，詈索税使，击毙其爪牙。"[3]万历间，吴敏道甚至认为郡邑无特产，乃苍生之幸："郡邑多产珍奇，则郡邑之殃也……国家恒需以供尚方之用，使者结辙相望于道，郡邑苦之。乃余观宝应物产，堇堇若此，无他珍奇，幸甚矣。"[4]天启、崇祯间，明王朝军事活动剧增，为弥补巨额的财政亏空，预征、加征、三饷等纷至沓来，百姓竭其膏髓，亦无力承担，明王朝的末日也随之来临。

（二）徭役制度与徭役负担

综合来看，明代徭役分为里甲、均徭和杂泛差役三类："以户计曰甲役，以丁计曰徭役，上命非时曰杂役。"[5]但不同文献记载有所不同，如《〔万历〕通州志》分为"均徭里甲"、驿传、经费、民壮、班匠5种。类别虽有不同，而实质并无大异。每类均有力役和雇役的区别。力役是指应役人直接服役，雇役则指应役人缴纳相应的银钱，由官府雇人服役。明代前期，力役与雇役

---

[1]〔明〕林云程、沈明臣纂修：《〔万历〕通州志》卷四《物土志》，《四库全书存目丛书·史部》第203册，第132页。

[2]〔明〕林云程、沈明臣纂修：《〔万历〕通州志》卷四《物土志》，《四库全书存目丛书·史部》第203册，第124页。

[3]〔清〕金镇原本，〔清〕崔华、张万寿续修，〔清〕王方岐续纂：《〔康熙二十四年〕扬州府志》卷二二《名宦下》，《扬州文库》第3册，广陵书社2015年版，第416页。

[4]〔明〕陈煃修，〔明〕吴敏道纂：《〔万历〕宝应县志》卷一《疆域志》，《扬州文库》第24册，第339—340页。

[5]〔清〕张廷玉等：《明史》卷七八《食货二》，第1893页。

均很常见。"一条鞭法"实行以后,雇役则成为主要的方式。征收依据为户丁的多少和财产的厚薄,这些均登记在官府编订的"黄册"上。应役的方法大体是:黄册编订之年,确定十户里长,并确定所辖10甲应役次序。每年由担任里长的民户带领一甲百姓承担各种徭役,称为"见年"。10年之内,每甲依次服役,其余9甲则暂时休息,称为"排年"。"每届十年期满,便重造黄册……重新排定下一届十年中各甲的轮役次序。"[1]下面以《〔万历〕宝应县志》记载为例,对明代扬州府百姓徭役负担略作说明。

据《〔万历〕宝应县志》记载,该县徭役分为里甲、均徭、驿传、民壮、杂项出办等5项,仅里甲银一项就包括蜡茶银、上下半年牲口银、京库砖料银、蓝靛银、蒲草银、南京芰苗苫蓆银、稻皮银、海道供应铺陈伞轿门皂工食银、操江军饷银、南京兵部柴薪皂隶工食银、历日扛夫银、岁贡盘费银、仓费银、续添南京太仆寺牛犊银、天鹅银、野味银、本府册房书工银、举人盘费带征银、门神桃符银、缮修银、各衙门公馆公座围裙座褥锡盒笔架银、刑具卷箱白牌等银、处决造册赏功等银等,合计达50多项。上述各项,如征收实物,还须缴纳相应的运输费用,称为"水脚银"。[2]其他各项下同样名目繁多,不再一一列举。

万历二十一年(1593),宝应百姓的总负担包括"夏税秋粮四差条鞭并商税协助银"约19912两,米约7612石,钞9997贯。据《宛署杂记》记载的万历年间物价,白银1两可购米2石,每石约等于377.6斤,钞1贯约等于白银1两,则总计折合白银33715两。[3]其中徭役负担里甲银约5435两,均徭银4286两,驿传银2275两,民壮银685两,杂项出办银378两,合计约13059两,接近百姓总负担的40%。以当时6085户计算,每户约负担役银2.15两,可购米1623斤。由此可见,徭役同样也是压在百姓头上的一项沉重负担。

---

[1] 梁方仲:《论明代里甲法和均徭法的关系》,《学术研究》1963年第4期。

[2] 〔明〕陈煃修,〔明〕吴敏道纂:《〔万历〕宝应县志》卷三《民事志》,《扬州文库》第24册,第357—359页。

[3] 明代沈榜《宛署杂记》卷三《职官》、卷六《县赋》《力役》、卷一四《经费上》、卷一五《经费下》及其他各卷,均有较多关于当时物价的记载。

第二节　水患与水利

农业是封建国家的根本，水利建设直接关系农业生产的丰歉，历代王朝对此均比较重视。扬州府水利建设对明王朝还具有特殊的意义。首先，两淮盐场生产的食盐质优量大，行销范围极广，与百姓生活息息相关，也是明王朝财政收入的重要来源。因此，运盐河道和盐场安全直接影响食盐的生产流通与明王朝的赋税收入。其次，成祖定都北京，东南地区的粮食等物资依靠漕运入京。作为明代运河的重要一环，邗沟连接江淮，一旦受阻，可能给明朝政局的稳定带来威胁。治水过程中，地方百姓、官员或建言献策，或身体力行，朝廷亦派出陈瑄、白昂、潘季驯等水利专家专门督责，取得了一定成效。

一、河湖与水患形势

（一）主要河湖

运河：在江都县城东南，又称"邗沟""漕河""官河"。自仪真江口向东40里，在石人头入江都境内，继续向北15里至扬子桥。另一河自瓜洲镇向北30里亦至扬子桥。两河合流，向东偏北行60里，与邵伯湖相连。继续北行60里入高邮，再40里至界首，入宝应湖。由宝应湖继续向北，至黄浦入淮安府山阳县界，由清江浦进淮河。

运盐河：在府城东北20里。西汉时，吴王刘濞开邗沟，自茱萸湾通海陵仓，至如皋蟠溪。这是最初的运盐河。明朝时，自湾头始东行70里至斗门入泰州境，继续东行160里至海安入如皋县界。折而东南行110里至白蒲入通州，向东延伸70里至新塞入海门县界，行80里至吕四场。这是运盐河主干道。另有支流通往各盐场，也是运盐河的组成部分。

长江：长江自仪真入境，自西而东至海门县廖角嘴入海，横亘在扬州府南境。

邵伯湖：在府城北45里。每年春夏之间，湖水暴涨，淹没民田。晋时谢安镇守广陵，筑堤防水，当地百姓比之为召伯甘棠，因名邵伯湖。

高邮湖：包括新开湖、甓社湖、平阿湖、石丘湖、姜里湖、七里湖、武安湖、塘下湖、仲村湖、郭真湖等大小30余个湖泊。每年春夏,洪水骤至,西部诸河纷纷汇入,绵延300余里,风高浪急,难以行舟。

宝应湖:包括清水湖、氾光湖、津湖、洒火湖、白马湖、广洋湖、射阳湖、博支湖、梁湖等。其中射阳湖在县城东60里,南北狭长,自固晋至喻口白沙入海。但因水位较浅,时常淤塞。该湖分属宝应、盐城、山阳三县。白马湖在县治北15里,长15里,宽3里,连接运河。

五塘:上雷塘、下雷塘、陈公塘、小新塘、句城塘合称"五塘"。雷塘在府城西北15里,塘分上下,分别名上雷塘和下雷塘。上塘注水后长、宽6里有余,下塘注水后长、宽各7里。陈公塘在仪真县城北部偏东30里,汉广陵太守陈登开凿,以灌溉周围土地,百姓大获其利,但其后各设施相继废弃。嘉靖年间,漕臣曾建议修复,但因该塘已被军民垦辟万余亩,且前代石砝多被百姓取走使用,遂罢。句城塘在仪真县城东北40里,一半属于江都,东西340丈,南北1260丈,水南流至乌塔沟入漕河。五塘之外,尚有东塘、柳塘、横塘、鸭塘等。

(二)各州县水患形势

高邮:平津堰(运河堤)西为西上河,堰东为南下河、北下河。多雨时节,西上河借南下河、北下河宣泄洪水;干旱时节,南下河、北下河倚西上河补水灌溉。其患在于水流不畅,虽然官府已采取捞浅固堤、疏通子婴沟等措施,但高邮水患如故。究其原因,乃在于高邮诸水从兴化入海,而兴化海口雍塞,水流不畅。因此,增加兴化海口泄洪能力,最为关键。

泰州:泰州运盐河以南为上乡田地,数量较少,土地主要集中在运盐河东北的下乡。每逢骤雨,下乡田地多被淹没。凌儒说:"泰粮六万有奇,四万属下河。下河地势卑下,尽傍高宝长堤。堤一倾则田尽没,民或为鱼鳖。"并建议"开丁溪、白驹二港浅水入海",但仅为权宜之计。[1]有洪水时,在上游决开白塔、芒稻两坝分流洪水,在下游堵塞各涵洞以防漫溢。干旱时,封住两坝和上游涵洞,既可资下游灌溉用水,又可保运盐河畅通无阻。

通州:通州有新、旧两河。旧河在东南入长江,东北经海门各盐场入海,

---

[1]〔清〕王有庆:《〔道光〕泰州志》卷二三《人物志》,清道光七年(1827)刻本。

沿途灌溉田地数万顷。新河开凿于隆庆二年（1568），为运盐主要通道。通州整体地势较高，旱多于涝。只有西部成北、永兴两乡地势低洼，时常遭遇水灾。

江都：江都地多丘陵，水患总体不算严重，唯邵伯因滨湖之故，水患较多。万历间曾疏浚金家湾、开越河，增强了泄洪能力。

仪真县：仪真县水利的关键在于各塘航道和外河四闸。陈公塘在汉魏间已设水门、石砝，至明代各设施废弃已久。如能依旧制恢复，则可起到调节水旱、以水济运的作用。四闸长期受江潮冲刷，日渐毁坏，需以时修缮。

宝应：越河开凿之前，各地百姓、商旅于各湖行舟，风高浪急，风险极大。越河开凿，给当地百姓带来了极大便利。但因黄河泛淮，淮北地区来水裹挟泥沙汇入越河，以致河身愈高，航道愈窄，亟待修治。

兴化县：兴化地势低洼，俗称"釜底城"。"西有长淮巨河"，"东有万里汹涌之碧海"，[1]其水患源于水流不畅。其泄水要道有三，一在庙湾场，一在石砝口，一在白驹场。庙湾场虽经整治，但地势迥远，水流缓慢。万历八年（1580），曾拨白银8000两疏浚，但所用非人，未获成效。石砝口隶属盐城，政府虽有意整修，但因当地百姓以"水涸而灌溉无所资，海溢而风潮无所避"为由，竭力反对，最终无果。白驹场虽设闸，但因地势东高西低，无法排尽全部洪水。[2]

海门：海门南临长江，北临运盐河，东西有运河，灌溉、排水条件均较为优越。但因为通州、海门两地百姓互相掣肘，地方官员彼此观望，导致蓄泄无时，时常产生一些灾害。江潮侵袭，田地坍毁，亦是当地的重大问题。

如皋：如皋通江各河多壅塞，宜疏浚以引江潮入水关，以便百姓商贾通行。虽或有盐盗之患，但总体利大于弊。小溪河两岸土地常受旱涝之灾，疏浚后连接运盐河，则灾患可除，且能收鱼虾之利。

泰兴：泰兴水患主要在江潮侵袭土地，沿江修筑堤堰乃治本之策。

---

[1]〔清〕史炳：《兴化杂咏·釜底城》，〔清〕梁园棣：《〔咸丰〕重修兴化县志》卷九《艺文志》，清咸丰二年（1852）刻本。

[2]〔明〕杨洵修，〔明〕徐銮等纂：《〔万历〕扬州府志》卷六《河渠志下》，《扬州文库》第1册，第363—364页。

二、治水之议

在治理水患的过程中,地方官员、士人积极参与其中,提出了各种建议。他们或长期生活在本地,或在本地任官多年,因此多数建议契合实际,有非常重要的实践价值。这些建议大多被当局采纳,对扬州府的水利建设起到了重要作用。

扬州府河、塘、湖密布,仅江都、仪真就有 10 余塘。它们雨季可以蓄洪防水,旱季可以泄水入河以利航行,在防洪方面发挥着极其重要的作用。终明一代,官员、百姓多次提出修整各塘以利百姓的主张。据盛仪《五塘定议》记载,洪武、永乐、宣德、正德、嘉靖年间,国家均有在大旱之年以塘济漕的行动。[1]李春芳主张"复诸塘",即恢复诸塘蓄水功能,"旱则泻入漕渠以济运,潦则南注之江"。[2]

兴化县令欧阳东凤、给事祝世禄则主张"疏海口"。鉴于射阳湖壅塞难治,欧阳东凤建议于湖畔开神台河直达庙湾,以为入海通道。祝世禄则主张自兴化大宗湖,由旧官河、冈门镇至石砝口开河一道,可"展开数十丈,浚深丈余","可以常俾通流,滔滔赴海"。[3]推官李春说:"大都诸水皆就东北注之海,兴化为受水之壑,射阳湖为潴水之乡。今射阳湖淤塞,故兴化受害为甚。独取导于庙湾一口,其中所历河道曲折遭回,流更迁缓,又加以海水潮汐从而梗之,故今议多开海口以分其势。"[4]

高邮人王徽力主"捞浅积"。他认为,洪水为患主要在于泥沙沉积,造成水道阻塞,因此应"责令潜夫专务捞浚,舣棹揽泥,令帮岸益厚,不许加高。河

[1] 〔明〕盛仪:《五塘定议》,〔清〕李苏:《〔康熙〕江都县志》卷十三《艺文》,《扬州文库》第9册,第483—484页。

[2] 〔明〕杨洵修,〔明〕徐銮等纂:《〔万历〕扬州府志》卷五《河渠志上》,《扬州文库》第1册,第353页。

[3] 〔明〕杨洵修,〔明〕徐銮等纂:《〔万历〕扬州府志》卷五《河渠志上》,《扬州文库》第1册,第354页。

[4] 〔明〕李春:《开海口议》,〔清〕尹会一纂修,〔清〕程梦星等纂:《〔雍正〕扬州府志》卷九《水利》,《扬州文库》第5册,广陵书社2015年版,第104页。

底日益浚深,纵遇旱亢,亦不虑塞"[1]。沈明臣认为,通州水闸根本起不到调节洪水的作用,在盐仓者"每启则水漫平田,大伤禾稼",在芦团者,"一启则两岸沙崩如山,田几坍没"。因此,通州水利的关键在于深浚河道,"深浚运河,使各乡支河沟汊与之相平,非惟潦年之水可泄,而旱年之潮亦可引矣"。[2]

杨时则主张"砌石堤"。他认为,扬州河湖水势浩大,土堤屡修屡决,劳民伤财而成效少,"与其岁岁修守,费工力于不赀,孰若一劳永逸以保万全之安",[3]力主修石堤以代之。

王恕针对扬州河湖形势,提出4条建议:其一,扬州各河道主要依靠邵伯湖、高邮湖等湖水补给,但河身却高于湖面。每逢干旱,湖水减少,河水遂低至不能行舟。因此,"若将河身比湖面浚深三尺,则虽干旱亦不阻行"。其二,高邮湖自杭家嘴至张家沟30余里,俱为砖砌堤岸,容易损坏舟船。他建议在堤外较低地势的基础上再加深3尺,将原堤内减水闸改为通水桥洞,引湖水灌入以行舟,则可避高邮湖风涛。这项建议极具前瞻性,白昂于弘治间遵而行之,遂有高邮越河的开凿。其三,疏通扬州湾头镇以东诸河河道。上述河道因淤浅无法行舟,食盐、粮食及其他物资运输皆赖陆路,"以致客商失陷本钱,军民难以遣日"。其四,雷公塘、句城塘、陈公塘俱年久失修,近年"止是打筑土坝拦水,随修随坍,不能蓄积水利"。应当在各塘建造板闸1座、减水闸2座,"潦则减水不至冲决塘岸,旱则放水得以接济运河"。[4]

汤一贤提出根治宝应水患的建议,主要有下列几条:其一"捞浅"。应当恢复明初设置的浅铺与浅夫,由浅夫专门从事捞浚。所捞之土,堆积于河岸,只可加阔,不可增高。继以时日,则"深者日深,有容受之量,高者愈高,坚捍御之才,旱潦奚足虞哉!"其二"开平水闸"。宝应城旧有平水闸2座,

---

[1]〔明〕杨洵修,〔明〕徐銮等纂:《〔万历〕扬州府志》卷五《河渠志上》,《扬州文库》第1册,第354页。

[2]〔明〕沈明臣:《通州水利议》,〔清〕王继祖:《直隶通州志》卷一九《艺文志上》,清乾隆二十年(1755)刻本。

[3]〔明〕杨洵修,〔明〕徐銮等纂:《〔万历〕扬州府志》卷五《河渠志上》,《扬州文库》第1册,第354页。

[4]〔明〕王恕:《复修扬州境内水利奏略》,〔清〕孙宗彝纂,〔清〕李培茂增修,〔清〕余恭增辑:《〔康熙〕高邮州志》卷一〇《艺文志》,《扬州文库》第20册,广陵书社2015年版,第182—183页。

但湖多闸少,泄洪不力,应当增筑平水闸。闸成则"随水高下,任其行止,使水不至于壅盈堤,可保其永固"。其三"修石工"。洪武、永乐间,宝应曾有石堤修筑,但历年已久,疏于维护,已经丧失作用。其后多以桩、板铺筑,虽费用较少,但容易损坏。"计板工费虽不及石工十之二三,而积累成算,当多于石工数倍矣"。同时,他还提出了具体的施工方法:"石欲其平,六面如一,使接缝不至粗疏,以免掂撼之弊。灰欲其浓,米汁相半使入缝,易于固结,以防酥散之虞。庶堤工坚实,水不能侵,可以保至永久"。其四"植茭草"。湖面空阔则水势难遏,茭草丛生则风涛可抑。于春水来临之前,令浅夫沿湖种植数十丈,时时添补,以防减损。"及其成,葑俨如一堤,易湖为河,莫此为便"。其五"浚海沟"。宝应运河之东子婴沟、长沙沟等入海通道,泥沙充塞,积久不治。每开闸放水,则洪水漫溢,不能顺利入海。时逢干旱,则河水立涸,无法起到灌溉作用。另外,盐场客商往往借此通行,均称不便。"诚能顺商民之欲而疏通之,所谓导利而布之上下者也"。其六"开越河"。越河成则"水势既分,可以免运堤冲决之患;波流不迅,可以赅往来舟楫之安"。[1]

上述建议概括起来,大体有复诸塘、通海口、捞浅积、砌石堤、植茭草、开越河几种,均为官员、耆民在充分了解地方水情的基础上所提出的极具建设性的意见和建议。这些建议有相当一部分为当局采纳,取得了较好的治水效果。

三、水利建设与水患治理

(一)相关机构与职官设置

明代扬州所置水利管理部门有都水分司、清江提举司、管河工部分司、河泊所等。具体职官有:扬州府设管河通判1人、瓜洲闸闸官1人。仪真县有清江闸闸官1人。高邮州有管河判官1人,泰州有河泊所官1人。天顺元年(1457),都督徐恭奏称,扬州府高邮、宝应、邵伯诸湖堤决口过多,清江提举司造船主事不能兼理。朝廷遂派主事1名专门负责扬州河道。成化七年(1471),罢管河主事,另设管河郎中1名,负责仪征至沛县河道。成化二十二年(1486),增设朝宗二闸闸官1员。弘治八年(1495),裁撤扬州府管

---

[1]〔明〕汤一贤纂修:《〔隆庆〕宝应县志》卷四《官政》,《扬州文库》第24册,第239—241页。

河通判及仪征县管河主簿。[1]永乐十五年(1417)，为更好地管理各塘，曾设置塘长 2 名、塘夫 70 名。[2]

浅铺是明朝为负责维护水利设施正常运行而设立的专门机构。明初，陈瑄即于"高邮湖堤内凿渠亘四十里以通舟，南北造梁以便行旅。每十里置一浅铺，沿途凿井植柳以饮庇戍兵牵挽者"[3]，后渐成制度。高邮州共设立浅铺 23 所，在旧河者有车逻浅铺、五里坝浅铺、张家沟浅铺等共 11 所，在新河者分别命名为一浅、二浅、三浅至十二浅，共 12 所。每铺均设浅船、浅夫，随时清理河道淤积，并负责置办各种防洪物资。宝应县亦设有槐楼等多所浅铺，每铺配备正房 3 间、偏房 3 间、水井 1 眼、物什 21 件、浅老 1 名，共辖浅夫 238 名。每年负责置办桩木 4300 根、草 41 万束，及其他防洪物资。浅铺之设本为善政，但逐渐因疏于管理而名存实亡，各水利设施得不到正常维护，调剂水旱的功能因此大减，这是扬州府水患频繁出现的重要原因之一。

(二)坝、闸等设施的兴修

泰兴江堰：在泰兴县沿江东自新河，西至丹阳县界，长 6650 丈，高 1 丈 5 尺。永乐二年(1404)，因江潮冲击，部分圮塌，地方重筑 3900 余丈。成化十八年(1482)，因江水侵蚀民田，扬州府同知李绶与泰兴知县蔡暹沿江筑堰以捍江潮。起于保全乡九都，止于顺得乡庙港，全长 16900 余丈。嘉靖十二年(1533)，朱篪增建自庙港至过船港 1 段，共 7630 丈，百姓获利甚大，但万历间已废弃。

海门捍海堰：自海门县料角嘴向北至盐城，为扬州府濒海地区，其水患之一在于海水侵袭农田。由唐至宋，李承实、李昇、王文、张纶、范仲淹等人陆续在沿海修筑堤坝以御海潮，形成横亘海门、通州、如皋、兴化的捍海堰。因范仲淹出力最多，当地人称之为"范公堤"。洪武二十三年(1390)，吕四场附近海堰崩塌，百姓溺死 3 万余人。地方官员上疏以闻，遂征发苏州、扬州、

---

[1]〔明〕杨洵修，〔明〕徐銮等纂：《〔万历〕扬州府志》卷八《秩官志上》，《扬州文库》第 1 册，第 391—392 页。

[2]〔明〕盛仪：《五塘定议》，〔清〕李苏：《〔康熙〕江都县志》，《扬州文库》第 9 册，第 483 页。

[3]〔明〕杨洵修，〔明〕徐銮等纂：《〔万历〕扬州府志》卷一〇《秩官志下》，《扬州文库》第 1 册，第 441 页。

淮安等府民夫修复。永乐九年（1411），平江伯陈瑄发扬州、淮安两府民夫再加修筑。成化二年（1466）与成化七年（1471），海潮两次冲毁海堰，形成缺口 70 余处。成化十三年（1477），吕四场灶民请于巡盐御史雍泰，雍泰慨然以为己任，协调各方，筹备物资，征发沿海及各盐场民工数千人，于当年八月动工，九月完工，捍海堰的功能得以恢复。

泰州杨公堰：成化十五年（1479），泰州百姓数千人上书御史杨澄，言泰州"频岁堤坏，加之以淫雨，因之以风涛，遂致毁决，私艖公行，盗莫能遏"。杨澄遂会同知府杨成、泰州知州陈志等积极谋划，于当年二月动工，两月堰成。又于堤东秦潼镇和堤西鱼行庄建水闸和土坝各 1 座，坝可蓄水备旱，闸则泄水防涝，同时设浅铺 11 所，命浅夫按时巡视保护。百姓以为杨澄"一举有三善"："海涛以捍，民田不至于荒芜，一也；国课流通，私艖不至于横行，二也；运河之水亦赖不泄，而漕舟不至于稽程，三也。"[1]遂称之为杨公堰。

包公堤：隆庆三年（1569），包柽芳以贵州督学副使左迁通州分司判官。上任仅数月，逢海潮大涨，范公堤自石港至马塘一段年久失修，海潮涌入，淹死人畜无数。包柽芳考察后认为，以前历次修筑海堤，均限于对原堤的修补，以图节省费用。但灶民煎烧、草荡等财产十有七八皆在堤外。如果自彭家口接石港，迂回十五六里，虽费用增多，但可有效保护百姓财产。经运司同意后，这段海堤不久修成。百姓感其恩德，立祠祭祀，并称之为"包公堤"。

仪真四闸：分别是罗泗闸、通济闸、东关闸、拦潮闸，位于仪真外河上。洪武十六年（1383），兵部尚书单安仁请在张顾石闸故址重建清江闸、南门潮闸，后废。成化十年（1474），提河郎中郭昇建议于仪真外河建罗泗、通济、响水、东关四闸，一时称便，后废。弘治年间，撤去响水闸，修复另外三闸。成化十四年（1478），总督漕运都御史张敷华创建拦潮闸，遂为四闸。

高邮城河三闸和周家桥闸：高邮州城河上连各湖，下接大海，但因入海通道淤塞，经常出现水患。最初，官府仅于城河要口处置土坝，水退则决堤坝以行舟。随修随决，仅为权宜之计。卢旰主管高邮水务时，会同高邮知州

---

［1］〔明〕张瓒：《杨公堰记》，〔清〕噶尔泰辑，〔清〕程梦星等纂：《〔雍正〕敕修两淮盐法志》卷七《水道》，《扬州文库》第 29 册，广陵书社 2015 年版，第 216—217 页。

边侨,陆续建成石桥河闸、北城河闸、南城河闸。三闸修成,"随时启闭,私不告劳,公不伤费,周舟惠人,障堤保田"[1],百姓大悦。嘉靖年间,泗陵太监报称淮水大涨,淹没陵上树木,遂设闸以宣泄洪水。"闸底以石为梁,闸上止留四尺水头,如滚水坝之制"。[2]这样一来,水过大时可以泄洪,同时又保留了一定的蓄水功能。隆庆、万历年间,潘季驯重修,仍有石梁存在,不许船只从此通过。万历二十五年（1597）重修时,部分奸民为谋私利,撤去石梁代以闸板,以便私开私放,私收船税。不久,泗水大涨,当局准备开周家桥闸泄洪,生员张行中等赴官府陈明利害,南河郎中黄日谨亦上《谨辨开周家桥疏》力谏,乃止。

（三）旧河道的疏通与新河道的开凿

疏通漕河:永乐迁都北京后,粮食等各种物资均仰仗东南供给。政府遂采用济宁同知潘淑正的建议,废除海运,修复元代会通河,另由黄河故道引水自开封北鱼台塌场入会通河。这样,运河连通黄河、济水、淮河、长江,成为明朝漕运最重要的通道,而邗沟的作用较唐宋时更为重要。明成祖命平江伯陈瑄总理其事。陈瑄疏浚清江浦,修复瓜洲、仪真堤坝,清除潮港湮塞,筑高邮湖、宝应湖、白马湖、氾光湖诸湖长堤,又于高邮湖内开渠 40 里（康济河即缘于此）,另开白塔河以通长江,置江口等四闸。江南漕船可由常州西北孟渎河渡江,沿运盐河至湾头入漕河,节省了大量费用。同时,他又仿宋代平水法,在运河东岸设减水闸控制水势。水位在 7 尺以下,则蓄水以便漕运；水位较高,则减水入各湖,并经射阳湖入海。如此,则运河水势平稳,两岸土地也可适时灌溉,百姓大获其利。对于邗沟的治理,有人建议从滁州六合新开一渠以通漕运。陈瑄认为,六合多石,开凿困难,水位较低时易对船只造成损害,遂决定利用唐宋故河开渠,节省了大量开支。

高邮康济河:弘治二年（1489）,明廷派白昂治理黄河决口。工毕,欲疏浚扬州境内的漕运河道。监察御史孙衍、巡抚右都御史李昂等与白昂商议:

---

[1]〔明〕张𬭁:《城河三闸记》,〔清〕孙宗彝纂,〔清〕李培茂增修,〔清〕余恭增辑:《〔康熙〕高邮州志》卷一〇《艺文志》,《扬州文库》第 20 册,第 197 页。

[2]〔清〕孙宗彝纂,〔清〕李培茂增修,〔清〕余恭增辑:《〔康熙〕高邮州志》卷三《漕渠志》,《扬州文库》第 20 册,第 41 页。

高邮州运道 90 里,其中 30 里入新开湖,湖堤"障以桩木,固以砖石,决而重修者不知其几"。该湖西北与甓社、石臼、平阿诸湖相接,绵延数百里。每西风大作,波涛汹涌,船沉人亡的事故经常发生。此前多任官员均有凿复河以避风涛的想法,但终无结果。此逢国家整饬漕运,正为开凿的好时机。白昂深表赞同。弘治三年三月动工,经 4 个月时间,修成一条自州北三里杭家嘴至张家沟的复河。河与湖长度相等,宽 10 丈,深 1 丈有余,于两岸堆土成堤,并以桩木、砖石加固。首尾有闸与湖相通。岸东设闸 4 座、涵洞 1 个,每逢湖水上涨,则开闸减缓水势。"自是舟经高邮者出湖外,无复风涛之虞,人获康济"。[1]白昂上奏朝廷,赐名康济河。

泰州新开运盐河:泰州分司小海场与草堰场接壤,百姓杂居共处。但小海场租赋缴纳需要借助草堰场河道,每逢输赋,需往返奔波 30 余里。采收煎盐柴草,则需要越过草堰场河道,路途遥远,效率低下,百姓不堪劳苦,只得放弃,"至秋竟成野烧而已,课恒称歉,民日就困"。嘉靖十五年(1536),婺源洪垣巡按两淮,监生宗部等以此相告,洪垣遂命运使郑漳、运同孙廷相等人董理其事。嘉靖十七年二月动工,两月告成,总长 39 里,其中在废旧河道基础上开挖 20 里。此河开成,"劳者息,邻者利,采入者便,而地产弗遗,课用是裕",百姓极为称道。[2]

宝应弘济河:洪武九年(1376),政府接受宝应人柏丛桂建议,征发丁夫 5 万余人,修建高宝湖堤 60 余里。柏丛桂又言,宝应县自槐楼至界首湖堤屡修屡废,空耗民力。遂建议于氾光湖堤之外开渠 40 里,引湖水入内以便行船,是为宝应越河。正德时期,宝应越河因泥沙淤积久已荒废。正德十六年(1521),提河郎中杨泉奏称宝应湖凶险,建议再开越河。嘉靖间,御史闻人诠、员外郎范韶、按察使仲本等多次建议,仍未有结果。万历十年(1582),宝应湖波涛益加凶险:诸河"从云山白水衡阳而下,势若建瓴,直注氾光,溯湃汹涌,浮光无际……值西风暴起,惊涛卷雪,怒浪如山……壬午之变,千舟

[1]〔明〕刘健:《康济河记》,〔清〕孙宗彝纂,〔清〕李培茂增修,〔清〕余恭增辑:《〔康熙〕高邮州志》卷一〇《艺文志》,《扬州文库》第 20 册,第 195 页。

[2]〔明〕林椿:《新开运盐河记》,〔清〕噶尔泰纂辑,〔清〕程梦星等纂:《〔雍正〕敕修两淮盐法志》卷七《水道》,《扬州文库》第 29 册,第 217—218 页。

半渡,一风而尽,浮尸无算,惨不忍言"。抚按大臣相继建言修治,给事中陈大科极言利害,宝应越河修复工程终于在万历十二年付诸实施。新筑土堤1道,西边将旧堤加高加厚,并于南北建闸2座,以便船只出入。南闸之外筑拦河坝1道,北闸外筑束水堤1道,中建滚水石坝以疏泄水势。坝之东再开支河,以导河水从射阳湖、广洋湖入海。河中植芰、苇,堤上植柳,以为护堤之用。工成,"畴昔风凄雨迷、樯沉舻折之景不复刺眼,岁所全活生命不可以数计"[1],朝廷因赐名弘济河。

邵伯越河:邵伯湖之险恶,不亚于高邮、宝应各湖,湖堤时常溃决。高邮、宝应越河开凿以后,开凿邵伯越河的要求也被提出。万历二十八年(1600),总河漕尚书刘东星再申前议,得到朝廷允准,第二年河成。从此以后,船只经行均由越河,再无风滔之险,极大地便利了百姓和往来客商。

(四)黄河夺淮的治理

弘治间,黄河入淮,大量泥沙涌入,使河床升高,造成淮河入海困难,洪水经常冲破高家堰南流。陈公塘、句城塘设施废弃已久,无法起到蓄水作用,各河流水遂奔向高邮、宝应、邵伯三湖,莽莽苍苍,连绵300余里。每逢大水袭来,风吹浪打,声若雷震。湖堤冲决,则湖水东流,大片良田被淹,百姓生命财产亦受严重威胁。弘治年间,黄河于原武决口,明廷派户部侍郎白昂治水。白昂堵塞黄河决口,导部分黄河水入淮,暂时解决了问题。

隆庆四年(1570),黄河于崔镇决口入淮,冲破高家堰往东,淹没山阳、宝应、高邮、兴化、盐城各州县,伤人畜财产无数。淮水退去后,黄河水紧随而来,冲黄浦八浅,带大量泥沙入射阳湖,入海通道受阻。黄水遂向东漫过盐城石礓口及姜家堰,破范公堤入海。部分黄水则自越邵伯湖,南趋瓜洲、仪征入江。危害之大,难以想象。万历六年(1578),朝廷派督河都御史潘季驯负责治理。潘季驯继承陈瑄的治水理念,从武家墩起,经大小涧至阜宁湖筑长堤阻挡淮河东侵,自清江浦沿柳浦湾向东筑堤以防河水南犯,自淮安至徐州筑长堤600里束水归漕,黄河水患暂时解除。

[1]〔明〕吴敏道:《新开弘济河诸公生祠记》,〔明〕陈煃修,〔明〕吴敏道纂:《〔万历〕宝应县志》卷一〇《艺文上》,《扬州文库》第24册,第430页。

　　万历年间,黄河再次夺淮入海,淮水奔泗州,威胁明祖陵。朝廷震怒,督河大臣去职。此时,有人建议破高家堰导淮水入湖,淮扬百姓一片恐慌:"往年溃堰事可鉴。今以二十年积潴之水,令建瓴而下,朝廷即以泗为重,顾可使运道决裂,且忍二郡亿万生灵尽为鱼鳖耶?"[1]朝廷再遣官员勘察,最终确立"分黄导淮"方案。所谓"分黄",即从黄家嘴引黄水至五港灌口入海,以减轻水势,防止黄水全部流入淮河。所谓"导淮",即自清口清除积沙数十里,又于周家桥、武家墩等处引部分淮河水入湖。同时预辟入海入江通道以泄洪水:疏通山阳泾河、宝应子婴沟,以达庙湾;在盐城疏通石𥖁口,兴化以东疏通丁溪河,如此则入海通道畅通。疏浚江都金家湾,跨运盐河,入芒稻河,再入于长江,如此则入江之道畅通。鉴于射阳湖淤塞久治无功,则加深、加宽欧阳东凤所开神台河,扩大水流通道。一年后,工程完毕,泗州水患终告解除,淮扬百姓也免遭一场劫难。

四、水患频繁的原因

　　总体看来,扬州府的水利建设确实取得了一定成就,但整个明代扬州依然时常受到洪水威胁。这既有自然地理的原因,也有人为的因素。

　　特殊的自然地理环境,使扬州府的水利建设面临较大困难。当地四季降水不均,易生旱涝。整体地势相对较低,每当淮河泛滥或黄河夺淮,淮水裹挟黄河水滚滚而入扬州境内,有限的水利设施根本难以承受。加上濒江临海的地理环境,海潮、江潮以及偶发的"海溢""江溢",也时刻威胁着百姓的生命财产安全。

　　人为因素主要有四:一是原有水利制度遭到破坏。如高邮州,原来"沿河设立浅铺,额造浅船七十六只,编住浅夫二百名,以时捞浚。是以河身深下,闸洞疏通,旱年不妨粮运,且有余水救济下河。水年去未甚速,不致泛滥,所以无壅塞冲决之弊,为制之最善也"。但"迩年以来,虽置浅夫,实则无一人在浅,浅铺亦废,惟听堤决"。[2]二是管河官员配备不足。扬州府历来水患

---

　　[1]〔明〕杨洵修,〔明〕徐銮等纂:《〔万历〕扬州府志》卷五《河渠志上》,《扬州文库》第1册,第352—353页。

　　[2]〔清〕孙宗彝纂,〔清〕李培茂增修,〔清〕余恭增辑:《〔康熙〕高邮州志》卷三《水利》,《扬州文库》第20册,第36页。

频繁,作为重要的漕运通道和盐业重地,理应增置人员加强管理。但弘治八年(1495),扬州府管河通判、管河主簿均被裁撤,本已疲于应付的水患治理更是雪上加霜。万历间,扬州"水旱相仍,间阎饥馑,人心惶惶"。李云鹄到任后,发现官缺极多,相关事务无人负责,遂上疏说:"地方无官,将何所责成乎? 臣虽不敢少爱微躯,竭蹶从事,亦岂能以一手之力,挽万里江海之鲸波,置地方于磐石乎?"[1]三是百姓因利益冲突,相互掣肘,而地方官员不能及时协调。如海门县因临海之故,耕地常遭海潮侵袭而受损失,常常向通州割借土地以全活百姓,是以州县土地交错混杂在一起,但"州县民自相秦越,而长民者彼此观望,是以浚治未遑,蓄泄不时,乌能尽地利乎?"[2]四是地方奸民破坏水利设施。江都雷塘、小新塘、句城塘"今皆佃为田"。[3]更甚者,仪真陈公塘"久为军民占佃万余亩,前代石础悉为民家砧础砌甃之具"。[4]"余闻是役有倚势占塘者,将塘闸石毁拆移他用,于是水暴至不能节制,径入高、宝、山阳诸湖,溢决运堤,东方之州县尽没"。[5]每逢洪水泛滥,各塘蓄水功能大受影响,这也是造成灾难的重要原因之一。

第三节 手工业与商业

在发展工商业方面,明代扬州府具有得天独厚的自然条件,首先是便利的交通条件。洪武时的文献记载说:"江都当江、淮之冲要,俗喜商贾,不事农业,四方客旅杂寓其间,人物富庶,为诸邑最。"[6]万历《府志》云,瓜洲"拥

[1]〔明〕李云鹄:《天变请补缺官疏》,〔明〕朱吾弼等辑:《皇明留台奏议》卷二《修省类》,《四库全书存目丛书·史部》第74册,齐鲁书社1997年版,第549页。

[2]〔明〕杨洵修,〔明〕徐銮等纂:《〔万历〕扬州府志》卷六《河渠志下》,《扬州文库》第1册,第369页。

[3]〔明〕杨洵修,〔明〕徐銮等纂:《〔万历〕扬州府志》卷六《河渠志下》,《扬州文库》第1册,第357页。

[4]〔明〕杨洵修,〔明〕徐銮等纂:《〔万历〕扬州府志》卷六《河渠志下》,《扬州文库》第1册,第358页。

[5]〔明〕盛仪:《五塘定议》,〔清〕李苏:《〔康熙〕江都县志》,《扬州文库》第9册,第484页。

[6]〔清〕尹会一纂修,〔清〕程梦星等纂:《〔雍正〕扬州府志》卷一〇《风俗》,《扬州文库》第5册,第115页。

大江,引吴会飞輓,万货纷集"。[1]雍正《府志》云,高邮州"南通运河,北连淮水",仪真"滨大江,达省会,控接濠滁,水陆要冲",宝应县"为水陆交通,固东南之喉领也"。[2]永乐十三年(1415),会通河修成,运河取代海运成为南北经济交流的纽带。扬州作为运河航运的重要节点,交通条件愈加优越。另外,扬州为两淮盐场所在地,盐产量巨大。丰厚的利润,吸引无数盐商来扬贸易或居住。这些都为扬州工商业的发展奠定了良好的基础。

明朝中后期,社会风气由节俭趋于奢靡,扬州府更是如此。扬州富商云集,生活竞以豪奢相尚,对商品与服务的需求巨大,这对工商业发展是一个有力的促进。受盐商和其他客商影响,百姓也渐渐弃本逐末,转向获利丰厚且并不那么劳苦的工商业。王燧《商贾行》一诗,形象地描述了发财的商人对百姓的示范作用:

> 扬州桥南有贾客,船中居处无家宅。生涯常在风波间,名姓不登乡吏籍。前年射利向蛮方,往平行贩越海洋。归来戴货不知数,黄金绕身帛满箱。小妇长干市中女,能舞柘枝歌白苎。生男学语未成音,已教数钱还弄楮。陌头车轮声格格,耕夫卖牛买商舶。[3]

生活方式上,普通百姓也在自身经济条件范围内最大限度地追求着富商一般的"奢华"。贝琼说:"维扬,东南一都会,四方之所走集,百货之所填委,民生其间,不务稼穑。虽髫龀之童,耳乱郑卫,而目蒿妖冶,长则走狗、飞隼、击丸、蹋鞠,穷日夜为乐。盖其风声气习之使然,而诗书礼乐之教有不能入者。"[4]普通百姓的"高消费"产生了巨大的商品需求,这是手工业和商业

[1]〔明〕杨洵修,〔明〕徐銮等纂:《〔万历〕扬州府志》卷一《郡县志上》,《扬州文库》第1册,第304页。

[2]〔清〕尹会一纂修,〔清〕程梦星等纂:《〔雍正〕扬州府志》卷四《疆域》,《扬州文库》第5册,第44—45页。

[3]〔明〕王燧:《青城山人集》卷三《商贾行》,《景印文渊阁四库全书》第1237册,台湾商务印书馆1986年版,第732页。

[4]〔明〕贝琼:《清江文集》卷八《送王至善序》,《景印文渊阁四库全书》第1228册,台湾商务印书馆1986年版,第339页。

发展更为强劲的动力。

一、手工业

（一）手工业概况

按经营主体划分，明代手工业有官营与私营两种。"地方官手工业生产的手工业品，一般是上缴京师，交由中央衙门，或最高统治者享用。所以严格说来，是中央官手工业生产部门的分支机构。"[1]明代扬州最大的官营手工业，当然是食盐生产（本书对盐业设有专章，此处暂不讨论）。此外，《嘉靖惟扬志》中有"砖场公馆"的记载，推测扬州地区可能还有开窑制砖的官营手工业存在。私营手工业的生产形式主要有两种：一是自然经济形态下的手工业，一户即一个生产单位，一般自产自用，但也有部分对外销售。一是手工作坊，基本沿袭传统生产方式，新型雇佣劳动还比较少见。

手工业大多集中分布在扬州城的特定区域。《〔万历〕江都县志》载："廓以内多杂居之人。处新城者尽富商大贾，崇尚侈靡，且阛司转运南北崎峙，又多军灶焉。旧城多缙绅家，阛户不事事。而出入间阎，止沽浆市饼及舆皂之徒，以是群居饮博往往而有。"[2]可见，万历时期的扬州城已经有了一定的功能分区。

明清时期，扬州手工业作坊与商店多集中在一条街上，形成"前店后坊"的布局，因而扬州的手工业区与商业区大体一致。明代，市场在旧城开明桥和太平桥各有1处，称为在城市。在新城东北、东南、西北、西南四隅，分布着田家巷市、井口巷市、东关市和钞关市4处市场。相应地，当时手工业集中分布在这些市场的周围或附近。

明代，扬州手工业还开始出现同行业集中经营的趋势。加工皮货的集中于皮市街，加工服装的裁缝铺集中于彩衣街，金银器制作集中在新盛街、翠花街，剪刀生产行业集中于剪刀巷，麻油生产则有芝麻巷，铁器制造集中在得胜桥，漆器集中在漆货巷，埂子街是帽子作坊的集中地，打铜巷、雀笼巷当然是铜器和竹篾器作坊集中的地方。

---

[1] 陈诗启：《明代官手工业的研究》，湖北人民出版社1958年版，第63页。

[2] 〔明〕张宁修，〔明〕陆君弼纂：《〔万历〕江都县志》卷七《提封志》，《扬州文库》第9册，第78页。

这一时期,行业部门众多,漆器、铜器、铁器、金银器、绸缎、衣帽、皮革、油料、布匹、酿造、烧窑制砖等,不一而足。部分手工业还有进一步的分工,如漆器制作,即有螺钿、描金等不同工序。直到今天,扬州还有螺钿巷、描金巷等以漆器生产工序命名的街巷,显然是当时漆器生产分工的产物。此外,扬州城"还存在着大量散布街头,靠卖手艺为生的工匠,此类工匠被称为'散匠'"。他们和百姓生活更是直接相关,"有的上门帮工,有的当街作业等待顾客上门,有的携带行业工具到专门市场等待雇佣,更多的是走街串巷,四处吆喝揽活干的",如补缸、补锅、修鞋、磨剪子、箍桶、捏泥人等,不一而足。[1]他们承受着风吹雨打的生活艰辛,为百姓生活提供了很大的便利。

(二)两个著名的手工业门类

1.漆器生产

从明初起,最高统治集团就表现出对漆器的特别偏爱。明成祖迁都北京,即于皇城设立御用漆器作坊——果园厂,命元朝漆器名家张成之子张德纲主持其事。明中期以后,扬州因其地理位置和盐业逐渐兴盛起来,大批实力雄厚的盐商云集于此,他们的奢侈需求给漆器制造业的发展提供了契机。漆器轻便结实,防腐耐潮,用途广泛,也是百姓不可或缺的生活器具。因此,扬州漆器在汉唐之后又一次迎来大发展。

明代漆器工艺进一步发展,出现了多种制作、装饰漆器的方法。隆庆年间(1567—1572),新安平沙(今属安徽)人黄成总结了漆工的经验,写成《髹饰录》一书。用漆漆物曰髹,用文彩修饰曰饰,《髹饰录》意为"关于漆工及漆器的记录"。该书总结了漆器制造的方法,介绍了当时流行的漆器种类。明代漆器既有纯色不加文饰的,也有用漆在漆器上堆出花纹的,还有在漆器上填漆、嵌螺钿、嵌金、嵌银的。[2]明代的漆器制作精美,造型多样,不仅是生活日用品,也是案头把玩的艺术品。明代扬州漆器最著名的工艺为雕漆、螺钿镶嵌、百宝嵌三种,最著名的漆器匠人有周翥、江千里等。

嘉靖时期的周翥(一说明末人),是扬州另一位著名漆器匠人,明代大学

[1] 以上三段据杨建华:《明清扬州城市发展和空间形态研究》,华南理工大学2015年博士学位论文,第105页。

[2] 王世襄:《髹饰录解说:中国传统漆工艺研究》,文物出版社1983年版,第5—6页。

者王世贞的《觚不觚录》、张岱的《陶庵梦忆》、黄成的《髹饰录》对周翥高超的技艺均有记载。他创造了全新的漆器制作工艺,即骨石镶嵌和百宝镶嵌漆器。其工艺大体是,先把珊瑚、琥珀、玛瑙、宝石、玳瑁、螺钿、象牙、犀角及其他名贵材料雕刻成人物、山水、花鸟、亭台等,然后镶嵌在彩漆底的插屏、挂屏、柜门上等漆器之上。清代无锡学者钱泳称之为"周制",说"周制之法,惟扬州有之,明末有周姓者始创此法,故名周制",说他所制作的漆器,"大而屏风、桌椅、窗槅、书架,小则笔床、茶具、砚匣、书箱,五色陆离,难以形容,真古来未有之奇玩也"。[1]材料昂贵,加上精湛的技艺,"百宝嵌"漆器很快成为上流人士竞相追逐的奢侈品。这种镶嵌法流传至今。

江千里,字秋水,生活于明末。他擅长螺钿工艺,以制作点螺漆器著称于世。"所作嵌螺钿漆酒器、方圆小盒、笔筒、鞋杯等,无不花纹工细如发,漆艺之精湛,世所未有,远非云南制的漆器可比"。[2]国家博物馆现收藏有江千里"黑漆嵌螺钿执壶"1把,"制作极为浑朴";另一藏品为嵌螺钿金银片长方盒,"盒盖盒面立墙,上下通景,四面各饰一龙,龙腾于上,兴风作浪,波涛汹涌之间尚有几尾鲤鱼若隐若现。龙的须发和卷云均使用薄螺钿制作的丝线镶嵌,龙眼龙鳞镶嵌全绿,海水浪花则填以银丝"[3],极尽精致华美。

2.金银器制作

对金银器制作,文献记载相对较少,但扬州地区多处明代墓葬出土的金银器物,为了解这一手工业门类提供了更为直观的材料。这些墓葬包括:1956年在城北禅智寺发现的盛仪及妻彭淑洁夫妇三人合葬墓,1958年在扬州城南笊篱湾发现的征南将军顾成夫妇合葬墓,1963年在西湖乡吕庄村发现的秀才火金夫妇合葬墓,1965年在邗江小坟庄发现的扬州卫指挥佥事乔健庵夫妇合葬墓,1978年在城北发现的户部左侍郎兼都察院右副都御史叶相墓、吏部尚书李春芳夫妇合葬墓等,1981年在鲍家坝附近发现的工部右侍郎徐蕃与其妻张盘龙合葬墓,1988年在泰州东南郊鲍家坝发现的刘湘及其妻丘淑贤合葬墓,2002年在泰州市鼓楼南路文峰桥附近发现的刘鉴及其妻

---

[1]〔清〕钱泳撰,张伟点校:《履园丛话》卷一二《艺能》,上海古籍出版社2012年版,第322页。

[2] 钱定一编著:《美术艺人大辞典》,上海古籍出版社2005年版,第166页。

[3] 贺万里:《扬州艺术史》,第124页。

田氏、刘鉴子刘济与其妻储氏 2 座明代墓,2008 年在泰州森庄附近发现的王姓夫妇合葬墓等。

这些墓葬中均出土了金银器物,少者数件,多者 40 余件,有发簪、戒指、耳坠、手镯、金栉背壳及其他类型的饰品。制作复杂,有镶嵌、锤鍱、焊接、錾刻、镌镂、模压、范铸、累丝等不同工艺,"这些娴熟的技法标志扬州金银工艺尤其是金银首饰制造工艺又向前迈进一大步"[1]。在器物的风格上,方晨指出:"明代制作金首饰一般不惜金材,多采用实心体,比较厚重,其中扬州博物馆藏两座明代墓葬中出土的两副联珠纹金镯风格一致,每副金镯约重 175 余克,葫芦形金耳坠一副约重 23.8 克。其做工简单而粗糙,其形制朴实而古拙。"[2] 陈超然说,"明代金银器总体风格呈现朴实厚重之感","整体造型没有繁复的文饰和工艺,反而以几何形出现较多"。"对类似于连珠形金手镯及葫芦形耳饰这样的器物,感觉更强烈一些,整体造型非常简单,但体量感仍很强。而略复杂一些的,如虾、凤鸟等,制作者也是取其重要部分加以表现"。虽然造型简单古朴,但大多数做工非常精致。顾成墓中出土的 1 对镂丝金葫芦耳环,"整体以葫芦为造型基础。耳环最上层呈花瓣形,葫芦上半部分由两种基本纹样组成,一部分呈倒立的'ʊ'状,边缘如卷曲的藤蔓,中间贯穿一条从上而下的金丝,分为左右两边,中间由更细的金丝编织小纹样填入;另一部分由六个花瓣组成,花瓣之间相互连接,互为整体,中间凸起六个圆点,表现花蕊,中间一点略大,周围五个小点均匀分布在其周围。葫芦下半部分基本纹样与上一层相同,亦为六瓣花样组成,整体似一个镂空的金球。制作方法类似金银器制作中的'累丝'之法,做工之精在明代出土金银器中首屈一指"[3]。

二、商业

扬州府交通便捷,长江、运河、运盐河、市河等形成四通八达的水上交通网,铺舍、驿站、递运所的建设保障了陆路交通的通畅,为扬州府商业发展提供了便利的交通条件。扬州府资源丰富,除食盐之外,其他商品种类亦多种

[1] 朱喆:《扬州古代工艺美术研究》,苏州大学 2013 年博士学位论文,第 110 页。
[2] 方晨、周长源:《扬州出土的明清金首饰》,《东南文化》2003 年第 4 期。
[3] 陈超然:《扬州出土明清金银器研究》,扬州大学 2019 年硕士学位论文,第 6—17、27 页。

多样,为商业繁荣提供了坚实的物质基础。明朝前期相对宽松的商业政策、明朝中后期社会风气由俭入奢的变化,又从侧面为商业繁荣提供助力。在各种因素的综合作用下,扬州府商业繁盛一时,嘉靖时期城市乡村市场数量已达100多座,不仅四方商贾云集,还产生了大批富可敌国的盐商。

（一）明代扬州府的水路交通

长江、运河、运盐河是扬州府境内最主要的三条水道。三条水道又分别与大大小小的支流、湖、塘等连接,形成纵横交错的水上交通网。为了便于城内百姓,大多数州县还设有市河。这些水上通道,担负起各类物资运销和商旅往来的任务,对扬州府商业繁荣局面的形成起到了重要作用。

长江:横亘在扬州府南境。长江自仪真入扬州府,自西而东经江都、泰州、泰兴、通州,至海门县廖角嘴入海。

运河:纵贯扬州府西境。一河自西南从仪真长江口向东40里至石人头入江都,再15里为扬子桥。另一河自南从瓜洲向北30里亦至扬子桥。两河于扬子桥会合后,由东折北60里入邵伯湖,又向北60里入高邮,再向北40里至界首入宝应湖,再北到黄浦接淮安府山阳县,然后由清江浦入淮河。

运盐河:从湾头镇东行70里至斗门入泰州后分为3支。西运河:泰州州治西南,即吴王刘濞开湾头至泰州城下之运盐河。南运河:在州治南,东抵通州及各盐场入海,西接西运河。北运河:在州治之北,向东120里至西溪镇,又分为2支,一支向东20里至梁垛场,一支往东北至东台、何垛、丁溪等场,再东行160里至海安入如皋界。成化间,如皋知县胡昂浚之,绕县治向东至丁堰镇分流。一支向东入海,往东南110里至白蒲入通州,再东行70里至新塞入海门,再东行80里到达吕四场。与上所述主河道相接,通往各大盐场的河道,都被称为运盐河。

市河:市河是位于城中的河道。其设或不专为贸易,但在方便商旅、居民通行、促进商品流通等方面也起到很大的作用。从文献记载来看,扬州府所属州县诸城中大都开置有市河,基本情况如下:

江都市河:江都县城南北各设有水门1座,开河引水,连接水门,形成贯穿江都城南北的河道,可通舟行船。日久,河道淤塞。万历十九年(1591),知府吴秀疏浚之,市河恢复原来的功能。

仪真市河：城内江水自南水关入城，河水自东水关入城，"二水会合，流灌沟港，舟航络绎"。[1]此后由于清江闸等闸损坏，水流不畅，泥沙淤积，河床日高。万历元年（1573），知县唐邦佐沿河道故址重新开浚，并环绕县学。但其他地方运来的泥土不够坚实，河岸逐渐崩塌，河道渐窄，仅容小船进入。后又为附近百姓建房侵占，河道愈加狭窄。

泰兴市河：在城中。北环绕县治之后，往南由安泰桥通江。嘉靖时期，河尚能通舟。后日久淤塞，百姓于其上建筑房屋。

宝应市河："宋泾河即县市河"[2]。

高邮市河：在高邮州治之西，旧城与新城之内，因通市井，故称为市河。

兴化县市河：宪宗成化年间，知县吴廷鉴主持开凿，以便居民、货物往来。自南关引水入城，北经税牛桥分成2支：一支西流过城隍庙桥，经罗汉桥入升仙荡；一支东流至惠政桥，又分成2支：一支北流由崇武桥汇海池水，流出西关，后知县傅珮填塞；一支东流过文林桥、县桥至八字桥，汇合东关来水，过东寺桥、北高桥至汪头。北关来水在汪头与南关、东关来水会合，过富安桥、玉带桥进入海子池，再向西南过毓水桥出西关。然后沿西关外老坝过锁水桥，至山子庙，水泻入乌巾荡。

泰州市河：在州治西侧，深5尺，宽3丈，自南水门至北水关，外通运河。万历十七年（1589），州守谭默浚深河道，并与玉带河连通。除市河外，泰州还有东市河、西市河。东市河在州治之南，自八字桥至东水门，通运河；西市河在州治西南，自南水门至西城下。两市河俱为南宋绍兴年间州守王映开凿。

如皋市河：古运盐河经行如皋县治之后。成化十七年（1481），知县胡昂疏通县西南支流，经过县治之前，名其为玉带河。万历《府志》云："引运河水自北水门入，环绕学前县后，如玉带然，名玉带河。"[3]嘉靖二十三年

————————

[1]〔明〕杨洵修，〔明〕徐銮等纂：《〔万历〕扬州府志》卷六《河渠志下》，《扬州文库》第1册，第358页。

[2]〔明〕闻人诠、宋佐纂修：《〔嘉靖〕宝应县志略》卷一《地理志》，《扬州文库》第24册，第173页。

[3]〔明〕杨洵修，〔明〕徐銮等纂：《〔万历〕扬州府志》卷六《河渠志下》，《扬州文库》第1册，第366页。

（1544），如皋县开建城濠，自此运盐皆经城濠。而玉带河位于城中，遂被称为市河。万历年间，署理知县马晨疏浚学宫东河道直通东水关，旧河遂废。

通州市河：此河在后周世宗显德年间即已存在。岁月悠久，生齿日繁，百姓夹河而居，遂填土侵占河道，河日渐缩小，失去原先功能。但"城中河犹人身脉络然，所以通往来、宣淹郁、备火灾沮潦诸不虞"，作用巨大。林云程任州守期间，组织疏浚市河，规模颇大："其横自西水门入，而东亘州廨学宫，稍折而东南出水。其纵则两支，一由玉带桥注而南，一由中正桥注而北。北则又分为两：一绕州廨后，汇于仓河，逆而西流；一绕学宫后而东流出水门。"疏浚后的市河给百姓带来了很大的便利，"城中民棹楫运刍粮，转输百货，东西南北，往来不绝如织，而知河之为利矣"。[1]

（二）明代扬州府的陆路交通

传世文献缺乏对扬州府陆上交通线的直接记载，而对铺、驿站、递运所的记载相对较为全面。这些机构均设置于道路沿线，以负责公文和各种物资的递送。为保障传送效率，明王朝必然采取各种措施保障道路的畅通，这自然也成为商旅、行人的必经之路。因此，铺舍、驿站、递运所等连接成的路线，实际上也是扬州府当时的陆上交通线。

1. 铺的设置

洪武元年（1368），朱元璋下诏在全国范围建立驿传系统，"铺"在各地纷纷建立起来。"铺"也称"铺舍""急递铺"，主要职责是进行公文传递，因为有一定物资储备，所以也可给过往官员、商旅提供食宿和其他补给。一般在州县设总铺，道路沿线设铺，每铺均设正房3间、左右厢房各3间，邮亭1间，配备铺丁数名。各铺相连，即形成了清晰的交通线：

江都陆路交通：以扬州府城为中心，有陆路5条，南通镇江府，东通泰州，西通仪征，北通高邮，西北通天长。为确保交通线畅通无阻，在各交通线沿线设铺。县南通往镇江府，沿线有清凉铺、扬子桥铺、皂角林铺、花家园铺、瓜洲镇铺；县东通往泰州，沿线有桐树铺、直口铺、分界铺、宜陵铺、韩家曲

---

[1]〔明〕陈大科：《通州市河记》，〔明〕林云程、沈明臣纂修：《〔万历〕通州志》卷二《疆域志》，《四库全书存目丛书·史部》第203册，第83—84页。

铺、横塘铺、斗门铺;县西通往仪征,沿线有冻青铺;县北通往高邮,沿线有竹西亭铺、湾头铺、淮子河铺、白塔铺、四里铺、马家渡铺、三沟铺、腰铺;县西北通往天长,沿线有甘泉山铺、大仪镇铺。扬州府江都县设有在城总铺,应该对其他各铺负有管理责任。

仪真县陆路交通:主要交通线有2条。县西通六合,沿途设曹村铺、陡山铺、岳家山铺、褚家堡铺;县东通江都,设汉河铺、德明铺、朴树湾铺、石人头铺。县城前设总铺。

泰兴县陆路交通:主要交通线1条,县北通泰州,设十里铺、马店铺、张家岸铺、口岸铺、刁家渡铺。县前有泰兴总铺。

高邮州陆路交通:主要交通线有3条。州东通兴化,沿途设有盖楼铺、第一沟铺、第二沟铺、第三沟铺、王良沟铺、官沟铺;州南通江都,设八里铺、露筋铺;州北通宝应,设柴庄铺、塘头铺、张家沟铺、井亭铺、塘湾铺。州前设高邮总铺。

兴化县陆路交通:主要交通线有2条。县南通高邮,设有十里亭铺、贾庄铺、孟家窑铺;县北通盐城,设平望铺、火烧店铺、卢家坝铺。县前设兴化总铺。

宝应县陆路交通:主要交通线有2条。县北通淮安,设子婴铺、白马铺、黄浦铺;县南通高邮,设白田铺、槐楼铺、瓦店铺、范水铺、江桥铺。县前设总铺。

泰州陆路交通:主要交通线有3条。州东通通州,设城东铺、葛垡铺、流污口铺、姜堰铺、朱家店铺、白米铺、曲塘铺、查家庄铺、潭口铺、海安铺;州西通江都,设城西十里铺、祁家庄铺;州南通泰兴,设南城铺、庙湾铺。泰州总铺在州前。

如皋县陆路交通:主要交通线有2条。县北通泰州,设丘家庄铺、孙公店铺、葛家溪铺;县东通通州,设邗港铺、东陈铺、蒋婆铺、丁堰铺、刘师铺、林梓铺、白蒲铺。县前设如皋总铺。

通州陆路交通:主要交通线有2条。州东通海门,沿线设有界沟铺、王灶港铺、丘灶港铺、瞿灶港铺、利和镇铺;州西通如皋,沿线设有欧家坊铺、管家堡铺、马塘铺、王家庄铺、李家港铺。州前有通州总铺。

海门县陆路交通:主要交通线有1条。县西通通州,设沈家铺、新桥铺、黄窑铺、新寨铺。县前有海门总铺。

2.驿、递运所

"铺"之外,明王朝还有"驿"的设置,其功能与铺相类,区别在于铺在交通干线、支线均有设置,而驿则主要设于交通干道。为了"运送物资和使客",还设有递运所。[1]建立之初,其功能主要是负责如贡物、军需等官方物资的转运。明代中期以后,"驿站与递运所的职能区别趋向于模糊。朝廷也在事实上默认了制度的打破,到嘉靖年间,原本专归递运所运送的贡物也可由驿站运送"。[2]驿与递运所数量均较少,无法像"铺"那样连接起来,形成清晰的交通线。但有一点可以肯定,它们是交通线上的重要关节点。所以考察其设置情况,对了解明代扬州交通亦有一定的意义。

文献记载的扬州驿站共6座,各设站船、站马、铺陈,配备水夫(负责水上运输)、马夫等若干名。其中,广陵驿在府城南门外官河西岸,设有正厅、后堂,并建有淮海奇观楼。正厅匾曰"皇华",楼下匾曰"礼宾轩"。仪真水驿在仪真县东南3里。邵伯驿在江都县南45里邵伯镇官河东岸。孟城驿在高邮州南门外(现已修复为著名景点),有正厅、后厅各5间,库房3间,廊房14间,马房20间,前鼓楼3间,照壁楼1座,驿丞宅1所,驿马65匹,驿船18条,马夫、水夫200多人。界首驿在高邮州北界首镇,安平驿在宝应县北门街西。

明代扬州府设有3所递运所,分别是:仪真递运所,位于县南3里;邵伯递运所,位于邵伯镇街北;界首递运所,位于高邮北界首镇。各所配备红船(因船用油漆刷成红色,故称红船)、铺陈和水夫、防夫(负责押解货物和犯人)等设施和服务人员。

(三)丰富的商品种类

明朝中期以后,商品经济日渐发达,几乎所有的"物产""土产""土贡"都可以成为"商品",所以商品种类多至难以枚举。如琼花、芍药等花卉,多数情况下仅有欣赏价值,而在扬州府浓厚的商业氛围之下,在某些特定的节

[1] 杨正泰:《明代驿站考》,上海古籍出版社2006年版,第4页。
[2] 郑宁:《明代递运所考论》,《中国历史地理论丛》2017年第1期。

日,它们也被当成商品出售,而且销量颇大。这里依据方志资料,仅将各地较为著名的商品略作介绍。

盐当然是扬州府最重要的商品,通州、泰州、兴化、如皋、海门均出产。据陈仁锡计算,从洪武至万历,国家规定的两淮额盐数量一直维持在 1.4 亿斤上下,比位居第二的两浙盐区多出约 6000 万斤,而且这一数字中并不包含数量同样巨大的余盐、私盐在内。[1]两淮盐课在财政中的地位同样举足轻重。嘉靖年间,巡盐御史戴金指出,“两淮运司额课甲于天下,财赋半于江南”,[2]其运销给扬州府和国家带来了巨额财富。漆器作为扬州府最著名的手工业品,理所当然地成为富家、权贵购买收藏的对象。金银制品的制作与销售亦很普遍,江都新盛街、翠花街就是金银制品制作与销售最为集中的地方。白酒则最为普遍,各州县均有。根据生产工艺不同,有“水白酒”“腊白酒”等名目,酿造方法来自新安。此外,各州县还有一些特产,主要如下:

江都:“扬州饮食华侈、制度精巧”,市场上出售的各类食品,精美冠于江南。“市脯有白瀹肉、燺炕鸡鸭,汤饼有温淘、冷淘,或用诸肉杂河豚、虾、鳝为之,又有春茧麟麟饼、雪花薄脆、果馅馉饳、粽子、粢粉丸、馄饨、炙糕、一捻酥、麻叶子、剪花糖诸类。”[3]纺织品有晒白夏布、生绢、草布等。酒类有雪酒(郝氏所酿,可能就是传说中宋代的琼花玉露液)、菖蒲酒、佛手柑酒、羊羔酒、珍珠酒,均酿自江都富商之家。[4]书画用品亦有名品,“扬州之中管鼠心画笔,用以落墨、白描佳绝,水笔亦妙”[5]。典当行业亦有较大发展,称为“质库”,江都尤多,但经营者“无土著人。土著人为之,即十年不赎,不许易质物。

[1]〔明〕陈仁锡:《皇明世法录》卷二八《盐法》,《四库禁毁书丛刊·史部》第 14 册,北京出版社 2000 年版,第 463 页。

[2]〔明〕杨选、陈暹修,〔明〕史起蜇、张榘撰:《〔嘉靖〕两淮盐法志》卷六《法制志》,《扬州文库》第 27 册,广陵书社 2015 年版,第 165 页。

[3]〔明〕杨洵修,〔明〕徐銮等纂:《〔万历〕扬州府志》卷二〇《风物志》,《扬州文库》第 1 册,第 614 页。

[4]〔明〕杨洵修,〔明〕徐銮等纂:《〔万历〕扬州府志》卷二〇《风物志》,《扬州文库》第 1 册,第 617 页。

[5]〔清〕阿克当阿监修,〔清〕姚文田等纂:《〔嘉庆〕重修扬州府志》卷六一《物产志》,《扬州文库》第 8 册,第 1179 页。

乃令新安诸贾擅其利,坐得子钱",[1]其他州县亦有类似质库的相关记载。

仪真:纺织品有鸡鸣布、麻窝鞋、单布袜等。"妇女克勤,夜浣纱,宵有布",号为鸡鸣布。"秋冬,田家竞制麻窝鞋,入市最广"。[2]染料以蓝靛最为著名,洪武时曾于仪真置"蓝靛所",命令百姓种植青蓝,加工成颜料用来染布。酒类产品中,当地出产的生春酒较为有名。食品种类多而精美,粽子、粢粉丸、馄饨、炙糕、一捻酥等,其精致程度可以和扬州府媲美。

宝应:大蓝、小蓝、盐鱼、盐蛋、虾米、藕粉。

高邮:芦席、苕帚、蒲扇、芦帘、双丝绸、单丝绸、麻油、菜油、豆油、糁饼、蓑衣、草履、草帽、竹篮、砖、瓦、董糖(董姓人家制作)等。酒类以五加皮酒最为四方称道,被称为"淮南名酒"。

泰州:铁农具、篯箩、箕、土缶、烘炉、莞席、蒲鞋,安丰场出产绒毡、漆器等。

泰兴:碱、硝、红花、槐花、蓝靛、烟叶和瓜子。

通州:盐、剪刀、汗巾、裁刀、苎布、苎帨、麻帨、蚊帐等,尤以余东场所产为佳。鳓鲞、蒲鞋、蒲包、虾米、虾、蓝靛、蒜种、麻线。其中,苎布、麻帨和剪刀在宋代曾作为贡品进献朝廷,但明代已经很少了。酒类有所谓"三白酒",具体情况不详。因临海之故,海产品产量巨大且种类繁多,有"海错"之称,这也是用于贸易的重要物品。

如皋:主要商品有碱、靛、各种植物油、酱、蜜饯、海味、风鸢、包灯、篯机等。酒类品种繁多,有三白酒、元枯、瓮头春、雪酒、安邑春、薄荷露、闭瓮、药烧等名称。将各种物品浸泡于酒中,则有木瓜酒、枣儿酒、玫瑰酒等10余种不同名目。

兴化:盐鱼、盐蛋、虾米、虾子、醉蟹、靛、蒲包、蒲席、芦席、丝、网、方机布、剪、篯、细酒、雪酒、状元红酒等。

海门:蒲席、麻布、麻帨。

[1]〔明〕杨洵修,〔明〕徐銮等纂:《〔万历〕扬州府志》卷二〇《风物志》,《扬州文库》第1册,第615页。

[2]〔清〕阿克当阿监修,〔清〕姚文田等纂:《〔嘉庆〕重修扬州府志》卷六一《物产志》,《扬州文库》第8册,第1179—1180页。

（四）商业管理

专门记载明代扬州府商业管理的文献材料很少,但扬州府既非化外之地,朝廷的法令制度在此理应得到遵守。明朝建立以后,实行重农抑商政策,国家不设专门机构管理商业。洪武元年(1368),朱元璋下令,由南京兵马司兼管市司,同时规定"在外府州各城兵马,一体兼理市司"。[1]永乐时迁都北京,在京城分置东、西、南、北、中"五城兵马司",除管理社会治安、城市环境之外,兼领京师坊铺,掌握市场的实际管辖权。这种情况,终明之世未有改变。明朝中期以后,乡村地区集市数量大增,其管辖权归属地方政府,诸如集市的设立与废除、何时成集、集市各项具体事务何人负责等,均由地方政府定夺。

值得注意的是,牙商在明朝商业管理中居于十分重要的地位。明初曾试图取消牙行,由官府直接控制商业。但牙商历史悠久,并不会随国家一纸禁令而消失,民间交易依然经由牙商进行。不经由牙商而进行的交易很难得到认可,发生纠纷亦难以解决。明政府最后不得不承认牙商的合法地位,同时设置"官牙",与私牙并行,以平衡私牙的力量。扬州府历来商业繁盛,牙行的发展更盛于其他各地,"扬州、瓜、仪经纪不可万数,陆海都会,人烟浩穰,游手众多"。《〔万历〕扬州府志》记载:"四民自士农工贾而外,惟牙侩最多。俗云经纪,皆官为给帖。凡鱼、盐、豆、谷,觅车船、雇骡马之类,非经纪关说,则不得行。"[2]可见牙商在交易中的作用。为了规范牙行的活动,明政府规定牙商必须缴纳费用以获得国家发给的"经营许可证",即所谓"牙帖"。另外,政府还规定了牙行的经营内容,禁止从事超越营业范围的商业活动。如有违反,将会受到取消经营资格、杖责,乃至充军的处罚。乡村集市中,则有所谓的"集头",其作用与牙商相类,多由乡村中拥有一定社会地位和较高信誉的人担任。他们对市场交易的管理效能,实际上超过了官府配备的官员。

商税收缴也是商业管理的一项重要内容。明朝中期以前,商税税率一直维持较低的水平。洪武初规定:"天下税课司局,客商货贿俱三十而税一,

[1]〔清〕龙文彬:《明会要》卷五七《食货五》,中华书局1956年版,第1102页。

[2]〔明〕杨洵修,〔明〕徐銮等纂:《〔万历〕扬州府志》卷二〇《风物志》,《扬州文库》第1册,第615页。

赴司局投税讫,听平买以卖。"[1]不仅税率相对很低,而且书籍、纸张、五谷、祭品,及百姓自产自用的物品如布匹、蔬菜、鱼肉、果实等均不征税。中期以后,商品经济飞速发展,商业的巨大利润让统治者垂涎欲滴,于是商业税率有所提高,征税机构设置越来越多,新税种层出不穷,商业税收在明朝财政收入中所占的比例也越来越大。就扬州府来说,商税的征收主要有三个机构实施:

其一为税课司(局)。尚未建立全国性统治之前,朱元璋就在自己控制的地域内设置了通课司之类的机构。统一全国后,在各府设立税课司,各州县设立税课局。其职责是制定征收规则,按章征税。年终时,将所得税款确定存留、起解数额,逐级上报,最后由各省布政使司解送至京城。每税课司(局)设大使1人、副使1人,最初由府州县儒者充任,永乐后由朝廷派御史、主事等直接负责,加强了对地方商税征收的管理。

扬州府南门内和瓜洲镇通江桥西各设税课司1所。仪真县东南大市街设有税课局1所。泰兴县县西镇安桥附近有税课局1所。高邮州北新城遐观桥南有税课局。兴化县税课局在县南门内;宝应县税课局在县东南一隅;泰州税课局在州城西南;如皋县税课局初建在县治后河北,嘉靖时裁革,故址改设养济院;通州税课局在州城南门内;海门县因县址迁徙无常,未有税课局的相关记载。扬州府所属税课司、局和河泊所共同负担"课程钞"约595773贯。在城税课司209696贯,瓜洲司29809贯,邵伯司21130贯,仪真局约50528贯,泰兴局约25535贯,高邮局约27546贯,兴化局约18470贯,宝应局约12979贯,泰州局约28443贯,如皋局约4599贯,通州局约54671贯,海门局约1682贯,合计约485100贯。[2]其余11万余贯为各河泊所负担的税收。由以上数字可见,扬州府在城税课司独自承担了全扬州府所属税课司、局税收的43.2%,加上瓜洲和邵伯,更占到总额的53.7%,可见其商业繁盛程度确实远超其余各地。

其二为河泊所。河泊所的设置始于元朝,主要设在河湖水域,是专门负

---

[1]〔明〕彭宁求:《历代关市征税记》,中华书局1985年版,第7页。

[2]〔明〕杨洵修,〔明〕徐銮等纂:《〔万历〕扬州府志》卷四《赋役志下》,《扬州文库》第1册,第342页。

责征收鱼税的机构。元末,陈友谅割据一方,利用鱼税作为军费开支与朱元璋对抗,让朱元璋吃了不少苦头。明朝建立以后,即在全国各地河湖设置河泊所。洪武十五年(1382),"定天下河泊所凡二百五十二",[1]其后又有增减与调整。河泊所官员初称为"湖官",后也称为"官河泊""河泊官"或"河泊所大使"。下有"攒典"1人,"应该是由所官任命",主要职责是"协助所官管理日常事务"。[2]河泊官品级较低,属于未入流的"杂职",其俸禄也由所辖渔户、网甲负责供给。

明代扬州府河湖密布,多数州县均有河泊所的设置。据《嘉靖惟扬志》记载,当时扬州府有河泊所5所,分别是江都县北45里的邵伯河泊所、高邮州北新城济民桥西高邮河泊所、兴化县城北门内兴化县河泊所、宝应县南门外宝应河泊所、泰州北门外淤溪薄湖河泊所。其他文献亦提及通州有河泊所。河泊所应当上缴的"鱼税"为:"岁办鱼、油、翎、鳔、黄、白麻、熟铁共三十万五千二百六十斤九两六钱八分五厘",由府辖六河泊所分别负担。其中,江都县河泊所负担"黄麻一千八百六十七斤一十两,白麻三十二斤一十二两一钱三分,桐油八十八斤四两,鱼鳔三十三斤八两六钱八分二厘,鹅翎毛二万四千五百四十三斤"。除实物之外,各河泊所每年还要上缴一定的"课程钞",其中江都河泊所23060贯,高邮所约17445贯,兴化所约17761贯,宝应所约9993贯,通州所约11459贯,泰州所数字不详。[3]虽有严格而细致的规定,贪官污吏依然可以在征收时上下其手。洪武间,郭桓贪污案发,罪证之一是与扬州府瓜洲河泊所有关。据《大诰》记载,在追缴瓜洲河泊所拖欠的鱼税时,郭桓伙同扬州府知府战慎,先是勒索本地富户,强令他们缴纳本应由渔民和湖官负责的款项,并将其塞入自己的腰包。随后又令湖官原籍所在地江西布政使司赔缴瓜洲所欠鱼课。江西布政使司竟然稀里糊涂地接受,并下令让本地百姓缴纳这部分税收。钱款到位后,郭、战等人又试图把这笔钱再装入自己腰包,但犯罪尚未实施即被抓捕。朱元璋感叹说:"初本

---

[1]〔清〕张廷玉等:《明史》卷七五《职官志四》,第1852页。

[2]郑望春:《明至清前期湖北河泊所研究》,云南大学2016年硕士学位论文,第37页。

[3]〔明〕杨洵修,〔明〕徐銮等纂:《〔万历〕扬州府志》卷四《赋役志下》,《扬州文库》第1册,第342页。

所欠四万,今两处共追八万。扬州四万已行入己,重复追征四万,又欲侵欺。君子监焉,人有如此无状者。"[1]

其三为扬州钞关。宣德四年(1429),明政府下令,北京至南京沿运河设河西务、临清、九江、浒墅、淮安、扬州、杭州等钞关7座,扬州为其一。钞关征收船料钞,分为本色与折色两部分,本色归内库,用于赏赐,折色归太仓,用于边储。钞关的管理最初由朝廷委派御史负责,后改由各部主事负责。扬州钞关位于府城东南角漕河北岸,割灵慈宫一部分为治署。正统四年(1439)和景泰六年(1455),朝廷陆续召回御史和户部主事,由扬州府本地官员直接管理。成化十三年(1477),因为走私商人多由白塔河出入,遂将治署移至茱萸湾。弘治初,因白塔河淤塞不能行船,又将治署迁回原址。弘治三年(1490),通判杨玘于漕河之上架设浮桥。弘治六年,明廷认为地方官员不能有效震慑地方豪右,遂命南京户部每年派官员一名主管钞关。不久,主事范庆、程云鹏购买民居,扩大治署。嘉靖六年(1527),主事郑淮设斗门以方便小船往来,又因治署临近街市,办公不便,遂以所供天女荒诞不稽为由,拆毁灵慈宫,作为治署。船料钞以船只大小、船只类型等为标准征收。船长4尺9寸及以下者,空船未载货者等一律免征。长5尺者征钞5贯,钱10文;超过6尺者征钞8贯、钱16文,等等。[2]

"钞关税是明王朝国家财政收入的重要组成部分,尤其是到了中后期时,其成了仅次于田赋和盐税之外的第三大财政收入,地位日显重要。"[3]扬州钞关作为最初设置的7个钞关之一,在明廷财政收入中亦据有一席之地。嘉靖二十三年(1544),"题准扬州、淮安、杭州三处钞关,将船料银一万二千两解送南京工部,帮助铸造制钱"[4]。三处钞关总额为12000两。万历六年

[1]〔明〕朱元璋:《御制大诰·扬州鱼课第五十》,张德信、毛佩琦主编:《洪武御制全书》,黄山书社1995年版,第772页。

[2]〔明〕杨洵修,〔明〕徐銮等纂:《〔万历〕扬州府志》卷四《赋役志下》,《扬州文库》第1册,第348页。

[3] 余清良:《明代钞关制度研究(1429—1644)——以浒墅关和北新关为中心》,厦门大学2008年博士学位论文,第1页。

[4]〔明〕申时行等修,〔明〕赵用贤等纂:《大明会典》卷三五《户部二十二》,《续修四库全书》第789册,上海古籍出版社2002年版,第612页。

（1578），《万历会计录》载，扬州钞关一处解银数即达12900两，占到当年明王朝太仓银总收入的0.39%，银数已相当可观。天启元年（1621），"题派新饷银二千六百两，又五年题增一万两，共一万二千六百两"[1]，加上未加派前的13000两，其总数当在26000—27000两。不断加派当然意味着明朝政府的暴政，但能够承受数量如此巨大的饷银加派，也从一个侧面说明了扬州府的商业状况。

（五）商业盛况

便利的水陆交通、丰富的商品，特别是数量巨大的盐业资源，推动了明代扬州商业的繁荣。从文献记载来看，明代扬州府市场已经遍布城市与乡村。各城均有"在城市"，这是专门为城区百姓提供便利的交易场所。百姓出入城市均经城关，人流量较大，往往也会形成市场，因而有东关市、西关市之类的名目。明中期以后，民风骤变，"黎明即起，洒扫庭除"式的勤劳和"耕读传家"式的清高在很多人眼中已经成为笑话，更多地方出现"昔日逐末之人尚少，今去农而改业为工商者三倍于前"的现象。[2]随着从商人数的急剧增加，各主要镇、村以及港口、堤坝、桥梁等人员易于聚集的地方均形成市场，以前偏远荒僻的村镇中也出现了集市贸易。据《嘉靖惟扬志》记载，当时市场总数已达100多个，其分布情况大致如下：

江都：在城市、东关市、北关市、南关市、河东市、田家巷市、井巷口市、钞关市，地方各镇有扬子桥镇市、瓜洲镇市、湾头镇市、邵伯镇市、大仪镇市、宜陵镇市、大桥镇市，共15个。

仪真县：在城市、关市、南关市、一坝市、二坝市、三坝市、四坝市、五坝市，各乡镇有新城镇市、朴树湾市、瓜步镇市、东石人头市、西石人头市、何家港土桥市，共14个。

泰兴县：在城市、鼓楼市、四牌楼市，地方村镇还有黄桥镇市、阴沙村市、江口桥市、口岸镇市、马店市等，合计8个。

高邮州：《嘉靖惟扬志》记载有在城市、南关市、北关市、湖嘴市，地方乡

---

[1] 〔明〕毕自严：《度支奏议》卷六《新饷司》，《续修四库全书》第484册，第501页。

[2] 〔明〕何良俊：《四友斋丛说》卷一三《史九》，第112页。

镇有三垛镇市、车逻镇市、临泽镇市、张家沟镇市、界首镇市、时堡镇市、北阿镇市，一共 11 个。而《〔隆庆〕高邮州志》则记载州城内有 4 市，城外乡镇共 27 市，合计 31 市，几乎相当于嘉靖时期的 3 倍。

兴化县：在城市、东关市、西关市、四牌楼市，各乡镇中有芙蓉镇市、安丰镇市、陵亭镇市、长安镇市，合计 8 个。

宝应县：在城市，地方村镇有槐楼镇市、黄莆镇市、范水镇市、衡阳镇市、射阳镇市、瓦店镇市、黎城镇市、卢村镇市，共 9 座。

泰州：新桥市、南关市、北关市、东坝市、西坝市、天宁市、东河市、姜堰市、斗门镇市、宁海镇市、海安镇市、西溪镇市、樊汊镇市、秦潼镇市，合计 14 个。《〔万历〕泰州志》还记载有新集、北关市、东陈市等市场。

如皋县：在城市、东关市、南关市、西关市、西场镇市、丁堰镇市、东陈镇市、白蒲镇市、石庄镇市、八里庄集、柴市湾，计 11 座。

通州：平桥市、竭平市、利和镇市、白蒲镇市、余庆镇市、石港镇市、余中镇市、便仓镇市，共 8 座。

海门县：在城市、县前市和东关市，共 3 座。

扬州府商业的空前繁荣，给文人儒士提供了丰富的创作素材，他们时常不遗余力地渲染这一景象。杨士奇《题竹送刘顺常教扬州》："扬州繁盛接金陵，北贾南商满市垌。惟有泮宫清似洗，衣冠长日坐谈经。"[1] 于慎行《贾客乐》："广陵贾子江东客，大舸珂峨倚江侧。朱楼绣箔月如霜，醉卧垆头小玉床。五更解船大江去，鼍浪鲸风何处住。洞庭秋水接天来，五两成林夜半开。西登三峡立百丈，滟滪如牛不得上。环环布帆欲退飞，猿鸣一声泪沾衣。钱刀睹快狎风色，归来金多头已白。同时陇上饭牛子，睡起烟皋夜吹笛。"[2]

扬州商人中最著名的当然是盐商。李攀龙《三洲歌》描写道："何处估客豪，扬州估客豪。象牙持作樯，𨱏石持作篙"；"闻欢扬州去，大舸居上头。

---

[1]〔明〕杨士奇：《东里续集》卷六二《题竹送刘顺常教扬州》，《景印文渊阁四库全书》第 1239 册，台湾商务印书馆 1986 年版，第 566 页。

[2]〔明〕于慎行：《谷城山馆诗集》卷四《贾客乐》，《景印文渊阁四库全书》第 1291 册，台湾商务印书馆 1986 年版，第 38 页。

一载五百万,两载千万余"。[1]这些估客,指的就是富可敌国的盐商。胡应麟《估客乐》和《新估客乐》两诗,亦极力铺陈"估客"财富如雨、一掷千金的豪放:"乐哉估客乐,黄金作铜使。大舶乘长风,峨岢发扬子";"不从估客游,不知估客乐。百万扬州嵖,持筹胜骑鹤。"[2]类似诗文难以枚举。盐商大多资本规模庞大。万历年间,谢肇淛称:"新安大贾,鱼盐为业,藏镪有至百万者,其它二三十万,则中贾耳。"[3]宋应星说:"商之有本者,大抵属秦、晋与徽郡三方之人。万历盛时,资本在广陵者不啻三千万两,每年子息可生九百万两,只以百万输帑,而以三百万充无妄费,公私俱足,波及僧、道、丐、佣、桥梁、梵宇。尚余五百万,各商肥家润身,使之不尽,而用之不竭。"[4]这一时期活跃于两淮盐场的盐商来自扬州本土的数量较少,大多来自徽州和山陕。来自徽州的,如歙县程维宗、汪玄仪、汪良植、吴继善、吴立卿、方君在、方大经、汪宗惠、程仓、程君、程准、潘州南、潘汀州、郑梦圃、胡汝顺等。此外还有休宁程得鲁、何政、吴继佐、程绣、吴宗浩、金赦、王全、程惟清、吴时行、汪昱、吴文汉等。来自山陕的,如三原王经济、高尚信、梁炜、梁选橡、申凤鸣、温朝凤、维新、王一鹤,泾阳张洋、刘文明、许氏,蒲州王瑶、席铭、展玉泉等。

　　封建国家虽然把农业作为立国之本,但并不特别注重农业技术的改进,有时甚至将之视为奇技淫巧而加以限制。加上滨江临海的自然环境,易生自然灾害。虽然明王朝和地方政府采取许多措施减轻灾患并取得了一定成效,但均不能从根本上解决问题,导致农业发展十分缓慢。作为农业生产的重要指标,扬州府的人口从洪武至成化近百年间仅增长14%,成化至嘉靖七十年间仅增长1.6%,部分州县甚至还出现人口急剧减少的情况。至于土地,从明初至明末,其垦辟数量基本没有增加。虽则如此,百姓的赋税、徭役负

　　[1]〔明〕李攀龙:《三洲歌》,〔明〕李攀龙撰,李伯齐点校:《李攀龙集》卷二《古乐府》,齐鲁书社1993年版,第37页。

　　[2]〔明〕胡应麟:《少室山房集》卷八《估客乐二首》《新估客乐二首》,上海古籍出版社1993年版,第49页。

　　[3]〔明〕谢肇淛:《五杂组》卷四,《续修四库全书》第1130册,上海古籍出版社2002年版,第412页。

　　[4]〔明〕宋应星:《野议·论气·谈天·思怜诗》,上海人民出版社1976年版,第35—36页。

担依然沉重。

工商业方面，运河、长江加上漫长的海岸线，形成了四通八达的水上交通网。大量驿站、铺舍、递运所的建设，保障了陆路交通的顺畅。丰富的盐业资源和国家的盐业政策，加上其他各种类型的特产，推动全国各地商贾云集扬州，为工商业发展提供了强劲动力。明朝中后期，社会风气由简朴转向奢靡，又从另一侧面推动了扬州工商业的发展。在各种因素的综合作用下，扬州手工业和商业繁盛一时。漆器制作工艺进步，出现了雕漆、百宝嵌、螺钿镶嵌之类的新工艺。金银器制造同样名满天下。市场遍布城市和乡村，嘉靖时期总数已达 100 多个。各种货物交易频繁且数量巨大，出现了众多家累千金、富可敌国的巨商大贾。地方政府设置牙行、税课司、河泊所、钞关等多种部门，负责商业管理和商税的征收。其中，扬州钞关为明王朝七大钞关之一，天启年间负担税银达 26000 两以上，为明王朝提供了巨额的商税收入，从侧面反映出明代扬州府商业的盛况。

第六章　明代扬州的经济(下)：盐业

明代两淮盐场产量巨大。据统计,从洪武至万历,国家规定的两淮额盐数量一直维持在 1.4 亿斤上下,比位居第二的两浙盐区多出约 6000 万斤,而且这一数字中并不包含数量同样巨大的余盐、私盐在内。[1]两淮盐课在财政中的地位同样举足轻重。嘉靖年间,巡盐御史戴金指出:"两淮运司额课甲于天下,财赋半于江南。"[2]万历年间,张萱记当时的盐业,"得利最多而济国用者,莫如两淮两浙之间"[3];陈全之比较当时各大盐场盐课,"两淮盐课几二百万,可当漕运米值全数。天下各盐运,两淮课居其半而浙次之,长芦次之"。[4]崇祯年间,郑晓指出:"江南苏、松、杭、嘉等府,田赋甲于天下。江北扬州、通、泰等处,盐课甲于天下。"[5]基于这些原因,明朝政府对该地区盐业非常重视,不仅有相当一部分的帝王诏书、臣子奏疏以及国家法令律例等直接涉及两淮盐场,还设置盐法察院、都转运盐使司等机构专门管理。都转运盐使司下辖通州、泰州、淮安三分司,每分司辖盐场 10 座。淮安分司各场不在明代扬州府辖区之内,但各分司、盐场彼此联系,难以完全分割,故本部分也不可避免地涉及淮安分司。

[1]〔明〕陈仁锡:《皇明世法录》卷二八《盐法》,《四库禁毁书丛刊・史部》第 14 册,第 463 页。

[2]〔明〕杨选、陈暹修,〔明〕史起蛰、张榘撰:《〔嘉靖〕两淮盐法志》卷六《法制志》,《扬州文库》第 27 册,第 165 页。

[3]〔明〕张萱:《西园闻见录》卷三五《户部四》,《续修四库全书》第 1169 册,第 72 页。

[4]〔明〕陈全之:《蓬窗日录》卷三《世务・盐课》,上海书店出版社 2009 年版,第 146 页。

[5]〔明〕郑晓:《郑端简公文集一》,〔明〕陈子龙等选辑:《明经世文编》卷二一七,第 2260 页。

第一节 职官设置与食盐营销

一、相关机构与职官设置

盐法察院:或称察院,为巡盐御史(正七品)官署。监察御史巡盐始于宣德时期,但这时尚未形成固定制度,往往数年一遣,任务完毕即行召回。后改为巡河御史兼理盐法,监察御史巡盐制度暂废。正统三年(1438)始,每年均派遣御史巡视两淮、长芦诸盐场,自此成为定制。巡盐御史品级虽低,但权力很大,凡与盐务相关的官员均由其节制。主要职责包括监督国家盐策政令的执行,凡有私贩、私煮破坏盐法者,巡盐御史有权责令地方派兵缉捕。同时负责自济宁、兖州至南京运河,确保盐、粮运输畅通无阻。所属各司政令如有变化,须上报御史核准后方许执行。

盐法察院共4所。一在扬州府署东北,成化间扬州知府郑岑创建。扬州府察院距离盐场较远,往返不便,所以在盐场及附近还建有3所察院,供御史巡盐时临时居住办公使用。一在石港场,嘉靖二十二年(1543)巡盐御史徐鹤龄(嘉靖二十二年上任)首建。一在东台场,嘉靖二十四年巡盐御史齐宗道(嘉靖二十三年上任)增建。一在安东县署西北,景泰间张丞泉增修。

两淮都转运盐使司:或称为总司或运司。主要官员有运使(从三品)1人、同知(从四品)1人、副使(从五品)1人。运司下设礼房、兵刑工房、户房、收支科、杂科、承发科、经历司、广盈库等部门,处理运司日常事务,设有书吏、典吏、经历司大使(从七品)、广盈库大使等吏员。运使的职责在于督促国家盐策政令的施行,具体包括给派盐引、分配商盐、监督盐课收缴、杜绝私贩、处理诉讼、计算盈亏、平准贸易、赈恤灶户等。所属机构凡有兴革事宜,必须上报运使,运使、同知、副使合议后,再报巡盐御史核准,然后执行。洪武初,运司署在海陵州署东南,洪武三年(1370)移至扬州,位于扬州府宁海门外董仲舒故居。

泰州、通州、淮安分司:分司为盐运判官官署。每司设盐运判官(从六品)1人,主持事务。主要职责为监督各盐场大使收缴盐课、清理积欠;定期巡视盐场,了解盐课置办、官员是否勤政、检查各巡检司缉私活动、了解商情灶情。将了解到的情况上报总司,再由总司汇总报至巡盐御史。三分司署俱建于洪武初,其中泰州分司署在泰州北关,通州分司署位于通州西城角,淮安分司署坐落于安东县东城坊。洪武二十一年(1388),接受广盈仓大使蔡玄建议,盐运判官均移至总司办公,仅在督缴盐课时暂居各场公馆。正德十五年(1520),御史上奏朝廷:"判官职同司牧,不当与卤丁相远,且往来无定所,非恒久道。"[1]于是在东台场新建泰州分司,在石港场建通州分司,淮安分司则在原址基础上增建。

批验盐引所:共2所。仪真所位于仪真县东南2里。洪武初年,治所初建于瓜洲镇;洪武十六年(1383),接受尚书单安仁建议,改建于仪真。淮安所位于安东县南60里支家河头,其所址原在淮河南岸,后因河水冲刷多次毁坏。正德六年(1511),巡盐御史朱冠(正德六年上任)接受盐商建议,将所址移于淮河北岸。盐引所设置大使1人、吏1人。主要职责是查验盐引真伪、严防伪造,校正钧石等衡器,出售灶户余盐,储盐供应各藩府及南京百官等。

巡检司:或称巡司,共17所。白塔河巡司和安东坝巡司隶于运司。白塔河巡司原在宜陵镇东,宣德五年(1430),盐运使何士英初立。弘治二年(1489)移至茱萸湾,据大仪乡钞关旧址兴建。安东坝巡司,以前附于安东县治,正德十年(1515),移至涟河汉口园。嘉靖二十四年(1545),接受巡盐御史齐宗道(嘉靖二十三年上任)建议,将西溪、海安、石庄、西场、宁乡巡司隶于泰州分司,将张港、吴陵、石港、狼山巡司隶于通州分司,将临洪、东海、惠泽、庙湾、长乐巡司隶于淮安分司。各巡司均受巡盐御史节制。每巡司设巡检1人、吏1人,配备弓兵30名。其职责主要是查验盐引、究诘私贩。凡商人支盐,一律停泊于湾头镇桥下和安东坝下,经查验无违规事项之后,由巡检编排次序后放行,并上报至运司。如有夹带私卖者,则扣押商人和货物,等待运司纠核。各巡检司月末自核,季度末则将其缉私成绩上报巡盐御史,确定赏罚。

---

[1]〔明〕杨选、陈暹修,〔明〕史起蜇、张榘撰:《〔嘉靖〕两淮盐法志》卷二《秩官志》,《扬州文库》第27册,第111页。

盐课司：洪武初撤销元代设置的勾管，另立百夫长。洪武二十五年（1392），废百夫长，设盐课司，每司设大使1人、副使1人、司吏1人、攒典1人。如果土地贫瘠或盐课较少，则裁撤副使与攒典。大使职责主要是催办盐课。每日监督总灶巡视各团灶户，清理卤池、修整灶舍、稽查盘铁；逢春夏旺月，敦促灶丁加速生产；纠察生产销售过程中的违规违法行为，上报盐运判官。三分司各辖盐场10座。泰州分司10场：富安场、安丰场、梁垛场、东台场、何垛场、丁溪场、草堰场、小海场、角斜场、栟茶场；通州分司10场：丰利场、马塘场、掘港场、石港场、西亭场、金沙场、余西场、余中场、余东场、吕四场；淮安分司10场：白驹场、刘庄场、伍祐场、新兴场、庙湾场、莞渎场、板浦场、临洪场、兴庄团场、徐渎浦场。每场设盐课司1所，共30所。除办公场所外，各场尚有赈仓、盐仓、贮引盐价库、社学等配套设施。

除上述职官之外，明政府还不定期派出官员督察、协理盐政。以都御史清理诸司盐法巡行两淮者，有正统初耿九畴、弘治元年（1488）李嗣、弘治十四年（1501）王璟、正德二年（1507）王琼、正德十年（1515）蓝章、嘉靖十七年（1538）黄臣。另外还有一些其他官员的差遣，如景泰元年（1450），差侍郎一名清理两淮盐法。万历九年（1581），于南京户部派出主事一员，"盐商到日，与盐政道御史齐诣公所，眼同掣验"。[1]

盐场灶户的生产组织"有团、有灶，每灶有户、有丁，数皆额设。每团里有总催，即元代百夫长，数亦有定，一团设总催十名"[2]。各场视户籍人口多寡置灶，每灶设灶头1名，"督灶则以总催，促煎则以灶头"。每灶分配盘铁四角，同灶灶丁轮流煎卤，暂未轮到者用镬煎煮。各灶又置亭场，专为晒灰之用。在卤池、盘、灶之上建屋覆盖，以避风雨，称为灶房。此外，还有专门提供其他服务的各类人员。如负责运输食盐和其他物品的"工脚"，统领工脚的则称为"脚头"，解运贡盐的称为"纲甲"，雇募商船的称为"埠头"，堆垛商盐的称为"堆头"，围场囤盐者称为"地主"，给商旅提供住宿、储存物品的称为"店户"，商人的首领称"客纲"等。

---

[1]〔清〕噶尔泰纂辑，〔清〕程梦星等纂：《〔雍正〕敕修两淮盐法志》卷二《职官》，《扬州文库》第29册，第55页。

[2]〔明〕朱怀幹修，〔明〕盛仪辑：《嘉靖惟扬志》卷九《盐法志》，《扬州文库》第1册，第77页。

二、食盐的营销

明代盐政复杂多变,但大体来说,其运营过程可分为"报中""守支"和"市易"三个环节。这里结合两淮盐场的具体情况,对三个环节略述梗概。

（一）报中

明代盐的营销实行"开中"制度。《明史·食货志》云:"召商输粮而与之盐,谓之开中。"盐商首先购买粮食或其他物资,运往边地缴纳,取得勘合文书,凭此在地方盐业管理部门获取盐引,再凭"盐引"支领食盐,运到指定地点销售。部分商人为了减少往返运输费用,遂于边地雇人开垦,就近获取粮食,后世称之为"商屯"。通过这种方法,明政府假手盐商,既使边地获得了充足的军需供应,也没有额外增加百姓的劳役负担,避免产生社会动荡,确为一举两得的良策。成化以后,明朝财政日趋紧张,部分官员因开中盐价过低,建议允许盐商就盐场直接购盐,所付资金解至太仓,再由太仓分配边地购买粮食。如此一来,变纳粮为纳银,"开中法原意已完全丧失,只保留下一个开中的外壳"。[1]当然,这并不意味着开中制度完全废止。在此以后,每逢边地军需增加,明王朝依然会实行纳粮开中的制度。

（二）守支

商人于边地输粮之后,政府给予勘合文书及相关文件,"报中"即告完成,然后可赴两淮盐场支盐,称"守支"。"守支"非常复杂,大致包括如下三个步骤:

第一步是取得盐引。商人将勘合文书等文件递至两淮运司,运司当场开封查验字号、印信,将其与户部发来的"流通底簿"对照。如无疑问,则用朱笔在文书上注明投到时刻并登记在册。嘉靖九年（1530）,戴金（嘉靖十五年任巡盐御史）建议依据商人报中地点,限定勘合投送时间,并依据违限的时间长短,分别处以每引4升、1斗、1斗5升、2斗谷物的处罚。不许以银折纳,罚得谷物一律入仓备赈。待勘合积至三四十道,运司即可赴南京户部"刷引"领回。嘉靖二十四年（1545）,运使高鸾（嘉靖二十三年上任）为便利商人,建议勘合累积至十数道,即可赴部领引,以后成为定制。

---

[1] 孙晋浩:《开中法与明代盐制的演变》,《盐业史研究》2006年第4期。

为使支盐有序进行，并利于各盐场均衡销售，规定盐商不能仅在临近盐场支盐，亦不能随意在各盐场支盐，而要依据排定的盐场次序依次支取，称为"榜派"。成化四年（1468），依都御史高明所奏，将两淮30盐场分组配搭，如富安、安丰、梁垛、何垛、东台5场配搭莞渎场，丁溪、草堰、小海等6场配搭临洪场等。正德七年（1512），依巡盐御史朱冠建议，将盐场分为上、中、下三等，按照规定依次榜派。派完之日，填写榜派簿、收赈簿、下场单帖，然后张榜告示于商。

南京户部"关引"到达运司之日，盐商即可携带"仓钞"（商人输粮后，边地给予商人的凭证）、外号簿等文件赴司。运司将这些文件与榜派簿、收赈簿核对无误，在盐引背面注明日期、商人籍贯、姓名等信息，并加盖印信，以防新旧盐引混杂，无从稽考，封装完毕后交付盐商下场支盐。领引亦有时间限制，凡超过6个月者，依照勘合违限的做法进行罚谷处理。

此外，商人还须按照收赈簿所载应纳赈银数目如数缴纳，方可取得盐引，称为"纳赈济"。每引收银5分，用于赈济煎盐灶丁。如果灶丁已经逃亡，盐商可自行买补，且免纳赈银。如果盐商已故，其父母、兄弟、子孙等关系人可以代为支盐。嘉靖二十六年（1547），运使高鸾建议，他人代支时应当多纳赈银，此后成为定制。为便于稽考赈银缴纳情况，嘉靖二十四年运使高鸾建议，将勘合数量、应得盐引数、已纳赈银盐引数、免纳赈银盐引数等一律登记造册3本，一本送盐法察院、一本存留、一本置于运司公堂，以备随时查对。此后一直遵行。

第二步是下场支盐。运司以"随发长单"知会盐场，盐场核对盐引信息与长单信息相符，即按数支给。如遇灶丁逃亡，引盐无法支给，则由商人自行买补。支盐完毕，盐场将盐引截去一角，并换给水程关文，由盐商自行打包出场接受验放。嘉靖二十七年，新兴场总灶报称，有灶户纳剩余盐无处出售。为照顾贫困灶户，巡盐御史陈其学（嘉靖二十七年上任）遂公告各场：盐商只许在原派盐场内买补，场内无盐时方可通融跨场。如有官吏与商人通同作弊，或豪灶把持为难商人，一律从重治罪。

第三步是"验放"，即核验盐引与实际盐数相符后放行，中间要经过"称掣"和"抽割"两道程序。商人运盐出场，淮南25场盐船至白塔河巡司桥下停泊,淮北5场盐船行至安东巡司坝下停泊,并向巡司报到。白塔河巡司记录商船到来次序并累积5天,将5日内商人、船户、盐引数目详报运司,查验后一体放行。安东巡司因距运司较远,查验盐引等文件后即陆续放行。白塔河巡司每积累至55000引为一单,安东巡司每积累至34000引为一单,称为"搭单",即凑成一单。一单完毕,即造册送至运司,再由运司转呈察院。查验工作由仪真、淮安两个批验盐引所主持。查验后,将盐引截去第二角,封还盐商,并发给相关文书,由盐商投递至运司。为防止作弊,巡盐御史朱廷立(嘉靖八年上任)曾要求:"分司官务要巡历到彼,严督巡司官吏人等前去各商堆盐处所查盘见堆搭单引盐数目,俱要引盐相同。若见在数目与搭单数目不同,就便追究下落。"[1]另外,验放也有严格的时间限制。嘉靖十八年(1539),巡盐御史吴悌(嘉靖十七年上任)下令,自商人领引赴盐场至搭单赴掣止,以7个月为限。后又据盐商要求多次调整。

淮南商人出场引盐俱至湾头镇空旷处堆放等候称掣,称为"堆囤"。嘉靖二十二年,有盐商反映:"河道有水可行,则拘于验放之次第……水涸难行,不得已而为盘剥之计、减载之法,则所费已不赀矣。""在船日久,有漏湿消折之患。关防不及,又有船户偷爬之患。"[2]运使李邦表(嘉靖二十一年上任)乃令盐商各据自身实际情况,可以将引盐上堆,也可暂时存放在船,给盐商提供了很大便利。嘉靖二十二年五月,巡盐御史徐鹤龄令10人编为一甲,每甲选1人为"小甲"。上堆时,大家相互监督,以防奸商作弊或盗窃商盐转卖盐徒。接下来进入"称掣"程序。巡盐御史谢应徵(嘉靖二十六年上任)说:"称掣之法在充国课、服商人,非至公至明,固不足以行法而防奸。""今后有无籍光棍混扰秤掣者,即便擒拿重治。"[3]有鉴于此,两淮运司设定了严格的掣挚程序:监掣官员于每日黎明时分开门,相关差役悬挂表明个人身份的标

[1]〔明〕杨选、陈暹修,〔明〕史起蜇、张榘撰:《〔嘉靖〕两淮盐法志》卷五《法制志》,《扬州文库》第27册,第160页。

[2]〔明〕杨选、陈暹修,〔明〕史起蜇、张榘撰:《〔嘉靖〕两淮盐法志》卷五《法制志》,《扬州文库》第27册,第146页。

[3]〔明〕杨选、陈暹修,〔明〕史起蜇、张榘撰:《〔嘉靖〕两淮盐法志》卷五《法制志》,《扬州文库》第27册,第160页。

牌进入。将应掣商盐依单顺序先点5人站立于铊称之左，再点5人立于铊称之右。这样掣一商盐，有9人同时监督，以确保称掣的公正。如果盐商不幸病故，可以由别人代掣，但每引加纳米1斗以赈济贫灶。监掣官员由察院委派，其选择非常慎重，一般从运司同知以及淮安府、扬州府同知以下各选勤慎廉洁的官员一名，会同监掣。

明朝政府还从商盐中抽取部分，以供应南京内府、孝陵神宫监所需青白盐，南京府部院寺各衙门及各藩府所需食盐，称为"抽割"。这一部分原来从淮安、仪真两所掣割余盐中支解，后来因距离较远，运输不便，弘治十七年（1504），接受都御史王璟建议，前述各盐在仪真所查验商盐时，每盐100引抽取1引入仓存放，以备所需。嘉靖二十二年（1543），巡盐御史徐鹤龄因仪真所存盐不足，下令各州县解送入官盐一律到所收贮，只备食盐支用，不得转卖。其中用于供应青白盐的部分，可以变价卖出，再向市场购买青白盐解送南京。称掣、抽割完成后，商人即可赴行盐地销售：

对于"守支"过程中的一些细节问题，两淮运司也采取了相应的措施。

"给面总"：嘉靖十一年（1532），巡盐御史周相（嘉靖十一年上任）提出，近年各地客商购买官盐至仪、淮批验所封引时，部分官员故意不将盐引数、客商姓名、行盐地方等信息填注于面总，以致滋生影射之弊。规定此后运司应置面总号纸与面总号簿，编号以发给仪、淮批验所。凡遇盐商封引之时，即用号纸封起，露出1角，并填写相关信息交给商人。行盐地方有关部门截角缴回，同时发给钤印小票，以便商人赴院办理销名手续。如果有封不露角，或者不填注面总信息，即以夹带私贩论处。

"均掣放"：嘉靖二十五年，巡盐御史刘存德（嘉靖二十四年上任）指出，两淮商人支盐出场，淮南积累至5万引以上，淮北积累至3万引以上，各为一单。淮北商人掣挚后直接发卖，但淮南商人除仪真批验所掣挚后，尚须重新捆成小包，在南京查验后才能到行盐地方发卖。如果南京验放时间稍迟，将导致行盐地方盐价上升。等到积多一起放行，则水客压低盐价，给盐商带来损失。"行盐地方盐少价高，应掣之期必至停歇，余银正课必至壅滞短少"。所以他建议，仪真所掣验之后，南京不宜积多验放，如此则"盐价常平，而商民两便"。户部议准，此后成为定制。

（三）市易

验放之后，盐商即可持引销售。"其转卖各照上所定行盐地，毋过界。若引与盐离及越境卖者，同私盐追断"。[1]"行盐地"即规定的食盐销售地点。淮北5场盐销往直隶3府（淮安、凤阳、庐州）和河南2府1州（汝宁、南阳、陈州）。淮南25场盐分销直隶6府2州（扬州、应天、宁国、太平、安庆、池州、滁州、和州）、江西13府（南昌、南康、南安、临江、九江、建昌、广信、抚州、饶州、瑞州、吉州、袁州、赣州）、湖广14府3州（武昌、常德、宝庆、长沙、襄阳、汉阳、德安、承天、荆州、永州、辰州、衡州、黄州、岳州、兴国、沔阳、靖州）。各府、州再按其所辖"里"数，分配盐引。如南昌1902里，分配食盐约72723引；武昌191里，行盐约7202引，等等。所有食盐销售完毕，盐商需将原来获得盐引上缴地方，称为"缴退引"。这一环节尤其重要，巡盐御史谢应徵说："官据有司退引之多寡，知地方行盐之通塞，验巡盐之能捕，知私盐之不行，其事至重。"[2]弘治十四年（1501），巡盐御史冯允中（弘治十三年上任）指出，盐法之弊，在于商人不缴退引，官方又不严加追究，不法之徒趁机以旧引为掩盖贩卖私盐。因此应该令两淮行盐地方，一俟引盐运到，即令盐商到当地官府报到。等销售完毕，即将退引收至该地布政司或直隶府州县，每季度由其差人上缴至两淮运司。巡盐御史年终核查本年缴退引数，看是否足额收回。如果数量差距太大，即将相关责任人上奏问罪。至此，食盐的整个交易过程结束，盐商可再次报中，重复相同的过程。

第二节　势要、盐官及盐商的管理

一、对势要及盐官的管理

（一）帝王诏书、国家律令的相关规定

多位帝王颁发诏书，禁止皇族、势要、高官介入盐业经营。如洪武二十

---

［1］〔明〕杨洵修，〔明〕徐銮等纂：《〔万历〕扬州府志》卷一一《盐法志上》，《扬州文库》第1册，第458页。

［2］〔明〕杨选、陈暹修，〔明〕史起蛰、张榘撰：《〔嘉靖〕两淮盐法志》卷五《法制志》，《扬州文库》第27册，第161页。

七年（1394），明太祖下诏规定，公、侯、伯、四品以上文武官员，不得允许家人奴仆经营盐业，以防与民争利。成化四年（1468）下诏："今后内外官员之家，不许占中引盐，侵夺商利，亏损边储。"成化二十一年（1485）和成化二十三年，宪宗又两度下诏，禁止势要及内外官员之家求讨占窝。弘治年间，大学士李东阳等人议及皇亲王府及内臣奏讨，导致盐法颓坏，明孝宗乃下诏说："自今各边开中引盐及籴买粮草，势要勿得求讨窝占，巡抚粮储官毋阿徇受嘱，违者听巡按御史纠劾。"[1]另外《大明律》也规定："凡监临官吏诡名及权势之人中纳钱粮，请买盐引勘合侵夺民利者，杖一百，徒三年，盐货入官。"[2]各级官吏也在不同场合反复提及这一问题。正德间，巡盐御史郑气在奏疏中指出："今以有限之灶盐，供无穷之奏讨，以边方紧急备用之物，为日用差遣道路之资，非但亏充国课、妨误边储，恩赐出于下之所欲，而不出于上之所赐矣"。[3]放纵奏讨，不仅影响国家的财政收入与军事力量，对帝王的权威同样带来莫大损害。

　　同时，国家亦严格防范盐政官员与灶户、盐商勾结，参与伪造盐引或私煎、私贩等违法活动。隆庆五年（1571），依巡盐御史张守约议，责令南京户部派专官管理盐引，"但遇各运司起纸输到之日，严束匠役计纸分工，不许任其预刷"。[4]《大明律》规定，盐业官员应于"紧关头处，常用巡禁私盐，若有透漏者，官津把截官及所委巡盐人员初犯笞四十，再犯笞五十，三犯杖六十，并附过还职"。对于与商人、灶户内外勾结、通同作弊的情形，往往处以与犯人同等甚至更重的刑罚："知情故纵及容令军兵随同贩卖者，与犯人同罪。受财者计赃以枉法论。"《大明会典》规定："各盐运司总催名下，该管盐课纳完者，方许照名填给通关。若总催买嘱官吏，并覆盘委官指仓、指囤，扶同作

［1］〔明〕杨洵修，〔明〕徐銮等纂：《〔万历〕扬州府志》卷一一《盐法志上》，《扬州文库》第1册，第459页。

［2］〔明〕杨选、陈暹修，〔明〕史起蛰、张榘撰：《〔嘉靖〕两淮盐法志》卷五《法制志》，《扬州文库》第27册，第140页。

［3］〔明〕杨选、陈暹修，〔明〕史起蛰、张榘撰：《〔嘉靖〕两淮盐法志》卷六《法制志》，《扬州文库》第27册，第185页。

［4］〔清〕吉庆监修，〔清〕王世球纂：《〔乾隆〕两淮盐法志》卷二《转运二》，《扬州文库》第30册，广陵书社2015年版，第88页。

弊者,俱问发边卫充军。""凡起运官盐,并灶户运盐上仓,将带军器及不用官船起运者,同私盐法。"[1]《读律琐言》记载:"军职守御官司,及盐运司、巡检司,巡获私盐,即将人盐发该府、州、县有司官归勘,不许擅自推问,恐其贪捕获之功而冤无辜者也。若已发有司,而官吏通同守御等衙门作弊脱放者,与犯人同罪,以枉法从其罪之重者论。"[2]

盐官失职或缉私不力,同样要受到法律惩处:"贩私盐枭,由他处入境,巡役缉拿拒捕杀伤,或当场人盐并获,或于疏防限内拿获过半者,免其处分,余犯照案缉拿。经过官司纵放及地方甲邻里老知而不举,各治以罪。巡捕官员乘机与贩至二千斤以上,照例问发。"[3]

(二)两淮盐场的具体措施

法律规定之外,两淮巡盐御史、运使还根据盐场情况,对盐官的操守、职责等做出细致规定或进行训诫,虽未上升到法律层次,但多涉盐场具体事务,对官员管理也具有更强的针对性和可操作性。

1.培育盐官的职业操守

巡盐御史戴金说,士大夫一旦任职运司,往往失其初心,为巨大的利益蒙蔽。他谆谆告诫诸官,"务争相濯磨,以正自守","如有因循怠惰,贪污不职者,不待岁终纠察,必随示举行,以示劝诫"。

巡盐御史朱廷立结合个人施政经验,提出"九诫"以自警。一曰"勿私"。御史本为监临之官,其作用是"使人畏法而莫敢有作恶者"。如果御史图谋私利,"乃心焉自冒于法矣,名器之辱孰大于是?"二曰"勿惰"。盐业事务繁杂,一馈十起尚难应付,怠惰之心必致百事不理。三曰"勿纵"。趋利乃人之本性,为此官吏贪婪、商人私贩、灶丁私煎,豪强越占、巡盐者卖放通同,百弊丛出,官员皆应"持法以裁之,不可宽纵,以滋弊源"。四曰"勿诺私嘱"。商人善于投机取巧,"在我须尽法治之,其流则息"。即使不幸中其圈套,"君子与其有诺责也,宁有己怨?"五曰"勿越职"。御史之职专在盐法,"其他

[1]〔明〕申时行等修,〔明〕赵用贤等纂:《大明会典》卷一六四《律例五》,《续修四库全书》第792册,第21—22页。

[2]〔明〕雷梦麟撰,怀效锋、李俊点校:《读律琐言》,法律出版社2000年版,第95页。

[3]〔明〕姚思仁:《大明律附例注解》,北京大学出版社1993年版,第975页。

职业,各有守者,不必多涉,以取纷扰"。六曰"毋避小嫌以妨大计"。御史之行为举措,人所共见,所以根本无法掩饰。但只要"存心既公",则"人人自无议"。对于"法有不便于商民者,宜为曲处",不可以避嫌而退缩,否则"商困而民亦困矣"。七曰"毋事深刻以伤大体"。盐政之"大体"在于"足边""便民",其事不过"通商""恤灶"二事。主管盐政的官员"必有体念边储之心,而又不失国家藏富于民之意,乃为得计"。这就要求盐官不应与商人比铢较两,否则"国多取于商,商必多取于民,而国之大体反有所伤矣"。八曰"勿拘陈迹以失通变之宜"。立法贵正,行法贵通,执行盐法尤其需要根据实际情况随时调整,如此才能"商民两得其便"。如拘于陈迹而不知权变,则"盐法窒而不通矣"。九曰"勿执己见以昧公平之政"。"人莫善于广众见以求是,莫不善于执己见以遂非"。故而每有新的举措,朱廷立即召集所属各司及商灶共同商讨,"务求归一之论,以行公平之政。不然,则上之情不及于下,下之情不逮于上。一有举措,鲜有得其中者矣"。虽言"自警",但对培养属官职业操守、强化他们对施政原则的理解,都具有很强的指导意义。

2.敦促盐官恪尽职守

巡盐御史雷应龙(嘉靖六年上任)指出,盐官之责并不在"持身之洁"的个人修养与"簿书期会之集"的表面功夫,而在于取得"灶丁安则盐课足,奸弊去则盐法通"的实际成效。他强调:"运司掌印及佐贰分司官,凡灶丁一切疾苦,本司及各场司所官吏、库皂、弓兵、总催、工脚人等玩法害人,与商灶、盐徒、经纪、地主、埠头、铺户等兴贩、夹带、截买、偷爬等弊,务要留心咨访。"盐场大事小情,应每日记录在案,并将"保安过灶丁事件、查访出各色奸弊、追过盐银、问过刑名逐一开报",决不允许怠玩废职。

灶丁办盐"以丁力为主,以卤池为本,以草荡为资,以盘铁为器,以灶房为所",五者缺一则盐业不举。但各场的现实情况则是:盐丁大量逃亡,草荡多被侵占,盘铁损坏,灶房坍塌,卤池淤积。对此,雷应龙提出"兴五事"。对灶丁,"见在者用心安集,逃移者设法招抚"。对草荡,"照依清查数目分管,有未清未分或势豪准折夺占不退不分者",直接报巡盐御史处理。对卤池、灶房,"除已行令刻期修浚苦盖外,以后务要随其倾塞,即便修浚"。对盘铁,

"少有缺坏者,即随力修补"。五事能兴,则盐业自盛。[1]

巡盐御史卢楫(正德十一年上任)在奏疏中指出,两淮盐场绵延千里,"弥望斥卤,烟水沧茫,加之草莱荒芜,道路泥泞",致使官府难以及时获知商情、灶情。为此,通州、泰州、淮安三分司官员应各司其职,每年定期巡视不同盐场。"凡盐课之拖欠,灶丁之词讼,官吏之勤惰,就便督催查理"。[2]巡盐御史朱廷立指出,"干理常贵于能早",但"盐场时有旺衰,盐有伸缩,催督失时,终难为力",因此"场官总催,务须以期督办",如果"有因循度日不尽职业者,各治以罪"。[3]巡盐御史杨选(嘉靖二十八年上任)说,商灶军民之间的诉讼往往因衙门"推托不理"而得不到及时解决,以致"词讼日繁,人心未平"。今后如有此类事件,有司应当及时处理,"务要各加体悉,以息争端",[4]以免怨愤积累而引发社会动荡。

3.申斥官员遵纪守法

巡盐御史朱廷立说,盐徒猖獗,私贩盛行,在于官员为谋取利益而不加严禁,甚至"纵其下人与之交通,乃从而分其所得",或者"出给批票与其弟侄军旗公然兴贩而无所忌"。他命令,"各官俱宜省改以图自新"。对盐徒"即便擒拿到官,追究收买何人私盐,经过何处地方,何人受财指引,取其供招申呈本院详夺。如若仍旧不悛,事发绝不轻纵"。[5]巡盐御史杨选认为,多数官员查报的私贩数额较小,"土豪窝藏张帆执器巨恶大奸"却一件不曾查获,这实际是"官吏纵容,徒将小民易食度日者以塞责"。他下令,"如仍前阘茸,

---

[1]〔明〕杨选、陈暹修,〔明〕史起蛰、张榘撰:《〔嘉靖〕两淮盐法志》卷五《法制志》,《扬州文库》第27册,第159页。

[2]〔明〕杨选、陈暹修,〔明〕史起蛰、张榘撰:《〔嘉靖〕两淮盐法志》卷六《法制志》,《扬州文库》第27册,第166页。

[3]〔明〕杨选、陈暹修,〔明〕史起蛰、张榘撰:《〔嘉靖〕两淮盐法志》卷五《法制志》,《扬州文库》第27册,第159页。

[4]〔明〕杨选、陈暹修,〔明〕史起蛰、张榘撰:《〔嘉靖〕两淮盐法志》卷五《法制志》,《扬州文库》第27册,第160页。

[5]〔明〕杨选、陈暹修,〔明〕史起蛰、张榘撰:《〔嘉靖〕两淮盐法志》卷五《法制志》,《扬州文库》第27册,第161页。

纵放妄拿诈害者,或访出,或告发,定行从严参究"。[1]巡盐御史胡植(嘉靖二十年上任)说:"凡官吏之贪索分例,总催之科敛包收,豪灶之私煎擅煮,一切不守禁约者,自今务须指实参问,惩一戒百,俾奸贪悚慑,不敢肆放。"如果官员敢于纵容姑息,甚至接受奸商嘱托,分赃取物等,国家决不姑息。[2]

4.慎考察、擢优异以激励官员

巡盐御史戴金在奏疏中指出,只有保证考察的公平公正,才能更好地激励官员。两淮共设盐官60余人,贤与不贤,全凭巡按御史之考语。而巡按御史对判官以下各官并无真正了解,"不过取凭于楮墨之间,以为贤否之定"。其结果往往是"贪污者得以夤缘而漏网,诚实者反以无罪而去官",不仅有失公道,还会挫伤官员的积极性。他建议,今后政绩考察应由地方抚按衙门会同巡按御史共同进行,"庶几是非相半者去取之有征,矫情饰诈者真实之莫遁"。[3]运使陈暹建议给予政绩优异的副使、判官以更好的升迁机会,以调动他们的积极性。其《复铨擢以励官僚议》指出,两淮盐课甲于天下,副使、判官等官职在称掣官盐、发放赈济、收缴盐课、查禁私盐等方面作用重大。以前,如考绩优异,副使比照知州提升为各部员外郎,判官比照知县擢升为各部主事。但此例久已废止,"虽有欲策励之人,而未蒙异常之擢,则亦终归于不振,人才废弃,不无可惜"。他建议恢复以前的做法,"铨补升迁,使人怀向进之望,必能自立。官有迁转之慕,不肯自污。如此则上而本院有可委用之人,下而商灶有所依怙之主"。[4]

二、对盐商的管理

(一)保护盐商的正当权益

明王朝对中盐未支的盐商提供一定的补偿。正统五年(1440)诏书规定,

---

[1]〔明〕杨选、陈暹修,〔明〕史起蛰、张榘撰:《〔嘉靖〕两淮盐法志》卷五《法制志》,《扬州文库》第27册,第161页。

[2]〔明〕杨选、陈暹修,〔明〕史起蛰、张榘撰:《〔嘉靖〕两淮盐法志》卷五《法制志》,《扬州文库》第27册,第158页。

[3]〔明〕杨选、陈暹修,〔明〕史起蛰、张榘撰:《〔嘉靖〕两淮盐法志》卷六《法制志》,《扬州文库》第27册,第166页。

[4]〔明〕陈暹:《复铨擢以励官僚议》,〔明〕杨选、陈暹修,〔明〕史起蛰、张榘撰:《〔嘉靖〕两淮盐法志》卷五《法制志》,《扬州文库》第27册,第158—159页。

如果以前盐商中盐未支,每引给资本钞30锭。成化十四年(1478)再次下诏,要求正统十四年(1449)以前,商人未支的淮盐,每引给钞30锭。这些诏令,避免商人遭受不必要的损失,提高了他们交粮报中的积极性。[1]

在法律层面上,明王朝对私盐惩罚较为严厉。《大明会典》规定,凡盐商参与贩卖私盐2000斤以上者判处充军流放。巡盐御史戴金曾奉敕编纂《皇明条法事类纂》50卷,可谓当时的法律专家。他认为,该法令虽不可革除,也不宜拘泥,应视具体情况加以权变。他建议,除了"大伙盐徒,陆则驴骡成列,水则双桅大船出江入海,横行无忌"者之外,对于"三五为伴,在于本境地方犯(贩)二千斤以上者,止依律问罪。责令纳米赎罪,则事犯无畏罪展转之心,官帑有积蓄备赈之实"。对于《大明律》关于死刑的规定,戴金认为"应酌乎律例之间,以适轻重之宜"。大伙盐徒鸣锣执仗,因拒捕杀伤人命,全部处以死刑,固然妥当。但对于"盐徒止是五七人或十人上下合伙兴贩,因而拒捕杀伤一二人者",应该将主犯、从犯,杀人者与未杀人者区别对待。对于从犯、未杀人者,应"为拒捕从论罪,查照二千斤以上事例充军",不必全以死刑论处。[2]这些建议,一方面是对法律的修正,同时也是对商人正当权益的保护。

对于各盐场官员、经纪、地主、店户、船户等以不正当手段危害商人利益的,察院及运司亦随时发布告示或训令,予以警示和震慑。

巡盐御史朱廷立十分了解盐商经营的艰辛:"商人赍纳粮草赴边,有道路之费,有劝借之费,有卖窝之费,有分搭之费。积而算之,所费亦不赀。"下场支盐时,有"索要其分例者,有贪婪之胥吏,有豪恶之牵头,有老引之光棍,有积年之兵快;偷爬漏包益己私盐者,有强梁之船户;勒要偏手哄骗资本者,有狡猾之经纪,以致商人往往告称亏折资本"。[3]他晓谕盐商,如在经营中

————————

[1]〔明〕杨选、陈暹修,〔明〕史起蛰、张榘撰:《〔嘉靖〕两淮盐法志》卷四《法制志》,《扬州文库》第27册,第135、136页。

[2]〔明〕杨选、陈暹修,〔明〕史起蛰、张榘撰:《〔嘉靖〕两淮盐法志》卷五《法制志》,《扬州文库》第27册,第167页。

[3]〔明〕杨选、陈暹修,〔明〕史起蛰、张榘撰:《〔嘉靖〕两淮盐法志》卷五《法制志》,《扬州文库》第27册,第160页。

遇此类事件,可以直接赴盐法察院告发,对责任人严厉追究。

巡盐御史李佶(嘉靖七年上任)认为,仪、淮二所经纪专事"愚陷商人以罔利肥己,或赚哄堆垛以待价,或主张赊欠而折本,或不令面会交银以遂夹帐之计",今后如再巧立名色,"呈院以凭拿问重治"。[1]巡盐御史戴金说,部分运盐船户为害客商,"窃取商人渐补己数,或搂爬漏包,搀和泥土,动辄挟制延捱时日",今后如有"夹带及羁勒,商人告发,拘问如律,船盐入官"。[2]巡盐御史雷应龙看到各经纪、地主、店户提供服务时,往往在衡器上作弊,坑骗商人,于是下令:"经纪、地主秤银天平较勘无弊给示,秤银务要两头递秤。如纳银十两,每头秤银五两,听各商自行敲兑。"同时责令各分司经纪、地主各造天平法子一副送运司校验,并凿刻"运司较同"四字后才可使用。如有替换法子者,受害客商可向运司告发,严厉惩治。[3]

(二)打击商人违法及危害社会风俗的行为

正德十六年(1521)诏书指出,"迩年以来,奸商投托势要,每遇开中,尽数包占转卖取利,甚至奏开残盐,减价中支。每米一石,支盐四引,任场买补,夹带私盐,以致盐法大坏,边储告乏",如有隐瞒实情,"仍旧冒支官盐掣卖者,许诸人首告给赏。正犯追完盐课,发边远充军。干碍势要,奏闻处治"。[4]《大明律》对盐引的领取、使用有严格规定。盐商所持盐引,必须经过批验,否则笞五十,并押回重新盘验。"盐引出,运司据之以支盐;勘合出,仓库凭之以给引,皆户部所颁者";"凡客商兴贩盐货,不许盐引相离。违者,以私盐追断。如卖盐毕,五日之内不行缴纳退引者,杖六十。将旧引影射盐货,

[1]〔明〕杨选、陈暹修,〔明〕史起蛰、张榘撰:《〔嘉靖〕两淮盐法志》卷五《法制志》,《扬州文库》第27册,第160—161页。

[2]〔明〕杨选、陈暹修,〔明〕史起蛰、张榘撰:《〔嘉靖〕两淮盐法志》卷五《法制志》,《扬州文库》第27册,第161页。

[3]〔明〕杨选、陈暹修,〔明〕史起蛰、张榘撰:《〔嘉靖〕两淮盐法志》卷五《法制志》,《扬州文库》第27册,第160页。

[4]〔明〕杨选、陈暹修,〔明〕史起蛰、张榘撰:《〔嘉靖〕两淮盐法志》卷四《法制志》,《扬州文库》第27册,第138页。

同私盐论罪。"[1]《大明会典》亦有相关条款:"客商支出官盐,并包夹带者,即同私盐,俱没入官。""客商伪造印引,诡名货卖者,枭首示众。久住盐场拨制害人者,递发原籍当差。"[2]"凡起运官盐,每引二百斤为一袋,带耗五斤,经过批验所,依数撑挚秤盘。但有夹带余盐者,同私盐法。若客盐越过批验所,不经撑挚关防者,杖九十,押回盘验。"[3]"将官运盐货偷取,或将沙土插和者,计赃比常盗加一等;如系客商盐货,以常盗论。客商将买到官盐插和沙土货卖者,杖八十。"[4]

对于各盐商越场买补、称撑作弊、攀附势要、老引、斗讼等妨碍盐业经营的行为,以及奢靡享乐、破坏社会风气的行为,各任巡盐御史也有针对性地制定规章,予以限制与惩处。

巡盐御史胡植下令,客商必须在规定的盐场收买余盐。挑选盐场或就近买补,导致灶丁余盐无法售出而不得不卖于盐徒者,均以私盐论处。巡盐御史戴金说,部分盐商在称撑时,不按照规定次序"越次赶单",或者轮次已到而故意逃避,或者勾结门隶、脚夫或其他差役故意欺瞒,或勾结官员抽换盐包,扰乱盐法,有违称撑公平。今后"如仍前故违者,访出或事发,定行重治"。[5]

老引(即逾期没有支盐的盐引)既扰乱食盐的正常生产经营,同时也会吸引"光棍"破坏盐场秩序。巡盐御史李侙查知,部分"光棍"实际是扰乱盐法的奸商。他们"既无盐引支撑,又无资本生理,专起刁风,不图归计。或把持官府,或起灭词讼,甚至打点衙门,诓骗财物"。他下令,3个月以内,各

[1]〔明〕申时行等修,〔明〕赵用贤等纂:《大明会典》卷三四《户部二十一》,《续修四库全书》第789册,上海古籍出版社2002年版,第594页。

[2]〔明〕杨选、陈暹修,〔明〕史起蛰、张榘撰:《〔嘉靖〕两淮盐法志》卷四《法制志》,《扬州文库》第27册,第140页。

[3]〔明〕申时行等修,〔明〕赵用贤等纂:《大明会典》卷一六四《律例五》,《续修四库全书》第792册,第21页。

[4]〔明〕申时行等修,〔明〕赵用贤等纂:《大明会典》卷三四《户部二十一》,《续修四库全书》第789册,第594页。

[5]〔明〕杨选、陈暹修,〔明〕史起蛰、张榘撰:《〔嘉靖〕两淮盐法志》卷五《法制志》,《扬州文库》第27册,第162页。

自收拾行李回归原籍。如故意停留，百姓可以随时举报，查实以后从严处治。[1]巡盐御史朱廷立认为，商人虽精于谋利，但却拙于守分。不少商人常贿赂财物，结交势要，以图请托。但"及至官司，公道自不容掩。谁肯坏法任人驱使，使利归于人而己乃受不韪之名耶"？所以欲得利，结果反受其害，盐商应该引以为戒。[2]巡盐御史胡植也警告说，此类事情"万一败露，身财俱破。孰若以公平之心，取安稳之利，上供国用，不为敝民之愈乎"？[3]

扬州府"奢靡风习创于盐商，而操他业以致富者，群慕效之"。[4]其中"居盐策者最豪"，他们"入则击钟，出则连骑，暇则招客高会，侍越女，拥吴姬，四坐尽欢，夜以继日，世所谓芳华盛丽非不足也"。[5]这种象箸玉杯、乘肥衣轻的奢华生活，极大地破坏了当地的社会风气。为移风易俗，巡盐御史朱廷立立规6条：其一，居处不可奢纵。平民百姓住房"不过三间，不得为重拱斗檐、丹漆绘画与丈尺橡梁"。其二，着衣不可奢纵。商贾之家"止穿绢布，不得僭用纻丝绫罗。妇女许用紫、绿、桃红及诸浅淡颜色，毋服大红、鸦青、金绣、锦绮、云凤、花鸟之属"。其三，器饰不可奢纵。酒器可用银，其余用品只可用铜、锡、瓷、漆，不可用纯金、象牙、玉等制作。妇女只能用镀金饰品，翡翠、玛瑙、玳瑁等名贵之物禁止使用。其四，妻妾、仆从应有人数限制，"妻妾不三而淫乱之徒化，仆从不五而力本之人多"。其五，婚礼不可奢纵。扬州婚俗极尽奢华，实受盐商影响而成。朱廷立规定："今于币聘，止于绸绢茶果，必从俭素。妆送止于衾褥衣具，勿为华美，严治戒焉。"其六，聚会不可奢纵。盐商小型聚会，亦"声妓珍羞，务穷奢泰"，"伤理败化，莫甚焉此"，应予以限制："每会，羹果不过数品，酒数行，其余婚嫁则少倍之"。巡盐御史陈其

［1］〔明〕杨选、陈暹修，〔明〕史起蜇、张榘撰：《〔嘉靖〕两淮盐法志》卷五《法制志》，《扬州文库》第27册，第162页。

［2］〔明〕杨选、陈暹修，〔明〕史起蜇、张榘撰：《〔嘉靖〕两淮盐法志》卷五《法制志》，《扬州文库》第27册，第162页。

［3］〔明〕杨选、陈暹修，〔明〕史起蜇、张榘撰：《〔嘉靖〕两淮盐法志》卷五《法制志》，《扬州文库》第27册，第162—163页。

［4］石柱国、许承尧：《〔民国〕歙县志》卷一《舆地志·风土》，成文出版社1976年版，第158页。

［5］〔明〕汪道昆撰，胡益民、余国庆点校，汪致力审订：《太函集》卷二《汪长君论最序》，黄山书社2004年版，第58页。

学亦明令禁止奢靡:"今后商人敢仍前服用违式者,不薄尔惩。"此外,商人在丧祭方面也相互攀比,竞其浮华,甚至"一殡之费,倾赀取胜"。朱廷立规定,商人奔丧半年必归,否则治以不孝之罪。在丧祭费用上,"葬惟明器旌布,祭惟果肴醋醢,其余缯黄不经、一切浮靡者,咸痛裁革之"。[1]

附录:著名盐政官员与盐商

耿九畴,字禹范,河南卢氏人,以进士任礼科给事中。明英宗正统初年,两淮盐法积弊渐重,乃举任两淮运司同知。耿九畴秉性节俭而清廉,处事执着而公正,胥吏均不敢相缘为奸,豪商势要之家亦多所忌惮。曾经上疏言盐法数事,均得允准施行,且定为规制。后因母丧离职,灶丁数千人涕泣挽留,乃进职运使。为盐运同知时,曾坐池边赞叹池水清澈,一孩童说:"水清不如使君清也。"后因奸人构陷,被逮入京。英宗知其有冤,不仅不治其罪,反而破格提升为刑部左侍郎。正统十四年(1449),以右副都御史之职整理两淮盐法。到任后,立即采取赈济贫灶、补充逃亡、清理草荡、整顿弊政等诸多惠民措施。转任右都御史、南京刑部尚书。去世后被赐谥"清惠"。《名臣言行录》称赞他"直以摧奸,廉以结主"[2],可谓对耿九畴一生恰如其分的评价。

李锐,字抑之,江西安福人。正德十五年(1520),从岳州知府调任两淮盐运使。此时两淮盐政大坏,权贵势要、豪猾巨蠹争先枉法谋利。李锐果断以法裁决,遇有请托,坚辞不受。李锐了解到,奸猾势要主要通过攫取"余盐"获利。于是令各盐商自领所割余盐销售,从根本上切断了势要利益的来源。他的做法后来在各盐场推广,成为国家制度,"商通课足,弊蠹肃清,锐之力也"。李锐为政清廉简静,办公条件极其简陋,仅蔽风雨,箱柜之中亦仅有旧

[1]〔明〕杨选、陈暹修,〔明〕史起蛰、张榘撰:《〔嘉靖〕两淮盐法志》卷五《法制志》,《扬州文库》第27册,第163页。

[2]〔清〕噶尔泰纂辑,〔清〕程梦星等纂:《〔雍正〕敕修两淮盐法志》卷一二《名宦》,《扬州文库》第29册,第340页。

时衣物而已。[1]时司判屠应埙傲慢自负,自许远超时人之上,而言及李锐,则叹服不已,每云"李公心事如青天白日,其清海内少双",并称"吾司廉吏,前有耿公,后有李公"。

戴金,字纯夫,湖广汉阳人。嘉靖五年(1526),以进士任两淮巡盐御史。戴金对当时的律令有很深的造诣,曾奉敕编纂《皇明条法事类纂》50卷。到任后,指陈盐法利弊数十条,其最切要者有12条,分别为通盐法以资民用、处逋课以便商灶、处盐价以立定规、清报中以立限期、节财用以厚国储、慎理财以重任使、立分司以专职守、慎考察以昭公道、铸盘铁以资贫灶、重死刑以伸律意、慎充军以申旧例、惩积弊以清赃罚。这些建议,"并见俞允,行之江淮,称肃清云",[2]商灶均称便利,官吏咸为折服。

雷应龙,字孟升,云南蒙化人。嘉靖六年,以进士任两淮巡盐御史。其性格严峻刚正,不喜奸邪谄媚,两淮盐政得以整饬。雷应龙理盐政以教养为首务。其禁私贩,必先约束盐业官员中作奸犯科者;其理掣挚,必先多方征询意见,反复斟酌,取其利官而不病民者付诸实施,可谓尽心竭力以奉职守。当时诸生请求撤废不在祀典的祠庙,雷应龙首先下令撤除五司徒铜像,改祀大儒胡瑗,改东岳庙为演习孔子祭乐场所,废掉天妃宫改建钞关,共计撤除淫祠近百所。违法乱纪、蛊惑人心的僧尼、道士均予处罚,百姓拍手称快。因工作太过勤苦,雷应龙最终卒于任上。逝世前一日,他召集属官言及一生所学、官守之事,希望子孙能够效法。时人赞曰:"先生崇正辟邪,一念耿耿,至死不忘,为笃志力行之士。"可谓知言。[3]

范锪,字平甫,辽东沈阳人。嘉靖十二年(1533),以河南知府升任两淮运使。上任之初,盐法混乱。范锪就像治家一样,穷心竭力了解政情、民情,为确立施政措施打下基础。当时,沿海灶丁生活困苦,"公抚摩若婴孺,赈集

[1]〔明〕杨选、陈暹修,〔明〕史起蛰、张榘撰:《〔嘉靖〕两淮盐法志》卷一〇《宦迹志》,《扬州文库》第27册,第226页。

[2]〔明〕杨选、陈暹修,〔明〕史起蛰、张榘撰:《〔嘉靖〕两淮盐法志》卷一〇《宦迹志》,《扬州文库》第27册,第223—224页。

[3]〔明〕杨选、陈暹修,〔明〕史起蛰、张榘撰:《〔嘉靖〕两淮盐法志》卷一〇《宦迹志》,《扬州文库》第27册,第224页。

转徙,派分逋负,宽免重役,草泽忻忻若再生"。对于商人,"凡有呼召,必先群议于廷,开诚布公若家人然,痾痒疾痛必为之处。自是诸商出则父戴,入则子趋"。本人生活俭仆,"交际旁午,公惟待之书册果茗,不以币伏腊。僚友宴集,惟鱼肉、脯醢,无兼品。公堂廨舍圮甚,则因其旧稍葺不堪。曰:我姑待其丰"。处事果决,明察秋毫,"有讼则立召于廷,数言得其情去。久之,民间大讼大狱多就公质成"。在任3年,政通民和,上下咸服。民间流传歌谣曰"盐政奚废公未逢,盐政奚兴逢我公","范来早,我人饱。范来迟,我人饥",足见百姓对他的爱戴和推崇。嘉靖十五年(1536),调任四川参政。临行,"遮送者空里巷,有泣者拥者"。有百姓觉得范锪为官廉洁,缺乏行资,遂追行百里以金相赠,但他坚辞不受。百姓叹惋,乃于城南立祠,"香灯炯烂不绝,堂寝嵯嵯,门庑翼翼,高楔重垣峻且华,面阳而枕流",中置范锪肖像,以表达对范锪的感激之情。[1]

陈文浩,福建闽县人,嘉靖二十二年(1543)任两淮盐运同知。廉明简静,待人宽和。署理司篆期间,曾立称兑亭,便于商人随时监督,确保称掣的公平。当时,众多盐商为流言诋毁,而巡盐御史因受蒙蔽,没收客商盐引约2万引,陈文浩从容救助,帮助各商洗清不白之冤。他又暗中查访各盐场盐课缴纳、赈银发放中的弊端及官吏侵渔状况,有针对性地提出处理方法,为国家挽回巨额经济损失。巡盐御史齐宗道深表赞许,运使李邦表称其"守官如水,决事如流"。乐善好施,薪俸不足则典当衣物以待宾客。扬州士人王储好学而家贫,陈文浩登门拜访,与其在破败茅屋中畅谈,并出资修葺其居所。有商人纳粟拜官者,士大夫皆与之分庭抗礼,争相谄媚,陈文浩独持节清高,不稍假辞色。后迁任程番知府,扬州士民涕泣叹惋,如丧考妣。[2]

陈世科,字正吾,浙江鄞县人。泰昌元年(1620),授山西道御史。天启四年(1624)补山东道,天启五年担任两淮巡盐御史。是时,地方豪猾违乱盐法,致商利剧减,盐商逃散,国家盐课难以完成。陈世科上疏力争,并采取

　　[1]〔明〕叶相:《范公祠记》,〔清〕阿克当阿监修,〔清〕姚文田等纂:《〔嘉庆〕重修扬州府志》卷二五《祠祀志一》,《扬州文库》第6册,第406页。
　　[2]〔明〕杨洵修,〔明〕徐銮等纂:《〔万历〕扬州府志》卷十二《盐法志下》,《扬州文库》第1册,第474页。

措施招徕抚恤盐商，问题始得解决。对于往年割没余银，奸商伙同胥吏百般侵夺的情形，陈世科严加整顿，多年积弊终得清除。当时，商课改折，盐仓空虚，草荡成田，灶民转业，私贩盛行，两淮盐业一片萧条。陈世科目睹这一情况，慨然有恢复祖制之思。在任期间，他还曾疏通东台海河以便盐丁运输，疏通丁溪、小海、草堰三场的便民河以培养文脉，同时捐资修建三贤祠，并组织修撰《中十场志》，给后人了解明代两淮盐业留下了极为珍贵的文献。

明代活跃于两淮的盐商，主要来自徽州和山陕，扬州本土盐商为数较少。受制于封建时代的思想观念，后世留下的盐商资料较为稀少，这里据可见资料及当前研究，选取部分盐商略加介绍。

陆应期，字国贤，仪真人。其先祖因罪戍守大同，至陆应期复定居江都，成为盐商。性情仁厚，去山东贸易时遭遇强盗，陆应期出酒食馈赠，好言抚慰。诸强盗敬其为人，尊为长者，最终免于灾祸。又曾借款予乡邻，乡邻家贫，无力偿还，遂自焚债券，分文不取，因此家境日渐贫困。自是绝口不谈治生，以酒自娱。其子陆君弼中贡士，以古诗文著称于时，曾修撰《〔万历〕江都县志》。

吴宗浩，字养之，别字孟卿，休宁临溪镇人。父吴应大，"甫弱冠，远游江淮荆襄，间隐于商，铮铮不凡"。[1]吴宗浩子承父业，于湖北等地经商时结识宪宗九子寿王朱祐楎，为生意找到了稳固的靠山。其后，吴宗浩赴扬州经营盐业，在盐商和当地官府中享有很高的声望。"监盐使者至，每每从次公定约法，次公条例事宜，井井不紊，使者屡赏之。盐权故用石，善渺，病下商，次公倡议以铜□□易之，持不下，使者卒从次公议"。吴宗浩的这一建议大大减轻了盐商的负担，赢得了他们的尊重。"诸德次公者几薄南北，每会，或醵酒，或分设，献币帛，征歌伎优伶作剧，累月不休，一日几筵，以数十鼓吹迎导，拥塞街衢"。[2]地方官员申公见此情景，询问得知是吴宗浩举办酒筵，乃引车马回避以免惊扰，足见其威望之高。

徽州汪氏家族。汪玄仪，歙县人，率子弟辈10余人于两淮经营食盐，获

---

[1]〔明〕宋大武：《泉湖处士吴公墓志铭》，《临溪吴氏墓谱》，上海图书馆藏。该馆藏吴氏墓谱共四种，均残缺。

[2]〔明〕盛稔：《迪功吴次公传》，《临溪吴氏墓谱》，上海图书馆藏。

利极丰,对地方政府的盐业管理亦有影响。文献记载:"部使者视盐策,必召公画便宜,有司籍名,遂以公为盐策祭酒。"其子汪良植,亦以经营食盐为业,对盐业管理亦大有心得,"盐策使立为市正,谨修其法而审行之。征发期会,诸贾人禀承恐后"。[1]其孙汪道,初于浙江经营食盐,"量军兴缓急,先事而为之计,得息三倍"。后感浙江地域狭小,遂赴两淮舟车云集之地。行前,将财产之三分之一交于叔父,把三分之二的财产投入两淮盐业。"不数年,乃大赢。父大治第宅,费不赀,悉倚办长公。长公亦入赀为郎"[2]。

梁炜,陕西三原人。少年时习儒业,曾追随扬州名流大家问学,终未成功,遂弃儒从商。其叔父征仕公精于盐业,为梁家积累起巨万家资,至晚年将全部经验传授给梁炜。"君筹画征逐,悉守条规,利益归,积用益厚。然所入悉以输于公,未尝私一缗箧中,故群从亡不心服爱慕之者"[3]。

王瑶,山西蒲州人。弘治九年(1496),随父至河南邓州等地,经营小麦、麦曲等商品。弘治十八年(1505),又随其父赴山东,经营竹木麻漆等商品。正德年间,其父回乡,家财逐渐耗散。王瑶力图重振家业,遂辗转于张掖、酒泉等地,从事边地贸易,家业稍振。其后"复货盐淮、浙、苏、湖间,往返数年,资乃复丰",最终依赖食盐经营恢复了家族昔日的荣光。晚年居京师,"每念诸兄弟无依,虽在京师,犹以盐引经营以资其用",[4]依然把盐业经营作为家庭收入的重要来源。

[1]〔明〕李维桢:《大泌山房集》卷七二《汪次公家传》,《四库全书存目丛书·集部》第152册,齐鲁书社1997年版,第240页。

[2]〔明〕李维桢:《大泌山房集》卷九七《汪长公吴孺人墓志铭》,《四库全书存目丛书·集部》第152册,第749页。

[3]〔明〕来俨然:《自愉堂集》卷二《明国子生竹亭梁君墓志铭》,《四库全书存目丛书·集部》第177册,齐鲁书社1997年版,第358页。

[4]〔明〕韩邦奇:《苑洛集》卷五《封刑部河南司主事王公墓志铭》,清道光八年(1828)同里谢氏重刊本。

第三节　灶户的生活与管理

一、灶户的负担与生产、生活境况

（一）灶户的负担

明代两淮盐场的灶户主要负担盐课，租种官府土地的还要负担相应的田赋。盐课包括贡盐、额盐、余盐三项。嘉靖间，两淮灶户每年供应南京孝陵神宫、光禄寺、奉先殿、内官监青白盐 325 引，供应徽、益、襄、楚等藩府食盐共 3460 引，供应南京各司如六部、四寺、二监、六科、十三道、四十九卫约 7877 引。此为贡盐，合计 11662 引。每年供应边商额盐 705180 引。针对部分不善煎煮的灶户，则直接征银，每年约 1830 两，折抵额盐 9149 引，实际纳盐数约为 696030 引，其中存积盐约 436530 引，常股盐约 259500 引。附于额盐的称余盐，其数与额盐相同。如灶户不愿生产并缴纳余盐，则听从自便，此项每年征银约 600000 两。

以上三项合计 1412872 引。以嘉靖二十九年（1550）两淮盐场灶户 12882 户计，户均承担盐课 110 引，每引 200 斤，共 22000 斤。对不少灶户来说，这是胼手胝足也难以完成的任务。如果不能足额缴纳，还要受到相应的处罚：“计不足之数，以十分为率，一分笞四十，每一分加一等罪。”[1]当然，部分灶户仍有余力从事农业，但每年须向国家缴纳田赋麦约 6446 石，米 17843 石。

（二）灶户的生产、生活境况

两淮地区食盐的生产环境较差。“或值时之雨旸，候之衰旺，则盐之丰啬随之。”[2]连续阴雨则亭场潮湿，晴朗天气则亭场干燥，均不宜煎煮。旺月（春夏，主要是三、四、五、六 4 个月）出盐较多，衰月（秋冬两季）出盐较少。气候甚至会影响食盐质量：“鼓以南风，盐成自美。苟不候风日之便，厚

---

[1]〔明〕杨选、陈暹修，〔明〕史起蜇、张榘撰：《〔嘉靖〕两淮盐法志》卷四《法制志》，《扬州文库》第 27 册，第 140 页。

[2]〔明〕朱怀幹修，〔明〕盛仪辑：《嘉靖惟扬志》卷九《盐法志》，《扬州文库》第 1 册，第 83 页。

灌积成,则味苦不适。"[1]因此每逢适宜时节,盐丁往往不避风雨寒暑,彻夜劳作,以图足额缴纳盐课。吴嘉纪描写到:"白头灶户低草房,六月煎盐烈火旁。走出门前炎日里,偷闲一刻是乘凉。""小舍煎盐火焰举,卤水沸腾烟莽莽。"[2]"早夜煎盐卤井中,形容黧黑发蓬蓬。百年绝少人生乐,万族无如灶户穷。"[3]嘉靖间,巡盐御史杨选有诗云:"秋雨何相逼,令人叹海民。一方千亩草,十室九家贫。烟火终朝暗,呻吟逐海频。繁华隔千里,寂寂对江垠。"时杨选夜寓石港场,恰逢秋雨绵绵,极不利于百姓煎煮。思及民生多艰,他以此诗表达对盐丁的同情。

盐丁的生活环境亦极为恶劣。两淮灶户居所大致可分为三种:一是灶房,极为简陋,仅蔽风雨而已,这既是灶户生产场地,也被当作居住场所;二是利用海河旁的堤坎就势搭草建成半穴居形式的住所;三是在临近草荡的地方搭建类似民户的房舍。"总体上来说,大部分灶户的居住条件很艰苦,冬天寒风砭骨,夏天烈日铄肤。"弘治间,盐运判官徐鹏举在巡视盐场时,目睹盐丁煎盐场景,写下《阅煎》一首,其描述盐丁居所曰:"矮屋栖鸡犬,通家事煮煎。不经亲耳目,民隐几人传。"饮食方面,"灶户因无暇发展农桑,往往粮食不充,只能以粗粮野菜为食",即便如此,也难以果腹。衣饰方面更为粗陋,"衣衫褴褛、赤脚蓬头是大部分生活贫困灶户的常态","加之灶户很少植桑种麻,且滨海之地,也不适合作物的生长,家内妇女儿童又要参加产盐的活动,所以没有资源也没有人力进行衣服的置办"。[4]事实上,因为受高温、溽湿的生产环境所迫,灶丁有衣亦难着身。如淮北地区"晒盐之场地深而盐沉,凡取盐者,冬夏皆裸"[5]。

此外,还有不少盐业官员、文人墨客留下的文章、诗篇,真实生动地再现

---

[1]〔明〕朱廷立等:《盐政志》卷一,《续修四库全书》第839册,上海古籍出版社2002年版,第215页。

[2]〔清〕吴嘉纪著,杨积庆笺校:《吴嘉纪诗笺校》卷二,上海古籍出版社1980年版,第39页。

[3]〔清〕吴嘉纪:《赠张蔚生先生》,《清代诗文集汇编》第63册,上海古籍出版社2010年版,第563页。

[4]秦偲嘉:《明代两淮灶户社会生活》,辽宁师范大学2010年硕士学位论文,第9—10页。

[5]周庆云:《盐法通志》,文明书局1914年铅印本,转引自吴海波:《清代两淮灶丁之生存环境与社会功能》,《四川理工学院学报(社会科学版)》2009年第5期。

了灶户的生活情状，略举两例如下。弘治年间，彭韶描述两浙灶户艰苦时说：

> 庶民之中，灶户尤苦……小屋数椽，不蔽风雨，粗粟粝饭，不能饱餐，此居食之苦也。山荡渺漫，人偷物践，欲守则无人，不守则无入，此蓄薪之苦也。晒淋之时，举家登场，刮泥吸海，午汗如雨，虽至隆寒砭骨，亦必为之，此淋卤之苦也。煎煮之时，烧灼熏蒸，蓬头垢面，不似人形，虽至酷暑如汤，亦不能离，此煎办之苦也。不分寒暑，无问阴晴，日日有课，月月有程，前者未足，后者又来，此征盐之苦也。客商到场，咆哮如虎，既无见盐，又无抵价，百般逼辱，举家忧惶，此赔盐之苦也。如有疾病死丧等事，尤不能堪。逃亡别处则身口飘零，复业归来则家计荡尽，诚为去住两难，安生无计。[1]

彭韶另亲手绘图 8 幅，分别为盐场图、山场图、草荡图、淋卤图、煎盐图、征盐图、入盐图、追陪图，同时以诗配图，更为形象地展示灶民生产的所有环节及其生活的困苦。录其两首如下：

> 《煎盐图诗》：醝液泛清泠，牢盆戒修洁。分番忽后时，及此旺煎月。一勺尽倾泻，万灶俱焚爇。沉沉红雾收，慼慼晴波竭。敛之白盈箕，凝华灿如雪。点检入公私，中心更烦热。荆妻慰苦颜，摩挲汗流血。却叹戍边人，垂老有离别。

> 《征盐图诗》：小汛风日好，大汛潮汐平。袖长应善舞，课羡易为征。岁歉伊谁知，宁分雨与晴。衣食岂不急，国计良非轻。担石四面至，仓庾一朝盈。盐官唱簿历，折阅频呼声。况乃逃亡多，荒额重加征。展限谅未允，努力事余生。[2]

---

[1] 〔明〕彭韶：《彭惠安集》卷一《奏议》，《景印文渊阁四库全书》第 1247 册，台湾商务印书馆 1986 年版，第 15 页。

[2] 〔明〕杨选、陈暹修，〔明〕史起蜇、张榘撰：《〔嘉靖〕两淮盐法志》卷一《图说》，《扬州文库》第 27 册，第 91 页。

该诗虽针对两浙而作,但其反映的灶户生活与两淮盐场并无异样。嘉靖间,史起蜇等修《〔嘉靖〕两淮盐法志》,将其图6幅并诗收入卷一《图说》。《〔万历〕扬州府志》亦加以引用,既借此展示两淮灶户攻苦茹酸的生活,也包含了对朝廷和盐业官员的警示。

而嘉靖间都转运使郭五常所作《盐丁叹》,则以歌谣的形式更通俗地表现了盐丁的苦难,并对自己只能"以仁煦摩,以义鼓舞",而无法救百姓于水火,深感无奈与愧疚。其诗曰:

> 煎盐苦,煎盐苦,濒海风霾恒弗雨。赤卤茫茫草尽枯,灶底无柴空积卤。借贷无从生计疏,十家村落逃亡五。晒盐苦,晒盐苦,水涨潮翻滩没股。雪花点散不成珠,池面半铺尽泥土。商执支牒吏敲门,私负公输竟何补。儿女呜咽夜不炊,翁妪憔悴衣蓝褛。古来水旱伤三农,谁知盐丁同此楚?我欲挽回淳古风,深惭调燮无丝补。且以仁煦摩,且以义鼓舞,勿使心如墨,勿使政如虎。中和一致雨旸时,煎晒应无当日苦。[1]

此外,各种灾害也会给本已十分脆弱的盐丁家庭带来毁灭性的打击,文献中关于暴雨、海潮冲毁盐场、消折盐课、漂没室庐、溺毙盐丁的记载数不胜数。总之,灶户生活较之普通百姓的生活更为痛苦,逃亡乃至举家自尽的情况时有发生。

二、国家对灶户的管理

两淮是明朝财政收入的重要来源地。盐丁生产环境稳定与否,关系到国家盐课能否及时足额收缴。而且部分盐丁一旦逃亡,时常凭借对盐业的了解,加入私盐贩运阵营,甚至拉帮结伙,啸聚山林,以武力与政府对抗,严重威胁政权稳定。为了避免出现类似黄巢、张士诚之类的弥天大患,明朝政府经常根据具体情况,对灶户给予一定的赈恤和优抚。主要有如下几项内容:

---

[1]〔清〕噶尔泰纂辑,〔清〕程梦星等纂:《〔雍正〕敕修两淮盐法志》卷一六《艺文》,《扬州文库》第29册,第464页。

（一）减轻灶民负担

蠲免盐课。此类政令，往往由中央直接下达。宣德二年（1427），下诏免除当年十一月十五日前灶户递年拖欠盐课。正统十四年（1449），免除本年正月以前各盐场拖欠的盐粮、盐钞、盐课，同时减免明年应征盐粮的 40%。景泰元年（1450），免除正统十三年正月以前各地拖欠盐课。天顺元年（1457）规定，因灾荒饥馑，灶丁逃亡，无人顶补的盐课，由相关部门查实后，不再追缴。当年又下令蠲免景泰七年十二月前拖欠未完的全部盐课。成化六年（1470）下诏，各盐场因雨水损坏仓库带来的损失由国家承担，因灾害造成百姓无力缴纳盐课的，减免 30%。弘治五年（1492），下令弘治元年十二月以前各地拖欠盐课无须再缴，因风雨造成的盐课消折亦免于追缴。嘉靖十五年（1536）下诏，免于追赔因雨水损害盐仓造成的盐课损毁。嘉靖二十年再次传谕两淮盐场：“其有浥烂损折，失火延烧，并因雨水损坏仓厫消化盐课者，抚按官勘实，悉免追赔。”[1] 在灶户负担本来已经极为沉重的情况下，继续追缴积欠盐课，或强迫赔偿灾害带来的盐课损失，不但难得预期效果，而且也容易激成民变。此时主动蠲免，切实减轻百姓负担，百姓必然感其恩德，社会因此更为稳定，实为一举两得之法。

以折课、加煎、代办等形式减轻盐课。允许灶户缴纳银钱代替盐课，称为折课。最初只针对不善煎煮的灶户，后来范围逐渐扩大。嘉靖二十二年（1543），西亭场部分灶户表示希望以银折纳。考虑到该场产盐量少，两淮运司最终批准。盐丁死亡或风雨损坏的盐课，追缴时也可折银缴纳。这种做法，表面上并没有减少灶户负担，但给了他们选择的权力，避免了实物缴纳时往返运输的不便，因而很受灶户欢迎。所谓加煎，即将某些判处徒刑的犯人分配至各盐场煮盐，与同场其他灶户共同完成国家规定的盐课，这在客观上减轻了灶户的负担。所谓代办，即清理没有负担盐课的灶丁，将之发送至各盐场，代办因灶丁死亡或逃走而积欠的盐课，对减轻灶户负担起到了很大作用。

---

[1]〔明〕杨选、陈暹修，〔明〕史起蛰、张榘撰：《〔嘉靖〕两淮盐法志》卷四《法制志》，《扬州文库》第 27 册，第 135—138 页。

　　平均盐课。嘉靖四年（1525）规定，国家每五年选派官员赴两淮审查各盐场人丁数和每年缴纳正盐的数量，将灶户分为上、中、下三等，分别负担不同的盐课。为保证核查的准确性，要求无论男女老幼尽数上报，并将年龄、相貌等登记在册。因收受财物故意漏报，或灶户上报数超出官员上报数5丁以上，以枉法赃罪从严处置。如果豪灶贿赂、勾结总催故意瞒报，除依法处理外，还将中、下户各提一等，上户盐课加倍。在户等的确立上，力求公平准确，"定上、中、下则最要详审，此处一差，则草荡、赈济之类俱不得其均矣"。[1]其法：将灶户齐集一处，选定其中2—3人为上户，再令其指出与自己情况类似的灶户，一起定为上户。以同样的做法确定中户，上户和中户之外确定为下户。如有灶户对所定等级有异议，允许提出申辩，并在征求其他灶户意见的基础上重新确定等次。对特定的群体，如残疾、年老、寡妇守节且子未成年等，免除盐课。巡盐御史朱廷立说，官员应确保灶户负担的均衡，"各场官不许将纳粟等官一概优免，及容留跟随人役隐占帮丁。违者，事发之日，决不轻纵"。[2]

　　免除灶丁杂差。海盐生产具有较强的季节性，煎煮过程也有严格的时间要求。为保证灶丁的生产时间，自明初起，国家就逐步免除灶丁的各项杂差。洪武二十七年（1394），下令免除灶民的民壮、水夫等役。宣德五年（1430），下诏免除盐丁杂泛差役。景泰五年（1454），准兵科给事中奏，免除所有灶户长解、隶兵、禁仓、库役及其他杂差。弘治十七年（1504），都御史王璟下令，淮、扬两府所属州县灶户应服之兵差，一律另选人丁充役，严禁将正在置办盐课的灶丁强行征解，违者送巡盐御史治罪。嘉靖十九年（1540），巡盐御史吴悌批准，淮、扬两府和兴化、盐城两县，"灶里催头编立已定，止于催纳税粮，事完即放，不许有司常用拘留，与民田一概科派，致妨煎办"。[3]

───────────

　　[1]〔明〕杨选、陈暹修，〔明〕史起蜇、张榘撰：《〔嘉靖〕两淮盐法志》卷五《法制志》，《扬州文库》第27册，第150页。

　　[2]〔明〕杨选、陈暹修，〔明〕史起蜇、张榘撰：《〔嘉靖〕两淮盐法志》卷五《法制志》，《扬州文库》第27册，第159页。

　　[3]〔明〕杨选、陈暹修，〔明〕史起蜇、张榘撰：《〔嘉靖〕两淮盐法志》卷五《法制志》，《扬州文库》第27册，第152页。

（二）维护灶丁正常的生活、生产环境

盐丁是盐业生产的基本劳动力。因为生产环境恶劣、负担沉重，盐丁逃亡或者投充的情况时有发生，严重影响盐课收入。弘治元年（1488），巡盐御史史简（弘治元年上任）下令，逃亡或投靠豪民的灶丁3个月之内自首免罪。弘治七年（1494），巡盐御史荣华下令，对于抓获后的逃亡灶户，运司官员也要用心抚恤，不许总催人等剥削，以免灶户再次逃亡。嘉靖十二年（1533），巡盐御史周相指出："灶户流移，多因逼窜。若该分司用心招抚，设法赈济，则逃者归而贫者活矣。如无存恤之仁，又有科索之扰，则见在者尚不免于逃亡，安望逃者之复归乎？"[1]他下令，对于逃亡复归的灶丁，各场官员务必妥善安置，免除一年盐课和杂项差役，往年积欠税款等项永远不许追缴。对于投充灶户，查实后比照逃亡灶户加以处理，以后成为定制。此外，两淮盐场附近有很多漂泊人口，他们或迷失乡贯，或为畸零带管，常年受地方势力期压，也是社会不稳定因素。鉴于灶户逃亡较多，巡盐御史李士翱（嘉靖八年上任）发布通告："与其为漏网之鱼，受其惊钓，孰若为投林之鸟，得其栖止之愈也？"[2]劝说他们加入灶户队伍中来。愿意应募者，送至缺少劳动力的盐场从事煎煮，并给予保留原有产业、分配草荡、免课一年等优惠条件。

赈银是国家发给灶户的工本费，也是盐丁维持生活的基本来源，其足额及时发放，对保证盐户群体稳定至关重要。洪武十七年（1384），规定灶户煎盐1引，由盐商出给工本钞2贯500文。正统六年（1441），以米麦代钞，弘治间复将米麦改为银钱。嘉靖四年（1525），巡盐御史张珩下令，不论户等高低和财产厚薄，赈银发放一律以灶户完课数量为准。各场每年造册送运司，由总催负责领取并发放。为避免总催克扣，嘉靖十八年（1539），巡盐御史吴悌建议运司将赈银预先铸造成块，封起后填写灶丁姓名，每丁一块，由察院委派专官发放。嘉靖二十三年（1544），巡盐御史齐宗道建议向每灶丁发放小票一张，使其了解察院赈济及盐政兴革事宜。如遇饥荒等特殊情况，灶丁

---

[1]〔明〕杨选、陈暹修，〔明〕史起蜇、张榘撰：《〔嘉靖〕两淮盐法志》卷五《法制志》，《扬州文库》第27册，第151页。

[2]〔明〕杨选、陈暹修，〔明〕史起蜇、张榘撰：《〔嘉靖〕两淮盐法志》卷五《法制志》，《扬州文库》第27册，第162页。

可以额外申请救济,发放程序一如上述。巡盐御史李士翱说,各场贫困灶丁所得赈济少,而无法维持基本生活。另有逃移复业者、年老生病者往往得不到赈济,实际上没有生活来源,造成"贫者必逃,而逃者忘归,老疾复业之人转于沟壑"的状况。他要求各分司细心查访这三类人,"逐名面审是实,具结造册,关送本司,转详给赈。其应得随盐赈济,照旧查给"[1]。

草荡是煎盐柴草的主要来源地,但很多被临近州县百姓侵占开垦,导致柴草缺乏,盐课不足。景泰元年(1450)下诏:"各运司提举司及所属盐课司原在在场滩荡供采柴薪者,不许诸人侵占。"弘治二年(1489),巡盐御史张徵主持清理占垦,立墩掘沟示其界限。御史孙衍依法追究拒不配合人员,没收其相关收入以赈济贫困灶民。嘉靖间,部分灶民已将草荡典卖,有的草荡界限不清,给国家盐课带来严重影响。嘉靖四年,接受巡盐御史张珩建议,每五年委派官员至分司清查草荡实有亩数,详细标明四至,并按灶丁多少平均分配。草荡为煎盐专用,不许随意买卖,否则依法处置:"卖主追价入官,买主草荡给主。"审核完毕,造册4本,分送察院、运司、分司,1本存留。这一规定,既可保障国家盐业生产顺利进行,对处于弱势的普通灶户无疑也是一个有力的扶助。万历四十四年(1616),草荡被侵占开垦的情况愈加严重,其中庙湾场已被占垦9万余亩,草堰场10万余亩。户部尚书李汝华问道:"开垦日多,草荡日促,草无从出,盐将何办?彼豪灶方毕力于农亩,盐虽欲不踊贵,得乎?"基于草荡被大量开垦的事实,他建议被垦草荡一律升科纳租,用以充实边地军需。如不愿纳租则需归还草荡,以利煎煮,"庶草日繁,而盐易办,诚平价第一策也"。[2]虽不能完全恢复灶民草荡,但这一办法理应具备较好的效果,可惜其是否付诸实施、效果如何,因无资料留存,不得而知。

盘铁是灶户煎盐的基本生产资料,但随着时间推移,损毁日渐严重。剩余可用盘铁往往为富户霸占,贫困灶户坐视无为,纷纷逃亡。更甚者,部分富户往往自置锅镢煎煮,成为私盐的重要来源。弘治二年(1489),在巡盐御

[1]〔明〕杨选、陈暹修,〔明〕史起蜇、张榘撰:《〔嘉靖〕两淮盐法志》卷五《法制志》,《扬州文库》第27册,第159页。

[2]〔清〕噶尔泰纂辑,〔清〕程梦星等纂:《〔雍正〕敕修两淮盐法志》卷四《场灶》,《扬州文库》第29册,第113—114页。

史史简主持下，两淮盐场重新统一铸造盘铁。嘉靖六年（1527），巡盐御史戴金允准两淮运司铸造盘铁321角，用于支持各场贫困灶丁。考虑到盘铁使用中的损坏，建立了定期审查重铸的制度，诚为惠灶良规。

修建堤堰、墩台。两淮各盐场濒临大海，自料角嘴至盐城绵延700余里，其中吕四、余东、余西等12场距海更近。为保护官民生命财产，自唐经宋，官府多次筑捍海堰以防潮患。洪武二十三年（1390）潮起，死亡3万余人，乃征发淮、扬、苏、松四府民夫修筑海堤。成化七年（1471），海潮溺死盐丁200余人，征调淮、扬两府人力再次修筑。正德七年（1512），因潮变死伤甚众，征调淮、扬百姓及30场灶丁6000余人修整堤堰。嘉靖十八年（1539），大潮再起，两淮、盐场又一次笼罩于愁云惨雾之中。考虑到既有海堤根基已损，墩、台亦非长久之计，朝廷乃敦促两淮巡盐御史筹集资金，等明年夏秋百姓收成之后征调人力再修海堰。因饥饿前来求食的百姓，则编入民夫队伍，厚加犒赏，以体现赈济饥民之意。朝廷对此次修筑寄予厚望："务要成工，不致妄费。径自题奏施行，则潮患可保无虞，而盐课之利兴矣。"[1]陈暹建议增建墩台以防潮患，他指出：因河流冲积，海岸线渐远，多数灶民已移居范公堤外，海堤已起不到保护百姓的作用。其后虽曾修建墩台以避潮水，但墩台数量较少且相距遥远，防护能力极为有限。他建议，每年冬季停煎之日，由场官组织百姓，每10丁每年修墩1座，由察院验收，并作为考察官员政绩的标准。"如此，计数十年之后，墩台接续，渐积可以成堤，而永无潮患，乃百世之利也"。此外，他还在《增近闸以防决泄议》中建议，于扬州南三汊河口增设新闸1座，与旧闸配合为用，以防瓜洲、仪真堤坝溃决而使盐场遭受损失。[2]

（三）加强对盐丁及其子女的教育

强化教育乃是敦促盐丁遵纪守法的根本之图，两淮运司官员深解此义。弘治间，运使毕亨（弘治九年上任）上奏《请建运学呈文》指出，两淮盐场灶民众多，其"本司所属富安等三十场灶民不下万户，其间多有俊秀子弟堪以

[1]〔明〕杨选、陈暹修，〔明〕史起蜇、张榘撰：《〔嘉靖〕两淮盐法志》卷五《法制志》，《扬州文库》第27册，第153页。

[2]〔明〕杨选、陈暹修，〔明〕史起蜇、张榘撰：《〔嘉靖〕两淮盐法志》卷五《法制志》，《扬州文库》第27册，第159页。

教养,缘地切海滨,素乏师范,以致沦胥下流,莫能自振。及天下商贾在于扬州,守支年久,子孙相继,住成家业,其间资质明敏可以进学成德者亦不少,为因离家窎远,不得及时入学以成才美,父子兄弟亦多憾之",倡议盐场建立运学。[1]嘉靖间,运史陈暹(嘉靖二十八年上任)再次恳请建立运学:"窃照灶商以煎卖引盐为业,种田买产者少,是以无产业商灶之子弟堪以作养,因而废弃者不知其几也。查得河东运司原无学校,及设儒学教养之后,人才彬彬辈出,而两淮运司商灶比之河东无虑数倍,人才未蒙教养,深为可惜。乞题请比照河东运司建立儒学一所。"[2]隆庆二年(1568),在盐商黄绍先、吕四场总催袁锐等人请求下,都御史庞尚鹏又一次上奏朝廷,请仿河东之制在两淮运司建立运学。虽然其奏疏对运学创建做了非常细致的规划,但因其很快于次年去职,运学之设再次成为泡影。[3]

虽然屡经奏请,运司儒学终未建立,但盐场的社学建设却取得了较好的成效。弘治十三年(1500),巡盐御史史载德称,两淮灶民子弟人数众多,但因缺乏文教熏陶,以致"商非冒支则私贩,而廉耻蔑存。灶非拖课则隐丁,而鞭朴罔顾"。他建议拣选商灶子弟8—12岁"质赋清秀"者,送社学责令读书,13—18岁经考试选拔送运司儒学(运学)继续培养,并逐渐形成由社学至运学,再至府州县儒学的上升路径,对接国家科举体系。运司建书院1所,各场社学则"可居者仍旧,倾颓者修葺,未设者创立",作为基本的教学设施。在教师的选择上,要求"慎选学行兼优,堪为师范之人以典其事。不许滥收无学不正之人,有负作养至意"。[4]盐场社学由此复兴,其兴盛程度甚至超过扬州府、州、县社学。但至嘉靖时,各盐场社学已不容乐观:"无者尚未建立,有者徒具虚名,教读非人,教养无法。"雷应龙下令,今后各社学"必推殷实有行止一人为主,择学行端洁之人以居师席。读书必以小学为先,教人必

[1]〔明〕毕亨:《请建运学呈文》,〔明〕杨选、陈暹修,〔明〕史起蜇、张榘撰:《〔嘉靖〕两淮盐法志》卷五《法制志》,《扬州文库》第27册,第154页。

[2]〔明〕陈暹:《立运学以育遗才议》,〔明〕杨选、陈暹修,〔明〕史起蜇、张榘撰:《〔嘉靖〕两淮盐法志》卷五《法制志》,《扬州文库》第27册,第154页。

[3] 方裕谨:《明代隆庆年间两淮盐务题本》,《历史档案》2000年第2期。

[4]〔明〕杨选、陈暹修,〔明〕史起蜇、张榘撰:《〔嘉靖〕两淮盐法志》卷五《法制志》,《扬州文库》第27册,第153—154页。

以孝悌为本,讲之必明,行之必力"。在礼仪方面,他要求"冠婚丧祭必行文公家礼,婚姻不许过侈,丧葬不许用僧道"。在孤贫抚恤上,鳏寡孤独照例由国家收养。孝子顺孙、义夫节妇贫不能自存者,查实后予以照顾。不孝不义、大奸大恶为害风俗者,查实后依律究治。[1]

（四）惩罚与劝诫

除给予一定的优抚外,两淮运司还对盐丁违反盐法政令的行为及处置做出明确规定,以确保国家盐课收入。

及时足额缴纳盐课是灶户的法定义务,如有蓄意拖延或以其他方式拒交盐课,将受到法律惩处。巡盐御史洪垣（嘉靖十六年上任）指出,各场灶丁往往将食盐私自转卖商人,而国家正课却持续拖欠,以致商人守支日久,买补困难。更甚者以次充好,损害国家利益。他下令,今后如有类似情况,准许商人告发,经查实后一律从重治罪。另外,为保护国家财政收入,政府还严厉打击私煎私贩。《大明律》规定,盐场灶丁和其他人等除正额盐外,如果夹带余盐出场或者私自煎煮,以贩运私盐论处。巡盐御史朱廷立认为,"私盐之行始自富恶灶户私煎,而后无籍盐徒得以私贩",故而查禁私煎才是防治私盐的根本之策。盐徒行踪不定,只可待地方官军缉拿,而灶民煎煮地点固定,易于查实。他下令:"今后若有奸顽灶丁私煎私卖,不肯完纳正课,及豪恶富灶离场私煎,通同大伙盐徒撑驾船只出境兴贩者,除行官兵缉拿外,各场官先将私煎灶户指名指实,申来以凭照例问罪。"[2]

告诫总催、豪灶等勿借势包揽。嘉靖间,巡盐御史雷应龙指出,部分总催不许灶丁自行纳盐,强行包揽,从中渔利;有的总催在食盐中掺进泥土,虚凑数目;或者收盐仅至八分即报完成,虚出通关。为掩盖罪行,各总催往往将征得食盐堆放进同一仓库,致使相关责任无从追究。雷应龙下令,此后听由灶丁缴纳本色食盐,严禁总催借势包揽。对于虚出通关、掺和泥土等项,一经查出,立即从重治罪。巡盐御史胡植在任时亦明确规定:"今后盐课除例应征收

---

[1]〔明〕杨选、陈遇修,〔明〕史起蜇、张榘撰:《〔嘉靖〕两淮盐法志》卷五《法制志》,《扬州文库》第27册,第162页。

[2]〔明〕杨选、陈遇修,〔明〕史起蜇、张榘撰:《〔嘉靖〕两淮盐法志》卷五《法制志》,《扬州文库》第27册,第161页。

折色外,俱要花户亲诣该场上纳本色,总催不得一概登门横敛。"[1]巡盐御史朱廷立告诫灶户勿助长奸恶,维护盐场正常秩序。他指出,盐场中有"无籍光棍号为长布衫、赶船虎、好汉并罢闲吏役及义民人等","或欺骗商灶,或打搅乡村,或教唆词讼,或陷害官吏。苟可得利,罔不为之"。他下令各场官员明白晓谕:"如有恃顽不改前过者,指名指实,申请本院照例问发。"[2]

不过,鉴于灶丁在盐业中的基础地位,明朝对灶丁犯罪的处置一直持谨慎态度。弘治元年(1488),巡盐御史史简下令,地方官府除盗贼、人命等重大犯罪可以捕拿灶丁外,其他普通诉讼案件不得擅自拘禁。弘治十七年(1504),都御史王璟规定,淮、扬两府所属州县灶丁拖欠税粮的,只能催促缴纳,严禁暴力征解。如有犯罪,须先请示运司,不可自行拘捕。正德十年(1515),巡盐御史朱冠题准,除重罪外,灶户所犯各种轻罪一律提交巡盐御史,抚按衙门不许随意处治。巡盐御史朱廷立认为,灶户偏处海滨,负担甚重,且本性淳朴,即有违法灶丁,处理亦应慎重。特别要注意防止"积年隶卒假以批票为由,下场诓骗财物","豪恶总催假以衙门使用为由,多方科敛"。[3]这些举措均在一定程度上保护了灶民利益,从而为盐业的正常运转提供了一定的基础保障。

鉴于两淮盐场的重要地位,明朝政府在当地设置了两淮都转运盐使司和泰州、通州、淮安三分司、批验盐引所、巡检司、盐课司,形成了庞大的管理机构。此外还由中央直接派员巡查盐场,逐渐形成了固定的御史巡盐制度。为了保证国家对盐业经营的垄断,明朝政府还制定了异常繁复的交易程序。大体来看,可分成报中、守支和市易三个环节,其中守支环节又有取得盐引、下场支盐、验放三个步骤。对各环节涉及的细节问题,也力求面面俱到,以填塞漏洞,获得最大的垄断利益。

---

[1]〔明〕杨选、陈暹修,〔明〕史起蜇、张榘撰:《〔嘉靖〕两淮盐法志》卷五《法制志》,《扬州文库》第 27 册,第 162 页。

[2]〔明〕杨选、陈暹修,〔明〕史起蜇、张榘撰:《〔嘉靖〕两淮盐法志》卷五《法制志》,《扬州文库》第 27 册,第 162 页。

[3]〔明〕杨选、陈暹修,〔明〕史起蜇、张榘撰:《〔嘉靖〕两淮盐法志》卷五《法制志》,《扬州文库》第 27 册,第 160 页。

　　盐业的经营管理必须依赖各级官员，他们能否做到清正廉明、秉公执法，直接关系国家盐业的兴坏。但其蕴含的巨大财富，使上自皇亲国戚、朝廷大员，下至低级盐官、当差胥吏，无不试图染指盐业，从中渔利。这不仅破坏了正常的生产经营秩序，也给国家带来重大损失。因此，明王朝在各时期不断发布诏令、制定法律规范，加强对皇族、高官和专职盐官的规范和约束，以保障盐业政令的顺利实施。扬州地方也不断发布文告、禁令，培育盐官职业操守，敦促盐官恪尽职守，申斥官员遵纪守法，通过考核拔擢政绩优异盐官的方式加以激励。商人在食盐流通中的作用无可替代，他们交粮报中，边地积储因而丰盈；行销食盐，百姓生活因而得以维持；缴纳赈银，灶丁有了基本生活来源。但也有部分商人勾结灶户、盐徒、官吏，破坏正常的食盐生产经营。因此，明王朝一方面维护商人的正当利益，同时采取措施打击商人的违法、违规活动。

　　灶户是盐的直接生产者，在整个盐业生产中起基础作用，给明王朝提供了巨额的财政收入。明人杨洵说："我国家九边军实半仰给于盐课"，灶户"以区区海滨荒荡莽苍之壤，民穴居露处，魑魅之与群，而岁供国家百余万金之课"。[1]他们积薪、淋卤、煎晒，一年四季不得休息，在极端艰苦的生活环境和严酷的生产环境下，为国家提供了巨额的盐课收入，维持了百姓正常的生活需求。鉴于这种基础作用，明王朝对灶户采取了一定的赈恤与安抚措施，如通过蠲免盐课、减轻盐课、平均盐课、免除灶丁杂差等方式减轻灶丁负担，通过足额发放赈银、清理草荡、加铸均分盘铁、修建堤堰墩台等手段，维护灶丁正常的生产环境，通过建立盐场社学、运学等加强对盐丁子女的教育，提高他们遵纪守法的自觉性。同时，国家对盐丁犯罪的处置也采取谨慎的态度，对豪灶私煎、私售等犯罪行为进行打击，以维持整个盐业经营环节的正常开展。

---

[1]〔明〕杨洵修，〔明〕徐銮等纂：《〔万历〕扬州府志》卷一一《盐法志上》，《扬州文库》第1册，第462页。

第七章　明代扬州的城乡建设与社会生活

　　城市与乡村是百姓生活的基本场所。明代扬州城市建设取得较大成就，除军事防御的功能外，城内行政设施、生活设施建设较前代亦有相当进步。乡村地区也有了严整的规划，出现了以军事地位或商业繁盛著称的一方名镇。这一时期，城乡分布着为数众多的园林，体现了明代扬州府文人士大夫的精神追求，也是当时重要的文化产出地。明朝中期以前，在传统伦理规范的约束下，民众品质朴实淳厚，生活安静闲适，少有名利追求。中期以后，风气骤变，百姓品质浮华难制，生活由俭入奢。同时，因无法摆脱现实生活的苦难，百姓或寄希望于鬼神以改变命运，或在统治者的倡导下尊崇先圣、先师、先贤，由此形成了扬州府浓郁的宗教信仰氛围。

第一节　城市建设与城乡规划

　　扬州府濒江临海，是拱卫南京的重要屏障，同时又是明代漕运的重要节点和国家财赋的重要来源地。因此，扬州府各州县的城市建设受到国家和地方高度重视，并取得了较好的成绩。以下对城防建设、城内主要机构设施、城乡区划以及著名村镇等加以梳理，勾勒明代扬州城乡的基本轮廓。

一、城市建设与城市规划

（一）城池建设

　　扬州府濒江临海，历来为兵家必争之地。其城池除政治、文化、经济功能外，军事功能尤显突出。从扬州府城建的历史看，无论是城市初兴、修缮加固还是迁移改建，战争均起了巨大的推动作用。现将扬州府各城池建设情况略述如下：

　　扬州府城：扬州城初建于春秋时期,汉代、吴、东晋、宋朝都有扩建和修缮城池的记录。明初,金院张德林镇守扬州,因战后人烟稀少,遂于宋大城西南一角改建城池。建成后的扬州城周围1757丈,厚1丈5尺,高3丈。设城门5座,南为安江门,北为镇淮门,西为通泗门,东为宁海门(又称大东门),东南为小东门。各门均设瓮城、楼橹、警铺、雉堞、敌台等防御设施。瓮城内设盘诘厅,用于盘查往来行人。城周围有城隍(护城河),其长与城相等。南北设水门2座,引官河水灌入,称市河。天顺七年(1463),大雨毁城700余丈,指挥李铠组织修复。嘉靖元年(1522),巡盐御史秦越重修。嘉靖十八年(1539),巡盐御史吴悌疏浚日久壅塞的北水门。万历二十年(1592),知府吴秀将城堞增高3尺。

　　明代扬州新城(外城)建设始于嘉靖三十五年(1556)。是时,倭患日趋严重,副使何城、举人杨守成议筑外城以御之。郡守吴桂芳亦认为:"扬介两都之间,四方舟车商贾之所萃,生齿聚繁,数倍于昔。又运司余盐银独当天下赋税之半,而商人实居旧城之外,无藩篱之限,非捍卫计也。"[1]于是自旧城东南角楼至东北角楼,筑成长约1542丈,高、厚与旧城相同的新城。城设5门,并有便门以利出入,"南曰挹江,钞关在焉,又南为便门,东南曰通济,东曰利津,东北为便门,北曰镇淮,又北曰拱辰关,北亦为便门"。[2]南北就旧城河口设水门2座,东南以运河为濠,北面城濠则引水注入。新城建设中,都御史陈儒,御史吴百朋、崔栋用,知府吴桂芳、石茂华先后董理其事。万历二十年(1592),知府吴秀疏浚西北城濠,并建石堤,城堞增高3尺。万历二十五年(1597),知府郭光以军饷银续修未完成石堤400余丈,并增设敌台16座。至此,扬州府城的城防建设已经较为完备。崇祯十一年(1638),盐法太监杨显名自柴河口至宝带河开濠10余里,累土筑外城,但未完成,又命守备樊明英修筑钞关、越城。

　　江都县城：万历时期,江都为扬州府附郭县,并无独立的城市设施。但

　　[1]〔明〕何城:《扬州府新筑外城纪》,〔清〕五格、黄湘修,〔清〕程梦星等纂:《〔乾隆〕江都县志》卷一六《古迹》,《扬州文库》第11册,广陵书社2015年版,第33页。

　　[2]〔明〕杨洵修,〔明〕徐銮等纂:《〔万历〕扬州府志》卷二《郡县志下》,《扬州文库》第1册,第313页。

《大明一统志》记载,江都县城在府城之西46里,后被江水淹没,与郦道元《水经注》江都县城临江的记载相吻合。这说明江都县此前应有独立城池,但具体修自何时,已经无从考证。

瓜洲镇城:在江都县南45里。过去为瓜洲村,由扬子江泥沙逐渐堆积而成,因状如"瓜"字,因而得名"瓜洲"。唐开元之后,渐成南北交通孔道,唐朝末年开始出现一些大型建筑。南宋绍兴末年,翰林学士史浩建议于此筑城,但张浚认为,弃淮守江是向金人示弱,筑城之事遂被搁置。直到南宋孝宗乾道四年(1168),镇江都统军王友直奉诏筑瓜洲南北两城,号为"簸箕城"。南宋德祐初,元伯颜攻陷建康,派张弘范屯兵瓜洲,宋、元两军在此多次争夺,其城遂毁于兵火。明嘉靖三十五年(1556),为御倭患,于瓜洲重新筑城。操江都御史褒善,巡抚都御史郑晓,御史刘世魁、莫如仕,知府吴桂芳,江防同知唐钺共同主持建城事宜。城东西跨坝,周长约1544丈,高2丈1尺,宽1丈有余。设城门4座,另有便门1座。万历九年(1581),同知邱如嵩于城南创建大观楼。万历二十年(1592),知府吴秀增高城堞3尺。

仪真县城:宋乾德年间,升仪真迎銮镇为建安军,乃筑城1160丈,设行春、延丰、宁江、来远、济川、通阓6个城门,仪真自此有城。该地当水陆要冲,商民众多,但十有八九居于城南。嘉定中,郡守李道传建议筑东西翼城,但因迁官无果。在此之后,郡守丰有后筑东城,袁甲儒筑西城。南宋嘉定十三年(1220),运判吴机续筑东、西两城,并修城濠千余丈。宝庆中,郡守上官涣酉又行改筑并疏浚河道,仪真两翼城始初具雏形。洪武初,知州管世宝在建安军城和两翼城基础上增修。修成后的仪真城周围9里有余,有城堞3620丈,城高2丈4寸,设楼橹、戍铺43座。嘉靖三十五年(1556),倭寇骚扰江淮,知县师儒于每门创建罋甃27丈,"睥睨回合,下辟重门,捍御称便"。嘉靖四十五年(1566),知县申嘉瑞于各城门立匾额,东门曰见海,西门曰望都,南门曰澄江,北门曰拱辰。万历四十五年(1617),知县施时尧奉檄增城高3尺,并将凸形城垛改为平垛。崇祯八年(1635),知县姜埰创敌台于胥浦桥北,高1丈5尺,深3尺,并于台上建楼,其匾曰"吞长衔远",次年疏通城濠1600余丈。崇祯十五年(1642),知县郑瑜修城墙,并增设炮台6座。

泰兴县城：泰兴旧城在宋代毁于贼寇。绍兴间，金兵迫近扬州，知县尤袤修筑土城。金兵至后，见泰兴有城防御，乃撤退别走，百姓赖以保全。明弘治间，知县原秉衷立四门，东为寅宾，西为迎恩，南为南薰，北为拱极。嘉靖十三年（1534），知县朱篪于济川桥西增建延曛门。嘉靖三十四年（1555），倭寇侵掠扬州，巡抚都御史郑晓上疏请扬州府所属各郡邑筑城，知县姚邦材遂奉诏筑泰兴城。新筑县城周围1353丈，高2丈5尺，辟城门4座，东为镇海，西为阜成，南为澄江，北为拱极。部分百姓为便利计，自备材料人工修建小西门，请于郑晓并得允准，修成后名曰通济门。水关1座，在阜成门南。每门之外各建吊桥，内设马道（便于车马登城而建筑的坡道），外环以城濠。城刚完工，倭寇来犯，即于城头射杀倭寇2名，其余逃遁。嘉靖四十年（1561），署理知县奚世亮添建北水关。嘉靖四十五年（1566），知县许希孟增建5道内重门，并于北水关之上建应魁楼1座。万历二十五年（1597），知县陈继畴增建敌台41座，并疏通城濠。筹划筑城时，泰兴致仕侍郎张羽上书力请，城池才得以迅速修成，并在其后的防倭中发挥了重要作用，否则泰兴百姓难免一场浩劫。

高邮州城：高邮州有新旧两城，万历时期的州城为宋代修建的旧城。城周长10里316步，高2丈5尺，宽1丈5尺。该城周围地势较低，而城基较高，形如倒放之盂，故又名“盂城”。北宋开宝四年（971），知军事高凝祐最早修筑。南宋绍兴初，韩世忠命郡守董旼再加修缮。乾道间，郡守陈敏重修。淳熙十二年（1185），郡守范嗣蠡于四门之上建楼，东门为武宁门，楼名捍海；南门曰望云门，楼曰藩江；西门曰建义门，楼曰通泗；北门曰制胜，楼曰屏淮。又于南北开水门2座，以通市河。开禧三年（1207），增建重濠，嘉定间又建4面库城。明初，以砖加固城墙，并于其上增设楼橹、雉堞，但日久倾颓。嘉靖三十五年（1556），倭警四起，知州赵河补其残缺，其后知州刘峻继续加固城防。所谓新城，在旧城北门之外，宋咸淳间扬州制置使毕侯始筑。万历间，州城东门、北门外尚有新城城基遗址。虽早已残破不堪，但一直被当地百姓称为“新城”。

兴化县城：兴化县城始于宋理宗宝庆元年（1225），[1]知县陈垓筑土城，周围 6 里有余，元末坍毁。洪武五年（1372），千户郭德、蔡德、刘人杰等改以砖加固。嘉靖十七年（1538），知县傅佩在北城玄武旧址上建拱极台。嘉靖三十六年（1557），城池渐毁，其西部城高不足 1 丈，城濠淤塞不通，拱极台亦随之废弃。当年夏，倭寇来袭，危急万分。知县胡顺华率众力战，倭寇退走。胡顺华遂请示当道，于本年八月开工改造旧城，次年完工。城高 2 丈 8 尺，厚 4 丈，女墙 1860 丈。城设四门，并各于门上筑楼 1 座。东为启元门，楼称观海；南为文明门，楼称迎薰；西为威武门，楼称见山；北为肇魁门，楼称拱辰。又在原拱极台旧地重建拱极台与拱极楼，同时加宽城濠 2 丈 5 尺，加深城濠 1 丈。至此，兴化县城建设已趋完备。万历二十六年（1598），知县翁汝进培土增厚城墙以防倭寇，另建石栏和水关 4 座抵御洪水，百姓大获其利。但此后随着居民逐渐增多，城濠尽废。

宝应县城：宝应县旧城始自南宋嘉定间。时知县贾涉请于宝应筑城，但因丁忧去职，未能完成。其后金兵进犯光州，宋廷重新起用贾涉修城。元朝至正年间，金院萧成以砖增筑，城周回 9 里 30 武（1 武为半步），东、南、北设城门 3 座，同时建瓮城、水门各 3 座。元末明初，淮阴侯华中移城淮安，宝应城遂废，仅存北水门遗址，余皆夷为民居。嘉靖三十四年（1555），倭寇进犯，知县廖言请当局筑城，获巡抚都御史郑晓批准。第二年，工部尚书赵文华巡视江南，途经宝应，宝应士民再次请求筑城，并计划在宝应城旧址基础上增添西城门和小东门。巡抚都御史蔡克廉题准兴工建造，先筑土城，但并未完工。嘉靖三十六年五月，倭寇千余人突然来犯，宝应无城可守，倭寇洗掠一空后退去，筑城之事更加迫在眉睫。嘉靖三十七年，巡抚都御史李遂巡行宝应县，见县城瓦砾成堆，居民寥落，怅惘良久，遂征发淮、扬两府民夫，并通告各郡县征收财物，于当年九月动工，次年完成。城周围 1040 余丈，高 2 丈，共设 5 门：东为宝曦，西为利成，南为响明，北为斗拱，另有小东门 1 座。同时还建有东水关 1 座、敌台 8 座。城成之日，倭寇再袭，宝应军民恃城抵御，

---

[1]《〔万历〕扬州府志》记载为嘉定十八年，但嘉定年号自 1208 年至 1224 年，实际只有十七年。此据《〔乾隆〕江都县志》改为宝庆元年。

倭寇一无所获,起到了保境安民的作用。但城建仍有待完善,当时就有人说,该城建于形势危急之时,实非固若金汤,"今濠池未开也,瓮城未建也,窝铺未置也,城顶未铺也,军所未设也,戎器未备也"。[1]万历十三年(1585),知县韩介封小东门,另开小南门,名之曰迎秀门。万历二十年(1592),知县陈煊在城墙内侧衬以硬土。其后,知县吴显科又继续加厚城墙,以利守城者奔走驱驰。崇祯九年(1636),知县刘达塞城东北角水关,于东门附近另建水关,名之为"利涉"。

泰州州城:始建于南唐烈祖升元元年(937)。当年升海陵县为泰州,刺史褚仁规始建罗城 25 里。后周世宗显德年间(954—959),团练使荆罕儒增建子城于罗城东北角,又对罗城进行改建。建成后,全城周围 10 里,奠定了明代泰州城的基础。南宋建炎间,通判马尚增修,将城墙外尽覆以砖,又开辟 4 门,修建城濠,但随着绍兴年间金兵南下而毁灭。开禧年间(1205—1207),州守赵逢、公潾、何刻等相继修建,但进展极为缓慢。宝庆年间(1225—1227),州守陈垓开挖东、西、北外濠,并疏浚南濠。端平(1234—1236)以后,州守许堪另于湖荡低湿处创建堡城,距原城 5 里,称为新城。淳祐元年(1241),有贼寇突至,因城濠过深不敢进攻堡城。当时,有人称海陵难守,议于他处另筑,但州人反对。淳祐三年,都统王安来仍旧对旧城进行修缮。元末,张士诚据堡城,并对旧城亦加修葺。元至正二十五年(1365),徐达率军由江开河直抵州城南门,常遇春率步、骑兵从扬州同日抵达。张士诚弃旧城,退保新城。明军屯驻旧城,并切断粮道,新城不久即破。此后,明军继续修筑旧城,建立州治及守御千户所。此时,泰州城设有门楼和月城楼各 4 座。其门楼东为海宁,西为阜通,南为迎恩,北为迎淮(后参政曲迁乔改名,东为镇海,西为控淮,南为襟江,北为拱极)。城周围 2000 余丈,高 2 丈7 尺,并设南北水关,开城濠,成为海防要地。嘉靖三十九年(1560),倭寇进犯,都御史唐顺之于州治东 120 里海安镇筑土城 1 座,周围 6 里,设水关 3座、城门 3 座(镇宁、泰宁、永安)。但因长时间未加修葺,逐渐坍毁。新城同

[1]〔明〕陈煊修,〔明〕吴敏道纂:《〔万历〕宝应县志》卷二《营缮》,《扬州文库》第 24 册,第341 页。

样也已残破不堪。万历十四年（1586），城墙因大水坍塌 480 余丈，损毁窝铺 30 余间，州守谭默申请发公款重新修筑。

如皋县城：明代以前，如皋县无城。北宋庆历初年，县令许元曾建谯门。洪武初，知县宗行简再建。嘉靖九年（1530），知县吴宗元修缮。嘉靖十三年，知县刘永准新建 6 门：东为先春门，西为丰乐门，南为宣化门，东南为集贤门，北为北极门，东北为拱辰门。因倭寇频繁骚扰，嘉靖三十三年（1554），巡抚都御史郑晓接受当地致仕官员李镇等人建议，拨款 28000 余两修圆城一座。该城周围 1296 丈，高 2 丈 5 尺，有城门楼 4 座：南为澄江，北为拱极，东为靖海，西为钱日。城濠宽 15 丈，长 3360 丈，设水关 2 座。万历二十年（1592），知县王以蒙修建月城 4 门。万历二十七年，知县张星修筑敌台 13 座。

通州州城：万历间，通州州城周围 6 里 70 步，其外环以城河。城设 3 门：东为天波门，南为澄江门，西为朝京门，每门各建戍楼 1 座。其中南门楼高 3 层，称为海山楼。城之上设警铺、雉堞，瓮城内设盘诘厅，厅外有吊桥。周世宗显德四年（957），静海制置巡检副使王德麟始筑土城，两年后复以陶砖加固。鉴于北门荒僻多盗，遂置壮健营 1 所镇守，这是通州建城之始。北宋建隆三年（962），建戍楼。政和年间（1111—1118），郡守郭凝撤北门，并改壮健营为玄武庙，通州城仅存 3 门，后又因兵火而毁。南宋宝祐年间（1253—1258），贾似道镇守两淮，增筑瓮城。明初，守御千户杨清、姜荣相继修筑，设吊桥 3 座，并建 3 水关以通市河。嘉靖三十四年（1555），知县翟澄浚深城濠，并以堤环绕。隆庆二年（1568），郑舜臣重加修治，州城益加坚固可恃。3 门之外又有望江楼 4 座，其在望仙桥南者濒江控海，位置尤为重要。万历二十五年（1597），知州王之城议修南城，以望江楼为城门，跨城濠建 2 水门北通旧城。全城周围 760 余丈，高度、厚度均与旧城相同，其作用主要在于应对倭寇侵扰。

海门县城：海门县县治最初位于崇明岛北境。元至正年间，因受江潮困扰，迁于礼安乡，但不久毁于兵火。洪武元年（1368），知县徐伯善重建。洪武二十三年（1390），复因风潮而毁，县丞李选再建。其后，知县齐福东、龚鉴、萧绪，县丞郭德随时修补。其地局促狭隘，仅可供办公使用。正德七年（1512），风涛大作，官舍民居荡然无存。巡按御史姜良贵巡行至此，感慨异常，"江势若此而重迁，是诞劝忧也"。[1]于是他亲自考察，在余中场北部选取一肥沃高地作为县治新址。知府孙禄委派知州高鹏、知县王宣负责搬迁事宜。但因"小吏失职、客土易陷"，建设情况并不理想。此后，知县裴绍宗、赵九思等续有修补。此时的海门"县城"仅有官府衙署，而无城墙等防御设施。嘉靖三十三年（1554），倭寇来犯，海门百姓避无所避，损失惨重。巡抚都御史郑晓、知府吴桂芳遂奏请筑城。建成后，全城周围约5里，高2丈，城濠宽6丈，设有4门：东为泰和，南为文明，西为安庆，北为阜厚。城门之上各有戍楼1座。

明代扬州府各城市建设取得了一些成就，但整体依然有待完善。就扬州府城来说，郡东南新城基础薄弱，亟待加固，"西北阜高于城，可俯而瞰"，一旦为敌所据，即成居高临下之势，潜在风险极大。通州也不容乐观，其地为"江海要害"，近年"虽增筑石城，然止于东南一隅，因赀于民，劳悴已甚。且虑左腋之拥肿，忘右胁之偏枯"，城市建设远未完备。两淮盐场为国家盐业重地，旧时建有城防设施，但万历时期"旧所创建，今悉隳坏"。[2]太平之日不能未雨绸缪，危急时刻再予谋划，无异于临渴掘井，悔之无及。

（二）城内机构与设施

官府衙署、军事机构、教育机构等是古代城市最主要的组成部分。工商业是城市经济功能的主要载体，而居民则是实现城市政治、经济功能的主体力量，因此工商业区和厢坊等居住区，对于城市来说同样不可或缺。大大小小的街巷，则如人体之脉络，把城市不同的区域联系起来，使城市的各项功能得以实现。《〔乾隆〕直隶通州志》云，"廛以居四民，肆以通百货，街衢以示坦途，皆牧民者所加意也"，[3]反映出统治者对这些问题的重视。本部分依据《〔隆庆〕高邮州志》《〔万历〕扬州府志》《〔嘉庆〕重修扬州府志》《〔万历〕泰州志》《〔万历〕通州志》《〔万历〕宝应县志》《〔万历〕江都县志》等

[1]〔明〕吴宗元：《嘉靖海门县志·建置第五》，《海门县志集之三》，上海古籍书店1964年据宁波天一阁藏嘉靖原刻神宗万历增刻本影印。

[2]〔明〕杨洵修，〔明〕徐銮等纂：《〔万历〕扬州府志》卷二《郡县志下》，《扬州文库》第1册，第317页。

[3]〔清〕王继祖：《直隶通州志》卷二《疆域志》。

资料,对城内机构、设施情况略作归纳。资料缺乏者,则暂付缺如。

1.官府衙署和军事机构

明代地方官府衙署包括两类,一类为府、州、县所属机构与设施,一类为中央派驻地方的机构衙门,文献中多以"公署"称之。因各府州县情况大同小异,这里以扬州府、高邮州、宝应县、仪真县4处为例,以代其余。衙署分布多集中于城市或近郊,但也有部分设置于村镇,如多数巡检司、驿铺、递运所等。为论述完整方便,本处亦将其合并,不再分列。教育机构、市场、手工业等内容,已见于第五章,可参阅。

扬州府:明代以前,扬州府治在开明桥西骆驼岭前。洪武三年(1370),知府周原福移至通泗桥西北。府治内外有经历司、军器库、照磨所、大积库、銮驾库、理刑厅、司狱、阴阳学、医学、县官厅、卫官厅、清军厅、管河厅、广恤所、军储仓、义仓、惠民药局、盘诘厅、江防同知分署、僧纲司、道纪司、税课司、瓜洲税课司、广陵驿等机构设施。公署有海防道、盐法察院、两淮都转运盐使司、参将府、户部分司、中察院、西察院、维扬公馆等。其军事机构则有扬州卫指挥使司、扬州教场、马军教场、诸军教场、扬州卫军器局,等等。

高邮州:元朝时设高邮府。洪武元年(1368),改府为州,知州黄克明在城中稍偏东位置初建州署。州治是知州、同知、通判等官员的办公场所,建有正堂、架阁库、广储库、司狱、官员宅廊等。州治之外,有张家沟巡检司、时堡巡检司、税课局、河泊所、孟城驿、界首驿、界首递运所、兑军仓、广储仓、预备仓(共5所)、阴阳学、医学、僧正司、道正司、养济院等一系列机构。其公署则有东察院、西察院、工部分司、府馆、秦邮公馆等。州治西边为高邮卫署,洪武四年(1371),指挥周龙、邵宗始建,共辖前、后、左、中、右5千户所。卫署建有大堂、翼室、吏房、穿堂、厢房等,5千户所各有厅3间,并设有镇抚、经历、知事住宅、官廊,等等。

宝应县:县治始建于宋乾道元年(1165),元末毁于战争。吴元年(1367),县丞钟元善再建,位置在嘉定桥附近。有正堂、耳房、监库、后堂、清库楼、狱房及知县、县丞、管马主簿、管河主簿宅廊等。州治外有阴阳学、医学、税课局、河泊所、养济院、预备仓、安平驿、僧道会司、夫厂和槐楼、衡阳两巡检司。其公署则有察院、工部分司、府馆、南湖馆、北城馆等。

仪真县：县治在城内西北角，系在宋代真州治所的基础上建成。洪武二年（1369），知县贾彦良建正厅、幕厅、廊庑，县治初具规模。后继任知县又陆续增建仪门、鼓楼、库房、正堂、穿堂、县丞衙、主簿衙、典史衙、官员住宅等，县治逐渐完备。县治外县属机构则有旧江口巡检司、递运所、税课局、清江闸官厅、坝官厅、僧道会司、阴阳学、医学、惠民药局、广实仓、预备仓、节贮仓、养济院、夫厂。都转运盐使司所属批验盐引所、扬州府属批验茶引所亦设于仪真境内。公署有漕抚行台、南京工部分司。军事机构方面，洪武十三年（1380），仪真由守御千户所升仪真卫，置指挥使司，指挥凌实借天宁禅寺初建卫署。弘治初，又以马场作为守备署。因地势低洼窄狭且年久颓败，嘉靖初，指挥白思贤又对其改建、增建，仪真卫署至此规模始备。其机构设施有经历司、库藏、知事厅、吏廨、4个守御千户所，兵甲造作则有军器局，军队操练有教场，祭祀活动则有旗纛庙，等等。

2. 区隅厢坊

扬州府城的居民区可分为两部分。一是盐商麇居区，"弘治年间，运司纳银制度的确立，更加方便了盐商的盐业经营活动，各地盐商纷纷来到扬州。为业盐的方便，他们选择在城外东南运河附近的河下街一带居住，形成了最早的盐商聚落"。一是平民居住区，"一般从事服务业的平民居住区则比较分散，遍布东、西二城。但他们的居住地多为偏僻湫隘之地，如府署西偏的鸭塘、小汪边"。[1]不管何种类型的居住区，明朝政府均设置区（仅见于嘉靖时的扬州府城）、隅、坊、厢等进行管理。[2]其基本情况大致如下：

嘉靖时，扬州府城设有在城区，辖东厢、南厢和邵伯，具体里数不详。仪真县城市居民区称为"在城"，所属厢坊名称不详，共辖2里。高邮州在城6厢，分别称为忠信、仁义、镇淮、孝义、太平、新太平，每厢1里，共辖6里。泰兴分为东北隅、东南隅、西北隅、西南隅（四隅为宣德七年增设）、新隅（天顺六年增设）、东新里与西新里（弘治五年增设）、中隅，每一隅1里，共8里。

---

[1]　杨建华：《明清扬州城市发展和空间形态研究》，华南理工大学2015年博士学位论文，第167、170页。

[2]　〔清〕傅维鳞《明书》卷六八《赋役志》说："城中曰坊，近城曰厢，乡都曰里。"从扬州府及所辖州县来看，事实上没有如此严格。

宝应县城区有在城4坊,分别称为东南隅、西南隅、东北隅、西北隅,辖4里。万历十四年(1586),知县耿随龙为节省经费,革除全部坊长,将在城4坊改为崇俭4乡。兴化县分为东隅、南隅、西隅、北隅、东厢,共26里。泰州城区共5里,所辖厢、坊情况不详。如皋包括清泰坊、平泰坊、东厢、西厢、南厢,每厢、坊各辖1里,共6里。如皋在城分为东、南、西、北4厢,但所辖里数不详。嘉靖时,通州在城分东厢、西厢,至万历时分为利市、宣化、利民、近民、仁义、信礼、武安、永平等19坊,所辖里数均不详。海门县城区共2里,但厢坊划分情况不确。

文献中对城内厢坊的管理情况也有零星反映。如《〔隆庆〕高邮州志》记载,当时,州各厢、坊分设巡警铺,共30座。如忠信坊设3铺、孝义厢设3铺、镇淮厢设5铺,等等。每铺有总甲、小甲、火夫,又有保长、副长,主要为地方提供杂役,并提供救火、防盗、巡更、警夜等相关服务。至于其他州县和更为详细的管理情况,目前因资料缺乏,无法进一步了解。

3.街巷

江都县街巷:江都县城为扬州府附郭城,所以人口密集,街巷纵横。但明初时,街巷还都是泥土路,以致"扬州冬雨泥一尺"[1]。据《〔万历〕江都县志》记载,当时街道主要有26条,分别为左南隅、右南隅、左北隅、右北隅、银行街、米行街、牌楼街、行衙街、钟楼街、鼓楼街、义学街、银杏树街、新街、仓街、大街、小街、新桥四通街、太平桥四通街、开明桥四通街、四望亭四通街、通泗桥四通街、城东厢大街、城西厢大街、城南厢大街、城北厢大街、钞关东大街。另有石塔寺巷、太平巷、宝镜巷、仓巷等大小近30条巷道。仅从街巷数量上来看,江都县是扬州府当时规模最大的城市。

宝应街巷:城内大街3条,分别为南北大街、县前大街和东西大街。巷有井巷、仓巷、张家巷、马家巷、闸板巷、渡竹口巷等。

高邮街巷:城内有大街共15条,即州前大街、分司前街、南北大街、东街、西街、西门大街、凤凰街、东营街、西营街、南门外街、东门马路、北门外街、庙

---

[1]〔明〕张以宁:《翠屏集》卷一《青山白云歌送周熙穆高士归天台省亲时寓玄妙观》,《景印文渊阁四库全书》第1226册,台湾商务印书馆1986年版,第529页。

巷街、宝楼街、太平街等。每条街道均连接着众多的小巷,如东街连通小巷12 条,西街连通小巷 15 条。随着城市的发展,城郊也有街道分布。

泰州街巷:城内主要街道有 5 条,其中南北大街、东西大街两街交叉,成为城市交通的主干道。另有状元街、北关大街、南关大街等 3 条大街。大街之外,城内及附近还密密麻麻分布着皂角巷、竹木巷、杨树巷等 30 余条小巷。

如皋街巷:城内有十字街、大中街、东大街、西大街、南街、北街、新街、集贤街,共 9 条街道。另有仓巷、通春巷、秀才巷、安宁巷、惠政巷、八里庄等小巷。

海门街巷:县前为平政街,县东为阜民街和应宿巷,县西为荣儒街和旋璁巷,县西南为丰宁街,儒学前为兴贤街,城隍庙南为祐善街。此外,在县城近郊也有街巷分布,如万历时海门县东门外有 12 巷,南门外有 8 巷。为便于百姓通行,政府还对街巷进行了整治:"诸坊巷衢路如阡陌纵横遍国中矣,故多缺坏,天雨过,人皆从泥淖中行。太守林云程令人尽甃以甓,今始称便。"[1]另外,海门县还设有火巷,这是为防止火灾蔓延而专门预留的小弄,但万历时已十之七八为居民侵占,失去了其应有的作用。

二、乡村规划

除了城市的区、厢、坊、隅、里之外,明代也将乡村进一步划分成基层政区,有都、乡、镇、沙、岸、村、图、里等不同名目。从现存资料来看,区的辖地也包括农村,乡、村、镇、沙等则专门设置于农村地区。就城乡的情况综合来说,其统辖层次大体是:"区"在基层政区中级别最高,隅、乡、镇、沙、岸等次之,村、都再次之,厢、坊、里、图都是最小的基层政区。[2]不同时期,政区又有调整和变化,各文献记载亦不一致,整体情况非常复杂。现依据《嘉靖惟扬志》《〔万历〕扬州府志》《〔嘉庆〕重修扬州府志》及相关州县资料,将扬州

---

[1]〔明〕林云程、沈明臣纂修:《〔万历〕通州志》卷三《经制志》,《四库全书存目丛书·史部》第 203 册,第 121 页。

[2]《〔隆庆〕高邮州志》云"州所统在城为厢,在乡为里",另外还把厢和坊混称,如称忠信厢为忠信坊,称仁义厢为仁义坊,故厢、坊、里三者应是同层次的政区单位。另《嘉靖惟扬志》与《〔万历〕扬州府志》则将"里"与"图"混用,如对宝应县三阿乡嘉靖时期情况的记载,嘉靖志为辖"四里",而万历志则为辖"四图",可见"里"与"图"意义相同。又各厢均辖一里,坊与厢同,故一坊亦为一里;里与图同,故一图亦为一里。

府各州县乡村基层政区情况综述如下。

（一）各州县乡村政区

江都县分为 10 区，城乡共辖 118 里，分别为在城区、瓜洲区、河东区、丰乐区、艾陵区、崇德区、第二港区、第八港区、顾家区、青草区。各区领厢、乡、镇、沙，如在城区领东厢、南厢和邵伯镇，艾陵区领仙女乡、湾头镇等。

高邮州城乡共辖 86 里。乡村划分为丰谷乡、唤留村、焦里村、公田村、南陵村、四义村、武宁乡、三垛村、柘垛村、义兴村、中林村、茆垛村、武安乡、江静乡、王琴村、新安村、蒋里村、昌平乡、黄林村、沛城村、平阿村、德胜乡、两管村、北良村、故县村、丁志村、眉陈村、南程村，共 28 个乡村。

仪真县城乡共辖 14 里。城乡分别为在城、太平乡、甘露乡、归仁乡、东广陵乡、西广陵乡、怀义乡。其中在城 2 里，各乡 12 里。

兴化县城乡共辖 72 里，其中乡村划分为安仁乡和长安乡。安仁乡下辖 6 都，计 29 里；长安乡辖 6 都，合计 30 里。

宝应县城乡共辖 30 里。乡村地区分三阿乡、曹村乡、永宁乡、军下乡、王野乡、孝义乡、顺义乡、侯村乡、白马乡。

泰州城乡共辖 178 里。其乡村划分为一都、淤西薄湖河泊所、南北厢、东西乡（辖 6 都 7 场，共 72 里）、十五乡、宁海乡（辖 5 都 5 场，共 25 里）、永吉乡（辖 4 都，共 20 里）、蒲津乡（辖 5 都，共 33 里）、招贤乡（辖 3 都，共 14 里）。

如皋城乡共辖 42 里，农村地区分江宁乡（辖 4 都，共 9 里）、安定乡（辖 4 都，共 7 里）、赤岸乡（辖 4 都，共 7 里）、沿海乡（辖 4 都，共 9 里）4 乡。

通州城乡辖 111 里。设有清干乡、文安乡、狼山乡、永兴乡、西成乡等 5 乡，以及石港、余东、西亭、金沙、余西、余中 6 场。

海门城乡共辖 21 里。其中，乡村地区有礼安乡、崇仁乡、嘉会都、智正都、陈坝庄、人和乡、吕四场、金沙场等基层政区。

泰兴城乡共辖 113 里。乡村分成 4 乡：太平乡辖 8 都，共 30 里；顺德乡辖 6 都，共 40 里；保全乡辖 3 都，共 14 里；依仁乡辖 2 都，共 13 里。

（二）主要村镇集庄

1.江都县主要村镇

扬子桥镇：即古扬子津。以前多以此镇为文献中的扬子县，实为误解。

宋元时期,称扬子桥,明时称扬子镇。在府城南 15 里,漕河在此分流,一入瓜洲,一入仪真。

瓜洲镇:位于县南 40 里扬子江畔,是由泥沙不断淤积而形成的沙洲,因呈现“瓜”字形,故称“瓜洲”。因位于扬子江口,战略位置重要,历史上许多战事发生于此。唐代江淮刘展之乱,占据瓜洲,后为田神功击败。南宋绍兴间,完颜亮侵扬州,曾在此驻兵。德祐间,元伯颜攻陷建康,曾派张弘范、阿术等人屯兵于此。以前为瓜洲村,后商旅百姓日渐增多,遂为瓜洲镇。

湾头镇:在扬州城东北方向 15 里,即古茱萸湾。南宋时,曾填塞湾头港口,使不得积水行舟,以阻挡金兵前进。李全叛乱时进攻扬州,曾在湾头立寨。元兵攻扬州,于湾头屯兵。这些事件中所提到的湾头,均为此地。

仙女镇:在扬州城东北 30 里运盐河北岸,因当地有女道士康紫霞庙,故名。

宜陵镇:在扬州城东北 65 里,其地势较高,居民众多,是湾头镇通往泰州的必经之路。

万寿镇:在府东 40 里。由此至宝塔湾 5 里有巡司戍守,由万寿镇向东 30 里为归仁巡检司。巡检司之西为庙湾,庙湾附近有周江桥,均为沿江防务重地。

大桥镇:在扬州城东 60 里。永乐间,陈瑄穿白塔河,经此处达长江,商旅船只亦经行此地,遂为大镇。后运道改经瓜洲,但河道繁忙如故。

公道桥镇:在扬州城北 40 里,当地俗称僧道桥。

上官镇:在扬州城西 60 里,也称上官桥镇。

大仪镇:在县西 70 里,与天长接壤。北宋建隆元年(960),宋太祖亲征淮南李重进,经大仪攻克扬州。南宋绍兴元年(1131),刘豫入寇,韩世忠率军驻大仪,并于五陈设伏。敌将挞孛也率骑兵过五陈,宋军取得大仪之捷,被称为宋政权中兴第一武功。

邵伯镇:在江都县北 45 里。洪武元年(1368),巡检张仁筑邵伯埭,后为邵伯镇。重要的官府机构有邵伯巡检司、邵伯驿等,为重要交通孔道。

黄珏镇:在扬州城北 40 里白茆湖北、黄子湖南,位置较为偏僻。相传,宋元之际,士大夫为躲避战乱,常居于此。

2.仪真县主要村镇

新城镇：在城东 10 里，濒临运河。元至正二十八年（1368），将扬子县县治迁至此地。当地百姓多植桃树，每至春季，花木繁盛，景色优美。

何家港镇：在县城东 25 里，为长江北岸交通要道。自南京渡江由此登岸，东至瓜洲，西入仪真，北达扬子桥，皆路近易行。该地有土桥一座，明末黄得功曾在此击杀高杰骁将。

朴树湾镇：在城东 30 里，濒运河。

石人头镇：在城东 40 里，濒运河，与江都接壤。

白沙镇：在县城南濒江位置，即白沙洲，自古以来为军事重地。南齐建元元年（479），为防御北魏进攻，曾于白沙分置一军。五代时，吴杨溥至白沙观楼船，徐温自金陵前来朝拜，因更名为迎銮镇。后周显德五年（958），柴荣至迎銮镇，于江口击溃南唐水军。北宋建隆元年（960），宋太祖平淮南李重进，下令各军于迎銮镇演练，南唐李璟惶恐不安。北宋乾德二年（964），在迎銮镇置建安军。

3.高邮州主要村镇

永安镇：在城东南 60 里，与江都交界。樊汊镇：在城东南 60 里，与泰州相邻。嵇庄：在城东南 65 里，或称为嵇家庄。南宋末，朝廷遣侍郎柳岳至元朝乞封，途经嵇庄，为庄官嵇耸所杀。后信国公文天祥经嵇庄，嵇耸隆重接待，并让两子德润、客林从其受学。后又将文天祥护送至海陵，文天祥得以从海路南下。文天祥《夜泊嵇庄》诗云："小泊嵇庄月正弦，庄官惊问是何船。今朝哨马湾头出，正在青山大路边。"其《嵇庄即事》又云："乃心王室故，日夜奔南征。陷险宁追悔，怀忠莫见明。雁声连水远，山色与天平。枉作穷途哭，男儿付死生。"[1]程敏政《吊嵇庄辞》一文亦描述此事。

丁村：在城南，即丁志村。南宋德祐二年（1277），扬州城被围困日久，食将尽，将领姜才听闻高邮州有运粮经过，遂率军来夺，与元军大战于丁村，溃败还城。

---

[1]　朱学纯：《文天祥和泰州》，江苏省泰州市海陵区政协文史资料委员会：《海陵文史》第九辑，1997 年版，第 20—21 页。

北阿镇：在州西 80 里，因镇南有平阿湖，再往南有下阿溪，故也称"三阿"。东晋时，曾在此地侨置幽州。东晋太元四年（379），前秦将领俱难、彭超于三阿围困幽州刺史田洛，东晋朝廷大震。谢玄自广陵百里驰援，俱难、彭超退守盱眙。

三垛镇：在州北 40 里。南宋建炎年间，金人攻楚州，宋高宗诏令通泰镇抚使岳飞支援。岳飞屯兵三垛镇，三战三捷。当地有三垛桥，桥跨山阳河，河北接射阳湖。

界首镇：在城北 60 里，与宝应相接。

临泽镇：在城东北 90 里，刘宋泰豫初于海陵郡下置临泽县，齐、梁沿袭不改。隋初时并入高邮，此后一直为临泽镇。

4. 兴化县主要村镇

芙蓉镇：在县东北 35 里。元至正十四年（1354），董搏霄戍守盐城、兴化，围剿大纵、得胜两湖张士诚据点。当时于此地建有芙蓉寨，据传贼寇入寨即迷失方向，最终全部被歼，此后再不敢侵犯此地。

瓠子角镇：在县东南。明初，徐达等率军攻兴化。朱元璋认为瓠子角镇为兴化要害，是敌方必经之地，遂命徐达率重兵进攻，兴化遂克。王仲儒诗"三方犄角连兵地，自昔图形甲帐开"，描写的正是此地。

城东 60 里为唐子镇，东北 60 里为安丰镇，北 35 里为长安镇，县南 25 里为陵亭镇。唐大顺元年（890），朱温大将庞师古与江淮军阀孙儒曾大战于此，孙儒战败。河口镇在城西 45 里，临运盐河，与高邮接壤。

5. 宝应县主要村镇

槐楼镇：在县南 20 里，为漕河所经之处。槐楼镇往南 10 里为瓦店镇，再去南 10 里为氾水镇，槐楼巡检司后移于此处。再南 10 里为江桥镇。卢村镇在城南 40 里，与氾水镇相近。黎城镇在县西 90 里，附近有永丰镇。射阳镇在城东 40 里，汉代曾在此置射阳县。盐城县西、射阳湖东亦有射阳故城，虽同名，但实为东晋太康时所置。衡阳镇在县西南 120 里，宋时称衡阳阜，此地曾设巡检司。

6. 泰州主要村镇

州北 18 里为港口镇。斗门镇在城西 30 里，宋淮南转运副使吴遵路置斗门以蓄泄洪水,百姓称便,遂以斗门名镇。城东 60 里为宁乡镇,城东 65 里为白米镇,城东 75 里为曲塘镇,两镇均临运河。城东 120 里为海安镇,唐景龙二年(708)设海安县,开元十年(722)并入海陵。明初,徐达攻江北,驻军海安。进围泰州,令孙兴祖留此镇守,以切断敌之后援。传说常遇春曾在此筑城。嘉靖时,倭寇骚扰频繁,巡抚唐顺之亦于此筑土城。

7.其他州县主要村镇

通州主要村镇有 6 个,白蒲镇在州北 60 里,石港镇在州东北 70 里。利和镇距州 50 里,余中镇距州 70 里,余庆镇距州 90 里,便仓镇距州 100 里,后四镇俱在州之东部。如皋县主要村镇有五,分别为丁埝镇、白蒲镇、石庄镇、西场镇和掘港场镇,但具体方位不详。泰兴主要村镇有 7 个,其中口岸镇在城西北 40 里,城东 40 里为黄桥镇,旧称永丰镇。城西北 20 里有马店镇,西南 20 里为马桥镇,城西 25 里为三汊镇,与江都交界处为嘶马镇,城东南 40 里为广陵镇。

第二节　亭楼园林与风景名胜

明朝中后期,园林建设之风逐渐兴起。随着营造私家园林风气的形成,叠石造园发展成一种艺术,私家园林的造园师应运而生,其中最著名的是明后期的造园师计成。计成,字无否,苏州吴江人,曾在仪征为汪士衡造寤园,又在扬州为郑元勋造影园。在扬州设计园林的同时,计成将造园的图式文稿整理出版,以图流传后世。他原本将作品命名为《园牧》,曹元甫认为此书是一本前无古人的杰作,让他将书名改为《园冶》。崇祯四年(1631),《园冶》成书。《园冶》共 3 卷,第一卷讲兴造论、园说及相地、立基、屋宇、装折;第二卷讲栏杆;第三卷讲门窗、墙垣、铺地、掇山、选石、借景,书中附插图。《园冶》是中国古代园林建造的开山之作,总结了明代造园艺术,对研究明代江南园林有重要的参考价值。[1]扬州作为运河之枢、财富之源,建园之风更甚他处,广泛分布于城市与乡村。不过需要说明的是,除极少数景观对百姓

---

[1]　陈锴竑、姜龙、卢桂平主编:《扬州历史文化大辞典》,第 790 页。

开放外,大多数园林仍为文人墨客、达官贵人专享,普通百姓并无享受这些设施的权利。[1]

一、各地园林概况

(一)江都园林概况

江淮胜概楼:正统十三年(1448),侍郎周忱建成,位于瓜洲镇。瓜洲地处交通要道,"闽浙诸郡与海外番国遣使贡献,朝廷差遣使臣暨漕运商旅之舟,皆由瓜洲济江"。周忱最初建大船2艘,并命赵珣建石堤,以免小船沉溺并便利客商登岸。但因无馆舍设施,"或风逆雨暴,水涌潮溢,行者丛立于堤,相视愕然,咸有忧色"。周忱遂决定建楼5楹,"上辟窗牖,中置几榻,以处使客贵游之士",楼后设有餐厨设施,以供饮食。渡江者如遇风涛之险,可就此躲避。至于其风景,"登楼者可纵目一览江山之胜",因命楼为"江淮胜概楼"[2]。

康山草堂:在江都新城东南角,建于小山之上。正德年间,康海因营救李梦阳落职,后客居扬州,经常与宾客在此饮酒赏乐。董其昌遂题其名为"康山草堂"。

志道堂:在江都西门内维扬书院。嘉靖年间,巡盐御史徐远卿建,湛若水撰写《志道堂铭》以明其旨趣:"夫道者,天之理也,人之路也。舍正理是自失其正路,失其正路者,自贼者也。""曷明曷道,修政立教。肇开两院,斯文有作。或谋广野,或处城府,或开或阖,或守或悟,或以藏修,或以鼓舞。恢恢厥堂,志道孔彰。"[3]其意在于激励士人立志应存高远,以达到儒家所要求的"道"的最高境界。

苜蓿斋:在江都儒学内。嘉靖四十五年(1566),欧大任任江都儒学训导,于官廨之西建小斋读书其中,并整理斋后空地,遍种苜蓿,名为"苜蓿园",

---

[1] 云山观是明代扬州园林中唯一一对普通百姓开放的,"每春日,卉木竞发,游观者不禁,春尽乃止"。见〔明〕杨洵修,〔明〕徐銮等纂:《〔万历〕扬州府志》卷二一《古迹志》,《扬州文库》第1册,第629页。

[2] 〔明〕王英:《江淮胜概楼记》,〔清〕五格、黄湘修,〔清〕程梦星等纂:《〔乾隆〕江都县志》卷一六《古迹》,《扬州文库》第11册,第222页。

[3] 〔明〕湛若水:《志道堂铭》,〔清〕五格、黄湘修,〔清〕程梦星等纂:《〔乾隆〕江都县志》卷一六《古迹》,《扬州文库》第11册,第227页。

其斋遂名为"苴蓿斋"。宾客时常聚集于此,相率谈论尧舜周孔之道,所食则半为苴蓿。欧大任撰记明其宗旨:"心未始有物也",一旦心为利欲所蒙蔽,"巧宦之士,售尺寸之劳以奸爵禄。闾巷之子,拥金帛之富以逾典章。孰肯淡泊其心于以居身而正性命哉?"苴蓿抱朴含真,不慕浮华,欧大任以此名斋,乃因其可为"委土之箴规,断罟之师保也"。[1]

影园:在江都城南,郑元勋所置别业。崇祯十三年(1640),该园黄牡丹盛开,各界名流聚集园中,共赋七言律诗数百首。郑元勋乃匿名誊写后送给钱谦益评定等次,钱谦益以南海黎遂球所作10首为第一。郑元勋乃做金斝2个,内镌刻"黄牡丹状元"5字赠送给他,一时传为佳话。当时,文人墨客也留下不少诗篇,如万时华《寄题影园》:"闻君卜筑带高城,鸥地凫天各性情。画里垂杨兼水淡,酒边明月为楼生。踏残芳草前朝影,吟乐官梅独夜声。一自琼花萧索后,此中花事属康成。"梁于涘诗云:"裁制溪山惬野情,小亭虚阁散余清。才通渔艇疑仙路,深锁丹楼望化城。花鸟午庄怜独往,诗书邺架笑浮名。闲居回首风尘里,愁杀江南阮步兵。"

此外,偕乐园在广储门外梅花岭,万历间知府吴秀建,环梅花岭周围之亭馆台榭,统称为偕乐园。大观楼,万历间江防同知邱如嵩建,位于瓜洲镇。十三楼,初建年代不详,明末郑元勋重筑,并撰有《十三楼赋》。台鉴亭,在盐政署正寝之西。嘉靖四年(1525),巡盐御史戴金建。劲节亭,在察院内。嘉靖七年(1528),监察御史李钺建,胡尧时有《劲节亭记》记其事。鉴楼,即迷楼,崔桐改称为鉴楼。琼花台,在小东门外蕃釐观内,唐朝始建,元末毁弃,正统间知府韩宏重建。竹西亭,在官河岸禅智寺,建于唐或唐之前,后屡建屡毁。万历二十五年(1597),知县张繍重建于官河北岸皂角树侧,并祭祀宋儒王令。平山堂在蜀冈上,始建于北宋,其后屡有兴废。万历间,知府吴秀重建。休园,在流水桥,工部司务郑侠如之别业。菊亭,不详何处,朱曰藩有《菊亭记》,称其主人为扬州卞公。宪度余思轩,在察院署内,御史冯允中建。仕学轩,即劲节亭,嘉靖中巡盐御史徐九皋改此名。王氏园,翰林院待诏郑

[1]〔明〕欧大任:《苴蓿斋记》,〔清〕陆朝玑修,〔清〕程梦星等纂:《〔雍正〕江都县志》卷一九《艺文志》,《扬州文库》第10册,广陵书社2015年版,第426—427页。

元嗣建,不知何处。嘉树园,锦衣卫郑元化建,亦不知何处。文峰塔,在南门外宝塔湾。万历十年(1582),知府虞德晔于此地建塔7级,另建寺1所,俱名文峰。其塔顶以黄金涂饰。

（二）高邮园林概况

文游台:在州城东1里。宋代苏轼经高邮,与孙觉、王巩、秦观等饮酒赋诗其上。州守以群贤毕集,遂题匾曰"文游"。台上之湖天一览亭、盍簪堂等尤为名胜。画家李伯时曾以此为主题作画,反映这一文坛盛事。后渐毁弃。正德间,胡尧元谪守高邮,于泰山庙后访得其遗址,建崇贤祠,祀四人于其中。王元凯南归过高邮,与胡尧元、郡守朱良、郡判沈圻等人共游此地,并作《文游台记》以记此事。其言曰:"古雄台何限,惟兹不泯","山得人若增而高,水得人若辟而广",文游台以"蕞尔么台而得四君子","一时为斯文之会",故能"长存而愈光"。[1]夏洪基诗曰:"昔贤曾此共追游,杖履依然胜迹留。一代风流传翰墨,千年文献重琳璆。珠湖毓秀澄光远,泰岱钟灵瑞霭浮。自是高山堪仰止,登临原不为寻幽。"此外,明人有大量诗文以文游台为主题,如柳文有《文游台赋》、陈奂有《文游台诗》和《上巳登文游台诗》、王磐有《上巳谒文游台祠诗》、沈起鹤有《登文游台感旧诗》、张绽有《谒文游台四贤祠诗》、李含乙有《邀水部于公饮文游台诗》等。

众乐园:又名东园,在州治东。宋哲宗元祐初,朝廷赐金修建。起始于郡守毛渐,落成于郡守杨蟠,内有时燕、华胥台、珠亭、摇辉、丰瑞堂等亭台池苑12处。名为"众乐园",概取孟子"独乐乐不如众乐乐"之意。明人有《珠亭诗》:"客醉金台月未生,天风四面响泠泠。骊龙一觉惊寥沉,老蚌千年拆晦暝。人盛文章如有待,岁饶丰乐不无灵。崔仙当日曾为赋,灿烂应同照此亭。"《丰瑞堂诗》云:"瓜期屈指去相将,乐此丰登且更狂。五日犹须吟百首,三年岂止醉千场。毵毵柳线才拖砌,袅娜花梢未出墙。好事异时如念我,为栽桃李助芬芳。"

奎星楼:天启三年(1623),州民王自学、孙兆祥、张承烈初建。崇祯九

---

[1]〔清〕张德盛修,〔清〕邓绍焕、汪士璜等纂:《〔雍正〕高邮州志》卷二《古迹志》,《扬州文库》第20册,广陵书社2015年版,第306页。

年（1636），孙、张二人予以修葺。徐嘉会《奎楼小集》诗曰："城上高楼八面开，举头万里净纤埃。精蓝回与红尘隔，湖水遥分白雪来。节近重阳先把菊，日余残照好衔杯。相看剧有高阳兴，莫为时艰赋懒裁。"

湖南精舍：在高邮南湖湖畔，州人贾雪舟建。王磐有《游贾雪舟湖南精舍》诗："野云低掠短墙飞，座上荷衣杂锦衣。喜见图书堆满屋，已知边檄到门稀。蚌胎午夜珠扬彩，龙窟千年剑发辉。纵是麒麟勋业好，凯归争似劝农归。"

（三）宝应县园林概况

荣寿楼：明宪宗时，邑人仲兰官太医院使，后其母郑氏年八旬时居养京城，时周太后闻其名节，召见于慈寿宫，赐予琥珀、念珠、玉顶、枝杖等物。仲兰归，乃为母筑荣寿楼。刘大夏、顾璘、李东阳等人均以此为主题赋诗。李东阳诗曰："百尺高楼肯构新，郎君家有白头亲。骈罗合敞长生宴，升降全轻未老身。泼眼湖光堪酿酒，卷帘山色似娱人。豸冠骢马朝天路，夜夜凭栏望北辰。"

泾上园：朱应登、朱曰藩父子所建，在县城北门内，宋泾河上。园内有环楼、香醉山、朱干草堂、青棠馆、山带阁、永乐亭等景观，尤以朱干草堂最为著名。朱曰藩作为当时著名文士，一生有大量诗篇对其园林刻画描绘。《泾上夕眺柬友人》诗云："台下平池池上花，春风无日不山家。红藏坞壁攀危磴，绿浸栏干系短楂。小市渐沽寒食酒，中林长隔美人车。夕曛也恋西枝好，不管城头已暮鸦。"又有《泾上春日》六言诗8首，录其2首，以示特色，其一曰："双去双来燕子，自开自落桃花。过客齐歌白纻，老夫不炼丹砂。"其二曰："花事已过九九，月闰更值三三。芍药最宜北地，杜鹃不到淮南。"其父朱应登、时人郭第、郑化中等亦有相应诗篇。

清隐园：吴敏道所建，在支川庄，内有嘉树草堂、水影堂、月舫、清商馆、玉笋峰、煮茗泉、染翰亭、雁石等景观。时人刘继善、范之默等均有诗篇描绘其景。吴敏道则对每一景观专门赋诗，如《清商馆》诗云："我有绿绮琴，玉轸黄金徽。欲理清商曲，所恨知者稀。"《玉笋峰》曰："君爱玉笋班，我爱玉笋石。浑类素心人，相与数晨夕。"《染翰亭》诗曰："盘礴修竹林，轩窗绿相映。湘波洒洒水，大有临池兴。"《水影堂》诗："何水洗我耳，何水浣我肠。

二水荡秋月，流影到溪堂。"

柘溪草堂：乔可聘建，在柘沟庄。堂成后，乔可聘自题于壁，以告诫后人，其文曰："无庄周之达，而知鱼乐；无茂叔之静，而爱莲香；无陶元亮之高，妄意羲皇一枕……内不足外有余，君子所耻也，可不大惧乎？先儒以玩物为害道，所从来矣。儿辈莫把'丘壑'二字等闲看过，不以此自娱，日以此自警，庶几得之。"该文流传开后，有人又特意题诗申述其意云："翛然迟静昼，高坐此桐阴。宁我知鱼乐，将君听鸟吟。凉风生荻岸，初月照冰心。几解闲非偶，瞿瞿玩物箴。"[1]提醒后人追求内涵，不要追求表面，玩物丧志。

桐园：李茂英建，在宋泾河合流处。该园三面临水，水上建重楼，以各色奇石堆成假山，并于园中凿渠引水，有盈尺大鱼嬉游其间。园内山上广植林木，其最为赏心悦目者有老黄杨、大绣球等。另有丛桂园、淮南草堂、三花馆、松轩、海月台、品泉亭、玉勾洞、借隐室等景观，令人目不暇接。道光《宝应县志》称其"亭榭花石为一邑冠"。[2]吴敏道有诗8首歌颂之，《淮南草堂》诗曰："堂前植丛桂，堂后堆小山。山人半醉后，灼灼桃花颜。"《海月台》诗云："登台见海月，逸兴飘飘发。欲驾青虬车，远游紫贝阙。"《借隐室》云："道人有时来，三弄清溪竹。道人有时去，胡床挂东壁。"李元鼎亦有《七夕立秋饮素臣园亭》诗1首，描绘其风光。

上述园林亭台之外，宝应还有南园（仲兰建）、近月楼（刘继善建）、驯鹤亭（刘继善建）、逍遥馆（朱应辰建）、射陂草堂和白莲草堂（朱曰藩建）、镜心楼和白雪楼（朱方中建）、潘家园（潘煜如建）、一草亭（范之默建）、竹溪草堂（李藻先建）、萧家园（萧韶建），等等。此处不再一一介绍。

（四）仪真园林概况

青莲阁：士人李恍（字季宣）读书处。汤显祖撰《青莲阁记》述其景致云：李恍游江皋，"时登斯楼，徘徊其上。望远可以赋诗，居清可以读书"。又述李恍立身行事云："书非仙释通隐丽娟之音，皆所不取"，"日与天下游士过

---

［1］〔清〕阿克当阿监修，〔清〕姚文田等纂：《〔嘉庆〕重修扬州府志》卷三四《古迹志五》，《扬州文库》第6册，第564页。

［2］〔清〕孟毓兰修，〔清〕乔载繇等纂：《〔道光〕重修宝应县志》卷四《园囿》，《扬州文库》第25册，广陵书社2015年版，第211页。

从,相与浮拍跳浪、淋漓顿挫以极其致,时时挟金焦而临北固,为蹇裳蹈海之谈"。友人观其行止,感叹说"季宣殆青莲后身",于是相率颜其阁曰"青莲"。[1]

分碧亭:仪真都水分司署东有小池,长约 10 寻(1 寻约为八尺),宽仅四分之一,其状狭长。正德十三年(1518),杨汝圭主持分司事务。因池过长,乃于其中架木为基,其上建亭,名为"分碧"。景旸作《分碧亭记》曰:"自堂而南望见亭,亭之外若有不可穷者。自圃而北望见亭,亭之外若有不可穷者。入亭之内,则截碧而中,居之其得清泠芳润之助。"经改造后,景象大异,小池亦不显过长。景旸由此感悟人生哲理:"高人智士,凡有所作,随地而异,因物而付,若次山之寒泉宨宇、柳子之朝室夕室,各得其宜,而人所羡慕不置,率斯道也。"[2]对不同事物采取不同的处理方式,因时而异,因物而变,才能正确地立身行事。

体仁堂:在天宁寺,嘉靖间知县王暐建。王暐任职时,于天宁寺寻得空地一方,建房数间,以便读书学习,题其名曰"体仁堂"。堂成后,派儒生数人赴南京向邹守益请教"体仁"之方。邹守益说,天有春夏秋冬,以其温、燠、凉、寒推动万物"并育并行,历万世而无穷",此即天地之"仁"。圣人法天,对于百姓"温柔以容而咸育焉,刚毅以执而咸正焉,斋庄以敬而咸肃焉,密察以别而咸服焉,利而不庸,杀而不怨,迁善远罪而莫知为之",这是圣人之"仁"。为官者须取法天地、圣人,做到"与天地同流,而圣神合德",即可得"体仁"之功。王氏深有感触,乃以"仁"施政,深得百姓拥戴。[3]

荣园,在新济桥西,崇祯年间汪氏所建。富商巨贾、达人高官时常于此宴集。时知县姜埰极为不悦,说:我都快成为给汪家看门的了!汪氏恐惧,遂自毁其园,仅余石 2 块。一石玲珑嵌奇,别具一格,人称"小四明";另一

[1]〔明〕汤显祖:《青莲阁记》,〔清〕阿克当阿监修,〔清〕姚文田等纂:《〔嘉庆〕重修扬州府志》卷三二《古迹志三》,《扬州文库》第 6 册,第 529 页。

[2]〔明〕景旸:《分碧亭记》,〔清〕阿克当阿监修,〔清〕姚文田等纂:《〔嘉庆〕重修扬州府志》卷三二《古迹志三》,《扬州文库》第 6 册,第 534 页。

[3]〔明〕邹守益:《体仁堂记》,〔清〕阿克当阿监修,〔清〕姚文田等纂:《〔嘉庆〕重修扬州府志》卷三二《古迹志三》,《扬州文库》第 6 册,第 536 页。

石为人物造型,优雅逼真,称作"美人石"。从中可以想见此园当初之奢华。

此外,王正郎宅在法云街东,为刑部郎中王大化居所,前为茂祯堂,后为晚逸堂。蒋大参宅在城外三堰后,为左参政蒋山卿住所,有大雅堂、嘉遁堂等建筑。休园在城东10里江麓,蒋山卿常隐居于此,被时人称作"小蓬莱"。蒋本人有诗《休园十一咏》,赞其景致。江上别墅在三坝河南,为朱永年读书处。小东园在东城内,为中丞王大用宅,前临城濠,后有钓阁、涵虚亭。另有小林泉,为彭真家圃,但不详何处。

（五）泰州园林概况

西花园:在海安西门外约4里,乡人程赞、程通所建。园中多古木,桂树尤盛。程赞、程通兄弟俱善书画,常栖息此园中。

镜香井:在州治东南学正厅之东。宋代即已建成,井深12丈,年久湮塞。成化十九年（1483）,训导何湘寻得故址,以砖修葺。正德间,学正陈琦重新疏浚时发现旧井栏,其上刻有"文星井"3字。

南山寺塔:南山寺东侧有砖塔1座,上刻"周公塔"3字,疑为周孟阳所建。正统四年（1439）,知州黄性在棂星门附近开凤池,塔影入池,直立如笔状,被称为"凤池笔颖",成为泰州八景之一。后不知何时坍塌,嘉靖初尚存遗址。嘉靖末,僧官盛芳掘地取砖,曾发现金佛像1尊。再后夷为平地,遗址亦难寻觅。万历四十八年（1620）,知州韦宗孔命僧官寻找塔基所在,僧官掘地3尺始得,于是在原址上重建南山寺塔。

此外,望海楼在城东南角,宋初建,毁于元末兵火。嘉靖年间,知州鲍龙重建。徐嵩有《重建望海楼记》专记其事。钟楼、鼓楼,一在州治西南,一在州治东南,洪武间知州史遇、张遇林分别建立。鱼行庄塔,初建年代不详,万历间僧人以募捐、化缘重建。秋实园,刘氏所建。好好园,王相说建。日涉园,陈应芳建,在州南殷家巷。

（六）通州园林概况

亦适园、退园:亦适园在州城西南,万历四十一年（1613）,范凤翼所建。天启三年（1623）,范凤翼又在州城北郊建退园。范凤翼,世称"真隐先生",以天官郎归养,朝廷曾5次起用,但坚辞不出。后卷入东林、阉党之争而被处罚,退而建退园。园中有隐阳别墅、河上丈人垞等,范凤翼在此著述终老。

珠媚园：在州城内，顾养谦所建。顾养谦去官归乡后，与六七友人在此园结社赋诗。文献记载，顾"落笔千言，雄赡有奇气，犹能引六钧弓，古称隋陆无武、绛灌无文，殆兼之矣"。[1]

此外，寄园在州城东，白肇敏建。其人工书法，园中建有墨池，池上植芭蕉，风景优雅。静观亭在州城南门外，凌东京建。北屯草堂在州城北郊，葛幼建。石圃在州城西南营，包壮行建，王猷定撰文记其事。皆春园在州城南郊外3里，陈完建。芳春园在州城西门外解家桥，顾轸建。异梅轩在州治五步桥，方德象建。䇲竹园在州城中，张先登建。竹素园在州城南，顾瑶建。东园在州治中，陈尧建，内有大观楼，可远眺通州风景。醒园在州城西门外盐仓坝之东，陈大科建。另外还有溪山书屋（邵棠建）、双莲阁（江一山建）、霞蔚园（顾懋贤建）、逋园（保时建）、龟田草堂（凌楷建）、西麓草堂（陈大震建）、两泉书屋（凌霄建）、云深馆（凌兰建）、渔素阁（钱岳建）、懒云窝（顾道含读书处）、十山楼（范国禄建）、苍虬馆（卢纯臣建）、一草亭（李堂读书处）等，俱为明代所建。

（七）海门园林概况

秋香园：在旧城东门外10里，王松龄曾在此教授其子王效通、王效维。该园以前在东布洲，有堂3楹，内供奉王氏先祖画像，并保存其遗著30余册。堂前植松、桂、楠、梅各一株，"连枝合抱，列树阶下，如绕膝然"，堂遂题名为"永思"。走廊右侧有侍月楼。每逢早秋，桂花香飘十数里之外，因名其园为"秋香园"。

另有澹旨园，在旧城中，张光鉴建。

（八）泰兴园林概况

希董堂：在城南，茅诵建，方孝孺有记。洪武年间，茅诵因博学多才、考绩优异，被提拔为秦府长史，朱元璋以董仲舒辅佐广陵王例相勉励，遂名其堂为"希董"。

来鹤亭：在城西，友人赠知县谢说一鹤，次日又一鹤自西北飞来，共同翱翔，徘徊不去，遂建来鹤亭。

---

[1]〔清〕王继祖：《〔乾隆〕直隶通州志》卷一八《古迹志》。

嘉树园：在城中学宫左侧，季寓庸建。园长宽各 3 里许，有池、亭、廊、榭，皆依山傍水而成，清幽别致。季寓庸致仕后每日在此赋诗为文，对古人书法、碑版研究精深。姜宸英有记。

腾蛟阁：在城东南，嘉靖年间建成。名士王穉登、内阁首辅申时行都有诗记之。

遗带亭：在城中旧察院前，知县舒曰敏建。著名学者焦竑有记。

惇树草堂：在县东口岸镇，赵厚培建。

（九）如皋园林概况

万卷楼：在城东 20 里东陈镇，冒基藏书处。永乐八年（1410），下诏征集民间藏书，冒基表现突出，受到朱棣表彰："处士冒基广为裒集，大有缥缃，特诏搜罗，可无献纳？曹仓杜库，莫任蠹蚀，长生奎壁。灵文直附，龙文上达，自有酬缣之典，将旌稽古之勚。"[1]次年，赐其藏书处名为"万卷楼"。

水绘园、匿峰庐与朴巢：水绘园在城东北角，初为冒一贯所建，后冒襄长期隐居于此。园大小约数十亩，有堤蜿蜒数十丈。门夹黄石而建，入门沿石径行百余步，至"妙隐香林"。左转有"一默斋""枕烟亭"，右转至"寒碧堂"，堂前有池曰"洗钵池"。池北有"小浯溪"，沿溪有小亭 4 座，分别为"小三吾""烟波玉""月渔基""湘中阁"。因树楼参差，水流自高而下，形如"悬溜"（小型瀑布），遂于其旁建悬雷山房。悬溜之西有"镜阁"，突兀耸立，俯看"涩浪坡"。其北有土山，山后曰"碧落庐"。从妙隐香林至涩浪坡，其间又有亭台数十座。涩浪坡宽广 10 余丈，上面有石可坐。园四境皆有小河流过，水、山、树、花掩映，行人如在画中，故名"水绘园"。数十年间，社会名流汇集于此游乐赋诗，冒襄汇集其诗，刻成《同人集》。晚年，因水绘园破败，又于水绘长堤之西建"匿峰庐"，其规模景致均逊于水绘园，唯有竹屋、纸窗、土冈、野花而已。此外，冒襄还曾在城南龙游河畔古朴树下建"朴巢"，作为自己的居所，明末毁于兵火。冒襄自述云："雉皋古龙游河畔有朴树瘿生，偃盖如螭，回环似珥，上覆菌云，下横珊铁，枝叶笠垂，外敞内阒。余惭鸠拙，倦飞息影，借巢傍干，三面斗折，皆层溪浅渚，韬溜澹泄，缥巢左通小桥，冲风耐雪，袅度他

---

[1]〔清〕王继祖：《〔乾隆〕直隶通州志》卷一八《古迹志》。

枝,枝杪为台,如秋裳花,可月可渔,俱叠以冰纹片石。昔张功甫作架霄亭于四古松间,悬以铁缒,风月之夜,与客梯登,自谓飘飘云表。此巢不缒不梯,空游满树,想际真人神往邃古,更为旷绝。巢成,即从树名,余尤爱其朴也。"[1]后其子冒丹于一株百年古树下再建居所,名为"还朴斋"。

此外,三瑞园在县治东迎春桥南,李上林建。传说李上林80岁时,牡丹在严冬盛开。此前,又有枯木生枝、石榴并蒂结实等瑞兆,文学家屠隆遂以"三瑞"名此园。露香园在城北伏海寺前,张勉学建。逸园在治东北洗钵池上,冒梦龄、冒起宗父子所建。闲园在县东南70里白蒲镇,薛湛读书处,内有鉴水亭、潇湘馆、芙蓉陂、古香阁等景观。壶领园在东水关北岸,佘元羡建。石溪草堂,严怡建。严怡曾任教职,离职后生活贫苦,借别人房屋居住,并自署其室为"流萍丈室"。知县黎尧勋重其才华,遂以马厩建草堂两间,称"石溪草堂",严怡在此著书终老。会心堂,许凤所建。许凤曾师从泰州王艮讲良知之学,嘉靖间知县刘一中名其堂为"会心"。

(十)兴化园林概况

拱极台:在县城北城之上,初为武台,元朝时知县詹士龙读书处。明朝时,知县傅珮在武台原址复建,改称为"拱极台"。知县胡顺华于台上建海光楼,其下俯瞰海子池,为兴化县著名景观。天启间,知县王绩灿重修。"极"在天为"枢",列星绕其旋转,象征君王。取名"拱极",其意在于"俾凡莅官于兴者,宣德布惠,无背此极,以率诸民。俾民之有怀者,皆知所以归诸维皇之极"。[2]

猗园:邑人李思敬建,袁继凤有诗赞其景色云:"怪来幽兴与人殊,坐向东窗近北隅。没水轻鸥翻白浪,当风细叶动青蒲。孤亭远岫留云否,缓桨双摇入画无。最嘉荷花开六月,竟将名胜比苏湖。"

问鹅亭:在县东南徐家庄,邑人徐大经所建。徐来贡诗云:"九曲溪湾处,孤亭有问鹅。大都人客少,只是水云多。野鸟冲青霭,游鱼趁碧波。夕阳平野暮,时听采莲歌。"

---

[1]〔清〕冒襄辑:《同人集》卷三《朴巢记》,《四库全书存目丛书·集部》第385册,齐鲁书社1997年版,第96页。

[2]〔明〕向淇:《拱极台记》,〔清〕梁园棣:《〔咸丰〕重修兴化县志》卷一《舆地志》。

鸿寄园：邑人解学龙所建，初名解家园。

步月台：在学署前，万历年间训导李良知建。此台"削木为巨笔，琢石为大砚，置城之睥睨。左右列龙骧、凤翥坊，置双桂于其上"，别具特色。

此外，文峰塔在县东城之外，万历二十六年（1598），邑人李思诚倡建，以李春芳之玉带作为镇塔之物。曼园，邑人李长倩建，有水亭、苔藓山等景观，后荒废为芦洲。陈氏在其旧址上重新建园，名"柳园"。读书楼在升元里柴仙祠右侧，邑人吴甡读书处。宜稼亭在南堤之上，知县陈登瀛建。莲花堡在濯缨亭东，成化年间知县刘廷瓒建。枣园在海子池南，邑人李思诚建，其孙李清隐居于此。

二、自然与人文景观

对于各地的著名景观，文人墨客往往冠以名称，形成所谓"八景""十景""十二景"系列，并为某些景观配上诗歌，更增加了一番诗情画意。其中部分为历史景观，其故事神秘、悲壮而柔美。有些则是单纯的自然景观，春雨秋风、烟柳画桥，美不胜收。现据文献所载，列举如下：

"宝应八景"：淮甸朝霞、西湖渔乐、黄浦春涛、邮亭柳色、云山晚照、东野农耕、白田秋月、楚甸槐阴。又有"宝应十景"之说：东林松色、西荡荷香、双虹桥峙、万马墩联、菁湖银镜、桃坞锦屏、周村樵唱、水市渔歌、雪楼高寒、云山远翠。[1]

高邮州"秦邮八景"：甓社珠光、神山爽气、邗沟烟柳、西湖雪浪、文台古迹、灵祠神灯、露筋晓月、玉女丹泉。明代胡俨、无名氏，明末清初孙宗彝均曾赋诗述其故事与优美风光，如胡俨《盂城八景诗》云：

> 甓社之湖五湖一，百里湖光际天碧。芳洲佳树竹阴连，中有幽人读
> 书宅。幽人读书不记年，夜夜珠光红满川。只今一片蘼芜绿，时有渔歌
> 闻扣舷。（甓社珠光）
> 神居之山在何许，秦邮之西六十里。朝朝爽气拂青天，仙人结屋曾

---

[1]〔明〕陈煃修，〔明〕吴敏道纂：《〔万历〕宝应县志》卷一《疆域志》，《扬州文库》第24册，第338页。

栖此。屋前屋后皆白云,丹成气结龙虎文。春来唯有桃千树,夜静时闻鹤一声。(神山爽气)

秦邮亭下古邗沟,一簇人家烟树稠。两岸绿阴花雨霁,数声黄鸟柳风柔。忆惜经由常草草,空怜过眼春光好。如今展卷谩题诗,却笑形容真潦倒。(邗沟烟柳)

淮南十里春风颠,西湖之水波连天。银山高拥雪花碎,商帆尽落眼望穿。我昔游吴到东海,潮头璧立烟霏洒。衰年投老住江村,钓船稳坐忘惊骇。(西湖雪浪)

昔人好事佳遨游,不独文雅还风流。笑谈芳草舒茵席,醉折花枝当酒筹。斯人一去无消息,惟有荒台旧踪迹。夜雨声中磷火青,春风石上苔痕绿。(文台古迹)

新开湖西耿侯庙,夜夜神灯吐光耀。空中凫雁尽飞翔,渚面鱼龙皆眩掉。曾开红叶下云中,五台蛾眉今已空。御灾捍患神之功,我作此诗流无穷。(灵祠神灯)

扁舟几度过维扬,露筋古祠遗道旁。芳草绿波春寂寞,淡烟古树月昏黄。嫂止田家姑野宿,喧雷咂体蚊如簇。此身虽尽死犹生,忍耻偷生何面目。(露筋晓月)

迎仙桥边有遗井,石甃土花绣如锦。丹成双鹤去冲天,一泓寒碧犹凄凛。苏耽葛洪世共传,橘树云林空碧烟。安得月光长照此,能使饮者沉疴瘁。(玉女丹泉)[1]

兴化县"昭阳十景":三闾遗庙、景范名堂、木塔晴霞、东皋雨霁、阳山夕照、胜湖秋月、沧浪亭馆、玄武灵台、南津烟树、龙舌春云,高谷配以诗曰:

《三闾遗庙》:孤忠一片委清波,留得芳名永不磨。雅志未酬缘命薄,高才欲聘奈时何。衣冠寂寂蒙尘土,门径萧萧长绿萝。欲赋招魂无处所,

---

[1] 〔明〕范惟恭修,〔明〕王应元纂:《〔隆庆〕高邮州志》卷二《山川》,《扬州文库》第19册,第355页。

一庭秋草夕阳多。

《景范名堂》：翼翼高堂昼不扃，洞开窗户见云屏。前修可是称人杰，后学徒知仰地灵。政若春阳敷厚泽，文如秋月带华星。不须古鉴须今鉴，请看亭前戒石铭。

《木塔晴霞》：晴霞五色照林扉，高映浮屠烂有辉。浴海已随红日上，弥空又作彩云飞。袈裟影里分明见，铙钹声中渐次稀。头白老僧初睡醒，隔窗惊堕紫绡衣。

《东皋雨霁》：积雨如膏土脉滋，春来民事颇相宜。一犁已足三农望，十室何忧八口饥。宿麦渐看青遍野，新秧初见绿盈池。天恩穆穆民何有？鸿雁凫鹥总不知。

《阳山夕照》：阳山一带望中微，翠巘苍崖映夕晖。斜影半侵行客骑，余光犹烛定僧衣。树头鸟雀参差集，草际牛羊次第归。明日登临重载酒，莫令迟暮感芳菲。

《胜湖秋月》：小湖摇碧接孤城，月色澄秋分外明。光沏玉壶栖鸟定，影沉金镜蛰龙惊。渔舟未许张灯卧，吟客惟宜载酒行。何处一声吹短笛，误疑身世在蓬瀛。

《沧浪亭馆》：沧浪亭馆枕幽溪，溪上行人入望迷。钓艇尽依青草岸，酒帘高控绿杨堤。尘缨可许当时濯，胜迹重烦此日题。风景满前看不足，野花如绣水禽啼。

《玄武灵台》：高台北极隆千古，祠屋依依迎水滨。香结瑞云微蒸火，月团葆羽不惊尘。几株疏柳城鸦集，十里平芜野雉驯。愿得居民常席庇，年年来为荐芳苹。

《南津烟树》：津亭南望路遥遥，烟树苍茫翳碧空。万井人家春色里，数声啼鸟夕阳中。繁枝影浸平桥水，落絮香迎小径风。多少征帆从此去，长条无计挽匆匆。

《龙舌春云》：龙舌津头云雾生，飐风垂碧挂春城。漫从巫峡朝为雨，忽傍吴山晚弄晴。天际远随鸿雁度，海溪常结白鸥盟。人生总为浮名系，谁似飘飘一穗轻？[1]

泰州"海陵八景"：泰堂明月、驼岭清风、凤池笔颖、贡院奎光、西湖春雨、范堤烟柳、董井寒泉、天目晴岚，凌儒分别配以诗曰：

《泰堂明月》：高匾巍然牧爱悬，汤铭重示自何年。相看夜夜来明月，不愧时时对昊天。草满松庭长浥露，花深卧阁不笼烟。清光堕地寒如水，偏照淮南郡守贤。

《驼岭清风》：守御堂垂玄武强，明驼高峙锁金方。清风过岭吹萧艾，旭日临冈睹凤凰。地险有人司保障，时平无士死封疆。诗书自可销氛气，漫道渔阳骑射长。

《凤池笔颖》：胶庠云涌凤麟游，形胜多从璧水收。峻塔倒成横笔影，清淮分作曲池流。文明此日昌期会，元气终天万古浮。安得回梯还百尺，题名盛继许查周。

《贡院奎光》：俊乂何时海上收，锁闱开向郡南头。文章一代声华往，礼乐千年教化留。地废自应禾黍长，时来还凤凤麟游。兴贤会萃钟山胜，夜夜奎缠紫气浮。

《西湖春雨》：殿山连郭小西湖，一镜澄然落影孤。日日寒波浴鸥鹭，年年春雨长菰蒲。精忠上仰将军岳，正学前依教授胡。为爱幽遐隔尘市，结茅邻并著潜夫。

《范堤烟柳》：长堤捍海几经年，万柳青青含晓烟。鳌极永乐潮应月，蜃楼高结碧连天。自宜煮水堪成赋，不畏扬波好种田。我亦乡为事疏凿，漫将经济继前贤。

《董井寒泉》：报德何难自鬻身，缫丝人远事犹新。金梭尚照西溪月，玉井长流东海春。万古纲常垂胜地，千年祠屋傍通津。漫游忆昔曾瞻拜，采拾方言字字真。

---

[1] 泰州市政协学习文史委员会、泰州市诗词协会编：《历代诗词咏泰州》，南京出版社2007年版，第235—239页。

《天目晴岚》:形胜东来第一山,岚光飞满日堪攀。尘封废井壁何在,草没高丘鹿未还。不断门前邗水绕,长停峰顶楚云闲。里人据此称雄镇,抱恨年年松桧间。[1]

泰兴四景:腾蛟啸月、庆云清梵、广福疏钟、飞虹跨马,陈继畴分别配诗曰:

《腾蛟啸月》:卧治城南百尺楼,高凭树杪见江流。当杯月出千门夜,满郭霜飞一雁秋。吹断角声潮欲上,落残灯烬客仍留。挥毫信使君能赋,载酒何妨日共游!

《庆云清梵》:上方台殿白云流,香气经声事事幽。劫后旃檀金已布,现来空色相难求。芙蓉隔水千峰暮,沆瀣当庭万籁秋。礼罢梵王心似水,幻身何暇问沉浮?

《广福疏钟》:斗转参横漏欲沉,钟声缥缈出丛林。九霄曙色分仙掌,十院残灯照幻心。风绕泮宫疑振铎,月来宫舍伴鸣琴。逢僧漫订山中约,净业无如此地寻!

《飞虹跨马》:泥香草软碧蹄骄,吟遍春风画板桥。半掩朱阑斜拂柳,平添绿水暗通潮。晴丝故向杯前堕,野色全依仗外飘。俨若飞虹飞不去,夜深神女待吹箫![2]

泰兴另有"柴墟八景":洲堤杨柳、芦岸桃花、新丰晓骑、古渡归帆、庆元返照、江阁惊涛、圌峰积雪、寿胜疏钟。[3]

---

[1]　泰州市政协学习文史委员会、泰州市诗词协会编:《历代诗词咏泰州》,第213—216页。

[2]　泰州市政协学习文史委员会、泰州市诗词协会编:《历代诗词咏泰州》,第227—228页。

[3]　〔明〕凌垙、张先甲:《〔嘉庆〕重修泰兴县志》卷六《古迹》,清嘉庆十八年(1813)刻本。

第三节　社会生活

一、民众生活的基本面貌

《汉书·食货志》云："学以居位曰士,辟土殖谷曰农,作巧成器曰工,通财鬻货曰商。"[1]这是封建时代基本的社会等级划分。士大夫包括官僚和知识分子,属于社会上层。《〔万历〕扬州府志》称："荐绅大夫矜名重节,恬于荣利,非公事不辄踵公门。士工文藻,制科之盛,甲乙于江南。词人辈出,间为诗社,三尺童子,著述拟于邹(阳)、枚(乘)。"各州县情况大体相同,如泰兴县"士大夫彬彬多儒雅";兴化县"多朴茂士,敦行而优,文学先后,名硕接踵,为文献极盛。比间尚齿明礼,壹范肃然,又有先民之风焉";泰州"士重信谊、贱浮薄,以经术起家,为名仕宦者不乏焉";通州"人文淳发,仕者多贵官显秩,盖风气固殊焉";[2]仪真"其士好学而有文";江都县"地分淮海,风气清淑,俗务儒雅,士兴文艺,弦颂之声,衣冠之选,复异他州";通州"弦诵之学,章甫亦众","士登科甲为美,官者不乏";海门县"士读书而耻奔竞之风";如皋"士皆读书",高邮"士多立学决科";[3]《〔万历〕泰州志》则称,该地"擢登魁选,仕居台省,无减于宋,而文雅之风几或过焉"。[4]

农即从事农业生产的普通百姓,间或从事采集渔捕。江都县"其乡沙土甚平旷,民皆务农为业";仪真县"其民安土而乐业";宝应县"其民力稼穑而勤厚";兴化县"地多陂泽,民居水乡,以农渔为业,舟楫为途,淳厚而力勤稼穑";海门县"耕凿为生,鱼盐为利";泰州"幽邃地肥美,民事耕桑樵渔"。[5]泰兴县"水土衍沃,民力耕俭啬,自给多盖藏";高邮州"土沃水深广,

[1]〔汉〕班固:《汉书》卷二四《食货志上》,中华书局1962年版,第1118页。

[2]〔明〕杨洵修,〔明〕徐銮等纂:《〔万历〕扬州府志》卷一《郡县志上》,《扬州文库》第1册,第303—307页。

[3]〔明〕朱怀幹修,〔明〕盛仪辑:《嘉靖惟扬志》卷一一《礼乐志》,《扬州文库》第1册,第111—112页。

[4]〔明〕黄佑、张文斗:《〔万历〕泰州志》卷六《考入仕》,清末李存信抄本。

[5]〔明〕朱怀幹修,〔明〕盛仪辑:《嘉靖惟扬志》卷一一《礼乐志》,《扬州文库》第1册,第111—112页。

有渔稻之富。故其民敦本而鲜末作";如皋县"土膏沃而俗勤于稼"。各州县基本类似。就其总体情况来说,"细民务本力穑,滨江湖则采捕渔蛤,安土而重迁徙"。[1]

中国封建社会实行重农抑商政策,农民政治地位较高,但从经济方面来说,农民无疑处于社会的最底层。风调雨顺之时,基本生活尚可勉强维持,一旦遇到水旱潮蝗之灾,则举家陷入困境。今人闫新华将扬州分为北区和南区,分别考察了当地百姓的经济生活。在北区,"明初,政策优厚,天时适宜,小民虽不富足,却也能维持基本生活。嘉、隆之后,天灾频发,农田荒芜,小民流离失所,生活惟艰。恋土情结与求生欲望的双重作用,形成了留守与逃亡两种方式,但二者生活境况都很悲惨"。在南区,"末业(商业)生涯为其主流,小民趋之若鹜。然而,除少数得以致富外,大多小民仅得以糊口。部分土著仍坚守农耕生活,在去除租税及一岁所费后,他们往往入不敷出,生活艰苦,是称'土著无人不穷困'"。[2]

曾在明世宗嘉靖时期任通州知州的林云程,对通州农民的生活有过细致的描绘:一夫一妇种田20亩,农忙之时需要雇工,"又时时修其沟洫,备其耒耜,饭牛车水之费亦不赀焉"。1亩所得,丰年为3石谷,中年2石谷,差者仅1石谷。十之六交租,农夫得十之四,而生产成本又占四分之一甚至更多。"谷秀于田,则有催租之胥、放债之客,盼盼然履亩而待之。比其登场,揭囊荷担者喧嚣满室矣。终岁所得,仅了官逋私债,曾不能一料入口,乃衣食、婚嫁、丧葬之需,未能猝办也。乃跧跧然叩诸富人之门而称贷之,以俟来年取足焉。若不幸而有一朝霜蝗水旱之灾及意外之变,则二十亩之间皆化为蓬蒿,鞠为沮茹。乃有恶主人者,方执筹而临之,以算十六之利,必如往时,曾不减少。于是鬻其妻子而逃之,否则,骈首就毙,为沟中瘠耳"。[3]农民的生

[1]〔明〕杨洵修,〔明〕徐銮等纂:《〔万历〕扬州府志》卷一《郡县志上》,《扬州文库》第1册,第303—307页。

[2]闫新华:《明清时期扬州下层小民经济生活研究》,陕西师范大学2006年硕士学位论文,第2页。作者把江都、仪征划为南区,将宝应、高邮、兴化、泰州划为北区。

[3]〔明〕林云程、沈明臣纂修:《〔万历〕通州志》卷二《疆域志》,《四库全书存目丛书·史部》第203册,第92页。

活,可谓艰辛痛苦不堪言!

四民之中,商为末业,在封建社会中政治地位较低。但他们掌握巨额财富,也是普通百姓钦羡的对象。明代扬州府以江都和仪真商业最为发达,商人也最多。《〔万历〕扬州府志》说,瓜洲"拥大江,引吴会飞挽,万货纷集,居民悉为牙侩。贫者倚负担、剥载索,雇值以糊其口,弗事农";仪真县"商贾贸易之盛,毕集于南关外,其繁嚣与瓜洲类","诸游手逐末者,或倍之焉"。[1]《嘉靖惟扬志》则称,江都"当江淮之冲要,民俗喜商,不事农业。四方客旅杂寓其间,人物富盛为诸邑最";仪真县"地介江淮,百货之交。俗喜驵侩,行旅远至,田于陷坎"。[2]其次为通州。万历州志云,通州交通方便,有"鱼盐之利,商贾多集"。[3]其他州县虽有商业活动,但相比农业均居于次要地位。在生活方式上,盐商生活较为奢靡。汪道昆曾言:"新安多大贾,其居盐策者最豪,入则击钟,出则连骑,暇则招客高会,侍越女,拥吴姬,四坐尽欢,夜以继日,世所谓芳华盛丽,非不足也。"[4]明代小说《石点头》描绘了一个名叫谢启的盐商,其"祖、父世代扬州中盐,家私巨万……年纪才三十有余,好饮喜色,四方寻访佳丽。后房上等姬妾三四十人,美婢六七十人,其他中等之婢百有余人"[5]。嘉靖八年(1529),邹守益指出,"扬俗尚侈蠹之自商始",并申饬商人"无或华居室、美衣服、盛宴会,以眩民视,违者有常刑"。[6]巡盐御史朱廷立曾为盐商立规6条,以禁其奢靡:居处不可奢纵、着衣不可奢纵、器饰不可奢纵、妻妾与仆从应有人数限制、婚礼不可奢纵、聚会不可奢纵。巡盐御史陈其学亦明令,商人敢在衣服、器用上违反规定,必将给予严厉惩

[1]〔明〕杨洵修,〔明〕徐銮等纂:《〔万历〕扬州府志》卷一《郡县志上》,《扬州文库》第1册,第304页。

[2]〔明〕朱怀幹修,〔明〕盛仪辑:《嘉靖惟扬志》卷一一《礼乐志》,《扬州文库》第1册,第111—112页。

[3]〔宋〕王随:《通州学记》,曾枣庄、刘琳:《全宋文》第7册,巴蜀书社1990年版,第495页。

[4]〔明〕汪道昆撰,胡益民、余国庆点校,予致力审订:《太函集》卷二《汪长君论最序》,第49页。

[5]〔明〕天然痴叟:《石点头》卷二《卢梦仙江上寻妻》,中州古籍出版社1985年版,第26页。

[6]〔明〕邹守益:《扬州府学田记》,〔清〕尹会一纂修,〔清〕程梦星等纂:《〔雍正〕扬州府志》卷一二《学校》,《扬州文库》第5册,第123页。

处。这些禁令,正从反面证明了扬州盐商的奢华。

当然,盐商亦有自己的职业道德,且有不少附庸风雅,奢靡浮华者并非全部。《〔万历〕扬州府志》云,"其蹛财役贫,以夸侈背诞相矜高,无虑皆四方贾人,新安贾最盛,山陕、江右次之,土著十一而已。然贾人亦矜门第,颇附于儒雅,耻自居驵侩。虽赀累巨万,而居著不休所在、饰室庐服玩。至如前史所称鸣钟鼎食、结驷连骑者,盖或未有"。仪真县"怀居交易颇以信义,较瓜、扬为易治也"。高邮"其工若商皆浮寓,非土著,固已神农氏之民矣"。通州则不以妇女主店,不长久客居在外,做生意大多限于本土。另外,部分盐商热衷文化事业,对扬州文化教育等有较大贡献。如郑元勋,出资建成影园,并延邀四方名儒硕彦在园内日日赋诗宴饮。后来,郑元勋将各诗辑为《瑶华集》出版,成为轰动一时的文坛盛事。他们捐物捐资兴办书院、社学,促进了扬州教育事业的发展。盐商还重视对子弟教育,许多人以科举而走上仕途。据统计,从洪武四年(1371)至崇祯十六年(1643)前后270余年间,盐商子弟中共出现进士106人、举人133人,扬州盐商子弟占了其中相当大的部分。[1]其他如商人投资兴建私家园林,对扬州园林艺术发展有较大的促进作用;商人讲究饮食,在客观上也推动了淮扬菜系的发展。其奢靡有损社会风气,但其积极的一面同样也是不能忽视的。

二、衣食与娱乐

衣冠:作为南北都会,扬州府地区的人们所服巾冠形制繁多,有晋巾、紫薇巾、东坡巾、逍遥巾等不同名目。游客及仕宦家族,往往着高冠。士大夫之家车马服饰均尚俭朴,日常服装不求艳丽。民间百姓则相反,男子着衣或大红大紫,僮仆吏卒或着精美绮缟,官府屡禁不止。闺阁女子妆扮务求华美,常以金玉、明珠、翠羽等作为饰品,其他用品亦是"被服绮绣,袒衣纯采"。这种情况在仪真最明显,高邮、宝应以西各州县较为朴实。在通州,弘治、正德年间,士大夫居家多素练衣、缁布冠,即便颇有文名的儒生,亦以白袍、青布鞋为日常服饰。至于普通百姓之家,最常见的衣料为羊肠葛和太仓本色布。这两种布料价格便宜,穿着素净,颇受百姓欢迎。但万历间,情况有所变化。

---

[1] 何炳棣注,徐泓译注:《明清社会史论》,联经出版事业有限公司2013年版,第86页。

青年人衣料追求稀有昂贵,本地衣料即便是绮罗亦不使用,必求远方吴绣、宋锦、云缣、驼褐制衣,甚至裤袜亦追求纯采。衣服形制,"长裙、阔领、宽腰、细褶",而且日新月异,谓之"时样"。衣着朴素者,受人耻笑,得不到尊重。羊肠葛、太仓本色布因无市场需求,早已消失。甚至商人"驵侩庸流,么么贱品,亦带方头巾,莫知禁厉。其俳优隶卒、穷居负贩之徒,蹑云头履行道上者踵相接"。[1]

饮食:《〔万历〕扬州府志》记载,"扬州饮食华侈,制度精巧,市肆百品,夸视江表"。[2]肉脯有白瀹肉、爁炕鸡鸭,汤饼有温淘、冷淘,或用诸肉杂河豚、虾、鳝为之。又有雪花薄脆果、粢粉丸、馄饨、炙糕、一捻酥、麻叶子、剪花糖诸类,皆以扬州、仪征为盛。酒类有雪酒,出自江都郝氏,可能是宋代记载的云液琼花露。除此之外,江都还有菖蒲酒、佛手柑酒、羊羔酒、珍珠酒。仪真有生春酒,通州有三白酒。各州县均产白酒,但与今日俗称白酒不同,其酿造方法源自新安,用草曲3日可成,味道极为甘美。根据所用辅材、酿造时间的不同,又可分为水白酒、腊白酒等不同名目。高邮之五加皮酒,最负盛名。该酒"本为疗湿病设也,味近甘美,或作土宜馈送"。因声名远播,遂致"索取叠至,其为民病不小"。[3]明人顾起元历数南北名酒,其中谈到"淮安之豆酒、苦蒿酒,高邮之五加皮酒,扬州之雪酒、豨莶酒"等,"多色味冠绝者",而同为扬州产之"蜜淋漓酒",则"品在下中"[4]。

养瘦马:扬州富商云集,市井无赖往往从贫穷人家买来稍有姿色的女孩,教给歌舞书画等技艺,然后贿赂媒妁,将其嫁给富商游宦,从中谋利,称为"养瘦马"。万历二十五年(1597),王士性《广志绎》提到10余处天下商品集散地,广陵姬妾也被列为物产土贡,与维扬食盐、淮阴漕粮等相提并

[1]〔明〕林云程、沈明臣纂修:《〔万历〕通州志》卷二《疆域志》,《四库全书存目丛书·史部》第203册,第90页。

[2]〔明〕杨洵修,〔明〕徐銮等纂:《〔万历〕扬州府志》卷二〇《风俗》,《扬州文库》第1册,第614页。

[3]〔明〕范惟恭修,〔明〕王应元纂:《〔隆庆〕高邮州志》卷三《风俗志》,《扬州文库》第19册,第376页。

[4]〔明〕顾起元:《客座赘语》卷九《酒》,中华书局1987年版,第304页。

论。[1]何伟然所辑《广快书》记载："扬俗喜养女,嫁富贵人为妾,虽远而蛮狄,得金多,无复顾忌也。其女亦多属贫而鬻者。两城内外,日日媒妪络绎于道。鬻女例一岁值一金,稍稍有姿容,辄昂其直。"[2]另据明人张岱记载,扬州城内靠介绍"瘦马"谋生的有数百人之多。他们每天给人搭桥牵线,忙得不亦乐乎。"扬人习以此为奇货,市贩各处童女,加意装束,教以书、算、琴、棋之属,以徼厚直,谓之'瘦马'",[3]待价而沽。最初购买价不过10余缗,至嫁时则抬高价格,最多可达数百缗,获利丰厚。因此,"养瘦马"之风在扬州愈演愈烈。流风所至,贫家遂争相仿效,生女即为出卖获利。士大夫、商人买妾,往往盛称扬州:"四方富贾宦游者,买妾皆称扬州,麇至而蝇聚,填塞衢市。"[4]"要娶小,扬州讨",成为富商权贵中的流行语,甚至崇祯皇帝的宠妃田氏也是来自"邗上"的女子。其中部分为媒妪所欺,成为娼妓。万历时人沈德符就亲眼目击,很多娼妓鼓吹花舆,每日由广陵钞关出入,日夜不绝。明末清初,施闰章《广陵女儿行》反映的也是这种情况:

> 广陵女儿多如云,香车翠幕来纷纷。蛾眉不借青螺黛,兰麝长薰白练裙。生来不识弄机杼,绣户朱帘学歌舞。庭前结驷皆贵人,门外连樯复大贾。徐行玉珮何珊珊,十三十四就人看。得金那问狂夫老,嫁远宁辞行路难。狂夫作意看不足,频换新装重结束。旁观争道是朱颜,阿娇自许归金屋。弱质盈盈一叶轻,含羞宛转不胜情。素手当前试斑管,回身拂袖弹银筝。片时乍喜春风面,玉腕亲教约双钏。明珠今日买倾城,罗帐来朝共欢燕。欢燕无须吟白头,繁华满眼不知愁。可怜桃李三春色,沟水东西南北流。[5]

---

　[1]〔明〕王士性:《广志绎》卷一《方舆崖略》,中华书局1981年版,第5页。

　[2]〔明〕汪森编:《粤西丛载》卷一七《桂枝女子》,《景印文渊阁四库全书》第1467册,台湾商务印书馆1986年版,第604页。

　[3]〔明〕谢肇淛:《五杂组》卷八,《续修四库全书》第1130册,第487页。

　[4]〔明〕张宁修,〔明〕陆君弼纂:《〔万历〕江都县志》卷七《提封志》,《扬州文库》第9册,第78页。

　[5]〔清〕施闰章:《广陵女儿行》,〔清〕金镇原本,〔清〕崔华、张万寿续修,〔清〕王方岐续纂:《〔康熙二十四年〕扬州府志》卷三一《艺文四》,《扬州文库》第4册,第633页。

青楼：娼楼妓馆的兴起与商业兴盛吸引大量的外来人口有关。这些外来人口中，男子占绝大多数。他们大多抛家别子，孤身一人外出经商。排遣寂寞和生理上的需求，自然催生了娼妓行业的兴起。明人张岱对当时青楼有一段活灵活现的描述：

> 凡周旋折旋于巷之左右前后者什百之。巷口狭而肠曲，寸寸节节，有精房密户，名妓、歪妓杂处之。名妓匿不见人，非向导莫得入。歪妓多可五六百人，每日傍晚，膏沐薰烧，出巷口，倚徙盘礴于茶馆、酒肆之前，谓之"站关"。茶馆、酒肆、岸上，纱灯百盏，诸妓掩映闪灭于其间，茈蒆者帘，雄趾者阃。灯前月下，人无正色，所谓"一白能遮百丑"者，粉之力也。游子过客，往来如梭，摩睛相觑，有当意者，逼前牵之去；而是妓忽出身分，肃客先行，自缓步尾之。至巷口，有侦伺者向巷门呼曰："某姐有客了！"内应声如雷，火燎即出，一一俱去，剩者不过二三十人。沉沉二漏，灯烛将烬，茶馆黑魊无人声。茶博士不好请出，惟作呵欠，而诸妓醵钱向茶博士买烛寸许，以待迟客。或发娇声，唱《劈破玉》等小词，或自相谑浪嘻笑，故作热闹，以乱时候。然笑言哑哑声中，渐带凄楚。夜分不得不去，悄然暗摸如鬼。[1]

浴池：明时称浴池为"混堂"。据郎瑛《七修类稿》记载："吴俗，甃大石为池，穿幕以砖，后为巨釜令与池通，辘轳引水，穴壁而贮焉，一人专执爨，池水相吞，遂成沸汤，名曰混堂，榜其门则曰香水。"[2]此时的混堂在扬州已经较多，且生意兴隆，每日由晨至昏，浴客往来不绝，实为当时百姓游乐的好去处。

琼花：扬州芍药名满天下。徐渭诗云："芍药扬州第一，琼花又道无双。若使共图此幅，镜中西子毛嫱。"观赏琼花也是明代扬州百姓的重要娱乐方式。江都县城郊多旷野，许多家庭以种花为业，总量可达数万株。三月上旬琼花开放，10日后达到盛期，万花竞放，美不胜收。其花大可盈手，高可尺余，

[1]〔明〕张岱撰，马兴荣点校：《陶庵梦忆》卷四《二十四桥风月》，中华书局2007年版，第51页。
[2]〔明〕郎瑛：《七修类稿》卷一六《混堂》，上海书店出版社2001年版，第164页。

黄色最贵。所谓"排黄""千叶"乃其中下品。届时,观赏者相望于途,络绎不绝,笙歌相杂,热闹非凡。又有市井小民持花束沿途售卖,购买者随手弃掷,亦不甚爱惜。

三、社会风气及其变化

纵观整个明代,扬州府民风有一个明显的转变过程。弘治、正德时期,民风尚称古朴。嘉靖时期,传统风气尚可保持,但在商业繁盛的江都等地,奢靡之风已渐显现。至隆庆、万历间,社会风气已经完全逆转,传统道德观念受到巨大冲击,质朴转为健讼,尚俭转为奢靡,饮酒、赌博、嫖娟、盗窃等丑恶现象比比皆是。现根据嘉靖、隆庆、万历等时期的文献,将扬州民风情况略述如下,并通过比较窥其变化。

嘉靖时期,大部分州县依然维持着质朴的特点。如泰兴,"僻在淮堧,民多朴质,俗尚俭啬"。高邮,"居淮扬之间,土高而廉于水,俗厚而勤于稼。人足于衣食,有鱼稻之富,俗多好谈儒学"。泰州,"性多朴野,衣食自给,不务争夺"。如皋,"其性驯柔,其俗质实。民多畏法,士皆读书,征科易集,狱讼简稀。东北乡之民多业鱼盐以供课,西北乡之民力耕稼以资生。冠婚丧祭,习尚俗礼,多俭约之风"。嘉靖间,如皋知县吴宗元说:"皋邑虽邈旷,居民户仅逾五千,俗朴鄙俭质,畏官法,不为诬讼,宁死饥寒,不为盗贼,于扬属县称易治。"[1]通州,"阻江濒海,宦辙罕至。民利鱼盐,盗稀讼简,士大夫称为淮南道院"。海门,"习朴实而负气,性醇直而不阿。耕凿为生,鱼盐为利。士读书而耻奔竞之风,商为市而无图射之巧"。仪真,"国初民风质实朴约,室庐服食率卑隘菲恶,无大文饰,相与恭让,诚信惮讼。而怀居婚丧交际,虽若鄙而古意犹存。其君子矜名节、重清议,居官守礼畏法,恬于势利。下至布衣韦带之士,亦能摛章染翰,修行而慎业"。[2]但部分地区民风已有转变的迹象,如江都"地居要冲,俗尚侈靡",仪真县"当南北之会,人情物态日改月异,易以夺人守而徇耳目于外者",而高邮州则有部分"桀黠之民,好以

[1]〔清〕杨受延等修,〔清〕马汝舟等纂:《〔嘉庆〕如皋县志》卷三《建置》。
[2]〔明〕申嘉瑞修,〔明〕李文等纂:《〔隆庆〕仪真县志》卷一一《风俗考》,《扬州文库》第16册,第632页。

讼相雄"。[1]

时至隆庆、万历，情况迥然不同。如江都县，以前"民朴质，务俭素"，住所、服饰等不求奢华。百姓敬畏律法，不喜诉讼，勤于本业。婚丧交际虽有鄙陋之习，但仍有淳朴之风。缙绅大夫"恂恂爱礼而恬于势利，即更繇赋讼不敢关白有司"，下至贫贱百姓亦"负气矜名节，耻事干谒"。但万历时期，本业废而末业兴，"四方商贾陈肆其间，易操什一起富"。一旦富有，则饰其宫室，蓄其姬妾，车马服饰直与王者相埒。妇女"居恒修冶容、斗巧妆，镂金玉为首饰，杂以明珠翠羽"，奢靡已达极限。普通人家争相仿效，甚而"纵酒博塞，挟倡而游"。财力不济，则称贷以供。至期，债主盈门，遂致破屋倾家。婚俗之变触目惊心："男家责妆，女家责财，卒致交恶，或致过时而招嫌。甚之女殁夫家，父母昆弟仇视其婿"。更甚者，乡里无赖之徒"多买贫家稚女稍有姿态者，容饰之外，教以歌舞书画诸艺。厚赂媒妁，以诱嫁四方富贾宦游者"，从中谋取巨额利益，以致时人感慨："风俗污蔑，莫此为甚！"新城多富商大贾，鼎铛玉石，千金一掷。旧城多为缙绅之家，往往游手游食，"阓户不事事"。"出入间阎止沽浆市饼及舆皂之徒"，"以是群居饮博往往而有"。[2]

通州情况有过之而无不及。曾任通州知州的林云程，对其变化亦有详细的记载：万历以前，"昏不论财，厚于嫁女。殡葬称家祭，用古礼。亲朋醵钱为奠，送葬必及墓。有讼则厚赂求直，以刁为恶，耻于犯官。市罕游民，地无娼馆。乡人燕集，以齿为序"。但万历时情况大变："冠不三加，昏不亲迎，论财援势，至有两家交恶者。丧葬作佛事，无论齐民，即士大夫家亦有供佛饭僧者。女殁夫家，父母昆弟仇视其婿，殆有不忍言者。服饰以靡丽相高，纨绔子弟群聚游荡，纵酒博塞，挟娼为遨。桀黠之徒，把持有司，窝匿逻者，阴肆报复。造作飞语，中伤善类，发伏告奸，淫贞缁白，日甚一日"。"以趋走容悦为恭，以刚方正直为傲，忠厚者为柔懦，奸顽者为雄长。世变若此，诚可痛心！"该志另引兵部左侍郎陈尧著作，用大量实例进一步说明社会风气的变化：

---

[1] 除单独标出者外，其他引文均出自《嘉靖惟扬志》卷一一《礼乐志》，《扬州文库》第1册，第111—112页。

[2] 〔明〕张宁修，〔明〕陆君弼纂：《〔万历〕江都县志》卷七《提封志》，《扬州文库》第9册，第77—79页。

其一，燕会易俭为侈。燕会本来是彰显礼仪的手段，此时已成崇奢恣欲的工具。以前，士大夫家燕会"不求丰腆，相与醉饱而别以为常"，百姓之家"盂羹豆肉相招一饭，人不以为简"。即便是贵家巨族，"非有大故不张筵，不设彩，不用歌舞戏"。万历时，一变而成乡里之人"无故宴客者，一月凡几"，其间"肴果无算，皆取诸远方珍贵之品。稍贱则惧其渎客，不敢以荐。每用歌舞戏，优人不能给，则从他氏所袭而夺之，以得者为豪雄"。

其二，社会交往尽显浮华。以前弟子见先生，少、贱见长者，"用白表纸阔两寸有半，今之所谓单拜帖也。书'门生某拜'，其他称谓亦然。人不以为简也。今则用六幅长缄加以红纸签头及封筒，其所自称，或晚学、或侍教、或薰沐顿首再拜，作蝇头十余字不已"。以前"贻书于长者称先生，其有官者称大人，父之执友称伯称叔，年辈相若者称兄，人亦不以为简也。今则称号、称翁，其有官者即非显官也，亦称台辅、上卿，不当其实"。以前对尊者称号不称字，以示尊重，且只有有学、有节、有功勋者才可有号。万历时则"米盐商贾、刀锥吏胥、江湖星卜、游手负担之徒莫不有号"，官府文书中，甚至对于罪至死刑的囚犯亦称其号，荒唐至极。

其三，对于国家法令，"弘（治）、（正）德之间，风气犹存。里中子弟皆安土乐业而重犯法，故有十金免笞、百金免杖者，廉耻之心胜矣"。至万历时已迥然不同，"里中子弟以任侠为豪，其尤桀者，日与宾客奸人博塞酣歌，崇饮无忌，醉则入市攫人之金，有司者捕治之，则持刀而格斗也。又探丸肺篋，时时窃发。于是生业荡废，廉耻灭亡，遂与其徒习为健讼。一词而至数十余人，一人而至数十余事，皆造作语言，诬蔑良善，以快其睚眦之忿，而开其骗局之端也"。[1]

其他州县的情况类多如此。如泰兴县，"近或时有讼者，曲直看乱，一倡而百人和之，非虚心平反，鲜能得其情，故泰兴彼时为难治也"。兴化县，"与盐场相接，愚民间挟私贩为奸利，诸贫失业者往往惮征缮而易去其乡"，与旧时所称乐土重迁已大不一样。如皋，"富家巨族竞以华侈相高豪，不逞者辄

诱良家子给人樗蒲六博,荡其赀业,甚则为逋逃渊薮"。通州,"阛阓绣错,衣食服玩,日渐于纷华,士轻俊自喜,竞进而寡恬退,有吴下风"。海门,"民风昔称淳直,近则尚气而好攻讦,虽学校不免"。[1]高邮,"民之生计,惟视岁之丰凶。然一遇乐岁,辄浪费不屑撙节,至凶年虽倍息称贷不恤也,甚至失所者往往有之"。[2]《〔隆庆〕仪真县志》在回顾前期民风后感叹,"乃今寖以移焉。婚丧宴会竞以华缛相高,歌舞燕游每与岁时相逐。女工彩绣多于蚕绩,民寡恒产,暂植而僦仆。斯亦势趋然也","市多饮博,少者丧其初志,壮者陷于终凶"。[3]

短短数十年间,民风骤变。这种情况不惟扬州独有,而是当时整个国家的普遍现象。扬州作为全国舟车辐辏、商旅云集的重要经济区域,这种变化更加明显。究其原因,其根源在于明朝中后期商品经济的快速发展。在这一过程中,商人不仅积累起巨大的财富,还凭借着雄厚的财力,结交社会上层,在社会中的地位越来越高,士农工商的社会等级论和以农为本的观念受到冲击。如王阳明认为,"四民异业而同道"。万历年间,冯应京也提出,"阜财通商,所以税国饷而利民用,行商坐贾,治生之道最重也"。[4]明末黄宗羲说:"世儒不察,以工商为末,妄议抑之。夫工固圣王之所欲来,商又使其愿出于途者,盖皆本也"。[5]在这种观念影响下,社会上弃本逐末的现象日趋增多,甚至儒生、官僚也加入商人行列中来,商人愈加受到社会的推崇。相应地,商人的生活方式也受到社会多数人的效仿,加上经济发展提供了必要的物质基础,奢靡浮华之风遂遍及全国而难以遏抑。总体来看,"由于社会正处于转

[1] 〔清〕顾炎武:《肇域志》,〔清〕顾炎武撰,华东师范大学古籍研究所整理:《顾炎武全集》,第603—606页。
[2] 〔明〕范惟恭修,〔明〕王应元纂:《〔隆庆〕高邮州志》卷三《风俗志》,《扬州文库》第19册,第374页。
[3] 〔明〕申嘉瑞修,〔明〕李文等纂:《〔隆庆〕仪真县志》卷一一《风俗考》,《扬州文库》第16册,第632页。
[4] 〔明〕冯应京辑:《月令广义》卷二《岁令二·授时》,《四库全书存目丛书·史部》第164册,齐鲁书社1996年版,第596页。
[5] 〔清〕黄宗羲:《明夷待访录·财计三》,李敖主编:《王安石集·明夷待访录·信及录》,天津古籍出版社2016年版,第841页。

型期,旧道德失去存在的基础,而普遍遵循的道德法则还未建立……因此,这种变化不可避免地会造成极端利己和享乐主义,对社会产生一定的负面影响"。[1]而这也正是新的社会风气在当时屡屡受到严厉批判的根本原因。

四、各种节庆与地方风俗

朝觐之礼:每三年,两淮盐运司、扬州府及所辖州县正职需入京朝觐。朝觐内容主要是向朝廷汇报三年之间的政绩、存在的问题等,其实质就是"上计",即国家对官员的定期考核。

朝贺之礼:明代称正月初一为元旦,称冬至日为长至,孔、孟等圣人诞辰为万寿节,东宫太子诞辰为千秋节。这些节日,地方上应依例进行庆贺。扬州府五品以上衙门均先期派员至京道贺,行十二拜山呼舞蹈礼。千秋节,则行八拜礼。节日前一天,先于寺观之内进行演练,节日时再在衙门行庆贺礼。

开读之礼:凡是朝廷下达诏、赦,遣使至扬宣读,所有文武官员一律着朝服迎诏,并行三拜五叩之礼。宣读诏赦之时,官员行十二拜山呼舞蹈礼。诏赦宣读完毕,由官员致辞,然后换下朝服接待使者。

救护之礼:日食、月食之前,先由钦天监官员推算并上奏具体时刻,然后由礼部通告天下。日食发生之时,文武官员着朝服,行救护之礼;月食发生时,文武官员着便服,行救护之礼。在扬州,日食行礼于府,月食行礼于卫,所属各州县均如此。

迎春月令之礼:每年立春时节,扬州各衙门有司先期造土牛、芒人。立春前一天,于府城东郊寺观中击鼓奏乐迎入。立春当日,行鞭春礼。

祭祀之礼:扬州府及所属州县祭社稷,祭境内风云雷雨山川城隍之神、祭南渎大江之神。其他如释奠、恩典、旌表、祭名宦、乡饮酒礼、射礼、官员拜礼、家礼等,明王朝均有细致规定,而扬州府亦遵制施行,与其他地方并无异样,此不详述。

婚姻习俗:江北婚礼均为女方家人送女至男方,唯独宝应尚有纳采、亲迎等古礼。女子嫁妆务求丰厚,侈汰无节。合卺之夜,全族聚观玩乐,热闹非常。沿海百姓尚有指腹为婚的习俗,但有时情况变化,一方不愿履约,往

往争执不休,甚而讼至官府。高邮百姓有乘凶嫁娶之俗,一为家贫节省费用,一取以吉易凶之意。

丧葬习俗:士大夫家族或用《司马氏书仪》及《考亭家礼》中规定的丧礼仪式,但殓制差别较大,逢七时多做佛事。朝祖仪式当晚,亲友凑钱设宴饮酒,并有乐伎助兴,称为"伴夜"。没有火葬、水葬习俗,无论贵贱,均为土葬。至于封树、表志等,各随职官大小及经济能力而定,没有定制。缙绅家族或有家庙,但亦不全合礼制。海门士大夫居亲丧27个月,到期后仍然白巾素袍,满3年为止。百姓之家大多在房屋内设龛供奉,其中多有不祧之祖。虽违反礼制,但其俗尚称古朴敦厚。但隆庆间高邮已有追求厚葬的现象:"以厚葬为美,中人之家亦必以二三十金治棺木。其居丧也,具酒肴待宾客,供佛饭僧,祭七暖夜,费用不赀,恒有破其家者。"[1]

2016年,扬州市发现一处晚明墓葬,一定程度上反映出当时的丧葬习俗。"墓葬为单棺,未发现三合土浇浆,墓葬中未发现随葬明器,除了瘗钱之外,一无所有,其身份和地位可能是处于社会最底层的贫民"。其中发现的瘗钱,"有作为垫背钱的52枚万历通宝和1枚作为珏钱的太平通宝,但是这些垫背钱摆放有序,排列呈'太平'二字"。[2]因同期墓葬发现较少,是否具有代表意义,无法断定。

燕会习俗:江北燕会奢华以扬州为最。民间招待贵客时,往往有伎乐助兴,佳肴珍馐齐备,每次耗费可达数金。但因物力不济,此风渐止。缙绅之家的宴会,颇为简单。宾礼以左为尚。

元日风俗:元日即阴历正月初一。是日,长幼贺岁,与别处无异。家家户户均用新红笺书写春联贴于门上,称为"换桃符"。女孩多作彩胜赠与伙伴,制作精巧,为他处莫及。在高邮,男女均早早起床,户主设酒食供品,绕屋燃放爆竹,有驱邪之意。黎明开门,焚香拜天,并率家人祭拜先祖。随后,男女拜尊长,尊长教诲之并致祝福之语。男子盛装至亲属家行礼贺岁,亲属则以酒肴款待,如此5日乃止。

---

[1]〔明〕范惟恭修,〔明〕王应元纂:《〔隆庆〕高邮州志》卷三《风俗志》,《扬州文库》第19册,第375页。

[2]闫璘:《扬州一座明代平民墓出土的铜钱释义》,《中国钱币》2016年第6期。

元夕风俗：元夕即正月十五元宵节。唐代以来，即称元夕灯火以广陵最盛，但明代已稍显寂寥，唯通州较为繁盛，"廛市繁嚣，星桥火树，较胜他处"。[1]郡城游乐集中在新城小东门一带，自十三至十八夜，街市上架起棚子，上缀流苏彩缦，下悬灯烛。里中少年载酒游乐，深夜不归。十六日夜晚，民间谓"鼠取妇"，爆秫米花放至房屋各处缝隙。女孩子盛装出游，俗称"走桥"。万历庚子年（1600）元夕，因人员聚集过多，扬州城还发生过踩踏事件。高邮元宵也很热闹。节前二日，官府解除宵禁，任由百姓玩乐。"寺观庙宇各垂彩带，悬诸花灯。街市结松棚，悬华灯，放诸火药。人家食粉团。好事者结灯社，出各体灯谜，人聚而测之，谚曰打虎童子戏。舞者匝道，箫鼓歌谣之声喧阗彻旦"。如此狂欢四天之后，焚灯结束。高邮散曲家王磐诗曰："四围玛瑙城，五色琉璃洞。千寻云母塔，万座水晶宫。"另一高邮文学家张绖词曰："六街三市，齐游到晓。"[2]均反映了空前的盛况。

立春风俗：官员于城东郊举行迎春仪式，让沿街铺行搭建彩亭，以优伶引导前行。又以彩制成采菱船，由教坊女奏乐其中，事同嬉戏，热闹非凡。如高邮，"闾里无贵贱少长，集通衢游观，率宴飨娱乐，尽日乃罢"。[3]

清明风俗：于檐下插柳，置备祭品，祭于四郊之外。更重要的是各种娱乐活动。前三五天，士女穿戴整齐外出游乐，或于陆上踏青，或乘船于河湖游览。府城、高邮、宝应均是如此。扬州有蜀冈等胜景，游人最多。也有人挟乐伎，沿城濠达槐子河等处游玩，俗曰"游西湖"。张岱说，扬州清明日，"四方流寓及徽商西贾、曲中名妓，一切好事之徒，无不咸集。长塘丰草，走马放鹰；高阜平冈，斗鸡蹴鞠；茂林清樾，劈阮弹筝。浪子相扑，童稚纸鸢，老僧因果，瞽者说书。立者林林，蹲者蚩蚩"，[4]一派繁荣热闹景象。

端午风俗：有吃粽子习俗。男孩、女孩皆佩戴丹符，于臂系五色丝，俗称

[1]〔明〕杨洵修，〔明〕徐銮等纂：《〔万历〕扬州府志》卷二〇《风物志》，《扬州文库》第1册，第614页。

[2]〔明〕范惟恭修，〔明〕王应元纂：《〔隆庆〕高邮州志》卷三《风俗志》，《扬州文库》第19册，第374页。

[3]〔明〕范惟恭修，〔明〕王应元纂：《〔隆庆〕高邮州志》卷三《风俗志》，《扬州文库》第19册，第374页。

[4]〔明〕张岱撰，马兴荣点校：《陶庵梦忆》卷五《扬州清明》，第66页。

"续命缕"。酒用菖蒲、丹砂、雄黄,民间或制雄黄丹砂杯相互赠送。妇女用葵榴、艾叶、杂花插于发髻之上,过午则丢弃。赛龙舟习俗仅在仪真和瓜洲较为盛行,江都、兴化也偶然出现。高邮州各家门前悬菖蒲、艾虎,女子在闺中制绒符,系彩线。西校场有演武表演,观者如堵。少年人则相聚斗草,以决胜负。

七夕风俗:男孩、女孩早起看彩云,或举行乞巧瓜果宴。

中元风俗:七月十五中元节,以新谷祀先祖。民间或赴寺院做盂兰盆会。

中秋风俗:中秋前预先制作月饼,并采菱藕等相赠。中秋夜,设酒宴相聚赏月。

重阳风俗:重阳节,民间以糕相赠。扬州多用糖、肉、秫面制成,比旧时麻葛糕奢侈。市场所售之糕,上面有土羊、彩幡等装饰,可供儿童嬉戏。举城皆登高、赏菊、饮酒,唯泰兴、如皋无此俗。

冬至风俗:这是一年中较为隆重的节日。节前一晚,设牲、醴等祭品祭先祖。以前,工商业者皆停业道贺,后此风渐息,唯士大夫之家行之。在高邮,腊月中旬时,各家互相赠送礼物,时间长达半月,称为"送年节"。以祭品酬神祀先祖,谓之"烧年纸"。腊月二十四日,行送灶礼,并以糖饼、红豆饭等祭祀。

除夕风俗:各家更换桃符、门神,整理房屋。用饧饼、红豆、秫饭等祀灶神,全家老少团坐饮"分岁酒",设松盆火、爆竹之类,至天亮亦不休息,称为"守岁"。在高邮,百姓悬挂纸钱,傍晚时分在门口摆放火盆,称为"生盆"。另行迎灶礼,并祭祀厕所。各地均有燃放爆竹烟花的习俗。高邮州还有"火戏",类似焰火晚会。当地烟花爆竹制作最为精巧,或数百结成一团,炮筒直径可达一尺,远近称奇。所以隆庆州志才说"近作淫巧,糜费无益",并建议"观风者""祛其害而禁无益"。[1]因久负盛名,民间常以此馈赠,达官显贵亦巧立名目勒索,百姓不堪重负。

---

[1] 〔明〕范惟恭修,〔明〕王应元纂:《〔隆庆〕高邮州志》卷三《风俗志》,《扬州文库》第19册,第376页。

五、民间信仰

民间信仰是在乡土社会中植根于传统文化,经过长期历史积淀并且得以延续的有关神鬼、祖先、圣贤或自然现象等方面的信仰和崇拜。其最直接的表达方式是设立坛、祠、庙等专门场所,在特定时日举行相应的祭祀活动。民间信仰有着鲜明的功利色彩。在国家层面上,希望借助神鬼力量维持政权的稳定,或借助名宦、乡贤的榜样作用以维护道德规范和正常统治秩序。在社会层面上,百姓希望鬼神能给自己带来某些现实的好处,如赐予好运、平安,或免除灾祸等,或者是借以表达对清官廉吏的感恩和尊崇。明代扬州府有浓厚的信仰氛围,《文献通考》记载扬州人性轻扬,而尚鬼好祀。《〔万历〕扬州府志》记载:"俗尚鬼好巫觋,庙祠祈祷偶应,即远近男女崇奉烧香祭赛无虚日,甚至树旗杆求福,多至千数。"[1]这里将扬州府及所辖州县具有代表性的民间信仰介绍如下:

（一）神鬼

土神与谷神:洪武年间,扬州府及所属各州县陆续建立社稷坛,以祭祀土神与谷神。扬州府社稷坛由知府周原福初建于洪武三年(1370),位于府城西门外濠西,成化十年(1474)知府周源重建。每年春秋仲月(两季的第二个月,即二月和八月)上戊日(二、八两月上旬戊日)均举行祭祀活动。此前二日,相关部门的官员先行斋戒,至期,再以牛、羊等致祭。

风云雷电山川之神:扬州府各州县均有"风云雷电山川坛",对此类神祇举行祭祀活动。各坛多在洪武年间建成,但仅真县可上溯至南宋嘉定十四年(1221)。扬州府风云雷电山川坛由知府周原福初建于洪武三年。成化十五年(1479),知府杨成予以重修。其祭祀时间在每年春秋仲月上旬,祭期前二日斋戒,至期,再以牛、羊、祝帛等献祭。

江海潮神:明代宗时,知府王恕在江都县瓜洲镇建江海潮神庙,大学士高谷撰文记录此事。成化十九年(1483),知府杨成修葺。每年八月十八日,扬州府官员致祭。此外,高邮信仰清水潭龙神,建有龙神祠;通州狼山则建

---

[1]〔明〕杨洵修,〔明〕徐銮等纂:《〔万历〕扬州府志》卷二〇《风物志》,《扬州文库》第1册,第616页。

有江海神祠,每年七月十九日由州官主持祭祀。

城隍:城隍是各地城池的守卫之神。明初,朱元璋即对城隍表现出特别的尊崇。他把城隍分为京师、府、州、县四级,每级均有不同的爵位和相应的服饰。据明人余继登《典故纪闻》卷三载,太祖谓宋濂曰:"朕立城隍神,使人知畏,人有所畏,则不敢妄为。"地方官员到任时,必须先于城隍庙食宿一段时间,以向城隍神明誓并接受城隍监督。扬州府所辖州县城隍庙或建成于宋元,明代官员予以修治,或于明初建立。

旗纛之神:古代于军队出征、班师、凯旋等军事活动中多祭旗纛之神,以期护佑军事活动顺利。《明史》卷五十载:"洪武元年,礼官奏:军行旗纛所当祭者。"扬州、高邮、通州三卫以及兴化、泰州、通州守御千户所均相继建立旗纛庙。每年霜降日,由游击在演武厅主持祭祀仪式。

真武大帝:宣宗宣德年间,知府陈真建真武庙,祀真武大帝。传说真武大帝乃净乐国王的善信皇后梦吞日光所生,长大后辞别父母,于武当山中修道。功成后,奉上天命令,在甲子、庚申年的3月7日下至人间,降妖除魔,救护众生。靖难军至南京时,空中现"真武"二字旗帜,协助朱棣攻取南京。因此朱棣取得帝位后极为重视,派人于武当山立碑并建真武庙。此后,真武庙在各地纷纷建立起来。

梓潼帝君:传说是掌管士人功名禄位之神。万历二十三年(1595),扬州府在府城南门外临河文峰塔湾建成文昌阁,作为祭祀梓潼帝君的场所。明时,常于此处设宴为应试士子饯行,或举行宾兴礼。梓潼帝君,名张亚子,在晋为官,后战死,人们立庙祭祀。元仁宗时,封其为"辅元开化文昌司禄宏仁帝君",遂以文昌帝君称之。

马神房星:在府城大东门外马监东边建有马神庙,祭祀房星。房星即为马神,《晋书·天文志上》:"房四星……亦曰天驷,为天马,主车驾。"万历年间革除马政,祭祀马神的活动亦告终止。

天妃:传说天妃为福建莆田人,五代十国时期闽国都巡检林愿之第六女,生而不言,人称"林默",死后为神,赐号"天妃"。据说她"生有灵异,幼通悟秘法,预知休咎。比笄不字,能乘席渡海,御云以游岛屿"。又传明朝中叶,有商人于海上遇飓风,饥渴难耐。忽见天空有神女,知为天妃。遂跟随前行,至一荒岛,岛上遍布五色鸟蛋,众人食之,得免于死。又于岛上寻得石像一尊,仪容与天妃同,遂携以登舟。至广陵,舟忽沉重不前。乃请人卜,曰:"神其乐此乎"? 于是"醵金造宫于邗水之上",[1] 即为江都县天妃宫。

金龙四大王:相传神名谢绪,钱塘安溪人,宋恭帝德祐二年(1276)投苕水死,葬于金龙山,元末乡人梦其为神。据说朱元璋攻取临安时,见金甲神人于空中横槊助战,此后漕船经过亦多有灵异现象出现。天启四年(1624),苏茂相督漕运,河水干涸无法行舟。神乃从天而降,说:如能给我向朝廷请封,我将以大水作为回报。苏刚起草完奏疏,大水即至,船遂得渡。朝廷降旨封为"护国济运金龙四大王"。因为谢绪在家排行第四,故有"四大王"之称。

瓜洲龙神:司水之神,瓜洲龙祠始建时间无考。嘉靖二十二年(1543),王侯杏署扬州府事,斥资修建。

碧霞元君:一说其为东汉明帝时西牛国孙宁府奉符县石守道女,14 岁入泰山修道成仙。一说为黄帝所遣玉女,云冠羽衣,前往泰山迎接昆西真人。以前称"泰山玉女",至明始称为"碧霞元君"。泰山为东岳,东方主生,故该神主生育。道教称其能照察人间善恶,庇佑众生,在中国北方民间信仰广泛。嘉靖初,在府城东关外运河东岸建碧霞行宫以祀之。

蒋忠烈王:即汉秣陵尉蒋子文,因击贼战死而成神。广陵为其故里,故于府城南门外广陵驿南立庙祭祀。据说其于明初有默佑疆场之功,被封为"忠烈武顺昭灵景祐王"。又传,嘉靖间海防副使刘景韶梦骑白马于途,一伟岸男子持丈八蛇矛相赠。刘即于马上挥动长矛,万众皆退。随之,所乘白马嘶鸣腾空而起,刘乃惊醒。后倭寇来犯,刘景韶率军讨平,追忆前梦,乃知有神相助。又偶过蒋王祠,见其中塑像乃是梦境所见伟岸男子,白马也屹然立于门外。刘景韶遂拜于座下,并将各建筑加以修茸,立碑以记其事。

医神华佗:华佗为三国曹魏人,因医术精湛而声名远播。据说华佗曾为广陵太守陈登治病,并收广陵人吴普为弟子。华佗死后,吴普为其立庙祭祀。

---

[1] 〔清〕魏禧:《扬州天妃宫碑记》,〔清〕阿克当阿监修,〔清〕姚文田等纂:《〔嘉庆〕重修扬州府志》卷二五《祠祀志一》,《扬州文库》第 6 册,第 402 页。

成化间,士人马岱欲赴省试,不幸染疾,梦见神仙为之疗治,病遂愈。后来马岱飞黄腾达,遂请建家祠,奉敕建医神庙,当地俗呼为华大王庙。

都天司疫之神:主管民间瘟疫疾病。据明人李文《都天庙记》记载,元至大年间,仪真暴发瘟疫。当时有孚惠先生得其师真牧公之学,自浔阳游仪真,怜悯百姓苦难,遂以神符救治,举城皆不药而愈。百姓感其恩德,遂于新城南建道宫奉祀,后其徒雷希复增建为"通真万寿观"。此后,雷希复到扬州,观遂毁弃。洪武初,雷希复弟子再于新城之北创建都天庙,祭祀司疫之神。据说极为灵验,有祷必应。[1]

高邮康泽侯:姓耿,名裕德,宋代东平人。相传其死后栖于高邮湖之中,屡显灵异。邵南《重修康泽侯庙记》言:高邮湖波涛汹涌,时有覆舟决堤之患,"神上下于虚波水空之间,灯帜炳扬,随患随救,若有形见",[2]在宋代被封为康泽侯。宣德年间,平江伯陈瑄奏闻朝廷,每年春秋仲月,州守率僚属致祭。往来船舶亦祷之以求平安,据言非常灵验。

无祀鬼神:即俗称之孤魂野鬼。据说人死后灵魂必有所归宿,否则就可能变成厉鬼,为害人间。洪武年间定制,都城设泰厉坛,王国设国厉坛,府设郡厉坛,州县设邑厉坛,以祭祀之。按此规定,扬州府及所属州县均有厉坛之设,于每年的春三月清明、秋七月十五日、冬十月一日致祭。洪武时,国家还颁布了统一的《祭厉文》,在祭厉坛时宣读。

此外,各州县还供奉神农、关公、刘猛将军、八蜡神、火星等神祇。民间还有被短时信奉的"邪神",如兴化县丁溪场、草堰场间有坟,称"张王墓",传为张士诚之父。沿海百姓争相于正月十五前到此祈祷,并相聚殴斗,据传取胜者一年好运,即有死伤亦不许上诉官府。后有司将首倡者绳之以法,其风渐息。

---

[1] 〔明〕李文:《都天庙记》,〔清〕阿克当阿监修,〔清〕姚文田等纂:《〔嘉庆〕重修扬州府志》卷二五《祠祀志一》,《扬州文库》第6册,第418页。从李文记载来看,仪真都天庙所祀之神应为孚惠先生,但亦有说司疫之神为唐代将领张巡者,或许不同地区的司疫之神不同。

[2] 〔明〕邵南:《重修康泽侯庙记》,〔清〕阿克当阿监修,〔清〕姚文田等纂:《〔嘉庆〕重修扬州府志》卷二六《祠祀志二》,《扬州文库》第6册,第424页。

（二）先圣、先师、先贤

明朝规定，全国各地均建儒学先师庙，祭祀儒学发展史上有重大影响的人物，以彰尊崇圣贤之意。入祀人物有至圣先师孔子、复圣颜子、宗圣曾子、述圣子思、亚圣孟子（四配），另有子渊、子骞、伯牛、仲弓、子有、子贡、子路、子我、子游、子夏（孔子最有成就的 10 位弟子，称十哲）。此外还包括不同朝代的先贤（明道修德者）、先儒（传经授业者），等等。依《大明会典·仪注》之规定，行释奠之礼，形式极为复杂。

（三）名宦与乡贤

《国语》云："法施于民则祀之，以死勤事则祀之，以劳定国则祀之，能御大灾则祀之，以捍大患则祀之。"[1]《〔乾隆〕通州志》云："茺斯土者，代有遗爱，生斯地者，不乏明贤，皆得立祠以崇奉之。盖尊尊亲亲，祀典攸隆也。"[2]据此，凡是为国为民有突出贡献的人物，均设有祠庙进行祭祀活动，以表彰其功业，并树为官僚、百姓榜样。明代扬州府各州县均建有名宦祠、乡贤祠，对此类人物合并祭祀。

名宦是指曾为官于扬州且政绩卓著的官员。如扬州府名宦祠在嘉靖时期祭董仲舒、张纲、姚崇、李珏、崔从、王禹偁、杜衍、韩琦、欧阳修、包拯、唐玠、王琪、刘敞、冯京、鲜于侁、吕公著、薛奎、王素、韩世忠、岳飞、赵葵、李庭之、罗适、范仲淹、赵抃、尤袤、李齐、王彬、曹弘、王竑、耿九畴、陈选、雷应龙、王恕、刘兰等 30 余人，不同时期有调整增减。各州县均以同样原则选取官员入祀，可参阅《嘉靖惟扬志》卷十一《礼乐志》，不再详述。

籍贯在扬州并有功于民，或在学术、个人品德等方面出类拔萃者，为乡贤。扬州府乡贤祠在嘉靖时期所祀人物有汉代应曜、徐璆，晋代盛彦，唐代徐锴，宋代吕溱、吴及、张方平、胡瑗、王觌、孙觉、朱寿昌、吴志兴、张汝明、孙蒉、王昴、王居正、李易、李衡、张次山、牛大年、丁天锡，元代李茂，明代王昺、孙质、茅大方等 25 人。其他州县各从本地选取知名人士入祀，相关情况可参阅《嘉靖惟扬志》卷十一《礼乐志》，不具述。

[1]〔战国〕左丘明著，〔三国吴〕韦昭注，胡文波校点：《展禽论祭爰居非政之宜》，《国语·鲁语上》，上海古籍出版社 2015 年版，第 109 页。

[2]〔清〕王继祖：《〔乾隆〕直隶通州志》卷八《祠祀志》。

除名宦祠、乡贤祠之外,各州县还为部分名宦、乡贤设专祠祭祀。多数情况下,一祠祀一人,亦有一祠合祀数人者,如通州四贤祠祀范仲淹、胡瑗、岳飞、文天祥;泰兴县忠义祠祀千户王良父子、镇抚赵世勋、韩应等;高邮七贤祠祀李之藻、何庆元、徐待聘、彭期生、徐标、叶应震、黄曰谨等明水部之清廉有德者;三烈女祠祀宋赵淮妾及明时烈女殷氏、周氏等3人,等等。因入祀人数众多,这里仅选取部分影响较大的人物,略述如下:

董仲舒:汉武帝时上"天人三策",促成汉代"罢黜百家,独尊儒术",在儒学发展史上享有极高地位。明人乔宇称:"圣人之道,自战国以来不明于天下久矣,董子独能抱遗经于坑焚之后,潜心正学,所以秦汉诸儒鲜有及者。观其论道之大原与义利王霸、天人三策之对,皆有合孔门之大旨。"[1]董仲舒曾任江都王相,扬州为其宦履之地。因此明代曾在新城运司治堂后建董子祠,正德间移建至北柳巷。每年春秋季节,由运司官主持祭祀,各州县官员及儒学师生亦到场参加,仪式隆重。

魏俊、王方:南宋初分任左军统制、后军统制。绍兴三十一年(1161),金兵步骑27万余人逼扬州,诸将弃城逃遁。"两侯非不知主客之兵难以相当,顾目击大帅软懦,措置失宜……势且日蹙,宁奋一战,以拙速胜持久之兵,斯亦前事之所有。志未遂,并丧。"[2]采石大捷后,以功加封,并于其乡立庙祭祀。明太祖曾梦见两人奋力援助明军作战,遂下诏立旌忠庙,令有司每年三月三日致祭。

文天祥:南宋末年,文天祥"冒山海之艰,招疲散之卒,仗义勤王,捐生灭家,卒之国亡身系,拘囚三年,竟从容南向以死,中原志士仁人至今悲伤不休",[3]其行迹历来为仁人志士效法的榜样。扬州府原于城西三义庙附祭文天祥。正德年间,巡盐御史刘澄甫鉴于其气节彪炳千秋,遂倡立专祠,每年

[1]〔明〕乔宇:《重迁董子祠记》,〔清〕李苏:《〔康熙〕江都县志》卷一四《艺文》,《扬州文库》第9册,第493页。

[2]〔清〕朱彝尊:《重修旌忠庙碑》,〔清〕阿克当阿监修,〔清〕姚文田等纂:《〔嘉庆〕重修扬州府志》卷二五《祠祀志一》,《扬州文库》第6册,第416页。

[3]〔明〕刘澄甫:《文丞相祠堂记》,〔清〕阿克当阿监修,〔清〕姚文田等纂:《〔嘉庆〕重修扬州府志》卷二五《祠祀志一》,《扬州文库》第6册,第404页。

于三月上巳日和腊月九日祭祀。嘉靖五年（1526）、万历二十四年（1596），巡盐御史戴金、杨光训相继修缮。

李遂：嘉靖时任督淮扬军务都御史。嘉靖间，倭寇进犯东南沿海，朝廷起用李遂提督淮扬军务兼巡抚凤阳等处。次年，倭寇纠集数万人入寇。李遂率诸将登坛誓师，愿以死以报国恩。战斗开始后，李遂身先士卒，跃马在前，将士极受鼓舞。李遂率军先后于丁堰、庙湾、七星港、仲庄、刘家庄、白驹场等地连败倭寇，斩敌首 4700 余级，烧死溺死无算。淮扬百姓感其恩德，遂为其建祠以祀，"俎豆之言言翼翼，相望四千里间不绝"。[1]

刘景韶：嘉靖年间著名御倭将领。到任后，实施惠政，"蠲不急之务，罢无名之征，与民休息，阜财兴利之政次第举行，惟贪暴干度者罚无赦。一时流移渐复，民获稍苏"，百姓"依依然如爱戴父母"。同时整顿兵防，严肃军纪，做好御倭准备，并在嘉靖三十八年（1559）的对倭战争中大获全胜。泰州士民感激涕零，都称呼说："往者倭奴猖獗，虔刘我人民，荡焚我资产，仓皇迁移，肝脑涂地。今行旅安于途，商贾安于市，士民安于居，公之赐也。"[2]于是共谋建祠以祀之，是为报德祠。

李春芳：兴化县人，嘉靖进士，累官至太子太师、吏部尚书，中极殿大学士，隆庆间任内阁首辅。李春芳心怀故里，深得乡人敬重。致仕前夕，乡人请于县令曰："公位极人臣，犹不遗故里，闻其灾歉则捐俸赈之，悯之偏累则白之当路，多方蠲恤，是其德可崇也。礼乐三千，天下诵之，一言一动，为律为度，是其道可宗也。"[3]于是建崇德祠，以表达百姓对他的敬重。

王艮：泰州人，师从王阳明，开创泰州学派，其"百姓日用即道""安身立本""良知论"等学说影响深远。作为有明一代大儒，王艮在乡里拥有极高的声望。万历年间，泰州建崇儒祠祀之。李春芳撰《崇儒祠记》并系之以诗：

---

[1]〔明〕陈尧：《李襄敏公祠堂碑记》，〔清〕阿克当阿监修，〔清〕姚文田等纂：《〔嘉庆〕重修扬州府志》卷二五《祠祀志一》，《扬州文库》第 6 册，第 406 页。

[2]〔明〕徐嵩：《刘白川公生祠碑记》，〔清〕阿克当阿监修，〔清〕姚文田等纂：《〔嘉庆〕重修扬州府志》卷二六《祠祀志二》，《扬州文库》第 6 册，第 435 页。

[3]〔明〕李戴：《崇德祠记》，〔清〕阿克当阿监修，〔清〕姚文田等纂：《〔嘉庆〕重修扬州府志》卷二六《祠祀志二》，《扬州文库》第 6 册，第 430 页。

"孔孟正学,曰致良知。阐自东越,淮南绍之。匪曰口耳,躬行不息。凡我后生,恭承勿坏。"[1]对王艮的生平、师承、学术思想等有简要而准确的介绍。

钱嶙:通州人,嘉靖十一年(1532)进士。马政为通州弊政,虽经本地乡民多次呈请,始终不得废除,给百姓带来极大困扰,"民坐是困耗流离,日不堪命"。钱嶙为通州人,在京为台谏之官,了解通州弊政后,慨然有革除弊政之志,"辄条陈一疏,据始末,折利害,事核辞切",得到朝廷允准,160余年马政终于废除。通州百姓为表感激,建钱公祠,刻石记其事,并系辞曰:"江水汤汤,狼剑之麓。孰为厉阶,俾骍之牧。百六十年,圮我室族。有美一人,奋然抗牍。天子曰俞,锡我民福。如沉斯济,如干斯霖。于万斯年,伊谁之毂。"[2]

(四)孝妇、烈女、义女

周孝妇:崇祯年间,周祥妻张氏因刲肝救婆母而受旌表。时人姚思孝记其事说:张氏婆母年老多病,张氏因此忧心忡忡。一日,有道人告曰,食人肝可立愈。张氏乃"置利刀六寸余,急未得间,乃促(周)祥往耕,遂自刲其左腹,探出其肝,得数寸割之,作羹以荐姑"。其婆母病愈,但张氏自己也"血淋漓荐席上"。为防其事迹湮没无闻,姚思孝乃与三塔寺僧圆明商议,欲建祠于寺中。圆明慷慨应允:"我佛供养百亿如来,不如供养一父母。谁谓出世不以忠孝为本?愿祠孝媪,以教天下为妇者。"[3]祠遂建成。

高邮贞女:其真实姓名已不可考,俗呼为露筋娘娘。据说该女与其嫂夜经某处,天阴潮湿,蚊虫极多。旁有农夫小屋一座,其嫂避居其中,贞女则曰:"吾宁处死,不可失节。"遂为蚊虫所噬,筋骨外露。这一传说在扬州历史悠久且流传极广,被奉为贞女典型。自宋至明,文人墨客诗文不绝。明人王翃诗曰:"野岸分流截海垠,按歌谁复赛波神。孤舟夜向祠前泊,商女挑灯说露筋。"陆弼诗曰:"古庙无名氏,萧条湖水滨。露筋空往事,雪涕自行人。山雾

————————

[1]〔明〕李春芳:《崇儒祠记》,〔清〕阿克当阿监修,〔清〕姚文田等纂:《〔嘉庆〕重修扬州府志》卷二六《祠祀志二》,《扬州文库》第6册,第436页。

[2]〔明〕曹金:《钱公祠记》,〔明〕林云程、沈明臣纂修:《〔万历〕通州志》卷五《杂志》,《四库全书存目丛书·史部》第203册,第19页。

[3]〔明〕姚思孝:《周孝妇祠记》,〔清〕阿克当阿监修,〔清〕姚文田等纂:《〔嘉庆〕重修扬州府志》卷二五《祠祀志一》,《扬州文库》第6册,第422页。

罗巾薄,庭花玉貌新。南宫词不愧,独与表贞珉。"此外,王彝、徐阶、朱曰藩、李含乙等均有相应诗篇。其中王彝诗长达 1000 余字,将其过程描绘成一个极为凄美的故事。

浣纱义女:冯氏,名字不详。据说当年伍子胥逃楚经过仪真,见一女于河边浣纱,遂告之曰:后有追兵,不要说及我的去向。冯氏乃投水而死,以防追兵逼问泄密。人们感其义薄云天,为之立庙祭祀。伍子胥感激异常,遂留鸡以祭该女亡灵,传说仪真鸡留山即为伍子胥祭浣纱女处。

英烈夫人:即高邮名妓茅惜惜。宋理宗时,高邮荣全牛叛乱,地方官员令毛惜惜劝酒助兴。茅惜惜掷杯于地,骂曰:"死狗奴官,官军入城,汝辈齑粉矣。"众贼怒,杀于筵前。[1]后被封为英烈夫人,并为立庙祭祀。宋潘紫岩有诗颂曰:"淮海艳姬毛惜惜,蛾眉有此万人英。恨无匕首学秦女,曩使裹头真呆卿。玉骨花颜尘下土,冰魂雪魄史中名。古今无限腰金者,罗绮丛中过此生。"[2]赞扬毛惜惜勇敢坚毅,讽刺势豪显贵醉生梦死,昧于大义,尚不如社会最下层一女子。

民间信仰深植于民间,是各个阶层社会生活不可或缺的组成部分,"具有极强的稳定性、保守性、适应性和再生性","即使发生重大的社会变革,乃至文化的断裂",民间信仰依然可以再生并延续下来。除极少数民间信仰被利用发动叛乱外,大多数民间信仰不仅不与社会冲突,反而具有维护道德观念、促进社会稳定的积极作用。就扬州府民间信仰来说,崇祀先圣、先贤,表达的是尊师重教的观念;祭奠先祖,隐含的是孝悌观念;尊崇名宦、乡贤,表达的是对一心为民、献身国家等品质的推重;崇拜自然神灵,部分包含着人与自然和谐相处的理念,在扬州历史发展进程中发挥了积极作用。

---

[1]〔明〕朱怀幹修,〔明〕盛仪辑:《嘉靖惟扬志》卷一一《礼乐志》,《扬州文库》第 1 册,第 109 页。《宋史》列传二一九《列女》有《毛惜惜传》,写作"毛惜惜",叛乱将领名为"荣金",事情经过也与《嘉靖惟扬志》所载有所不同。

[2]〔清〕阿克当阿监修,〔清〕姚文田等纂:《〔嘉庆〕重修扬州府志》卷二六《祠祀志二》,《扬州文库》第 6 册,第 425 页。

第四节　灾难与赈恤

兵火、苛政弊政和各种自然灾害,是悬在明代扬州府百姓头上的三把利剑。每当灾难来临之际,百姓常常流离失所,沦为沟中之瘠。为避免激起民变,稳固统治,封建国家和地方政府一面建立各种仓储设施和赈恤机构,一面采取蠲免钱粮、革除弊政的措施,且取得一定成效。部分官员和百姓在赈济活动中发挥了重要的作用,许多事迹感人至深。本节将明代扬州府的各种灾难、国家与地方的赈恤措施加以梳理,并对灾难中官员、百姓的突出事迹略加评述,借以展现明代扬州府灾难与赈恤问题的概貌。

一、人祸与天灾

扬州府战略位置重要,自古为兵家必争之地。而其富庶繁华也久为天下所称,自然亦成为匪寇侵掠的重要目标。因此,从元末起至明末,扬州府常为兵火困扰。元末,张士诚据高邮,朱元璋、张士诚、元朝军队在扬州府进行了长达10余年的争夺。靖难之役,扬州、仪真也成为重要战区。倭寇之乱,则对扬州地区社会和百姓生活造成更大损害和影响。洪武、永乐年间,文献就有"倭寇海上""倭犯通州"的记载。嘉靖三十三年(1554)至三十八年(1559),倭寇几乎无岁不至,侵扰范围遍及扬州府各个州县。明末,史可法据扬州阻止清军南进,战争之惨烈,清军之残暴,难以形容,"扬州十日"因之被列入史册。此外,扬州府还时常出现流寇之患。成化五年(1469),盐盗钱厚叛乱。正德七年(1512),河北贼寇刘七、齐彦明等窜掠扬州。每次战事,百姓均深陷血火之中。

弊政苛政同样也给扬州百姓带来灾难。正德十四年(1519),宁王朱宸濠叛乱,武宗皇帝御驾亲征,驻跸江都。次年八月自南京返回,复驻跸江都。在扬期间,敲诈勒索,穷奢极欲,几乎无所不为。太监吴经"矫上旨刷处女寡妇,因取其金",镇守太监丘得"索贡物不得,以铁索系知府蒋瑶"。正德皇帝则"幸民黄昌家,阅太监张雄、守备马昊所选妓,以其半送舟中"。甚至为玩乐差点丢掉性命,"自泛小舟,渔于积水池,舟覆溺焉,左右掖之而出",虽然侥幸躲过一劫,但自此落下病根,[1]隔年便一命呜呼了。对于他的到来,扬州百姓无异于遭受了一场重大浩劫。明神宗万历间,税使四出,飞扬跋扈,横征暴敛,扬州府亦没能幸免于难。"宦官通过奏讨、私贩等途径令大量私盐流入市场,各处引岸皆被余盐、私盐占据,使灶丁生产之正盐销售受阻,两淮贫灶无法按时缴纳高额的租赋,纷纷投向富灶或逃亡。"[2]甚至宦官爪牙也极为凶残蛮横,如陈增手下的程守训采用毒辣手段,使得"仪真监生李良材,南京盐商王懋佶,淮扬高、汪、方、全诸家,立见倾荡丧身",闹得全城百姓"人心汹惧,弃家远窜"。[3]

人祸之外,还有天灾。扬州府特殊的地理环境与气候条件,导致各种自然灾害频发,风、水、雷、旱、蝗、雪、疫、"江涨"、"海溢"之类的记载史不绝书。综合万历《扬州府志·历代志》和嘉庆《扬州府志·事略志六》的记载,明代扬州府共出现各种自然灾害164次,其中水灾42次,旱灾32次,蝗灾20次,江涨海溢15次,地震7次,雹6次,大风6次,河堤海堤决5次,瘟疫4次,不明原因形成的大饥、岁歉8次,其他大雪、大寒、霾沙、雾、虫等共19次。[4]现据《〔万历〕扬州府志》将正德、成化时期的灾害情况略述如下,以见其一斑:

宪宗成化元年(1465),"扬州水灾"。成化二年,"扬州奏水旱二灾"。成化三年七月,"海潮溢涨,坏捍海堰至六十九处,漂溺盐丁二百四十七人"。成化六年秋至七年春,"扬州大旱,运河竭"。成化八年春,"扬州大旱"。当年秋天,"大雨,海潮亦涨,坏没各场盐仓及盐军民垣屋"。成化十年,"高邮等处水"。成化十三年,"泰兴县蟹伤田禾"。成化十四年,"高邮等处水"。成化十六年,"扬州旱,有蝗从东北来,蔽空翳日"。成化十七年,"如皋县大饥,人相食"。成化二十年秋至二十三年冬,"扬州大旱"。

---

[1] 〔明〕杨洵修,〔明〕徐銮等纂:《〔万历〕扬州府志》卷二二《历代志》,《扬州文库》第1册,第655页。

[2] 冷明:《明代中后期宦官与两淮盐政研究》,辽宁师范大学2017年硕士学位论文,第31页。

[3] 《明神宗实录》卷三四七"万历二十八年五月癸卯"条,第6469页。明政府在扬州实施的"马政",同样也给百姓带来无限的痛苦,具体见第五章第一节。

[4] 明初至万历二十七年据《〔万历〕扬州府志》卷二二《历代志》,此后至明末据《〔嘉庆〕重修扬州府志》卷七〇《事略六》。统计方法为:文献中出现某灾害名称计为一次,如隆庆三年"泰、通、如皋、泰兴皆大风伤禾",计为一次,不计为四次。

武宗正德元年（1506），"仪真县旱，高邮州大旱"。正德三年，"扬州旱，飞蝗蔽天，食田禾尽。夏，复大水，坏河堤六十余丈，没民庐舍，雷击郡学崇文阁四柱。冬，寒甚，高邮州河水结成花卉之状，四年冬亦如之"。正德六年六月，宝应县"大水，湖决"，"通州雨，海潮泛溢伤禾"。正德七年，"通州等处大风雨，海潮泛溢，漂没房屋，溺死男妇三千余口"。正德八年，"扬州五月不雨，至于秋七月"。正德九年，"扬州旱"。正德十一年，"通州霪雨伤禾。是年，雷击泰兴县文庙东柱"。正德十二年，"扬州大水，禾麦无遗"。正德十三年，"扬州大水，无麦"，"是年三月，高邮州雨雹"。正德十四年，"扬州大风拔木，江海溢数丈，漂没庐舍，民多溺死"。正德十五年，"仪真县雨雹。是年，如皋县水"。[1]

由上可见，扬州府灾害的频繁程度和破坏力均远超想象。在这种环境下，百姓沦为鱼鳖，生命悬于一线，田庐漂没，财产蒙受重大损失。开河筑坝，汲水防旱，劳役较平时大大增加。兹录几首反映灾难中百姓苦难的诗篇如下：

陆典《隆庆己巳大水纪灾》："四野黄云烂不收，风尘渺渺忽生愁。浪倾山势从天下，日抱河流接地浮。木末有巢居泛泛，天涯无路水悠悠。桑田转眼成沧海，只恐鱼龙混九州。"[2]

陶澂《河水决》有云："可怜老弱尽沉溺，壮者即活饥无铺。呼号动天白日晴，抱女拖男忍离散。百钱斗米不得换，露宿茕茕已肠断。再闻羽檄云边来，岁租力役交相催。后时不至继鞭挞，自分此生同死灰。来朝乌啼天未曙，里正传呼筑堤去。"[3]

夏洪基《水灾纪事》有云："初只淹民田，继乃卷民屋。东舍墙已颓，西邻栋又覆。颠踏波浪中，相聚如水族。风雨惊怒涛，难免葬鱼腹。荡析曾未宁，修堤事畚筑。排甲起河夫，里胥又催督。贫者任劬劳，富者

---

[1]　〔明〕杨洵修，〔明〕徐銮等纂：《〔万历〕扬州府志》卷二二《历代志》，《扬州文库》第1册，第663—664页。

[2]　〔清〕孙宗彝纂，〔清〕李培茂增修，〔清〕余恭增辑：《〔康熙〕高邮州志》卷一〇《艺文志》，《扬州文库》第20册，第249页。

[3]　徐炳顺：《扬州运河》，广陵书社2011年版，第306页。

出钱粟。伤力复伤财，何异遭刑戮。"[1]

李东阳诗："扬州久枯旱，河水缩不流。千夫力不强，曳缆用巨牛。漕舟百万斛，拥塞如山丘。将军令不行，士卒慼额愁。跻攀不可上，安能问归舟。民船与贾舶，琐琐不是筹。谁为水车计，转汲春江头。微涓注巨壑，岂足裨洪流。……庶几沛甘雨，洗我苍生忧。"[2]

陶澂《筑堤苦》："筑堤苦，五日筑成三丈土，束薪为捷土为辅。千人奋锸百人杵，半日长饥力几许。努力向前各俯偻，不尔恐遭上官怒。昨宵并筑临河洲，纷纷筑者当前头。须臾再决不可收，饥魄弱魂沉中流。沉中流，筑堤苦，新堤不成还责汝。我心忧伤泪如雨！"[3]

兽穷则啮，民穷则盗。百姓生活无以为继，往往铤而走险，沦为盗贼。孙兆祥《水灾后获盗境中》生动地表达了百姓的无奈和作者对"盗贼"的同情：

赤子弄潢池，兵戈非所好。饥寒一切身，良民转为盗。将军献俘归，野鬼空原啸。嗟此刀头魂，谁与诉廊庙？[4]

灾难重压之下，百姓时常记起那些救他们出于水火的官员，并将其事迹编成歌谣，广为传唱。《范公谣》称颂转运使范锪："盐政奚废公未逢，盐政奚兴逢我公。范来早，我人饱。范来迟，我人饥。"《拯溺谣》云："可怜洪水正滔滔，民被漂流憯莫逃。不是当年杨子尉，几人鱼鳖逐波涛。"《刘堤谣》怀念成化间兴化县令刘廷瓒："东捍海兮维范公，西护塘兮刘之功。海不扬兮塘不涸，民乐其中兮岁恒有丰。"[5]这些歌谣，从另一角度反映了百姓的深重

---

[1]〔清〕孙宗彝纂，〔清〕李培茂增修，〔清〕余恭增辑：《〔康熙〕高邮州志》卷一〇《艺文志》，《扬州文库》第20册，第254—255页。

[2]帅国华：《仪征史海拾珠》，新时代出版社2007年版，第112—113页。

[3]徐炳顺：《扬州运河》，第306页。

[4]〔明〕孙兆祥：《水灾后馘盗境中》，〔清〕孙宗彝纂，〔清〕李培茂增修，〔清〕余恭增辑：《〔康熙〕高邮州志》卷一〇《艺文志》，《扬州文库》第20册，第253页。

[5]〔明〕杨洵修，〔明〕徐銮等纂：《〔万历〕扬州府志》卷二六《文苑志》，《扬州文库》第1册，703—704页。

苦难和他们对美好生活的向往。

二、赈恤措施

各种灾害使百姓生命财产蒙受损失,生活朝不保夕。这不仅影响国家财政收入,甚至会激起民变,动摇封建统治的根基。为稳固国本,明朝政府主要采取两项措施:其一,建立预备仓、养济院、惠民药局和其他赈济设施等;其二,在严重灾荒和某些特殊情况下,蠲免钱粮,以纾民困。

(一)赈济机构与设施的建立

1.预备仓及其他仓储设施

朱元璋出身贫寒,深悉民间疾苦。洪武年间,他颁布诏书,"令天下县分各立预备四仓,官为籴谷收贮以备赈济,就择本地年高笃实民人管理"[1],"官储粟而扃鐍之,就令富民守视,若遇凶岁则开仓赈给,庶几民无饥饿之患也"。[2]依据这些诏令,扬州府各州县预备仓迅速建立,而且多数州县超过四仓的基本规定。但随着时间推移,预备仓日渐衰落。研究表明,明代预备仓"前期普遍建立,功能发挥较好;中期随着形势变化,作了考核量化和查盘验收等方面的重要调整,但没有得到一贯坚持和执行,预备仓作用发挥波动起伏,时好时差;后期财政困难,朝廷重推社仓义仓建设,预备仓逐渐弱化并走向衰落"[3]。扬州府预备仓亦大体呈现这一趋势,其大致情况如下:

江都县预备西仓,在府城内偏西的位置,天顺七年(1463),巡抚都御史王竑在前代基础上重建。此外,邵伯镇、夷陵镇、丰乐乡、扬子桥镇、大桥镇各有预备仓1所。仪真县有东、西、南、北预备仓各1所,俱为洪武二十三年(1390)知县王上高建,至嘉靖时期已经废弃。泰兴县预备仓在县东北,洪武二十三年知县王林建立,嘉靖十二年(1533)知县朱篪重修。此外,尚有东、西、南、北4所预备仓,分别位于永丰镇、蔡家桥、时家湾、岳桥四地,但嘉靖间仅存遗址。高邮州有东、西、南、北预备仓4所,分布于州城东西南北四个方位,此外还有临泽镇和新沟2所预备仓。兴化县东西南北预备仓4所,分别位于通济坊、利

[1]〔明〕申时行等修,〔明〕杨用贤等纂:《大明会典》卷二二《预备仓》,《续修四库全书》第789册,第383页。

[2]《明太祖实录》卷一九一"洪武二十一年六月甲子"条,第2881—2882页。

[3]王卫平、王宏旭:《明代预备仓政的演变及特点》,《学术界》2017年第8期。

民坊、招远坊。宝应县预备仓位于皇萃亭南,另有 4 所分布于城东西南北四个方位。泰州除东、西、南、北预备仓外,在鱼行庄、姜堰镇、中村庄、秦潼镇、边城庄均设有预备仓。如皋县预备东仓、西仓、南仓在嘉靖时已废。正统元年(1436),县丞杨春将北仓由西场镇移至县城内,嘉靖时称南仓。通州预备仓共 4 所,分别位于利河镇、文安乡、永兴乡和秦灶。海门县预备仓在县治东北,由赵九思建立。此外,在智正都和礼安乡还各设预备仓 1 所。

州县之外,扬州府所属各卫、所亦建有各种仓储设施。如扬州卫有天字等号仓、屯仓、预备仓,高邮卫有卫仓、广储仓、州库,仪真卫有屯仓、广实仓、县库,通州所有屯仓、通济仓、州库,泰州所有军储仓、屯种仓、常丰仓、兑军仓、州库,盐城所有恒足仓、县仓、县库,兴化所有永丰仓、兑军仓、县库等。两淮运司各盐场均设赈济仓。其他名目的仓库还有:扬州府义仓 1 所,在广储门附近。江都县便民仓 1 所,位于新城北便宜门外,又称为北仓。成化七年(1471),扬州知府周源等人还曾建立学仓,以周济贫困生员。仪真县资福寺前有节贮仓,泰兴县周家桥附近有兑军仓,高邮州北门外有兑军仓,海门县城南驻节亭有便民仓等。

上述名目繁多的仓储设施,或依朝廷诏令设立,或由地方自行设立,其管理或由政府主导,或由民间主导,或由官府与民间共同负责,但不论性质如何,都承担着一定的赈恤功能。如军储仓,其基本功能在于储存粮食供卫所军队之用,但每逢灾荒时节,他们也以较低的利率出贷粮食,既帮助百姓渡过难关,同时也可获得一定利息以充实军需。[1]

在仓储设施的管理上,扬州府治西设有广恤所,因资料缺乏,具体情况不得而知。据名称推测,当是主管赈恤的机构,对粮仓理应有一定的管理职责。各州县知州、知县对仓储设施管理负直接责任。根据州县大小、所辖里数多少、积贮难度等确定每年积存数量,基本要求是“三年之积,务够一年之用”。达到规定数量,官员方为称职。如果政绩卓异,积储数量远超规定,则由国家给予奖赏拔擢,地方官员因此表现出较高的积极性。明朝中期以

---

[1] 陈佐立将明代各类粮仓的作用归纳为四个方面:用作军饷、俸禄或皇室用粮,救济灾荒,平粜,调节各地粮食余缺。见其《明代粮仓研究》,福建师范大学 2002 年硕士学位论文,第 1 页。

后,仓政渐弛。正统年间,官员奏报,指出"有司视为泛常""仓廪颓塌而不葺""粮米逋负而不征""岁凶缺食,往往借贷于官"[1]等问题日渐突出。嘉靖后期,部分地区预备仓已经完全损毁,如仪真县4座预备仓已废弃,泰兴县预备仓仅存遗址,如皋县东、西、南三仓完全倾颓。如此,其赈恤作用当然也难尽如人意。《嘉靖惟扬志》批评说,"预备仓所收谷石,多者巨万,少者亦不下千百。但收贮日积,放赈不时"。嘉靖元年(1522)的诏书也指出:"各处府州县预备仓粮赈济饥荒,有例见行,官吏人等奉行不至,多无实效。今后务要设法措置,验时丰凶敛散,年终将收除实在数目开奏。"[2]明朝后期,"随着社仓、义仓的兴起,预备仓的备荒职能逐渐被社仓、义仓所取代",[3]预备仓基本退出历史舞台。

2.养济院、惠民药局

养济院性质的机构在唐朝就已出现,当时称为"病坊"。宋元时期继续发展,只是名称有所改变,两宋称居养院、安济坊或漏泽园,元代则称作孤老院。洪武元年(1368)八月,明太祖朱元璋晓谕中书省:"吾在民间,目击其苦,鳏寡孤独饥寒困踣之徒,常自厌生,恨不即死。吾乱离遇此,心常恻然,故躬提师旅,誓清四海,以同吾一家之安。今代天理物已十余年,若天下民有流离失所者,非惟昧朕之初志,于代天之工,亦不能尽。其令天下郡县,访穷民无告者,月给以衣食;无依者,给以屋舍。"[4]基于这种思想,明初即建立了多种救助百姓的机构:"国初,立养济院以处无告,立义冢以瘗枯骨。累朝推广恩泽,又有惠民药局,漏泽园,幡竿、蜡烛二寺。其余随时给米给棺之惠,不一而足。"[5]"五年(1372)五月,诏天下郡县置养济院",[6]该机构遂在全国范围内普遍设立。就扬州府情况来看,各州县均设有养济院,作为重要公

[1]《明英宗实录》卷三〇"正统二年五月辛卯"条,第593页。

[2]〔明〕朱怀幹修,〔明〕盛仪辑:《嘉靖惟扬志》卷八《户口志》,《扬州文库》第1册,第69—70页。

[3] 王卫平、黄鸿山:《中国古代传统社会保障与慈善事业》,群言出版社2004年版,第74页。

[4]〔明〕余继登:《典故纪闻》卷三,中华书局1981年版,第51—52页。

[5]〔明〕申时行等修,〔明〕赵用贤等纂:《大明会典》卷八〇《恤孤贫》,《续修四库全书》第790册,第431页。

[6]〔清〕龙文彬:《明会要》卷五一《民政二》,第959页。

署与其他机构并立于城内。该机构由政府出资并负责管理,对鳏寡孤独废疾等无以自存者,加以收容抚恤。如高邮州,隆庆三年(1569),知州赵来亨建"孤贫房"44间,政府"岁给布花薪米银二百捌拾余两,遇闰加银捌两有零",予以财政支持。灾荒时节,养济院则是对受灾百姓实施赈济的主要场所。其设立在安定百姓生活、稳定社会秩序、提升政府形象、收揽民心民意等方面均有重要意义。但善始未必善终,明朝后期高邮州养济院就已是"房屋倾圮,钱粮虚耗,无告者失所久矣"[1],完全起不到应有的作用。

惠民药局始于北宋,元朝时期继续推行,明朝亦沿袭此制。明初洪武三年(1370),置惠民药局,府设提领,州县设官医,凡军民之贫病者,给予医药,[2]因此也是一种具有社会救助性质的机构,属于"荒政体系的一部分",又因"地方惠民药局的分布极广",因而"发挥着一般诊疗、大型事件应对、社会服务作用"。[3]从文献记载来看,扬州府各州县均设有惠民药局,但管理运作则语焉不详。不过,作为全国统一设立的医疗机构,情况与他处应无大异。药局直接受官方监督支持,医疗技术水平远胜民间游医、巫医,加上对贫病者免费给药,在百姓日常医疗中发挥着重要作用。如果出现影响范围较大的瘟疫,惠民药局的作用更加凸显。万历年间,钟化民赴河南处理瘟疫,其具体做法是:"令有司查照原设惠民药局,选脉理精通者,大县二十余人,小县十余人,官置药材,依方修合,散居村落。凡遇有疾之人,即施对症之药,务使奄奄余息得延人间未尽之年,嗷嗷众生常沐圣朝再造之德。据各府州县申报,医过病人何财等一万三千一百二十名"。[4]药局之重要作用于此可见一斑。

(二)救助百姓的措施

1.自然灾害中的蠲免与赈济

灾荒年月,百姓典妻鬻子,啼饥号寒,难以卒日。陆典《万历辛卯大水纪

---

[1]〔清〕孙宗彝纂,〔清〕李培茂增修,〔清〕余恭增辑:《〔康熙〕高邮州志》卷一《署舍》,《扬州文库》第20册,第19页。

[2]〔清〕张廷玉等:《明史》卷七四《职官志三》,第780页。

[3]陈松:《明代惠民药局研究》,黑龙江大学2013年硕士学位论文。

[4]〔明〕钟化民撰,〔清〕俞森辑:《赈豫纪略》,《中国荒政全书》,北京古籍出版社2003年版,第279页。

灾》述其惨状云："一水西来远接天,况萋风雨夜留连。生民鱼鳖嗟何及,储饷今年减去年";"去年斗米已千钱,今日千钱无米船。世有饥寒失慈父,更愁波浪起风烟。"[1]饥寒交迫则良民为盗,国家如不能妥善应对,极易演变成大规模的社会事件,威胁封建王朝的统治。因此每逢大灾,国家多会采取设厂施粥、蠲免灾区钱粮等措施,帮助百姓渡过难关。现将蠲免及赈济情况列表如下,以示其大概:

表 7-1　　　　　　　　明代扬州府灾荒赈济情况表[2]

时　间	地点	灾　情	人　物	措　施
宣德五年（1430）	扬州府	岁歉	户部侍郎曹江	赈济
正统二年（1437）	各盐场	水、旱	工部右侍郎周忱	巡视并赈济
正统三年（1438）	扬州府	灾伤		免田租 5000 石
正统五年（1440）	扬州府	大旱	户部主事邹来学	赈济
正统十四年（1449）	泰州	水灾		免田租近 9 万石
景泰五年（1454）	扬州府	大雪、水灾		免田租
景泰七年（1456）	扬州府	旱蝗	巡抚都御史王竑	设法赈之
天顺元年（1457）	扬州府	水灾	巡抚都御史王俭	赈济
成化元年（1465）	扬州府	水灾	都御史吴理	赈济、免税粮 5000 石
成化二年（1466）	扬州府	水、旱	右佥都御史吴琛	赈济
成化三年（1467）	扬州府	海潮坏堤堰	左都御史林聪	赈济
成化十三年（1477）	泰兴县	蟹伤禾稼	户部郎中谷琰	赈济
弘治十四年至十六年（1501—1503）	扬州府	大旱、瘟疫	南京吏部右侍郎王华	赈济
正德十三年（1518）	扬州府	大水无麦		免税粮,拨米 1 万石赈济

---

[1]〔清〕孙宗彝纂,〔清〕李培茂增修,〔清〕余恭增辑:《〔康熙〕高邮州志》卷一〇《艺文志》,《扬州文库》第 20 册,第 250 页。

[2] 资料据《〔万历〕扬州府志》卷二二《历代志》,记载时间截至万历二十七年（1599）。

续表 7-1

时　间	地　点	灾　情	人　物	措　施
嘉靖二年（1523）	扬州府	旱、大水、瘟疫	南京兵部右侍郎席书	赈济、免次年租 3 万石
嘉靖五年（1526）至七年（1528）	扬州府	旱、蝗、大水		减免米、折马价、减夫役、留操军
嘉靖八年（1529）	扬州府、通州、海门	蝗、雨黄丹		减免米、折马价、减夫役、留操军
嘉靖十二年（1533）	扬州府	雨、霾沙、蝗		宽赋税
嘉靖十四年（1535）	扬州府	旱、蝗		折马价、发粮 52000 石赈济
嘉靖十五年（1536）	泰州、兴化、仪真	旱、霪雨		免税粮 78000 余石
嘉靖十八年（1539）	扬州府	海潮涨溢，溺死民灶男妇近 3 万人		留余盐银 5 万两，免税粮 97000 石，发储粮 37000 余石赈恤
嘉靖十九年（1540）	扬州府	旱、蝗、大水		免粮 98000 余石
嘉靖二十年（1541）	高邮、泰州等	水、旱		免税粮 71000 余石，发仓储稻 5000 石
嘉靖三十四年至三十五年（1555—1556）	仪真、高邮、宝应、通州、泰州	大水		赈济
万历二十三年至二十四年（1595—1596）	扬州府	大水		有赈

除赈济、蠲免外，明政府还用祭祀、祈祷等方法来减轻灾荒。景泰六年（1455），江水大涨，"差官斋香帛祭文，遣巡抚都御史王竑祭于江神"。景泰七年，扬州旱蝗，"命巡抚都御史王竑祭祷江海山川之神"。成化八年（1472），扬州大旱，"命工部侍郎王恕祭祷于山川等神"。尽管看似十分荒诞，且效果难知，但在当时的社会环境中，这种努力不仅能够得到百姓认同，还可以增强他们对政府的信任，因此还不能简单地以"愚民""迷信"等词语

径直将其全盘否定。

这些赈济、蠲免措施对缓解百姓苦难确实起到了一定作用。但其中亦可见一个明显的趋势：嘉靖二十年（1541）以后，扬州府灾害频繁程度如常，但相关的赈济与蠲免却大幅度减少。这反映出明王朝国势日衰、财力不济、恤民政策执行不力的窘况。灾难中得不到相应的救助，百姓不得已而背井离乡，走上逃亡之路，社会上流民剧增，国家危机日趋深重。及至崇祯时期，陕西百姓揭竿而起，明王朝社会危机全面爆发，并在危机中迎来了自己的末日。

2. 弊政的革除

有粮无田、赋税不均或远超百姓承受能力等不合时宜的弊政，也是套在百姓脖颈上的沉重枷锁。宝应县尹李瓒诗云："百里疮痍犹未息，三年课石岂须程。阳城自乏催科政，冉子宁甘聚敛名。未忍江湖违远念，实便云水称闲情。依依童白休挥泪，香火新祠愧汝诚。"[1]一方面记述了大灾之后百姓的沉重负担，又对自己不能解除百姓苦难深感愧疚。苦难日久则怨愤郁积，容易形成社会不稳定因素。因此，对于严重损害百姓利益的政策，经官员或耆民奏报后，国家也往往会采取相应的纠正措施。兹举几例略作说明：

养马弊政：养马是长期困扰扬州百姓的弊政之一。通州经耆民张遑、白铺、御史钱嵘、尚书张瓒，宝应经太仆少卿董传策、监察御史谢廷、南京太仆寺卿李辅等反复上疏，弊政最终废除（详见上文）。

盐业弊政：嘉靖年间，余西等场盐 2 万余引被海潮淹没，政府执意追缴。刘澄甫上疏指出："灶丁比军民既为困苦，矧近年屡遇海潮，艰辛尤甚。若复过追，则流移之患不免矣。"同时他又援引《大明律》中"凡仓廪积聚，卒遇雨水冲激，事出不测而有损失者，委官核实，免罪不赔"的规定，希望"宽以恤灶，将淹消盐课照律免赔"。[2]因其疏合情入理，最终为朝廷采纳，盐场百姓得免无妄之灾。嘉靖三十五年（1556），喻南岳任职通州，得知盐院命本地铺户俱赴真州领盐销售，铺户不满纷纷离去，对百姓生活和本地盐业均产生

---

[1]〔明〕李瓒：《别宝应庶民》，〔明〕汤一贤纂修：《〔隆庆〕宝应县志》卷九《艺文三》，《扬州文库》第 24 册，第 315 页。

[2]〔清〕噶尔泰纂辑，〔清〕程梦星等纂：《〔雍正〕敕修两淮盐法志》卷一一《奏议》，《扬州文库》第 29 册，第 311 页。

不利影响。喻南岳乃上请盐院陈明利弊:通州百姓与盐场灶丁比邻而居,"彼此相易,习以成俗",想让百姓尽食商引之盐不切实际。另外,"引盐始由本郡载至真州,今复自真州返之,往复千里,劳费不赀",因而"铺户不惟有飞輓之艰,亦且有包赔消折之苦"。最后"盐院苏郡崔使君栋悉其诚恳,遂允其请"。[1]一方积患终得解除,铺户朱相等请立碑以记其事。

坍田除豁:海门县濒临长江,沿江土地受江潮冲击不断坍毁,田地数量锐减,而赋税负担依然如故,百姓痛苦万状。前任知县王宣、裴绍宗,监生王相等委托巡抚都御史、巡按御史屡次奏报,均未获批示,"致使民困日深,无计可苏"。于是知县陈海上疏,痛陈百姓窘状:"粮草包赔,年久数多,愈加靠累。前此尚有鸡豚可鬻,男女可卖,而今则并此皆无。一遇征收,啼泣载道,所不忍闻"。而且,"消长乘除,理数自然。若新开者既合升科,则坍没者亦应除豁"。[2]其后,巡抚都御史高友机再次陈其利害:"若拘不失原额,定要派加坍粮未免例,愈驱下民逃亡,恐连未坍田土亦无人佃守矣。海门之县不几于废乎?"[3]数次陈请,终于有了回报,海门县赋税数额有所削减,百姓负担大为减轻。

重灾免除积欠:兴化县水灾严重,"他邑或有丰年,而兴化则永为歉岁",故而赋税连年积欠达白银31000余两,实为"大州大邑所不能当之重赋"。每逢大灾之年,朝廷都有相应的蠲免赈济,但积欠税款并不在免除之列。可是百姓在灾难中,已经"有屋者拆屋卖其薪,有牛者杀牛卖其肉,医疮剜肉,苟延旦夕",再去征收往年积欠,无异于雪上加霜。为此,欧阳东凤上疏建议,"军饷草马四司凤阳等银,无论旧逋新租、存留起运,凡未完者似当行蠲免"。即便不能全部蠲免,也应"宽假三五年之后,俟疮痍已起,或值丰收,始量力带征"。[4]崇祯四年(1631),兴化县再遭重大水灾,平地水深一丈五尺,

[1]〔明〕林云程、沈明臣等纂修:《〔万历〕通州志》卷四《物土志》,《四库全书存目丛书·史部》第203册,第131页。

[2]〔明〕陈海:《奏除坍粮以苏民困疏》,〔明〕吴宗元:《嘉靖海门县志·食货第四》,《海门县志集之三》。

[3]〔明〕高友机:《题蠲坍粮以苏民困疏》,〔明〕吴宗元:《嘉靖海门县志·食货第四》,《海门县志集之三》。

[4]〔明〕欧阳东凤:《请蠲停兴化浮粮疏》,〔清〕阿克当阿监修,〔清〕姚文田等纂:《〔嘉庆〕重修扬州府志》卷六三《艺文志二》,《扬州文库》第8册,第1225—1226页。

"百姓舟居草食,漂流沉溺不知其几"。知县赵龙一面发仓赈济,一面招抚流民预备秋种,但又逢"北河溃决,数日内水深一丈六尺,灾更甚于去年"。在富户变穷、仓廪空虚、赈无可赈的情况下,赵龙乃"冒出位之罪",直接上书皇帝,请求"将四、五年分钱粮,旧欠新租、存留起运,尽行蠲免一年,仍赐赈济"[1]。其疏言辞恳切,感人至深,获得当局认可。

上述各项弊政,均在官员与百姓的努力下得以革除,但每次成功都非一帆风顺。自永乐年间起,通州官民就不断陈请废除马政,直至嘉靖中期才得允准,前后历时近 140 年。海门县坍田问题,正统年间就已出现,景泰、天顺、成化、弘治间不断加剧,虽经地方官员连续奏报,但直到嘉靖十五年(1536)才最终解决,前后历时近百年。低下的行政效率背后,隐含的是对百姓生命、财产等根本利益的漠视。另外,凡有"恩泽及于百姓"的惠政,当权者均会大力宣扬以示恩德,但此类记载在相关文献中实属凤毛麟角。这一事实背后隐含的真相是:大量弊政依然延续,百姓生活远没有达到他们所希望、想望的状态。

(三)灾难中政府官员与百姓的举措

在面临重大灾难的时候,部分官员仗义执言,为百姓申请蠲免赈济,同时身体力行,动员官方、民间各种力量投入对百姓的救助。百姓感其恩德,建遗爱祠、生祠等以示永远怀念。地方耆老、义民亦参与其中,他们或不吝家财,出资助赈,或殚精竭虑,建言献策。百姓能出水火,他们的功劳同样值得一书。

1.官员

蒋瑶"全一郡百姓":蒋瑶,字粹卿,归安人,正德间任扬州知府。上任之初即逢饥馑,遂请拨漕米万石赈济百姓。正德皇帝南下,万般须索,百姓面临浩劫。面对至高无上的皇权,地方官僚"欲尽赋民免征之粮以供",蒋瑶果断反对,曰:"民胡可欺此至?"对于皇帝、权阉的敲诈,蒋瑶坚决抵制,"扈跸诸悍武、权珰百需,公不听。当道欲敛夫值馈公,亦不听……珰欲夺民舍以拓官店。公曰:民已安居,不可夺"。权阉无计可施,"系公于舟,不得

---

[1]〔明〕赵龙:《异灾重赋疏》,〔清〕尹会一纂修,〔清〕程梦星等纂:《〔雍正〕扬州府志》卷三六《艺文一》,《扬州文库》第 5 册,第 679 页。

食者三日。复驱公扈舟以行。公至徐,乘一驴抵临清,乃返"。[1]在雷震山压的皇权面前,蒋瑶发于声,见于行,以一己之力使维扬百姓免遭大难。其全心为民、置个人生死利害于不顾的精神,足传万世而不朽。

孙禄施赈:孙禄,字天锡,山东栖霞人。嘉靖元年(1522),扬州府发生数十年未遇的灾荒。孙禄一面将灾情上报朝廷,一面遍访当地义民、富户,敦促他们捐资助赈:"多者谷千石,或益以银米,其余以次差定"。因为政声良好,百姓积极响应,"民皆乐输,不闻称扰"。[2]三个月以后,朝廷下旨,蠲免百姓应纳钱粮。又拨太仓银、本府折粮正银、淮盐余银、变卖盐价及在仓米谷等银米数万,赈济百姓。孙禄一面指挥调配物资,又派僚属分赴各州县主持赈灾。累计全活百姓19万多人,为37000多户饥民提供种子,以便他们能在大灾之后尽快恢复生产。

吕夔、马瞻设义葬园:荀子说:"生,人之始也;死,人之终也。终始俱善,人道毕矣。"孟子云:"养生丧死无憾,王道之始也。"受儒家文化影响,中国百姓把死而得葬视为基本尊严。弘治十六年(1503),江淮大旱,饥荒严重,百姓因饥饿、疫病而死于仪者成千上万。主事吕夔实施赈济的同时,又于城东五里漕河南堤寻隙地一块,"缭垣树门,题曰官河义冢"。敕令各坊、里每日上报饿殍,收而葬之,并下令把这一做法推广至瓜洲镇。百姓赞叹说:"旱饥之变,与君此举,皆前此所未睹也。"[3]嘉靖十七年(1538),扬州连年水旱,百姓饿殍,槁骨蔽野,惨不忍睹。因此收白骨而葬之,亦是帮助百姓的义举。马瞻到任后,"即诣北郭军舍左得隙地,东西二十五丈五尺,南北二十一丈五尺,围墙、置门、竖石以志",成义葬园一所。"不特道路死者得所,而岁时厉祭,旅魂相依来享,可不为厉矣"。[4]为政而能下及枯骨,对生者亦可推

[1]〔明〕叶相:《新建扬州太守蒋公遗爱祠记》,〔明〕朱怀幹修,〔明〕盛仪辑:《嘉靖惟扬志》卷三七《诗文志十一》,《扬州文库》第1册,第244—245页。

[2]〔明〕盛仪:《惟扬郡守孙易侯三公去思碑》,〔明〕朱怀幹修,〔明〕盛仪辑:《嘉靖惟扬志》卷三七《诗文志十一》,《扬州文库》第1册,第248页。

[3]〔明〕黄瓒:《官河义冢记》,〔明〕申嘉瑞修,〔明〕李文等纂:《〔隆庆〕仪真县志》卷一四《艺文考》,《扬州文库》第16册,第678页。

[4]〔明〕宗周:《义葬园记》,〔清〕阿克当阿监修,〔清〕姚文田等纂:《〔嘉庆〕重修扬州府志》卷六三《艺文二》,《扬州文库》第8册,第1239页。

而知之,这是吕夔、马瞻等人深得百姓爱戴的重要原因。

2.百姓

顾师鲁、戎浩:顾师鲁,字惟学,兴化人,重义而不求人知。平日"恤宗党、赈孤寒,同里二百余家待以存活"。从军期间,有同乡百人被掠,顾师鲁出资将其赎回。明初,官府征发百姓修筑瓜洲各坝,顾师鲁又"以粟千石、钱百万、白金数十斤,罄家帑以给其贫馁者"。[1]戎浩,字爱泉,克己自律,素为知县欧阳东凤所重。凡县内公事,多委其董理。某次修筑河堤,县内殷实之家多托辞逃避。戎浩慷慨捐助,为乡人作出表率。"寝处堤畔,不辞劳瘁,役人观感踊跃,堤遂成"。[2]戎浩曾四次负责粥赈,经常在粥中悄悄加上自家的粮食。当局欲加旌表,他坚辞不受。

柏丛桂、陈纲、陈言等:宝应湖泊众多,百姓常困于水灾。洪武二十八年(1395),耆民柏丛桂考察水患形势,向地方提出筑塘岸40里以防冲决的建议,但未得实行。柏丛桂遂亲自考察,"地多淤泥草莽不可行,以牛步准程,无甚差爽,经理会计,陈说利害,画图奏于朝"。[3]朝廷依其建议,征发当地民夫56000余人,修成槐楼至界首湖堤40里,民间传为美谈。正统五年(1440),江淮大饥,人相食,朝廷命户部主事邹来学负责赈济。到任后,邹来学大力动员民间出资助赈,陈纲出粟1500石,朝廷赐玺书,并免除其家徭役。嘉靖十七年(1538),宝应饥荒、瘟疫并发,陈言施舍衣服、棺木各数千套。次年,又出银600两,帮助重修儒学。嘉靖二十八年(1549),宝应再现大灾,陈言出赈粟1000石。朝廷依陈纲例,免其家杂差,并旌其门"好义乐施"。

缪泮、卢源、杨大成:缪泮,栟茶场人。嘉靖十年(1531),海潮大涨,灶民溺死千人,侥幸生存者亦缺衣少食。缪泮捐粟千石赈济,全活百姓甚多,受到朝廷旌表。卢源,永盛团灶户。正统二年(1437),输谷千石以赈饥民,受到朝廷表彰。后又逢饥馑,安丰场王艮劝赈,卢源又捐麦1500石、米数千

[1]〔清〕阿克当阿监修,〔清〕姚文田等纂:《〔嘉庆〕重修扬州府志》卷五二《人物志七》,《扬州文库》第7册,第1002页。

[2]〔清〕梁园棣:《〔咸丰〕重修兴化县志》卷八《人物志》。

[3]〔明〕陈煃修,〔明〕吴敏道纂:《〔万历〕宝应县志》卷九《人物志下》,《扬州文库》第24册,第402页。

石。王艮感其真诚尚义,遂将孙女嫁给其子卢荣。杨大成,天性仁厚,虽家产微薄,但乐善好施。曾遇一贫民死,其妻、子号哭于途,欲卖身偿还债务。杨大成不忍,遂以其所居房屋为质,得数十金相赠,一家人免于困厄。又曾倡议修庆丰桥,因资金缺乏,杨大成借贷百金为资,桥最终修成。

　　冒襄:字辟疆,如皋人,有文名,辞官隐居乡里。崇祯十四年(1641),如皋大饥,冒襄破产救荒。次年又逢大疫,冒襄犯险救助,染疫几乎死亡,如皋数万百姓因此得以全活。除亲自参与救助外,冒襄还发布文告,动员富贵之家捐钱捐物,帮助百姓渡过难关。文告共4条,其一曰:大灾之年,能救百姓者,在人不在天。如若见死不救,"不惟无天,是无人也。自绝于人,不惟绝人,是绝我也。无人无天而并无我,虽拥富贵,亦何异沟中之瘠焉?"其二曰:富贵之人所以富贵,乃因为"饥寒小民竭力以供我"。大灾之年不肯救助,百姓走投无路,"与其饥寒而必死,或者盗贼可幸生。一旦乱起,舍大家何适焉?"其三曰:富贵者所拥富贵,乃"赖天地福善之锡,祖宗积善所余"。如漠然视之,则无异于"将天地、祖宗阴培默祐根本一时铲断,良可悯恤"。其四曰:救贫济弱乃人之本性,当此"枵腹盈前,僵尸载道","饥寒并迫,无异身临刀俎"之时,"匹夫匹妇、一粒一钱皆能持人缓急,皆有救人责任"。[1]此四点可谓语重心长,发人深省,在当地产生了很大反响。此外,冒襄还积极救助遗弃儿童,"凡有所见,则抱归鞠育"。但个人之力毕竟有限,遂与范景文等共谋"一普遍救养法"。后决定由西天寺僧专任此事,"辟疆详为条议,有纲有目。周虑厥终,复捐重资以倡之",[2]给他们提供了相对稳定的遮风挡雨的庇护之所。

　　中国古代城市是中央控制地方而设立的区域行政中心,政治功能是其基本功能。因此,官府衙署、军事机构、教育机构等成为城市最主要的组成部分。工商业是城市经济功能的主要载体,而居民则是实现城市政治、经济功能的主体力量,因此工商业区和厢坊等居住区,对于城市来说同样不可或

---

　　[1]〔明〕冒襄:《如皋劝赈四则》,〔清〕金镇原本,〔清〕崔华、张万寿续修,〔清〕王方岐续纂:《〔康熙二十四年〕扬州府志》卷三八《艺文十一》,《扬州文库》第4册,第800—801页。
　　[2]〔明〕范景文:《题如皋冒辟疆救荒记序》,〔清〕金镇原本,〔清〕崔华、张万寿续修,〔清〕王方岐续纂:《〔康熙二十四年〕扬州府志》卷末《遗补》,《扬州文库》第4册,第867页。

缺。大大小小的街巷,则如人体之脉络,把城市不同的区域联系起来,使城市的各项功能得以实现。明代扬州府的乡村也划分为不同基层政区,有都、乡、镇、沙、岸、村、图、里等不同名目。伴随着军事活动和经济活动的开展,出现了一批以军事、商业、手工业闻名的市镇。

明朝中后期,园林建设之风逐渐兴起,营造私家园林的风气非常兴盛。扬州作为运河之枢、财富之源,建园之风更甚他处。明代扬州园林广泛分布于城市与乡村。一亭一台,一山一水,往往饱含深意。或凭吊古人,追慕先贤,或娱乐身心,增加生活情趣;或惩前毖后,警示世人。至明末,国家内忧外患,风雨飘摇,园林更添一层表达自身政治诉求与政治倾向的含义。对各地著名景观,文人墨客往往冠以名称,形成所谓"八景""十景""十二景"系列,如宝应八景、高邮秦邮八景、海陵八景、兴化昭阳十二景等,并给部分景观配上诗歌,更增加了一番诗情画意。

明朝前期,扬州府士大夫阶层多能矜名重节,朝经暮史,勤于读书。农民大多安土乐业,勤于稼穑,但丰裕的物质生活始终与他们无关。商人手握巨额财富,所以象箸玉杯、乘肥衣轻成为他们生活的主基调。隆庆、万历以后,社会风气骤变,整个社会由俭入奢,侈靡之风席卷社会各个阶层。扬州作为经济都会,更是这种社会风气的引领者。明代扬州府衣食制作精巧,品类繁多,混堂、青楼也为人们提供了休闲去处,扬州瘦马更是名扬天下。每逢节日,往往有盛大的庆祝活动,由此形成颇具特色的节庆风俗。在精神生活上,明代扬州府信仰氛围甚是浓厚,神鬼、先圣、先师、名宦、乡贤、贞妇、烈女等,均成为信奉崇祀的对象。

兵火、苛政弊政和自然灾害,是明代扬州府百姓生活中无法摆脱的梦魇,也是悬在明代扬州府百姓头上的三把利剑。为避免激起民变,稳固统治,封建国家和地方政府一面建立各种仓储设施和赈恤机构,一面采取蠲免钱粮、革除弊政的措施,取得一定成效。部分官员和百姓在赈济活动中发挥了重要的作用,蒋瑶"全一郡百姓",吕夔、马瞻设义葬园,冒襄破产救荒等事迹感人至深,代代相传,既是历史佳话,也寄予了人们对美好生活的向往。

第八章　明代扬州的教育与科举

人才是立国之本、治国之要。人才的获得,仰赖于教育和选拔。在教育上,明代扬州府形成了以社学、儒学为主体,以书院为补充的教育体系。在人才选拔上,科举是生员入仕的主要途径,选贡与辟荐依据国家的特殊需要不定期举行,是科举的有益补充。

第一节　教育

社学与府、州、县儒学均由官方设立,是明代扬州教育系统的主体。社学设于乡、里,属启蒙教育。府、州、县儒学一般设于城内,属高等教育;除了规模大小、学额多少等有所不同外,府学、州学与县学并无层次上的区别,其生员均可以直接参加国家举办的科举考试。书院或由官设,或由民间倡立而由官方主导,是当时扬州教育体系的有益补充。[1]

一、社学

社学属于基础教育,担负着开蒙幼童、淳化风俗、宣传国家法令制度的重要使命。洪武八年(1375),明太祖晓谕中书省:“今京师及郡县皆有学,而乡社之民未睹教化,宜令有司更置社学,延师儒以教民间子弟,庶可导民

---

[1] 除社学、儒学、书院之外,明代扬州府可能还有义学的设置。义学一般为地方上好义之士出资创办,主要招收孤童或贫寒人家子弟入学,以补社学之不足。研究表明:明代中期以后,义学蔚成风气。这是因为社学败坏,子弟失教,有必要以义学及时取而代之;地方官与乡绅遵循儒家教化主义的原则,教化先行,创设义学,以期改变乡村社会的道德风貌;科举渐重,科场失意的儒生增多,他们只好处馆度日(见陈宝良:《明代的义学与乡学》,《史学月刊》1993 年第 3 期)。类似的情况在扬州同样存在,而且扬州府经济发展居于全国前列,故而具备义学兴起的基础。但目前所见文献中并无相关记载,故暂略去不述。

善俗也。"[1]洪武十六年(1383)规定:民间社学务必选拔优秀人才担任教读,有过之人不得为师,地方官府亦不得随意干预社学的教学工作。洪武二十年又下诏,要求社学生员必读《御制大诰》及其他律令,如果生员熟练记诵《大诰》,其师还可以得到一定的赏赐。洪武二十五年,制定"礼射书数之法",进一步规定了学习内容:学生依名人法帖,每日习字500以上,另需精通九章之法。英宗正统年间,下令各地提学御史"择立师范,明设教条,以教人之子弟。年一考校,责取勤效","严督勤课,不许废弛。其有俊秀向学者,许补儒学生员",并对担任教职者免除徭役。[2]可见,明朝政府对社学还是非常重视的,但限于各地条件,社学发展及其效果并不尽如人意。

(一)社学的基本情况

据《嘉靖惟扬志》记载,江都县有社学236所,仪真县26所,宝应县60所(后增加28所),如皋县84所,兴化县144所,海门县78所,泰兴县222所,高邮州172所(宪宗成化间增加6所),通州214所,泰州356所(后增3所),扬州卫、仪真卫、高邮卫各设50所(每百户设社学1所)。相较儒学,社学规模一般较小。如高邮州社学,"各有房屋六间,几案咸备"。[3]仪真县2所社学,分别有房5间、10间。马塘场和石港场社学,仅有"正厅三间,门楼一座"。规模稍大者如安丰场社学,亦不过"正房、后房、西房共一十二间,门楼一间"。[4]各社学一般设"教读"1名,负责教学工作。随着时间推移,多数社学均遭废弃,具体情况已难以知晓。这里仅据文献的零星记载,将尚可知大略的社学简述如下:

扬州府和江都县社学共4所,府城南门、西门、小东门内各1所,大东门外1所。高邮州社学共5处,俱为宪宗成化三年(1467)知州虞润所建,位置大体在州城或州城近郊。穆宗时由陈选"自注释朱子小学,俾知讲习,至

[1]《明太祖实录》卷九六"洪武八年正月丁亥条"条,第1655页。

[2]〔明〕朱怀幹修,〔明〕盛仪辑:《嘉靖惟扬志》卷七《公署志》,《扬州文库》第1册,第45页。

[3]〔明〕范惟恭修,〔明〕王应元纂:《〔隆庆〕高邮州志》卷四《学校志》,《扬州文库》第19册,第399页。

[4]〔明〕徐鹏举、史载德等编纂:《〔弘治〕两淮运司志》卷五,《扬州文库》第27册,广陵书社2015年版,第18页。

今士风尚知向服"，[1]效果还算差强人意。泰州社学有端本、志道、慎初、立诚、养正5所，分布在州治和城门附近。宝应县社学共2所，分别于嘉靖三年（1524）和嘉靖五年由知县刘恩和闻人诠建立，均位于县城之内。仪真县社学共2所，一在小市口大街西，有房10间；一在东门内大街北，有房5间。如皋县社学，洪武时按规定设置84所，其后规模逐渐萎缩。嘉靖三十年（1551），知县梁乔升改设15所。万历十五年（1587），知县刘贞一改设7所，县城、乡镇及盐场均有分布。兴化县社学4所，分别在广福寺、旧税课局、永兴仓和北门外。泰兴县社学共5所，城东、城南、城西各一所，另两所分别位于永丰镇和口岸镇。海门县社学共2所，一在县南，一在县东。

明代各盐场亦设有社学。泰州分司所辖十盐场原无学校。弘治二年（1489），判官徐鹏举感于盐场灶民一心逐利，民风浇薄不淳，于是在每盐场各设社学一所，聘请"教读"教授儒家经典，以期移风易俗。后逐渐荒废。[2]通州分司十场原来除金沙场外均无社学。淮安分司十场中，天赐、莞渎、临洪、徐渎浦四场一直未设社学。即有社学者，也多因年久失修而毁坏。弘治十三年（1500），御史史载德对各分司已有社学加以整修，未有社学的即刻兴建，三十盐场遂各有社学一所，"盖彬彬然称盛举矣"。[3]

（二）社学颓败及其原因

除少数社学外，明代扬州社学的整体发展状况并不理想。至世宗嘉靖三十年前后，安丰、梁垛、东台、何垛、丁溪、小海、新兴、板浦八场社学尚存，石港场更置为忠孝书院，丰利社学迁至大圣院，掘港社学迁至本地寺庙，庙湾社学已改为龙王庙，其余各场社学则基本灰飞烟灭，踪迹全无了。至神宗万历中期，除在城社学外，宝应县各乡里社学可能基本消失，所以吴敏道才提出这样的质疑："夫社学之不设于里也，岂谓蒙养之地，故略之乎？崔公

---

［1］〔明〕范惟恭修，〔明〕王应元纂：《〔隆庆〕高邮州志》卷四《学校志》，《扬州文库》第19册，第399页。

［2］〔明〕徐鹏举、史载德等编纂：《〔弘治〕两淮运司志》卷五，《扬州文库》第27册，第14页。

［3］〔明〕杨选、陈暹修，〔明〕史起蛰、张榘撰：《〔嘉靖〕两淮盐法志》卷二《秩官志》，《扬州文库》第27册，第116页。

铣云：牛牿于童，可获千厢；木植于芽，可栋明堂。社学之功大矣！"[1]即便是设在城中的社学，经营不久亦告废弃。高邮州社学至穆宗隆庆间，大多数已经"岁久湮圮，不可复考"。[2]其他在城社学，文献中也多见"俱废""俱圮""塌毁"之类的记载。不过，也有经营管理较好者，如万历四十五年（1617）守备赵千驷设立的掘港场社学，邑人章纯仁改其名为"清溪书屋"，并制定规约12条：立志、虚心、端品行、开眼界、务实学、去浮靡、勿剿袭、勿作辍、亲正人、惜寸阴、损嗜欲、求义理。[3]有如此精心设计的规则加以约束，其效果当属社学中的佼佼者，可惜这种情况并不多见。

社学颓败的原因，一是经费问题，明政府财政拨款实不足以支撑数量庞大的社学。其经费来源，主要靠颁赐的学田，不足之处只有依赖社会捐赠。一旦捐赠减少或缺失，即陷入困境。其二是管理上的原因。各级官员投机取巧，从中渔利。明太祖曾感叹："社学之设，本以导民为善，乐天之乐。奈何府、州、县官不才，酷吏害民无厌。社学一设，官吏以为营生。"[4]在教师的选择上亦存在严重问题。史起蜇说，社学"废者弗兴，而存者亦若赘疣、若敝圃。然间有征立师长以迪之者，则又惟其荐，不惟其人，视灶民子弟如传舍供馈之夫。而所谓师长云者，往往席未暇暖，即索其赘修行矣。故灶民子弟率隐其学，疾其师，攒眉而入于社，有由然也夫！"[5]经费不足、官僚渔利，再加上教师所聘非人，社学实际上很难起到明政府预想的作用。

二、府、州、县儒学

洪武二年（1369），明太祖在诏书中指出："学校之设，名存实亡。兵革以来，人习战斗。朕谓治国之要，教化为先。教化之道，学校为本。今京师

---

[1]〔明〕陈煃修，〔明〕吴敏道纂：《〔万历〕宝应县志》卷二《营缮》，《扬州文库》第24册，第349页。

[2]〔明〕范惟恭修，〔明〕王应元纂：《〔隆庆〕高邮州志》卷四《学校志》，《扬州文库》第19册，第399页。

[3]〔清〕杨受延等修，〔清〕马汝舟等纂：《〔嘉庆〕如皋县志》卷九《学校》。

[4]〔明〕朱元璋：《御制大诰·社学第四十四》，张德信、毛佩琦主编：《洪武御制全书》，第768页。

[5]〔明〕杨选、陈暹修，〔明〕史起蜇、张榘撰：《〔嘉靖〕两淮盐法志》卷二《秩官志》，《扬州文库》第27册，第118页。

虽有太学,而天下学校未兴,宜令郡县皆立学。"[1]此后,各府、州、县儒学相继建立。官员配备上,扬州府儒学设教授1人、训导4人,各州学分设学正1人、训导3人,各县学分设教谕1人、训导2人。教授、学正或教谕负责学校的管理与生员的教育,训导为其副职,负责辅佐上级官员完成各项教育任务。学额方面,扬州府学有廪膳生40名、增广生40名;各州儒学有廪膳生30名、增广生50名;各县儒学有廪膳生20名、增广生20名。不同时期,人员配备与学额亦有所变化。为扩大教育范围,各级儒学还招收数量不等的附学生员。此外,为了照顾寓居本地的外籍客商和盐场灶丁,扬州府儒学还专门给商籍和灶籍百姓设置了一定的生员名额。

（一）府、州、县儒学发展概况[2]

扬州府学。扬州府儒学在府治后儒林坊。洪武二年,知府周福原据宋元旧规重建。正统十二年(1447),知府韩宏把藏书楼改建为崇文阁,并扩建号房,恢复了更衣亭和采芹亭。成化八年(1472),知府郑岑修葺明伦堂。十一年(1475),教授高简刻程颢《定性书》于后屏,刻张载《东铭》《西铭》于两壁,并修复志道、据德、依仁、游艺四斋(宋时称浴德、治己、潜心、洽闻,洪武初周福原改)。嘉靖四年(1525),学宫毁于大火,知府易瓒重建,神宗万历年间和明末崇祯年间又有整修。除前述各建筑外,其他建筑设施还有泮池、棂星门、戟门、启圣祠、乡贤祠、名宦祠、东庑、西庑、祭器库、射圃、观德亭、文昌楼、奎星楼、号房、馔堂、颐贞堂、敬一亭、玩易亭,及教授、训导宅等。因各府志均无学宫图,[3]各设施在学校的具体位置已难以确认,但主体建筑的布局与其他儒学应无大异。

高邮州学。元末时毁于兵火。洪武元年(1368),知州黄克明在旧址重建。英宗、孝宗、武宗、穆宗和明末崇祯年间,地方官吏又相继对州学修葺增建,形成设施、功能完备的地方文化教育场所。其建筑基本布局是:自南而北,由杏坛、泮池、棂星门三座、戟门、正殿、明伦堂、讲堂、敬一亭、尊经阁、仰止亭及附属建筑构成州学的中轴。正殿、明伦堂、敬一亭的东西两侧自南而

---

[1]〔清〕夏燮撰,沈仲九标点:《明通鉴》卷二,第213页。

[2] 文献关于各地儒学的记载详略不一,本部分将各文献所载相关情况综合叙述。

[3]《〔雍正〕扬州府志》有学宫图,但并未标明各建筑设施名称,无从辨别。

北分列东庑、东库、进德斋和西庑、西库、修业斋。本组建筑以东,有训导斋两所,各成独立院落,包括门、厅、寝室等建筑。西侧自南而北分别为饮食区、生员住宿区和学正斋。饮食区包括馔堂、馔厨、神厨、宰牲所,学正斋由门、厅、寝室等构成,自成一独立院落。再西侧为射圃,射圃内北边有观德亭一座。州学院墙北面分别为乡贤祠和名宦祠。杏坛左右两侧分别建有青云楼和忠孝阁。每一座建筑都包含着深厚的文化内涵。

泰州儒学。位于州城东部。洪武元年,知州张遇林在元故址重建。后于明成祖、宣宗、英宗、宪宗、世宗时期,地方官员陆续修缮拓建。万历七年(1579),知州李裕建聚奎楼、联璧轩。十五年(1587),巡盐御史陈遇文、知州谭默建东、西两坊。十七年(1589),督学御史柯挺饬建浴沂亭,并疏浚泮池与城外河流相通。

通州儒学。在州治东。洪武二年(1369),知州熊春在旧址重修。正统九年(1444),知州刘复、郡人陈敏等捐资重修明伦堂三斋,建两庑、戟门、棂星门、观德亭等。孝宗弘治中,知州傅锦建堂后轩、泮宫桥及学门3间,十五年(1502),知州黎臣辟射圃。正德九年(1514),知州蒋孔旸建乡贤、名宦二祠。嘉靖九年(1530),知州钟汪建尊经阁、敬一亭。二十一年(1542),知州李充拙建志道堂3间、翼室2间。天启七年(1627),训导杨文祯建鳣堂及泮宫、龙翔、凤翥三坊。

江都县学。洪武七年(1374),知县宋启、训导崔之武于县北开明桥西骆驼岭建立。此后,各建筑设施陆续完备。洪武二十七年(1394),建殿堂斋庑。正统三年(1438),两淮盐运使严正建崇文阁。五年,巡按御史郭观在县学西南古大悲寺旧址建射圃,后为石塔寺僧侵占。景泰五年(1454),恢复并新建观德亭。成化六年(1470),崇文阁毁,遂于其旧址建讲堂5楹,巡盐御史王骥拓地建号舍28间。三年后,知府周源创设明伦堂、正心诚意二斋及学仓,知县陈云翼建馔堂、庖舍、学门、训导宅。随后几年内,又陆续修建教谕宅、进士题名碑,置卧碑于明伦堂。嘉靖九年(1530),奉诏改大成殿曰文庙,改戟门曰文庙之门。三十一年(1552),知府吴桂芳改讲堂为尊经阁。三十七年(1558),商人黄焕捐建文奎楼于学门内。

仪真县学。洪武初,改州学为县学,并加以修复。成化五年(1469),立科第题名碑。嘉靖二年（1523），设立题名碑亭。嘉靖八年（1529），巡盐御史朱廷立等迁明伦堂于大成殿右侧，并建尊经阁于殿后。隆庆元年（1567），知县申嘉瑞于棂星门外修整泮池，并于东西两侧分建青云楼和射圃。万历十三年（1585），知县樊养凤、教谕李衡把县学迁至资福寺，以寺内大殿为大成殿，以寺前水塘为泮池，引水灌之。万历二十六年（1598），知县苏守一重修，并在尊经阁后积土为山，名为凤凰墩。

宝应县学。始建于宋，元末毁于兵火。洪武三年（1370），知县王骥、训导朱扨循于故址重新修建。历经成祖、英宗、世宗各朝的增建、扩建，于神宗万历时形成设施较为完备的儒学。其基本建筑设施的布局为：自南而北以泮池、棂星门、戟门、文庙、明伦堂、教谕宅、尊经阁、文昌楼、天魁亭构成学宫的中轴。其中戟门、文庙和明伦堂三所建筑东侧有东庑和博学斋，西侧有西庑和约礼斋。中轴西侧自南而北为乡贤祠、射圃亭、名宦祠，中轴东侧有文昌祠、训导宅2所、启圣祠以及题名碑亭。泮池东西两边各有门楼一座，分别书有"育真才""崇正学"字样。

如皋县学。位于县治东北部。洪武三年，知县谢德民在元末废墟上重建明伦堂与东西二斋。宣德八年（1433），典史蔡宁建大成殿。正统七年（1442），知县曹立增建棂星门、两庑、讲堂、斋舍、厨库、馔堂、观德亭等。嘉靖十九年（1540），学宫东移半里至东岳庙旧址重建并增建，基本设施更为完备。

泰兴县学。位于县东门外隆兴桥东北。洪武三年，知县吕秉直在元代旧址上重建。正统六年（1441），县丞徐锡服、教谕祝敬、典史周略修明伦堂、戟门和两庑。正德八年（1513），知县郑浙将大成殿北移，并重建戟门、两庑，凿泮池，建射圃与会馔堂。嘉靖十三年（1534），知县朱篪建启圣祠、号房30楹及观德亭。天启元年（1621），知县熊奋渭建尊经阁。崇祯间，邑人引外河水入鲲化池，并建礼门、义路二坊。

兴化县学。旧址在南津里沧浪亭附近，元末毁于兵火。洪武三年（1370），知县徐士诚迁建于文林里，面向南城，背靠市河。景泰三年（1452），知县崔时雍增建东西两庑。成化四年（1468），通判魏铭于泮池之上建步蟾桥，并于学前设置屏坊。正统元年（1436），知县郭悬建堂斋厨房。后经英宗、穆宗、神宗、世宗等朝修缮、拓建,教学、祭祀、生活等设施逐渐完备。

海门县学。在县治东南。洪武元年,知县徐伯善在礼安乡境内元旧址初建。洪武二十三年(1390),因海风、海潮侵袭而毁坏,后由县丞李选修复。英宗天顺、宪宗成化间继有修葺。正德九年(1514),巡按御史江良贵上书请求将儒学随县治迁移。三年后,巡盐御史卢楫、知县裴绍宗等人在县治东南重建儒学,嘉靖元年(1522),复因风潮毁坏,后由知县王后重新整修。

(二)教学内容

据《明会典》记载,各儒学的教学内容主要有四项:"朝廷颁行经史、律诰、礼仪等书";"遇朔望,习射于射圃";"习书依名人法帖,日五百字以上";"数务在精通九章之法"。[1]"经"包括四书、五经及各时期学者的传注。明成祖崇尚程朱理学,遂命人以程朱注解为基础编成《五经大全》《四书大全》《性理大全》,颁行全国,作为各级儒学使用的标准教材。宝应县教谕倪鉴"每与诸生论说,则手捧朱紫阳木主,亟称曰:吾朱夫子说如是,吾朱夫子说如是。诸生乐闻其说,如探渊海云",[2]反映出程朱之学在各地儒学炙手可热的现象。"史"包括各朝正史及朱熹《资治通鉴纲目》等。"律诰"包括《大明律》和《大诰》三编,前者目的在于让百姓了解国家法令并自觉遵守,后者则通过罗列朱元璋亲自处理的大案、要案及其处置的残酷手段来威慑人们,警告百姓和各级官员务必安分守己、忠于职守。但上述四项内容,除一、三两项能得到较好执行外,射、数二者因不列为科举内容而形同虚设。虽然大多数儒学都建有射圃、观德亭,但事实上仅具"尚古"这一微不足道的象征意义。

传世文献中缺乏对扬州各地儒学教学内容的直接记载,不过地方文献对部分学校所存典籍的记载,提供了可资说明的间接资料。例如,如皋县儒学所存典籍中包含《五经大全》《五经》《五经旁训》《四书大全》《四书》《二十一史》《通鉴》《通鉴纪事本末》《朱子全书》《性理》《明祖训大诰律令》

---

[1]〔明〕申时行等修,〔明〕赵用贤等纂:《大明会典》卷七八《礼部三十六》,《续修四库全书》第790册,第413页。

[2]〔明〕陈煃修,〔明〕吴敏道纂:《〔万历〕宝应县志》卷七《秩官志》,《扬州文库》第24册,第387页。

《文心雕龙》《孝顺事实》《五伦书》等著作。[1]这些书籍,虽未必全部直接用于教学,但至少起到了辅助教学的作用,故而据此仍可大致推断其教学内容与国家规定基本吻合。作为儒学的主要领导人,教谕确实负起了自己的责任。如王革任儒学教谕,"教法修饬";危澄"每五鼓起坐堂上,令二门子送东西号灯。灯至,诸生即起诵。澄私觇之,有不诵者即痛笞,不少贷。终澄任,黉舍之间书声盖洋洋也";倪鉴"洞于学,时称经笥",等等。[2]杨璟教谕江都,"每宿堂后寝室,课诸生诵读。仍置二生递直,鸡鸣起侍户外,辄随往各斋所,验诸生勤惰。暇则召诸生讲说理义,历数十年如一日。诸生亦竞用奋起,所借成名甚众"。[3]

通过祭祀以推行教化,同样是地方儒学的重大任务。文庙(文献中也称为先师庙、大成殿、大殿、学宫等)、东西庑、乡贤祠、名宦祠,以及祭器库、乐器库、神厨、宰牲所等祭祀辅助建筑,是每所儒学的必备设施。部分儒学还有海神祠、土神祠、文昌楼、魁星楼等建筑。文庙祀孔子及四配、十哲,一般为儒学的核心建筑,东西两庑祀先贤、先儒。乡贤、名宦二祠,祭祀该地品学兼优以及体恤百姓、政绩卓著的本地官员。这并非仅是形式上的参拜,或满足信仰上的某种需求,而是"寓道德教育于祭祀典礼之中,让学子在耳濡目染中树立尊师重道、崇德报功、尊卑有序的儒家道德观念"。[4]每一种祭祀活动都有严格的程式,并辅以舒缓肃穆的音乐,让士子们在揖让升降之中得到心灵的净化与升华。

(三)儒学经费来源

洪武十五年(1382),朱元璋下诏:"凡府州县学田租入官者悉归于学……府学一千石,州学八百石,县学六百石,应天府学一千六百石;各设吏一人,以司出纳;师生月给廪膳米一石,教官俸如旧。"[5]按照这一规定,扬州府及

---

[1]〔清〕杨受延等修,〔清〕马汝舟等纂:《〔嘉庆〕如皋县志》卷九《学校》。

[2]〔明〕陈煃修,〔明〕吴敏道纂:《〔万历〕宝应县志》卷七《秩官志》,《扬州文库》第24册,第387页。

[3]〔明〕杨洵修,〔明〕徐銮等纂:《〔万历〕扬州府志》卷一〇《秩官志下》,《扬州文库》第1册,第456页。

[4]许莹莹:《明代福建府、州、县学研究》,福建师范大学2015年博士学位论文,第191页。

[5]《明太祖实录》卷一四四"洪武十五年夏四月丙戌"条,第2264页。

所属州县儒学以各种方式置办了数量不等的学田。现据文献所载,将其基本情况略述如下:

扬州府学学田有明确记载者仅一处:"扬之民卞玹割田百亩以为义倡,就其旁买田二百四十亩,合三百四十亩,以输于学。"[1]但其总数应远远超过这一数字。高邮州学田共两处,嘉靖元年(1522),由知州谢在购置,共800亩,初为官田,后转为学田,并佃租给当地百姓。仪真县学田共306亩,包括内西门、北门、东门外水田96亩,冷家湾江田108亩,崔家湾江田102亩。宝应县学田共300亩,位于八浅,由知县李涞购置。如皋县学田近二十处,总数在1100亩以上。兴化县学田有花园头、戴家窑等五处,总数近850亩。泰兴县学田,明末天启、崇祯年间由孟令、明世田等陆续购置瑞像寺、余家庙、秦家港等处土地,计约563亩。海门县儒学亦应有学田,但目前尚未见有关的记载。

学田的来源比较复杂。官府购置是最为常见的方式,但接受捐赠也是一条重要的渠道。如嘉靖三十九年(1560),如皋县知县童蒙吉捐出个人俸禄,购买县西7里夏家园土地约232亩,这在如皋总学田中占有较高的比例。部分捐赠来自民间,如万历四十年(1612),如皋县生员丁确把位于县西丁孝子茔附近的7亩土地捐给县学,以供儒学香火之费。此外还有较特殊的方式。如兴化县民邵元美,因经营不善,无力负担租赋,知县杨涧怜悯其一介文士,不善治业,于是将其土地充作学田,每年收租草上千束、银16两,充作县学的日常费用。再如将无主土地充公,如皋县柴市湾学田120余亩,原为县民钱宁所有,后因其全家为盗贼所杀,遂将这部分土地充作学田。其他尚有犯罪罚没、以寺观荒废土地或城濠隙地充作学田等方式,不一而足。学田收入,或直接交付儒学,或先由官府收取,然后再全部或部分返还儒学,或缴纳正赋外剩余部分交付儒学。其收入一般作"廪生膏火、礼生衣帽、寒生赈给、修

---

[1] 〔明〕邹守益:《扬州府学田记》,〔清〕尹会一纂修,〔清〕程梦星等纂:《〔雍正〕扬州府志》卷一二《学校》,《扬州文库》第5册,第123页。作为附郭城,江都县儒学学田与扬州府学学田实际上是合并在一起的,但学田收入的分配已不得而知。在设施上,两学也存在共用的情况,如射圃等。

理学宫、补祠祭缺乏"等用途。[1]

但是，仅学田收入并不足以维持儒学的正常运行。一则明廷虽然有明确规定，而地方上却难以筹集到相应的田亩数，已筹学田为奸民、豪强侵吞的事例也不罕见。二则部分学田经营效果不佳。如高邮州承租学田的佃户奸诈不法，连年拖欠官租达数千石。部分学田则无人耕种，以致连年荒芜，蓬蒿遍地。南北两海子田共 1000 亩，因为地势低下，连年遭受水灾，虽有学田之名，而无学田之实，很难获得预期收入。因此，当儒学偶有迁址和学宫、明伦堂等大型建筑的修缮，或新建大型工程时，入不敷出的状况尤为明显。这时，地方官员往往率先捐俸以作示范。如扬州府学重修，当地官员即"各首捐己俸，鸠材傭工，诹诹吉就事"。在其示范之下，"官僚之好义者，若卫指挥使姚麟、府同知姜文通、通判推官孙景铭辈，闻之成，感旧，亦出资乐为之助"。[2]部分捐赠来自民间，如嘉靖三十七年（1558），商人黄焕为江都县学捐建了文奎楼；崇祯年间，泰兴乡民捐建礼门、义路两坊。地方志中常有《笃行》《义民》之类的传记，所涉人物往往有捐资助学的善举。

除学田收入外，更为稳定可靠的经费来源于官方的直接拨款。一是针对某项建设划拨的专款，如仪真县儒学重建时，"柱史朱公廷立以巡盐至，发公帑而助之。不足，则以浮屠之人官者售之廛而增之"。[3]文献中也可见以"羡余"作为儒学建设经费的记载。如正德九年（1514）通州儒学重修，时值倭患之后，民无余力，知州蒋孔旸"节省冗费，积有羡余，越三载丁丑，方有事于重建"。[4]二是从地方租赋中存留部分，作为专门的儒学经费。各种杂职人员也是儒学运行的必要条件，如嘉靖《海门县志》记载了海门县学需要的力役：司吏 1 人，门子 3 人，斗级 2 人，库子 1 人，膳夫 4 人。[5]穆宗隆庆间，宝应县百姓承担的"力差"条下有"儒学门子六名、儒学祭器库子二名、儒学

［1］〔清〕陆朝玑修，〔清〕程梦星等纂：《〔雍正〕江都县志》卷六《学校志》，《扬州文库》第 10 册，第 104 页。

［2］〔明〕魏骥：《南斋先生魏文靖公摘稿》卷一《扬州府儒学重修记》，明孝宗弘治刻本。

［3］〔明〕邹守益：《仪真县重修儒学记》，〔明〕朱怀幹修，〔明〕盛仪辑：《嘉靖惟扬志》卷三七《诗文志十一》，《扬州文库》第 1 册，第 236 页。

［4］〔清〕王继祖：《〔乾隆〕直隶通州志》卷六《学校志》。

［5］〔明〕吴宗元：《嘉靖海门县志·建置第五》，《海门县志集之三》。

庙夫一名"。[1]这些力役,地方政府均设有专门款项,雇佣当地百姓承担。

三、书院

扬州书院的历史可以追溯到宋代。北宋真宗乾兴元年(1022),晏殊于泰州建立了扬州最早的书院,后人称为"晏溪书院"。南宋理宗宝庆年间(1225—1227),知州陈垓为纪念著名理学家胡瑗,又于泰州建立安定书院。元朝时,扬州书院事业处于沉寂衰歇状态。明朝建立之后,经济文化均有所恢复,扬州的书院也随着全国文教、政治的变化获得了一定发展。

（一）书院概况

根据文献记载,明代扬州书院主要有扬州府治东北角的资政书院、府城西门外仰止坊的维扬书院、正德五年(1510)知府邓文质建立的群英馆、瓜洲镇五贤书院、邵伯镇谢安书院、甘泉县镇淮门外甘泉书院、两淮书院等。在泰州,两宋时期建立的安定书院(后改名为泰山书院)与晏溪书院此时得以修复(晏溪书院修复后改称西溪书院),同时新建马洲书院,扩建凝秀书院。除此之外,文献中还载有富郑公书院、贵溪书院、正谊书院等。在通州有世宗朝建立的文会书院,万历朝建立的五山书院。在通州狼山,有嘉靖十二年(1533)知州董汉儒建立的葵竹山房。在通州分司石港场有忠孝书院,史立模任通州判官时,曾将神龙庙改为崇川书院。在东台场有万历十八年(1590)周汝登建立的泰东书院,由东台场葛雷和何垛场朱纬负责管理,召集各盐场士子读书其中,万历四十七年(1619),御史龙遇奇修缮。《〔乾隆〕直隶通州志》卷十五载,邑人李安上曾捐资修建文山书院,但不详何处。此外,在仪征县有知县王皞在天宁寺桥西建立的亲民馆(《嘉靖惟扬志》作"仪真讲院"),在宋东园旧址有知县申嘉瑞建立的东园书院。在如皋,有嘉靖十二年(1533)建立的修篁书院。以下选取主要书院略作介绍,以见其一斑。

资政书院。宪宗成化年间,扬州知府王恕利用府治东北角空地建房屋数间,内置经史之书,以为闲暇读书之处,并取"仕优则学"之意,书门楣为"资政书院"。后有感于"兹郡自谢泾第进士来垂五十年无继者",乃从郡县儒学中简选部分生员入其中学习,由王恕本人亲加教诲:"每听政暇,辄亲与

---

[1]〔明〕汤一贤纂修:《〔隆庆〕宝应县志》卷四《官政》,《扬州文库》第24册,第238页。

讲切而究其功程,虽大寒暑不废书。或辍于公务,暮必如故事,至夜分乃已"。为鼓励士子勤于学业,书院同时建立了奖劝制度,几年之间"登名甲科者,遂数有其人"。据《玉堂丛语》卷六记载,尚书高铨、侍郎储巏等人均曾就读于此处。孝宗时,书院面临废弃。知府冯忠鉴于书院成效显著,不忍"废而不葺""泯而不彰",于是"或增其故,或起其颓",在原来基础上加以重修扩建。[1]建成后的资政书院,中为堂3楹,左右两厢各10楹,置书其间,以待学者。

维扬书院。《嘉靖惟扬志》称为"惟扬书馆",位于扬州府城西门内仰止坊。嘉靖年间,御史雷应龙在东岳观旧址初修,命名为"惟扬书院"。嘉靖十四年(1535),因"草略未备,继渐荒颓",[2]侍御史徐九皋加以整修,后年久再废。神宗时,御史彭端吾"闵其芜废,修而作之,祀董仲舒以后诸贤于其中",但年久复废。崇祯年间,巡盐御史杨仁愿认为,不可"使讲德之堂夷而为长亭厨传",于是"按其旧而新之,正其名曰维扬书院"。此时,明朝内有农民战争,外有强敌侵扰,局势已经危若累卵。杨仁愿于"军兴倥偬,征求旁午之会,舍盐铁之策而修师儒讲肄之事",[3]足见其对书院教育的重视。

五贤书院。位于瓜洲镇。世宗嘉靖年间,本镇乔姓儒生建议学政胡植建祠合祀董仲舒、胡瑗、文天祥、李衡、王居正等五人,命名为五贤祠。同时建房数十间,作为生员学习场所。其维护运行费用纳入地方财政开支,征收镇西门、北门、南门地租九两作为祭祀与维修费用。嘉靖三十九年(1560),合川籍周姓官员见书院残破,遂捐俸修正厅与书舍六间。万历十三年(1585),张姓官员见书院地势低湿,于是在演武场废弃基址上重新修建。建成后有正厅5间,分祀五贤,题名曰"风教堂""景行堂",另有精舍及省牲二斋,以院后空地收取地租作为香火之费。万历二十年(1592),书院再次塌毁。巡

---

[1]〔明〕张元徵(祯):《资政书院记》,〔清〕尹会一纂修,〔清〕程梦星等纂:《〔雍正〕扬州府志》卷一二《学校》,《扬州文库》第5册,第124页。

[2]〔明〕欧阳德:《惟扬书院记》,〔明〕朱怀幹修,〔明〕盛仪辑:《嘉靖惟扬志》卷三七《诗文志十一》,《扬州文库》第1册,第238页。

[3]〔明〕钱谦益:《重修维扬书院记略》,〔清〕尹会一纂修,〔清〕程梦星等纂:《〔雍正〕扬州府志》卷一二《学校》,《扬州文库》第5册,第124页。

按御史高某为长久之计,"乃谕有司确查五贤子孙有无嫡派堪作养者",最后仅寻得胡瑗后人胡潮鸣,由政府"给以衣巾,令其世守祠祀"。[1]

甘泉书院。位于甘泉县镇淮门外。嘉靖六年(1527),湛若水以公务经停扬州,当地士人因仰慕其学术,不期而至者众,湛若水亦有暂居此地之意。于是,贡士葛涧在城东一里甘泉山上为其建立一处临时寓所,称为"甘泉行窝"。[2]御史洪垣改名为甘泉山馆。其后,提学御史闻人诠为之立礼门、乡仁正门;御史徐九皋立至止堂、学集诚明斋、自然堂、仰宸楼、进修敬意斋和号房,纯正门外有祠堂,纯正门西有射圃。因年久,书院毁弃。万历二十年(1592),知府吴秀在其旧址建立平山别墅,"积土成山,环树以梅,因名曰梅花岭。中构堂宇,为属县期会之地"。[3]二十三年(1595),巡按御史牛应元改名为崇雅书院。书院费用主要来自学田。嘉靖十五年(1536),御史陈蕙置田 80 亩。两年后,洪垣复购田 33 亩。书院以收取地租维持运行。

谢安书院(或名安石书院)。位于府城东北 45 里邵伯镇。东晋谢安镇守广陵时曾筑邵伯埭,后人遂建书院以示敬仰和怀念。

安定书院。初建于南宋,元末战乱中被毁。明正德年间,书院已被改为玉女祠。嘉靖初年,御史雷应龙撤祠重建,安定书院才得以恢复。万历三十三年(1605),安定书院重修后更名为泰山书院。

忠孝书院。位于通州分司石港场。嘉靖十三年(1534),御史陈缟改本场观音阁为大忠祠,祀南宋丞相文天祥。十七年(1538),判官韩守彝加以拓建。二十九年(1550),御史陈其学感于"其栋宇圮庙,且群蒙杂集","非所以昭前烈兴嗣学",于是"恢其制,改为忠孝书院,以海门尹刘烛董其事"。[4]

[1]〔明〕王纳谏:《瓜洲镇五贤书院记》,〔清〕尹会一纂修,〔清〕程梦星等纂:《〔雍正〕扬州府志》卷一二《学校》,《扬州文库》第 5 册,第 125 页。

[2]〔明〕吕柟:《甘泉行窝记》,〔清〕阿克当阿监修,〔清〕姚文田等纂:《〔嘉庆〕重修扬州府志》卷一九《学校志》,《扬州文库》第 6 册,第 317 页。"行窝"意为小住的安乐之所,如元张养浩《新水令·辞官》云:"有花有酒有行窝,无烦无恼无灾祸。"

[3]〔清〕吴锐:《梅花书院碑记》,〔清〕阿克当阿监修,〔清〕姚文田等纂:《〔嘉庆〕重修扬州府志》卷一九《学校志》,《扬州文库》第 6 册,第 317 页。

[4]〔明〕杨选、陈暹修,〔明〕史起蛰、张榘撰:《〔嘉靖〕两淮盐法志》卷九《祠祀志》,《扬州文库》第 27 册,第 215—216 页。

并于盐场购置学田若干亩,从通州十场招收生员加以教育,希望他们能效法文天祥,成为国家有用之才。后因年久失修毁弃,入清后更名为至圣书院。

（二）时局变化与书院兴衰

扬州书院的变化发展与明朝的政治局势、文教政策的变化息息相关。世宗嘉靖至熹宗天启年间,明王朝先后四次下达禁毁书院的命令。嘉靖十六年（1537）,御史游居敬上疏,指斥湛若水倡其邪学,广收无赖,私创书院,请求"戒谕以正人心"。次年,吏部尚书许瓒上疏,认为地方书院聚集生徒,耗财扰民,应当撤毁,得到明世宗的批准。万历七年（1579）,首辅张居正认为书院讲学是群聚党徒、空谈废业、摇撼朝廷,再次下令禁毁书院。三次禁毁命令看似严苛,实际执行力度并不大。如第一次禁毁的矛头虽然直指湛若水,但除毁掉他所建立的书院外,对其本人并没有采取过激的措施。第三次禁毁也仅是将各地的60余所书院改作"公廨"后草草了事。加上扬州各书院本身官方性质浓厚,虽宣扬儒学某派思想,但其本质于国家并无危害,故而三次禁毁并没有动摇扬州书院的根基。风声一过,各书院即恢复原来状态,甚至还有所发展。第四次禁毁在天启五年（1625）,逆阉魏忠贤为打击东林党人,遂把矛头对准东林党人聚集讲学的无锡东林书院,甚至片瓦寸椽不许存留。东林党人以书院成党,遂致捣毁书院成为阉党打击政敌的重要手段。而扬州因为距无锡较近的缘故,书院受祸尤烈。钱谦益云,讲学之禁"盖发端于万历之中,而浸淫于天启之后","夫其禁之严也,钩党促数,文网锲急,犹足以耸剔天下精悍之气"。其后阉党虽然倒台,但这次禁毁对书院造成的影响十分恶劣。至崇祯间重修书院时,已经是"讲者熄,禁者亦弛,胥天下不复知道学为何事"。[1]加上当时政治局势岌岌可危,书院虽然修复,但发展已经处于停滞状态。

（三）扬州书院的特点

综观扬州书院的发展历程,大体有以下几个特点:

其一,书院分布范围较为广泛,并不限于府城。各州县甚至部分乡镇也

---

[1]〔明〕钱谦益:《重修维扬书院记略》,〔清〕尹会一纂修,〔清〕程梦星等纂:《〔雍正〕扬州府志》卷一二《学校》,《扬州文库》第5册,第124页。

建有书院,如邵伯镇谢安书院和瓜洲镇五贤书院。其中,五贤书院的规模与影响丝毫不亚于府城的维扬书院与资政书院。

其二,书院具有官方性质,其建立与运行基本上是官方主导。资政书院与维扬书院倡立者均为政府官员。五贤书院设立系由民间提议,政府建立。甘泉书院初立时虽带有一定的民间性质,但其后续的运营已完全被官方控制,运行经费主要由官方供给。除前述甘泉、五贤书院被纳入官方体制外,泰州安定书院同样也是由"兵备副使熊尚文置田亩为会课茶饼之费"。[1]

其三,书院的基本宗旨是提倡儒学,以培养科举应试人才为主,但有时个别书院限于弘扬某派学术思想。从提倡儒学的角度说,扬州书院多设有祠堂,或径直从祠堂扩充而来,祭祀的人物有名宦、乡贤,但以儒家著名学者为主。如五贤书院祀董仲舒、胡瑗,维扬书院祀董仲舒,安定书院祀胡瑗,甘泉书院祀陈献章等。惟扬书院"设先师木主,配以四贤,殿前之阁以阁六经"。[2]张云台在《重修泰山书院记》中提到该书院宗旨说:"州近年科第寥寥,士未知所向方,吾将于兹山建号房数十楹,选俊秀士而倡之学,课其文,异日或其望有兴也乎!"[3]在弘扬学派思想方面,以甘泉书院最为明显,不仅讲学内容上以湛若水之学为主,而且"在书院的整个布局建置上也突出了湛学思想。书院建有若干个书斋学室,每个室内的布置内容和碑文、铭记处处都在阐发湛学的主要观点","正由于这样大力宣扬,湛学在扬州书院留下了颇深的影响"。[4]

第二节　以科举为主体的人才选拔

明代扬州府的人才选拔制度与明王朝基本一致,科举是最重要的人才

[1]〔明〕陈应芳:《重修泰山书院记》,〔清〕王有庆:《〔道光〕泰州志》卷八《学校》。

[2]〔明〕欧阳德:《惟扬书院记》,〔明〕朱怀幹修,〔明〕盛仪辑:《嘉靖惟扬志》卷三七《诗文志一》,《扬州文库》第1册,第238页。

[3]〔明〕陈应芳:《重修泰山书院记》,〔清〕王有庆:《〔道光〕泰州志》卷三一《艺文》。

[4] 徐祥玲、杨本红:《明代扬州书院的建置与发展》,《扬州师院学报(社会科学版)》1993年第3期。

选拔方式。考试分为乡试、会试、殿试三个等级（或者加上"童试"为四级），各级考试场次及考试范围基本固定，不同时期均有大致的录取比例。[1]贡院制度此时更趋完善，八股文和八股取士制度形成并得以巩固。终明一代，除洪武时期大约10年暂停科举外，明政府一直对此高度重视，李廷机曾说："今天子以文教提衡宇内，枕经藉史，家弦户诵，盖彬彬盛矣。"[2]此外，为了解决生员多而录取少之间的矛盾，明王朝将部分科举之外的优秀生员选入中央国子监就读，或直接授以官职，此为选贡制度。为了做到"野无遗贤"，并弥补士子学非所用的不足，明王朝还断断续续地实行辟荐制度。作为科举制度的补充，选贡与辟荐同样为明王朝提供了大量人才。

一、科举基本情况

明代学校教育与科举制度紧密相连，学校的目的是为了培养参加科举的士子，而参加科举也是大多数就读生员的唯一目的。《明史·选举志一》说，"科举必由学校"，"学校以教育之，科目以登进之"，所反映的正是这一情况。早在吴元年（1367），朱元璋就有"设文武两科取士之令，使有司劝谕民间秀士及智勇之人，以时勉学"的初步设想。[3]明朝建立第三年，朱元璋下达诏令："特设科举，以取怀才抱德之士，务在明经行修，博古通今，文质得中，名实相称……使中行文武皆由科举而选，非科举毋得与官。"[4]这些诏令确立了明代科举的基本制度。洪武以后，历经永乐、宣德、成化、万历诸帝，明王朝继续加强科举建设，规范化、程式化的程度越来越强。明代扬州府科举的基本情况如下：

（一）举人

洪武六年（1373），明王朝举行了首次全国范围的乡试。但朱元璋认为所录取者多为后生少年，能把所学付诸实用的太少，遂下令暂停科举，直至

---

[1] 据郭培贵统计，乡试录取率明初约为10%，成化、弘治间为5.9%，嘉靖末为3.3%。会试录取率自洪武至万历中期平均约为8.6%。他认为"上述录取率，都是在朝廷调控下形成的，并非完全自由竞争的结果"。见郭培贵：《明代科举各级考试的规模及其录取率》，《史学月刊》2006年第12期。

[2]〔明〕张萱：《西园闻见录》卷四四《礼部三·科场·前言》，《续修四库全书》第1169册，第208页。

[3]〔清〕张廷玉：《明史》卷七〇《选举志二》，第1695页。

[4]〔清〕谷应泰：《明史纪事本末补编》卷二《科举开设》，中华书局1977年版，第1523页。

洪武十五年（1382）方才恢复。此后直至明末，基本每三年举行一次。

表 8-1　　　　　　　　　明代扬州府举人人数表[1]

州县\时间	高邮	泰州	通州	江都	仪真	宝应	泰兴	海门	兴化	如皋
洪武	3	2	1	10	1	2	2		1	2
建文	1		5		3			1	2	6
永乐	9	8	10	25	3	7	7	4	10	10
洪熙										
宣德	3	5	3	6	2		1		1	
正统	3	4	1	6	1	2		2	4	
景泰	5	7	2	8	3	1	2	2	1	
天顺	4	3	1	6		1		1	1	
成化	10	8	8	24	6	7	1	1		5
弘治	8	7	7	21	3	10	8	2		6
正德	7	10	7	19	7	5	1	3	9	4
嘉靖	17	27	20	51	10	10	12	5	28	12
隆庆	3	4	2	7		2			1	
万历	12	15	16	42	14	4	16	7	29	11
泰昌										
天启	1	6	4	6	3	1	3	2	9	1
崇祯	3	1	6	10	7	3	7		8	3
总计	89	107	88	241	63	55	61	32	119	61

（二）进士

洪武十六年（1383），朱元璋下诏，"天下中式举人，出给公据，赴礼部会

---

[1]　资料来源：泰州举人据《〔雍正〕泰州志》；高邮州举人据《〔嘉庆〕高邮州志》卷九《选举志》；宝应举人据《〔万历〕宝应县志》卷八《人物志上》和《〔康熙〕宝应县志》卷八《选举表》；如皋举人据《〔嘉庆〕如皋县志》卷一三《选举一》；江都举人据《〔乾隆〕江都县志》卷一二《选举》；通州、海门举人据《〔乾隆〕直隶通州志》卷一三《选举志》；兴化县举人据《〔咸丰〕重修兴化县志》；仪真县举人据《〔康熙〕仪真县志》卷四《选举表》；泰兴举人据《〔嘉庆〕重修泰兴县志》卷四《选举》。以下进士、武进士、武举、贡生各表，如无特殊说明，资料均来源于上列各书。

试,以次年二月为始",[1]明王朝进士选拔由此开始。

表 8-2　　　　　　　明代扬州府进士人数表[2]

时间＼州县	高邮	泰州	通州	江都	仪真	宝应	泰兴	海门	兴化	如皋	总计
洪武	2		1						1		4
建文	1		2	1				1	1		6
永乐	4		3	5	1	1		1	3	5	23
洪熙											0
宣德											0
正统	1		1		1						3
景泰	1		1	2							4
天顺	1			5				1	1		8
成化	3	8	2	8	2	4			1	1	29
弘治	5	4	3	13		4	5		5	3	42
正德	12	5	1	7	8		2	2		1	38
嘉靖		13	10	15	2	3	3		11	4	62
隆庆	1	3		2					2	3	13
万历	2	7	5	14	3	3	5	4	11		54
天启	2		3	1			2		3	2	16
崇祯	0	1	1	10	1				9	4	27
总计	35	44	33	84	18	16	17	11	48	23	329

（三）武举与武进士

早在洪武年间,朱元璋就有实行武科考试的设想。但当时仅仅开设了武学,并没有举行武科考试的记载。直至明英宗天顺八年（1464）,"立武举法,凡天下谙晓武艺之人,兵部会同京营总兵官,于帅府内考其策略,于校场内试其弓马"。[3]然而综观整个明朝,武科并没有受到充分重视,其制度也

---

[1]〔清〕冯馨增修,〔清〕夏味堂等增纂:《〔嘉庆〕高邮州志》卷九《选举志》,《扬州文库》第21 册,第 277 页。

[2]资料来源:通州进士据《〔乾隆〕直隶通州志》;泰兴进士据《〔咸丰〕重修兴化县志》。

[3]〔明〕余继登:《典故纪闻》卷一四,第 247 页。

远不如文科完善。就扬州府而言，直到正德年间，如皋才有了扬州府首例武进士的记载。万历、天启、崇祯三朝，武科录取人数剧增，乡试、会试、殿试三级考试制度最终形成，但此时明王朝已经气息奄奄，日薄西山了。

表 8-3　　　　　　　　明代扬州府武举人人数表[1]

州县\时间	高邮	泰州	通州	江都	仪真	宝应	泰兴	海门	兴化	如皋
嘉靖	1		4	4				1	1	1
隆庆				2				1		
万历	14	6	3	108		1	2	2	3	5
天启		5	4	37	2	1		4	1	2
崇祯	6	12	6	24	11	2	8		1	3

表 8-4　　　　　　　　明代扬州府武进士人数表[2]

州县\时间	高邮	泰州	通州	江都	仪真	宝应	泰兴	海门	兴化	如皋
正德										1
嘉靖		1		2	4					1
隆庆				1						
万历	3	1	1	13			1		1	1
天启				2						
崇祯	3	1	1	13	11		1		1	

二、选贡与辟荐

（一）选贡

贡生是地方官学定期向中央国子监推选的优秀生员。洪武十六年（1383），朱元璋接受谏官关贤建议，"准天下府州县学自明年为始，岁贡生员各一人"，[3]贡生制度由此开始，但执行时常突破一人限制。其后，贡生制度

　　[1]　泰州武举、宝应武举资料据《〔嘉庆〕重修扬州府志》卷四二《选举四》。
　　[2]　泰州武进士、宝应武进士资料据《〔嘉庆〕重修扬州府志》卷四二《选举四》。
　　[3]　〔清〕冯馨增修，〔清〕夏味堂等增纂：《〔嘉庆〕高邮州志》卷九《选举志》，《扬州文库》第21册，第284页。

一直处于变化之中。嘉靖八年（1529），令全国府州县学岁贡 5 名，从中考选 1 名。隆庆二年（1568），规定此后 5 年，每年府学贡 2 名，州县学贡 1 名，从中考选。正统十一年（1446），45 岁以上的廪膳生员可以援例入监。通过这一途径走上仕途者并不在少数，如宝应县在成化间援例入监者 14 人，嘉靖间援例入监者 39 人，均超过了同时期岁贡生员的数量。正统十二年（1447），令天下贡楷书生员，[1]善写楷书亦成为入仕的敲门砖。成化十一年（1475），为补国家财政不足，规定生员缴纳一定的银粮，可以入国子监学习，此为"纳粟入监"。[2]嘉靖、隆庆以后，凡遇新皇帝登极或其他国家庆典，在岁贡之外加贡一次，称作恩贡。各类贡生均可继续参加乡试，或经过一定考核程序，直接任官，同样是明朝人才选拔的重要途径之一。

表 8-5　　　　　　　　　明代扬州府贡生人数表

时间\州县	高邮	泰州	通州	江都	仪真	宝应	泰兴	海门	兴化	如皋
洪武	14	16	15	27	7	13	11	10	12	13
建文			2		3					1
永乐	30	32	31	44	17	19	20	20	20	19
洪熙	1		1	1						
宣德	10	11	9	18	6	5	6	6	8	6
正统	15	14	15	27	12	7	7	6	11	8
景泰	10	10	10	17	6	6	6	6	6	6
天顺	20	22	17	38	9	9	9	6	12	15
成化	17	17	17	35	12	10	12	11	13	11
弘治	16	14	16	33	10	9	11	11	11	12
正德	16	14	14	27	11	9	9	8	10	10
嘉靖	41	44	40	85	26	27	29	27	32	29
隆庆	4	4	6	14	3	4	4	5	7	4

---

[1]〔清〕冯馨增修，〔清〕夏味堂等增纂：《〔嘉庆〕高邮州志》卷九《选举志》，《扬州文库》第 21 册，第 285 页。

[2]〔清〕杨受廷等修，〔清〕马汝舟等纂：《〔嘉庆〕如皋县志》卷一三《选举一》。

续表 8-5

州县 时间	高邮	泰州	通州	江都	仪真	宝应	泰兴	海门	兴化	如皋
万历	40	39	38	69	27	28	18	27	30	29
泰昌	1		2	1	1	1				2
天启	8	7	7	6	4	4	5	5	10	6
崇祯	20	18	18	31	14	10	14	13	20	19

（二）辟荐

科举之外，明朝还有辟荐的人才选拔方式。洪武元年（1368），朱元璋即令"礼部行所属，选求民间经明行修、贤良方正及童子之类"。[1]洪武六年（1373），因为三年前的首次科举"所取多后生少年，能以所学措诸行事者寡"，[2]遂决定本届科举暂停举行，重行辟荐制度，直至洪武十五年（1382）方才恢复。此后，科举虽是人才选拔的主要方式，但征辟一直在断断续续地进行，永乐、宣德、正统、正德间，均有多人通过这一途径入仕。常见的辟荐名目有人材、秀才、孝廉、耆德、怀才抱德、儒士善楷书、贤良方正、经明行修、文学才行、明医等。他们或者道德品质突出，可为百姓榜样；或者具有特殊才能，能满足国家的特殊需要。如洪武间，宝应人陈晟因"工书"被荐为中书舍人，仲兰在天顺初"奏对称旨，治疾辄瘥可，遂亲幸"，被授为太医院院判，并"赐金带示宠异焉"[3]。

三、科举代表人物

通过上述各种方式，明王朝在扬州府选拔了众多人才。他们或廉洁奉公，两袖清风，不畏权贵，秉公执法，或爱民如子，为民请命，急人所急，扶危助困，或驰骋沙场，为国立功，或工于艺学，才华横溢，其行迹为明代扬州历史写下了浓墨重彩的一笔。以下略举几例，以见当时人才盛况。

---

[1]〔清〕冯馨增修，〔清〕夏味堂等增纂：《〔嘉庆〕高邮州志》卷九《选举志》，《扬州文库》第21册，第275页。

[2]〔清〕张廷玉等：《明史》卷七〇《选举志二》，第1696页。

[3]〔清〕孟毓兰修，〔清〕乔载繇等纂：《〔道光〕重修宝应县志》卷一六《列传上》，《扬州文库》第25册，第326页。

（一）高邮州：汪广洋、陈玉

汪广洋,字朝宗,元末进士。为人宽和,通晓儒家经典,擅长篆书、隶书,尤工于诗歌。朱元璋召见,十分欣赏其才华,留作元帅府令史、行省提控,旋升照磨。置正军都谏司,书于木牌之上,以汪广洋为都谏官,朝政有失,有权举牌直谏。不久,官迁江南行省都事,又任中书省右司郎中,寻知骁骑卫事。常遇春率军入赣州,命汪广洋率军镇守,同时拜江西行省参政。洪武元年（1368）,徐达平山东,汪广洋以"廉明持重"受命招抚新附兵民,措施得当,一时百姓安乐。当年冬入京任中书参政,次年,出任陕西参政。洪武三年（1370）,因丞相李善长病重不能理事,被任命为中书右丞。左丞杨宪恐其威胁自己地位,唆使侍御史刘炳弹劾,汪广洋被斥还乡。而杨宪仍不放过,再奏,使汪广洋被贬往海南。李善长极感不平,上书劾杨宪诬陷大臣,朋比为奸。杨宪被诛,汪广洋还京。当年冬,与刘基同日受封,号"护军忠勤伯",食禄360石。诰词称其"划繁治剧,屡献忠谋,比之子房、孔明"。[1]洪武四年,李善长致仕,汪广洋为右丞相。洪武六年,降职为广东行省参政,一年后召还,任御史大夫。洪武十年（1377）,复任右丞相。后因卷入胡惟庸案被贬往海南,不久赐死。著有《凤池吟稿》8卷,在明初诗坛颇受好评,为当时学者所宗。

陈玉,字德卿,弘治六年（1493）进士,选庶吉士,授监察御史。当时明朝屡遭灾变,陈玉乃上书言除灾八事,均切中时弊。孝宗非常赏识,升任北畿提学御史,又任陕西提学、浙江提学副使等职。处事宽严相济,士子心悦诚服,再升为应天府丞、都察院佥都御史。武宗正德年间,任兵部左侍郎兼都察院佥都御史,主持北境军务。明北部边境东起山海关,西至龙泉关,绵亘2300余里,有大小关隘340余座。当时边防未固,士兵和军需物资均极度缺乏。陈玉到任后,立即条陈兵防四事:"简阅防守官兵、整饬紧要关隘、选任紧关将领、借用办理官员",[2]各条均得允准执行。陈玉在任6年,多次对敌作战

---

[1]〔清〕冯馨增修,〔清〕夏味堂等增纂:《〔嘉庆〕高邮州志》卷一〇上《列传》,《扬州文库》第21册,第311页。

[2]〔清〕冯馨增修,〔清〕夏味堂等增纂:《〔嘉庆〕高邮州志》卷一〇上《列传》,《扬州文库》第21册,第312页。

胜利,一时边境清宁,百姓乐业。后陈玉上书请求致仕,朝廷极力挽留,又升南京都察院右都御史,主持都察院事务。陈玉一生任官近30年,所至皆政绩卓著,为当时名臣。著有《友石亭集》4卷行世,《奏议》4卷自藏于家。

(二)泰州:张伯鲸

张伯鲸,字绳海,万历四十四年(1616)进士,历任会稽、归安、鄞县知县。天启年间,调任卢氏。崇祯二年(1629),迁户部主事,负责督办延、宁两镇军需物资。当时,从黄甫川西至宁夏1200余里不产五谷,粮食供给全靠内地。而贺兰山东沿黄河汉渠、唐渠,东至花马池,土地肥沃,但一直处于荒芜状态。张伯鲸一面清理河道以便商贾运粮,一面仿边商中盐之法招人垦殖,军民称便。时延绥等地盗贼蜂起,张伯鲸与巡抚共同谋划,擒获贼首"不沾泥"。随即升任兵备佥事,辖榆林中路,击溃贺思贤,斩杀"一座城""金翅鹏",在长乐堡击败为害已久的鞑靼"套寇"。巡抚陈奇瑜上书为其请功,升任右参政。崇祯七年(1634)春,再升任右佥都御史,率王承恩等部在双山堡、鱼河堡击破"套寇"及蒙古插汉部。张伯鲸久任延绥,爱民如子,深得人心。崇祯十年(1637)秋,杨嗣昌建议大举讨伐农民军,朝廷即起用张伯鲸负责军粮供给。次年,熊文灿安抚策略失败被逮,言剿饷60余万没有置办到位,张伯鲸坐此免职。崇祯十五年(1642),再受诏为兵部左侍郎,次年主管兵部,不久因病致仕。北京城陷,张伯鲸微服归乡。福王于南京称帝,张伯鲸闭门不出。清军攻扬州,张伯鲸与当事者合力守城,城破自尽而亡。

(三)通州:钱嶫、陈大科

钱嶫,字君望,嘉靖十一年(1532)进士,任抚州推官,铲奸除恶,平反冤狱,深受百姓爱戴。后改任永平,考虑到当地民风强悍、百姓易于感情用事,并非蓄意违法,遂宽赦部分罪犯。因功升任浙江道按察使,执法严明,时人称为"铁面骢马"。嘉靖十九年(1540),随帝巡查居庸、龙泉各关,上书言五事,均切中时弊,被批准执行。巡按广西时,靖江王鱼肉百姓,钱嶫将其绳之以法。靖江王上告钱嶫凌轧宗室,但朝廷认为执法合理,靖江王恐惧服罪。嘉靖二十三年(1544),出守建宁,免除库役及其他浮费,大大减轻了百姓负担。担任广东副使时,因平黎有功,擢任浙江参政,旬日之内,革除多项困扰百姓的弊政。担任御史期间,镇江每年从通州调派士兵轮番守御,士兵疲于奔走,至有逃亡乞讨者,钱嵘向上官力谏免除。通州临海,土地贫瘠,不宜养马。永乐间,因六安州水灾,遂令通州代养种马 850 匹,税收及养殖费用每年高达 17000 两白银,成为通州百姓的沉重负担。钱嵘说:"予自为诸生时,苦父老困马久矣,独不能解倒悬耶?"[1]于是上疏请求裁撤种马,后经尚书张瓒复奏,终获成功。通州百姓欢呼动地,于城隍庙立专祠祭祀,死后入祀乡贤祠。

陈大科,字思进,隆庆五年(1571)进士。少年老成,10 岁能文,乡人惊异。任绍兴司理时,断狱明察秋毫,时人誉之为"神明",不久受召回京任给事中。此时,氾光湖泛滥,陈大科上疏建议筑堤防水,百姓得免鱼腹之患。此后出任外官,适逢大旱,上《弭灾六事》,"皆侃侃持大体"。不久又主河南乡试,考核精严,以公裁选,因此升任太常。是时,朝讲停止已久,言官李献可等 18 人皆以言获罪,陈大科力谏恢复。太监冯保因罪逃居南京,遣家人上疏乞求赦免还乡。陈大科将其捉拿归案,罚充孝陵卫净军。不久,以右副都御史巡抚广西,镇压田州土司叛乱,并上"善后七策",主张"以弛征撤戍、柔怀新附为本"。随后拜少司马兼中丞,总督两广,迅速平定岑溪等地民乱。但安南国又起兵叛乱。陈大科请示朝廷,示以恩信,以求招徕。不久,安南国请降,并送代身金人以示谢罪。陈大科归功于将士,将士感激不尽,因功晋升都御史。时游击彭信古携千金为陈大科祝寿,陈大科严辞拒斥,但仍因此被言官诬陷。随后,陈大科以年老乞休,六次上疏,方得允准。归乡后,闭门读书,专心著述。此后,言官倾轧,朝政混乱,明廷试图重新起用,以去世未果,追赠兵部尚书。

(四)江都县:曾铣、王轼

曾铣,字子重,嘉靖八年(1529)进士。初任长乐县知县,后提拔为御史,巡按辽东。当时,辽东士兵不堪巡抚吕经压榨而叛乱。曾铣立即传檄副总兵革除吕经弊政,并恳请朝廷赦免叛乱士兵,仅将为首者数十人斩首示众,辽东平定。当地百姓满怀感激地说:假如没有曾御史,我们早就被叛军屠杀殆尽了。此后,曾铣以右佥都御史巡抚山东,为防俺答汗侵扰,建议修建临清

---

[1]〔清〕王继祖:《〔乾隆〕直隶通州志》卷一四《人物志上》。

外城。建成后三年，曾铣巡抚山西，贼寇不敢进扰，升为兵部侍郎。嘉靖二十五年（1546），总督陕西三边军务，适逢寇10余万骑抢掠延安、庆阳。曾铣亲自率兵数千驻塞门，另遣参将李珍统兵直捣敌巢，于马梁山斩敌数百人，敌军退却。考虑到敌寇盘踞河套，为明朝心腹之患，曾铣上疏建议每年春夏之交以重兵毁敌巢穴，使其无法安居。另请沿西自定边营、东至黄甫川1500里修筑边墙，以防敌寇侵扰。这一建议得到朝廷认可，并获拨款白银20万两。但严嵩与兵部尚书王以旂勾结，极言河套必不可复。嘉靖帝受其蒙蔽，将曾铣逮捕。咸宁侯仇鸾此前因骄纵被曾铣弹劾入狱，严嵩又指使仇鸾狱中上疏，诬蔑曾铣曾隐藏败绩，克扣军饷。嘉靖帝再信谗言，处死曾铣。穆宗隆庆初年，给事中辛自修、御史王好问就此事上书，曾铣不白之冤最终洗脱。朝廷追赠兵部尚书，赐谥号襄愍。

王轼，字戴卿，弘治十二年（1499）进士。任户部主事时，太监萧敬家奴横行不法，王轼不惧萧敬权势，将其拘捕问罪。萧敬把此事告知尚书侣钟，侣钟说：初生之犊岂知畏虎？巡视直隶等地官仓时，宦官刘瑾势焰正盛。使臣外出归京，必须奉献礼物，唯王轼置之不理。刘瑾大怒，阴谋加罪王轼，遂命科道官严查其在任期间作为，但没有发现任何瑕疵。后改任工部员外郎，负责监察遵化冶铁。阉党致书为炭户请托，并出言恐吓。王轼针锋相对，欲上疏弹劾回击，逢刘瑾失势才罢。世宗嘉靖初，任顺天府尹。当时朝廷内官借口祭祀神灵，须索无厌。王轼上疏，指斥阉党生事害民，权阉均惶恐不安。再迁右副都御史，巡抚四川。时芒部土知府死，两子政、寿争立。政违背朝廷政令，袭杀其兄获位。王轼调集大军将政擒获，因功获朝廷嘉奖，并迁户部右侍郎。其间，核查京郊土地数量，将官员、宗室侵占的土地归还百姓，另将2万余顷空地租与佃户耕种。奸民冯贤欲将国有牧马地献给中官李秀秀，并请朝廷批准。王轼冒着触怒皇帝的风险拘捕冯贤，并建议按照品级、亲疏确定勋戚土地数量，隐瞒土地一律追回。这一建议得到户部尚书梁材的认可。在担任南京兵部尚书期间，王轼奉诏举荐军事人才，所荐郑卿、沈希夷等20余人均获重用。后以年老乞归，终老家中。

（五）仪真县：王大用、王大化

王大用，字时行，正德三年（1508）进士，授工部主事，主管临清闸。当时流寇抢掠清源,王大用一面闭门坚守,一面安抚民心,并督壮丁与流贼激战,百姓免遭劫难。不久,升任广东兵备佥事。正逢乐昌流贼高快马窜掠湖南,王大用受诏讨伐,大获全胜。清远瑶民叛乱,王大用率军越湟江、旗坑等要塞,擒其酋长。又以水攻黄籐峡、黄花洞等敌军巢穴,获其都督。征伐五年,几乎战无不胜,民间立生祠以示尊崇。经巡抚萧翀荐举,任广东兵备副使。其后,相继担任江西参政、广东右布政使、都御史等职务。任职都御史期间,巡抚大同,到任即擒杀巨盗刘善,传首京师。另上书陈"备边四事",皆得朝廷允准。此前,按臣张禄曾因事与王大用不合,于是唆使给事秦鳌构词诬陷。王大用因此请辞,朝廷非但未予批准,反派他整饬蓟州兵备并巡抚顺天。正逢顺天严重饥荒,王大用奏请赈济,获拨钱粮数万,百姓得以保全。时朵颜三卫以进贡为名,图谋造反。王大用守险要、设伏兵,充分准备后单骑入城。三卫见事情败露,乃率人马趁夜仓皇逃离。兵部商讨防剿诸事,王大用力陈三事,"曰重赏罚、酌律例、核功次",朝廷甚为赞许。此时,张禄再次发难,攻击王大用无事生非、制造仇怨,王大用因此被免。后由大宗伯霍韬举荐,巡抚四川,不久升任南京刑部右侍郎。未上任,即坐给事中扈永案,勒令还籍待查,不久致仕。著有《书经指略》《四书道一编》《易经安玩录》《圣学一贯图说》等。后来,其子王邦圻上《先后勋伐疏》,请求抚恤。时严世蕃当政,有上书请求恩恤者需纳千金,否则不予呈报。见到王邦圻的上疏后,严嵩说,"王时行一世伟人,数著战功,家甚窭尔,毋以恒调困其儿也",[1]最终答应了王邦圻的全部请求,其人格魅力于此可见一斑。

王大化,字元成,正德八年(1513)进士,授高唐州知州。该州民风尚武轻文,王大化一到任即祭拜文庙,修治学官,宣讲儒家经典,以图重兴儒教。平时则深入民间体察民情,注意减免赋税,劝课农桑,平反冤狱,抑制豪强。高唐州因此大治,王大化亦因功擢升嘉兴府同知。赴任之日,万民夹道挽留,并建生祠以示怀念。在嘉兴府任职期间,为政一如高唐,深得百姓拥护。离任时,百姓号泣,并镌碑立祠以纪念。后任工部员外郎,奉敕分理漕渠,不久

---

[1]〔清〕陆师修纂:《〔康熙〕仪真志》卷二〇《列传二》,《扬州文库》第17册,广陵书社2015年版,第563页。

迁官刑部郎中。执法严明,不徇私情,请托者深为忌惮。因为人耿介,不久为奸人中伤,拟调任平定知州。王大化深为感慨:"直道之不见容至此也!"[1]再加上父母年老,遂请求以原职致仕。后来朝廷议再起用,但不幸病卒,享年49岁。王大化生母早丧,侍奉继母克尽孝道,乡人赞誉有加。为官廉洁,归乡时几乎身无分文。政务之外,王大化亦有志于文史,曾撰宋辽金元四史,但没有完成,另有《高唐志》《北湄诗集》《续史详节》数十卷。

（六）宝应县:仲本、范韶

仲本,字与立,弘治二年（1489）进士。曾担任刑部主事、汝宁通判、陕西按察使、两浙运同等官职。为人乐善好施,年少时出游,路遇穷困,即倾囊相赠,自己则返家再取盘费。为官刚正,执法严明。担任刑部主事期间,尚书何乔新对属官多有不满,唯对仲本器重有加,重大案件常委托他来处理。仲本也有相当的军事才华,曾率军剿灭汉中地区的民变和宁夏地区的宗藩叛乱。当时,朝廷大权为宦官刘瑾把持,仲本一身正气,绝不与其交接,后被其党羽诬陷去官。大学士杨一清赠诗曰"积毁不须惊众口,素心端正可质神",大概是仲本一生为官最真实的写照。归隐乡里后,筑小山,上植松桂,人称"高风山"。虽已不在官位,但仍为地方大事与百姓利益尽心尽力。时宝应湖水宣泄不畅,时常泛滥,百姓受灾严重,多任官吏均无可奈何。仲本乃上书详陈利弊:"不因时修筑越河,则堤岸难保,漕运有伤,田地人民之垦复亦无期日矣",[2]为越河的最终成功开凿做出了应有的贡献。

范韶,字时美,弘治十四年（1501）举人,曾任礼部司务、户部员外郎、浙江参议等职。为官清廉,上任时载米随行,不扰沿途百姓,为时人所称。时高邮、宝应均受泛滥之灾,氾光、白马等湖风涛险恶,堤防薄弱,常有溃决之虞。虽经郎中杨勋、御史王鼎、闻人诠等多次上疏请示,希望能仿高邮康济河之例,于湖堤东建越河以解水患,但屡议屡停,毫无成绩。范韶乃上疏再陈利害:氾光湖、白马湖、白水塘、陈公塘等汇为一体,方圆500余里,"可谓

[1]〔清〕尹会一纂修,〔清〕程梦星等纂:《〔雍正〕扬州府志》卷二九《人物二》,《扬州文库》第5册,第506页。

[2]〔清〕孟毓兰修,〔清〕乔载繇等纂:《〔道光〕重修宝应县志》卷一六《列传上》,《扬州文库》第25册,第326页。

天下之要害"，且越河仅长 20 里，费用必远低于康济河，"伏望亟为开筑，兴一劳永逸之利，则堤岸粮运庶几无虞"。越河修成，水患大减，成为"宝邑百年之利"。[1] 范韶乐善好施，尤为扶危济困，解人之急。乡人张拱早卒，将年幼四子托付范韶。范韶视若己出，用心抚育成人。尚书顾璘曾作《抚孤记》一篇，专门表彰他的这一高尚义举。

（七）泰兴县：张羽、李承式

张羽，字凤举，弘治九年（1496）进士。一生耿介拔俗，不为尘世所污。担任御史期间，上疏弹劾宦官刘瑾，声震朝廷。巡按云南期间，奏请禁止私人开采矿山，严惩怙势作威的宦官。甚至对于横行霸道的冢宰之子，张羽亦不畏强权，将其绳之以法。任河南副使时，因与御史关系不洽，弃官归乡。不久，被举荐担任四川参政，随之升至河南布政使，但又因与抚按不和而去职。任官 30 余年，但家无余财，一贫如洗。地方官府得知其家贫寒，赠予土地两顷以维持生计，张羽坚决拒绝。居乡里为人谦和，全无骄横之态，反而时刻告诫家人勿与百姓争利，深得乡民爱戴。后来朝廷多次派出使节，希望张羽重新任官，均被婉言谢绝。时人赞曰："居官则秉道嫉邪，居家则杜门养重。"[2] 著有《东田遗稿》2 卷。死后入祀乡贤祠。

李承式，字敬甫，号见衡，聪慧有卓识。祖居云中，因喜爱泰兴风土，遂举家移居泰兴。嘉靖三十五年（1556）中进士，出任钱塘令，积极采纳官民建议，处置重大事件 40 余件。但因执法得罪盐使，被调派海上防寇，铲除奸吏陈光宙，远近称颂。其后参加武选，提出八条建议，均被朝廷采纳执行。为免触犯时忌，自请外任，被调至榆林掌兵。李承式原本熟悉军事，到任后大加改革，榆林防御能力大为增强，因功升为陕西右布政使，不久因病归乡。后倭寇侵犯朝鲜，李承式以"边才"起用，因军功升福建左布政使，但以年老婉拒，乞归致仕。归乡后，仅靠家中数顷田地，勉强度日。平时致力耕读，不喜城市繁华喧器，高寿而终。

[1]〔清〕孟毓兰修，〔清〕乔载繇等纂：《〔道光〕重修宝应县志》卷一六《列传上》，《扬州文库》第 25 册，第 327 页。

[2]〔清〕凌埙、张先甲：《〔嘉庆〕重修泰兴县志》卷五《人物》。

（八）兴化县：高谷、李春芳

高谷，字世用，一字育斋，永乐十三年（1415）进士，入选翰林院庶吉士，授中书。仁宗时，迁官翰林侍讲。英宗正统初年，经大学士杨士奇推荐，任经筵侍讲。正统十年（1445），任工部右侍郎兼侍读学士，参与内阁机务。代宗景泰初年，升任工部尚书，仍兼侍读学士，主持内阁事务。蒙古瓦剌部也先释放俘获的英宗，千户龚遂荣致信高谷，援引唐肃宗迎唐玄宗故事，说明迎归英宗礼仪应当隆重。高谷携信入朝，传示公卿，为免牵连龚遂荣，宣称信出于己。景泰二年（1451），进少保、东阁大学士。七年（1456），升谨身殿大学士。时内阁七人矛盾重重，高谷秉公裁夺，从不偏袒。因内阁倾轧不休，数次请辞机务，均未获批准。当年顺天乡试，陈循因其子被黜，攻击主考官刘俨、黄谏等舞弊。朝廷令高谷主持复试。高谷说："贵胄与寒士争进已不可，况不安义命，欲因此构考官乎？"力言刘、黄公正。英宗复辟后，高谷以年老乞休，英宗赐予金帛，赐敕奖谕。高谷虽然历仕五朝，位及台阁，但归乡后依然闭门谢客，敝屋薄田，维持生活。天顺四年（1460）去世后，尚书姚夔上书，赞其"进退有道，始终不渝"[1]，建议朝廷加以褒扬。朝廷追赠太保，赠谥"文义"，祀乡贤祠。

李春芳，字子石，一字石麓，先世句容人。性情温和，喜怒不形于色，幼年时即颇为乡人所重。嘉靖十年（1531）中举，二十六年（1547）中进士，授翰林修撰，后相继任太常少卿和吏、礼两部侍郎、尚书等职。李春芳平时简静谨慎，但逢国家大事，则坚毅果断，慷慨激昂，深得皇帝信任。因宗室繁衍日多，赏赐丰厚，朝廷财力不济，李春芳主张定立规章，对节日及各种庆典时朝廷赏赐数量做了严格的规定，朝廷赐名《宗藩条例》。嘉靖四十四年（1565），李春芳兼任武英殿大学士，与严讷等一起参与机务。虽然居于高位，但始终廉洁自持，不以势凌人，处事公正，赢得满朝尊重。穆宗继位后，下旨重修凤翔楼，李春芳以"兴役劳民"谏止，又奏请革除太仓羡金、织造、岁币、珍异等多年弊政，均得允准。科道官言事触及宦官，宦官进谗言反诬，穆宗轻信。李春芳婉言劝解，言官始免杀戮之祸。蒙古俺答汗遣使通好，李春芳

---

[1]〔清〕梁园棣：《〔咸丰〕重修兴化县志》卷八《人物志》。

率先赞同,北境因此迎来数十年的和平。隆庆五年(1571),李春芳以年老乞养,七次上书,方得允准。归乡后,父母尚健,春芳每日侍奉茶饭,极尽孝道,乡人推许。年七十五卒,朝廷追赠太师,赐谥"文定",入祀乡贤祠。

(九)海门县:崔桐

崔桐,字来凤,正德十二年(1517)进士。9岁时,随父游南京国子监,语出惊人,大司成徐琼称为"奇童"。38岁时,以第三名进士及第,赐翰林院编修。因谏止武宗南巡,受廷杖处罚,夺俸半年。明世宗继位后,因犯颜直谏而升职,复因谏"议礼诏狱"而再遭廷杖。嘉靖四年(1525),《武宗实录》书成,升侍读,出京任楚藩副使,督察当地儒学。随后转任闽藩左参,因前任考贡违法受牵连,降为浙江臬副。适逢审理浙江巨富王一贯案件,崔桐不惧地方官员威势,拒绝千金利诱,秉公执法。不久,带兵镇守辰沅,顺利解决永顺、保静等地百姓的土地纷争,并镇压了长沙、安化等地的盗贼。以功升任太常少卿,建议将薛文清从祀孔子庙,再升至太常正卿,掌国子监。时朝廷下诏议太子监国之事,崔桐抗疏不报。不久,以灾异和太庙火灾为由自劾请辞,朝廷不允,升为礼部左侍郎。后因荫子之事辞官归乡,年七十八离世。崔桐一生耿介廉直,不慕荣华,在事必尽其职。其自评曰:"奉职太愚,自处太高,操持太执,语言太直。"[1]正是其一生的真实写照。

(十)如皋:冒鸾、钱藻

冒鸾,字延和,16岁中举,进士及第后授兵部武库主事,历任员外郎、郎中。淮扬地区的马课一直折银征收,但有官员建议改征马匹,冒鸾上书力争得免。又有宦官倚仗刘瑾权势,奏请增加船马税额,冒鸾再次上奏,税额仅为此前一半,百姓负担大减。不久,升任福建左参议,为政公平清简,待人宽厚,与民休息。时有无赖聂贤横行乡里,欺凌军士,冒鸾依法将其拘捕。又有异母兄弟争夺财产案件,久讼不决,冒鸾以礼让劝解,兄弟遂和好如初。大茂山盗贼猖獗,抢掠百姓,冒鸾晓之以祸福之理,盗贼遂降。不久,以养母乞归。性情淡泊,归乡后林居13年,绝不与官府交结。每日端坐书斋之中,置图书于左右,不问世外之事。其品行深得乡人敬重,死后祀乡贤祠。

---

[1]〔清〕王继祖:《〔乾隆〕直隶通州志》卷一四《人物志上》。

钱藻,字自文,幼年家贫,但一心向学。嘉靖三十八年(1559)举进士,授南京礼部主事,进郎中,出守广信。时有溃卒8000余人沿途剽掠,地方官府欲贿赂金钱以避祸。钱藻组织精兵,严阵以待,溃兵终不敢进犯。常于学校内置粟米,贫困生员每月可得数斗,士子无不感其恩德。不久,升任山东副使,统兵霸州。正逢永清朱家口数次埋塞溃决,钱藻出室祷告,并利用水中浮船堵住溃堤缺口。转任密云兵备并晋升左参政,主持修筑古北口等要塞,700余里边境防务因此大为加强。再迁左布政使,因病告归。居家12年后,朝廷下诏再予起用,任南太仆卿,迁光禄。上任即革除一切冗费,每年减轻百姓负担数万缗,晋升为顺天府尹。正当钱藻雄心勃勃,准备清理弊政之际,不幸旧疾复发,卒于任上,享年66岁。

明代扬州的教育体系由社学和府、州、县等不同层级的儒学构成。社学设于乡、里,属于启蒙教育。虽然朝廷高度重视,但因经费困难、管理混乱、教师所选非人等原因,除少部分社学外,大多数社学日渐颓败。各级儒学一般设于城内,属于高等教育,除了规模大小、学额多少等有所不同外,儒学并无层次上的区别,其生员均可以直接参加国家举办的科举考试。儒学以经史、律诰等为主要教学内容,以学田收入为主要运行经费,以培养科举应试生员为主要目的。除社学和儒学外,明代扬州还有为数不少的书院,这些书院分布范围广泛,随着时局的变化,书院的发展也有所起伏,但总体来说较为兴盛。书院带有较多的官方性质,在教学内容和目的上也与儒学基本一致。这一教育体制虽整体上存在不少缺陷,但也为维护封建统治培养了大批人才。

科举是明代人才选拔的主要方式,分为乡试、会试、殿试等不同层级。扬州府还有武举、武进士的选拔活动,但其制度远没有文科完善。各个时期,扬州府均有数量众多的生员通过科举步入仕途。此外,地方官学定期向中央国子监选送优秀生员,有援例入监、纳粟入监、恩贡等不同形式。明王朝还继承了传统的辟荐制度,依据国家的各种需要,不定期下令地方向中央推荐各种人才,人材、秀才、孝廉、耆德、怀才抱德、儒士善楷书、贤良方正、经明行修、文学才行、明医等,均为常见的辟荐科目。作为科举制度的补充,选贡与辟荐两种制度扩大了人才选拔的范围,进一步扩大了国家的统治基础。

第九章　明代扬州的文化

自明朝开国以来,扬州作为长江三角洲的重要商业城市,商品经济持续发展,城市规模逐渐扩大,学术文化也取得了一定的成就。经学、史学、文学、书画以及科学技术、宗教文化等方面都有值得称道的亮点。

第一节　经学与史学

有明一代,经学发展疲弱无力,扬州一地的经学发展也相应地呈现出踽踽不前的状态,但因地接南雍(南京国子监),一时名家如湛若水、吕柟、邹守益等宗师云集讲学,故此扬州府辖仪真、江都、兴化等多地时有各家的从业弟子,致使扬州成为理学与心学交互激荡的阵地。直到王阳明的弟子王艮独创"泰州学派",明代扬州府的学术格局才从多家并存渐变为"王学"独大。相对来说,明代扬州府的史学成就远比经学发展更为突出。

一、经学

经学作为四部(经、史、子、集)之首,突出反映了一个地区的学术发展情况。所可惜者,纵观有明一朝,经学发展处于相对萎靡的状态,既不可与汉唐注疏相提并论,也被后来清朝经学的兴盛光芒所遮蔽。扬州一地下辖三州七县,正常时期的人口也在 60 万人上下。有明一代,前后饱读儒家经典的扬州士人难以计数,产生的经师名作却是屈指可数。根据《〔康熙二十四年〕扬州府志》的著录,明代扬州产生了不少经学著作(包含刊印、校对等):

《易大象说》2 卷,侍郎、相州崔铣撰,江都徐行刻;

《尚书集议》,高邮黄谏撰;

《毛诗郑笺》20 卷,扬州运判屠本畯纂疏,江都贡士陆君弼校;

《诗大指》10卷,海门张自新撰;

《春秋正传》,湛若水撰,江都卞崃刊;

《春秋集说》,兰阳丞蒋宫撰;

《春秋萃数录》20卷,武康令海门彭大翱撰;

《春秋疏义》,通州丁钛撰;

《礼记摘注》5卷,《礼记摘讲》30卷,新泰令如皋李上林撰;

《二礼经传测》,湛若水撰,江都卞崃刊;

《五经就正录》,兴化宗周撰;

《五经正解》,如皋张榜撰;

《孝经口义》,张塑撰;

《中庸讲义》1卷,仪真侍郎黄瓒撰;

《中庸一助》,兴化宗珝撰;

《四书就正录》《中说》,宗周撰;

《四书正解》,张榜撰;

《经传类义》20卷,侍郎海门崔桐撰。[1]

明代扬州经学注疏类的著作有限,其中不乏"摘注""摘讲""讲义""口义"这种乡村塾师之类的入门作品,而且基本上均已失传。

明朝经学著作的默默无闻,放在整个中国历史上来看,都是少见的。遑论唐宋与清,就是之前的元朝,尚且涌现出敖继公《仪礼集说》以及许衡《五经集说》等名作。反观明朝,相形见绌。根据经学家的看法,"论宋、元、明三朝之经学,元不及宋,明又不及元"。[2]

从经学训诂的角度考虑,明代学问的浅薄屡屡遭到后人的讥讽。按照《明史》的评价,明代经学实在非常糟糕:"专门经训授受源流,则二百七十余年间,未闻以此名家者。经学非汉、唐之精专,性理袭宋、元之糟粕,论者谓科举盛而儒术微,殆其然乎?"[3]清儒的评价并非刻薄,明代经学的衰微包括

[1]〔清〕金镇原本,〔清〕崔华、张万寿续修,〔清〕王方岐续纂:《〔康熙二十四年〕扬州府志》卷二八《艺文一》,《扬州文库》第4册,第584—585页。

[2]〔清〕皮锡瑞著,周予同注释:《经学历史》,中华书局2004年版,第205页。

[3]〔清〕张廷玉等:《明史》卷二八二《儒林传一》,第7222页。

顾炎武在内都直言不讳。因此，这一时期，以扬州一地而言，经学研究乏善可陈也就不难预料。

失之东隅，收之桑榆。明朝经学在经典注疏上面确实陷入萎缩，扬州一地却不甘寂寞，在中后期涌现出王艮和"泰州学派"作为阳明后学赫赫有名的支脉，引发古往今来学人的广泛关注。至于为什么明朝扬州府能够出现像王艮这等一流的学者、思想家，继承了阳明心学，又开创了风格独具的"泰州学派"，时人认为，这是因为扬州府辖泰州等地僻在海滨一隅，没有繁华的喧嚣，又没有俗学的污染，也没有浮华文字的障碍，所以王艮可以师心自用，把个人的体悟凝聚到一处，从而迸发出广大的影响力与持久的生命力。[1]鉴于今日泰州已经独立设市，而研究王艮和泰州学派的著作也频见迭出，故而此处不再赘述。值得注意的是，王艮名动天下之后，在扬州府其他州县也吸引了很多人慕名成为他的弟子。比如扬州府兴化县的韩贞，出身卑贱，只是一名普通的制陶工匠。一次偶然的机会，听闻王艮的学说，便拜倒在其门下。此人目不识丁，但是悟性极好，聪颖过人。即便出身草莽，职业低贱，却也没有妄自菲薄，而是有心学习圣贤之道。在王艮的鼓励下，他充分意识到"道在尧舜，尧舜只是孝弟"。[2]于是，他躬行实践，念兹在兹。后来，经过一番苦学与体悟，终于学业有成。他还特别注意奖掖后学，影响了数百人，帮助他们进入希圣希贤的大门。在他死后，学者尊称其为"乐吾先生"。

还有一位来自江都的学者李通，字伯经。他从小失去父母，却苦心向学，很小的时候，言行举止便中规中矩，被街坊邻居推举为"坊表"。长大后，他特别仰慕王艮的学说，下定决心，把求道作为自己人生的奋斗方向。天启年间，他受礼部征召，编纂万历、泰昌两朝的实录。实录编成之后，获得朝廷特恩，官任广安州佐。在任期间，他勤政为民，传播王学，离任后，当地百姓自

---

[1]〔明〕杨洵修，〔明〕徐銮等纂：《〔万历〕扬州府志》卷一八《人物志下》，《扬州文库》第1册，第581页。

[2]〔明〕杨洵修，〔明〕徐銮等纂：《〔万历〕扬州府志》卷一八《人物志下》，《扬州文库》第1册，第581页。

发画出他的肖像加以祭祀。[1]从百姓拥戴的角度来看,当时王学对基层百姓的感染力和渗透力确实非同凡响。

明中叶以来,阳明弟子遍天下,扬州府也不例外。除了名噪一时的"泰州学派"之外,扬州府所辖州县也涌现出阳明心学的其他传人。孙世恩,江都人,万历年间,他通过科举考试,做了县令。为官期间,他并没有放松读书治学。在接触王阳明的学说之后,大为叹服,甘愿成为王阳明的弟子,自号"养明"。他在学问上坚持致良知之学,穷究性理。[2]

有的学者能够亲谒王阳明,成为受业门人,比如王艮等人,有的学者却无缘见到他本人,一睹真容。于是,这些人出于仰慕,便成了王阳明的私淑弟子。张懋勋,字尧光,江都人。年幼时,他就酷爱读书,刻苦求学,言行举止都按照圣贤的标准要求自己。即便无缘见到王阳明,他还是心生敬慕,自发对阳明学苦心参悟。为了寻找天下宇宙的大道,他时常闭门静坐。如是者30年,他才觉得自己在理学上有了自己的心得。他的学问和人品也得到了政府要员熊尚文等人的赏识,名声在外。闲暇时,他忙于著书立说,比如《二剑斋日编》《心学正统》等,[3]对传播阳明心学做出不少贡献。

当然,明代的扬州学林也绝非阳明学一家之天下,还有湛若水、吕柟等学派的追随者,共同组成了葳蕤盎然的学术景观。

王、湛之学各有千秋,对扬州府的学界不可避免地产生冲击。在明代前期阳明学未诞生之际,扬州学者多墨守程朱理学。到了明代中后期,扬州学者既出现了阳明后学王艮这种"泰州学派"祖师级的大儒,也出现了湛若水、吕柟等学派的诸多门徒。王学影响最巨,其次有湛若水之学,其次有吕柟之学。这些不同门派的学说之风都吹进了扬州府,深刻影响了扬州学术的发展走向。

---

[1]〔清〕金镇原本,〔清〕崔华、张万寿续修,〔清〕王方岐续纂:《〔康熙二十四年〕扬州府志》卷二五《人物三》,《扬州文库》第4册,第497页。

[2]〔清〕金镇原本,〔清〕崔华、张万寿续修,〔清〕王方岐续纂:《〔康熙二十四年〕扬州府志》卷二五《人物三》,《扬州文库》第4册,第497页。

[3]〔清〕金镇原本,〔清〕崔华、张万寿续修,〔清〕王方岐续纂:《〔康熙二十四年〕扬州府志》卷二五《人物三》,《扬州文库》第4册,第496页。

沈珠,字汝渊,江都人。明武宗正德年间,通过乡试。他在南雍(南京国子监)读书期间,拜在国子监祭酒湛若水门下。湛若水,字元明,增城人,受业于大儒陈献章。弘治五年(1492),通过乡试。后来,考取进士,授翰林院编修,与王阳明一同讲学。嘉靖时期,因为屡次上疏,触怒朝廷,被下放到南京,官任国子监祭酒,后来升为礼部侍郎。讲学期间,他和王阳明的学说和而不同,渐成分庭抗礼之势。王阳明以致良知为宗,风靡天下,也影响了王艮等人。湛若水之学则以随处体验天理为宗,不拘一格。王、湛之学互有攻讦。王阳明批评湛若水之学求之于心外,而湛若水则批评王阳明的格物之说不可信从。[1]

作为湛若水的门人,沈珠坚守师说,将其作为体认天理的不二路径。在南雍卒业之后,他做了永新令,由于表现优异,升为南京国子监丞。讲学期间,他和湛门弟子一道广泛传播本门学说,对扩大湛学的影响力功不可没。告老还乡之后,他坚持读书体认,对宇宙本体以及性理之学都有了更深层次的认识。死后,学林尊称他为"艾陵先生"。[2]

即便王学、湛学风靡南北,但是程朱理学作为明初以来最为重要的官方学说,余威犹存,也不乏追随者。比如,扬州府也出现了何坚等较为知名的师儒。他们继承吕柟这一程朱理学的学脉,与阳明心学等学说并行不悖。

吕柟,字仲木,陕西高陵人,别号泾野,学者称泾野先生。正德三年(1508)状元,声动天下。后来,他在南京为官,历任宗人府经历、尚宝司卿、太仆寺少卿、礼部右侍郎等。这一时期,他大力讲学,在江浙一带声望卓著,史称"吴、楚、闽、越士从者百余人"。[3]由于毗邻南京,扬州府的何坚等人获得了师事吕柟的地利。吕柟又是渭南薛敬之的受业弟子,师门可以上溯到明初大儒薛瑄。因此,包括何坚等人在内的河东薛瑄这一学脉的追随者尊奉"穷理实践"的宗旨。

何坚,字叔节,江都人。根据《〔万历〕扬州府志》的记载,他笃信儒家经

[1]〔清〕张廷玉等:《明史》卷二八三《湛若水传》,第7267页。

[2]〔清〕金镇原本,〔清〕崔华、张万寿续修,〔清〕王方岐续纂:《〔康熙二十四年〕扬州府志》卷二五《人物三》,《扬州文库》第4册,第496页。

[3]〔清〕张廷玉等:《明史》卷二八二《吕柟传》,第7243页。

典,崇尚力行,后来考取科名,在临江府等地为官。何坚与他的兄长何城以及仪真朱光山等人拜在大儒吕柟的门下。及至暮年,他告老还乡,在江都老家以修学著书为事。为了潜心治学,他基本上足不出户,闭门深思。非常可贵的是,他依据对经典的领悟以及官场经验,采用类似井田法之类的措施治理沟洫,有效解决了旱涝问题。他还把相关经验总结成《漕渠七议》一书,吸引了很多人争相学习。[1]

当时的学林,多半是王守仁、湛若水等学说的天下,能够坚守程朱理学的只有吕柟、罗钦顺等人。作为吕柟的弟子,何坚等人同样坚守理学,并将之运用到具体的实务当中。何坚尊奉师说,却不迷信师说,也与其师吕柟时有论辩。在吕柟去世之后,他又比以往更加坚定对师说的守护。他的人品和学品始终如一,赢得了儒林"体道信义"的赞誉。[2]

在理学、心学各门各派互相激荡之际,扬州学林也有相对独立的学者。他们的名声无法与王学、湛学、吕学等诸家媲美,但是不卑不亢,在潜移默化之中形成了自家风格,即便名声不振,也无改于他们学习经典、传播智慧的初心。其中就有许继、陈以忠这类佼佼者。

许继,字崇志,仪真人。他的研究方向是蔡氏《尚书》学,大体不出程朱理学的路径。年少时,他一度放荡不羁,后来折节向学。在理学的规诫下,许继笃定志向,誓要领悟圣贤之道。程朱理学对道德修养极其重视,因此服膺理学的许继也能做到举止凝重,喜怒不形于色。他还曾与王阳明、湛若水会面,受到二人的推重。尽管没有显赫的师承关系,许继本人苦心向学,戛戛独造,不愿拾人牙慧。平日家居,他经常足不出户,默然静坐,思考人生的价值与世界的原理。与他人讲学的时候,他一向言简意赅,以至于别人对他的学问到底有多深难以把握。嘉靖时期,巡抚唐龙、刘节等人听闻许继的大名,都亲自到他家里拜访。可惜,天不假年,许继在48岁时就去世了。[3]

陈以忠,字恕先,江都人。据说,他出生的时候,家里飘满了荷花的香气,

[1]〔明〕杨洵修,〔明〕徐銮等纂:《〔万历〕扬州府志》卷一八,《扬州文库》第1册,第581页。

[2]〔明〕杨洵修,〔明〕徐銮等纂:《〔万历〕扬州府志》卷一八,《扬州文库》第1册,第581页。

[3]〔清〕金镇原本,〔清〕崔华、张万寿续修,〔清〕王方岐续纂:《〔康熙二十四年〕扬州府志》卷二五《人物三》,《扬州文库》第4册,第496页。

过了两天,气味都没有散去。他生性纯孝,主动把田产赠与弟弟,还不时赈济乡里,获得乡人的一致赞誉。在学问上,他尤其精通《周易》,且有独见之明,专门写了《六十四卦大象说》,对"六爻之义统于大象"的理论进行阐发。名儒黄汝亨见到他后,进行一番论学,对人说:"眼前的这位兄台,就是虞翻在世啊!"[1]虞翻是三国时期孙吴著名的经学家,于《周易》造诣极高,在《周易》学史上占据十分重要的地位,后人把他的学说称之为"《周易》虞氏学"。黄汝亨对陈以忠的赞誉虽然有溢美之嫌,但是由此不难看出,陈以忠确实对《周易》下过一番工夫。

除了精研《周易》之外,陈以忠也时常与同辈讲学求证,切磋琢磨。有一次,在和杨起元谈论"致良知"时,他独出机杼地认为:"知即明德,致知即明明德。"[2]他的这种阐释巧妙地将"致良知"与《礼记·大学》中的"大学之道,在明明德"结合起来,不失为一种新见。无论是致良知还是明明德,都要发觉本体,找回本心,二者有异曲同工之妙。

不可否认,陈以忠的学问明显受到阳明心学的影响,与此同时,也有程朱理学的浸润。在修身方面,陈以忠以敬为主。他强调说:"敬则欲寡,可以成仁;敬则心虚,可以益智;敬则气聚,可以生勇。"[3]他的这种表达与《礼记·曲礼》首句"毋不敬"若合一契,同时又结合了《孟子·尽心》中"养心莫善于寡欲"以及《礼记·中庸》中"知、仁、勇三者,天下之达德也"的教诲。他讲"心",讲"气",既有对程朱理学的尊奉,也有个人的覃思。

除了在《周易》学、理学之外,他还擅长撰写文章,宏深典博,自成一体。可惜的是,他即便学富五车,却在科举考试中屡屡碰壁,以至于10次考试都没有成功,蹉跎了岁月,最后老死在江都老家,享年64岁。真正的学问大家从来都是适可而止,穷达以时,可是陈以忠终身研究《周易》,却始终不能挣

---

[1]〔清〕金镇原本,〔清〕崔华、张万寿续修,〔清〕王方岐续纂:《〔康熙二十四年〕扬州府志》卷二五《人物三》,《扬州文库》第4册,第497页。

[2]〔清〕金镇原本,〔清〕崔华、张万寿续修,〔清〕王方岐续纂:《〔康熙二十四年〕扬州府志》卷二五《人物三》,《扬州文库》第4册,第497页。

[3]〔清〕金镇原本,〔清〕崔华、张万寿续修,〔清〕王方岐续纂:《〔康熙二十四年〕扬州府志》卷二五《人物三》,《扬州文库》第4册,第497页。

脱科举的羁绊。看来,他研究心性功夫并不究竟,既戚戚于求道,又热衷于功名,自身尚且不能自拔于流俗,无怪乎在经学史上黯然不彰了。

历史变迁,无息稍停。既无常圆之月,岂有久凋之花。长期衰微之后,一个以振兴经学为核心内容的"扬州学派"即将在下一个朝代喷薄而出,将扬州地区重新推向中国学术舞台的中心位置。

二、史学

终明一代,没有出现如司马迁、司马光这样的史学大家,也罕有在体裁、体例方面有所创新的史学著作,但其史学发展并非一无是处。总体看来,明代史学著述繁富、体裁多样,史学思想活跃,经世文集和地方志较前有较大发展。为叙述方便,这里将明代扬州史学分为两类,一是官方主导下的史学活动及著作,一是史家个人的史学活动及著作,分别述之。

(一)官方史学活动与著作

1.明代部分扬州士人任职于京师,从而获得参与中央史学活动的机会,在《明实录》及其他大型史籍的编纂中留下足迹。据文献记载,此类史学活动大体如下:

陆颙,字伯瞻,兴化人,建文时与修《高庙实录》。靖难之役后,为保全身家,他屡次向明成祖朱棣献诗文、书画,以表忠心,获得朱棣的信任,"帝以三绝称之"。[1]后奉命再修《太祖实录》。为迎合主上,将朱棣改为"嫡出",将太子朱标等改为"庶出"。此事一出,朝野大哗,朱棣不得已将其发配至广西,中途召回,命其再次参与纂修《太祖实录》。陆颙的此种行径在事实上已无史家良知,直可如刘知几《史通·曲笔》所言"记言之奸贼,载笔之凶人,虽肆诸市朝,投畀豺虎可也"。但在残忍毒辣、嗜杀成性的明成祖的淫威之下,陆颙也有其不得已的苦衷。古语曰"直如弦,死道边;曲如钩,反封侯",在专制统治下,士大夫想保持独立正直的气节,实属不易。

与陆颙形成鲜明对比的是兴化人李清。明末,李清上疏请修建文实录。其疏曰:"惠庙历年有四,其实录成之甚易。只缘当时珥笔诸臣摇手革除,于是化国史为家乘,子虚乌有皆佐笔端,则史彬《致身录》其最也。若非先臣

---

[1]〔清〕梁园棣:《〔咸丰〕重修兴化县志》卷八《人物志》。

吴宽集中载彬墓铭甚详,安知从亡之说赝,而从亡十臣之说赝之赝乎?"严厉批评"珥笔之臣"任意上下其手的恶劣行径,力主纠正误说。但时隔不久,明王朝即告覆灭,李清建议未得施行,"然正议不可泯矣"。[1]不过,也必须说明的是,李清所处的政治环境已非陆颙所处的明成祖时期,他再提此事已无杀身灭家之虞,自然也就很容易地坚持秉笔直书的优良传统。

此外,兴化李春芳曾参与修撰《明实录》以及《大明会典》《永乐大典》等大型典籍,其孙李思敬天启间曾参与编修《明实录》《神宗宝训》等。海门人崔桐和钱铎曾奉命修撰《武宗实录》,兴化高谷和高邮董璘在正统间曾与修《宣宗章皇帝实录》。宝应朱瓛曾参与纂修《天顺实录》,事件涉及地方的,均由其负责,"定凡例,谨书法,一时纪载,皆出其手"。[2]江都李通亦曾参与纂修万历、泰昌两朝实录。《明实录》是今天了解明代历史的第一手资料,也是最重要最系统的史料,这也从侧面说明扬州人对明代史学的贡献。

另外,泰州人徐尔贞亦曾参与撰修国史;江都人陆弼则在万历时期官修国史过程中被内阁首辅赵志皋等人举荐参修,有诏征用,但很快史局裁罢,未能成行。

2.在地方上,官方史学发展主要体现在大量志书的编纂。

明王朝建立之初,朱元璋为夸耀一统功绩并加强统治,先后于洪武元年(1368)、三年、六年、九年、十四年、十六年六次下达有关地方志书编写的诏令。成祖永乐十年(1412),明王朝更是颁布了方志学史上有里程碑意义的《修志凡例》16条,于志书内容及各条目编撰原则作出细致规定。其后,正统、天顺、正德、嘉靖、万历各朝均有敦促地方修撰志书的诏令。崇祯时期,即便明王朝已经国运飘摇,还曾命职方搜求地方志书。除此之外,知识分子对方志的现实作用也不断从理论上加以论证。他们以方志为"世之大典,不可缺,亦不可略。凡沿革废置可得而识,山川地理可得而考,风俗物产可得而知",并可借以"考兴亡,辨是非,求隐赜"。[3]有的则认为,方志"可以考古证今,

---

[1]〔清〕梁园棣:《〔咸丰〕重修兴化县志》卷一〇《外纪》。

[2]〔清〕徐瑱修,〔清〕乔莱纂:《〔康熙〕宝应县志》卷一三《人物》,《扬州文库》第24册,广陵书社2015年版,第562页。

[3]〔明〕王珣:《宁夏新志序》,上海古籍书店1961年据宁波天一阁藏明嘉靖刻本影印。

可以惩恶劝善,有益于治道,有补于风化"。[1]在他们的心目中,志为史体,史可为鉴,把方志巩固封建统治的作用提到空前的高度。

最高统治者的大力提倡,加上知识分子阶层对方志功能的大力宣扬,明代方志编撰蓬勃兴起。有明一代,江苏共出现志书230余种,仅扬州府及所辖三州七县的志书总数即达到30余种[2],成为这一时期扬州地方史学的突出特色。对一般读者而言,地方志是了解该地区历史变迁和风土人情的捷径。对史学研究而言,地方志保存和提供了具体历史时期的行政区划、经济发展、文化水平、军事制度等第一手材料。从这个角度来说,明代扬州史学足有其可称之处。

明代扬州府编纂地方志始于明初太祖时期,此后续有修撰、重订,至嘉靖、万历时期臻于鼎盛。兹将各地方志修纂情况简述如下:

(1)扬州府方志

明代扬州府志的纂修始于洪武年间,当时修成府志15卷,但纂辑人员、体例等更为详细的内容则因史料未载而不详。[3]

《维扬新志》:副使江都高宗本纂。高宗本,字茂卿,自号江淮逸叟。其先直隶雄县人,自宗本寓于扬州,"性颖而好学,尤习郡邑掌故",于成化间著成《维扬新志》一书,"简核,足称信笔。前后典是役者,皆不及也"。[4]

《嘉靖惟扬志》:朱怀幹修,江都盛仪纂,共38卷,成书于嘉靖二十一年(1542),是扬州现存编纂时间最早的一部志书。该书体例严谨,资料丰富,语言简洁精炼,且常有作者对时事的议论,于存史资政均有较大价值。崔桐在序中予以高度评价:"是志也,会精尽变,理器昭焉;存往缀新,隆替具焉;黜正绌诬,声规植焉,一邦之信史也。"[5]《扬州府图说》:著者不详,其编成时

[1]〔明〕商辂:《重修保定志序》,中华书局上海编辑所1966年据宁波天一阁藏明弘治刻本影印。

[2]参见许卫平:《扬州方志概述》,《扬州师院学报(社会科学版)》1982年第Z1期。

[3]〔清〕尹会一纂修,〔清〕程梦星等纂:《〔雍正〕扬州府志》卷三五《撰述》,《扬州文库》第5册,第667页。

[4]〔清〕金镇原本,〔清〕崔华、张万寿续修,〔清〕王方岐续纂:《〔康熙二十四年〕扬州府志》卷二六《人物四》,《扬州文库》第4册,第540页。

[5]〔明〕崔桐:《嘉靖惟扬志》卷首《嘉靖惟扬志叙》,《扬州文库》第1册,第4页。

间大概在万历二十二年（1594）至二十六年之间或稍后。有图12幅，扬州府、府辖三州七县及瓜洲各有一图。每图另附图说一篇，用以介绍各州县的历史沿革、风土人情及重要历史事件等。虽绘图方式并不科学，对事件的记载也间有错误，但"图文并茂，而实际上又图重于文，在扬州地方文献和中国古代方志史中，均有其独特的价值"。[1]

《〔万历〕扬州府志》：杨洵修，徐銮等纂，成于万历二十九年（1601）。全书共27卷，卷首1卷，图1卷，分成郡县、赋役、河渠、秩官、盐法、兵防、人物、风物、古迹、历代、方外、文苑等12志。志之下再列子目，如郡县下有总论、山川、城池、公署、都里、桥梁等子目。该志成书距离明亡仅40余年，反思统治教训，以史为鉴的目的非常明显。很多问题之后都有编纂者自己的议论，观点独到、深刻而尖锐。比如在评价王艮及其泰州学派时指出："理学之儒，至宋大振，而广陵有胡安定、王竹西、李乐庵，为世儒宗。国家浑庞醇厚之气，渟涵汪濊。百余年间，海滨始有王艮师心自悟，见其大者，殆孔子所谓狂欤？晚于致良知之学，精微而易简，守约而施博，抑何超然独诣也！"[2]胡安定即胡瑗，泰州海陵人，北宋初年著名理学家，蔚然为一代儒宗。扬州作为理学名家的故土，在传承理学方面孜孜矻矻，颇有成就。到了明代，扬州府辖泰州出现了王艮这种宗师性质的人物，名声大噪，倾动海内。王艮继承了胡瑗以来的理学思想，后来拜在王阳明的门下，学习"致良知"之学，兼收理学、心学之长，锐意进取，自成一派，确实卓尔不凡。总之，不论是体例还是思想，《〔万历〕扬州府志》都是明代扬州府难得的一部优秀志书。

（2）江都县方志

嘉靖四十一年（1562），赵讷、葛洞曾修成《江都县志》一部，佚失不传。万历二十七年（1599），知县张宁、邑贡士陆弼在嘉靖志基础上修成《江都县志》一部。该书体例颇有特色，分为1纪、10传、5表、7志，但改动处亦有缺憾，如艺文不列类目，"史识稍逊"。[3]古代纪传体史书中基本上是以"纪"来记

---

[1] 余国江：《〈扬州府图说〉述考》，《江苏地方志》2016年第3期。

[2] 〔明〕杨洵修，〔明〕徐銮等纂：《〔万历〕扬州府志》卷一八《人物志下》，《扬州文库》第1册，第581页。

[3] 许卫平：《扬州方志概述》，《扬州师院学报（社会科学版）》1982年第Z1期。

载帝王,"纪"用于志书是该书区别于其他志书的显著特征。不过,该志在史实和时间的记载上也存在一些讹误。

（3）高邮州方志

明代高邮志书修纂的最早记录始于正统二年（1437）,撰者为邑人龚显。成化二年（1466）,学正孙珩再修州志。两志篇幅均为 3 卷,且均已亡佚。隆庆六年（1572）,知州范惟恭、邑人王应元、陆典再次修撰《高邮州志》。该志共 12 卷,仿纪传体史书,分传、表、志三部分,结构严密,条理清晰。撰者王应元,字一之,"修《高邮州志》十二卷,质实疏通,俱从史家体例,至今人以为可传"。[1]陆典,字南陵,号卧雪老人,也是修志中有较大贡献的重要人物。

（4）宝应县方志

明代宝应县志的编写始于嘉靖九年（1530）,志名《宝应县志略》,知县闻人诠撰,共 4 卷,分天文、地理、田赋、祠祀、官师、人物 6 个部分。隆庆三年（1569）,知县汤一贤感于《宝应县志略》过简,且史事失载,遂另撰《宝应县志》10 卷。万历二十年（1592）,知县陈煃、邑人吴敏道重修县志 12 卷,"立十二门,以门为纲,以分条为目,各门俱有小序,在体例上显得颇为谨严、清晰"。[2]编者吴敏道有史才,深悉地方掌故,"与人交循循自下,无文人睥睨态。一时乡先生行状、邑有大兴除,及贤公卿建祠勒碑纪载之文,多出敏道手。邑之名胜园林、野老逸事,亦于凭吊赠答诸诗有考焉"。[3]

（5）兴化县方志

明代兴化县志的纂修始自永乐三年（1405）,事载于《永乐大典》,是目前可知的明代最早、也是兴化历史上最早的县志。另外,"五世名臣"高谷也曾撰《兴化邑志》,但以上两志均佚。嘉靖三十八年（1559）,知县胡顺华主持修成《兴化县志》4 卷。该志前有舆图,后列天文、地理、祠祀、秩官、人物、词翰、杂志等16门,每类之后还记载奏疏,反映了明代中期以前的历史情况。

---

[1]〔清〕冯馨增修,〔清〕夏味堂等增纂:《〔嘉庆〕高邮州志》卷一〇《人物志·列传》,《扬州文库》第 21 册,第 314 页。

[2]许卫平:《高邮、兴化、宝应三县地方志考录》,《江苏社联通讯》1983 年第 13 期。

[3]〔清〕阿克当阿监修,〔清〕姚文田等纂:《〔嘉庆〕重修扬州府志》卷五三《人物志八》,《扬州文库》第 7 册,第 1025 页。

万历十九年（1591），知县欧阳东凤、教谕严锜等修《兴化县新志》10卷，较《胡志》内容大大加详，分成天文之纪、地理之纪、人事之纪、人官之纪、人文之纪、词翰之纪、外纪等7纪，各纪之下分立条目，亦见特色。

（6）泰州方志

明代泰州志书的最早记载是武宗正德年间储巏、全英撰成的《泰州志稿》，共8卷。该志已佚，仅在后世文献中有些零星、抵牾的记载。嘉靖元年（1522），知州金廷瑞、通判谢源、学正陈琦等在正德《泰州志稿》基础上修成《泰州志》8卷，可惜也已失传。万历三十二年（1604），章文斗、黄佑、李存信等人又撰成《泰州志》10卷。全书分成辨职方、陈经制、程物土、叙官联、识遗爱、考入仕、标名节、沐恩光、备幽异、铨文艺共10纲，纲下设58目。章文斗除修撰《泰州志》外，还参与了惟扬郡志的修撰。天启三年（1623），泰州又撰成一部志书，目前已佚。据考证，撰者为无锡人沈沉，生平事迹不详。另据文献记载，邑人徐文台在天启年间也曾参加州志修撰，但所修是否与沈沉为同一志书，不可确知。崇祯六年（1633），李自滋、刘万春在万历志和天启志基础上修成《泰州志》10卷、图1卷。该志在明代所修泰州各志中属出类拔萃之作，"作者确实兼有才、学、识三长，加之精心经营近十年，志书体例严谨，领属得体，文字精湛，固具特色，更可贵者于政治利弊、民生舒困无不谆谆详言，作者留意桑梓、热望兴利除弊的苦心跃然纸上"。[1]天启、崇祯间，两次参与修撰州志的还有张廷寀、储瑛等人。

（7）通州方志

永乐年间，知州严敦大纂《通州志》1卷。景泰年间，知州孙徽修《通州志》1卷。弘治年间，训导施纪修《通州志》2卷。以上3种志书均已佚。嘉靖间，又陆续出现3种《通州志》。一是知州钟汪修，邑人顾磐和莆田乡贡士林颖等纂成的嘉靖《通州志》6卷，嘉靖九年（1530）刻成。编撰者顾磐，字子安，是当时著名的藏书家与史学家，除参与修志外，还撰有《通州名宦乡贤考》。其人"博学强记，藏书万卷，精粗巨细，靡不研究。尝著盐法、钱谷、马政、水利诸论，皆凿凿中当世务。及订名宦乡贤，考甚严核，曰：是将树之风

---

[1]　刘永耀：《泰州方志考略》，《江苏社联通讯》1982年第3期。

声,何溷冒为?"[1]二是嘉靖三十三年(1554)御史黄国用和任职平谷知县的州人丁铁等修成的《通州志》4卷,已亡佚。该志虽由地方大员主持,实际由丁铁个人依照自己的修志理念撰成,其刊刻付印也由丁铁个人出资完成,所以该志可视为一部私家史学著作。三是嘉靖三十八年(1559),由知州喻南岳、李汝杜及同郡诸生钱峰、江一山等修成的8卷《通州志》,目前亦已亡佚。撰者江一山,字子云,"尝檄修州志,聘考海防图,采辑编摩,足称实录",除《州志》外,还有《海防图》之类著作。[2]万历间,知州林云程和沈明臣、陈大科、顾养谦等纂成《〔万历〕通州志》8卷。沈明臣,字嘉则,四明人,寓居通州,曾参与修撰通州志,"精详典核,字不虚下,吴郡王世贞称为良史材"。[3]

(8)仪真方志

成祖永乐间,县学教谕胡彦成修成《仪真志》7卷,这是明代首次修纂仪真志。武宗正德间,知县李文翰修志20卷,但未刊行。世宗嘉靖年间,本邑孝廉张橥在章瓒处得到李文翰所修仪真志未完稿,"增帙付梓,义例赅博",成为一部义例完备的志书。穆宗隆庆初,知县申嘉瑞在此基础上撰成《仪真志》。因为有前志为基础,修志进展很快,"八越月而志成"。[4]全志14卷21目。参与者李文,字孟博,除助修《仪真志》外,还著有《仪真县志艺文考》1卷。明末崇祯间,莱阳人姜埰任仪真县令,聘用李坫等人修纂方志。李坫全力投入,不久即成志稿,记事起隆庆至崇祯,共70余年,颇为完备。因姜埰离职,志虽成稿而未刊行,但70余年史事赖以保存,为此后仪真志书的修撰提供了很大便利。

(9)泰兴方志

嘉靖十三年(1534),知县朱篏、教谕刘敩、训导杨琦、彭源清共同修撰《泰兴县志》4卷。万历九年(1581),知县高桂、训导曹邦基修成《泰兴志》10卷。万历二十五年(1597),由知县陈继畴主持,吴县王穉登、县丞卢仲圝、

[1]〔清〕王继祖:《〔乾隆〕直隶通州志》卷一五《人物志下》。

[2]〔清〕王继祖:《〔乾隆〕直隶通州志》卷一五《人物志下》。

[3]〔清〕王继祖:《〔乾隆〕直隶通州志》卷一五《人物志下》。

[4]〔明〕申嘉瑞修,〔明〕李文等纂:《〔隆庆〕仪真县志》卷首《序》,《扬州文库》第16册,第534页。

主簿杨天时等共同修纂《泰兴县志》4卷,有舆图、疆域、沿革、经制、食货、风俗、祠祀、官师、选举、循良、人物、杂志、遗事等 13 个部分。编纂中,王穉登出力尤多。[1]

（10）如皋方志

明代《如皋县志》凡五修。天顺八年(1464),教谕周鼎修成如皋志,这是明代如皋最早的修志记录。嘉靖十五年(1536),教谕陈源清、知县童蒙吉第二次修志。嘉靖三十九年(1560),谢绍祖主持的《重修如皋县志》10卷完成并付梓。万历四十六年(1618),李廷材、吕克孝等纂修的《如皋县志》10卷付梓。另外,万历间还有知县张星撰修《如皋志》14卷。

（11）海门方志

《永乐大典》收录有《海门县志》1种。据学者研究,该志为明代修成且年代在永乐六年(1408)之前,这是明代海门最早的方志。[2]嘉靖间,吴宗元任海门县令,与邑人崔桐、教谕朱衣、训导欧阳杲等共议修撰《海门县志》。据崔桐序:"乡先生尹寿昌(曾任寿昌县令,名尹玺)有遗稿矣而弗竟,责在鄙人。于是乎袭故有,摭舆见,统綦昭晦,剔芜缀遗,列以是纲,属以群目",然后成书。[3]可见该志是在乡贤尹玺旧稿基础上完成的。全志以疆域、山水、风俗、食货、建置、礼制、官守、人物、古迹、词翰为 10 纲,纲下列目,较为全面地记载了当时海门县的社会状况。

（12）盐法志的修纂

明代修纂的盐法志书共 2 部。一部是弘治年间成书的《两淮运司志》,修纂者为徐鹏举、史载德。徐鹏举,字九霄,四川泸州人,弘治间任盐运判官。史载德,字公著,河南新郑人,弘治间任巡盐监察御史。《两淮运司志》现仅存卷四至卷七,内容包括人物、各分司建置沿革、各盐场状况等。"是书为现存最早的两淮盐法志,也是中国古代最早的盐法志,它是明代中期编纂的一部两淮盐业史的资料汇编,对于明代盐业,特别是对于弘治年间的盐法整顿活动,记载尤为详细,为以后嘉靖《两淮盐法志》的编纂提供了许多基本材

---

[1]〔清〕凌培、张先甲:《〔嘉庆〕重修泰兴县志》卷一《泰兴县志·原序》。

[2] 张国淦:《永乐大典方志辑本》,《张国淦文集四编》,北京燕山出版社 2006 年版,第 856 页。

[3]〔明〕吴宗元:《〔嘉靖〕海门县志》卷首。

料,同时还保存了许多嘉靖志不便记载或没有采纳的材料。尽管其内容有所残缺,编纂方式不尽合理,但对于研究明代的盐法制度与文献仍然具有重要史料价值。"[1]

另一部是嘉靖年间编成的《〔嘉靖〕两淮盐法志》,撰者为史起蛰、张榘。史起蛰,江都人。张榘,字范中,一字同野,仪真人,曾撰有记述扬州名人的《维扬人物续志》一书,他是应转运使杨选的聘请,参与修撰《盐法志》。《〔嘉靖〕两淮盐法志》共 12 卷,包括图说、秩官、法制、贡课、赋役、人物等内容。法制部分有 3 卷,占到全书约四分之一的篇幅。举凡帝王诏书、前代制度、当代法令、交易程序、惠灶、惠商、励官、各级官员和民间有关盐法问题的讨论,均包含其中,足见编纂者对这一问题的重视。该志"以纪两淮盐法、盐务为中心,系之以人物、教育、风俗等,提升了人们对盐业在社会生活中地位的认识,含有注重文教的意味,给后世的盐法志类书以启迪"。[2]

地方志文献的大量涌现,折射出明代扬州对搜集、编纂本地古今流变历史的高度重视。时移世易,这些材料多半已经散佚。今天能够看到的与扬州有关的地方志材料尚有 10 多种,包括《嘉靖惟扬志》《〔嘉靖〕兴化县志》《〔嘉靖〕宝应县志略》《〔嘉靖〕新修靖江县志》《〔万历〕扬州府志》《〔万历〕扬州府图说》《〔万历〕江都县志》《〔万历〕泰州志》《〔万历〕兴化县新志》《〔万历〕宝应县志》《〔万历〕泰兴县志》《〔万历〕重修仪真县志》《〔隆庆〕高邮州志》《〔隆庆〕宝应县志》《〔崇祯〕泰州志》《〔崇祯〕重修靖江县志》等。其中,尤以《〔万历〕扬州府志》为突出代表,纲目分明,条理清晰,关注民生,旨在资政,较为完整地反映了万历之前扬州社会、政治、经济、文化、军事、宗教等方面的总体风貌,具有重要的历史资料价值。当然,其他地方志也同样为了解明代扬州历史提供了诸多背景知识。有学者专文考论明代扬州地方志的价值,认为:第一,保存了重要的人物史迹资料,历史上的诸多名人(比如欧阳修、王安石、范仲淹、苏轼、文天祥等人)在扬州的作为都有记录;第二,保存了不少地方经济资料,对当时的赋税情况、盐业发展以及

---

[1] 张连生:《〔弘治〕两淮运司志》解题,《扬州文库》第 27 册,广陵书社 2015 年版。
[2] 陈文和:《〔嘉靖〕两淮盐法志》解题,《扬州文库》第 27 册,广陵书社 2015 年版。

农副产品、手工业品等都有着墨；第三，保存了珍贵的历史文化资料，包括鲍照、孟浩然、李白、刘禹锡、白居易、司马光、苏轼、汤显祖、杨维祯等人的诗词歌赋；第四，保存了宝贵的社会人文资料，记载了各种户籍（民户、军户、匠户、渔户、船户、僧道户、医户等），也记录了很多州县的礼仪、风俗，有助于了解当时的婚丧嫁娶。[1]因此，明代扬州地方志的编纂在扬州文化史上占据重要地位。即便在今天，对于开发利用扬州的区域资源、做好扬州的经济和文化建设工作都颇有裨益。

不过，也必须提出的是，扬州地方志的编纂大多为地方官带头修订，或者自己操刀，或者请人撰写，这与全国各地方志的编纂大体相同，因而地方志的编写，一个重要特点就是官方主导。也正因此，地方志中大都记载本地如何历史悠久、人杰地灵、物产丰盛、风俗醇厚之类，负面的、违法乱纪的事迹或者其他不良行为的内容记载不多，实则并不完全符合史实。古人云，尽信书则不如无书，这是在利用地方志材料时需要格外留心的。

（二）私家史学活动与史学著作

相较于官方史学活动，明代扬州府私家史学活动更为兴盛，史学思想十分活跃，其原因大致有三：

从物质基础上来说，印刷术到明代获得了长足的进步，雕版印刷、活字印刷、套版印刷等技术已经日渐成熟，纸墨产量巨大，其图书数量、种类、工艺水平等均已远超宋元时期。扬州府刻书事业盛极一时，有明确记载的接近300种，还有大量的刻书活动因缺乏记载不为后世所知。刻书内容涉及经、史、子、集，刻书主体则官刻、私刻和坊刻兼备，私人刻书数量尤其巨大。发达的刻书业，为史学著作的大量问世提供了坚实的物质基础。还应一提的是，明代虽然不断强化封建专制，但却放弃了元代的书籍出版审查制度，学者可以自由刊刻自己的著作，为史学著作的传世开启了方便之门。

从思想文化上来说，除陆王心学、程朱理学持续论争之外，明代还出现了社会启蒙思潮，涌现出诸如以李贽、黄宗羲为代表的早期启蒙思想家。这种思想氛围，加上明朝政府放弃书籍审查制度，给他们发挥个人思想留下了

---

[1]　许卫平：《论扬州明代的地方志》，《扬州师院学报（社会科学版）》1990年第1期。

充足的空间。于是,学者渐渐突破陈规藩篱,于经史关系、天人关系、君民关系、义利关系、时势关系、自然社会关系、改革保守关系等一系列关于历史发展的重大论题都进行了充分讨论,形成了极其活跃的史学思想,为后世留下了大量弥足珍贵的史学思想遗产。

从供需关系上来说,明朝手工业、商业的繁盛推动了由商人、手工业者、店员、下级官吏、底层文人等组成的市民阶层的迅速壮大。明代扬州府作为南北交通枢纽和两淮盐场的所在地,其手工业、商业的繁荣更胜他地,市民阶层的规模自然也非他处可比。新阶层的壮大,带来了全新的生活方式。相对于传统的农工商阶层,他们有更多的时间和精力投入到精神生活中去。除小说、戏曲等文学作品外,史学著作(特别是通俗史学著作,如史抄、史评等)也被纳入他们的阅读范围。其中风雅者便著书立说,传统的经史之学依然是他们努力的主要方向。阅读群体与著作群体不断壮大,史学著作呈现供需两旺的状态,这也是推动明代史学繁荣的重要原因。

在这种社会环境下,学者各自立足于不同的领域,从不同的角度,探讨记录社会历史的发展变化,形成了数量巨大的私家史学著作。这里择要将扬州府私家史学著作略作梳理,探讨如下:

1.邵潜与《州乘资》《皇明印史》《关帝纪定本》

邵潜,字潜夫,号五岳外臣,通州人。著述丰富,有《潜夫别集》《嘤鸣录》《循吏传》《引年录》《志幻录》《字学考谈》《皇明印史》《州乘资》《友谊录》等。邵潜史学兴趣浓厚,《州乘资》自序谓:"不佞甫弱冠,窃留心州志。凡涉志事,远则求诸简册,近则征诸耆旧,有所见闻,率日属月累,书而藏之。"[1]该书记事始自神宗万历五年(1577),迄于南明弘光初,分杂识、艺文、宦迹、人物四类,共4卷38目,以备其后修州乘者采择,故名为《州乘资》。《皇明印史》收上自王公贵族,下至普通百姓之印信,是一部明代篆刻艺术史。而其中所载资料,对了解明代历史同样大有裨益。邵潜说:"盖自弇州(王世贞)死,当世无史才,令明兴二百年来一切功业文章悉归湮没,至借区区印

---

[1]〔明〕邵潜:《〔弘光〕州乘资》,武立新:《明清稀见史籍叙录》,金陵书画社1983年版,第105页。

学以传,不几迂且僭乎?"以印史而记载明代史事的目的非常明确。著名学者陈继儒评价说:"《皇明印史》上自开国六王、上公彻侯,以至名臣将相、文学布衣,各刓一印,以寄微尚。盖不衮不钺之《春秋》,而不传记不编年之《实录》也。孙樵之墨兵,陈瓘之朱墨史,隐然具于累累方寸间。其创法新,其寓意深,其综核严,其裁鉴简。即《印薮》《印选》诸书,多觉凡近易与矣。"[1]可知该书实为一部很有特色的艺术史和历史著作。

邵潜还与江都戴光启共同撰写过《关帝纪定本》4卷。《四库全书总目》卷六十该书提要云:"元至大间,胡琦曾辑《关帝事迹》成书。明弘治、嘉靖、天启间,吴濬、吕柟、薛三省诸人皆有纂录。光启、潜因诸家之本删补以成此编,首世系,次年谱,次封号,次诰命,次实录,次遗迹,次论辨颂赞,次奏疏碑记,次诗,次祭文,次灵异。刻于崇祯戊辰(1628),姚希孟为之序。"

2.李清与《三垣笔记》《南北史合注》等

李清,字心水,一字映碧,兴化人,"自居枣园,手不离帙,史学最专勤,著述书千余卷"。[2]据《明史·艺文志》《四库全书总目》《清代禁毁书目》《兴化县志》等收录记载,李清有《南北史合注》《南唐书合订》《诸史同异录》《史论》《历代年号考》《历代不知姓名录》《明谥法》《赐环录》《正史新奇》《外史新奇》《南渡录》《甲乙编年录》《三垣笔记》《谏垣疏草》《澹宁斋集》《澹宁斋杂著》《公余录》《折狱新语》《鹤龄录》《诸忠记略》《女世说》《梼杌闲评》《鬼母传》等各类著作20余种。

《三垣笔记》和《南渡录》是关于崇祯后期和南明弘光政权的重要文献。《三垣笔记》记事始于思宗崇祯十年(1637),迄于南明弘光元年(1645)。对于当时的"朝章典故和大臣言行,记事翔实,无偏颇之言,存真实记载。所记史料,大都不见它书,或它书言之不详,此书作了较为详尽的记载"。[3]全祖望在该书跋文中也指出:"映碧先生《三垣笔记》最为和平,可以想见其

[1]〔明〕陈继儒:《皇明印史序》,韩天衡编订:《历代印学论文选(下)》,西泠印社1999年版,第486—487页。

[2]〔清〕梁园棣:《〔咸丰〕重修兴化县志》卷八《人物》。

[3]陈麟德:《进则忧国忧民,退则杜门著述——试论明季兴化史学名儒李清》,《菏泽学院学报》2008年第6期。

宅心仁恕……其中力为弘光洗雪,言其娈童季女之诬,于主立潞藩诸臣,皆绝不计及。又言其仁慈胜而决断少,当时遗臣中,不没其故君者,有几人欤?"《南渡录》始于崇祯十七年(1644),止于弘光元年,以时间顺序记录弘光政权大约一年的历史,历来为史家看重,被称为"记弘光一代时事最为详允",[1]为"南明史料中之至宝"。[2]

李清鉴于"南北史各相訾謷,又采拾耳闻以为信",造成事多抵牾不合,故遍阅各朝史书,"参质以折其衷",著成《南北史合注》。魏禧为该书作序,并给予高度评价:"是书成,则宋、齐、梁、陈、魏、齐、周、隋八书可废,其甚便于学者,一也;十史所重出者删之,不备者补之,讹者辨之,为文简而愈详,博而愈确,二也;又间以《春秋纲目》书法正其名义,不失古史之指,三也。"魏禧甚至将《南北史合注》与吴任臣《十国春秋》、顾祖禹《读史方舆纪要》相提并论,赞三书为"天下不可少之书"。[3]今有学者认为,该书为了解南北朝史事提供了方便,还有"删重、补缺、辨讹"之功,"以《春秋》笔法,仿紫阳之《通鉴纲目》体,对材料处理、史事评论、人物褒贬,各有原则、体例,据事直书,不佞不谀,不讳不隐"。[4]

《南唐书合订》是李清的又一重要史著。作者以陆游《南唐书》为正本,参阅徐铉《江南录》、郑文宝《江表志》和其他有关南唐的著作,仿裴松之《三国志注》写作方式,对《南唐书》进行阐释、增补和纠谬。时人顾士吉在该书序言中说:"南唐亡后六七百年,尝过秦淮,吊故唐宫阙,久矣丘墟,往来东都,问故里衣冠,孰为苗裔?幸哉!李氏之血食不在,当日之江以南而卧榻不存,风流尚在。作者其有深思乎!"[5]作者实际上是借该书寄托国破家亡的哀思,以及对南明政权不能励精图治以致社稷沦亡的悲愤。

3.丁铤与嘉靖《通州志》

[1]　谢国桢:《增订晚明史籍考》,上海古籍出版社1981年版,第488页。

[2]　朱希祖:《明季史料题跋》,中华书局1961年版,第39页。

[3]　〔清〕魏禧:《南北史合注序》,〔清〕梁园棣:《〔咸丰〕重修兴化县志》卷九《艺文志》。

[4]　陈麟德:《进则忧国忧民,退则杜门著述——试论明季兴化史学名儒李清》,《菏泽学院学报》2008年第6期。

[5]　〔清〕顾士吉:《南唐书合订序》,乔治忠、朱洪斌:《增订中国史学史资料编年·清代卷》,商务印书馆2013年版,第114页。

丁钺,字君武,通州人,善为文,"作为文章,有欧(阳修)、陆(游)风"。所著有《海津论草》《云海联珠》《判春秋疏义》《过庭录》等。丁钺"尝考通州屯田、马政、水利、盐法诸事,著为论,以干郡守,咸称为国士",于医术、天文、军事均有很深造诣。嘉靖初,在明廷"大礼议"事件中,丁钺著《大礼》一书,陈说己意。巡盐御史黄国用请其修州志,丁钺说:"志,史类也,当美恶并载,故孔子作《春秋》而乱臣贼子惧。"该志"于前史有秽迹者,直书其事。书成,出资刻之,不烦有司一钱。诸不便者哗而攻之,钺执不变,直声闻于一时"[1]。《〔万历〕通州志》编者云:"吾尝读平谷丁先生志矣,喜其核而不诬,美恶具见,有良史才。惜也考订唐宋史不确,不无违误,予业已弹射之矣。然瑕瑜正自不掩,连城之价奚损哉!"又曾受祭酒费宷之托,编集《春秋会同》,藏于国学。[2]

4.蒋善与《史记汇纂》

蒋善,字元长,号同庵,江都人。明代中期,文坛"文必秦汉,诗必盛唐"的复古之风盛行。《史记》作为汉代文史经典,自然受到明朝士人重视。当时,累计出现数十种编选、评点类型的著作,蒋善著《史记汇纂》即是其中较为突出的一种。全书共 10 卷 93 篇,除《太史公自序》1 篇之外,包括列传 52 篇,世家 22 篇,表与书各 4 篇,本纪 10 篇,分成"治原""正学""将略""气侠""强秦""草创""汉兴""勤远""刑货""变体"等 10 个主题。蒋善汇集了诸如钟惺、谭顺之、顾璘、陈仁锡、茅坤、王慎中等 40 余位学者对《史记》的圈注评点,并随时发表自己的观点,真正做到了一编在手而精华尽览,对阅读、理解《史记》均大有裨益,"使读者展示之,顷知某事某文当在某类。依类以求,则精神聚而记诵专。读一节而已领全篇之要,读一卷而已得全史之腴,所谓凿璞见玉而探骊得珠也。则是编不亦可为读史者之梯航乎!"[3]

《史记汇纂》主要从四个方面评点《史记》:一是《史记》的文章结构,"蒋善在《史记汇纂》中对辑录文章的章法、结构有很深入的了解,在评点、择取

---

[1]〔清〕王继祖:《〔乾隆〕直隶通州志》卷一五《人物志下》。

[2]〔明〕林云程、沈明臣纂修:《〔万历〕通州志》卷七,《四库全书存目丛书·史部》第 203 册,第 223—224 页。

[3]〔清〕蒋善辑,党艺峰整理:《史记汇纂·张寿峒序》,商务印书馆 2017 年版。

他人观点时做到入木三分,一语道破"。二是《史记》的叙事特色,"蒋善在编选《史记汇纂》时,还兼及论述了'叙事之法',关注到《史记》在建构人物形象、编写人物传记时所表现出的'叙事文体'的特点。他面对《史记》精彩的叙事、历史人物的兴衰际遇,常从独特的角度发表评价"。其三是《史记》刻画人物的手法,蒋善"强调了《史记》在气氛渲染、线索细节的转折和人物心理描写等方面的特点,为后人的研究提供了借鉴,对深入了解《史记》的人物形象有深刻的现实意义"。四是《史记》的行文风格。[1]言之无文,行而不远,作为史学"事、义、文"三要素之一,"史文"的作用也是不可忽视的。所以蒋善从文学角度所进行的批判评点,对《史记》研究乃至整个史学的发展,都有不可忽视的意义。

5.彭大翼与《山堂肆考》

彭大翼,字一鹤,又字云举,海门人。著有《山堂肆考》。凌儒在该书序言中说彭大翼"北走燕冀,南越苍梧,食以为饴,息以为枕,未尝一日废卷。即浩然解组,杜门海上,凡耳之所闻、目之所见、口之所诵、心之所惟,无不类分而胪列之,集而成编"。[2]经过30年艰辛,终于在万历二十三年(1595)完成初稿。其后又经修订增删,直至万历四十七年(1619)才由其孙婿张幼学刻成,共240卷。

《山堂肆考》分为宫、商、角、徵、羽五集,集下分天文、时令、地理、仕进、科第、学校、人品、文学、民业、释教、衣服、饮食、百谷、树木、果品等共45个部类,各部之下再设子目,并有小序就其内容简单介绍。明代类书,类目设置更加严密。若"论类目宏富,则以彭大翼《山堂肆考》为代表"[3]。其内容亦极为广泛,如饮食部下有酒、茶、饭、粥、羹、饼、糕等14个子目,时令部下则有朔晦、阴阳、中秋、重阳等47个子目,地理部下有江、河、墙、壁、城郭等44个子目,正契合书名"肆考"两字。

---

[1] 陈会玲、王莉:《论晚明文学思潮对〈史记汇纂〉编纂的影响》,《皖西学院学报》2020年第1期。

[2] 〔明〕凌儒:《山堂肆考序》,〔明〕彭大翼:《山堂肆考》,《景印文渊阁四库全书》第974册,台湾商务印书馆1986年版,第2—3页。

[3] 涂媚:《明代类书考论》,江西师范大学2012年硕士研究生学位论文,第53页。

《山堂肆考》成书后好评很多。焦竑称该书"诚艺圃之名厨,文苑之捷径",[1]张幼学说,"一时博物君子,争传览焉,亦是书中兴之会也"。[2]《四库全书》载明代类书约140部,但多收入存目,录入四库者仅10余部,而《山堂肆考》列名其中,亦可见对该书的认可。其书兼有文献和文化两种价值,在文献价值上,该书"内容山包海涵,几乎无所不及,保存的史料很广泛",其中经济、商业、法制、教育、民族关系等方面的史料,对了解相关问题提供了很多便利;对人、事、名、物还做了不少考证,亦可为今天参考。在文化价值上,"许多分散的文化史资料在《肆考》中得以大量的聚集,极大方便了搜集资料的过程"。特别是饮食文化,该书汇集了饮食结构、食品的加工制作、食材的变化、饮食与政治的联系等方面的大量资料,反映了中国古代饮食文化的全貌。[3]

6. 王光鲁与《阅史约书》

王光鲁,字汉恭,明末清初江都人。于考订之学用力颇多,著有《阅史约书》5种6卷。《四库全书总目》卷五十该书提要评论说:"是书专为读史者考订之用。《地图》一卷,皆朱书今地名,而墨书古地名,以著古今沿革之异。《地理直音》二卷,图所不能具者,又详于此。《历代事变》《官制》《图谱》一卷,则世表、年表、百官表之类。《古语训略》一卷。《元史备忘录》一卷,以元代同名人最多,易相混淆,故记录重名,以便区别。自叙称'商评人物者易,语名物制度者难',颇自矜其用力之勤。然其书只自便于初学寻检,未为精深,又不无舛误。至训略一篇,用《释名》《广雅》体以训释史文,既不能赅备,则徒然支赘而已。"[4]《四库全书总目》"只自便于初学寻检,未为精深"的评价虽然属实,但仍未免过于苛刻。事实上,明代普及性史学开始兴起,这种便于初学寻检的著作恰好满足了正在壮大的市民阶层的阅读需要,于史学的发展传播同样具有积极的意义。

---

[1]〔明〕焦竑撰,李剑雄点校:《澹园集》附编一《山堂肆考序》,中华书局1999年版,第1194页。

[2]〔明〕张幼学:《山堂肆考·凡例》,《景印文渊阁四库全书》第974册,第8页。

[3]刘晓彤:《〈山堂肆考〉初探》,山西师范大学2016年硕士研究生学位论文,第68、71—76页。

[4]〔清〕永瑢、纪昀纂,周仁整理:《四库全书总目提要》卷五〇《史部六·别史类存目》,海南出版社1999年版,第291页。

7.夏洪基与《孔子弟子传略》《孔子年谱纲目》

夏洪基,字元开,高邮人,生平仕履不详,著有《孔子弟子传略》2卷、《孔子年谱纲目》1卷。夏洪基认为,《孔子家语》《史记》《四书人物考》等著作在记载孔门弟子时,往往事迹模糊,杂乱无序。于是,他搜集《孔子家语》《史记》等书中对孔门弟子的记载,删其重复,正其讹误,写成《孔子弟子传略》,共记孔门弟子约80人。"各传首叙圣贤教学,次及行事,终以评语。于经史典确者,大书列为正传;事琐文异者,小书附焉;妄诞者,杂录备览。其搜择颇勤,然《论语》《礼记》之文人人习读,亦一字一句备录不遗,未免冗赘。……其辨仲孙说与南宫适为二人,颜涿聚与颜雠由为二人,《论语》左丘明与传《春秋》者为一人,皆为典核。"[1]《孔子年谱纲目》成书于明崇祯年间,对孔子事迹分年编排,以提要为纲,以详细叙述事迹为目,条理清晰。该书对诸书关于孔子事迹的异同稍有考核订正,但仍未能做到一一精考确核。

8.冒起宗与《拙存堂经质》《拙存堂史括》

冒起宗,字宗起,号嵩少、拙翁,如皋人,著有《拙存堂经质》和《拙存堂史括》。《经质》虽言"经",其内容则多涉文献、史实的考证,"凡九十六篇,分条考辨,其中颇有典核之条。如辨《书》七政皆右旋,蔡《传》未为实测,《诗小序》与经传多相符,申公《诗说》不合于《鲁诗》者凡数端,《国风》非徒诗,程大昌《诗议》颇误,引《方言》'东齐土作谓之杼,木作谓之柚',证《诗》'杼柚其空',引《史记》《国语》证赵朔生年。其他考《书》与《春秋》舆地者,亦见根据"。[2]《史括》成书于崇祯十五年(1642),"乃其自襄阳罢归之时读史偶记,多随意闲评,不必尽关褒贬。间有考证,亦未甚精核,盖姑以资谈柄,消永日耳,不足以言史学也"。[3]

---

[1]〔清〕永瑢、纪昀纂,周仁整理:《四库全书总目提要》卷五九《史部一五·传记类存目一》,第335页。

[2]〔清〕永瑢、纪昀纂,周仁整理:《四库全书总目提要》卷三四《经部三十四·五经总义类存目》,第189页。

[3]〔清〕永瑢、纪昀纂,周仁整理:《四库全书总目提要》卷九〇《史部四十六·史评类存目二》,第468页。

附录: 明代扬州史家与史书

明代扬州史学当然不限于上面所列。不少学者在史学上亦有建树,可惜因文献所记较少,或者其著述已佚失,难以对他们有进一步了解。但作为明代扬州史学的一部分,也不宜略而不记。现附录于此,以供参考。

陈晟,字克韶,宝应人。洪武间,以工书授中书舍人。以行人使琉球,图其山川土田、民物风俗以归。

顾大猷,字所建,江都人。撰《镇远先献记》记其先人勋绩,还搜采掌故,条列时政,著书数千卷,秘不示人。

宗名世,字良弼,江都人。著有《发蒙史略》1 卷、《含香堂文集》10 卷。

桑乔(桑维乔),字子木,江都人。《庐山纪事》是桑乔贬官九江时所作,"为文奇迈警切,也是后世重修庐山历史体例的范本"[1]。

赵鹤,江都人。著有《惟扬郡乘正要》。

陆弼,字无从,江都人。著有《广陵耆旧传》。

黄瓒,字公献,仪真人。著有《维扬人物志》《齐鲁通志》。

冒襄,字辟疆,号巢民,如皋人。史学著作有《先世前征录》《同人集》。《同人集》辑录奏疏、序记而成,李清为《同人集》作序,称其"天才骏发,殖学汲古",韩则愈说,"读《同人集》,可以简栖而遥集,可以千里而命驾,观人之法,论世之道,尽在于此"[2]。

顾士吉,字叔向,兴化人。史学尤邃,笔劲有冰霜之气。

卢枫,字拱辰,通州人。修《泰山志》,成一家言。

刘名芳,字南庐,福建人,寓居通州。著《五山志》20 卷,后又撰《宝华山志》《金山志》,自号"七山外史"。

葛涧,其父葛钦嗜古书,曾建房五楹,收藏古书数千卷。至葛涧时,更尽力购买搜讨,藏书多达万余卷,是当时一位著名的藏书家。另有著作《国朝

---

[1] 郁步生:《明代扬州府作家研究》,上海师范大学 2009 年硕士学位论文,第 78 页。

[2]〔清〕韩则愈:《同人集序》,〔清〕冒襄辑:《同人集》,《四库全书存目丛书·集部》第 385 册,第 6 页。

人物编》,记事从洪武至嘉靖。

龚曜,精音律,善于鉴定古物,秦汉遗器及唐晋而下书画名迹,人咸就其审定。

储洄,字平甫,泰州人。著有《野集编辑》《革除录》,博采靖难诸臣事略,题其首曰"江河伏流"。

王大化,字元成,仪真人。曾撰宋元金辽四史,未完成。有《高唐志》《续史详节》数十卷。

姚继崔,字元望,通州人。晚年喜读书,见人嘉言懿行辄录之,名为《古今学要》。又有《亨困录》《当代名臣录》《录薛文清公要语》等藏于家。

黄应玄,字参之,通州人。著有《闲居杂咏》《观史一斑》藏于家。

万埙,字伯声,仪真人。所著有《读史管见》《四子注说》《心参全集》等。

第二节　文学与艺术

扬州地区自汉朝以来就是人文荟萃之地,无数文人墨客铸就了扬州优良的文学艺术传统。终明一代,扬州府约有进士300余人、举人900余人、各类书院20余所,虽比不上邻近的苏州府、常州府等地,但教育、科举仍称发达。作为两淮盐场所在地,扬州府的经济居于全国前列。高额的利润吸引着各地盐商和其他客商。锦衣玉食的生活得到满足后,自然产生了高层次的享受需求。明朝中期以后,商品经济快速发展,市民阶层兴起,社会风气骤变,普通民众亦不再满足于斗鸡走犬之类的庸俗娱乐,弦管丝竹、吟风弄月更受追捧,这为文学艺术的发展提供了更为强劲的动力。在这一社会背景下,明代扬州府不但涌现出如汪广洋、宗臣、吴嘉纪、朱应登、朱曰藩等颇有影响力的文学家,还出现了不少在琴棋书画方面深有造诣的艺术家。

一、文学

明初文学继承元朝风格,亦有一定程度的矫正与创新。永乐至成化间,明王朝多年无事,文学创作内容上歌功颂德、粉饰太平,形式上追求雍容典雅,杨士奇、杨荣、杨溥之"台阁体"成为文坛主流。弘治至隆庆间,以李梦阳、何景明为首的"前七子"和以王世贞为首的"后七子"先后崛起,以复古为尚,号召"文必秦汉,诗必盛唐",于扭转文风有积极意义。万历间,以"三袁"为代表的"公安派"和以钟、谭为代表的"竟陵派"前后继起,提出"世道既变,文亦因之",于复古之风形成反动。天启、崇祯间,明王朝危机四伏,反映国运时艰等社会现实的文学作品增多。在时代变幻的风云中,扬州府涌现出数量众多的文学家。但总体看来,他们大多并非文学潮流的引领者,除高邮汪广洋[1]、兴化宗臣外,大多数仅仅是文坛潮流的推动者。当然,这并不妨碍明代扬州文学的繁盛局面。以下分地区略作介绍,以见其大概。

(一)江都文学家概述

1.李唐宾,号玉壶道人,广陵人,生活于元末明初,著名杂剧作家。其杂剧《梨花梦》今已亡佚,但《李云英风送梧桐叶》1 种尚存。该剧"情节紧凑,形象鲜明,曲词清雅俊丽而有境界,在元明杂剧中,亦属中上之作"[2]。今存版本较多,《古名家杂剧》《脉望馆钞校本古今杂剧》《元明杂剧》《古今戏曲丛刊四集》《元曲选》《四库备要》等均有收录。此外,《全明散曲》收录了其小令《望远行》和套曲 1 首,明人朱权赞其曲如"孤鹤鸣皋"[3]。

2.赵鹤,字叔鸣,瓜洲人。一生嗜学,至老不倦,著有《具区集》《耽胜集》《书经会注》《五经考论》《文山寓扬忠愤录》《维扬郡乘正要》《示警录》《洙泗言行续录》《武经传孙武子十三篇定本》,以及奏稿若干卷。除《具区集》外,大都失传。任职金华期间,他辑录《正学编》《金华文统》《文统拾遗》等,皆一时旷典。其诗风格卓异不凡,其论诗词创作,称"此道不宜浅,浅则庸茸卑矣"[4]。其诗"耻凡语,于古爱谢灵运,于唐爱孟郊,于元爱刘因",《登泰山》《登金山》《登焦山》诸篇"言言自作,更不随人,真凌驾千古胆也"。[5]其子赵瞻奎亦以诗闻名。

---

[1] 汪广洋虽有"国初诗宗""开国之音"的盛誉,但其诗文风格究竟是全新的,还是承袭元代,在文学界争议较多。

[2] 郁步生:《明代扬州府作家研究》,上海师范大学 2009 年硕士学位论文,第 32 页。

[3] 中国戏曲志编辑委员会:《中国戏曲志·江苏卷》,中国 ISBN 中心出版社 2000 年版,第 878 页。

[4] 〔明〕张宁修,〔明〕陆君弼纂:《〔万历〕江都县志》卷一七《选举名贤传第四》,《扬州文库》第 9 册,第 159 页。

[5] 〔清〕钱谦益:《列朝诗集小传·丙集》,上海古籍出版社 1983 年版,第 346 页。

3.陆君弼（陆弼），字无从，后学称为"无从先生"。毕生致力于古学，暮年不辍，"年八十有二，伸纸挥毫，有吐辄奇，无施不艳"。著作有《芳树斋集》4卷、《正始堂集》26卷、《陆客集》1卷等3种，目前仅有《陆客集》1卷流传，其他诗文散见于《明诗综》《明诗纪事》《列朝诗集》等集中。康熙府志称其"识伟才逸，有风雅之温厚和平，楚骚之凄清深至，有两京六朝唐宋之雄浑精工，咸推老研轮手。济南才子（李攀龙）、弇州山人（王世贞）与一时领袖诗坛者，皆辟易从壁上观"[1]。整体看来，陆弼受"七子"影响较大，但亦有自身特色，《盛明百家诗》称"陆客诗潇洒精爽"[2]，即是对陆弼诗特点的基本判断。

4.桑乔（桑维乔），字子木，著有《庐山记》20卷、《真诠》4卷、《博搜录》1卷、《节义林》6卷、《南皋文集》和《桑子木集》20卷。前三种存世，但后三种已佚，部分诗篇见于后人所编诗集中。欧大任曾评价说："子木诗清雅俊逸，有昌黎、眉山之风。"[3]可见其诗之艺术水平。

5.黄一正，字定父，号见源，著有《事物绀珠》《镜心亭集》《赋涛轩集》《余麟稿》等。黄一正"锐意为诗赋古文词，蜡屐负箧，遍游海内。过名山川辄有记，谒名公卿辄有文"。陈文烛是时以博学多闻著称，乃"称其为畏友"，王世贞则赞其为"博学宏词，吾目中仅见"。其子明昌亦以文名，年10岁即成"孤岛擎飞鹜，狂澜压伏牛"之句，深得世人称赏。[4]

6.雷士俊，字伯籲，其先泾阳人，居于江都。著有《艾陵集》，文20卷，诗2卷。死后祀乡贤祠。清初，韩菼曾赋诗赞之曰："弘道其如命，休论行与藏。先生老被褐，已升作者堂。艾陵书一编，穷理析寒芒。一时来学者，千里或裹粮。而我生也晚，不及弟子行。俎豆侧尝闻，幽微宜阐扬。岂不符甲令，

［1］〔清〕雷应元纂修：《〔康熙三年〕扬州府志》卷一八《人物志下》，《扬州文库》第2册，广陵书社2015年版，第377页。

［2］〔清〕陈田辑撰：《明诗纪事·庚集》卷二七，上海古籍出版社1993年版，第2736页。

［3］〔清〕朱彝尊：《明诗综》卷四一《桑乔》，中华书局2007年版，第2035页。

［4］〔清〕雷应元纂修：《〔康熙三年〕扬州府志》卷一八《人物志下》，《扬州文库》第2册，第365页。

忍独私庚桑。邗沟旧里居,我来炷瓣香。"[1]

7.方岑,字高伯。少负文名,嘉靖五年(1526)进士。"为文宏博,出入左氏、韩非、刘中垒(刘向)诸家,诗宗初唐。虽稍伤绮靡,而风骨不衰"[2]。其缺点在于好用古文奇字,读者多难辨识。一生著作博杂,但大多散逸,仅有《竹素斋集》行于世。

8.周璠,字子重。与同乡史起蛰、白应虚、李应阳、葛涧等人属意于古文辞。后以诸生选授惠安县主簿,因不善为政而去职。归乡后,偃塞一室,著书自娱。其著作大多散逸,唯《邗城子》2卷存于世。

9.王微、冯小青。这两位是女性诗人。王微,字修微,小字王冠。生于扬州,7岁丧父,生活无着,后流落青楼。因才情出众,结交了杨宛、茅元仪、谭元春、汪然明、潘之恒、董其昌等一批名士、富豪,常有诗作往还。曾"布袍竹杖,游历江楚,登大别山,眺黄鹤楼、鹦鹉洲诸胜,谒玄岳,登天柱峰,溯大江,上匡庐,访白香山草堂,参憨山大师于五乳"。游历归来,在杭州为自己营建墓地,自号"草衣道人"。[3]后嫁许霞城,明亡后不久病逝。著有《名山记》《樾馆诗》《宛在篇》《未焚稿选》《远游篇》《间草选》《期山草选》《浮山亭草》等集。陈继儒称其"诗类薛涛,词类李易安"[4]。钟惺《名媛诗归》评曰:"其诗娟秀幽妍,与李清照、朱淑贞相上下"[5];《玉镜阳秋》评云:"结体清遥,如珠泪玉烟,无复近情凡采。早年与钟(惺)、谭(元春)游,颇染其调,灭彼凿痕,登其雅构,直令季兰俊姬,掩袂而泣"。[6]

冯小青,字云姬,16岁嫁于冯云将为妾,遭冯妻妒忌,不得已独居一室,18岁去世。其人"容态妙丽,通文翰,解声律,精诸技"。所撰《焚余草》,录

---

[1] 〔清〕陆朝玑修,〔清〕程梦星等纂:《〔雍正〕江都县志》卷一五《人物志二》,《扬州文库》第10册,第343页。

[2] 〔明〕杨洵修,〔明〕徐銮等纂:《〔万历〕扬州府志》卷一八《人物志下》,《扬州文库》第1册,第585页。

[3] 〔清〕钱谦益:《列朝诗集小传·闰集》,第760页。

[4] 胡文楷编著:《历代妇女著作考(增订本)》,上海古籍出版社1985年版,第88页。

[5] 〔明〕钟惺:《名媛诗归》卷三六,苏者聪选注:《中国历代妇女作品选》,上海古籍出版社1987年版,第346页。

[6] 胡文楷编著:《历代妇女著作考(增订本)》,第89页。

古诗1首、绝句10首、《与杨夫人书》1首。刘永份《翠楼集》、钟惺《名媛诗归》、周之标《兰咳集》、陈文述《兰因集》等均收录其诗,其中钟惺对所收各诗有细致评论。另外,冯小青的妹妹冯紫云亦"姿才绝世,既精书史,兼达禅宗",著有《妙山楼集》。[1]

(二)高邮文学家概述

1.汪广洋,字朝宗,其生平见前文所述。汪广洋有诗集《凤池吟稿》,其诗自成一家,"为国初诗宗"[2],"诗饶清刚之气,一洗元人纤缛之态"[3],"虽当时为宋濂诸人盛名所掩,世不甚称,然观其遗作,究不愧一代开国之音也"[4]。当代学者研究指出:"汪广洋当草昧之初,力挽宋元旧习,为明朝诗学正宗,所著诗词,脍炙人口,不啻夜光和璧。他虽为台阁重臣,却没有后来台阁体诗人那种一味讲求雍容典雅诗风的习气,其诗意境朗健,有气势、有深度、有力度。"[5]汪广洋前期追随朱元璋东征西讨,后期居庙堂之上,生活环境的变化使其诗文风格前后迥异。宋濂评论说,其诗前期"震荡超越,如铁骑驰突,而旗纛翩翩与之后先",后期则"典雅尊严,类乔岳雄峙,而群峰左右如揖如趋"[6]。下面录其诗2首,以见其诗风的转变:

《陪师西征》:朝发庾公楼,夕扣滕王阁。长歌奋激烈,清风荡寥廓。张帆江水秋,伐鼓关月落。予亦将远游,明当造黄鹤。(前期)

《过高邮有感》:去乡已隔十六载,访旧惟存四五人。万事惊心浑是梦,一时触目总伤神。行过毁宅寻遗址,泣向东风吊故亲。惆怅甓湖烟水上,野花汀草为谁新。(后期)

[1] 胡文楷编著:《历代妇女著作考(增订本)》,第176—177页。

[2] 〔清〕张德盛修,〔清〕邓绍煐、汪士璜等纂:《〔雍正〕高邮州志》卷九《人物志》,《扬州文库》第20册,第470页。

[3] 〔清〕朱彝尊著,姚祖恩编,黄君坦校点:《静志居诗话》卷二,人民文学出版社1990年版,第31页。

[4] 〔清〕永瑢、纪昀纂,周仁整理:《四库全书总目提要》卷一六九《别集类二十二》,第880页。

[5] 郁步生:《明代扬州府作家研究》,上海师范大学2009年硕士学位论文,第20页。

[6] 〔明〕宋濂:《宋学士文集》卷七《汪右丞诗集序》,四部丛刊本。

2.王磐,字鸿渐,自号西楼,有《西楼乐府》《西楼律诗》《野菜谱》等著作。王磐性洒脱不凡,年轻时弃举业,于高邮城西荒僻处建楼一座,称"西楼"。每日与友歌咏其间,自得其乐。晚年家境渐贫,依然不改初衷。其婿张绹曰:"家日窘,先生怡然不以为意,逍遥乎宇宙,徜徉乎山水,出其金石之声,寄兴于烟云水月之外,洋洋焉不知其老之将至。"[1]嘉靖初,著名文学家李梦阳饮于京口杨一清家。时王磐短衣下座,李梦阳傲慢不予见礼。席间赋诗,王磐口占一诗云:"形骸憔悴不堪描,尚使心头火未消。自分不知年老大,也随儿女闹元宵。"李梦阳心知王磐在嘲讽自己,但也只能苦笑作罢。王磐善音律,"度曲清洒,每风月佳胜,则丝竹觞咏,彻夜忘倦"。[2]又精通散曲,其曲与金陵陈大声并称为南曲之冠。今人郁步生说:"王磐的散曲取材和构思细密,语言兼具典雅与质朴,同时能赋予所咏之物以丰富的社会内容,且寓意深刻,真无愧于'词人之冠'的称号。"郁步生又将王磐的散曲分为三类,各归结其艺术特色曰:"徘谐讽刺之曲——诙谐滑稽,夸张强化","清丽闲适之曲——平易浅近,质朴自然","失意愤世之曲——寓深于浅,含蓄蕴藉"。下面录其曲三首,以见其风格:

　　《朝天子·咏喇叭》:"喇叭,唢呐,曲儿小腔儿大。官船来往乱如麻,全仗你抬声价。军听了军愁,民听了民怕。哪里去辨甚么真共假?眼见的吹翻了这家,吹伤了那家,只吹的水尽鹅飞罢。"(徘谐讽刺)

　　《沉醉东风·蛙鼓》:"梅雨后千声乱发,草塘中两部频挝。擂池边鸥鹭惊,震水底鱼龙怕。报丰年底是催花,一派村田乐可夸。春社里农夫醉杀。"(清丽闲适)

　　《南吕·一枝花·久雪》:"冻的个寒江上鱼沉雁杳,饿的个空林中虎啸猿哀。不成祥瑞翻成害,侵伤陇麦,压损庭槐,眩昏柳眼,勒绽梅腮。遮蔽了锦重重禁阙宫阶,填塞了绿沉沉舞榭歌台。把一个正直的韩退

---

[1]〔明〕张绹:《王西楼先生诗集序》,〔清〕张用熙、左辉春纂修:《〔道光〕续增高邮州志》第5册《艺文志》,《扬州文库》第22册,广陵书社2015年版,第125页。

[2]〔清〕尹会一纂修,〔清〕程梦星等纂:《〔雍正〕扬州府志》卷三一《人物四》,《扬州文库》第5册,第555—556页。

之拥住在蓝关,将一个忠节的苏子卿埋藏在北海,把一个廉洁的袁邵公饿倒在书斋。哀哉!苦哉!长安贫者愁无奈。猛惊猜。忒奇怪。这的是天上飞来的冷祸胎,遍地下生灾。"(失意愤世)

3.张綖,字世文,王磐之婿,自号"南湖居士",所著有《杜诗通》《杜律本义》《诗余图谱》《南湖诗集》诸书。张綖曾隐于武安湖,于湖畔建草房数间,贮书千卷,日夜诵读,以致双目失明,但仍让人读给自己听。其为诗文,"操笔立就,虽率意口占,皆合格调"[1]。相对于诗文创作,张綖在诗词理论方面建树更大,《诗余图谱》是其代表作之一。该书"图列于前,词缀于后,韵脚句法,犁然井然,一披阅而调可守,韵可循。字推句敲,无事望洋,诚修词家南车矣"。[2]有研究者将其词学贡献归纳为二;一是提出词的"婉约""豪放"二体说,"不仅明确和丰富了词体的概念,而且完成了作品论到风格论的转变,对词学风格论的进展有着决定性的意义"。一是提出词的"小令""中调""长调"之说,并在字数上加以限制,"据现所掌握的资料来看,《诗余图谱》是最早将此定型化的"。在诗学方面,张綖著有《杜工部诗通》16卷和《杜诗本义》4卷,"一些评价颇能切中本质,解诗也很有见地,试图提供解读杜诗的另一途径"。[3]此外,张綖在文献整理保存方面亦有贡献,如刊刻杨亿《西昆酬唱集》、秦观《淮海集》,两书均赖其得以流传至今。

(三)泰州文学家概述

1.储巏,字静夫,号柴墟,著有《柴墟文集》15卷,及《储文懿公奏疏》《七言杂字诗》《坰野集》等。自幼聪慧过人,5岁读书能一目成诵,9岁即能下笔为文。成化间,应乡试、会试,均名列第一。其后,他又列殿试二甲进士第一,一时名满天下。诗文风格独树一帜,对明朝中期文风的转变贡献尤大。《〔雍正〕泰州志》称其"为文森严,有法度,尤邃于诗。冲澹沉蔚,凌轹

---

[1] 〔清〕尹会一纂修,〔清〕程梦星等纂:《〔雍正〕扬州府志》卷三一《人物四》,《扬州文库》第5册,第556页。

[2] 〔明〕王象晋:《重刻诗余图谱序》,见蒋哲伦、杨万里编:《唐宋词书录》,岳麓书社2007年版,第597页。

[3] 郁步生:《明代扬州府作家研究》,上海师范大学2009年硕士学位论文,第66页。

晋魏"。[1]其同僚邵宝赞曰："其为诗,或恬淡平雅,或浑雄跌宕,或洒落清远,所谓风雅遗音。"[2]《明诗纪事》则谓："柴墟以西涯(李东阳)为师,空同(李梦阳)为友,故诗力雄厚,迥异台阁之体。"[3]其《有怀》诗可见其风格之一般:

> 独坐谁为伴,清谣夜不眠。怀人千里共,看月几回圆。秦塞连云戍,
> 荆门下峡船。归程那可料,依旧析津年。

此外,储巏还校订、刊刻了不少著作,如校订《新刊皇明政要》20卷,辑录《遗山先生文集》40卷、《附录》1卷,整理刊刻宋代谢翱的《晞发集》《晞发遗集》《遗集补》《天地间集》等,于文献保存贡献良多。

2.吴嘉纪,字宾贤,号野人。清初江都汪懋麟评论说:"(其为诗)工为危苦严冷之词,所撰《今乐府》,凄急幽奥,皆变通陈迹,自为一家。"[4]今人张兵说:"吴嘉纪是中国诗史上继孟郊、贾岛之后最著名的苦吟诗人,其《陋轩诗》即凝聚了他悲苦而凄凉的一生,由此,形成了以'严冷'为基调的'野人体'。"[5]如其描述自己生活的艰难:

> 昨夜河涨太无赖,狂澜竟从衡门入。架木作巢茅屋中,一家人共鸡
> 犬集。
> 淘上老人心凄凄,无衣岁暮娇儿啼。多年败絮踏已尽,满床骨肉贱
> 如泥。

吴嘉纪隐居不仕,长期生活于社会下层,有大量反映普通百姓生活的诗篇传世,实为当时的百姓苦难生活史,故有"诗史"之誉:"数十年来,扬郡之

---

[1]〔清〕褚世暄:《〔雍正〕泰州志》卷六《人物志》,清雍正六年(1728)刻本。

[2]〔明〕邵宝:《储文懿公集序》,〔清〕储巏:《柴墟文集》,转引自刘延乾:《江苏明代作家研究》,东南大学出版社2010年版,第129页。

[3]〔清〕陈田辑撰:《明诗纪事·丙集》卷八,第1059页。

[4]〔清〕赵尔巽等:《清史稿》卷四八四《吴嘉纪传》,中华书局1977年版,第13323页。

[5]张兵:《论吴嘉纪诗的文化构成与创作特征》,《西北师范大学学报(社会科学版)》1997年第5期。

大害有三:曰盐策,曰军输,曰河患。读《陋轩集》,则淮海之夫妇男女,辛苦垫隘、疲于奔命、不遑启处之状,虽百世而下,了然在目。甚矣,吴子之以诗为史也。虽少陵赋《兵车》,次山咏《舂陵》,何以过?”[1]如描写盐丁煎盐、纳税之苦:

白头灶户低草房,六月煎盐烈火旁。走出门前炎日里,偷闲一刻是乘凉。

输尽瓮中麦,税完不受责。肌肤保一朝,肠腹苦三夕。

忆昔甲申岁,四镇拥兵卒。兴平称最强,争地民不恤。下令助军饷,威迫甚于贼。

3.石光霁,字仲濂。自幼聪敏,《明史》卷二八五本传称其“读书五行俱下”。曾师从张以宁学春秋之学,著有《春秋勾玄》(又称《春秋书法勾玄》),颇得张氏之传。《文渊阁书目》和《南雍志》分别载有其《樗散集》和《石仲濂集》,惜均已亡佚。

(四)通州文学家概述

1.陈尧,字敬甫。著有《桐冈集》《史衡八书》《遵圣录》,其子陈大科又辑录其诗文为《梧冈文正续两集合编》。陈尧在诗文创作与理论方面均有贡献。其言今古文风格之异,称“古体雅健,近体温润”;其言诗歌创作,强调“出之自然……发诸性情之正”。[2]陈维崧赞其文曰:“此古文正则也,凡吾后人宜各抄一部置案头,朝而讽焉,夕而诵焉,豁然而有得焉。”[3]清人对其诗文有整体评价,认为“其文朴直不支,而微伤太质,其诗又逊于文”。[4]

---

[1]〔明〕陆廷抡:《陋轩诗序》,傅璇琮、许逸民主编:《中国诗学大辞典》,浙江教育出版社1999年版,第582页。

[2]〔明〕陈尧:《梧冈文正续两集合编》卷二《江怡泉文集序》《鹤峰诗稿序》,《四库全书存目丛书·集部》第101册,齐鲁书社1997年版,第333、336页。

[3]〔明〕陈尧:《梧冈文正续两集合编》卷首《陈世昶识》,《四库全书存目丛书·集部》第101册,第286页。

[4]〔清〕永瑢、纪昀纂,周仁整理:《四库全书总目提要》卷一七七《集部三十·别集类存目四》,第954页。

2. 白正蒙,字尔亨,有《大梦斋集》《吹剑篇》《燕中草》《征西草》等著作。诗文特色鲜明,风格多变,当时及后世评价均较高。王纳谏评论曰:"所尤善尔亨者,不嫭阿古人之诗而自为诗。其于奇值,则风驶云裔,突怒决□,百万一掷。其不于奇值,则率尔成韵,转近自然。其灵心妙思,则微月松际,孤光圆映……设使尔亨与近日史家旗鼓相向,校伎俩则尔亨减十之三,角天真则尔亨饶十之七。"[1]

3. 通州卢氏。卢枫,字拱辰,有诗文集《白狼山人集》。卢枫三子一侄,于诗文均有成就。卢纯忠,字子孝,又字帝简,著有《潜庵集诗录》;卢纯臣,字子敬,著有《苍虬馆集》;卢纯士,字子善,工诗,但留存仅1首;卢纯学,字子明,曾受聘修纂通州志,典赡可观,又有诗文集《食翠馆集》《山中集》传世。《一经堂诗话》概括四人诗文特点说:"四卢资性各有所就,子孝以遒峭胜,子敬以淡远胜,子明以高华胜,子善以简练胜,造诣相成,不愧家风之有自。"[2]

4. 邵潜,字潜夫,号五岳外臣,有《潜夫别集》《嘤鸣录》《循吏传》《引年录》《志幻录》《字学考谈》《皇明印史》《州乘资》《友谊录》等著作。在诗文方面颇有建树,因一生穷困,其诗文多由友人刊刻。杨廷刻《案眉如草》1卷,邹彦吉刻《潜夫诗选》2卷,冒起宗刻《游览诗》1卷,范廷瓒刻《蜉蝣寄》《伤乱诗》,王廷玺刻《邵山人集》等。此外,邵潜亦有不少诗篇散见于《明诗纪事》《五山耆旧集》等诗文总集中。受时代影响,其诗内容、风格变化较大,前期"大多抒写优游天下的生活,反映旅人特有的情怀",后期"则与世事变幻紧密相连,关心国势,虽处江湖之远,然能忧国忧民,许多诗篇直接反映明清鼎革"[3]。

5. 葛增,又名幼元,字士修,号元洲。工文词,著有《海居集》2卷、《浮槎集》1卷、《行药集》1卷、《倚剑集》2卷。《〔万历〕通州志》称他"杂摭六经子史百家书,务极研究精髓而刺其微,以为立言之要。文准先秦两汉以还,六代而下弗屑也。声诗以王李为宗,盖王为太仓(王世贞),李为济南(李攀

[1]〔明〕王纳谏:《初日斋集》卷一《白尔亨诗叙》,沈乃文主编:《明别集丛刊》第5辑第49册,黄山书社2015年版,第238页。

[2]〔清〕杨廷:《五山耆旧集》卷六,一经堂刻本,上海师范大学图书馆藏。

[3] 郁步生:《明代扬州府作家研究》,上海师范大学2009年硕士学位论文,第108页。

龙），谓非此两君言，不得鼓动当世，而铸词炼句有酷似者。一时大江以南、长淮以北翕然称葛生"[1]。

6.顾磐，字子安，一字安国。一生仕途不顺，但诗文深得时人推崇，吏部官员杨果、姚继岩称其为"南国俊佳士"。其"为诗文，有气骨，务尚体裁，不殉时好，储文懿（储巏）谓其不独江北之雄"，有《海涯集》传世。[2]

7.范凤翼，字异羽，号太蒙，又号真隐。曾任滦州知州、顺天府教授、国子监助教等职，万历三十八年（1610）归隐。此后，朝廷多次征召，始终坚辞不出，以结社著书而终老。所著有《勋卿文集》6卷、《诗集》20卷、《续诗集》3卷、《诗余》1卷、《法帖》2卷、杂著6种、杂刻6种。其诗作特点，今研究者归纳为四个方面，[3]下面录其诗数首分别见之：

直面现实，题材丰富，如《辛未长淮大浸所见饥民皆食浮萍可悯》："埋沉井灶风烟惨，排荡湖波天地腥。渔父遮身惟破网，田家寄命以浮萍。"

陶写性情，真挚感人，如《哭内》："夜深儿女哭声长，剩月残灯总断肠。梦后忽惊衾半冷，枕边犹觉鬓丝香。"

雄奇阔大，自然流畅，如《赠中丞马岫旭王孺初》："赫濯声灵振大荒，长江千里列余皇。宝刀吐气星辰上，牙纛光摇日月旁。蜃市屯云连水寨，鲵居恬浪避金汤。帝纡南颁劳臣绩，赐履行看出建章。"

各体兼备，求新求变，如《海陵道中不寐作》："昔我言迈，蒹葭苍苍。今我遄征，木落空霜。迹滞魂窘，昼短夜长。群动既息，一精往还。合眼千里，夷其江山。黍离在目，丘陇则荒。我心匪石，云何弗伤？展转不寐，日出高冈。"

8.汤有光，字慈明。善诗，著有《慈明诗文集》，康熙府志以"清新俊逸"称之。[4]但其文集今已不存，其诗散见于后人所编各集中。

---

［1］〔明〕林云程、沈明臣纂修：《〔万历〕通州志》卷七，《四库全书存目丛书·史部》第203册，第224—225页。

［2］〔明〕林云程、沈明臣纂修：《〔万历〕通州志》卷七，《四库全书存目丛书·史部》第203册，第222页。

［3］陈晓峰：《通州范氏家族文学与文化研究》，扬州大学2015年博士学位论文，第116—127页。

［4］〔清〕雷应元纂修：《〔康熙三年〕扬州府志》卷一八《人物志下》，《扬州文库》第2册，第378页。

（五）兴化文学家概述

1.宗臣,字子相,嘉靖二十九年(1550)进士。历任刑部主事、吏部考功主事。嘉靖三十三年起在吏部考功司、文选司任职,再调为稽勋员外郎。杨继盛因弹劾权臣严嵩下狱被杀后,宗臣等人撰文祭祀杨继盛,引发了严嵩的怨恨,出为福建参议,再迁提学副使,嘉靖三十九年卒于官。与李攀龙、王世贞、谢榛、梁有誉、徐中行、吴国伦合称"后七子"。[1]在钱谦益看来,"后七子"足可媲美建安七子。嘉靖年间独领文坛的王世贞评价宗臣的诗"天才奇秀,雄放横厉","上掩王、孟,下亦钱、刘"。[2]朱彝尊评价宗臣的诗有李白之风,假如不受李攀龙和王世贞的影响,他的成就足可媲美李贺与苏轼兄弟、苏门文人,可是加入"后七子"之后,反而"习气日深,取材日窘,撰体日弱,薜荔芙蓉,蘼芜树柳,百篇一律"。[3]就今传《宗子相集》中较好的几首诗文来看,也难免如陈田的评论:"子相古体、短篇时有合作,长篇叫嚣拉杂,有画虎不成之诮。五七言律,对句变换,故作突兀,气脉不贯,有隽句而鲜完篇。五绝极有神韵。七绝轩爽,少弦外之音。"[4]当代学者认为,宗臣"并不主张模拟古人的字句成法,反对盲目崇古、拟古,反对'文而袭者'。这在当时摹拟风气极盛,而七子又普遍存在剽窃之弊的情况下,宗臣敢于提出这种理论,表现了他的勇气和卓识,无疑具有极大的进步意义"。[5]

2.李春芳家族。李春芳,字子实,一字石麓。参与修撰《明实录》《大明会典》《永乐大典》,又针对宗室藩王嚣张不法,撰成《宗藩条例》,为朝廷所采纳。有诗文集《贻安堂集》传世。李春芳之弟李齐芳,字子蕃(一作子繁),著有《韵略类绎》(4卷)、《幼科图诀医方辑要》(2卷)、《官邸便方》、《瑃村诗集》等[6]。

李茂业,李春芳子。据《兴化李氏传略》,李茂业著有《四书五经便学》

[1]〔明〕欧大任:《广陵十先生传》,《扬州文库》第56册,广陵书社2015年版,第15—17页。

[2]〔清〕钱谦益:《列朝诗集小传·丁集上》,第431页。

[3]〔清〕朱彝尊著,姚祖恩编,黄君坦校点:《静志居诗话》卷一三《宗臣》,第388页。

[4]〔清〕陈田辑撰:《明诗纪事·己集》卷二,第1908页。

[5]郁步生:《明代扬州府作家研究》,上海师范大学2009年硕士学位论文,第62页。

[6]南京师范大学古文献整理研究所编著:《江苏艺文志·扬州卷(下册)》,第794—795页。

《庄子音释》《吕览新钩》《通书指掌》《地理删繁》《尔耳轩杂著》《左马评》以及《王文成书钞分类表华》等。李茂功，李春芳三子，著有《依绿园诗集》。

李思诚，字次卿，李春芳孙，著有《真懒斋集》。李思敬，字一卿，李春芳孙，著有《李氏家谱》《白云小草》《猗园集》，天启间曾参与编修《明实录》《神宗宝训》等。

李嗣京，李春芳曾孙，著有《冷香斋集》《匡山吟集》。李长敷，字维宁，李春芳曾孙，工于诗词，善草书、隶书，著有《韵斋集》。李长科，字小友，李春芳曾孙，一生著诗文甚富，有《金汤十二筹》《遗民广录》《广仁品》《小友诗文集》《牧怀五纪》，还辑有《妇科秘方》《胎产护生篇》等，于文学、史学、医学均有造诣。李长祚，李春芳曾孙，著有《四书正刻》《荣炤草堂集》，传奇类作品有《千祥记》《红叶记》，曲作有《梅雪缘》《翠烟记》。李长祺，李春芳曾孙，著有《叶文斋集》。李长倩，李春芳曾孙，著有《奏疏一集》《存懒斋集》。

李沛，李春芳玄孙，著有《江淮稿》《平庵诗集》。李沂，字艾山，李春芳玄孙，著有《鸾啸堂诗集》2卷、《鸾啸堂诗》8卷、《唐诗援》和诗评《秋星阁诗话》1卷。李沂生活的时代，竟陵诗风弥漫天下，"但他并没有一味盲从竟陵派诗风，而是在竟陵诗风的基础（上）另辟途径，创建'昭阳诗派'"，从而"一定程度上扭转当时的诗风，同时也在探索诗歌新的发展道路"[1]。

3. 陆颙、陆闿兄弟。陆颙，字伯瞻，著有《新编颐光先生集》，其中有诗6卷，可视作反映其文学成就的代表作。"诗歌总量并不多，但不乏佳作，以绝句见长"。[2]对诗文创作亦有独到见解，认为"文章无他术，在词理兼备，理到词自顺，词顺音节随之"[3]，可说是其创作经验的总结。陆闿，字伯阳，陆颙兄，世称友兰先生，亦长于诗。著有《友兰集》《续古乐章》《陆伯阳诗集》等，俱已亡佚，《明诗综》《明诗纪事》等共收录其诗4首。杨士奇称："伯阳长于诗，古体宗魏晋，近体主盛唐，兼工书法，极力钟无常（钟繇）、王逸少（王羲之）父子。"[4]

---

[1]　郁步生：《明代扬州府作家研究》，上海师范大学2009年硕士学位论文，第125页。

[2]　郁步生：《明代扬州府作家研究》，上海师范大学2009年硕士学位论文，第29页。

[3]　〔清〕梁园棣：《〔咸丰〕重修兴化县志》卷一〇《杂类志》。

[4]　〔清〕陈田辑撰：《明诗纪事·甲集》卷二二，第460页。

4.吴甡,字鹿友,号柴庵。著有《柴庵疏稿》20卷、《安危注》4卷、《忆记》4卷、《寤言》2卷。《柴庵疏稿》是吴甡为官期间历年奏疏的合集,《安危注》辑录汉晋唐宋4朝84位将相事迹而成,意在为统治者提供参考。李清评价该书曰:"握安危之机者,体气大而措诸远,诚治平之龟鉴也。"[1]《忆记》是吴甡对其一生的回忆与反思,李清序称其"犹字可凝血,而语如含洟"。[2]《寤言》是作者研习儒家经典后于心性之学的感悟。其诗文收入《嘉遁堂集》《柴庵诗文集》,但两书均不见流传,其诗散见于《明遗民诗》《明诗纪事》等集中。

5.陆洙,字沧浪。文学成就与王磐齐名。著名文学家吴宽欣赏其诗,于朝廷之上多有称颂,陆洙因此名声大振。刘瑾当政时,陆洙曾写诗一首赠予李东阳:"才名直与斗山齐,伴食中书日又西。回首湘江春草绿,鹧鸪啼罢子规啼。"李东阳因此离职归隐。

6.陆西星,字长庚。"于书无所不窥,娴文词,兼工书画。为诸生,名最噪"。[3]试不遇,遂弃儒业,云游天下。"著仙释书数十种,其《南华副墨》为近代注庄者所不及",当时才子宗臣认为"著作之富,独推西星"。其弟陆原博亦多才,著有《楚阳诗选》,宗臣将其与西星合称"二陆"。西星从孙陆士骃,字渠黄,著有《稽古集》。[4]

(六)宝应文学家概述

1.吴敏道,字曰南。万历三年(1575)岁贡,屡试不第,遂隐于乡,自号南华山人。以文才著称,"朱曰藩见其诗,异之,谓某求友于天下四十年,不意即在东家",遂与其结为忘年之交。[5]王世贞序其诗,认为可与朱应登父子媲美,且兼两人之长。品性谦和,"与人交循循自下,无文人睥睨态。一时

---

[1]〔明〕李清:《安危注序》,〔明〕吴甡编:《安危注》卷首,《四库全书存目丛书·集部》第110册,齐鲁书社1997年版,第334页。

[2]〔明〕李清:《柴庵疏集序》,邹祥凤主编:《兴化历代名人》,北京燕山出版社2001年版,第80页。

[3]〔清〕阿克当阿监修,〔清〕姚文田等纂:《〔嘉庆〕重修扬州府志》卷五三《人物志八》,《扬州文库》第7册,第1026页。

[4]〔清〕梁园棣:《〔咸丰〕重修兴化县志》卷八《人物志》。

[5]〔明〕杨洵修,〔明〕徐銮等纂:《〔万历〕扬州府志》卷一八《人物志下》,《扬州文库》第1册,第596页。

乡先生行状,邑有大兴除,及贤公卿建祠勒碑纪载之文,多出敏道手。邑之名胜园林、野老逸事,亦于凭吊赠答诸诗有考焉"[1]。一生著述甚丰,现存有《〔万历〕宝应县志》12卷、《折麻集》1卷、《观槿稿》6卷、《南华山人集》21卷、《水影堂编》1卷、《观槿续稿》10卷、《宝应县图经》等。据《〔嘉庆〕重修扬州府志》等文献记载,吴敏道还著有《白云稿》《月舫集》《竹西集》《吴曰南集》以及《舫斋先生集》30卷,刻有唐《李欣诗集》等。

2.刘永澄,字静之,号练江。撰《刘氏谱略》、《离骚经纂注》1卷、《刘练江集》7卷、《附录》1卷。《四库全书总目》卷一七九《刘练江集》提要评论说:"是集文六卷、诗一卷、附录一卷,乃永澄没后,其友刘宗周等共为裒辑。其文章平正通达,而大致谨严,篇首《程朱药言序》尤为深切,盖永澄虽与东林诸人游,而操履笃实,故词采不足,而持论不诡于正,无门户标榜之习。"

3.陶澂,字季深,又字昭万,宝应布衣,明亡后放弃科举,专攻诗文。著有《湖边草堂集》、《舟车集》20卷、《舟车后集》10卷、《集唐诗》1卷。《明诗纪事》称其"笔势耸拔,有凌纸突兀之观,明季古诗如此者鲜,可以自成一队"[2]。《清诗别裁集》评论其诗"英伟沉挚,感时伤乱之作,以诗为史,直宜上溯杜陵"。[3]

4.吴礼,字中节。诗体隽逸,著有《蓼庄吟稿》。诗句如"春水泛花迎客棹,夕阳沽酒听渔歌""荷花香里一兰桨,杨柳荫中一草亭""将开未开篱下菊,欲去不去溪边鸥"等,皆为难得之佳句。

5.王岩,字筑夫,居江都。明末绝意仕进,专攻古文词。《静志居诗话》称其"肆力为古文辞,要以醇朴胜,若惟恐其文之工者,颇有类于穆伯长、柳仲涂、尹师鲁、石守道诸家"[4]。李念慈、汪懋麟等皆从其学文。著有《白田诗文集》40卷、《异香集》2卷。

6.朱瑾,字楚琦。性嗜琴,养两鹤,乡人因之称为"琴鹤先生"。"为诗体

[1]〔清〕阿克当阿监修,〔清〕姚文田等纂:《〔嘉庆〕重修扬州府志》卷五三《人物志八》,《扬州文库》第7册,第1025页。

[2]〔清〕陈田辑撰:《明诗纪事·辛集》卷一五,第3155页。

[3]〔清〕沈德潜等编:《清诗别裁集》卷七,上海古籍出版社2013年版,第280页。

[4]〔清〕朱彝尊著,姚祖恩编,黄君坦校点:《静志居诗话》卷二二,第697页。

韵遒逸"。所著有《驯鹤亭稿》3卷、《淮扬志》、《鹤琴遗音》等。与朱瓘同时隐居乡里者尚有周安、施琳两人。周安,字邦泰,人称东溪先生,"闲适为诗千首,皆道东溪隐逸之乐"。[1]

7.朱讷,字存仁。自幼工诗词,著有《江陵集》,而《白燕》诗尤知名于时,诗云:"三月巢干雏未成,茅堂来往日营营。说残午梦千声巧,剪破春愁两尾轻。宫柳阴浓金锁合,水芹香细绿波晴。画栏十二无人倚,一半梨花一半莺。"[2]

8.朱应登,字升之。15岁时,"下笔为文,驰骋横放不可遏,著《申臆赋》以见志"。20多岁时,逢李梦阳、何景明、康海、徐祯卿、边贡等人提倡古文,"应登乃与并奋竞力,卓然以秦汉为法。诗则上准风、雅,下采沈、宋,磅礴沉郁,聿兴一代之体。四方笃古之士争向慕焉"。[3]然"其生平惟以北地(李梦阳)为宗,故诗文格调相近,然沉著顿挫处,则才力不及梦阳"[4]。文学之外,朱应登精通天文历算,"考律历、推运数,精思玄诣,诠极底奥"。[5]著作有《存笥集》1卷、《凌溪集》70卷,但《存笥集》目前已佚。

9.朱曰藩,字子价。朱应登子。自幼好古文,通音律,为诗卓荦不群,著名学者顾璘、杨慎等均称赏不已。杨慎称其诗"犁然当于予心,可必名今传后无疑也"。茗雪间有诗社,朱曰藩为政之余,常从刘麟等唱和,以致忘其职守。后任职南京,政事清简,遂闭户读书,少涉外事。但因其"素工笔札",慕名而来者常手持缣素,聚于门外,得其"尺牍辄藏为宝"。去世时,家无余财,惟图籍满屋。传世有《山带阁集》30卷,"论者谓《成汤陵庙碑》《朱氏世禄序》

[1]〔清〕金镇原本,〔清〕崔华、张万寿续修,〔清〕王方岐续纂:《〔康熙二十四年〕扬州府志》卷二五《人物三》,《扬州文库》第4册,第512—513页。

[2]〔清〕徐翴修,〔清〕乔莱纂:《〔康熙〕宝应县志》卷一三《人物》,《扬州文库》第24册,第560页。

[3]〔明〕杨洵修,〔明〕徐銮等纂:《〔万历〕扬州府志》卷一八《人物志下》,《扬州文库》第1册,第584页。

[4]〔清〕永瑢、纪昀纂,周仁整理:《四库全书总目提要》卷一七六《集部二十九·别集类存目三》,第940页。

[5]〔明〕杨洵修,〔明〕徐銮等纂:《〔万历〕扬州府志》卷一八《人物志下》,《扬州文库》第1册,第584页。

足称名家”。[1]钱谦益评价朱曰藩“承袭家学,深知拆洗活剥之病,于时流波靡之外,另出手眼。其为诗,取材文选、乐府,出入六朝、初唐,风华映带,轻俊自赏,宁失之佻达浅易,而不以割剽为能事”[2],在明代扬州府作家中属于成就较高者。[3]在散曲方面,朱曰藩也有佳作,著有《射陂芜城词》1卷,《全明散曲》卷二录其套曲《芜城词》《失题》《情》等。撰家族史《宝应朱氏家乘》,其他著作有《池上编》2卷、《茶事汇辑》4卷、《七言律细》2卷。

10.朱应祯,朱应登姐。有诗作《喜弟应登登第》《别夫》《题储夫人小景》3首传世。《喜弟应登登第》诗云:“唾手功名天上来,两京科第羡君才。白头老父初心足,绣阁佳人笑口开。月下有怀惊又喜,灯前无语酌还猜。如今骨肉分南北,一在鸡群一凤台。”既喜弟之登第,又将别离之情合盘写出。

(七)如皋文学家概述

1.李之椿,字大生,号徂徕。著有《徂徕集》、《指树园集》2卷、《霞起楼诗集》12卷。明末姚希孟对李之椿极为推崇,赞其形象曰“丰标清立,望之同白珪宿鹭”,对其诗更是称赏有加,称其才富而情至,读之“如庾、鲍之再生,温、李之复生”[4]。

2.石沆,字瀣仲。著有《白云居士集》4卷。一生未入仕途,放浪山林,以诗酒自娱,作品有明显的田园风格。“其为诗,陶冶性情,萧闲疏放”,钱谦益甚推之。[5]“选诗者多取冠近代名人之首”。[6]

3.佘大美,字仲容。生平撰述甚多,但仅自存《徐于斋诗文》若干卷,余皆散逸。其名篇如《送惠然归杭诗》有“为惜六桥春欲尽,还愁三径草将芜”之句,竟不见收入,可见散失严重。[7]

---

[1]〔明〕杨洵修,〔明〕徐銮等纂:《〔万历〕扬州府志》卷一八《人物志下》,《扬州文库》第1册,第586页。

[2]〔清〕钱谦益:《列朝诗集小传·丁集上》,第449页。

[3] 刘廷乾:《江苏明代作家研究》,第343—345页。

[4]〔明〕姚希孟:《响玉集》卷余《李大生诗草序》,《四库禁毁书丛刊·集部》第178册,北京出版社2000年版,第608—609页。

[5]〔清〕钱谦益:《列朝诗集小传·丁集下》,第602页。

[6]〔清〕杨受延等修,〔清〕马汝舟等纂:《〔嘉庆〕如皋县志》卷一六《列传二》。

[7]〔清〕杨受延等修,〔清〕马汝舟等纂:《〔嘉庆〕如皋县志》卷一六《列传一》。

4.如皋冒氏家族。冒愈昌，"诗赋古文辞，击钵立就"。钱谦益著《列朝诗集》，对其极为推重。冒愈昌还是一位刻书家，刻有《金陵集》《绿蕉馆集小刻》等20余种作品传世。[1]冒起宗，字宗起，号嵩少、拙翁。著有《拙存堂诗文》、《拙存堂经质》、《拟陶集杜》、《守筌》5卷、《拙存堂史括》3卷，以及《驳交纪》(与张镜心合纂)12卷等，为当世推重。冒襄，字辟疆，号巢民。少有文名，14岁时成《俪香园偶存》，董其昌在序中比之为王勃。文学著作有《朴巢诗集》《朴巢文集》《水绘园诗文》等传世，"(于)结习豪情，铲除净尽，霜降水落，澄怀味道，故能拨弃一切，披写天真"[2]。文史之外，亦善书法，流传较广。冒起年，字公亮，著有《默然庵诗编》4卷。冒时雨，字化美，号润野，著有《霖轩诗编》。冒日乾，字孺文，号义元，著有《存笥小草》《箧余集》。冒梦龄，字汝九，号玄同，著有《得全堂稿》。冒梦斗，字洪七，著有《深斋诗集》。冒基，字永宗，著有《潜德遗稿》。冒政，字有恒，著有《履贞集》。冒鸾，字廷和，号得庵，曾重刊王珪《泰定养生主论》16卷，撰《冒氏宗谱》。冒丹书，冒襄子，著有《枕烟堂卯君诗》。

5.张玉成，字成倩。著有《七言律准》47卷，其自序曰："乐有准，六十律之节以达；诗有准，五十六言之法以昭……草创十年，所引诠释，上自六籍，下及百家，碑版鼎铭，靡不捃摭。"[3]另著有《诗古文》。中年以后，家境日贫，所著诗文多散失。

(八)仪真文学家概述

1.景旸，字伯时。与乡人蒋山卿、赵鹤、朱应登俱擅古文词，被称为"江北四子"[4]。著有《前溪集》若干卷，但已失传，其诗散见于《明诗综》《列朝诗集》等。他对诗歌创作有独到见解，主张"辞取达意，若惟以摹拟为工，尺尺寸寸，按古人之迹，务求肖似，何以达吾意乎？"因而被认为是"矫北地(李

---

[1]〔清〕王继祖:《〔乾隆〕直隶通州志》卷一五《人物志下》。

[2]〔清〕龚鼎孳:《水绘庵诗文二集题辞》,〔清〕冒襄辑:《同人集》卷三《题辞》,《四库全书存目丛书·集部》第385册,第110页。

[3]〔清〕杨受廷等修,〔清〕马汝舟等纂:《〔嘉庆〕如皋县志》卷一七《列传二》。

[4]〔明〕杨洵修,〔明〕徐銮等纂:《〔万历〕扬州府志》卷一八《人物志下》,《扬州文库》第1册,第560页。

梦阳)之弊者"。[1]时人顾璘称他"好学无怠,文法左氏、司马,不尚钩棘。字顺语圆,具有绳准。诗主盛唐,萧散遗俗"。[2]

2.蒋山卿,字子云。著有《南泠集》《北湄集》《休园集》《息园存稿》等,现有《蒋南泠诗集》12卷存世。弱冠时就与顾璘、朱应登交游,诗文受顾、朱两人影响很深,解职归家后更徜徉诗酒,校雠文艺。以诗名家,在乐府诗、古体诗、绝句、律诗、排律、唱和诗等方面均有大量诗作传世。顾璘赞曰:"子云诗,天才溢发,可歌可感,使将来者见之,则凡饾饤其字、雕刻其文、艰深其思、拗曲其体,不发于情而并气格、音节亡之者,皆可怛然省矣。"[3]

3.朱永年,字仲开。曾任光山县令,后因开罪于世宗宠臣陶仲文而去职回乡。其后,"读书益肆力于辞赋",著有《三山游咏》《朱仲子集》行世。评论者以为"媲美何(景明)、李(梦阳),与广陵七先生相伯仲"。[4]

4.李杞,字季宣。著有《青莲馆集》《摄山草》《塞上拟古》等集。著名文学家屠隆认为,扬州诗才中,"杞犹过宗子相(宗臣)"。[5]

5.郑元勋,字超宗。其先世为徽州歙县人,自祖父郑景濂起,定居江都。郑元勋的父亲郑之彦生有四子,郑元勋是次子。郑元勋有侠义心肠,重气节。崇祯十三年(1640),江淮大饥,他号召族人出资舍粥;粮食不足,又拿出妻子的首饰换粮。友人得罪了当权宦官,他将朋友藏起来。权宦索人,他坚持不交出朋友。如此种种,使他声名大振。崇祯十六年,他会试考中第三名,随即返乡。崇祯十七年,明亡。传闻李自成军队将很快南下攻打扬州,郑元勋毁家纾难,带领百姓固守扬州。原李自成部将、后投降明朝的高杰率领部下到达扬州以北,烧杀抢掠不止。郑元勋与高杰相识,见此情况,主动前往高杰军中,要求高杰约束部属。高杰推说是部下杨成肆意妄为,杀了杨成。高杰将数百张通商券送给郑元勋,退兵5里。郑元勋回城后将通商券送给

[1]〔清〕朱彝尊著,姚祖恩编,黄君坦校点:《静志居诗话》卷一〇,第273页。

[2]〔清〕钱谦益:《列朝诗集小传·丙集》,第347页。

[3]〔清〕钱谦益:《列朝诗集小传·丙集》,第345页。

[4]〔明〕杨洵修,〔明〕徐銮等纂:《[万历]扬州府志》卷一八《人物志下》,《扬州文库》第1册,第585页。

[5]〔清〕陆师修纂:《[康熙]仪真志》卷二一《列传三》,《扬州文库》第17册,第573页。

路人。不久,通商券派送殆尽。后来者拿不到通商券,就传言说郑元勋拿到了高杰给的免死牌,且这个免死牌郑元勋只送给他的朋友和给他送钱的人,拿不到免死牌的人会死。一夜之间,扬州传遍了这个谣言。正在此时,扬州百姓的矢石击中了高杰的士兵,高杰的军队日夜在城下喧哗,做出要攻城的样子。郑元勋的姻亲王永吉曾是高杰的上司,郑元勋请他来扬州调解。王永吉进入高杰的军营,高杰答应等史可法来扬州部署。这时有传言说高杰的士兵劫掠仙女庙,扬州人都责怪郑元勋。郑元勋修书将此事告知王永吉,王永吉转告高杰。高杰说扬州城外此时有七路人马,犯事的士兵不一定是自己的部属。王永吉写信将事情的前因后果告诉了郑元勋。二更时分,王永吉派出的使者抵达扬州城下,告知守门人自己是郑元勋的使者,拿到了高杰的回信。城中人误以为郑元勋与高杰里应外合,又将高杰杀死的部将"杨成"误会为"扬城",以为高杰将要屠戮扬州城,于是在五月二十二日将郑元勋乱刀砍死。[1]

郑元勋是明末扬州的文士名流。明代江浙地区,文人结社成风。崇祯二年(1629),张溥创建复社,目的是复兴古学。郑元勋是扬州地区复社活动的主要支持者。崇祯六年在苏州虎丘召开的复社集会,主盟就是他和李雯。[2]

崇祯十三年(1640),郑元勋又在自己的私人园林影园举办"黄牡丹诗会",成为当时扬州士林的一大盛事。影园由明代著名的造园师计成设计,书画家董其昌因园林在山影、水影、柳影之间,将之命名为"影园"。崇祯十三年,影园内的一枝黄牡丹盛开,黎遂球、陈名夏、冒襄等名士云集影园,郑元勋乘机邀江浙文人举办黄牡丹诗会。诗会由江南文坛领袖钱谦益定夺名次,夺冠者可以得到1对金杯,金杯内刻"黄牡丹赏最"。钱谦益评定黎遂球胜出,因此黎遂球也被称为黄牡丹状元。[3]黄牡丹诗会是明代扬州府最后一次重要的文学活动,但在它的影响下,清代扬州举办了许多诗酒文会。

---

[1]〔清〕杭世骏:《道古堂文集》卷二九《明职方司主事郑元勋传》,《清代诗文集汇编》第282册,上海古籍出版社2012年版,第299—302页。

[2]　丁国祥:《复社研究》,凤凰出版社2011年版,第68—86页。

[3]　扈耕田:《晚明扬州影园与黄牡丹诗会考论》,《扬州大学学报(人文社会科学版)》2011年第3期。

郑元勋的著作有《影园诗稿文稿》1卷、《影园集》1卷、《影园瑶华集》3卷，现尚存。《左国类函》24卷，为郑元勋、王光鲁辑，尚存。郑元勋辑《媚幽阁文娱》12卷，尚存。[1]媚幽阁是影园中一处景观，《媚幽阁文娱》是郑元勋辑录的小品文选集。小品文是散文的一种，篇幅较短而寓意深刻。明神宗万历以后，小品文的创作进入高峰期，内容多样，文体多变，是当时流行的休闲读物。

（九）泰兴文学家概述

1.茅诵（又作茅谱、茅浦），字大方。洪武年间，受朱元璋召见，被任命为秦王府右长史。朱元璋以董仲舒辅江都王勉励之，遂名其堂为"希董堂"。靖难军破南京，朱棣继位，茅诵宁死不屈，与其子、孙一并论死。著有《希董集》5卷（又作《希董堂集》《希董先生遗集》），"词旨清丽，笔力遒健，追配唐人之作，而襟怀之壮烈过之"。[2]《明诗综》称道说："《希董集》流传未广，集中如'万山入汉秦关险，孤栈连云蜀道难''纵使火龙蟠地轴，莫教铁骑过天河''花间莺避春城仗，林杪僧归晚寺钟''万里不来青鸟使，千年空老碧桃花'，皆佳句也。"[3]

2.季娴，字静姎，号元衣女子。嫁兴化李长昂，著有《雨泉龛诗集》《学古余论》《前因纪》《学禅诨语》，以及别集《百吟篇》《近存集》。还编有《闺秀集》，是她搜集历代女性作品而成的女子诗文总集。

（十）海门文学家概述

1.崔桐，字来凤，号东洲。著有《崔东洲集》20卷《续集》10卷。崔桐"忠介自持，不苟荣进，诗把臂李（梦阳）、何（景明），不无相砥之功，故能各肖其一致，独成其全"[4]。其写景诗"很别致，清新自然，可谓'诗中有画'"，其纪游诗"有点类似李白，气势非凡"[5]。诗歌之外，尚有词作和序、记等文，各具

[1] 南京师范大学古文献整理研究所编著：《江苏艺文志·扬州卷（上册）》，第70页。

[2] 〔清〕朱簏：《希董诗集后跋》，〔明〕茅大方：《希董堂集》卷首，《四库未收书辑刊》第7辑第16册，北京出版社2000年版，第75页。

[3] 〔清〕朱彝尊：《明诗综》卷一六《茅大方》，第759页。

[4] 〔清〕杨廷：《五山耆旧集》卷三。

[5] 郁步生：《明代扬州府作家研究》，上海师范大学2009年硕士学位论文，第73—74页。

特色。

2.柳应芳,字陈父。其诗文散佚较多,《明诗综》《明诗纪事》等均有收录,后人辑为《柳陈父集》。后人论其诗曰:"柳陈父诗如百宝流苏,光彩夺目,力追唐制,涵养甚深,不以汉魏移其所守,故造诣独精。"[1]

3.李潜昭,字梅舟。善古文辞,所著有《半万稿》,有咏物诗千余首、游览诗千余首。[2]

4.张成,字北海。去世后,崔桐、钱嵘等将其著作辑为《北海遗文》,并刊刻行世。

附录:明代扬州文学家及其著作

今传文献中还提到很多人物,虽然事迹简略,文学影响亦有限,但大多有诗文传世,也为明代扬州文学繁荣做出了贡献。附列于此,以备参考。

江都

李鸿渐,洪武初由人材辟荐入官。当时以人材入官者20余人,唯李鸿渐以文学见长,江都人颇以为荣。

丘民,字克庄。著有《丘民诗集》,已佚。其诗散见于《明诗综》《明诗纪事》《明诗别裁集》等。

马骈,字共甫,与兄马骈并以诗闻名。马骈著《紫泉集》20卷,马骈著《春秋探微》14卷。

宋祥远,字元来。文章尔雅,不依傍他人篱壁,有《听月山房集》。

白应虚,字子直。尤工五言古诗,直窥唐代韦应物、柳宗元藩篱。

苏光达,字观五。为文疏达,颇得眉山苏氏之致。

范荃,字德一,号石湖。著有《春雨词》1卷、《秋吟》1卷、《秋花杂咏》1卷、《柳塘呓语》1卷、《今之石湖词》1卷,后人合辑为《石湖集》12卷。

徐元端,女,字延香。幼能诗,通音律,有词集《绣闲集》。

---

[1]〔清〕杨廷:《五山耆旧集》卷一二。

[2]〔清〕金镇原本,〔清〕崔华、张万寿续修,〔清〕王方岐续纂:《〔康熙二十四年〕扬州府志》卷二五《人物三》,《扬州文库》第4册,第515页。

高懋功，字世赏。善诗，"近体骎骎钱（起）、刘（长卿）佳境，下亦不失为戴叔伦、温飞卿（温庭筠）之流"。

李自奇，字季常。肆力于古文词，尤工六朝小赋及乐府诸歌词。与徐陵、庾信风格时离时合，合者且并得其情与神。

杨懋绍，扬州人，撰《赐书楼诗稿》1卷。杨景达，懋绍次子，撰《复斋诗集》1卷。

马希孟，扬州教授，有《扬州诗集》3卷。

费经虞，字仲若，新繁人，明末之乱时流寓扬州。著有《毛诗广义》20卷、《四书字义》1卷、《雅伦》30卷、《临池懿训》3卷、《注周易参同契》3卷。

杨守诚，著《防秋纪行稿》《屯盐总议》。

曹守贞，字子一。著有《琼花集》，辩以前伪说。另有《畸侔轩汇》《名贤懿德纪事》《震宇哀谭》《紫林杂记》等著作藏于家。

何昌祚，著有《余皇编》《雀桁咏》诸集。

王纳谏，字圣俞。著有《四书翼注》，为学者所宗。

王杌，字载卿。有《奏议》20卷、《淮海集》30卷。

张懋勋，字尧光。著有《剑斋日编》《心学正统》等书，是当时儒学中的心学家。

江九皋，著有《序四书说约》《春秋宗旨》。

鲁东锜，工诗文书画，著有《偶然集》。

高浅，高铨子。著有《南兖州集》《顺德府志》。

徐石麟，著有《趋庭述训》《枕函待问》《北醒语》《天人升降图说》等。

张宽，撰有《地理必法》。

高邮

张长年，以文学著称于世。明初征召至东宫任职，朱元璋说："以卿等年高，故授此职，烦辅导东宫耳。免卿早朝，日晏而入，从容侍对，庶不负卿等平日所学，何辞为？"足见其文已名满天下。

黄琼，字汉玉，上元县人，徙居高邮。才思敏捷，诗文援笔立就，顷刻数百千言，不改窜一字。又翰墨劲美，时人重之。

张源湜，字仲源。著有《樵歌集》。知辰州时，过武昌黄鹤楼赋诗，在当时广为传诵。

张经家族。张经,字世范,著作《张为庵先生诗文遗稿》1 卷,尚存;张经二弟张纮,字世卿,著作《张南墩先生诗文遗稿》1 卷,尚存;张经三弟张绘,字世观,著作《张素庵先生诗文遗稿》1 卷,尚存。张经之子张瞻,字惟慎,嘉靖三十五年(1556)进士,著作《尚书管见》,已佚;《张确斋先生诗文遗稿》1 卷,尚存。[1] 张绖,字世文,张经从弟,张绘从兄。张绖喜爱杜甫诗,著有《杜诗通》16 卷、《杜诗本义》4 卷,注释杜诗,但失于浅近。另有《诗余图谱》3 卷、《南湖先生诗集》4 卷等。[2] 清代官方评价张绖"诗多艳体,颇涉佻薄",对后世王象晋因秦观、张绖同为高邮人而将两人的作品合为《秦张诗余合璧》2 卷出版,直言"绖词何足以匹观",是不亦老子、韩非同传乎? 认为张绖的词不及秦观,不应与秦观词合璧出版。[3] 张绖之子张守中,字叔原,嘉靖四十一年(1562)进士,著有《明农录》,已佚;《中宪裕斋张公文集》1 卷、《诗集》4 卷、《附录》1 卷、《词集遗编》1 卷、附小曲 1 卷,尚存。张守中从弟张守谦,字益斋,著作《张益斋先生诗文遗稿》1 卷,尚存。张守中曾孙张廷枢,字天木,著作《寄庵诗集》,已佚,但他辑录的《高邮张氏遗稿》7 种 16 卷尚存。[4]

陆典,撰《南陵诗文集》。

孙兆祥,字省卿,号泰阶,理学家。著有《五似堂诗集》《格物论》《明善论》《天论》《良知论》《子臣心镜》等。

张应聘,字起莘。其子世华"藏其遗稿,邮人迄今传诵之"。

李士彬,字良华,号心斋。著有《乾象》《三易》《五经惩窒》诸书,刻有《集翠亭诗汇》,李春芳为之序。

撒祥,字致和。善诗,其诗雄浑蕴藉,所存虽断简残篇,然脍炙人口。

---

[1]　南京师范大学古文献整理研究所编著:《江苏艺文志·扬州卷(上册)》,第 614、616—617 页。

[2]　南京师范大学古文献整理研究所编著:《江苏艺文志·扬州卷(上册)》,第 615—616 页。

[3]　〔清〕永瑢、纪昀纂,周仁整理:《四库全书总目提要》卷二〇〇《集部五十三·词曲类存目》,第 1099 页。

[4]　《高邮张氏遗稿》包括张经、张纮、张绖、张绘、张瞻、张守中、张守谦的文集。南京师范大学古文献整理研究所编著:《江苏艺文志·扬州卷(上册)》,第 617—619、624—625 页。

陈三乐,字汝化,号云川。著有诗文并《四书讲章》。

陈九锡,字元晋,号澹生。著有《读礼纂》《澹庵集》《公移杂记》等书。

王震,字震之。著有文集1卷、诗集2卷、哀歌10章藏于家。

叶崇本,字元符,号象罔。著有《春秋合传》6卷、《问棘甖言》4卷、《易经讲意》3卷,另有大量诗文未刊。

余志坚,字贞吾。纂录《大学衍义》《通鉴提纲》《古今诗话》《词海说丛》《姓氏纂》《舆地考》《诸子喻言》《读书随笔》等书共数百卷。

张胆,字惟慎。著有《尚书管见》若干卷。

陈玉,字德卿。著有《友石亭集》4卷,另有奏议4卷藏于家。

张守中,字裕斋,刻书家。刻书较多,另有诗文遗集。

张廷枢,字天禾。著有《寄庵诗集》。

泰州

林春,字之仁,号东城。王艮弟子。著有《东城文集》传世。

陈相,字子邻。著有《蚓鸣稿》《同储文懿唱和集》。

凌儒,字真卿,别号海楼。著有《旧业堂集》行世。

顾廷对,号直斋。著有《尹湖末议》《江右奏疏》。

陈应芳,字元振。著有《静止集》《守愚归来录》《日涉园录》等。

朱成恕,字惟一。心学家。著有《就正臆记》10卷。

徐文台,著有《洞酌集》。

黄九河,字天涛。诗人。遗稿多散佚,邓汉仪《诗观》、沈德潜《明诗别裁集》录其诗多首。

陈志纪,字雁群。曾荟萃先儒《四书》精语,纂辑成编。又选三苏之警策者,细加评注,名曰《拔尤》,梓以行世。

刘希文,号翼斋。博涉群书,随手评骘,汇几充栋。

田狩龙,号钟宇。著有《明道大意》《良知说》《正心诚意解》《乐道歌》《劝学语》《教子格言》《圣谕注疏》《遁庵诗集》等。

丁士毅,字坚素。著有《广戒杀》《早嫁婢》传世。

陆舆龄,著有《西渚集》。

周命新,号明寰。著有《戒杀文》。

方苞,字白英。能文章,或兼及诗歌古文词,有诗集。

季来之,字大来。有《六要箴》以训子弟,临终有《自诀诗》,人多诵之。

石光霁,字仲濂。著有《春秋勾玄》,能传张以宁之学。

王艮,初名银,后改名为艮,字汝止,号心斋。心学家。著有《语录》《乐学歌》《孝悌歌》《求仁方》《格物要旨》《秋扇赋》《仁以为己任赋》等,流传甚广。后人辑为《明儒王心斋先生遗集》。

王栋,字隆吉,号一庵。王艮弟子。著有《一庵王先生遗集》,其中论学各诗编为《论学杂吟》。

王襞,字宗顺,号东崖先生、天南逸叟。王艮次子。遗著由后人辑成《明儒王东崖先生遗集》。受父亲影响,也是心学传人。其文学成就一般,但诗文也不乏佳句。

林春,字子仁,号东城。著有《林东城文集》2卷。

黄云,字仙裳,自号樵青。晚年穷困,益肆力于诗歌,东南持风雅者必宗之。著有《樵青集》《桐引楼集》《悠然堂稿》。

张文存,字存简。著有《杂稿》若干卷。

唐珊,字可珍。慕王艮之学,著有《质言集》《乡村解》。

罗汝芳,字惟德,南城人,客居泰州,师从王艮问学。

刘国柱,字则鸣,江西人,游学四方,后至泰州为州学生。私淑王艮,讲心性之学,著有《易宗》《三通衷略》《四书学史》《私史》等。

方志,字观如。幼年出家于天竺大讲寺,有《法华宗旨》《品节偈》等行世。

李存文,字应魁。诗文有金薤琳琅之誉,著有《馆课谏草》。

吴崇先,著有《世纶堂稿》《桂籍轩诗》。

王衷丹,字太丹。善诗,著有《朝寻斋集》。

袁懋贞,字九溓。著有《蒯缑集》和传奇《东郭记》。

章文斗,号月尘。攻古文词,曾参与修撰《维扬郡志》,并著有《镜古丛奇》《臆见》《心铭》《定海三赋》等。

刘九皋,字鹤亭。著有《焚余草》。

宫伟镠,字紫阳。崇祯十六年举人。手定康熙二十一年《泰州志》,著有《春雨草堂集》《入燕集》《史略词话》《宝吕一家词》等。

徐淑秀，自号"昭阳遗子"。著有《一叶落词》《闺闱雅颂》《绣榻余吟》，均已遗佚。今人编《扬州历代妇女诗词》《全明词》等集，对其作品均有收录。

通州

顾瑶，字公玉。博学多才，书法、文章往往流布大江南北，著有《行素园稿》《字学考训》。

陈宏裔，字文起。工五经子史、秦汉唐宋书，无不穷其阃奥。入国学，文名震京师。著有《苍雨诗集》《河南冀北书稿》。

姚继岩，字元肖。键户读书，工古文词，著有《海山集》。

孙幼登，字啸父。"尝游平康里，一时名妓皆持缣索诗，顷刻数十首，清新流丽，宛若夙构"。[1] 著有《苏门集》《五芝草》。

陈纯，字抱一。诗文雄骏有格，老而愈工。

吴照，字潜孺。诗文婉丽，书法甚遒。

汤不疑，字龚明。文词超乘，雄长艺林。

王醒之，字梦叟。其诗清微玄远，亹亹有致。

孙寅，字国正。著有《燕斋集》《洗心录》藏于家。

陈完，字名甫。著有《皆春园集》《海沙论草》《崇理编》等。

白思上，字伯升。著有《奚适斋集》《旭卉集》《轸转集》《桃花舫集》等，万历间刊刻行世。

姜山斗，字文河。学识渊博，凡天文、理数、兵农、卜筮之书，皆究极其义。于《周易》研究最深，著有《阐庸》，"能抉羲文周孔之秘"。[2]

胡澄一，字止水，号"古辣泉先生"。著有《诗年古今兼集》。

吕潜，字半隐，四川人，寓居通州。著有《吕潜草》。

刘之勃，字汉臣。其诗清新俊逸，不减庾信、鲍照。著有《藜吹阁集》。

凌相，字忠甫。著有《芹溪奏议》。

王锦，字日章。晚年工古文词，以诗文闻名于时。著有《雪峰集》数卷

---

[1] 〔清〕王继祖：《〔乾隆〕直隶通州志》卷一五《人物志下》。

[2] 〔清〕王继祖：《〔乾隆〕直隶通州志》卷一五《人物志下》。

藏于家。

钱嵘，精于诗文，其《悯黎咏》6首，颇负盛名。

凌渌，字水木，一字水道。著有《冰雪集》《携竹集》《灰愁课集》等。

沈明臣，字嘉则，四明人，寓居通州。著有《丰对楼诗集》40卷。

袁九淑，字君嬺，四川布政使袁随之女，适通州人钱良胤。著有《伽音集》。

兴化

□庸，号野堂，武威人，洪武初寓于兴化。著有《野堂集》。

李淦，字若金，号季子。博学，工诗文，著有《砺园集》等。

高谷，字世用，又字育斋。历仕永乐、洪熙、宣德、正统、景泰五朝，为明代名臣。著作有《育斋文集》等，现存《育斋先生诗集》17卷。[1]

宗周，字维翰，一字理庵。"于经传微言、古今帝王大略，得意会心，著为文字，以开示承学，得若干万言"。[2]

韩贞，字以中，号乐吾。心学家。著有《韩乐吾集》。

魏应星，号弇山。工诗，著有《弇山集》。

黄好信，有《墨斋诗集》。

袁继凤，字翰臣。"诗多近体，得唐贤气韵。才藻富赡，有拟唐宫词百首、卧游五百首"，后删其早年著作为《东海草堂诗集》。[3]

鲁唯一，字顽老。著有《红鹍诗抄》。

陆廷抡，著有《鸾啸堂集》2卷。

陆期范，著有《陆氏诗粹》2卷。

王中孚，字化远。著有《西野集》。

顾士奇，字伯常。著有《檀兮楼集》。

陆弥望，字道参。著有《省斋集》。

袁株，字子立。著有《古太极测》《定性识仁》诸书。

成廷珪，字原常。博学工诗，著有《居竹轩集》若干卷。

---

[1]〔清〕张廷玉等：《明史》卷一六九《高谷传》，第4533—4534页；南京师范大学古文献整理研究所编著：《江苏艺文志·扬州卷（下册）》，第784—785页。

[2]〔清〕梁园棣：《〔咸丰〕重修兴化县志》卷八《人物志》。

[3]〔清〕梁园棣：《〔咸丰〕重修兴化县志》卷八《人物志》。

薛伦,通《春秋》,工诗。

黄珙,字廷辉。著有《北征集》。

禹龙,字子化,一字凤河。工诗,被誉为"韵险语益峻,畴能或之先"。[1]

赵震,字元之。工诗。有诗稿,但已散逸,其《过荒祠》五言律见于方志。

陆中,字与权,自号懒渔。著有《蒲栖集》。陆清,字介夫,陆中后代,著有《西村野唱》。

陆弥垠,字道迥。著有《秋涯稿》。

王贵一,撰有《檀园诗文集》。

刘玠,字国珍,号墀石。著有《管窥集》。

沈霈,字伯雨。著有《雨田集》《孝顺卷》。

陆律,字子和。著有《从吾集》。

储氏,储瓘之女,适兴化孝廉成举。能诗,其《雨后绝句》云:"夭桃灼灼倚窗前,春色缤纷带紫烟。昨夜雨声来枕上,惜花人醒不曾眠。"

宝应

陈晟,洪武年间以能书荐入中书,与诰敕事,撰《赋颂》23卷、《平漠北诗》3卷。

施琳,字汝琛,自称林塘逸叟。工于诗歌。

朱方中,字道光,号雪楼,朱曰藩子。著有《镜心集》(亦名《镜心楼集》)。

朱应辰,字拱之,号淮海。朱讷次子。"才名与兄应登埒,当时比之云间二陆"。[2]著作有《淮海集》《逍遥馆漫抄》《淮海新声》等。

朱克生,字秋厓。曾著《武夷山赋》,"工丽名闻海内"。[3]著有《秋厓集》,藏于家。

刘永沁,字清之。多所著述,藏于家。

乔可聘,字君征。著《自警篇》《训子》诸书。

---

[1]〔清〕梁园棣:《〔咸丰〕重修兴化县志》卷八《人物志》。

[2]谢伯阳编:《全明散曲》卷二,齐鲁书社1994年版,第1258页。

[3]〔清〕徐翴修,〔清〕乔莱纂:《〔康熙〕宝应县志》卷一三《人物》,《扬州文库》第24册,第557页。

郑化中，字狄云。有《闻莺馆集》，"声调出入唐人，为朱九江所褒美"。[1]

张稷，字世用。著有《竹西稿》。

张□，著有《木侍楼集》。

刘心学，著有《四朝大政录》。

乔迈，著有《岁寒堂集》。

朱四辅，著有《铁轮集》。

朱宣，著有《运瓮集》。

赵开雍，字五弦。著有《东鲁草》《岭北草》《粤游草》。

梁以樟，字公狄，大兴人，流寓宝应。所著诗文理学诸书，皆手抄汇集，后多散逸。

仲氏，字云鸾，仲本孙女。著有《匪莪堂集》。

如皋

何瑭，字粹夫。著有《柏斋集》《儒学管见》《阴阳律吕管见》等。

许凤，号朱冈。著有《言性录》1卷。

严怡，字士和。藏书家，家藏图书积至万余卷。亦工诗文。

刘昌运，字明卿。著有《四书旨要》《诗经微言》《读史略》等。

朱装，字汝乘。曾受童蒙吉之聘，纂修县志，著有《江皋摘稿》《先儒要语》，藏于家。

曹铭，字屏西，号纯孺。著有《易洞随莽诗草》。

黄应征，字君求。为诗歌古文词，斐然有致，有《自娱斋诗集》行世。

张榜，字子登。著有《四书解》《五经解》《论神》《论性》《论心》。其书多散佚，流传稀少。

李士伯，字彦长。著有《潇湘馆》《香雪林》《髯叟堂》等书。

仪真

蒋宫，字伯雎。著有《栎轩诗文集》百卷。

蒋主孝，字务本；蒋主忠，字存恕，皆有文名。主孝有《樵林摘汇无题诗》，

---

[1]〔清〕徐䏈修，〔清〕乔莱纂：《〔康熙〕宝应县志》卷一三《人物》，《扬州文库》第24册，第558页。

主忠有《芙蓉诗》,皆广为流传。二人与长洲刘溥、邹亮等并列为"景泰十才子"。

黄瓒,字公献。著有《雪洲集》(或称《雪洲文集》),"诗多伉厉之响,文亦意境未深。《集》中载为山东巡抚时荐劾方面各官疏,于所纠之人俱其名,殆不欲暴人之短耶?"[1]

柳琰,字邦用。著有《东津诗集》。

李时开,字赟伯。著有《毛诗解意》《三百五篇》。

高尚志,字云溪。著有《性鉴节要》《五经约指》《东游集》。

陈济,字用仁,别号东庄。为阻止武宗南巡,七上奏疏,成《南狩谏章》。临终时著《六训》以勉励子弟。

林之翰,字尔宪。著有《龙沙会语》《澹台祠证学》诸编。

李尚华,字实夫。著《精一编》以诫其子。

张泉,字文昭。曾为官,后来弃官而归,结社赋诗,唱和成帙,所著有《益斋集》。

陈国光,字尚宾。有《蜀泉集》行世。

徐濂,著有《纬雯堂诗集》。

顾谦,字仲谦。著有《鲁斋稿》《爱梅轩稿》《遗芳集》。

高廷献,著有《古叶楼水香诗草》。

泰兴

朱昶,字明通,又字子溟,号雪江。著有《雪江集》,已散佚。康熙《靖江县志》卷十八收其诗2首。

张羽,字凤举。著《东田遗稿》2卷,"疏札文虽不多,皆切中时弊,方正之概犹凛然可见。诗亦规摹盛唐,不落纤巧之习。……羽之澹静峭直,又出天性,虽其博大富健不及李东阳诸人,排桀巨丽亦不及李梦阳诸人,而不为旧调之肤廓,亦不为新声之涂饰,肖心而出,务达所见而止,在诸作者中亦可以自为一队矣"。[2]

---

[1]〔清〕永瑢、纪昀纂,周仁整理:《四库全书总目提要》卷一七六《集部二十九·别集类存目三》,第938页。

[2]〔清〕永瑢、纪昀纂,周仁整理:《四库全书总目提要》卷一七一《集部二十四·别集类二十四》,第900页。

张□，字鹄举。著有《南溪遗稿》2卷、《南溪奏议》2卷。

张翀，字鹏举。著有《北渚遗稿》。

张□，字鹗举。著有《前江遗稿》。

张珹，字世琏。广读群籍，词翰美，且精书法，旁通医学，著有《西庄遗稿》《皇华集》等。

何棐，字辅之。著有《西征录》。

于志舒，字明醇。著有《绕指集》若干卷。

朱一冯，著有文集、诗集。

徐大绅，字见行。著有《孝经正解》《易旨玄珠》。

张蕃枝，字因植。著有《四书诗经合参》。

何南金，字丽泉。著有《悲华馆十笏斋集》。

海门

李元柱，字宸先。著有《待庵老人诗草》。

尧允恭，字克逊，海陵人。专意经传，邃于《易》，深得性命之理，著有诗文20卷。

夏裔，字禹若。著有《蕉雨轩诗文集》，藏于家。

崔懿文，著有《鹤楼闲啸诗文集》。

崔果行，著有《四书述字》《韵类集》。

二、戏曲评话

（一）散曲和戏剧

元代的散曲和戏剧合称元曲。散曲分为小令和套数，戏剧分为杂剧（北曲）和南戏（南曲）。散曲和戏剧在明代各有发展。

高邮人王磐，字鸿渐，著有《王西楼先生乐府》，是明代著名的散曲家。《王西楼先生乐府》存小令65首、套数9套。明代昆曲兴盛以前，散曲分西北派和南京派。西北派以豪放为主，康海是其代表；南京派以清丽为主，王磐是其代表。王磐的散曲精炼纯粹，令人回味无穷。[1]明代陈铎与王磐"并

---

[1] 罗锦堂：《读曲纪要》，《锦堂论曲》，台北联经出版事业公司1977年版，第540—541页。

为南曲之冠,时称二妙"。[1]虽被称作南曲之冠,但王磐流传至今的作品却都是北曲。王磐的代表作品《朝天子·咏喇叭》:

> 喇叭,唢哪,曲儿小腔儿大。官船来往乱如麻,全仗您抬声价。
> 军听了军愁,民听了民怕。那里去辨甚么真共假?
> 眼见的吹翻了这家,吹伤了那家,只吹的水净鹅飞罢! [2]

这支《朝天子》表面上是咏喇叭、唢呐,实际上是讽刺那些依仗喇叭和唢呐自抬身价、作威作福的宦官。喇叭和唢呐宣示这些装腔作势的宦官即将到来,军民听了都又愁又怕。末句将全曲推向高潮,"水净鹅飞"四字点出了百姓被欺压得倾家荡产的惨况。全曲无一字提到宦官,但通篇都在刻画宦官的丑态和他们给百姓带来的苦难。这支曲子语言平直明快,风趣幽默,讽刺入木三分,抒发情感酣畅淋漓,是小令中的佳品。王磐的作品除《王西楼先生乐府》外,还有《王西楼先生野菜谱》(不分卷)尚存,其诗集《西楼诗集》则存佚不明。[3]

　　元代戏剧艺术兴盛。明代在元代杂剧的基础上发展出了明杂剧,在南戏基础上发展了明传奇。与元代相比,明代杂剧日渐衰微。江南文人利用南戏的形式创作传奇杂剧,使南戏得以复兴。传奇较之杂剧,篇幅更长。杂剧一般只有4折,超过4折的部分叫作"楔子";每一折的歌曲一般都由一个人独唱,其他人物只能说白;杂剧每折都是一韵到底,不可以随便换韵,每折限用一个宫调内的曲牌。传奇不称"折"而称"出",有的传奇篇幅多至四五十出,比杂剧长得多,能够呈现更复杂、更完整的故事。传奇的每一出不像杂剧由一个角色唱到底,而是各个角色都可以唱,既可以独唱,也可以合唱。多人唱曲能比一人唱曲、其余角色说白更好地调动观众的兴趣。宫调有6宫11调,不同宫调表达的情绪不同。杂剧因不能更换宫调,故在表

---

[1] 〔清〕尤侗:《明史拟稿》卷六《艺术传》,清康熙刻本。
[2] 〔明〕王磐:《王西楼先生乐府》,明嘉靖三十年(1551)张守中刻本。"哪""您""净",多数版本作"呐""你""尽"。
[3] 南京师范大学古文献整理研究所编著:《江苏艺文志·扬州卷(上册)》,第613—614页。

达上受到很多限制。传奇可以换韵,不限宫调。杂剧用北曲曲牌,传奇多用南曲曲牌,北曲曲牌和南曲曲牌最早不能用在同一折里,但传奇打破了这个限制,开创了"南北合套"的办法,使曲调更加丰富。[1]情节曲折的故事、复杂的表现手法和丰富的曲调使明传奇吸引了更多观众。相较之下,明杂剧的没落也就在意料之中了。

明代扬州府的传奇作家主要有如下几位:

陆君弼,一名弼,字无从,江都人。曾参与《〔万历〕扬州府志》和《〔万历〕江都县志》的编纂,著有《正始堂集》《广陵耆旧传》《北户录补注》《芳树斋集》。在传奇作品方面,他与钦虹江改写的《酒家佣》,后由冯梦龙编定,定名为《墨憨斋详定酒家佣传奇》。[2]

王光鲁,字汉恭,江都人。撰有《阅史约书》,尚存。王光鲁著有传奇《想当然》,托名为卢楠所作。[3]

李长祚,字延明,兴化人,李春芳的曾孙。著有传奇《红叶记》《千祥记》《梅雪缘》《翠烟记》4 种,今已不存。[4]

程子伟,字正夫,江都人。著有传奇《雪香缘》,未见传世。[5]

传奇是昆曲的脚本。一直以来,南戏的声腔有海盐腔、弋阳腔、余姚腔、义乌腔、四平腔、乐平腔、太平腔等,扬州流行余姚腔。明世宗嘉靖年间,戏剧音乐家、昆山人魏良辅创造昆腔。魏良辅曾学过北剧声腔,后又转而研究南戏诸腔,深感海盐腔、弋阳腔等唱法没有什么意致,于是以北剧声腔和海盐腔的曲调为基础,吸收余姚腔、弋阳腔等,经过加工,创造了"昆山腔"。昆山腔原名水磨调,简称"昆腔",后因昆腔同时包括南曲和北曲,也被叫作"昆曲"。元明戏剧原本只有弦索乐器配乐,魏良辅加入了管类乐器,从此昆曲

[1] 罗锦堂:《元人杂剧略论》,《锦堂论曲》,第 47—55 页。

[2] 南京师范大学古文献整理研究所编著:《江苏艺文志·扬州卷(上册)》,第 61—63 页。

[3] 南京师范大学古文献整理研究所编著:《江苏艺文志·扬州卷(上册)》,第 81—82 页;罗锦堂:《明代剧作家考略》,陕西师范大学出版社 2017 年版,第 55 页。

[4] 南京师范大学古文献整理研究所编著:《江苏艺文志·扬州卷(下册)》,第 809—810 页。按,《留溪外传》卷六《李长祚传》作"字延溪",罗锦堂《明代剧作家考略》作"字延初"。见〔清〕陈鼎:《留溪外传》,清康熙三十七年自刻本;罗锦堂:《明代剧作家考略》,第 61 页。

[5] 罗锦堂:《明代剧作家考略》,第 101—102 页。

管弦俱备,乐调复杂。明穆宗隆庆末年、明神宗万历初年,昆山腔以苏州为中心向外发展,逐渐成为演绎南戏最重要的声腔。[1]

明代出现了戏曲家班,由私人出资蓄养、教习伶人,供家庭听戏娱乐之用。扬州是明后期昆曲演出的中心之一。随着经济的发展,扬州也出现了有财力供养家班的昆曲爱好者。

万历三十九年(1611),戏曲评论家潘之恒与李维桢同往扬州欣赏汪季玄家班的演出。汪季玄"招曲师,教吴儿十余辈。竭其心力,自为按拍协调。举步发音,一钗横,一带扬,无不曲尽其致"。汪季玄家班的演出颇受潘之恒欣赏,他不但观赏家班的演出长达10日之久,还写下13首品题诗。五年后,汪季玄将家班送给范允临,潘之恒对家班的精彩演出念念不忘,遂为13首旧作加上标题《广陵散》,以怀念万历三十九年的演出。[2]

除了汪季玄家班外,扬州郑侠如(郑元勋之弟)、扬州张永年、寓居扬州的山西盐商亢氏、泰兴季寓庸、泰州袁天游、兴化李长倩(李春芳曾孙)、如皋李之椿、如皋冒梦龄(冒襄祖父)皆有家班。[3]在外地的家班中,也有扬州艺人的身影。常熟人钱岱的家班有女优13人,其中冯观舍(原名冯观儿,又名翠霞)、张五舍(原名张五儿)都是扬州人,系钱岱辞官返乡时扬州税监徐太监所赠。冯观舍是外角,张五舍为二净,两人歌唱、舞蹈俱佳。[4]

(二)评话

评话又称评书、说书,是一种传统艺术。评话只说不唱,不用乐器。柳敬亭是明末清初扬州最著名的评话艺术家。

柳敬亭,泰州人,万历十五年(1587)生。本姓曹,名遇春(一说逢春),蛮横凶悍,不务正业。15岁时,地方官李三才下令缉拿柳敬亭等无赖,柳敬亭闻讯逃往盱眙。在盱眙,柳敬亭以说书为生,因为说得很好,很快就轰动盱眙,听客络绎不绝。后来,柳敬亭渡江前往江南,在江边的一棵大柳树下改姓为柳。云间(今属上海)莫后光擅长说书,曾指导柳敬亭。说书虽然是

[1] 傅惜华:《傅惜华戏曲论丛》,文化艺术出版社2007年版,第35—37页。

[2] 〔明〕潘之恒著,汪效倚辑注:《潘之恒曲话》,中国戏剧出版社1988年版,第211—217页。

[3] 林鑫:《扬州曲话》,陕西人民出版社2007年版,第142—149页。

[4] 董乃斌等:《笔梦叙》,《中国香艳全书》(第一册),团结出版社2005年版,第130—136页。

微不足道的技艺,但要说好书,需要区分人物的性格情态,研究风俗人情,感情的表达要细腻,紧要的关节要讲出迅疾的感觉,舒缓的情节要娓娓道来,故事的布局要层次分明。在莫后光的指导下,柳敬亭反复揣摩,苦练说书技巧。莫后光听柳敬亭说了 3 次书,一次比一次好。第三次听完后,他告诉柳敬亭,他的说书技巧已成,天下很少有能与他匹敌的说书人了。当时,扬州、苏州等地都有说书人,扬州人张樵、陈思及苏州人吴逸和柳敬亭都是说书名家,但柳敬亭是其中最著名的一人。[1]

　　明亡以前,柳敬亭大部分时间在金陵说书。他说书的排场很大,每天说一回书,定价是一两白银。如请柳敬亭说书,必须提前十天预定,即使这样,也常常预定不到。张岱听柳敬亭说武松景阳冈打虎,"其描写刻画,微入毫发,然又找截干净,并不唠叨。哾夬声如巨钟。说至筋节处,叱咤叫喊,汹汹崩屋。武松到店沽酒,店内无人,謷地一吼,店中空缸空甓,皆瓮瓮有声。闲中着色,细微至此。……其疾徐轻重、吞吐抑扬,入情入理、入筋入骨。摘世上说书之耳而使之谛听,不怕其不齰舌死也。"[2]

　　柳敬亭为人有侠气。崇祯十六年(1643),驻守安庆的杜弘域(又作杜宏域)为向驻守武昌的左良玉示好,也为了有人能在自己与左良玉之间斡旋,便请柳敬亭前往左良玉军中做清客。柳敬亭一诺无辞,前往左良玉军中。柳敬亭很快得到了左良玉的信任,不负杜弘域之托,消弭了左、杜二人之间的误会。[3]柳敬亭在左良玉军中的经历为他在江南文人间赢得了名声。明亡以后,柳敬亭仍以说书为业。这时,柳敬亭的说书已臻化境:"每发一声,使人闻之或如刀剑铁骑,飒然浮空;或如风号雨泣,鸟悲兽骇。亡国之恨顿生,檀板之声无色,有非莫生之言可尽者矣。"[4]柳敬亭擅长说《水浒传》《三国演义》《精忠岳传》《隋唐演义》,80 多岁时还为《板桥杂记》的作者余怀

---

[1]〔清〕吴伟业:《梅村家藏稿》卷五二《柳敬亭传》,四部丛刊本。

[2]〔明〕张岱撰,马兴荣点校:《陶庵梦忆》卷五《柳敬亭说书》,第 63 页。

[3]〔清〕阿克当阿监修,〔清〕姚文田等纂:《〔嘉庆〕重修扬州府志》卷五四《人物志九》,《扬州文库》第 7 册,第 1052 页。

[4]〔清〕黄宗羲:《南雷文定》卷一〇《柳敬亭传》,清康熙刊本。

说了一回"秦叔宝见姑娘"。[1]

三、书法、绘画与音乐艺术

琴棋书画历来是人们判断人才的重要标准,明朝时同样如此,而书法更为官方看重。"儒士善楷书"是明朝辟荐科目之一,"楷书入监"则是明朝选贡制度的组成部分。因此,善写楷书,是当时知识分子入仕的途径之一。如宝应人袁复,字仲仁,洪武间以工书荐授中书舍人。该县陈晟也以"能书"入仕,陆续担任过工科给事中、大理寺左寺丞、湖广佥事、吏部主事等职务。永乐四年(1406)至永乐八年,宝应县即有朱鼎、江宏道、江信、朱溥四人以"楷书入监"的形式被选任为官。正统十二年(1447),国家还曾专门下令各地贡楷书生员。

(一)书法与绘画

文献记载的扬州府在书画方面有造诣者为数不少,但并没有形成独立的书画流派。[2]下面对各书画家的情况略作介绍,以见其一斑。

1.江都书画家概述

方岑,字高伯。善书法,仿宋克,颇得其妙境。[3]

张恂,字稚恭,泾阳人,流寓江都。致力于古文词,工于绘画,"泼墨臻妙,风流蕴藉,倾倒一时"。[4]

李自奇,字季常。祖父于扬经商,遂为江都人。肆力于古文词,又工书法,"其书籀、篆、八分、行、楷、章草靡不攻,八分尤称入室。为岭南黎惟敬(黎民表)所赏,因倾其技授之"。[5]

杨寅,善书。永乐间被召入京,使书"令"字旗。旗高一丈有余,杨寅一挥

[1] 陈汝衡:《说书史话》,作家出版社 1958 年版,第 167—168 页。

[2] 明代扬州画家中同时具有士人和文人身份的不多。明代文人画风已占统治地位,评判绘画不仅看画技,更看重绘画者的文气和士品。因此,仅以画技为能的扬州画家们很难在这一领域取得话语权。见贺万里:《扬州艺术史》,第 118—120 页。

[3] 〔明〕张宁修,〔明〕陆君弼纂:《〔万历〕江都县志》卷一七《选举名贤传第四》,《扬州文库》第 9 册,第 155 页。

[4] 〔清〕李苏:《〔康熙〕江都县志》卷九《流寓》,《扬州文库》第 9 册,第 415 页。

[5] 〔明〕张宁修,〔明〕陆君弼纂:《〔万历〕江都县志》卷一八《名贤传第五》,《扬州文库》第 9 册,第 170 页。

而就,朱棣甚为满意,赐其金帛鞍马,命署泰州,推辞不受。工诗,有《胜慨录》。

汪浩,字德弘。万历《江都志》载:"少工绘事,国朝喜吴伟、戴进、杜堇诸家,而弱文待诏(文徵明),唐解元(唐寅)则其癖也。七言绝句诗类范石湖(范成大),乐府填词类马东篱(马致远),亦皆仿佛其人。"[1]

仰廷宣,字群常,号筠石。擅长山水画,绘画方法非同寻常:"凡作山水,先以水喂净几,铺纸于几上,用笔点染以取烟润之态,故云气磅礴,神妙独绝。"[2]身为文学家、画家的陈继儒曾评价说:"仰君常何在,天下画工皆其裔也。"[3]

周嘉胄,字江左,扬州人。曾总结数十年书画碑帖装裱的实践经验,著成《装潢志》,介绍装裱工艺的过程、技术、注意事项,以及对材料、工具、形式、规格等的要求。他提出了优秀装裱技师的4种能力:"补天之手,贯虱之睛,灵慧虚和,心细如发。"该书虽然和绘画方法、理论无关,但事关书画作品的长久保存,历来受到书画界重视。

韩默,字文适。"善法书,尤工临摹"。史可法驻军扬州时,"求法书最善者,乃延默至军门,以宾礼见。默援笔点画,尽二王"。[4]

江长庚,别号一石道人,先世歙人,徙居江都。嗜读书,善画。清朝顺治二年(1645),清军南下被俘。命其作画,"长庚立作《飞龙在天图》以进,烟云满纸,鳞爪欲动"。其名载于《古今画谱》,有《职思堂帖》行世。[5]

2.高邮书画家概述

汪广洋,工书,善篆、隶。

徐宗道,自幼工诗善书,文稿多散逸。王士光、苗嘉生(宝应人)与他多有过从,三人皆工于书法。其中苗嘉生字尤"遒古",李令楷赋《老笔行》赠之。徐宗道子善绘荔枝,同乡善画者尚有朱芝芳,所画虫草与南宋人所绘尤相似。

张绍庭,字近民,号中桥。性爱笔墨,工画兰竹,有宋人文同、郑思肖风韵。

[1]〔明〕张宁修,〔明〕陆君弼纂:《〔万历〕江都县志》卷一八《名贤传第五》,《扬州文库》第9册,第169页。

[2]贺万里:《扬州艺术史》,第117页。

[3]〔清〕彭蕴璨:《历代画史汇传》卷四九,清道光刻本。

[4]〔清〕陆朝玑修,〔清〕程梦星等纂:《〔雍正〕江都县志》卷一五《人物志二》,《扬州文库》第10册,第321页。

[5]〔清〕李苏:《〔康熙〕江都县志》卷九《方技》,《扬州文库》第9册,第414页。

张霖,号小痴,吴人,寓居高邮。精于书画,其书法尤长于小楷、篆、隶,画"亦入妙品"。当时高邮有刘勋,号饮仙,善草书;兴化有陆洙,号沧浪,善诗,为人皆狂放不羁。张霖心慕两人,遂居于高邮。[1]

刘叔雅,"画《放牛图》入妙,时人比之戴嵩,载《画史会要》中"。[2]

3.泰州书画家概述

王衷丹,字太丹。善书法,"仿怀素,萧疏放旷,求者恒满户外"。[3]

程赞,字易三。"工山水,运笔高浑,名载《吴陵画谱》中"。[4]

程通,字子邈。工画,终日手不释笔,与程赞齐名。

郭化淳,盐城人,侨居泰州。擅书法,所书碑碣一直为后人所临摹。

李存文,字应魁。"诗、文并书法,称为三绝"。[5]

张桐,号凤楼。"工书法,为世珍重,日以临池为务,七十外犹操管运腕如飞"。[6]

4.通州书画家概述

汤有光,字慈明。"善弈,尤善书。书仿孙过庭,翰墨淋漓,人多宝爱"。[7]

顾养谦,字益卿。"诗文、书法并擅绝长"。[8]

凌飞阁,字尚卿。去职后以诗酒为事,工楷书。

李之达,字武东。擅著作,尤工书法。

————————————

[1] 〔清〕张德盛修,〔清〕邓绍焕、汪士璜等纂:《〔雍正〕高邮州志》卷八《寓贤传》,《扬州文库》第 20 册,第 455 页。

[2] 〔清〕冯馨增修,〔清〕夏味堂等增纂:《〔嘉庆〕高邮州志》卷十《人物志》,《扬州文库》第 21 册,第 454 页。

[3] 〔清〕金镇原本,〔清〕崔华、张万寿续修,〔清〕王方岐续纂:《〔康熙二十四年〕扬州府志》卷二五《人物三》,《扬州文库》第 4 册,第 514 页。

[4] 〔清〕王有庆:《〔道光〕泰州志》卷二六《人物》。

[5] 〔清〕尹会一纂修,〔清〕程梦星等纂:《〔雍正〕扬州府志》卷三一《人物四》,《扬州文库》第 5 册,第 557 页。

[6] 〔清〕褚世暄:《〔雍正〕泰州志》卷六《人物志》。

[7] 〔清〕雷应元纂修:《〔康熙三年〕扬州府志》卷一八《人物志下》,《扬州文库》第 2 册,第 378 页。

[8] 〔清〕王继祖:《〔乾隆〕直隶通州志》卷一四《人物志上》。

胡介,字汝方。"长于四六,工小篆,笔法遒劲"。[1]

吴照,字潜儒。"为人清奇,性嗜酒。书法遒劲,尤善丹青"。[2]

包壮行,字稚修。擅画梅花、水墨竹石,南京博物院藏其《松柏祝寿图》。[3]

5.兴化书画家概述

解琇,字廷华。能诗善画,永乐时曾受命画报恩寺廊壁。

卢罿,字斯中,盱眙人,寓居兴化。善草书。

陆阊,字伯阳。善诗,工山水画,著有《续古乐章》《友兰集》,俱散佚。另尚有手抄本《古能书人》,清代尚存。其弟陆颙更是诗书画三绝,书法得"专对之体,为时所称";[4]绘画"擅画人物,精采奕奕"。[5]

张齐,长安人,原籍兴化。晚年究心佛学,并研究诗歌、书法。书法尤喜赵孟頫,能得其梗概。

徐来复,字民上,又字改之。善为古文诗歌,书法卓异,风格仿王献之。

高谷,长于书法,其书体清秀俊雅,颇为人爱,但并不以书法闻名。

苏介,善草书。

陆瑄,善画山水、人物、草虫、花鸟。陆炎,陆瑄弟,善画马。陆锡,陆瑄子,善花鸟。

陆沄,善画鱼。

陆灌,字敬夫。善画龙。

魏天麒,工墨竹,得夏泉真传。

简诏,工山水人物,笔势欲飞。

陈动,善画山水。

6.如皋书画家概述

黄经,字济叔。"善画,得倪(瓒)、黄(公望)遗意,犹留心篆籀之学"。

[1]〔明〕林云程、沈明臣纂修:《〔万历〕通州志》卷七,《四库全书存目丛书·史部》第203册,第223页。

[2]〔清〕王继祖:《〔乾隆〕直隶通州志》卷二二《杂志》。

[3]〔清〕彭蕴璨:《历代画史汇传》卷一九;中国古代书画鉴定组编:《中国古代书画图目》(七),文物出版社1989年版,第270页。

[4]〔清〕黄虞稷:《千顷堂书目》卷一八《别集类》,上海古籍出版社1990年版,第489页。

[5]〔清〕徐沁:《明画录》卷一,中华书局1985年版,第5页。

受知于周亮工,"谓其印章入神品",黄经由此名闻天下。[1]著有《六书定论》30卷、《艺苑征言》4卷、《品画塵谈》2卷。

黄应征,字君求。"尤善真、草,颇得右军(王羲之)、大令(王献之)笔法,隶、篆亦能擅长"。有《自娱斋诗集》行世。[2]

石之冕,字季孺。以诗画著称于时,工美人图。

钱彻,字大经。擅长绘画,尤精于画鱼,为人所珍视。

谭翀,字子羽,能诗善画。心慕文徵明画,拜其为师,遂工其法。

郜琏,字友夏,号方壶。性喜游览山水,"凡吴、越、闽、广攒峦幽壑,千百年无人问津者,鲜不游览而记述焉"。善画,山水学董源、倪瓒、黄公望,曾绘《芭蕉图》1幅,由日本贡使带入该国,是以日本有"郜蕉"之名。[3]

7.仪真书画家概述

王维宁,字江门。以诗赋闻名,尤工书法,前来求书者络绎不绝。有一笔不如古法,必毁弃重写,且用自家纸张予以补偿。后来日渐贫困,有人劝他卖字为生,答曰:"吾学书岂为口腹计耶?"其弟维亮亦工草书,时人称为"二王"。[4]

刘爵,字阳湖。追随谭翀学文徵明画,颇得其妙。其子刘之卿、刘之印,孙刘世珍,均有画名。

吴洵美,字冲符,号南郭老人。善书,"学书刻意临摹,尝言点画波撇不通六书之理,书不能工",有法帖传世。[5]

蒋松,号三松,明初御医蒋武生后人。工山水,其画取法米芾。其子蒋久亦善画。

---

[1]〔清〕金镇原本,〔清〕崔华、张万寿续修,〔清〕王方岐续纂:《〔康熙二十四年〕扬州府志》卷二六《人物四》,《扬州文库》第4册,第545页。

[2]〔清〕杨受延等修,〔清〕马汝舟等纂:《〔嘉庆〕如皋县志》卷一七《列传二》。

[3]〔清〕金镇原本,〔清〕崔华、张万寿续修,〔清〕王方岐续纂:《〔康熙二十四年〕扬州府志》卷二五《人物三》,《扬州文库》第4册,第515页。郜琏生卒年无考,有说其为清人。但本志中有"因前朝以科贡官人,自嘉、隆以后不由两榜出身者,概不除授正印,以故参军"之语,故当为明人。

[4]〔清〕尹会一纂修,〔清〕程梦星等纂:《〔雍正〕扬州府志》卷三一《人物四》,《扬州文库》第5册,第559页。

[5]〔清〕陆师修纂:《〔康熙〕仪真志》卷二二《列传四》,《扬州文库》第17册,第581页。

陈宽,字重德。善写真,其子陈樽继其业,父子俱精。

景旸,字伯时。诗文之外,亦善书法,篆书仿元代周伯琦,颇得其风骨,为明代书法名家之一。

郑元勋,字超宗。于绘画深有造诣。其山水画仿元代吴镇,作品《临沈石田水墨山水》作于崇祯四年(1631),纵125.5厘米,横52厘米,现藏苏州博物馆(编号苏1-220);《为镜月作山水》作于崇祯十四年(1641),现藏苏州博物馆(编号苏1-221);作于崇祯七年的《纪游山水图》现藏南京博物院(编号苏24-0363)。其《仿北苑山水图》"笔墨飘动,元气淋漓,颇得儒雅之气"。[1]

8.泰兴书画家概述

曹岳,字次岳。"擅丹青,风格秀逸"。后以画技高超,应诏入内苑,在测试中名列第二。[2]

王穉登,字百谷,太原人,寓于泰兴。善书,草书尤称一绝,"人得其只字,莫不甘琼藏之"。[3]

9.宝应书画家概述

朱尔浑,字叔同,号无尔道人。终身手书且刻《金刚经》。工书法,时人珍之。

吴承嘉,擅长书法,篆书、隶书、八分书、行书、楷书、大字、正草等各种书体,无不精通。因名冠一时,所以墓碑、版刻、金石文字,乡人多请其书写。文徵明对其书法尤为欣赏。

陶成,字懋学,自号云湖仙人。宪宗成化间进士,以绘画闻名,"作山水、花鸟、人物,皆有古法"。[4]年少时从师学画,绘其师妻女,皆逼真神似,但因此被逐出师门。善花鸟、人物,所绘芙蓉堪称神品。然为人性情乖张,难以捉摸。有富人欲求其画,不敢直言,遂于陶成所经之所遍种芙蓉,秋日万花

---

[1] 贺万里:《扬州艺术史》,116页。

[2]〔清〕王继祖:《〔乾隆〕直隶通州志》卷二二《杂志》。

[3]〔清〕凌圬、张先甲:《〔嘉庆〕重修泰兴县志》卷五《人物》。

[4]〔明〕杨洵修,〔明〕徐銮等纂:《〔万历〕扬州府志》卷一八《人物志下》,《扬州文库》第1册,第596页。

竞放,陶成大喜。而此人已事先备好缣素,陶成速成芙蓉图20幅,痛饮而归。弘治十一年(1498),同其妻叔父朱应登赴会试。考前三日,闻张家湾丁香盛开,遂买车独往,于花下痛饮五日,以致错过考期。朱应登中式后,绘《丁香图》以赠。其同乡郑本、刁锐等临摹其画,皆名显一时。其后,江都汪浩、仪真谭翀、蒋松均以画名,三人亦受陶成影响。程敏政称之为"才子"。其书画诗词较少外传,时人得之,如获至宝。诗擅五七言,书擅篆隶。

郑本,善画。时人徐渭有《题郑本画菊竹卷》《再题郑本白兔》两诗,前诗有"独有此卷吹香风""传子传孙传复传"之语,足见其珍视。

明代扬州出现了女性画家。如维扬名妓仲爱儿,善画兰花。[1]卢秋水妻谢氏,扬州人,著有《鹣鹣集》,能诗能书,尤工竹石。[2]画家陈洪绶的侍姜胡净鬘,扬州人,善画花鸟。崇祯十六年(1643),陈洪绶纳扬州人胡净鬘为姜。陈洪绶携胡净鬘到扬州铁佛寺看红叶,指导胡净鬘画了一枝红叶挂在帐中,戏称此为"扬州精华"。陈洪绶、胡净鬘的《梅竹山水》现藏苏州博物馆(编号苏1-208)。[3]

书画的载体纸和绢质地脆弱,不能长久保存。明代的书画鉴赏家、收藏家对书画的保存和修复有很高的需求。书画装裱,明代称为"装潢"。著名文学家王世贞收藏字画极多,深知装潢对字画的重要性。当时,苏州汤氏、强氏都是装潢高手,也是王世贞的座上宾。[4]扬州人周嘉胄字江左,是装潢高手,他不仅善于修复古字画,还写下了我国书画史上第一本系统研究论述装潢方法的专著《装潢志》。《装潢志》详细介绍了"审视气色、洗、揭、补、衬边、小托、镶攒、覆、上壁、下壁、安轴、上杆、上贴、贴签、囊"装潢全过程,并对装潢过程中的问题提出了解决方案。他指出装潢也要注意气候和裱房环境,气候以天凉未寒为宜,裱房的环境要温润而虚明。书末仿照《辍耕录》的"画有十三科"说,提出"裱背十三科"。周嘉胄说,"装潢者,书画之司命也",装潢的好坏决定了字画能否长久保存。《装潢志》是周嘉胄多年装潢实践的

---

[1]〔清〕彭蕴璨:《历代画史汇传》卷七一。

[2]　胡文楷编著:《历代妇女著作考(增订本)》,第206页。

[3]　黄涌泉编著:《陈洪绶年谱》,人民美术出版社1960年版,第76页。

[4]〔明〕周嘉胄:《装潢志》,清康熙《昭代丛书》本。

经验之作。他刊刻《装潢志》，也是为了唤起海内同好者共同保护字画。[1]

（二）琴棋音乐

何坚，字叔节，江都人。"援李阳推律以分五音，制器候气，验律听声，传之世"。[2]

方新，江都人。善弈。六七岁时，即能助其父方选与人对弈，颇有章法。稍长，弈技为全郡之冠。时王世贞弈技称海内第一，过扬邀方新对弈，首日能胜一子，次日平分秋色，三日则称劲敌。当时，闽地有蔡生，越地有岑生，与方新鼎足而三，但两人均爱惜名声，不肯与方新一决高下。王世贞著《弈旨》，推颜子明、鲍一中、程汝亮为一品，其中未列方新姓名，时人颇有微词。据说，永嘉著名棋手徐希圣游广陵，不幸客死于此，方新恰于是日出生。方新弈技如有神助，时人称他是徐希圣的后身。

潘应诏，字六冶，兴化人。撰有《律吕考正》《六冶集》。

张岩，兴化人。善鼓琴，兴化县以琴名者，以张岩为第一。游历京师，严世蕃久闻其名，以金钱招揽，张岩拒之。后移居扬州府城。

陆海，字宽夫，兴化人。琴棋星卜无出其右者。

薛伦，字淑道，如皋人。能诗，善鼓琴。

郜琏，字友夏，号方壶，如皋人。善琴，曾奏《梅花三弄》，"知音者以为《广陵散》复在人间"。[3]

高晞远，字照庵，通州人。"尝手裁竹为管，以定五音六律，进退疏数，细微无差"。

庄大纲，通州人。善弈，后成国手，四方拜师学艺者络绎不绝。

沈明臣，字嘉则，四明人。寓居通州。善琴，"尝以秋鸿一操，致双鹤舞于庭"。[4]

　[1]　姜龙、董玉海主编：《扬州历代名著》，广陵书社 2017 年版，第 162—163 页。

　[2]　〔明〕张宁修，〔明〕陆君弼纂：《〔万历〕江都县志》卷一七《选举名贤传第四》，《扬州文库》第 9 册，第 161—162 页。

　[3]　〔清〕金镇原本，〔清〕崔华、张万寿续修，〔清〕王方岐续纂：《〔康熙二十四年〕扬州府志》卷二五《人物三》，《扬州文库》第 4 册，第 515 页。

　[4]　〔清〕王继祖：《〔乾隆〕直隶通州志》卷一五《人物志下》。

孙幼登,字啸父,通州人。"浪迹吴越间,遇异人王元阳授以啸旨。每作鹤啸,野鹤皆应声而来,遂以啸名",[1]是一位擅长口技的艺人。

李潜昭,字梅舟,海门人。工音律,擅篆刻。

邵潜,字潜夫,如皋人。著有《皇明印史》。今研究者称其为"篆刻怪杰",并评论其著作说:"从篆刻艺术的角度来看,《皇明印史》则取得了极大的成功,是邵潜通过篆刻实践力矫明末复古摹拟之风的呐喊,并具有极大的艺术价值。"[2]

第三节　科学技术与其他文化事业

明代扬州府工商业发达,为科学技术的发展奠定了良好的经济基础。明朝中期以后,传教士东来,在传播宗教的同时也带来了西方的科学技术,这对明代扬州的科技发展也有一定的影响。明朝中期,商品经济日渐发展,市民阶层发展壮大。扬州作为当时的经济中心之一,这种变化尤为明显。新阶层的产生,改变了原来纯朴的生活方式,人们开始追求生活、劳作上的便利,这也为科技发展提供了动力。

一、名医与医书

终明一代,大多数帝王对神仙长生、巫术导引之说持否定态度,对医学发展则表现出较多重视。洪武二年(1369),朱元璋下令对医圣及历代名医进行祭祀。嘉靖间,曾于京师建三皇庙,作为专门的祭祀场所,并委派太医院官员负责主持祭祀活动。在人才选拔上,明朝有"医举"之设,著名者有建文时戴思恭、弘治间吴杰、万历时李时珍等。医疗机构方面,明朝在中央设置太医院、御药局等机构。洪武三年,明太祖下诏在地方上建立惠民药局,府设提领,州县设官医,对军民贫病者施医给药。洪武十七年(1384),再令各府、州、县建医学,分别设正科、典科、训科作为主管官员,负责医疗人才培养和其他事务,大致形成自上而下的医政管理机构。

---

[1]〔清〕王继祖:《〔乾隆〕直隶通州志》卷一五《人物志下》。

[2] 于天池:《明末清初篆刻怪杰邵潜及其〈皇明印史〉》,《古籍研究》2003 年第 2 期。

扬州府各州县依据国家规定,设立医学和惠民药局。万历时,扬州府医学位于府署门右,江都惠民药局位于府城北门,仪真医学和惠民药局均位于澄江桥东,泰兴医学在儒学东侧,高邮医学在高公桥北,宝应医学在县东南角,泰州医学在州西南淤西河附近,通州医学在州城南门内,海门县医学设在西水关。此外,为传播医学,便利百姓,官方和私人还刻印了不少医学著作,如江都王朝相所刻《便产痘疹合并方书》、兴化李齐芳刻《幼科图诀医方辑要》、范凤翼所刻《经络图说》、江都葛澄所刻《伤寒明理论》与《方论》、江都周于藩所刻《小儿推拿仙术秘诀》等,在医学事业方面都起到了一定的作用。

社会上层的重视,营造了良好的医学环境。明代扬州府涌现出为数不少的名医和医学著作,略述如下:

滑寿:字伯仁,仪真人。一生行医遍及各地,在淮南地区称滑寿,在吴地称伯仁,在鄞称撄宁生。曾师从旅居仪真的名医王居中问学,精研《难经》《素问》,并分类注释写成《难经本义》《读素问钞》等著作,深得两书意旨。精通经络理论,能以针灸治疗难产等多种疾病,《十四经发挥》是其经络理论的代表作。[1]医术高超,传说他行医经过姚邑青山何家闼,见村民所抬棺木内有鲜血流出,遂请开棺医治,竟然起死回生,遂有神医之称。医德高尚,行医治病从来不计报酬,在吴楚地区享有盛名。

殷榘,字度卿,仪真人。万历十一年(1583),仪真爆发大规模瘟疫,部分民户全家病倒。殷榘不分昼夜巡查诊疗,数千百姓得以全活,而自己分文不取。据说殷榘一次路遇送葬队伍,见棺内有鲜血流出。抬棺者说,棺中为孕妇,因难产而死。殷榘言棺中之人未死可救,遂以针刺孕妇心侧,一子诞生,孕妇亦渐苏醒。殷榘解释说,此儿在母腹中以手握母心,致母疼痛昏迷,以针刺儿,儿痛必放手。众人视儿掌心,果然有针痕。[2]

周从鲁,字思贤,高邮人。精于医术,"诊脉能预知人生死早暮"。其治病不仅依靠汤剂,还有很多独特的治疗方法,"抱危疾求疗者,多不药而愈",

[1]〔清〕尹会一纂修,〔清〕程梦星等纂:《〔雍正〕扬州府志》卷三三《人物六》,《扬州文库》第5册,第601页。

[2]《〔嘉庆〕重修扬州府志》(《扬州文库》第7册,第1050页)力辩此事不实,可能是民间为证明殷榘医术高超而编造出来的故事。

高邮人敬之如神。因其仗义疏财,虽然诊治病者甚多,但家境却甚为贫寒。他还曾教人酿造五加皮酒,以去湿疾,在高邮民间长期盛行不衰。可惜周从鲁死后,其术不传。[1]

蒋武生,字用文,仪真人。博读医书,精于医术,著有《治效方论》。洪武时,戴原礼为太医院院使,推荐其担任御医。永乐间,朱高炽以太子监国,蒋武生每日服侍左右,而汉王朱高煦亦只服用他所进的汤药。朱高炽曾询问他怎样"保和"。蒋武生说,关键"在养正气,正气完则邪气无自而入"。又问其施药疗效缓慢的原因,对曰:"善治者必固本,急之恐伤其原,圣人所以戒欲速也。"不久,迁官太医院判,以病乞归,未及归而卒,享年74岁。朱高炽派人护送灵柩至南京,并赐谥"恭靖"。明初诸臣多无谥号,而蒋武生独有。朱高炽在诏书中说:"有朕在,必不使尔子孙失所。"[2]足见对其医术、人品的极度推崇。傅维鳞《明书》简要评论其生平说:"用文能视病制方,性谨愿恭恪,有行义,达世务,事东宫每效规益。卒之明年,仁宗赠太医院使,谥恭靖,官其长子主善为院判。明朝称医方,以用文为最。"[3]

黄瑞,字楚祥,仪真人。英宗正统初年,受征召为太医。代宗景泰年间,因受太医院使董肃推荐而得代宗召见。自是后宫有疾,多召黄瑞诊治。英宗复辟后,升为御医,赐修职郎,并统领从地方招来的名医。宪宗成化年间,升为南京太医院院判,卒年79岁。其孙黄应夏,亦精于医。[4]

张荣,字伯仁,常山人,居于如皋。精于医术,前来求医者络绎不绝,而张荣"刀圭所投,其应如响",多能妙手回春。嘉靖中,倭寇进犯,明军内部发生瘟疫。张荣配制药物投放军中,救人无数,时人称为"张神医"。[5]

---

[1] 〔清〕冯馨增修,〔清〕夏味堂等增纂:《〔嘉庆〕高邮州志》卷一〇《人物志》,《扬州文库》第21册,第454页。

[2] 〔清〕阿克当阿监修,〔清〕姚文田等纂:《〔嘉庆〕重修扬州府志》卷五四《人物志九》,《扬州文库》第7册,第1049页。

[3] 〔清〕傅维鳞辑:《明书》卷一五一《蒋用文传》,《四库全书存目丛书·史部》第40册,第252页。

[4] 〔清〕阿克当阿监修,〔清〕姚文田等纂:《〔嘉庆〕重修扬州府志》卷五四《人物志九》,《扬州文库》第7册,第1049页。

[5] 〔清〕王继祖:《〔乾隆〕直隶通州志》卷二二《杂志》。

沈露,字苓田,兴化人。精通医术,世宗嘉靖间供职于太医院。世宗曾有疾,10余日不能饮食,诸医束手无策,遂召沈露前往诊视,一药而愈。后升任太医院院判,并奉命校正医典。[1]居京师,凡前来求医问药者,不论贵贱,皆尽心诊治。高拱、王锡爵、李春芳等高官均有诗作相赠,对其医术与医德深表推崇。

李瞻,号小塘,仪真人。最善眼科。有一卞姓人双目肿胀,久治不愈,求医于李瞻。李瞻说,你的眼病易治,只怕火气延伸至大腿,10日之间必将暴发。此人遂每日担心大腿生病,而眼疾则一药而愈。又有一人气虚,视物模糊,用苓术则眩晕。李瞻说,用沸水浴足,可不药而愈。果如其言。有人问其原因,李瞻解释说,性情暴躁之人不耐疾病,心情愈躁则眼疾愈重,所以转移他的注意力,则眼疾自愈。气虚之人荣卫不和,涌泉穴位于足底,热之可使血气上达于泥丸宫,气血和则药效始著。又有李节钺者,其妾患眼疾,李瞻说,只要眼睛里的脓排出来,即可自愈。对方担心毁容。李瞻说,用虎睛调药,则脓从鼻出,不损颜貌。试之果然。又有王某双瞳反背,几近失明。李瞻令其端坐,置书于案前,用金针从脑颊刺入,一次病人可见黑影,两次可见道路,三次则书上笔画朗然入目,王某赞其术为神授。有茶僮不慎炉灰入眼,李瞻命人捆其于柱,以手探入其眼寸许为之清洗,其疾立愈。著有《育神夜光丸方》《莲子金针》《鼠尾金针》等著作,当时流传甚广。[2]

傅仲良,泰州安定乡人。洪武某年冬遇一人,饥寒交迫,遂携至家中。此人行前,以一纸书药59种以作报答。傅仲良乃"依方制药,遇有风症者,治之辄效,名曰'急风一字散'"。此方一直流传。[3]

邵斌,字琇之,高邮人。自其曾祖邵文卿至邵斌,四世行医,医术益趋精湛。景泰初年,冢宰赵公巡抚江淮,身染奇疾,众医束手无策,但邵斌以一药而愈之。赵遂推荐邵斌至朝廷,太医院以表里攻守方试之,邵斌应对如流,

---

[1]〔清〕阿克当阿监修,〔清〕姚文田等纂:《〔嘉庆〕重修扬州府志》卷五四《人物志九》,《扬州文库》第7册,第1050页。

[2]〔清〕阿克当阿监修,〔清〕姚文田等纂:《〔嘉庆〕重修扬州府志》卷五四《人物志九》,《扬州文库》第7册,第1051页。

[3]〔清〕褚世暄:《〔雍正〕泰州志》卷七《方外志》。

授予高邮州医学典科。另有高邮吴钺,字惟善,正德时任职太医院,医术高超,曾得朝廷赏赐。[1]

　　盛宗祯,字心国,宝应人。"于医无所不通,幼科尤神异。儿之未患痘也,宗祯视耳纹,辨黄紫曲直,验迟速轻重,可治不可治,百不失一"。其治痘,"辨虚寒实热,虚寒者,人参主之;实热者,紫草主之。有服至数斤者,症愈险,收功愈奇"。[2]

　　刘松泉,仪真人。世代行医,医术高明且医德高尚。其弟食鱼羹,鱼鳞塞喉,可言,不可吞咽。刘松泉命取象牙磨粉,和沸酒饮下,其症始解。刘松泉解释说:"鳞轻,言出则肺气冲之而开,物入则闭。象,龙种,能化诸骨角,沸酒下之即融耳。"[3]

　　吴晋,字晋明,通州人。精于医学,"凡摈于死者,舁而就视之,得一药辄起"。全椒人吴国对身染重疾,闻吴晋盛名,遂邀至家。吴晋为之"起沉疴,遂订终身交"。[4]其子吴道淳亦精于医学,入清后曾任职太医院。

附录:明代扬州其他医士与医书

　　除上述医士、医书之外,文献中还有一些零星记载,附录于此,以备考核。

　　陈君佐,江都人。擅长医术。洪武初曾担任御医,永乐时弃官,于武当山中卖药为生,能以《易》为人占卜,后卒于山中洞穴。

　　周于藩,江都人。精于医学。著有《厘正按摩要术》《秘传推拿要术》等。

　　方选,字以贤,江都人。精于医。

　　潘弼,字应征,兴化人。精于医学,著有《医学运气考正》和《删次内经》。其子潘应奎能诗工医。

　　[1]〔清〕阿克当阿监修,〔清〕姚文田等纂:《〔嘉庆〕重修扬州府志》卷五四《人物志九》,《扬州文库》第7册,第1050页。

　　[2]〔清〕徐鑅修,〔清〕乔莱纂:《〔康熙〕宝应县志》卷一五《人物》,《扬州文库》第24册,第582页。

　　[3]〔清〕陆师修纂:《〔康熙〕仪真志》卷二二《列传四》,《扬州文库》第17册,第581页。

　　[4]〔清〕王继祖:《〔乾隆〕直隶通州志》卷二二《杂志》。

解桢，字应坚，号芦河，兴化人。著有《儒门医学便览》。

郭忠，兴化人。著有《伤寒直格》。

陈沄，字丹羽，兴化人。10岁读《本草纲目》，每遇其他医师束手无策之奇疾，沄一言剖决，病立起。尤能诊脉知休咎。

沈辰，字用维，兴化人。精于医学。

胡仲礼，仪真人。精于太素脉，闻名当时。

姜峨，字如冈，仪真人。精于医。万历间，仪真大疫，姜峨触手即验。医德高尚，贫乏者分文不取，且给予帮助。

李杜，字思齐，仪真人。传其父李伯楼之业，父子均以医名。

徐尔贞，字介石，泰州人。精于医学，著有《医汇书》行世。

韩士文，泰州人。医术高明，且善诗文，著有《休休楼集》。

皇甫真人，炼丹于泰州仙源万寿宫，有皇甫真人药，俗称为"一块气"。

陈范，通州人。究心岐黄之书，乡里苦疫，范手调药饵以饮，病者无不愈。

仲泉，宝应人。英宗天顺初诏征天下名医，仲泉入选，授太医院院判。

仲兰，字维馨，宝应人。工医，兼善书法，任太医院使，加尚宝寺卿，进通政使司右通政，掌院事。

冯鸾，通州人。精岐黄之术，民有疾，请方辄效，有神君之称。著有《医学大成》《伤寒统会》《医说补遗》等。

如皋卖药人，万历四十二年（1614），有卖药人至如皋市中，正逢两人抬一伤者求医。伤者满身皆刀斧伤痕，头颈部尤甚。卖药人遂置其头于膝上，以药涂抹，伤者即时恢复视听，可见其医术之高超。

二、其他科技与实学

（一）农业科技

何坚，字叔节，江都人，在水利、音乐方面都有造诣。曾买田射阳，"仿古沟洫经纪，灌注流泄，以资旱潦，如古井田法"。著有《漕渠七议》，为当局采纳，是一位水利专家。[1]

---

[1]〔明〕张宁修，〔明〕陆君弼纂：《〔万历〕江都县志》卷一七《选举名贤传第四》，《扬州文库》第9册，第161—162页。

王磐,高邮人,撰《野菜谱》1卷,徐光启《农政全书》卷六十《荒政》收录之。作者自序说:"正德间,江淮迭经水旱,饥民枕藉道路,有司虽有赈发,不能遍济,率皆采摘野菜以充食,赖之活者甚众,但其间形类相似、美恶不同,误食之,或至伤生,此《野菜谱》所不可无也。予虽不为世用,济物之心未尝忘。田居,朝夕历览详询,前后仅得六十余种,取其象而图之,俾人人易识,不至误食而伤生。且因其名而为咏,庶几乎因是以流传,非特于吾民有所补济,抑亦可以备观风者之采择焉。"可见此书是作者有为而作。为适应下层民众的阅读需求,该书不但画有野菜形象图,而且采用歌谣形式,可谓别具一格,如:

《猫耳朵》:"猫耳朵,听我歌。今年水患伤田禾,仓廪空虚鼠弃窠。猫兮猫兮将奈何。"

《地踏菜》:"地踏菜,生雨中,晴日一照郊原空。庄前阿婆呼阿翁,相携儿女去匆匆。须臾采得青满笼,还家饱食忘岁凶。东家懒妇睡正浓。"[1]

黄谏,字正卿,高邮人,寓居陕西兰县。正统七年(1442)进士。撰《月令通纂》4卷。据明高儒《百川书志》卷五记载,该书"取《礼记·月令》《尚书》'尧命羲和之辞',分载时月之首,删取《养生月览》《农桑撮要》及方药依时修为者,逐月载之"。《〔雍正〕扬州府志》载,黄谏博学工诗,尤善篆书与隶书,著有《书经集解》《大小篆隶书》《月令通纂》《考古正文》《兰坡集》《亢仓子音释》等,在书法、医学等方面都有一定造诣。[2]又据《〔嘉庆〕高邮州志》载,黄谏善画,"旁及宋元画家,吮毫运思,一一臻妙"。[3]又喜茶,善品泉水,每至一地,辄评其泉水,如京畿以玉泉为第一,京城以文华殿东大庖厨

[1]〔明〕徐光启著,陈焕良、罗文华校注:《农政全书(下)》卷六〇,岳麓书社2002年版,第993页。

[2]〔清〕尹会一等修,〔清〕程梦星等纂:《〔雍正〕扬州府志》卷三一《人物四》,《扬州文库》第5册,第556页。

[3]〔清〕冯馨增修,〔清〕夏味堂等增纂:《〔嘉庆〕高邮州志》卷十《人物志》,《扬州文库》第21册,第352页。

井为第一,广州泉水以鸡爪泉为第一,并更其名为学士泉。著有《京师水记》。

江都人曹守贞撰有《维扬芍药谱合纂》。江都人高铨,字宗选,著《治河十二议》。高邮人张守中,字裕斋,著有《明农录》。他们都是在农业科技方面颇有建树的专家。

（二）军事著述

郭师古,字时用,如皋人。自幼刻苦好学,家贫无书,则从人就读,尤喜奇门遁甲之书。嘉靖间,倭寇进犯,郭师古参与谋划御敌之策。万历五年（1577）中进士。曾上《安边十五策》,获朝廷认可,擢为甘肃兵备,镇守酒泉,兼辖宁夏平州、凉州,一时边境清宁,敌不敢犯。著有《百将传》《筹边纪略》《八阵图说》等。

宗臣,字子相,一字方城,兴化人。撰《海防三策》,悉合机宜。《明史》本传云:宗臣任福建参议期间,倭寇来攻城,"守西门,纳乡人避难者万人。或言贼且迫,曰:'我在,不忧贼也。'与主者共击退之。"[1]

李盘（又名李长科）,字小有,扬州人。著有《金汤十二筹》。据卷首崇祯十五年（1642）史可法《序》,可知此书是在周鉴《金汤借箸》基础上补订增修而成。《四库全书总目》说:"是书以十二筹为名,而今所存者,一曰筹修备,二曰筹训练,三曰筹积贮,四曰筹制器,五曰筹清野,六曰筹方略,七曰筹水战,八曰筹制胜,已缺其四筹,盖断烂不完之本矣。所言皆团练乡勇,捍御土寇之计,杂引古事以证之。"[2]

曾铣,其父从商,托付江都好友延师教授,遂落籍扬州。曾铣是当时的著名将领,曾平息辽阳军士骚乱,击退山东、山西、陕西等地的外敌。他将自己的御敌之策总结为《行师机宜》,并上奏朝廷。列八图,分别为立营总图、遇敌驻战、选锋车战、骑兵逐战、步兵搏战、摧坚进攻、变营长驱、获功收兵。

王大用,字时行,仪真人。奏疏有《备边四事》《防剿三事》,著作有《书经指略》《四书道一编》《易经安玩录》《圣学一贯图说》等。

成嘉猷,兴化人。著有《斗野集海一览》《孙子阵法新说》《车战》诸篇。

---

[1]〔清〕张廷玉等:《明史》卷二八七《宗臣传》,第 7378 页。

[2]〔清〕永瑢、纪昀等纂,周仁整理:《四库全书总目提要》卷一〇〇《子部十·兵家类存目》,第 516 页。

（三）器物制造

王徵，泾阳人。在扬州府推官任内，刊刻其自著《诸器图说》。《四库全书总目》论其书说：王徵"尝询西洋奇器之法于（西洋人邓）玉函，玉函因以其国所传文字口授，（王）徵译为是书。其术能以小力运大，故名曰重，又谓之力艺。大旨谓天地生物，有数、有度、有重。数为算法，度为测量，重则即此力艺之学，皆相资而成，故先论重之本体，以明立法之所以然，凡六十一条。次论各色器具之法，凡九十二条。次起重十一图，引重四图，转重二图，取水九图，转磨十五图，解木四图，解石、转碓、书架、水日晷、代耕各一图，水铳四图，图皆有说，而于农器水法尤为详备。其第一卷之首，有《表性言解》《来德言解》二篇，俱极夸其法之神妙，大都荒诞恣肆，不足究诘。然其制器之巧，实为甲于古今。寸有所长，自宜节取。且书中所载，皆裨益民生之具，其法至便，而其用至溥。录而存之，固未尝不可备一家之学也。诸器图说，凡图十一，各为之说，而附以铭赞，乃（王）徵所自作，亦具有思致云"。[1]王徵虽然不是扬州人，但选择在任职扬州期间将著作刊刻问世，说明扬州为他提供了充足的条件。这也应当是扬州对明代科技的一大贡献。

（四）法律著述

章润，字实甫，江都人。著《律例赘言》若干卷。

高铨，字宗选，江都人。"精通律令，自谓治律之功不减治经史"。又著有《治河十二议》。[2]

李清，字心水，一字映碧，兴化人，著名史学家。所著《折狱新语》一书，是其担任宁波推官时处理案件的判决书汇编。全书共 10 卷，卷一婚姻（26篇）、卷二承袭（16 篇）、卷三产业（24 篇）、卷四诈伪（57 篇）、卷五淫奸（33篇）、卷六贼情（14 篇）、卷七钱粮（7 篇）、卷八失误（4 篇）、卷九重犯（10 篇）、卷十冤犯（19 篇），后附《疑狱审语》1 篇，合计 211 篇。涉及内容非常广泛，加上历史上此类文献存世很少，因此对研究中国古代法律制度、狱讼制度

---

[1]〔清〕永瑢、纪昀纂，周仁整理：《四库全书总目提要》卷一一五《子部二十五·谱录类》，第598 页。

[2]〔清〕陆朝玑修，〔清〕程梦星等纂：《〔雍正〕江都县志》卷一四《人物志一》，《扬州文库》第10 册，第 304 页。

等,有重要参考价值。

（五）建筑

陈珪,泰州人。在建筑方面很有造诣。明成祖永乐四年(1406),董理修建北京宫殿,"十五年,命铸缮工印给珪,并设官属,兼掌行在后府"。[1]

徐杲,兴化人。"为梓人,游京师,以绳尺中世宗意。有大造作必命之。起官文思院,进工部尚书,帝解所御犀带赐之"。[2]

（六）香事

中国人自古喜爱香气。自先秦以来,使用的香料从草香到树脂香,再到合香,再到线香;焚香器具也从实用品发展到艺术品。[3]明后期,城市商业发展,繁荣的经济让人们在衣食住行等方面提出了更高的要求。明后期,市民阶层的日常生活已离不开香气,衣物床帐需熏香,日常坐卧之处要熏香,身佩香囊,还有专门含在口中的香茶。扬州人周嘉冑的《香乘》就产生于这种背景下。

周嘉冑,字江左,扬州人。万历四十六年(1618),完成《香乘》13卷,著名学者李维桢为其作序。后来,周嘉冑有感于是书简略粗疏,遂加以增补修订,于崇祯十五年(1642)刊成全书28卷,包括香品5卷,佛藏诸香1卷,宫掖诸香1卷,香异1卷,香事分类2卷,香事别录2卷,香绪余1卷,法和众妙香4卷,凝合花香1卷,薰佩之香、涂傅之香共1卷,香属1卷,印香方1卷,印香图1卷,晦斋谱1卷,墨蛾小录香谱1卷,猎香新谱1卷,香炉诗1卷、香文1卷。《香乘》详细讲述了关于香事的历史掌故,介绍了焚香的方法、焚香器具、制香方法等,最后辑录了与香事有关的诗文,采撷极为繁富。《四库全书总目》卷一一五在该书提要中评论其价值:"考宋以来诸家香谱大抵不过一二卷,惟《书录解题》载《香严三昧》十卷,篇帙最富,然其本不传,传者惟陈敬之《谱》差为详备。嘉冑此编殚二十余年之力,凡香之名品、故实以及修合、赏鉴诸法,无不旁征博引,一一具有始末,而编次亦颇有条理。谈香

---

[1] 〔清〕王有庆:《〔道光〕泰州志》卷二三《人物·仕绩》。

[2] 〔清〕梁园棣:《〔咸丰〕重修兴化县志》卷一〇《杂类志》。

[3] 扬之水:《小阁幽窗,是处都香了》,《定名与相知:博物馆参观记》,广西师范大学出版社2018年版,第269页。

事者,固莫详备于斯矣。"是则该书可谓香谱类集大成之作。

(七)术数[1]

时宁,字彦谧,仪真人。通天文、历数之学,洪武年间因知天文,举授五官保章正。

李犹龙,字震卿,仪真人。12岁即博通经史、辞赋与书法,又通天文、奇门遁甲、太乙六壬等术,著有《敦复堂集》。

黄一正,扬州人,编有《事物绀珠》。是书属于类书,搜集了一些有关天文知识的资料,对于了解古代科技有一定参考价值。但辑录材料的方式有明显不足,"所录典故,率割裂饾饤,又概不著原书之名,是虽杜撰以盈卷帙,亦莫得而稽矣"。[2]

华湘,字源楚,号南畹,泰州人。"淹贯经纬,精于数学",[3]撰有《石府元机》(天文学)、《幽堂宝照》(地理学)、《皇极玄机》(命理学)、《洞林秘髓》(课书)、《灵书秘要》(术数)。曾掌管钦天监,于天文深有研究,郑晓《吾学编》中曾辑其奏疏。

除此之外,兴化人高燧、周娄、邹世汲皆精于天文、易数。其中邹世汲著有《元会运世》及《河洛图说》。江都人张奇,字正甫,研究天象及兵家理论。

三、刻书业

扬州的雕版印刷始自唐朝。唐穆宗长庆四年(824),元稹在《白氏长庆集》序中提到:"扬越间多作书模勒乐天及余杂诗,卖于市肆之中。"所谓"模勒",即雕版印刷。唐文宗太和九年(835),冯宿奏请"禁断印历日板"时又提到:"剑南、西川及淮南道皆以板印历日鬻于市,每岁司天台未奏颁下新历,其印历已满天下。"是时淮南道治所设在扬州。宋元时期,刻书业中心虽不在扬州,但仍有不少雕版印书并保存至今。

明朝中后期,扬州府经济繁荣,文化教育也较兴盛,刻书已成寻常之事。

---

[1] 术数包含天文、历法、阴阳、五行等诸多内容,虽然包含封建迷信,但其中也有一些科学的成分。中国古代科技,不少即是在此基础上产生,故在此列出。

[2] 〔清〕永瑢、纪昀编,周仁整理:《四库全书总目提要》卷一三八《子部·类书类存目二》,第108页。

[3] 〔清〕褚世暄:《〔雍正〕泰州志》卷六《人物志》。

根据《嘉靖惟扬志》《〔雍正〕扬州府志》《〔嘉庆〕重修扬州府志》和各州县志书,结合《扬州刻书考》(王澄编著,广陵书社 2003 年版)、《扬州刻书年表》(曾学文撰,《扬州文化研究论丛》2017 年第 2 期)、《通州范氏家族文学与文化研究》(陈晓峰撰,扬州大学 2015 年博士学位论文)及其他学者研究成果粗略统计,整个明代有明确记载的扬州府刻书接近 300 种。当然,大量的刻书活动可能因缺乏记载而不为后世所知。这种情况应该不在少数。如现有资料记载的明代扬州府刻书始于英宗正统时期,此前 70 年间完全空白,显然是文献失载或文献佚失所致。从时间上看,明朝中后期扬州府刻书频率、数量远超于前期。嘉靖年间及以后,几乎无年不刻,甚至一年数刻。崇祯间,明王朝虽已风雨飘摇,但扬州府依然有较多刻书的记载。从内容来看,其范围涉及经、史、子、集,文学、史学、经学、军事、医学、地理、法律、音乐等无所不包,甚至还有专供娱乐的书籍刻印出版。从刻书主体来看,私人刻书数量最大。其次是官刻,如嘉靖间,扬州府署、兴化县署曾将《嘉靖惟扬志》《兴化县志》加以刊刻;万历年间,江都县署、泰兴县署、泰州州署分别将《江都县志》《泰兴县志》《泰州志》等刻印成书。书坊刻书也有记载,如广陵书坊业主汪修能在万历年间刻有《三遂平妖传》2 卷 20 回,崇祯间江都书林汇贤堂刻成《历朝经济考》1 卷。书院刻书在明代扬州府亦占有一席之地,邗江书院、甘泉书院、正谊书院等都有书籍刻印流传。甚至还有尼姑刻书的记录,如崇祯年间,扬州明月庵曾刻《说礼》33 卷,规模还不算小。

　　整体而言,明代扬州科技首推医学,但实践层面的"神医"较多,医学理论的建树并不太大。医学之外,天文、术数、建筑、法律、军事、农业、园艺等方面也零星出现了一些学者与著作。另外,此时的扬州虽然不是刻书业中心,但刻书事业依然较为发达,所刻书籍有不少留存到今天。

附录：明代历朝扬州刻书情况

明英宗正统年间

　　正统十年(1445),淮南高氏重刻《青阳先生文集》6 卷、《附录》2 卷。泰州张毅刻《青阳先生忠节附录》2 卷。

明景帝景泰年间

景泰元年（1450），兴化陆瑄刻《新编颐光先生集》6卷、《拾遗》1卷、《文集》1卷、《外集》2卷。

明英宗天顺年间

天顺元年（1457），高邮黄谏刻《解学士先生集》31卷。

天顺间，高邮黄谏刻《亢仓子》1卷。

明宪宗成化年间

成化十四年（1478），鲍栗之刻《灵棋经》1卷。

成化十八年（1482），宝应张稷刻《古文苑注》21卷。

成化二十三年（1487），鄞县杨端所编辑并作序刊刻《扬州琼花集》。

明孝宗弘治年间

弘治二年（1489），冀绮自刻《五色线》3卷。

弘治三年（1490），扬州知府杨成玉刻《宋人诗话》10种。

弘治五年（1492），江都高铨辑刻《王恭毅公驳稿》2卷。

弘治十四年（1501），无锡华理刊印《扬州芍药谱》，后此书被刊刻收入各种丛书中。扬州正谊书院刻《铁崖先生文集》5卷。

弘治年间，扬州知府李绂刻《育斋先生诗集》17卷。

弘治间，两淮都转运使唐文载刻《晞发集》6卷。泰州储罐刻《晞发集》10卷、《晞发遗集》2卷、《遗集补》2卷、《天地间集》1卷、《西台恸哭记》1卷、《冬青引》1卷、《西台恸哭记注》1卷、《冬青引注》1卷。江都李纪刻《刘随州文集》11卷、《外集》1卷。

明武宗正德年间

正德五年（1510），宝应朱应登刊刻南朝宋东海鲍照文集《鲍明远集》。高邮陆澍刻《东泉志》4卷。

正德六年（1511），江都周凤刻《晦庵诗钞》1卷、《晦庵文钞》7卷。

正德十年（1515），泰州李坚刻《沧浪集》3卷。

正德十一年（1516），两淮都转运盐使司刻《八阵合变图说》1卷。

正德十二年（1517），高邮张儒重刻《元城先生语录》3卷、《行录》1卷。

正德十三年（1518），宝应盛夔刻《水经》3卷。

明世宗嘉靖年间

嘉靖二年（1523），江都郝梁万玉堂刻《六经正误》6卷，嘉靖三年（1524）刻《诗准》4卷、《诗翼》4卷，嘉靖三年刻《太玄经解赞》10卷、《说玄》1卷、《释文》1卷、《张文潜文集》13卷。

嘉靖四年（1525），泰州储洵刻《柴墟集》15卷。

嘉靖八年（1529），江都葛涧刻宋张载著、明吕柟释《横渠张子释》，嘉靖四十四年重刊。

嘉靖九年（1530），仪真黄长寿刻《雪洲文集》12卷、《续集》2卷。

嘉靖十一年（1532），泰兴县令朱篪刻《希董先生遗书》。

嘉靖十二年（1533），扬州佚名刻《圣学格物通》100卷。扬州知府侯秩刊江西大庚刘节辑《广文选》。

嘉靖十三年（1534），扬州王惟贤刻《渔石集》4卷，王惟贤与徐九皋合刻《高皇帝御制文集》20卷。

嘉靖十四年（1535），宝应县令闻人诠刻《旧唐书》200卷。江都曹璿序刊所辑《琼花集》。

嘉靖十五年（1536），江都火增刻《甘泉先生文集内编》28卷、《外编》12卷。高邮张綖刻所编《诗余图谱》。

嘉靖十六年（1537），高邮张綖玩珠堂刻《西昆酬唱集》2卷。晋江陈蕙于扬州甘泉书院重刊刘节辑《广文选》。江都葛涧新泉书屋校刻《广文选》60卷。

嘉靖十七年（1538），高邮张綖自刻《杜工部诗释》3卷。泰州林春刻《东廓先生文集》9卷。宝应知县余姚闻人诠等纂修《宝应县志略》，由巡按杨瞻刊行。仪真蒋山卿刻《息园存稿》23卷。

嘉靖十八年（1539），高邮张綖校刻宋秦观所著《淮海集》。

嘉靖十九年（1540），吕清、吕乐在泰州合刻《吕忠穆公奏议》。

嘉靖二十年（1541），泰州华湘自刻《诗经臆说》14卷。仪征蒋山卿刊行《蒋南泠集》。

嘉靖二十一年（1542），扬州府署刻《嘉靖惟扬志》38卷。

嘉靖二十四年（1545），江都何城刻《唐诗正声》20卷。仪征张椠芙江草堂刻印北宋王观撰《扬州赋》及南宋陈洪范撰《续扬州赋》。高邮知州胡民表重刊高邮张绹鄂州刻本《淮海集》40 卷、《后集》6 卷、《长短句》3 卷。

嘉靖二十五年（1546），仪真张棨芙江草堂刻《艺林》12 种 12 卷。江都何城刻《苑诗类选》30 卷。

嘉靖二十六年（1547），江都葛洞邗江书馆刻明马东升著《马端肃公奏议》16 卷。

嘉靖三十年（1551），江都史起蛰、仪征张棨所纂《〔嘉靖〕两淮盐法志》刊行。佚名刻《〔嘉靖〕两淮盐法志》12 卷。高邮张守中刻印邑人王磐所著《王西楼先生乐府》《王西楼先生野菜谱》。

嘉靖三十一年（1552），江都黄埠东壁图书府刻《十二家唐诗》24 卷。

嘉靖三十二年（1553），高邮张守中刻印其父张绹所著《张南湖先生诗集》。

嘉靖三十三年（1554），宝应朱曰藩刻《凌溪先生集》18 卷。

嘉靖三十四年（1555），宝应朱曰藩刻《山带阁集》33 卷。周希哲在扬州刻《东洲续集》12 卷。

嘉靖三十五年（1556），宝应朱曰藩刻《池上编》2 卷。另外，朱曰藩还在嘉靖间刻《庾开府诗集》6 卷。邗上玄同子桑乔著《真诠》成，后于隆庆间刊行。

嘉靖三十六年（1557），泰兴张羽刻《古本董解元西厢记》8 卷。

嘉靖三十七年（1558），高邮张守中刻《南湖先生诗集》4 卷、《附录》1 卷。

嘉靖三十八年（1559），兴化县署刻嘉靖《兴化县志》4 卷。

嘉靖四十二年（1563），扬州府署重刻《嘉靖惟扬志》38 卷、《四书切问》8 卷。扬州知府张正位刻《苏门集》8 卷。江都葛涧新泉书屋校刻《扬子折衷》6 卷。

嘉靖四十四年（1565），淮南兵备道刘祐刻《节孝先生文集》30 卷、《语录》1 卷、《事实》1 卷。刘祐重刻《宋学士文集》75 卷。

嘉靖四十五年（1566），江都葛涧新泉书屋校刻《横渠张子释》6 卷。高邮张守中刻《行吾先生摘稿》2 卷。

嘉靖间，泰州徐嵩刻《潜溪集》8卷，江都卞崃刻《白沙子集》8卷，王楷在扬州刻《李客斋督抚经略》8卷，扬州火钱刻《笺注唐贤绝句三体诗法》20卷，江都萧海刻《唐耿湋诗集》6卷，江都史起寅刻《扬州赋》1卷，仪征黄瓒所著《雪洲集》由黄长寿刊行，高邮知州邓浩刻《二程子钞释》10卷、《谕解路略》1卷，江都黄埻刻《六祖大师法宝坛经》，江都葛钦刻《周礼补亡》6卷、《褚氏遗书》。另外，明刻大字《孝经》1卷，为扬州明代古墓出土文物，墓主为盛仪妻郭淑洁，学者推测该书为嘉靖间佚名书坊刻本。

明穆宗隆庆年间

隆庆元年（1567），仪真知县申嘉瑞修《仪真县志》刊行。宝应吴敏道刻所著《观槿稿》6卷。

隆庆二年（1568），兴化李齐芳刻自著《韵略类释》4卷。

隆庆三年（1569），高邮张守中刻《杜工部诗通》3卷。宝应知县蕲州汤一贤等纂修《宝应县志》刻成。江都王朝相刻《孙子书》3卷。

隆庆六年（1572），高邮王应元所纂《高邮州志》刊行。高邮张守中刻印其父张绖所著《杜工部诗通》。高邮李棣刻《孙子集注》13卷。

明神宗万历年间

万历二年（1574），兴化李齐芳刻《李翰林分类诗》8卷《赋》1卷、《杜工部分类诗》11卷《赋》1卷。

万历六年（1578），兴化李齐芳刻《宦邸便方》1卷、《南华真经副墨》8卷、《读南华真经杂说》1卷。宝应知县徐成位冰玉堂刻《六家文选注》（《六臣注文选》）60卷。扬州知府虞德烨维扬资政左室刻《重排拼音连声韵学集成》13卷、《题咏直音编》7卷。兴化陆西星自刻《南华真经副墨》8卷。

万历七年（1579），泰兴芮天宇刻《京寓稿》1卷。维扬资政左室刻印《吕氏春秋》。

万历八年（1580），扬州知府虞德烨于琼花观刻印宋吴县朱长文所著《墨池编》。

万历九年（1581），两淮都转运使陈楠辑刊《四子全书》23卷，题"慎德书院陈楠刻本"。

万历十四年（1586），维扬蒋科重校刊刻《皇明两朝疏钞》20卷。宝应吴敏道刻唐东川李颀所著《李颀诗集》。

万历十六年（1588），江都王云鸾刻宋鄱阳洪适所撰《隶释》。广陵于承祖泊如斋重修立本堂刻本《重修宣和博古图录》30 卷。

万历十七年（1589），兴化县令李戴刻《李文定公贻安堂集》14 卷、《附录》1 卷。泰州黄应元刻《诗对押韵前集》1 卷、《后集》4 卷。

万历十九年（1591），兴化县署刻万历《兴化县志》10 卷。广陵江氏刻《明诗正声》60 卷。

万历二十二年（1594），兴化李齐芳刻《佩觿》3 卷、《辨证》1 卷，又在万历间刻《幼科图诀医方辑要》2 卷。宝应知县山阴陈煃修、邑人吴敏道纂《宝应县志》刻成。江都陆弼校刻《毛诗郑笺纂疏补协》20 卷，又在万历间刻《诗纪》156 卷《目录》36 卷、《丹铅总录》27 卷、《正始堂集》21 卷。

万历二十三年（1595），泰州刻本《敬止集》3 卷刊行。

万历二十四年（1596），广陵陈大科松台书院刻本《灵隐子注》6 卷刊行。广陵陈大科校刻鄞县沈明臣所撰《丰对楼诗选》。

万历二十五年（1597），江都李植刻《冶城增寓存稿》8 卷。

万历二十七年（1599），江都县署刻《〔万历〕江都县志》23 卷。泰兴县署刻本《〔万历〕泰兴县志》4 卷刊行。

万历三十年（1602），扬州知府东鲁杨洵修、扬州府推官徐銮等纂《〔万历〕扬州府志》刻成。泰州州署刻《〔万历〕泰州志》12 卷。广陵于承祖自刻《毂音集》1 卷。

万历三十一年（1603），泰州李思谦刻《摭古遗文》2 卷、《再续摭古遗文》1 卷。

万历三十二年（1604），扬州府署刻《〔万历〕扬州府志》27 卷。

万历三十九年（1611），心远轩刻江都王纳谏辑评《苏文公小品》。江都万桂九雁斋刻本《左国腴》4 卷刊行。江都章万椿心远轩刻本《苏长公小品》2 卷刊行。广陵乔可传寄寄斋刻《路史》46 卷。

万历四十年（1612），江都王纳谏所注《删注荀子》刊行。广陵盛以进刻《四溟山人诗》10 卷、《诗家直说》2 卷。江都周于藩序刻《小儿推拿仙术秘诀》。

万历四十一年（1613），江都王朝相刻《便产痘疹合并方书》2 卷。

万历四十二年（1614），泰州储耀重刻《柴墟文集》15 卷首 1 卷。

万历四十四年（1616），广陵范之熊、范之鹿刻《我有轩集》3 卷、附《哀挽诗》1 卷。

万历四十五年（1617），高邮王百祥重刻同郡王应元校刻本《凤池吟稿》10 卷。

万历四十六年（1618），泰兴张京元自刻《删注楚辞》不分卷。李之藻于高邮刻《江湖长翁文集》40 卷、《淮海集》40 卷、《后集》6 卷、《长短句》3 卷。

万历四十七年（1619），泰州张幼学重刻《山堂肆考》228 卷、《补遗》12 卷。

万历四十八年（1620），泰州刘万春澹然居刻《守官漫录》5 卷。

万历间，高邮李廷芝戏鸿馆刻《淮海长短句》1 卷，南京御史乔应甲在扬州刻《大学衍义补》160 卷首 1 卷，仪真盛稔刻《寰宇分合志》8 卷，维扬（泰州）王氏家刻《重镌一庵王先生遗集》2 卷，邗江书院刻《大明律附例》30 卷、《附录》1 卷，江都张学礼、京口刘汝立合刻《考古正文印薮》6 卷，兴化陆西星刻《周易参同契测疏》1 卷、《参同契口义》1 卷，郭光复刻《倭情考略》1 卷、《守扬练兵辑要》1 卷、《兵机纂》8 卷，另外广陵书坊业主汪修能在万历年间刻有《三遂平妖传》2 卷 20 回、《熊经略先生疏稿》6 卷、《书牍》5 卷、《续藏书》27 卷。

明熹宗天启年间

天启元年（1621），泰县黄呈理等刻《评选古尺牍》8 卷。

天启三年（1623），通州范凤翼刻《经络图说》。

天启四年（1624），广陵顾懋光刻《李翰林集》12 卷、《唐文献公曲江集》12 卷《附录》1 卷。泰州凌似祖刻《旧业堂集》10 卷。兴化李逢申刻《武经七书》25 卷。

天启五年（1625），广陵乔可传寄寄斋刻《黄太史怡春堂藏稿》3 卷。

天启七年（1627），扬州府推官王徵在扬州刊印译著《远西奇器图说录最》及自撰《新制诸器图说》，后合称《奇器图说》。江都唐志契所著《绘事微言》刊行。

天启间，江都余大茂刻《诸子拔萃》8卷，江都葛澄刻《伤寒明理论》3卷、《方论》1卷，袁懋贞刻自著《善明堂诗集》8卷、《庐山纪事》7卷。

明思宗崇祯年间

崇祯三年（1630）和崇祯十二年（1639），郑元勋两次自刻《媚幽阁文娱》12卷。

崇祯四年（1631），扬州书林汪应魁贻经堂刻《周易传义》24卷、《礼记集说》16卷。

崇祯五年（1632），兴化宗元豫刻《唐诗援》20卷。通州范凤翼自刻所撰《超逍遥草》。

崇祯六年（1633），泰州州署刻崇祯《泰州志》10卷、《图》1卷。广陵孙安国刻《升恒编》12卷。

崇祯七年（1634），通州范凤翼刻《山茨振响集》。兴化李嗣京刻《圣朝交泰录》9卷、《滕王阁续集》19卷。袁懋贞自刻《寱园山人素辞》10卷。

崇祯九年（1636），江都阎有章刻所著《阎红螺说礼》。

崇祯十年（1637），李清自刻《李映碧公余录》2卷，包括《读史随笔》和《理署偶笔》2种。

崇祯十二年（1639），通州范凤翼刻《说庄》《春秋左氏节文》《楚辞解注》《乐府古题要解》《奉法要》《女诫》《尊腰馆寿言》诸书。

崇祯十三年（1640），通州范凤翼刻《清流摘镜》《范玺卿诗集》。江都郑元勋刻《广陵散》。扬州名流集于江都郑元勋影园，园中黄牡丹盛开，诸人各赋七言律诗，得数百首。不久，郑元勋编次刊刻，名《影园瑶华集》，共3卷。

崇祯十四年（1641），周嘉胄自刻《香乘》28卷。泰州刘万春澹然居刻《皇明历科会试录典要》5卷。

崇祯十五年（1642），江都郑元勋刻其和广陵王光鲁所辑《左国类函》24卷。兴化李嗣京刻《王允宁先生存笥稿》41卷。

崇祯十六年（1643），广陵王光鲁自刻《阅史约书》5种6卷。高邮沈氏华萼堂刻《历代帝王统系》2卷。

崇祯十七年（1644），通州范凤翼刻《行盐定例》。

崇祯间，仪真王廷栋自刻《声远堂稿》，泰州王家俊重刻《一庵先生遗集》2卷,张恂刻《唐诗品汇》90卷、《拾遗》10卷,扬州明月庵刻《说礼》33卷,江都书林汇贤堂刻《历朝经济考》1卷。另外,明末清初如皋人朱凤台刻有《四书解义》《退思轩》诸书。

第四节　宗教文化

《礼记·中庸》说:"万物并育而不相害,道并行而不相悖。"明代的扬州就是这样一座多民族、多宗教、多元文化互相交织与融合的城市。佛教、道教、伊斯兰教、天主教等在这里都可以获得国家政策的保护,也获得了蓬勃生长的机会。开放的扬州为各种宗教文化背景的商人、民众提供了宽松的平台,扬州城也受益于这些不同文明之间的交流,迸发出缤纷的色彩。

一、佛教

由于立场不同,佛教、道教常为正统士大夫所排斥。比如,明孝宗弘治年间,来自扬州府兴化县的胡献就不畏风险,批评朝廷:"佛老之崇,立庙中宫;斋醮之设,建坛内苑。"[1]然而,类似的奏疏并不能阻挡佛教、道教的蓬勃发展势头。既然皇帝本人都带头崇信佛老,那么地方府、州、县的官民就更加趋之若鹜。

印刷业是宗教传播的重要条件,而扬州雕版印刷术在绵延的历史长河中出现了诸多有名的刻经场所。隋唐以来,扬州刻经、藏经不断发展。坐落于宛虹桥的扬州藏经院,建造于明代万历年间。当时,由太监鲁保向朝廷申请,颁赐藏经。后来,藏经院获得皇帝赐额"万寿"。明熹宗天启年间,和尚镇满又建造了毗卢阁和戒台,使藏经院规模有所扩张。清代咸丰年间,战火纷飞,藏经楼受损,同治、光绪年间,陆续复建。[2]

除了刻经、藏经之外,明代扬州寺庙众多,其中以大明寺、观音禅寺、天宁禅寺等处最为典型。包括镇满在内的僧众既继承了前人建造寺庙的精神,又前赴后继地多次修缮。这些庙宇即便后来屡遭厄运,但是依然挺立至今,

[1]〔清〕金镇原本,〔清〕崔华、张万寿续修,〔清〕王方岐续纂:《〔康熙二十四年〕扬州府志》卷二四《人物二》,《扬州文库》第4册,第458页。
[2] 王虎华:《扬州宗教史话》,广陵书社2014年版,第31页。

成为佛门弟子心中的信仰圣地。

大明寺作为扬州最负盛名的佛教寺庙,始建于南朝刘宋孝武帝大明年间,距今已有 1500 多年的历史。在佛教昌盛的隋唐时期,吸引了诸多文人骚客的驻足,包括李白、白居易、刘禹锡等人都留下翰墨,来描摹大明寺、栖灵塔等古迹的绰约风华。宋元以来,大明寺黯然不彰,尤其经过多次战火的破坏,消泯殆尽。

明朝景泰年间,一位叫作仓溟的和尚在平山堂附近的空地上修建屋舍。一次偶然的机会,他在古井中打捞上来一块残碑。残碑上题有"大明禅寺"的字样,并有文字介绍了南朝以来这座寺庙变迁的历史。在信徒看来,这一切宛若佛祖显灵,佛光重现。在佛、菩萨的加持之下,仓溟和尚和同修一起重新修建了大明寺。

明孝宗弘治年间,一位来自陕西的盐商笃信佛教,便大发善心,捐助巨资,在大明寺中建造了大雄宝殿,并塑造金像供养佛陀。重建后的大明寺富丽堂皇,隋唐时期的荣光依稀重现。明神宗万历年间,扬州知府吴秀再一次重建大明寺,让大明寺锦上添花。崇祯年间,又有盐商捐资,扩大完善了大明寺的规模。

明朝中后期,经过多次修建的大明寺业已成为扬州府三州七县善男信女的朝拜之所,声名远播。到了明朝末年,面对南侵的清军,史可法督师扬州,誓死抵抗。战败后,清军为了报复抵抗的扬州军民,展开了长达 10 日的大屠杀。在此过程中,大明寺中的佛、菩萨并没有显灵,救苦救难。整个大明寺的建筑和扬州军民一起毁于一旦,扬州人的佛教信仰也遭受了前所未有的重创。

除了蜀冈西峰的大明寺之外,还有一座观音禅寺坐落于蜀冈东峰。观音禅寺最早可以追溯至宋代绍圣年间的"摘星亭",又叫"摘星楼",当时只是文人雅士的休憩聚会之所。到了元代,一位法号申律的和尚在此处建立寺庙。和毗邻的大明寺相比,观音禅寺默默无闻。明洪武年间,惠整法师率领僧众,四处化缘,在观音禅寺的基础上加以扩建。新建后的观音禅寺更名为功德寺,又称功德林。由于这座寺庙的改名,所在山峰也被改称功德山。明末清初,历经 270 年的功德寺迭有增损,最终定名为"观音禅寺",所在山峰随之改名"观音山"。之所以改成观音禅寺,是因为寺庙中供奉了观世音菩萨,据说十分灵验。无论是达官显贵还是平民百姓,大家纷纷到寺庙中求官运、财运,祈求身体健康。

从扬州城西北的大明寺、观音禅寺南下,经过瘦西湖,沿着外城河就可以抵达一座赫赫有名的天宁禅寺。天宁禅寺前身可以追溯到东晋名士谢安的宅第,是扬州历史上第一座佛教寺庙——谢司空寺。"南朝四百八十寺,多少楼台烟雨中。"谢安"舍宅为寺"的典故也可印证长江三角洲地区佛教文化的昌盛。武则天统治时期,佛教获得了前所未有的发展机遇。这座寺庙被改称为"证圣寺",以契合武则天的统治年号——证圣。唐宋时期,这座寺庙曾更换多次名称,比如"正胜寺""兴教院"等。一直到了北宋政和年间,才正式称为"天宁禅寺"。元朝末年,天下大乱,扬州地区的天宁禅寺也未能幸免。明朝开国之后,国家经济逐渐恢复,百姓生活日趋安定,所谓"仓廪实而知礼节",天宁禅寺才于洪武十五年(1382)得以重建。

在明英宗、明宪宗、明世宗时期,天宁禅寺屡经修葺,规模稳步扩大。翻修之后的天宁禅寺吸引了大量香客信徒前往参拜,烟雾缭绕,见证了扬州地区佛教文化的发展。到了清代,由于盐商在天宁寺为乾隆皇帝修建了行宫,导致寺庙地位扶摇直上。清代扬州有八大名刹,天宁寺居首,这应该也和皇帝驻跸有关。其后,天宁禅寺由于各种政治、军事等因素遭到破坏,面目全非。如今,扬州市政府对天宁禅寺进行了多次修缮,使其成为扬州佛教文化博物馆的所在地。纵观天宁禅寺的历史变迁,不难看出,明代时期的天宁禅寺起到了承上启下的作用,既从元朝末年的废墟上重建了隋唐以来的古刹,又为清代天宁寺的兴起奠定了基础。

除了大明寺、观音禅寺、天宁禅寺之外,扬州还有很多寺庙,比如明朝万历年间在三湾修建的文峰寺和在居士巷修建的兴善寺,以及始建于隋唐、复建于明朝的法海寺(现位于瘦西湖景区内)等。如今,经历沧桑巨变的大明寺、观音禅寺、天宁禅寺等佛教古刹正以其新的面貌迎接世界各地慕名前来朝拜、旅游的信徒和游客。有形的文物可以被破坏,但是宗教信仰没有随时间的消逝而消失。

二、道教

相较于兴盛的佛教而言,道教在明代扬州的进展相对缓慢,但也有蕃釐观、武当行宫等道教圣地的历史变迁映入我们的眼帘。

蕃釐观,最早可以追溯到西汉成帝时期的后土祠——一处专门祭祀土地神的场所。这所后土祠主要由道士掌管。唐朝时期,蕃釐观改名"唐昌观",祈求唐朝国运永远昌盛的意图跃然纸上。北宋时期,蕃釐观内的琼花盛开得格外美丽,文人雅士常驻足观光。欧阳修在出任扬州郡守的时候,就特别题写了"无双亭"。政和年间,崇信道教、工于书画的宋徽宗还专门题写了"蕃釐观"的匾额,让这座道观闻名天下。蕃釐观之名出自《汉书·礼乐志》的一首《郊祀歌》:"惟泰元尊,媪神蕃釐。"根据颜师古的注释:"蕃,多也。釐,福也。"[1]所以,蕃釐的意思就是祈求神灵赐予多福。

此后,名噪一时的蕃釐观逐渐淡出史籍记载,直到公元 1520 年,明武宗皇帝来到扬州府。正德十四年(1519)六月,盘踞在江西南昌的宁王朱宸濠领兵 10 万开始谋反。八月,武宗皇帝以威武大将军的身份御驾亲征。明武宗并没有什么值得称道的战斗经验,只是借机南巡满足个人玩乐而已。同年九月,不可一世的宁王被料敌如神的王守仁迅速降服。接到平叛宁王的消息后,已经在路上的武宗隐而不发,车驾一路向南。同年十二月,武宗一行抵达扬州府仪真县,突然发布荒唐的禁猪令,如果军民养猪、食用猪肉,要面临全家充军的严厉处罚。明武宗在扬州府驻跸近一月,年底起驾到南京。

正德十五年(1520)闰八月,明武宗从南京折返。路过仪真的时候,他命令都督李琮祭祀旗纛之神。[2]旗纛之神类似战神,儒家军礼的一种,是明朝军功崇拜的象征。出师在外,祭祀军旗可以获得战神的保佑,无往不胜;赢得胜利后,也要及时祭祀,作为答谢。随后,明武宗一行抵达扬州府,并在总督府驻跸。

九月初一,都督宋彬接到一封圣旨,让他代替皇帝去祭祀旗纛之神。这次祭神与以往不同,地点选在了蕃釐观。[3]旗纛神是儒家的神祇,而蕃釐观

---

[1]〔汉〕班固:《汉书》卷二二《礼乐志》,第 1057 页。

[2]《明武宗实录》卷一九〇"正德十五年闰八月辛丑"条,第 3597 页。

[3]《明武宗实录》卷一九一"正德十五年九月乙卯"条,第 3601 页。

是道教的圣地,如今朝廷在道教场所举行儒家礼仪,也说明当时儒道两教乃至儒、释、道三教合一的趋势。

明武宗虽然注意到儒家礼仪的重要性,可是内心了无敬意。此时,志得意满的他还派人用铁索拘押扬州知府蒋瑶。公然索取贿赂不成,他才将蒋太守释放。所以,无论是儒家神祇还是道教圣地,他派人在蕃釐观的祭祀无法得到神祇的赐福。次年三月,年仅31岁的明武宗大病不起,一命呜呼。

除了蕃釐观之外,隐藏在东关街上的武当行宫很少为游客关注。武当行宫原名真武庙,具体修建于何时以及何人之手,史籍茫昧,无从考证。明宣宗宣德年间,当地政府予以重建。正德年间,来自中都(安徽凤阳)的一位商人耗费巨资予以修缮。嘉靖年间,有人在真武神庙前立有"武当行宫"的碑石。自此以后,真武庙摇身一变成了"武当行宫"。

在道教的信仰世界里,真武大帝身份显赫,是主宰北方的大神,又名玄武大帝、北极玄天大帝等。按照中国阴阳五行的学说,东方为青龙,西方为白虎,南方为朱雀,北方为玄武,故此真武大帝又名玄武大帝。一般而言,只有皇帝驻跸的地方才可以称为行宫,但是真武大帝是传说中的神祇,其所驻跸的地方也被尊称为行宫。行宫命名为"武当"的原因,也和道教传说有关。根据《元始天尊说北方真武妙经》的记载,真武大帝原来是净乐国太子,生于净乐宫,生下来就神异非凡。长大成人后,发誓要除尽天下妖魔,后遇紫虚元君,授以无上秘道,过东海时,又遇天神授以宝剑。此后,他到武当山修炼,功夫不负有心人,终于修成正果。玉皇天尊令他镇守北方,统摄玄武之位。因此,民间习惯上把真武大帝驻跸的地方称为"武当行宫"。

明朝是真武大帝崇拜盛行的时期,其中和燕王朱棣关系密切。朱棣当年打着"清君侧"的名义,叔夺侄位,推翻了建文政权,建立了永乐统治。鉴于他从北方的燕京(今北京)起事,最终夺取天下。所以,他认为,举头三尺有神明,他的成功部分原因就是北方大神真武大帝的保佑。为此,他特别加封真武大帝为"北极镇天真武玄天上帝"。上有所好,下必甚焉。看到朝廷的提倡,民间也很快兴起了崇拜真武大帝的风气。扬州商业发达,车水马龙,道教如果要壮大自己,在此立足,也需要迎合朝廷的旨意,故此重建武当行宫符合当地官员、商人和民众的诉求。

武当行宫前后共有山门、真武殿和大殿三大重要组成部分,面阔均为 3 间。另于东侧建有部分廊房,院内存有古银杏树。殿内供奉真武大帝的塑像,接受香客朝拜。清代,在太平军攻陷扬州后,和其他古迹一样,真武大帝的武当行宫遭到焚毁。光绪年间,武当行宫得以重建。"文化大革命"期间,武当行宫受到冲击。如今,扬州市政府对武当行宫加以重建,成为屈指可数的道教遗址。

除了以上所述,扬州市现在还有唐代修建的槐古道院,在明代也进行过修缮,成为道士以及道教爱好者的清修之地。另外,兴建于宋朝的高邮泰山庙、仪真东岳庙也较为活跃。可惜资料有限,很难窥知明朝时这些道教场所的运行与管理情况。

三、伊斯兰教

1980 年,人们在扬州市北郊的蜀冈一带发现了一座唐代墓地,并在墓地中出土了 3 件瓷器。其中有一件非比寻常,引起了人们的高度关注。这是一件高不足 20 厘米的青灰釉绿彩背水壶,壶上有一串阿拉伯文,意为"大哉真主"。这是迄今为止扬州地区发现的唐代伊斯兰教最早的遗物。扬州作为长江三角洲地区闻名遐迩的商业城市,人杰地灵,商旅荟萃。唐代以来,伊斯兰教就在扬州地区取得显著进步。经宋涉元,到了明代,依然能看到伊斯兰教对扬州地区文化举足轻重的影响。

1956 年,扬州前普哈丁墓园世袭依玛目(依玛目,阿拉伯文的音译,意为"率领者")兰晓阳先生将个人所藏的明朝永乐五年(1407)五月十一日的皇帝敕谕卷轴献给国家,现收藏于北京中央民族文化宫。朱棣敕谕穆斯林米里哈只的原文如下:

> 朕惟人能诚心好善者必能敬天事上,勤率善类,阴诩皇度,故天赐以福,享有无穷之庆。尔米里哈只早从马哈麻(即穆罕穆德)之教,笃志好善,导引善类,又能敬天事上,益效忠诚,眷兹善行,良可嘉尚。今特授尔以敕谕护持,所在官员军民一应人等,毋得慢侮欺凌。敢有故违朕

命慢侮欺凌者,以罪罪之。[1]

这份皇帝敕谕地位尊隆,相当于用皇帝本人的名义为穆斯林米里哈只提供了一道护身符。有了此道敕谕,任何官员军民都要对穆斯林加以爱护,如果任意欺凌,无异于冒犯天威,后果不堪设想。据此不难推知,在这道敕谕颁布之后,包括扬州在内的诸多地区,穆斯林的人身财产安全得到了保障。当然,永乐皇帝此举是便于推动郑和下西洋,增加与东南亚等国家的交流。无论真实用意如何,明代皇帝宗教宽容的政策赢得了穆斯林民众的广泛支持:对内而言,方便了穆斯林群众的商业生活;对外而言,也增进了对其他国家尤其是伊斯兰国家对明朝的认同。

普哈丁墓园俗称"回回堂""巴巴窑",是安葬南宋时期伊斯兰教著名领袖普哈丁的墓地。普哈丁相传是穆罕默德的 16 世孙,在伊斯兰世界享有崇高威望。他在扬州修建了仙鹤寺(一名礼拜寺),并在这里前后生活 10 年,直到德祐元年(1275)去世。如今的普哈丁墓园由古清真寺、古墓园和古典园林三部分组成。在普哈丁墓园中,考古学家发现很多墓盖和挡垛石,上面有阿拉伯文字。墓盖和挡垛石刻盛行于元代,在明代依然有不少挡垛石刻,清代则逐渐减少。

有学者发现并翻译了普哈丁墓园中明代挡垛石刻文字,为进一步研究明代扬州穆斯林的生活提供了资料。宋元以降,海内外来到扬州经商的穆斯林络绎不绝,也对当地商业和文化生活产生了重要影响。根据《扬州明代伊斯兰教墓碑考》的研究,可以看到下图中的 7 份墓碑资料:[2]

表 9-1　　　　　　　　普哈丁园明代墓碑情况统计表

墓主	籍贯	碑刻年代	文字	墓主身份	立碑者	铭文位置
□玉	北京	成化二十三年六月十二日	中文	客商	伙计苏正	挡垛
杨贵	西安	成化二十三年八月二十九日	中文	客商	孝男杨□、孝孙杨□	挡垛

[1] 努尔:《扬州伊斯兰教碑文新证》,《海交史研究》1983 年第 5 期。

[2] 郭成美、薛守东:《扬州明代伊斯兰教墓碑考》,《回族研究》2018 年第 3 期。

续表 9-1

墓主	籍贯	碑刻年代	文字	墓主身份	立碑者	铭文位置
	西安府	成化二十三年□□十九日	中文	客商		挡垛
王鉴	西安府长安县	弘治十四年闰七月初四日	中文	客商	子王济、孙子栋	挡垛
法纳	西域	弘治十五年九月二十一日故	中文、阿拉伯文	有道恩师	住持哈铭同本教义士兰秀、兰季	墓盖、挡垛
张炘	扬州	嘉靖辛亥	中文	昭勇将军	昭毅将军参将不孝孙恒	牌坊条石
张顺	西安府长安县	□□□□□九月初十日	中文	客商		挡垛

这份明代中期的墓碑情况显示,有来自北京、西安和西域等多地的穆斯林商人、将军和传教者等不同阶层的人物在扬州生活,他们或者经商(多数和盐业有关),或者保卫地方,或者传播"真主"的智慧,培养伊斯兰教的弟子。换言之,即便在明代,扬州依然吸引着包括穆斯林民众在内的群体,来到这里寻求商机,大大丰富了当地的文化,释放出多元化的气息。

这种情况的出现并非偶然,一如上文永乐皇帝朱棣的敕谕,在国家统治者明确保护穆斯林的政策背景下,扬州地区出现了不少伊斯兰商人、经师、将士等。可惜这份明代中叶的《普哈丁园明代墓碑情况统计表》只是冰山一角。明代扬州的大多数穆斯林必定有其独特、丰富的生活,囿于史籍,只能留给后人无限的想象空间。

仙鹤寺是明代扬州伊斯兰教的圣地。这座寺庙是南宋时期阿拉伯人普哈丁来扬州传教时建造,后来在战火中受损。明太祖洪武二十三年(1390),由穆斯林哈三等人重建。到了嘉靖年间,在伊玛目哈铭和商人马宗道等人的倡议下,重修了这座穆斯林场所。有明一代,仙鹤寺作为扬州本地穆斯林的精神家园,也为信徒和外地前来的穆斯林商旅提供了精神慰藉。

时至今日,扬州仙鹤寺与杭州凤凰寺、泉州麒麟寺(又名"清净寺")、广州怀圣寺一道被称为中国伊斯兰教四大名寺。仙鹤寺在建筑上融合了中国和阿拉伯地区的元素,别具一格。它的得名和外形布局与仙鹤有关:大门的照壁如同鹤嘴,左右两口古井如同鹤的双眼,从寺门到大殿曲长的路径犹如鹤的长脖子,南北两个大厅则像鹤的翅膀,两棵古树就像鹤的长腿。整个建筑设计精巧,匠心独运。可惜近百年来,仙鹤寺屡遭破坏,鹤形受损。现今还能看到明代种植的柏树以及望月亭、楠木厅和水井,从中可依稀感悟到明代扬州这处伊斯兰圣地的荣耀和风采。

从扬州一路向北,在高邮菱塘北乡还有一座始建于明朝初年的清真寺。这座清真寺的旧址在高邮湖畔的芦柴湾(又名"回回湾"),仅有简单的3间瓦房。后来湖水泛滥,清真寺被毁。到了明代中叶,当地穆斯林民众又在菱塘镇清真村杨大庄西侧建造了清真寺,包括殿堂和厢房,规模有限。明代中后期,迭有增损。2006年,高邮菱塘北乡清真寺被列为江苏省文物保护单位。扬州府仪真县也有一座建造于明末清初的清真寺,但因资料有限,对当年建寺的具体情况,尚知之甚少。

四、天主教

佛教、道教、伊斯兰教之外,明代扬州也有天主教等宗教的传播。根据有关学者统计,天主教在元代初年或者中叶就已经传入扬州。[1]由于元代的多民族、多宗教影响,这一时期,很多天主教徒涌入扬州,在此处经商,乃至客死扬州。扬州南门水关附近就曾出土了天主教徒的墓碑,其中有拉丁文的碑文,"以主的名义,阿们",埋葬着多密尼·维利翁尼的女儿和儿子。

元朝覆灭之后,天主教徒大量外迁,基本在扬州地区消失踪迹。到了明代中后期,繁华的扬州城也吸引了传教士的纷至沓来。其中,一位意大利耶稣会士艾儒略就在万历后期来到中国内地,还到扬州传教,为他人洗礼。明清鼎革之际,意大利耶稣会士毕方济到中国东南沿海传教,足迹遍布苏州、扬州、宁波等处。只是资料稀少,我们难以知道更为详细的信息。

终明一朝,扬州一地经学的发展并不突出,但理学、心学分庭抗礼的现

---

[1]　王虎华:《扬州宗教史话》,第137页。

象值得关注。明代扬州史学的成就体现在官方和私家两个方面。官方史学方面,部分学者直接参与了明朝中央政府组织的实录、政书、类书的修纂工作,地方上则表现为政府组织的志书编修,总数达 30 多种。部分志书史料翔实、体例完善,堪称后世志书的典范。私家史学同样繁盛,有所建树的学者众多,史学作品数量巨大,著作类型多种多样,编年史、杂史、史抄、史评、传记、奏议、地方志书、政书、谱牒等无所不包。部分史著在内容、体例上均有创新,在当时及后世都有好评,具有很高的学术价值。

文学方面,明代扬州府名家众多,甚至出现以文学著称的家族,如如皋冒氏家族、宝应朱氏家族、兴化李春芳家族等。这些文学名家,作品风格多样,内涵丰富,但除高邮汪广洋、兴化宗臣外,大多并非文坛潮流的引领者。他们和扬州府众多的文学家一起,共同推动形成明代扬州文学的繁荣局面。艺术方面,明代文人画风已成潮流,扬州书画名家虽然不少,但仅以画技很难形成独立的书画流派,不过周嘉胄《装潢志》的撰成,一定程度上弥补了上述缺憾。市民阶层的出现,推动了通俗艺术的发展,琴棋皆名家辈出,柳敬亭更是以其高超的说书技艺名显一时。

良好的经济基础、中西文化的交流与碰撞以及士民阶层的形成,为明代扬州府科技事业发展提供了良好的条件。医学方面,出现了为数众多的名医和医书;农业方面有王磐的《野菜谱》标新立异,王徵的《诸器图说》则在手工业技术领域独树一帜。其他如军事、法律、建筑、印刷、天文等科技和实学领域亦有值得称道的成绩。但封建王朝一直视科技事业为"奇技淫巧",从各方面加以限制打击,极大地阻碍了中国古代科技的发展。明代扬州府科技整体虽然取得了非凡的成就,但不足之处也至为明显。就医学来说,实践层面的"神医"较多,医学理论上的建树却乏善可陈,文献记载的名医事迹可疑之处亦复不少。就手工业科技而言,所谓"雕漆""百宝嵌"等,不过是传统技艺的进一步提升。《诸器图说》虽有新意,但也仅是西方科技的翻译著作,作者自己的创新之处并不多见。当然,这种局面的形成在于特定的社会文化环境,并不是说中国人缺乏科技方面的素养与能力。

主要参考文献

一、史料

班固.汉书[M].北京:中华书局,1962.

陈寿.三国志[M].北京:中华书局,1982.

刘昫,等.旧唐书[M].北京:中华书局,1975.

宋濂,等.元史[M].北京:中华书局,1976.

张廷玉,等.明史[M].北京:中华书局,1974.

赵尔巽,等.清史稿[M].北京:中华书局,1977.

柯劭忞.新元史[M].中国书店,1988.

陶宗仪.南村辍耕录[M].北京:中华书局,1959.

苏天爵.滋溪文稿[M].陈高华,孟繁清,点校.北京:中华书局,1997.

刘孟琛.南台备要[M].王晓欣,点校//宪台通纪:外三种.杭州:浙江古籍出版社,2002.

张铉.〔至正〕金陵新志[M].南京:南京出版社,2010.

陈高华,等.元典章[M].北京:中华书局,2011.

程钜夫.程雪楼文集[M].台北:"国立中央图书馆",1970.

拉施特.史集:第二卷[M].余大钧,周建奇,译.北京:商务印书馆,1985.

杨讷,陈高华.元代农民战争史料汇编[M].北京:中华书局,1985.

王逢.梧溪集[M]//北京图书馆古籍珍本丛刊:第95册.北京:书目文献出版社,1998.

危素.危太仆文集[M].台北:新文丰出版公司,1985.

释大䜣.蒲室集[M]//景印文渊阁四库全书:第1204册.台北:台湾商

务印书馆,1986.

蔡美彪.八思巴字碑刻文物集释［M］.北京:中国社会科学出版社,
2011.

大元官制杂记［M］.台北:广文书局,1972.

吴澄.吴文正公集［M］//元人文集珍本丛刊.台北:新文丰出版公司,
1985.

陆文圭.墙东类稿［M］//丛书集成续编:第108册.上海:上海书店出
版社,1994.

顾瑛.草堂雅集［M］.杨镰,祁学明,张颐青,整理.北京:中华书局,
2008.

俞希鲁.〔至顺〕镇江志［M］.台北:成文出版社,1975.

隋树森.全元散曲［M］.北京:中华书局,1964.

夏伯和.青楼集［M］.上海:古典文学出版社,1957.

钟嗣成,等.录鬼簿:外四种［M］.上海:上海古籍出版社,1978.

胡祗遹.胡祗遹集［M］.魏崇武,周思成,点校.长春:吉林文史出版社,
2008.

蔡美彪.元代白话碑集录［M］.修订版.北京:中国社会科学出版社,
2017.

冯承钧.元代白话碑［M］.邬国义,编校.上海:上海古籍出版社,2015.

居家必用事类全集［M］//北京图书馆古籍珍本丛刊:第61册.北京:
书目文献出版社,1988.

杨镰.全元诗［M］.北京:中华书局,2013.

唐圭璋.全金元词［M］.北京:中华书局,1979.

鄂多立克.鄂多立克东游录［M］.何高济,译.北京:中华书局,1981.

沙海昂.马可波罗行纪［M］.冯承钧,译.北京:商务印书馆,2012.

王颋.庙学典礼:外二种［M］.杭州:浙江古籍出版社,1992.

明太祖实录［M］.台北:台湾“中央研究院”历史语言研究所,1962.

明太宗实录［M］.台北:台湾“中央研究院”历史语言研究所,1962.

明宣宗实录［M］.台北:台湾“中央研究院”历史语言研究所,1962.

明英宗实录[M].台北:台湾"中央研究院"历史语言研究所,1962.

明宪宗实录[M].台北:台湾"中央研究院"历史语言研究所,1962.

明孝宗实录[M].台北:台湾"中央研究院"历史语言研究所,1962.

明武宗实录[M].台北:台湾"中央研究院"历史语言研究所,1962.

明世宗实录[M].台北:台湾"中央研究院"历史语言研究所,1962.

明穆宗实录[M].台北:台湾"中央研究院"历史语言研究所,1962.

明神宗实录[M].台北:台湾"中央研究院"历史语言研究所,1962.

明熹宗实录[M].台北:台湾"中央研究院"历史语言研究所,1962.

解缙,等.永乐大典[M].北京:中华书局,1986.

刘辰.国初事迹[M].北京:中华书局,1991.

申嘉瑞.〔隆庆〕仪真县志[M].李文,等纂//扬州文库:第16册.扬州:广陵书社,2015.

朱怀幹.嘉靖惟扬志[M].盛仪,辑//扬州文库:第1册.扬州:广陵书社,2015.

林云程,沈明臣.〔万历〕通州志[M]//四库全书存目丛书:史部　第203册.济南:齐鲁书社,1996.

陈文,等.〔正德〕崇明县志[M]//上海府县旧志丛书:崇明县卷.上海:上海古籍出版社,2011.

张世臣,等.〔万历〕崇明县志[M]//上海府县旧志丛书:崇明县卷.上海:上海古籍出版社,2011.

宋濂.宋文宪公全集[M].北京:中华书局,1989.

欧阳东凤.〔万历〕兴化县志[M]//泰州文献:第一辑.南京:凤凰出版社,2014.

朱吾弼等.皇明留台奏议[M]//四库全书存目丛书:史部　第74册.济南:齐鲁书社,1997.

王燧.青城山人集[M]//景印文渊阁四库全书:第1237册.台北:台湾商务印书馆,1986.

贝琼.清江文集[M]//景印文渊阁四库全书:第1228册.台北:台湾商务印书馆,1986.

胡顺华.〔嘉靖〕兴化县志［M］//泰州文献：第一辑.南京：凤凰出版社，2014.

钱穀.吴都文粹续集［M］//景印文渊阁四库全书：第1385册.台北：台湾商务印书馆，1986.

闻人诠，宋佐.〔嘉靖〕宝应县志略［M］//扬州文库：第24册.扬州：广陵书社，2015.

汤一贤.〔隆庆〕宝应县志［M］//扬州文库：第24册.扬州：广陵书社，2015.

张丑.真迹目录［M］//景印文渊阁四库全书：第817册.台北：台湾商务印书馆，1986.

何良俊.语林［M］//景印文渊阁四库全书：第1041册.台北：台湾商务印书馆，1986.

刘基.大明清类天文分野之书［M］//四库全书存目丛书：子部　第60册.济南：齐鲁书社，1995.

唐之淳.唐愚士诗［M］//景印文渊阁四库全书：第1236册.台北：台湾商务印书馆，1986.

程本立.巽隐集［M］//景印文渊阁四库全书：第1236册.台北：台湾商务印书馆，1986.

徐学聚.国朝典汇［M］//四库全书存目丛书：史部　第265册.济南：齐鲁书社，1996.

何乔远.名山藏［M］//续修四库全书：第427册.上海：上海古籍出版社，2002.

过庭训.本朝分省人物考［M］//续修四库全书：第535册.上海：上海古籍出版社，2002.

雷礼.国朝列卿纪［M］//四库全书存目丛书：史部　第93册.济南：齐鲁书社，1996.

杨廷和.杨文忠三录［M］//景印文渊阁四库全书：第428册.台北：台湾商务印书馆，1986.

李乐.见闻杂纪［M］//四库全书存目丛书：子部　第242册.济南：齐

鲁书社,1995.

董斯张.〔崇祯〕吴兴备志［M］//景印文渊阁四库全书:第494册.台北:台湾商务印书馆,1986.

张岱.陶庵梦忆［M］.北京:中华书局,2007.

何良俊.四友斋丛说［M］.北京:中华书局,1959.

耿定向.先进遗风［M］.毛在,增补//景印文渊阁四库全书:第1041册,台北:台湾商务印书馆,1986.

陈子龙,等.明经世文编［M］.北京:中华书局,1962.

毕恭,等.〔嘉靖〕辽东志［M］.任洛,等重修//续修四库全书:第646册.上海:上海古籍出版社,2002.

张萱.西园闻见录［M］//续修四库全书:第1169册.上海:上海古籍出版社,2002.

瞿九思.万历武功录［M］//续修四库全书:第436册.上海:上海古籍出版社,2002.

毕自严.度支奏议［M］//续修四库全书:第483册.上海:上海古籍出版社,2002.

郑若曾.筹海图编［M］.李致忠,点校.北京:中华书局,2007.

张宁.〔万历〕江都县志［M］.陆君弼,纂//扬州文库:第9册.扬州:广陵书社,2015.

杨洵.〔万历〕扬州府志［M］.徐銮,等纂//扬州文库:第1册.扬州:广陵书社,2015.

徐学聚.嘉靖东南平倭通录［M］//中国野史集成:第24册.成都:巴蜀书社,2000.

郑晓.郑端简公奏议［M］//续修四库全书:第476册.上海:上海古籍出版社,2002.

郑晓.端简郑公文集［M］.明万历二十八年（1600）郑心材刻本.

范惟恭.〔隆庆〕高邮州志［M］.王应元,纂//扬州文库:第19册.扬州:广陵书社,2015.

林希元.同安林次崖先生文集［M］//四库全书存目丛书:集部　第75

册.济南:齐鲁书社,1997.

陈煃.〔万历〕宝应县志[M].吴敏道,纂//扬州文库:第24册.扬州:广陵书社,2015.

彭宁求.历代关市征税记[M].北京:中华书局,1985.

张德信、毛佩琦.洪武御制全书[M].合肥:黄山书社,1995.

申时行,等.大明会典[M].赵用贤,等纂//续修四库全书:第789册.上海:上海古籍出版社,2002.

杨士奇.东里续集[M]//景印文渊阁四库全书:第1239册.台北:台湾商务印书馆,1986.

于慎行.谷城山馆诗集[M]//景印文渊阁四库全书:第1291册.台北:台湾商务印书馆,1986.

李攀龙.李攀龙集[M].李伯齐,点校.济南:齐鲁书社,1993.

胡应麟.少室山房集[M].上海:上海古籍出版社,1993.

谢肇淛.杂组[M]//续修四库全书:第1130册.上海:上海古籍出版社,2002.

陈全之.蓬窗日录[M].上海:上海书店出版社,2009.

雷梦麟.读律琐言[M].怀效锋,李俊,点校.北京:法律出版社,2000.

姚思仁.大明律附例注解[M].北京:北京大学出版社,1993.

汪道昆.太函集[M].胡益民,余国庆,点校.予致力,审订.合肥:黄山书社,2004.

临溪吴氏墓谱[M].上海:上海图书馆.

李维桢.大泌山房集[M]//四库全书存目丛书:集部　152册.济南:齐鲁书社,1997.

来俨然.自愉堂集[M]//四库全书存目丛书:集部　第177册.济南:齐鲁书社,1997.

韩邦奇.苑洛集[M].清道光八年(1828)同里谢氏重刊本.

朱廷立,等.盐政志[M]//续修四库全书:第893册.上海:上海古籍出版社,2002.

彭韶.彭惠安集[M]//景印文渊阁四库全书:第1247册.台北:台湾商

务印书馆,1986.

陈仁锡.皇明世法录［M］//四库禁毁书丛刊:史部　第14册.北京:北京出版社,2000.

杨选,陈暹.〔嘉靖〕两淮盐法志［M］.史起蛰,张榘,撰//扬州文库:第27册.扬州:广陵书社,2015.

天然痴叟.石点头［M］.郑州:中州古籍出版社,1985.

顾起元.客座赘语［M］.北京:中华书局,1987.

王士性.广志绎［M］.北京:中华书局,1981.

汪森.粤西丛载［M］//景印文渊阁四库全书:第1467册.台北:台湾商务印书馆,1986.

郎瑛.七修类稿［M］.上海:上海书店出版社,2001.

冯应京.月令广义［M］//四库全书存目丛书:史部　第164册.济南:齐鲁书社,1996.

张以宁.翠屏集［M］//景印文渊阁四库全书:第1226册.台北:台湾商务印书馆,1986.

余继登.典故纪闻［M］.北京:中华书局,1981.

钟化民.赈豫纪略［M］.俞森,辑//中国荒政全书.北京:北京古籍出版社,2003.

徐鹏举,史载德,等.〔弘治〕两淮运司志［M］//扬州文库:第27册.扬州:广陵书社,2015.

魏骥.南斋先生魏文靖公摘稿［M］.明孝宗弘治刻本.

陈尧.梧冈文正续两集合编［M］//四库全书存目丛书:集部　第101册.济南:齐鲁书社,1997.

王纳谏.初日斋集［M］//明别集丛刊:第5辑　第49册.合肥:黄山书社,2015.

欧大任.广陵十先生传［M］//扬州文库:第56册.扬州:广陵书社,2015.

吴甡.安危注［M］//四库全书存目丛书:集部　第110册.济南:齐鲁书社,1997.

彭大翼.山堂肆考［M］//景印文渊阁四库全书：第974册.台北：台湾商务印书馆,1986.

焦竑.澹园集［M］.李剑雄,点校.北京：中华书局,1999.

姚希孟.响玉集［M］//四库禁毁书丛刊：集部　第178册.北京：北京出版社,2000.

宋濂.宋学士文集［M］//四部丛刊本.

徐光启.农政全书［M］.陈焕良,罗文华,校注.长沙：岳麓书社,2002.

潘之恒.潘之恒曲话［M］.汪效倚,辑注.北京：中国戏剧出版社,1988.

茅大方.希董堂集［M］//四库未收书辑刊：第7辑　第16册.北京：北京出版社,2000.

清世祖实录［M］.北京：中华书局,1985.

阿克当阿.〔嘉庆〕重修扬州府志［M］.姚文田等,纂//扬州文库：第7册.扬州：广陵书社,2015.

杨激云.〔光绪〕泰兴县志［M］//泰州文献：第一辑.南京：凤凰出版社,2014.

刘廷槐.来安县志［M］.余培森,修订.合肥：黄山书社,2007.

张其濬.全椒县志［M］.江克让,纂.台北：成文出版社,1974.

王昶,等.〔嘉庆〕直隶太仓州志［M］//续修四库全书：第698册.上海：上海古籍出版社,1996.

朱衣点,等.〔康熙〕崇明县志［M］//上海府县旧志丛书：崇明县卷.上海：上海古籍出版社,2011.

钱大昕.元史艺文志［M］//陈文和.嘉定钱大昕全集：第5册.增订本.南京：凤凰出版社,2016.

李斗.扬州画舫录［M］.王媛,编著.合肥：黄山书社,2015.

穆彰阿,潘锡恩,等.〔嘉庆〕大清一统志［M］//续修四库全书：第614册.上海：上海古籍出版社,1996.

慕阿德,伯希和.马可·波罗寰宇记［M］.上海：中西书局,2017.

汪砢玉.古今鹾略［M］//续修四库全书：第839册.上海：上海古籍出版社,2002.

佚名.嘉靖倭乱备钞［M］//续修四库全书：第 434 册.上海：上海古籍出版社,2002.

顾炎武.天下郡国利病书［M］//顾炎武全集：第 14 册.上海：上海古籍出版社,2011.

王检心.道光重修仪征县志[M].刘文淇,张文保,纂//中国地方志集成：江苏府县志辑　第 45 册.南京：江苏古籍出版社,1991.

顾炎武.肇域志［M］.谭其骧,王文楚,等点校.上海：上海古籍出版社,2004.

姚文田.〔嘉庆〕广陵事略［M］//续修四库全书：第 699 册.上海：上海古籍出版社,2002.

夏燮.明通鉴[M].沈仲九,标点.北京：中华书局,2009.

黄宗羲.弘光实录钞［M］.夔宁,校点//南明史料：八种.南京：江苏古籍出版社,1997.

张岱.石匮书后集［M］//续修四库全书：第 320 册.上海：上海古籍出版社,2002.

温睿临.南疆逸史［M］.北京：中华书局,1959.

蒋良骐.东华录[M]//续修四库全书：第 368 册.上海：上海古籍出版社,2002.

李清.南渡录［M］.黄俶成,点校//南明史料：八种.南京：江苏古籍出版社,1997.

计六奇.明季南略[M].任道斌,魏得良,点校.北京：中华书局,1984.

李天根.爝火录［M］.仓修良,魏得良,校点.杭州：浙江古籍出版社,1986.

王秀楚.扬州十日记［M］//明清史料汇编二集：第 5 册.台北：文海出版社,1967.

谈迁.国榷［M］.张宗祥,校点.北京：中华书局,1958.

傅维鳞.明书［M］//四库全书存目丛书：史部　第 38 册.济南：齐鲁书社,1996.

金镇.〔康熙二十四年〕扬州府志［M］.崔华,张万寿,续修.王方岐,续纂//扬州文库：第3册.扬州：广陵书社，2015.

王继祖.直隶通州志［M］.清乾隆二十年（1755）刻本.

王有庆.〔道光〕泰州志［M］.清道光七年（1827）刻本.

梁园棣.〔咸丰〕重修兴化县志［M］.清咸丰二年（1852）刻本.

尹会一.〔雍正〕扬州府志［M］.程梦星，等纂//扬州文库：第5册.扬州：广陵书社，2015.

孙宗彝.〔康熙〕高邮州志［M］.李培茂，增修.余恭，增辑//扬州文库：第20册.扬州：广陵书社，2015.

噶尔泰.〔雍正〕敕修两淮盐法志［M］.程梦星，等纂//扬州文库：第29册.扬州：广陵书社，2015.

吉庆.〔乾隆〕两淮盐法志［M］.王世球，纂//扬州文库：第30册.扬州：广陵书社，2015.

五格，黄湘.〔乾隆〕江都县志［M］.程梦星，等纂//扬州文库：第11册.扬州：广陵书社，2015.

陆朝玑.〔雍正〕江都县志［M］.程梦星，等纂//扬州文库：第10册.扬州：广陵书社，2015.

张德盛.〔雍正〕高邮州志［M］.邓绍焕，汪士璜，等纂//扬州文库：第20册.扬州：广陵书社，2015.

孟毓兰.〔道光〕重修宝应县志［M］.乔载繇，等纂//扬州文库：第25册.扬州：广陵书社，2015.

冯馨.〔嘉庆〕高邮州志［M］.夏味堂，等增纂//扬州文库：第21册.扬州：广陵书社，2015.

徐璇.〔康熙〕宝应县志［M］.乔莱，纂//扬州文库：第24册.扬州：广陵书社，2015.

冒襄.同人集［M］//四库全书存目丛书：集部　第385册.济南：齐鲁书社，1997.

谷应泰.明史纪事本末补编［M］.北京：中华书局，1977.

吴嘉纪.吴嘉纪诗笺校［M］.杨积庆，笺校.上海：上海古籍出版社，1980.

李苏.〔康熙〕江都县志[M]//扬州文库:第9册.扬州:广陵书社,2015.

钱泳撰.履园丛话[M].张伟,点校.上海:上海古籍出版社,2012.

龙文彬.明会要[M].北京:中华书局,1956.

陆师.〔康熙〕仪真志[M]//扬州文库:第17册.扬州:广陵书社,2015.

钱谦益.列朝诗集小传[M].上海:上海古籍出版社,1983.

雷应元.〔康熙三年〕扬州府志[M]//扬州文库:第2册.扬州:广陵书社,2015.

陈田.明诗纪事[M].上海:上海古籍出版社,1993.

朱彝尊.明诗综[M].北京:中华书局,2007.

朱彝尊.静志居诗话[M].姚祖恩,编.黄君坦,校点.北京:人民文学出版社,1990.

张用熙,左辉春.〔道光〕续增高邮州志[M]//扬州文库:第22册.扬州:广陵书社,2015.

沈德潜.清诗别裁集[M].上海:上海古籍出版社,2013.

朱彝尊.明诗综[M].上海:上海古籍出版社,1993.

谢伯阳.全明散曲[M].济南:齐鲁书社,1994.

黄虞稷.千顷堂书目[M].上海:上海古籍出版社,1990.

徐沁.明画录[M].北京:中华书局,1985.

石柱国,许承尧.〔民国〕歙县志[M].台北:成文出版社,1976.

赵达雄.中国历代人物图像数据库[OL].

二、专著

陈懋恒.明代倭寇考略[M].北京:人民出版社,1957.

陈诗启.明代官手工业的研究[M].武汉:湖北人民出版社,1958.

陈汝衡.说书史话[M].北京:作家出版社,1958.

黄涌泉.陈洪绶年谱[M].北京:人民美术出版社,1960.

朱希祖.明季史料题跋[M].北京:中华书局,1961.

罗锦堂.锦堂论曲[M].台北:联经出版事业公司,1977.

李约瑟.中国科学技术史[M].《中国科学技术史》翻译小组,译.北京:

科学出版社,1978.

　　谢国桢.增订晚明史籍考[M].上海:上海古籍出版社,1981.

　　孙楷第.元曲家考略[M].上海:上海古籍出版社,1981.

　　王世襄.髹饰录解说:中国传统漆工艺研究[M].北京:文物出版社,1983.

　　武立新.明清稀见史籍叙录[M].南京:金陵书画社,1983.

　　中国大百科全书总编辑委员会《中国历史》编辑委员会元史编写组.元史[M].北京:中国大百科全书出版社,1985.

　　胡文楷.历代妇女著作考[M].增订本.上海:上海古籍出版社,1985.

　　许凡.元代吏制研究[M].北京:劳动人事出版社,1987.

　　中国古代书画鉴定组.中国古代书画图目[M].北京:文物出版社,1989.

　　南炳文.南明史[M].天津:南开大学出版社,1992.

　　南京师范大学古文献整理研究所.江苏艺文志:扬州卷　上册[M].南京:江苏人民出版社,1995.

　　史卫民.元代社会生活史[M].北京:中国社会科学出版社,1996.

　　李修生.元杂剧史[M].南京:江苏古籍出版社,1996.

　　白寿彝.中国通史:元时期上[M].上海:上海人民出版社,1997.

　　杨志玖.马可波罗在中国[M].天津:南开大学出版社,1999.

　　韩天衡.历代印学论文选[M].杭州:西泠印社,1999.

　　傅璇琮,许逸民.中国诗学大辞典[M].杭州:浙江教育出版社,1999.

　　中国戏曲志编辑委员会.中国戏曲志:江苏卷[M].北京:中国ISBN中心出版社,2000.

　　李治安.行省制度研究[M].天津:南开大学出版社,2000.

　　李治安.元代政治制度研究[M].北京:人民出版社,2003.

　　杨志玖.元代回族史稿[M].天津:南开大学出版社,2003.

　　范中义,仝晰纲.明代倭寇史略[M].北京:中华书局,2004.

　　王卫平,黄鸿山.中国古代传统社会保障与慈善事业[M].北京:群言出版社,2004.

陈得芝.蒙元史研究丛稿[M].北京:人民出版社,2005.

胡务.元代庙学:无法割舍的儒学教育链[M].成都:巴蜀书社,2005.

钱定一.美术艺人大辞典[M].上海:上海古籍出版社,2005.

杨正泰.明代驿站考[M].上海:上海古籍出版社,2006.

张国淦.张国淦文集四编[M].北京:北京燕山出版社,2006.

傅惜华.傅惜华戏曲论丛[M].北京:文化艺术出版社,2007.

林鑫.扬州曲话[M].西安:陕西人民出版社,2007.

蒋哲伦,杨万里.唐宋词书录[M].长沙:岳麓书社,2007.

帅国华.仪征史海拾珠[M].北京:新时代出版社,2007.

泰州市政协学习文史委员会,泰州市诗词协会.历代诗词咏泰州[M].南京:南京出版社,2007.

韩儒林.元朝史[M].北京:人民出版社,2008.

牛汝极.十字莲花:中国元代叙利亚文景教碑铭文献研究[M].上海:上海古籍出版社,2008.

李治安,薛磊.中国行政区划通史:元代卷[M].上海:复旦大学出版社,2009.

李幹.元代民族经济史[M].北京:民族出版社,2010.

邹祥凤.兴化历代名人[M].北京:北京燕山出版社,2001.

丁国祥.复社研究[M].南京:凤凰出版社,2011.

徐炳顺.扬州运河[M].扬州:广陵书社,2011.

顾诚.南明史[M].北京:光明日报出版社,2011.

耿世民.西域文史论稿[M].兰州:兰州大学出版社,2011.

李天石,潘清.江苏通史:宋元卷[M].南京:凤凰出版社,2012.

萧启庆.元代进士辑考[M].台北:台湾"中央研究院"历史语言研究所,2012.

刘迎胜.小儿锦研究:(一) 历史、文字与文献[M].兰州:兰州大学出版社,2013.

何炳棣.明清社会史论[M].徐泓,译注.台北:联经出版事业有限公司,2013.

贺万里.扬州艺术史［M］.天津：天津人民美术出版社,2013.

乔治忠,朱洪斌.增订中国史学史资料编年：清代卷［M］.北京：商务印书馆,2013.

李晏墅,郭宁生.泰州通史［M］.南京：凤凰出版社,2014.

王虎华.扬州宗教史话［M］.扬州：广陵书社,2014.

许少飞.扬州园林史话［M］.扬州：广陵书社,2014.

陈杰.日本战国史［M］.西安：陕西人民出版社,2015.

孟晖.花点的春天：关于美食［M］.牛津：牛津大学出版社,2015.

沈仁国.元朝进士集证［M］.北京：中华书局,2016.

徐忠文,荣新江.马可·波罗　扬州　丝绸之路［M］.北京：北京大学出版社,2016.

陈锴竑,姜龙,卢桂平.扬州历史文化大辞典［M］.扬州：广陵书社,2017.

罗锦堂.明代剧作家考略［M］.西安：陕西师范大学出版社,2017.

姜龙、董玉海.扬州历代名著［M］.扬州：广陵书社,2017.

司徒琳,李荣庆等.南明史（1644—1662)［M］.上海：上海人民出版社,2017.

扬之水.定名与相知：博物馆参观记［M］.桂林：广西师范大学出版社,2018.

陈士银.摇曳的名分：明代礼制简史［M］.杭州：浙江古籍出版社,2021.

三、论文

倪振逵.元宝［J］.文物参考资料,1957(5).

刘彬如,陈达祚.扬州"回回堂"和元代阿拉伯文的墓碑［J］.江海学刊,1962(2).

耿鉴庭.扬州城根里的元代拉丁文墓碑［J］.考古,1963(8).

梁方仲.论明代里甲法和均徭法的关系［J］.学术研究,1963(4).

苏州市文物保管委员会,苏州博物馆.苏州吴张士诚母曹氏墓清理简报

[J].考古,1965(6).

夏鼐.扬州拉丁文墓碑和广州威尼斯银币[J].考古,1979(6).

朱江.伊斯兰教文化东渐扬州始末(下)[J].海交史研究,1980(2).

刘永耀.泰州方志考略[J].江苏社联通讯,1982(3).

许卫平.扬州方志概述[J].扬州师院学报(社会科学版),1982(Z1).

许卫平.高邮、兴化、宝应三县地方志考录[J].江苏社联通讯,1983(13).

努尔.扬州伊斯兰教碑文新证[J].海交史研究,1983(5).

L.培忒克,夏鼐.扬州拉丁文墓碑考证[J].考古,1983(7).

王晓欣.释元代的"合必赤"[J].南开学报,1984(3).

郝苏民,刘文性.扬州出土元代圆牌之八思巴文和波斯文再释读[J].西北民族学院学报(哲学社会科学版),1985(1).

王勤金.元《江淮营田提举司钱粮碑》[J].考古,1987(7).

李治安.关于元代镇戍江淮的蒙古诸王[J].安徽史学,1990(1).

许卫平.论扬州明代的地方志[J].扬州师院学报(社会科学版),1990(1).

蔡美彪.试论马可波罗在中国[J].中国社会科学,1992(2).

陈宝良.明代的义学与乡学[J].史学月刊,1993(3).

徐祥玲,杨本红.明代扬州书院的建置与发展[J].扬州师院学报(社会科学版),1993(3).

朱永安.弘光政权速亡探析[J].江苏社会科学,1993(4).

陈绍华.扬州元曲家述略[J].扬州师院学报(社会科学版),1994(3).

刘立人.三百五十年来史可法评价问题述评[J].扬州师院学报(社会科学版),1995(3).

朱宗宙.史可法评论四议.[J].扬州师院学报(社会科学版),1996(4).

杨志玖.百年来我国对《马可波罗游记》的介绍与研究:下[J].天津社会科学,1996(2).

张兵.论吴嘉纪诗的文化构成与创作特征[J].西北师范大学学报(社会科学版),1997(5).

方裕谨.明代隆庆年间两淮盐务题本[J].历史档案,2000(2).

方晨,周长源.扬州出土的明清金首饰[J].东南文化,2003(4).

于天池.明末清初篆刻怪杰邵潜及其《皇明印史》[J].古籍研究,2003(2).

刘春玲.晚明社会风气异变述论[J].阴山学刊,2005(6).

刘迎胜.马薛里吉思任职镇江原因考:一种外来饮品舍里八生产与消费的本土化过程[J].中华文史论丛,2005(1).

郭培贵.明代科举各级考试的规模及其录取率[J].史学月刊,2006(12).

孙晋浩.开中法与明代盐制的演变[J].盐业史研究,2006(4).

刘中平.弘光政权建立之探微[J].辽宁大学学报(哲学社会科学版),2007(4).

陈麟德.进则忧国忧民,退则杜门著述:试论明季兴化史学名儒李清[J].菏泽学院学报,2008(6).

吴海波.清代两淮灶丁之生存环境与社会功能[J].四川理工学院学报(社会科学版),2009(5).

曹树基.洪武大移民:来自湖南浏阳的新例证[J].江西师范大学学报(哲学社会科学版),2010(5).

扈耕田.晚明扬州影园与黄牡丹诗会考论[J].扬州大学学报(人文社会科学版),2011(3).

陈得芝.水浒传与元末社会[J].新世纪图书馆,2013(2).

刘晓.元镇守建德"怀孟万户府"与镇守徽州"泰州万户府"考:兼及元代的纯只海家族[J].安徽史学,2014(3).

孙继亮.中国财税博物馆藏元代"扬州元宝"考:兼论元代前期白银的使用和流通[J].中国钱币,2015(6).

郑阳,陈德勇.扬州新发现唐代波斯人墓碑意义初探[J].中国穆斯林,2015(3).

余国江.《扬州府图说》述考[J].江苏地方志,2016(3).

闫璘.扬州一座明代平民墓出土的铜钱释义[J].中国钱币,2016(6).

顾寅森.元代佛教经济研究的珍贵史料:扬州出土元《江淮营田提举司钱粮碑》的重新录文与考释[J].中国经济史研究,2016(2).

王卫平,王宏旭.明代预备仓政的演变及特点[J].学术界,2017(8).

郑宁.明代递运所考论[J].中国历史地理论丛,2017(1).

郭成美,薛守东.扬州明代伊斯兰教墓碑考[J].回族研究,2018(3).

陈士银.明代的勋爵授予与勋臣教诫[J].史林,2019(5).

陈会玲,王莉.论晚明文学思潮对《史记汇纂》编纂的影响[J].皖西学院学报,2020(1).

陈高华.元代的地方官学[J].元史论丛:第五辑,1993.

史卫民.元朝前期的宣抚司与宣慰司[J].元史论丛:第五辑,1993.

刘如臻.元代江浙行省研究[J].元史论丛:第六辑,1997.

朱学纯.文天祥和泰州[J].海陵文史:第九辑,1997.

刘迎胜.关于马薛里吉思[J].元史论丛:第八辑,2001.

陈佐立.明代粮仓研究[D].福州:福建师范大学,2002.

闫新华.明清时期扬州下层小民经济生活研究[D].西安:陕西师范大学,2006.

余清良.明代钞关制度研究(1429—1644):以浒墅关和北新关为中心[D].厦门:厦门大学,2008.

郁步生.明代扬州府作家研究[D].上海:上海师范大学,2009.

秦偲嘉.明代两淮灶户社会生活[D].大连:辽宁师范大学,2010.

涂媚.明代类书考论[D].南昌:江西师范大学,2012.

朱喆.扬州古代工艺美术研究[D].苏州:苏州大学,2013.

陈松.明代惠民药局研究[D].哈尔滨:黑龙江大学,2013

杨建华.明清扬州城市发展和空间形态研究[D].广州:华南理工大学,2015.

陈晓峰.通州范氏家族文学与文化研究[D].扬州:扬州大学,2015.

许莹莹.明代福建府、州、县学研究[D].福州:福建师范大学,2015.

郑望春.明至清前期湖北河泊所研究[D].昆明:云南大学,2016.

刘晓彤.山堂肆考初探[D].太原:山西师范大学,2016.

冷明.明代中后期宦官与两淮盐政研究[D].大连:辽宁师范大学,2017.

陈超然.扬州出土明清金银器研究[D].扬州:扬州大学,2019.

后 记

本书为集体合作的成果,具体由王嘉川、蔡晶晶、陈士银、张光华等人撰写。全书写作提纲由王嘉川拟定初稿,经全体撰写人员商讨和特邀审稿专家提出意见后,修订而成。第一章、第二章由蔡晶晶撰写;第三章、第四章由陈士银撰写;第五章由张光华撰写;第六章由张光华、王嘉川撰写;第七章、第八章由张光华撰写;第九章第一节由陈士银、张光华撰写,第二节由蔡晶晶、张光华撰写,第三节由张光华撰写,第四节由陈士银撰写。各章由撰写人完成初稿后,由王嘉川审核、提出修改意见,经撰写人修改后,再由王嘉川审核确认,经撰写人共同讨论修改,形成本书集体定稿,提交全书总主编王永平先生审阅。最后,在总主编及特邀审稿专家修改意见基础上,形成本书最终定稿。

本书在写作过程中,参考和借鉴了学界已有研究成果,力求在内容的完整性、系统性、体系性,观点的客观性、如实性、周延性,资料的充备性、原始性、全面性方面,都能有较大推进和突破。全书总主编王永平先生自始至终密切关注本书的写作,并和特邀审稿专家一起,对本书初稿提出了很多富有启发的修改意见;扬州博物馆、扬州市历史文化名城研究院为本书提供了部分卷首图片,在此向他们表示衷心的感谢! 由于撰写人员水平有限,加以撰修时间尚不充分、所见资料也有不足,书中肯定存在着这样那样的疏漏、不当乃至错误之处,还请读者批评指正!

本卷编写组

2022 年 6 月

跋

　　扬州已有 2500 多年的建城史，以其积淀深厚、光彩夺目的历史文化传统闻名于世，是国家首批公布的历史文化名城，近年来又获得联合国教科文组织等国际机构颁发的"'联合国人居奖'城市""世界美食之都"与中日韩三国文化部长会议共同命名的"东亚文化之都"等荣誉称号，成为世人向往的"淮左名都""竹西佳处"。

　　扬州市委、市政府高度重视扬州历史文化的深度挖掘和系统研究，2017年 9 月，正式启动《扬州通史》编纂工作，将其纳入市校合作的总体框架，委托扬州大学中国史学科开展研究与著述。同时组建了以市委、市政府、学校主要领导牵头的编纂委员会，聘任本人担任主编，明确市委宣传部负责项目的实施与管理，设立通史编纂工作办公室，以协调、处理相关具体事务。

　　项目启动后，我们拟定了《扬州通史》的基本构架与著述体例。在编纂起止时间上，明确自先秦至中华人民共和国成立前；各分卷的时段安排，主要根据各阶段地域社会历史演进的实际状况，确定全书分为六卷、共八册，即《先秦秦汉魏晋南北朝卷》《隋唐五代卷（两册）》《宋代卷》《元明卷》《清代卷（两册）》和《中华民国卷》。按照编委会有关编撰工作"专业化""规范化"的要求，我们组建了编纂团队，聘请了扬州大学中国史学科相应专业方向的诸位教授主持各分卷编著，其成员则以本学科专任教师为主体，他们在相关专业方向或领域浸淫多年，具有较为丰厚、扎实的专业素养与学识。

　　编委会对通史编纂质量与进度有明确的预期与要求。为确保编纂工作的规范化及其质量要求，通史编纂工作办公室确定了主编负责、统筹的审理、鉴定等管理程序与把关环节：一是对各卷所拟纲目与各位作者提供的章节样稿进行审查；对整体语言表述、引文注释、各卷内部及各卷之间衔接的相关内容归属，作出明确指导与规范要求；对相关争议性、敏感性问题的表述，提出原则性指导意见。为此，市、校领导多次召集编纂工作推进会与交流会，进行专题研讨，解决编纂过程中的各类疑难问题。二是各分卷统稿和主编审稿，这是编纂团队内部的质量把关程序，经过这两个层次的审理与修改，基本达到规范与合格的要求。三是聘请校外具有地方通史编纂经历的著名学者进行审阅鉴定。

在编纂时间与出版方面，编委会明确《扬州通史》的编纂为期四年，2021年交稿，以整体出版方式刊布。我们深知时间紧迫，压力甚大。就研究内容而言，通史编纂与个人的专题研究不同，它既是历时性的贯通研究，又是整体性的全面著述，不论编纂者的个人学术兴趣如何，也不论不同时段传世文献的留存多寡，必须遵循通史的体例要求，尽可能挖掘相关资料，撰述相关内容，揭示相关历史信息。几年来，有赖编纂团队齐心协力，克服困难，如期完成了编纂工作。

《扬州通史》作为市、校合作的重大学术文化工程，得到了扬州市委、市政府与扬州大学的高度重视和大力支持，历任扬州市委、市政府、扬州大学党政领导，对编纂工作给予关心、指导和帮助；扬州市委宣传部、扬州大学人文社科处，对项目的具体实施与推进付出了诸多辛劳。在此，我代表编纂团队，表示由衷的敬意与诚挚的感谢！

作为主编，我要真诚地感谢编纂团队的全体成员，尤其是一些青年后进，他们是生力军，承担了各卷相当篇幅的撰著任务，表现出乐于奉献的精神——他们教学、研究的压力非常大，要接受学校、学院的各种量化考核，评职晋级需要主持省部级以上项目和发表权威期刊论文，而参与通史编纂对此并无直接帮助。几年间，每次见面，我必催促他们加快撰写进度，保证编纂质量，感谢诸位的理解与支持。

　　我要真诚地感谢参与各审核鉴定环节并给予我们指导的市内外诸位方家学者。学术顾问赵昌智先生携同扬州文化研究会的田汉云、顾风、徐向明、朱福烓、王虎华、韦明铧、张连生、曹永森、吴献中、强学民、华德荣、束家平、薛炳宽、方晓伟、曾学文、孙叶锋、王冰、王争琪、王章涛、王资鑫、李保华、魏怡勤、伍野春、陈文和、顾寅森、蒋少华等诸位先生，参与各卷纲目与样稿的审阅与研讨。扬州市考古文博、档案、党史办、图书馆等部门，给我们提供了诸多帮助，特别是广陵书社承担该书出版，申请获得国家出版项目，配备专业精干的编辑队伍，细心审校，颇多助益！

　　编纂过程中，我们邀请了一些著名学者担任学术指导，中国社会科学院历史研究院的卜宪群，南京大学的陈谦平、范金民、李良玉、张学锋，南京师范大学的李天石、张进，苏州大学的王国平、臧知非等，他们或为编纂团队作辅导报告，或参与各卷的纲目审查与终审鉴定，或推荐申请国家出版项目。诸位先生有的担任国务院学位委员会历史学科评议组成员，有的担任全国性学会的领导，皆以学识渊博著称，且多有主持全国与地方通史编纂的经历，他们严谨的学风与热诚的情谊，给编撰者以极大的鞭策与激励。

　　就扬州学术史而言，这部地方通史的编纂与出版，是对既往扬州历史文化研究的阶段性总结，期望由此不断推动相关研究的深化与拓展，但愿我们的努力及其成果不负领导的要求与社会的期望。然而兹事体大，在这部多卷本通史即将出版之际，作为主编，我内心里虽曾有过"交卷"后片刻的轻松愉悦，但更多的则是忐忑不安。由于各种主客观因素的限制，其中一定存在着诸多不足甚至讹误。客观上，由于时间相对较紧，我们的撰述与审查难免有所疏忽；主观上，由于水平所限，在资料挖掘利用、论点阐述等方面，都可能存在遗漏与错讹。因此，我们真诚地希望得到方家同仁的批评指正，以利于今后不断修订完善。

　　孔子登高临河有浩叹，"逝者如斯夫，不舍昼夜"，这既有对人生的感悟，也有对社会历史的沉思。扬州的文明历史，生生不息，已历数千年，古代史上曾有过三个高峰期,或称之为"辉煌时代",即汉代的"初盛期"、隋唐时代的"鼎盛期"和清代的"繁盛期"。当今的扬州,正处于现代化建设的快速发展时期,取得了诸多前所未有的业绩与成就;未来的扬州,必将在中华民族伟大复兴的历史征程中谱写出独具特色的扬州篇章!

王永平

2023 年 3 月